U0516197

中国历史文化名楼系列文丛

传说故事卷

文物出版社

图书在版编目（CIP）数据

中国历史文化名楼系列文丛. 传说故事卷／中国文物学
会历史文化名楼保护专业委员会编. —北京：文物出版
社，2019.10
ISBN 978－7－5010－6213－3

Ⅰ.①中… Ⅱ.①中… Ⅲ.①楼阁－名胜古迹－介绍
－中国②民间故事－作品集－中国 Ⅳ.①K928.74②I277.3

中国版本图书馆CIP数据核字（2019）第144432号

中国历史文化名楼系列文丛·传说故事卷

编　　者：中国文物学会历史文化名楼保护专业委员会

责任编辑：李　睿
封面设计：程星涛
责任印制：张　丽

出版发行：文物出版社
社　　址：北京市东直门内北小街2号楼
邮　　编：100007
网　　址：http：//www.wenwu.com
邮　　箱：web@wenwu.com
经　　销：新华书店
印　　刷：北京京都六环印刷厂
开　　本：787mm×1092mm　1/16
印　　张：25.5
版　　次：2019年10月第1版
印　　次：2019年10月第1次印刷
书　　号：ISBN 978－7－5010－6213－3
定　　价：128.00元

本书版权独家所有，非经授权，不得复制翻印

《中国历史文化名楼系列文丛·传说故事卷》 编辑委员会

主　　编：周婷芳

副 主 编：沈兰和　董　冲

顾　　问：邹律资

执行主编：李建平

编　　委：（按姓氏笔画排列）

王　磊　庄立臻　刘咏梅　刘　涛　沈兰和

李建平　李　磊　陈　华　陈　杰　张　涛

林海轮　周婷芳　范国强　相　力　盛立军

董　冲　谭　屹　魏　聊

前　言

历史文化名楼是具有中国特色的人文景观，名楼得以存在和延续依靠的是其历史文化积淀。名楼文化主要表现为诗、词、曲、散文、楹联、传说等非物质形态。中国名楼专委会经过十多年的发展，已经拥有十六个会员单位，囊括了大江南北比较有代表性的历史名楼。各楼均有自己的历史和特色。此次编纂《中国历史文化名楼系列文丛》，是这十六座名楼的诗、词、曲、散文、楹联、传说等的全面汇编。

编纂《中国历史文化名楼系列文丛》，是对名楼历史文化的一次全面的挖掘和整理。各大名楼在历史发展过程中，文人墨客凭楼览情，留下了众多的诗词歌赋等文学作品，作为名楼的文化内核而逐步积淀，形成名楼独有的文化特色。这些文学作品形式多样且较为分散，尚有待深入的挖掘。人文景观最重要的就是文化积淀，只有深厚的文化底蕴才能造就独特的人文景观。出版名楼文化丛书，充分挖掘名楼历史文化内涵，摸清楚家底，是增强宣传、提升影响力的必要举措。

编纂《中国历史文化名楼系列文丛》，是加强学术研究的客观需要。历史文化名楼之所以珍贵，不在于其建筑精良，而在于其蕴含的深厚的历史文化底蕴。我们研究历史文化名楼，主要就是研究名楼的历史文化，进而揭示出历史文化名楼的共性。编纂名楼文化丛书，一方面是将名楼的历史文化全面系统地展现在大众面前，更重要的是通过全面地搜集整理历史资料，理清文化发展的源流，为进一步对名楼进行分类研究，进而归纳总结出名楼的一般特性，为深入开展学术研究打下坚实的基础。

编纂《中国历史文化名楼系列文丛》，还有利于提高公众人文素养。各大名楼有着深厚的文化积淀，且与地域文化有着密切的联系，其所蕴含的人文内涵在现代社会仍具有积极的意义。在提倡发扬中华传统文化的今天，历史文化名楼作为传统文化的一个重要组成部分，通过对名楼文化的全面整理，将一幅绚丽的人文历史画卷展示在公众面前，对于开拓公众视野、陶冶情操、构建和谐社会都有着积极的意义。

文化是宝贵的精神财富，历史文化名楼是祖先留给我们的珍贵遗产。挖掘文化底蕴，保护与传承名楼文化，是我们每个名楼人的使命与责任。我们衷心希望，通过丛书的编纂，名楼文化能够得到持续的发扬光大，名楼保护事业能够更蓬勃地开展起来！

《中国历史文化名楼系列文丛·传说故事卷》编纂体例

本文丛旨在全面搜集整理各楼的历史文化积淀，作为一个名楼文化数据库。本册为传说故事卷，按如下体例编纂：

1. 编纂形式：以楼为单位分卷编纂，每楼自成一卷。
2. 收录起讫时间：从远古至当代。
3. 收录题材：与楼及其所在地域有关的传说和人物故事。
4. 编纂排序：按传说故事的发生时间排序。
5. 版本：主要取材于地方志、笔记小说、民间传说、各楼档案等。

目　录

岳阳楼

简　介

　　岳阳楼，位于湖南省岳阳市城西洞庭湖边。始建于东汉建安十九年（214 年），为东吴大将鲁肃的阅军楼，中唐后始称"岳阳楼"。唐开元年间，中书令张说为岳州刺史，日与名士畅饮，岳阳楼名始著。李白、杜甫、白居易等著名诗人都曾登楼赋诗。北宋庆历四年（1044 年），滕宗谅被贬为岳州知州，重修岳阳楼，并向好友范仲淹索记，范仲淹于庆历六年（1046 年）写下《岳阳楼记》，岳阳楼遂被赋予了"先忧后乐"的士大夫精神，誉满天下。其后岳阳楼屡毁屡建。最后一次重修是清光绪六年（1880 年），由岳州知府张德容主持重修，保留至今。1988 年被公布为全国重点文物保护单位。

龙女洒泪沉洞庭

　　很久很久以前，洞庭湖是一片一望无际的田野，名叫"铜龄"。自从铜龄来了个胡百万，就渐渐失去了原有的名字，被"铜龄胡"所代替。这胡百万是个大财主，田地广阔得看不到边际，八百里的铜龄全是他的产业；金银财宝多得数不清，家里金山银山有好几座。当时有人写诗描绘胡百万的富有："铜龄有个胡百万，良田万顷羊无数。龙王缺少玉如意，不远千里前来求。"像许多财主一样，胡百万虽然有钱却相当吝啬，为富却十分不仁，勾结官府，欺压乡邻，克扣佃户，诸如此类的事情，他都做得出来。多行不义必自毙，以致引发了一个翻天覆地的故事。有道是：龙女洒泪沉铜龄，茫茫桑田变沧海。胡百万在这个故事中散尽家财，还赔上了自身和家人性命。

　　故事的起因是好色的天蓬元帅调戏龙女三公主。传说东海龙王敖广有个女儿叫三公主，长得国色天香，美艳无比，而且知书识礼，淳厚善良。敖广自然把她看得很重，视为掌上明珠，经常带着出去游玩。又到了一年一度的瑶池蟠桃会，敖广预备礼品，带着宝贝女儿，上西天为王母娘娘祝寿。蟠桃会上，众仙齐集，仙乐缥缈，仙人们吃着仙桃，喝着琼浆玉液，三巡之后，酒量不大的神仙就有些昏昏然。三公主喝了几杯酒，不觉脸色桃红，别具风姿。天蓬元帅（他后来调戏嫦娥，被贬下凡间，投胎而变成猪八戒，衍生出另外一个故事）虽然相貌堂堂，却好色如命，见状禁不住心猿意马，仗着几分酒胆，上前握住三公主的纤纤玉手。三公主自小娇生惯养，哪曾见过这样的阵势？不觉惊得花容失色，用力一挣，不想，只听到"嘭"的一声，却把手中玉樽掉在地上打破。玉帝和王母均被这响声吓了一跳，大感不悦，不问原由地责怪三公主大不敬，扰乱了盛会气氛，下旨命令敖广将三公主贬到尘世受苦。

敖广虽然心爱女儿，心中一万个不愿意，但也不敢违抗玉皇旨意。只好派龟相把三公主送到人间，授意要托付个好人家，以免宝贝女儿受苦。龟相同三公主按下云头，看到古巴陵人杰地灵，铜龄一带沃野千里，胡百万家富可敌国，于是，龟相变成一个七老八十的老头，三公主化成一名如花似玉的女子，来到胡百万家。胡百万有个儿子叫胡小岩，自小痴呆，正愁找不到合适对象。如今天上掉下个林妹妹，如何不喜？当即一拍即合，将三公主嫁给胡小岩。龟相只道为三公主寻了一个好的安身之地，可以让她舒适地度过劫难，却不知胡百万的德性和胡小岩的底细，这么懵懵懂懂地将三公主送入了虎口狼窝。

照理，这胡家结此仙缘，应该改恶从善，教育子孙勤读诗书，虔心修德，成为富贵长久之家。可惜，江山易改，本性难移。这胡家欢喜了几日，马上露出刻薄的本性来。胡家婆婆歹毒，小姑奸诈，丈夫痴呆，三公主在胡家根本就没有过上一天好日子。她白天要放羊，晚上要做家务；她在前面扫地，小姑在后面撒灰；她纺纱织布，小姑故意捣乱。三公主一年到头有做不完的事情，稍有不慎还会遭到毒打恶骂，甚至比普通佣人的地位还要低下。种种凄楚，难以一一细述。

这样的日子过了一年又一年。一日，三公主在野外放羊，想着自己的不幸遭遇，不知这种苦难的生活何时才是尽头，不觉悲从中来，作了一首民歌，凄惨地唱了起来：

正月放羊正月正，孤苦伶仃君山行。羊群咩咩前头行，奴在后面泣声声。

二月放羊是春分，百草抽牙发嫩荪。绵羊不吃东山草，要赶西坡苦奴身。

三月放羊是清明，修书拜上海龙宫。奴家本是龙王女，为何逼我配凡人。

四月放羊四月八，早放绵羊晚织麻。日间放羊三百只，晚织长麻八两八。

五月放羊是端阳，蚊子跳蚤闹忙忙。轻轻把奴叮一口，犹如快刀断肝肠。

六月放羊热忙忙，天宫降下大太阳。绵羊放在高山上，晒起奴家没处藏。

七月放羊七月七，丈夫催奴把麻织。粗的织得头丝大，细的织得认不清，还骂奴家不细心。

八月放羊是中秋，丈夫打我泪双流。秤杆打来犹自可，秤砣打来心血奔，何日才不受苦刑？

九月放羊是重阳，百草枯焦羊不尝。幺姑骂说羊瘦了，丈夫骂奴懒婆娘，两眼汪汪泪成行。

十月放羊立了冬，门前吹的刺霜风。幺姑房中烤炭火，苦了奴家受霜风，何日才能回龙宫？

十一月放羊雪飞天，我夫上盖棉被下盖毡，盖了千层还说冷，奴家和衣雪上眠。一家何日得团圆？

十二月放羊又一年，洗手焚香禀告天，双膝跪在尘埃地，保佑奴家又一年。

三公主这么反复唱着唱着，越唱心中越悲伤，眼泪如下雨一样流了出来。不知唱了多久，也不知哭了多久，只见一轮红日慢慢西沉，天逐渐暗了，铜龄野外的风一声紧似一声，她的泪珠一滴大似一滴，直至哭声引来阵阵闷雷，泪水在她面前汇成小溪，涨成小河。雷助风势，风推水涨。小河的水流渐渐汹涌起来，在铜龄发狂般奔跑，胡百万的良田和房屋不久就淹没在水乡泽国中。三公主还没有停止的意思，她的哭声盖过了野外呜咽的声响，她的眼泪大过倾盆暴雨。野外的水越来越大，冲垮了她脚下的土地，她顺势滑到水中，变成了条白色蛟龙，在波涛上来回翻动身体，这时，一阵天崩地裂的巨响，铜龄沉了下去，成为一个浩瀚无边的内陆湖。由于这个地方原来被人们称为"铜龄胡"，变成"湖"后，就顺理成章称之为"洞庭湖"。于是，巴陵就有了闻名天下的洞庭湖。

如今，人们来到湘楚大地，深入洞庭湖区，还可以听到三公主所作的这首民歌《十二月放羊》，从这一咏三叹的歌词中，我们可以读到三公主艰难的小媳妇生活和心中的愤懑之情。

鲁肃建造阅军楼

雄伟的岳阳楼坐落在美丽的岳阳城西洞庭湖畔。岳阳，古称"巴丘""巴陵"，已有四千余年的历史。关于"巴丘"名称的由来，有一个非常气势恢宏的传说故事。传说从四川的巴山来了一条硕大无比、凶猛异常的大蛟蛇，名为巴山蛟蛇。它来到碧波万里的洞庭湖后，整日兴风作浪，践踏生灵，害得老百姓们惶惶不安，却又拿它没办法。这时，立誓要为百姓除害的后羿手持仙人赐予他的双头宝箭，跃入浩瀚的洞庭湖，与巴山蛟蛇展开了激烈的搏斗。三天三夜之后，后羿射死了巴山蛟蛇，保住了一方平安。风平浪静后，巴山蛟蛇的尸骨竟像一座小山丘似的堆积起来，人们为了纪念后羿，就把岳阳这个地方称作"巴丘"。

时间转到东汉建安十三年（208年），一统北方的曹操，春风得意，志在必得，企图凭借雄厚的"八十万兵马"一举消灭孙吴、刘蜀，统一全国。起初，曹军攻新野、占江陵，长驱直入，势不可挡，直逼长江而来。在力主应战的鲁肃、周瑜和诸葛亮等人的劝说下，刘备与孙权结成联盟，协力抵抗曹军。鲁肃协助周瑜在赤壁大破曹军，这就是著名的"赤壁之战"。此战后,曹操退回北方,同时孙、刘却又展开了激烈的荆州争夺战,巴丘首当其冲。建安十五年（210年）,周瑜病逝于巴丘,由鲁肃接替周瑜之位。临事不苟的鲁肃深知,要防备曹操或者刘备的进攻,必须加固城池,训练水兵。于是在建安十九年（214年）,鲁肃一面屯兵万人镇守巴丘,并选择巴丘山下广阔无垠的洞庭水面作为训练水师的基地,一面在巴丘西门城头修建了一座指挥和检阅水兵的城楼,并命名为"阅军楼",这也就是岳阳楼的前身。

为了纪念鲁肃对于岳阳楼的贡献,明代时,岳阳人就将他和张说、滕子京列为"三贤",并修建"三贤祠"以纪念。而现在,在双公祠的展厅内有鲁肃像,供后人纪念瞻仰。

神仙帮建岳阳楼

传说唐开元四年（716年）,原中书令张说被贬到岳州来当太守。官场失意的张说颇擅长文辞,到岳州后,为解心中积郁,常寄情于山水,与文人们吟诗赋辞。

一日,张说又邀了几个文场好友到岳州城观景赋诗。当他们一行登上鲁肃当年的阅军楼旧址时,但见洞庭湖一碧万顷,浪涛翻飞;君山宛如一叶扁舟,在波浪中若隐若现;远处的巴陵山临水而立,峻峭挺拔。众人都被眼前的美景所迷住。其中一位诗兴大发,当即赋诗一首,博得众人的喝采。另一位则心生一计,对张说道:"张兄,此地境界开阔,景色优美,何不在此修一楼阁,也好让我等时常登临,一观湖山美景!"

张说听后,亦觉有理,当下便思忖在此处修一座庄严华贵的"天下名楼"。但究竟这座楼阁应该怎样修,张说心中却没有一个谱。这时,旁边的师爷想出一计:"大人,依小人之见,不如出榜招贤,广招天下能人。比较之下,再作定夺。"张说听后,领首点头。

榜文贴出后,一时四方能工巧匠云集岳州,争相献上自己的图样,可张太守看了一遍,竟然没有一幅让他满意的,不觉有些失望和懊恼。就在此时,一个名叫李鲁班的青年木匠将榜文揭了,直奔张太守的府衙而来。

张太守一看来人,年龄在二十七八岁左右,背着一套木匠家什,看不出有什么绝技在身,心中不觉又凉了一截。但他还是耐着性子问:"年轻人,你能够修好这座楼吗?"

李鲁班说:"大人,小民自潭州（今长沙市）而来,自幼跟随家父做木工活,至今也有十多年了,小小一座楼阁,应当不在话下。"

张太守于是说:"那好吧,你若能在一个月之内,画出一座三层、四角、五梯、六门、飞檐、斗拱、盔顶的楼阁图样来,这座楼就交给你来修。"

李鲁班于是成天在房子里画了又画,算了又算,纸张足足画了几尺高,却总是不如人意,离交稿日只差三天了,可李鲁班还没画出像样的图纸。这一下可把他急坏了。没想到设计这么一座楼阁还真不容易,想当初自己在太守面前夸下海口,如今却拿什么交差?鲁班寝食不安，整日愁眉苦脸。这天傍晚他急得在洞庭湖边放声大哭起来，直哭得天昏地暗。就在此时，一位须发全白的老人也不知从哪里冒出来的，走到李鲁班面前，手里拿着一个精致的鸟笼子。老人微笑着对他说："年轻人，别哭了，把这个鸟笼子拿回去，说不定能帮上你的忙呢！"

李鲁班停住哭，细细一瞧，哎呀！这是只多么精致的鸟笼啊！上下三层，玲珑剔透，连窗棂和隔扇都做得那样精细。

李鲁班回到家，把鸟笼看了一天一夜，还是没看出什么名堂来。眼看着工程就要动工，可自己连图纸都拿不出来，最可恨的是那个老人家，拿自己穷开心，还说什么鸟笼子能帮忙，想到这，李鲁班急得一拳头往桌上捶去，这下可好，把个好端端的鸟笼子打得一下跳到了半空，摔到桌子上时，已是七零八落的一大堆散件了。李鲁班傻了眼，眼泪不知不觉又掉了下来。突然，他双眼一亮，紧接着哈哈大笑起来。原来，他发现鸟笼子的每一个部件都做有小小的记号，按记号拼起来，又还原成了一个精致的鸟笼子。

李鲁班豁然开朗。他参照鸟笼的结构，终于如期画出了一张令张太守满意的图样。

按照李鲁班设计的图样，修楼工程开始了，掌墨师自然是李鲁班。这天，突然有个老木匠来到工地上，找掌墨师傅要事做，李鲁班看着他面熟，却又一时想不起来，便要他自己随便找点活干。

老木匠径直走到河坡下，选了一根又大又直的树料，从早到晚守着它砍呀，刨呀，别人问他做什么，他只说："到时候要派大用场的。"做了七七四十九天后，老木匠告辞了。

修楼工程很顺利地进行着。李鲁班忙得不亦乐乎。这天，到了工程的最后一个阶段，四梁八柱件件都齐备了，就是托起楼顶的如意斗拱左拼右凑怎么也合不拢。这下子又把李鲁班急坏了，这时候，他突然想起那个老木匠做的那根木料，说不定真能派上用场呢。于是他要徒弟把那根木料找来，说来也巧，刚把木料放到地上，就哗地一下撒开了，撒了一地的如意斗拱，把它们拼到楼顶上，刚刚合适！李鲁班又惊又喜，猛地想起，送他鸟笼子的那个老人不正就是这个老木匠么？怪不得面熟呢！

张太守听说此事，连忙带人到岳州城内城外四处查访，结果一无所获。这时有人报告说，城外湖滩上，有个白发老人在那里砌房子。张太守听了，赶忙跑到湖滩。可是还是没见到老人的影子。只见湖滩上用石头砌了一个拱洞，拱洞上做了个非常美丽壮观的楼亭。张太守赞叹不已，自言自语道："这真是天助我也，看来这是上天在暗示我用拱门作楼基。"

这时，远处湖滩上，踽踽而行着一个白发老人。张太守一见，飞也似地跑过去，纳头便拜："多谢师父指点！"

老人忙扶起太守。张太守抬起头，猛然发现老人手里拿着一把木尺，尺上刻有一个"鲁"字。张太守便问："莫非您就是鲁班师傅？"

老人摇了摇头："我姓卢，鲁班是我师傅，呶，他正在那边呢！"

众人顺着他指的方向望去，果然有许多木工泥匠在做事，待张太守领着大家近前一看，却又发现人人都像刚才的那位老人！张太守急忙回过头去，那个自称姓卢的师傅，早已不知去向。

张太守回去后，按照老人设计的式样，以西城门拱洞作为楼基，终于如愿造成了一座雄伟壮观的楼阁。因此楼位于天岳山之阳，因而便称作"岳阳楼"。

鲁班刨出刨花鱼

岳阳楼是神奇的，连洞庭湖里的刨花鱼也是为它所生。不信，让我们一起走进岳阳楼与刨花鱼的故事吧。

那是很早以前，那时候洞庭湖里是没有刨花鱼的。传说李鲁班在真鲁班的指点下设计好了岳阳楼的图纸，张太守便择好吉日奠基动工。工程进度很快，八个月不到便修到了二层。这时，正遇上隆冬，天冷得出奇，洞庭湖上结了一层厚厚的冰冻，远近菜园子里的菜全部冻死了。一千多个泥木工匠将近一个月没有喝过一口青菜汤，更不用说吃上鱼肉了。饭中也没有多少白米，都是一些吃腻了的红薯。有时候能喝上一口南瓜汤，也是被冻烂了的，没有一点油水。好多人一天一天地瘦了下去，身体一天不如一天，有的连眼睛都睁不开。可是，那些监工个个狠毒得很，整天拿着皮鞭和竹板在工地上转来转去，只要看到人稍稍歇息，就用皮鞭抽、竹板打，好多人都被打得皮开肉绽。

没有菜怎么能吃得下饭呢，个个瘦得像猴子似的民工，实在受不住了。有一天深夜，几个大胆的工匠，悄悄地溜出城门，准备到湖里捉一些鱼虾来改善伙食。冬天的夜特别冷，可能是零下几度，工匠们穿着草鞋，脚肿得像红萝卜一样，踏在结着厚冰的沙滩上，有血从裂开的皮肤上冒出来，有一种刺骨的痛。但他们实在饿得不行了，即使冒着生命危险也想试一试。幸好监工都睡着了，工匠们的行动才得以顺利进行。这些大胆的工匠，敲开洞庭湖厚厚的冰块，赤裸裸地钻进如针刺的冰窟里。他们在冷彻骨髓的水里摸呀，捉呀，约摸过了个把时辰，可是一条鱼也没有碰到。他们非常失望，正准备穿衣回去，忽然来了一个和蔼可亲的白发老人。

只见老人手中拿着一把刨子和一根木棒，笑嘻嘻地说道："各位师傅，你们不是来捉鱼的吗？不要走，我来帮你们捉一些回去吧。"大家从来没有见过这个老人，便问他是哪里人，这么晚了来干什么。老人说他姓鲁，就是附近的居民，也是想弄一些鱼回去打打牙祭。老人说完，便用刨子刨那木棒，白花花的刨木花如雪般飞到冰窟中，之后他闭上眼睛，口中念念有词：刨木花，刨木花，快变鲜鱼莫变虾。今日捉它几十斤，往后滋养千万家。说来也怪，那些轻飘飘的刨木花一落入湖水中，便变成了一个个活蹦乱跳的白色小鱼，它们成群结队地在湖水中游来游去。大家看得惊呆了，忘记了下水捉鱼，也忘记了身上的寒冷。这时只听见老人爽朗地喊："还不下水捉鱼！"那些工匠们这才如梦初醒，纷纷下水捉鱼。说来又怪，这些鱼看似机灵无比，但却任由你捕捉。不到一刻功夫，就捉到几桶活鱼，上得岸来一看，却发现这些鱼没有鱼鳞，也没有眼睛。大家都觉奇怪，忙问姓鲁的老人："这鱼怎么没有长眼睛和鱼鳞呢？我们没见过这样的鱼。"这时只见老人从口袋里取出一个墨斗，把墨倒在装鱼的水桶里。过了一会，工匠们再看水桶里的鱼，都长上眼睛和鱼鳞啦。

工匠们看得入了神，忘了身边的老人。当他们回过头来向老人表示感激时，老人已不见踪影。"呵，这肯定是鲁班仙人，李鲁班在设计岳阳楼的时候，也是他助了一臂之力。"一个工匠若有所失地说。大家在沙滩上找到一个墨斗，只见上刻着"鲁班用"三个字。几个工匠高高兴兴地把鱼带回工地，煮了几大锅，香喷喷地美餐了一顿。以后他们想打牙祭的时候，常常在夜深人静的时候到湖边去捉鱼，每次都有不小的收获。大家为了纪念鲁班，就将这种白色的小鱼叫做"刨花鱼"。

谪仙醉杀洞庭秋

至德二年（757年）冬，已届暮年的李白踏上了一去夜郎的长途，"夜郎万里道，西上令人老"。他因永王李璘的牵连而被流放夜郎，内心的忧伤可想而知。正在这时，他应裴侍御之邀，再度来到巴陵。

李白这次重登岳阳楼，真是感慨万千。他已经是第五次游历洞庭湖了。遥想开元十三年（725年）春天，二十五岁的李白腰缠万贯，仗剑去国，经由三峡出巴蜀。那时，他最向往的地方之一就是巴陵了。浩如烟海的云梦泽国，帝舜二妃泪洒湘竹成斑的君山，闻名遐迩的岳阳楼……怎么不让他梦寐以求呢！在途中，他的同行密友吴指南，突然得了重病，死于洞庭湖中的船内。李白十分悲痛，伏在朋友身边号啕大哭，"泪尽继之以血"。此后，他背着吴指南遗体弃舟登岸，在野兽出没的荒凉湖边，他守着朋友连哭数日，以至口鼻出血，路人无不为之感动。安埋了吴指南后，他离开了这令人不堪回首的洞庭湖滨，带着书僮丹砂，继续东游。然而，他在漫游途中，始终忘不了草率安埋在洞庭湖边的吴指南。每遇风雨之夕，就担心吴指南的坟茔受到损坏。一年之后，他重返巴陵，亲手掘开吴坟，把朋友的骨殖拿到湖边洗刷干净，包裹后背在身上，晓行夜宿，从巴陵徒步直到江夏，借钱殡葬于"鄂城之东"。由此可见，李白对朋友的忠肝义胆，足以感动天地泣鬼神了。

天宝七年（748年），李白在他触怒权贵遭放逐后，又来到巴陵，遇上了贬官龙标的好友王昌龄。两位迁客骚人见面，乘兴游览了洞庭秋色，分手时依依难舍。

"太白贤弟，在此各奔东西之际，能做一首诗送给我吗？"王昌龄感慨万千地说。

李白信口吟出一首七绝《闻王昌龄左迁龙标遥有此寄》：

> 杨花落尽子规啼，闻道龙标过五溪。
>
> 我寄愁心与明月，随风直到夜郎西。

王昌龄听罢，连声叫好后，不禁凄然泪下。

"唉！朝廷奸佞当道，残害忠良，像仁兄这样高洁恬淡与物无伤的仁人志士，居然也以'不护细行'而遭贬谪，实在太不象话了。小弟为此很是不平。"

王昌龄长吁一声道："不提它了！"

李白道："那么，仁兄也该还我一首了。"

"当然！"王昌龄满口答应，抬头遥望湖光山色，挥手写成《巴陵送李十二》：

> 摇曳巴陵洲渚分，清江传语便风闻。
>
> 山长不见秋城色，日暮蒹葭空水云。

从那以后，李白又是浪迹天涯。光阴似箭，十一年后他又来到巴陵。

裴侍御热情地迎接了这位历尽沧桑的老诗人。迎接他的还有老朋友贾至，他曾任中书舍人，他因起草"制置"之诏而得罪"圣上"，被贬为岳州司马。此外，还有李白的族叔李晔，原任刑部侍郎，被宦官陷害贬往岭南，恰好路过岳州。

四位同病相怜的诗人聚首，自然要在岳阳楼上畅饮一番了。

翌日，李白的另一位朋友夏十二到驿馆来看他。他在岳阳又添了一个知己，分外高兴。于是，二人携手再登岳阳楼。这次，夏十二作为东道主，备了丰盛的美味佳肴。李白一边喝酒，一边欣赏楼外的景色。他回顾平生游历的各山大川，楼阁亭观，唯岳阳楼突兀高崖之上，面临烟波浩渺的云梦古泽，湖对面又有翠绿的君山。万顷波涛荡涤着李白的胸怀，似乎把他的一腔愁绪都冲走了，那排成人字形飞翔高空的雁阵，也把他的缕缕愁思牵引而去。他把酒临风，诗如泉涌，于是岳阳楼壁上挥毫赋诗《与夏十二登岳阳楼》：

> 楼观岳阳尽，川迥洞庭开。
>
> 雁引愁心去，山衔好月来。
>
> 云间连下榻，天上接行杯。
>
> 醉后凉风起，吹人舞袖回。

李白的诗不胫而走，人们争相传阅，交口赞誉。保持着上古遗风的巴陵人民，纯朴、真诚、好客、与人为善、礼让有加。他登山，樵户愿意抬他；他乘船，船夫不收船费；饭店酒楼免费招待，驿馆客店任选房间。无论他走到哪里，都有一群群的乡民热情接待。有人知道他爱喝酒，商贾、居民、读书士子，纷纷捧出佳酿款待他。淳朴真诚的巴陵人使李白充分享受到了人间温暖，他被深深地感动了。

他诗思如涌，描绘岳阳山水的诗歌不可胜计。这里应当特别指出的是，李白对南湖的热爱。南湖，又名瀐湖。《岳阳风土记》说："瀐湖，在州南，春冬水涸，昔人谓之乾湖，《水经》谓之瀁湖。"这里有一天然湖汊向南回折，水从外湖倒流进来，形成一个60平方公里的湖泊。南湖一年四季湖水清澈，波涛不惊，显得温柔娴静。

李白为南湖的景色所陶醉，写下了一首气势磅礴的诗篇：

> 南湖秋水夜无烟，耐可乘流直上天。
>
> 且就洞庭赊月色，将船买酒白云边。

李白在湖中看湖，犹感不足。于是邀贾至从山上看湖。他们登上金鹗山，看到"一龙感九龟"的动人景象，相传那是秦始皇挥鞭赶山造成的后果。山势绵长伸入湖中，犹如一条巨龙。巨龙前头，一溜儿九个隆起的山包呈一字形连在一起，卧在湖中，活像九只大乌龟拥簇着巨龙。其他散布在湖周围的山有太子庙、天灯嘴、牛轭石、刘三庙、饿龙抢羊、三半岛、螺丝山、方尚书墓、狮子山等。各自突兀峥嵘，怪石嶙峋。湖面被群山环绕切割，状如一条摇头摆尾的蝌蚪，在他们脚下活泼地浮游。下山后他们又去游龙兴寺，兴致勃勃地登上西阁远眺南湖，可是湖被疏疏密密的梧桐遮住了，换了几个角度皆不理想。于是，他请和尚剪掉了碍眼的枝叶，展现在眼前的湖光山色豁然开朗。他为迷人的景色所陶醉，久久地注视着，诗兴勃发，恰在这时，龙兴寺的方丈请他题诗留赠。他于是提起笔来，在雪白的宣纸上文不加点一气呵成：

> 剪落青梧枝，瀐湖坐可窥。
>
> 雨洗秋山净，林光澹碧滋。
>
> 水闲明镜转，云绕画屏移。
>
> 千古风流事，名贤共此时。

方丈一看大喜，说道："先生神笔一挥，瀐湖与敝寺就收入广大无边的画屏中去了！"

李白呵呵大笑，接过和尚捧上的白鹤茶（即君山银针）一饮而尽，连声称赞："宝刹之茶真乃仙品也，也香好淳。"

"老纳备有薄酒，亦用白鹤井水酿成，如蒙先生不弃……"

号称酒仙的李白自然以为却之不恭了。

岂料乐极生悲。在李白尽情浏览了巴陵胜地，准备回到豫章和妻子团聚时，从湖北传来战乱的消息：襄阳守将康楚元和张嘉延反唐，袭破荆州，道路阻断。李白对此忧心如焚。多年来战祸不已，人民流离失所，损失惨重，国家丧失元气，几乎只有湖北湖南一带没被波及。现在，战火都向湖北烧起来了。

等到九月，"关河望已绝"的局面仍没有好转的迹象。九九重阳那天，他再上巴陵山饮酒解闷，看到讨伐叛军的唐朝水军在洞庭湖广布战船，诗人内心激动万分，写了《九日登巴陵置酒望洞庭水军》。他在诗中描绘了官军的雄壮场面：

> 今兹讨鲸鲵，旌旗何缤纷。
> 白羽落酒樽，洞庭罗三军。
> 黄花不掇手，战鼓遥相闻。
> 剑舞转颓阳，当时日停曛。

最后，他慷慨地说：

> 酣歌激壮士，可以摧妖氛。
> 龌龊东篱下，渊明不足群。

他自己不想躲避到世外桃源去，还想请缨报国杀敌立功。可是，报国早已无门，也只是痴心梦想而已！

李白不能北归豫章与家人团聚，他只好南渡沅湘，去寻找帝舜走过的路、屈原踏过的足迹。贾至有诗送他，题为《洞庭送李十二赴零陵》：

> 今日相逢落叶前，洞庭秋水远连天。
> 共说金华旧游处，回看北斗欲潸然。

李白和贾至互道珍重，洒泪而别。落日的余晖映红了白帆，映红了秋水。船帆渐渐地远去，最后消失了。

李白向南航行，他到了苍梧之地，攀上了九嶷山，凭吊了帝舜。然后又掉头返回，沿湘江而下。

当然，此行他还要路过洞庭，再登岳阳楼。不过，这是最后一次了。

李白妙解 "虫二" 谜

岳阳楼不但非常美丽，而且十分神秘。不说鲁班巧设岳阳楼的传说，也不说吕洞宾三醉的故事，单说楼内的一副对联，居然也附着一段传奇。

这副神奇的对联是："水天一色，风月无边。"

话说岳阳楼修建好后，八仙之一的吕洞宾经常飞来观光览胜。有一次，他想点化一个商人，可那商人"只爱金钱不爱仙"，他憋了一肚子气，落落寡欢地喝醉了，写了一首"三醉岳阳人不识"的诗发牢骚，并发誓不再来岳阳。然而，岳阳集名山（君山）、名水

（洞庭湖）和名楼（岳阳楼）于一起，遍寻天下，此种山形水胜楼奇竟是没有一个地方比得上。于是，不久他就忘记了自己的誓言。

那日，吕洞宾变成一个年轻儒生，在岳阳楼上流连。只见湖水浩淼，茫无际涯，在尽头水天相接，融为一体，显得极为旷远恢弘。朦胧中，君山岛时隐时现，偶露青黛，仿佛海中仙山，令人神往。湖面点点白帆随风飘曳，消失在遥远的天边，带动了满湖灵气。岳阳楼临波而峙，卓然其间，将这雄壮的气势推到极至，又将这湖冲天的烟波压住……吕洞宾看着，不觉陶醉了。多么美妙啊！这山，这湖，这楼，这意境……他想说出来，但又觉得所有的词汇都无法确切表达。

忽然，吕洞宾心中一动，脑海中闪出一丝灵感，如夜空中划过一道流星——他心里便已有主张。只见他来到一块石头前，运用神功，手指"唰唰唰"地舞了几下，随即金光四射，那块石头上就有了两个神秘的刻痕："虫二"。之后，仿佛心中的情感已经尽情倾吐，也仿佛已将种种失意抛却，吕洞宾感到前所未有的满足和惬意，瞬间悠然而去。"虫二"，这是什么东西呢？人们纷纷猜测，但正如君山的摩岩石刻，没有人能说出一个所以然来。好奇，"打破砂锅问到底"，这是人的本性，也正是这种精神推动了人类历史的发展和进步。刻痕越是猜不透，越是激起了人们探求的兴趣。神秘刻痕的消息不胫而走，远近的人们慕名前来，一时岳阳楼门庭若市，摩肩接踵。但结果都是一样：听说一天岳阳楼突然闪出一道金光，之后，这个神秘的石刻就出现了，恐怕是吕仙所为。如是而已。

却说号称"诗仙"的大诗人李白对岳阳情有独钟，从开元十二年（724年）到上元元年（760年）三十多年时间里，他前后五次来到这里。他学识惊人，才华横溢，然而却仕途坎坷，不为朝廷所用，只好浪迹江湖，遍寻名山名水，将满怀报国之情融于祖国壮丽的河山中。乾元二年（759年），他又来到了岳阳。与夏十二等友人喝过酒后，他便与众人急不可待地登上了岳阳楼。岳阳楼是他心中永远的楼台，也只有在这里，他的心情才会得到稍许畅快和宁静。

来到岳阳，与久违的朋友们聚会，登上梦中的楼台，观赏天下胜景，直可忘却人间烦恼，岂不快哉！李白吟出了这首《与夏十二登岳阳楼》：

> 楼观岳阳尽，川迥洞庭开。
> 雁引愁心去，山衔好月来。
> 云间连下榻，天上接行杯。
> 醉后凉风起，吹人舞袖回。

吟哦间，他们来到一块石头前。夏十二想到了神秘石刻的事，指着那如斧凿雕刻的印迹说："传说这是吕仙所留，至今仍然无人能猜出个中含义。"李白还沉浸在刚才所吟诗歌的美丽意境中，闻言不觉将眼光定格在那石刻上。

"若是在这个'虫'字上加个'几'字，在这个'二'字上加个'刀'字，不就是'風、月'二字吗？"诗仙毕竟是诗仙，李白略一沉思，便猜出了谜底："这其实是一副描写岳阳楼景色的绝妙好联。"夏十二还是不解，李白继续解释说："'風、月'两字无边岂不是'风月无边'？吕仙出了下联，想让人对上联。我已对出上联。你想一想，'水天一色，风月无边。'用这样的句子描写眼前景致，岂不是精妙绝伦？"李白说完，突然"轰隆"一声巨响，石刻竟然消失了！

夏十二等人大为叹服，忙叫人拿来文房四宝，请李白将这副对联题写下来。如今，人们来到岳阳楼的三楼，还可以看到李白书写的这副对联。

稚子苦修怀甫亭

日落西山，夜幕即将降临。一条渔船停泊在潭州（今长沙市）的河畔，驾船的是个年轻的后生，名叫稚子。他是岳州人氏，自幼父母双亡，孤苦伶仃地靠打渔营生。

洞庭湖畔的渔民多。渔民们大凡出去打渔，都喜欢唱渔歌，稚子也不例外。他不但喜欢唱，还喜欢偷偷地写，写完了就送给渔民们看，渔民们若是喜欢，就当作渔歌唱。每当听到渔民们歌唱自己的作品，稚子便乐得喜笑颜开，心里美滋滋的。他常常独自想：要是有一天自己能当上诗人，写出优秀的诗歌，让人们唱遍天下，那该多好啊！

这天，他驾船到潭州帮人家送些渔货，准备返回岳州。他当时的心情格外好，除了得到报酬外，还偷闲逛了潭州城，开了眼界。

就在稚子准备划船离岸时，远方突然跑过来一个人，边跑边喊道："船老大，稍慢，请搭老夫一程。"待来人走近了，稚子才看清楚他原来是一个七老八十的老人家，奇瘦无比，背着一个破包裹，胡须被风吹得乱七八糟，一副狼狈相。

稚子问清老人是想去岳州，正好顺路，又看到老人可怜兮兮的样子，于是便答应了。老人上得船来，不停地道谢，然后在船舱选了个角落坐了下来。

稚子一边划船，一边唱着渔歌。但没过多久，他发现老人也在哼哼呀呀地唱个不停，稚子于是停下桨，仔细听了听，原来老人家是在朗诵李白的诗：

> 帝子潇湘去不还，空余青草洞庭间。
>
> 淡扫明湖开玉镜，丹青画出是君山。

稚子一听，喜出望外，碰到知音了！他问道："老爷爷，你也喜欢诗呀？"老人家笑着点了点头。稚子来了兴致，情不自禁地吟哦起"舍南舍北皆春水，但见群鸥日日来……"

老人一愣，笑着问稚子："后生子，你喜欢杜甫的诗？"

"对呀，我们老百姓都喜欢杜甫的诗呢。"稚子说完，又反问老人家："老爷爷，你是喜欢李白的诗，还是喜欢杜甫的诗呢？"

"当然是李白啰，李白的诗热情豪放，浪漫抒情，比杜甫的诗强多了。"

"嗯，您这句话说得可不在理。杜甫的诗写得才好呢！"稚子翘起嘴巴，满脸不高兴，一路上也再不和老人说话。没想到老人本来身体虚弱，又吹了几天几晚的湖风，待到了岳州时，便一病不起了，整日咳嗽，直咳得稚子心里不时酸酸的，心中的不高兴也烟消云散了。

"老人家，您是来岳州走亲戚的吗？"

"不，我是来登岳阳楼的。"

"哦，那可不行。您老人家病得这么厉害，可不能乱动。您就在我的船上休息，我去给您抓点药回来吧。"

老人家见稚子如此真诚，便答应了。

稚子于是每天都打渔，在市上卖掉后，就买些药和好吃的菜回船，把老人服侍得周周到到。

过了几天，老人的病情有所好转，稚子便携着他登上岳阳楼，同赏洞庭美景。老人异常兴奋，回到船上，便要稚子拿出纸墨。

只见他略加思索，忽然眼露精光，全身病态全无，挥笔一气呵成写了一首名为《登岳阳楼》的诗：

> 昔闻洞庭水，今上岳阳楼。
> 吴楚东南坼，乾坤日夜浮。
> 亲朋无一字，老病有孤舟。
> 戎马关山北，凭轩涕泗流。

写完后在左下角题款：大历三年冬，少陵于岳州。

这一下子可把稚子惊呆了。只见他"扑楞"一声就跪下了："哎呀，老爷爷，原来您就是杜少陵先生啊！您老怎么不早说呢？得罪！得罪！"

老人忙将稚子扶起："不要这样，我们是诗友嘛！你对我这么好，我没什么感谢你，就把这首诗送给你吧！"说完，老人家因为朋友相邀，收拾衣物，就动身到四川去了。

大历五年，稚子又和杜甫在岳阳楼上相遇了。这时的杜甫，已骨瘦如柴，弱不禁风，病得更厉害了。稚子把杜甫邀到自己的船上，熬鱼汤给他喝。杜甫不顾病情严重，居然还耐心地向稚子传授诗艺，直让稚子感动得热泪盈眶。

这天，稚子又打了鱼上街卖了，抓了几副药给杜甫吃。当他回到船上时，却发现他所崇敬的大诗人已经凄苦地病死在他的小船上。

稚子嚎啕大哭，决心要为杜甫立碑纪念。他于是每天早出晚归，省吃俭用，劳碌奔波了近三年时间，终于积够了钱，请石匠将杜甫的遗容和《登岳阳楼》诗刻在石碑上，并修了一个小亭子，取名为"怀甫亭"。每当稚子来到亭子前，总是回想起杜甫生前的音容笑貌，以及对自己的教诲，总要吟颂着那首《登岳阳楼》诗。每次稚子总是泪流满面，久久地不愿离去。

道士帮修岳阳楼

宋庆历四年（1044 年），滕子京同张说一样，仕途失意，官贬巴陵。此时，岳阳楼在沧桑的岁月中，几经兴废，几经修葺，却仍难敌风雨的侵蚀，显露出破旧与颓败。才高志大的滕子京一上任，便发誓要把岳阳楼重修得夺天下名楼魁首。但苦于此时已找不到鲁班仙师，一般的工匠谁也不敢担当此重任。因此，滕子京为请大班头的事伤透了脑筋。这天，忽听有人禀报，说外头有个自称"回道人"的穷道士要见太守。滕太守"请"字未说完，便见一个道士飘身而入。道士一身青布衣，脚上穿着蒲草鞋，胸前长须飘飘，手中拿着一柄拂尘，身后背着一把青铜剑，腰带上还系着两个大铜钱。

道士不等滕太守开口，便说道："贫道闻听太守意欲重修岳阳楼，实乃千秋大业之事，可钦可佩！贫道自幼苦心研摹过土木建筑，楼台亭榭亦曾亲手修建过，若蒙大人信任，贫道愿斗胆接此大任。"说完便从袖里拿出一张图纸，递到滕太守面前。太守一看，拍手叫好：好一座气宇非凡的岳阳楼！造型奇伟，曲线流畅，飞檐斗拱。当下，滕太守便拜回道人为大班头，指挥修楼工程。

为修此楼，滕太守调集了三万民夫。怎奈岳州城乃区区一小城，城中亦不过万余人，哪堪这般负荷？不到三天，城中的菜便被吃得精光。民夫们没了菜吃，肚子里没了油水，自然力不从心，工程进度日渐减慢，急得滕太守直跺脚。这时，回道人笑眯眯地对大家说："莫慌，莫慌，大家且带渔网随我来。"说完，又命木匠提了一箩筐刨花，直奔湖边。众人尚未弄清怎么回事，回道人已将刨花倒入湖中。不一会儿，大家便看见刨花都变成了白花花的小鱼，且长得又薄又长，尾巴处还开丝，跟刨花无异，工匠们于是都叫它们"刨花鱼"。这下子，工匠们有的提网，有的拿盆，转眼就捞了上千斤鱼，没菜吃的问题得到了解决。

岳阳楼修成的那天，滕太守大设酒宴，为道人庆功。席间，太守令人拿出几百两纹银送与道人，道人微微一笑："出家人四海为家，要身外之物作甚？还是将它们赏给穷苦人家吧！"

临别时，回道人要来笔墨，在纸上写下："龙门吕洞宾，帮修岳阳楼。凡人不识我，称我回道人。"写完，将笔一挥，化作一阵清风而去。滕太守拿着那张纸，恍然大悟，继而朝天而拜。

为了纪念吕洞宾，滕太守命人雕了一尊吕仙塑像，供在岳阳楼上，日夜朝拜。

子京求记成四绝

庆历四年（1044年），滕子京被贬到岳州，并着手重修岳阳楼。传说竣工时，深感壮志难酬、仕途艰险的滕子京悲喜交集，感慨万千，他凭栏痛哭，挥笔写下了《临江仙》一词："湖水连天天连水，秋来分外澄清。君山自是小蓬瀛。气蒸云梦泽，波撼岳阳城。帝子有灵能鼓瑟，凄然依旧伤情。微闻兰芷动芳馨。曲终人不见，江上数峰青。"

为了让岳阳楼流芳千古，滕子京深知滕王阁、庚楼、消暑楼、叠嶂楼等名胜之所以历经风雨战乱而不废圮，是因为有名人记述。而岳阳楼虽然自唐以来诗吟赋咏极多，却"率无文字称记"。因此，没有高尚、深邃的思想灌注碑记的文章，岳阳楼便无法流传久远。于是，他想到了自己的知己，大政治家、军事家、文学家范仲淹，于六月十五日亲笔写了一封《与范经略求记书》，介绍了岳阳楼重修后的结构与气势，倾吐了请求范公作记的迫切心情，另外还抄录了历代名人吟咏岳阳楼的诗词歌赋，并附上一幅《洞庭秋晚图》，派人马不停蹄地送给范仲淹。

范仲淹接到好友滕子京的信和附属文本，反复阅读，心潮起伏，思绪万千，夜不能寐。深思熟虑后，便伏案疾书，借岳阳楼山水的酒杯，浇自己胸中的块垒，抒发情愫和抱负，写出了千古名篇《岳阳楼记》。

滕子京接到范仲淹的《岳阳楼记》后，喜出望外，爱不释手，当即请大书法家苏子美书写、雕刻家邵竦篆额，形成了滕子京修楼、范仲淹作记、苏子美书丹、邵竦篆额的岳阳楼"四绝"，从而名扬天下。可惜，这块《岳阳楼记》雕刻在宋神宗元丰年间被毁于一场大火。

铁枷镇锁恶蛟龙

传说当年滕子京重修岳阳楼时，吕洞宾也来帮他的忙。这一天，工地上人来人往，热火朝天，吕洞宾指挥工匠们施工，忙得不亦乐乎。

正在这时，天空突然阴云密布，狂风大作。紧接着，洞庭湖波涛翻滚，巨浪呈排山倒海之势。岳阳楼修建在湖边的一座小山上，一个大浪打来，就把小山冲垮了一块，眼看风浪就要冲到楼基下来了。吕洞宾正在纳闷时，忽听楼外有人惊叫："妖龙来了，快跑啊！"

吕洞宾一听这叫声，当即明白了怎么回事。他想：我倒要见识见识这妖龙是怎样到洞庭湖行凶的！于是，他疾步如飞，奔到洞庭湖边。只见一个老妇人正在湖边上嚎啕大哭，他忙上前询问端详。妇人一把眼泪一把鼻涕地诉说道："我家男人今日出船，没想到碰到这条妖龙，要我男人拿三牲祭礼祭祀它。我男人拿不出，妖龙就把他给吃了！"

吕洞宾大怒，他顺着妇人手指的方向望去，果然望见一条蛟龙在湖中翻江倒海。这条龙奇大无比，两只龙角约十米，一双眼睛射出一道道寒光，令人胆颤心惊。只见它时而腾跃而起，时而左右摇摆，直搅得天昏地暗。

吕洞宾说了一声："看我来收拾它！"便从一渔民手中借了一条小船，直奔蛟龙而去。蛟龙见有人出船，大嘴一张："拿三牲祭礼来！"吕洞宾微微一笑："仙龙，我乃贫苦渔民，家境困苦，实难拿出祭礼，您就开开恩，让我过湖去吧！"

这蛟龙哪里肯依，还不等吕洞宾说完，便张开血盆大口要吃人。吕洞宾说："畜牲，不识好歹！"只见他拿出一张黄裱纸，用手指轻轻一剪，便剪出几个枷形物。接着他口中念念有词，将拂尘一挥，说："疾！"便见那几个枷形物顷刻化为几千斤重的大铁枷，牢牢地锁住了蛟龙。

蛟龙这才知道遇上真人了，忙不停地告饶。吕洞宾指着它说："今后若再在此地为非作歹，残害百姓，便要你永世不得翻身！"说完，放了蛟龙，将几只铁枷都摆到了岳阳楼下。因铁枷的四个角都像燕尾一样地四下里翘起，风浪打来时，枷角可把浪头分向两边，拦在楼外，这样，岳阳楼楼基便牢固多了。

如今，其中的一个铁枷在岳阳楼景区内展出，供游人观瞻。

吕洞宾三醉岳阳楼

一年春天，吕洞宾化成一个衣衫褴褛的书生来到岳阳，闲时便上岳阳楼独饮。一日在岳阳楼上喝酒后，走到城南一棵大树下睡觉。忽见从树杈上下来一白发老人，跪在他面前说道："吕大仙，请你度我升天吧！"吕洞宾说："我是个凡人，怎么叫起我神仙来了呢？"老人说："你是八仙之一，别人不识，我识呀！"吕洞宾便给他一粒红丸，并留诗一首：

独自行来独自坐，无限世人不识我。

惟有城南老树精，分明知道神仙过。

当即全城轰动，有好事者募捐在大树旁修了座吕仙亭，又名过仙亭。

转眼几百年过去了。到了宋朝庆历四年滕子京谪守巴陵郡。滕子京一个庐山的朋友观岳阳楼时，曾对滕子京说他在庐山遇到过吕洞宾，吕洞宾告诉他在岳阳楼上喝过酒，在城南老树上吟过诗，滕子京记在了心里。一日，一个游方道人求见，拜帖书"回岩客求见"。滕子京当即认出了这就是吕洞宾，将他请至岳阳楼上，饮酒作诗，同时命人偷偷将其相貌画下来。连饮了三日，把吕洞宾灌得醺醺大醉，才命人扶至驿馆休息。第二天再去请时，下人回报说道士已去。滕子京命人按画像刻一尊吕洞宾像置于楼中供拜。

吕洞宾两次醉酒岳阳楼的事很快传遍各州各府。有个叫杜然康的人早就想见吕洞宾，听说吕洞宾两次到了岳阳楼，认为这里是吕洞宾常来之所，便不辞辛劳，来到岳阳楼等待。呆了好几日，却不见道人来。只见一穷叫化子卧在岳阳楼的檐下喝酒，一天到晚，酒醉醺醺，疯疯癫癫地戏弄杜然康。扫兴的杜然康只好离开岳阳，前往黄鹤楼游玩散闲。不料到黄鹤楼又遇到这个叫化子。只见他在地上乱画，许多人围着他看，杜然康挤进人群一看，叫化子却不见了，只见地上写的是一首诗："几年未见杜然康，今日相逢在汉阳。曾记岳阳楼上会，与君随手画沧浪。"杜然康后悔莫及，离开黄鹤楼，再次来到岳阳楼。当他登上岳阳楼时，人们正在议论吕洞宾第三次酒醉岳阳的事。杜然康悔恨自己凡眼不识仙骨，望空默祷，祈求吕仙再显神灵。忽然，晴空中飘来一朵彩云，在岳阳楼上空盘旋三匝，彩云中飘下一片黄绢，落在杜然康面前，他拾起一看，上写：

> 朝游北鄂暮苍梧，袖里青蛇胆气粗。
> 三醉岳阳人不识，朗吟飞过洞庭湖。

杜然康读罢，抬头一看，只见一道人降在洞庭湖上，笑说"杜兄，后会有期！"说完后向君山飘去。

后人为了纪念吕洞宾，在岳阳楼旁建三醉亭以供奉吕仙。

吕洞宾三醉岳阳楼

传说有一年吕洞宾来到岳阳楼，正值岳州一个姓方的太守在此大摆寿宴。岳州城内车水马龙，张灯结彩；岳阳楼上披红挂绿，甚是热闹。当地的官吏乡绅都争相前来祝寿，把个岳阳楼挤得水泄不通。

寿宴的餐席上摆的都是大鱼大肉、山珍海味，可楼外的老百姓一个个面黄饥瘦，餐无着落。吕洞宾看在眼里，怜在心中。情不自禁地拿起酒葫芦，沽沽一阵猛喝，直喝得酩酊大醉。

一番杯盏觥斛，划拳猜令之后，方太守在岳阳楼前的坪中摆下一张长桌，让贵客们题诗祝寿。一时，那些官员学士们一个个摇头晃脑装模作样地吟诗作对起来。说的都是些恭维拍马的话。当轮到一个叫贾富的土财主作诗时，这个一肚子草包的家伙居然厚颜无耻，毫不怯场。他拿起纸笔，"沙沙沙"便写下一首诗。众人上前一看，不禁失声大笑，原来这首诗写的是："老爷做大寿，我等来祝寿。吃的鱼和肉，喝的茅台酒。"尽管如此，因碍于情面，众人对这首狗屁不通的诗也都假装称赞写得好。

这时，忽然从人群中趺趺撞撞走出来一个人，一边哈哈大笑，一边大叫："好诗！"方太守一看此人是个穷道士，有失自己的身份，便说："你是何方道士，到这来作什么？快走快走！"那道人倒也不恼，不慌不忙地说了个"疾"字，顷刻间，便见那些达官贵人、乡绅学士们呕吐不止，将开始吃下去的美酒佳肴全都呕了出来，直呕得岳阳楼前奇臭难闻。道人再次口中念念有词，桌上又摆满了酒菜，只是再不是给方太守的客人吃喝，而是像长了翅膀似的飞出岳阳楼外，让老百姓们抢吃了个痛快。

众人正目瞪口呆之时，突然有人认出了穷道士就是吕洞宾，正待喊时，只见他化作一阵青烟，渺无踪影了。

第二天，吕洞宾又登上了岳阳楼。这里已席终人散，恢复了往日的平静。吕洞宾望着烟波浩渺的洞庭湖，水天一色，风月无边，实在迷人。沽了一葫芦酒后便想：如此钟灵毓秀之地，除了贪官污吏，土财劣绅，想必还会有仙根慧种之人吧！我若能度得一二人成仙，也不虚此行了。于是，他来到市井上，高声喊道："有谁愿意学点石成金之术吗？"一米商听到了，赶忙跑过来，问："师傅果真有点石成金之术吗？"吕洞宾于是随手一指，路旁的一块石头马上就变成了黄灿灿的金子。吕洞宾问道："还要我点什么？"米商摇了摇头。吕仙心中一喜："莫非此人不贪财？"于是又把路旁的一坨狗屎点成了金子，米商还是无动于衷。吕仙大喜过望，亲切地对米商说："待我度你成仙吧！"谁知米商连连摆手，急切地说："我不求成仙，我只求师傅赐我点石成金的手指头！"吕洞宾气得脸色发白，提起酒葫芦沽沽又喝了一葫芦，直喝得不辨东西南北。

第二日清早，吕洞宾醒时，太阳正冉冉从东方升起。回想起前两日的遭遇，他不禁感慨万千，于是又沽了一葫芦酒，解下腰间的青铜宝剑，在岳阳楼前舞起剑来。舞毕，就在岳阳楼上写下一首诗：

朝游北越暮苍梧，袖里青蛇胆气粗。

三醉岳阳人不识，朗吟飞过洞庭湖。

吕洞宾三醉岳阳楼的事很快传遍了全城。为了纪念这位诗酒神仙，人们就在岳阳楼旁修了一座"三醉亭"，供奉着吕仙的塑像。

金钟飞出芭蕉湖

以前，巴陵还是个荒凉的小渔村，没有几个人居住。一天，来了一位风水先生，说这里是块风水宝地，芭蕉湖就是一个聚宝盆。于是，渔夫们心中燃起了希望之火，幻想有朝一日能得到聚宝盆，过上丰衣足食的日子。消息传开后，近处的人们也有许多搬迁来，在洞庭湖畔扎根定居。

光阴似箭，日月如梭。转眼就到了南宋年间，小渔村发展成为远近闻名的巴陵城。当时，金国国势强盛，经常到边境烧杀掳掠，而南宋朝廷苟且偷安，只知增赋加税，残酷剥削老百姓，财富都集中到了官僚地主手中，人们忙死忙活，犹不能养家糊口，饿死人、卖儿卖女之类的人间惨剧时有发生。巴陵的县官尤其贪得无厌，滥用刑罚，老百姓深受其害，生活在水深火热之中。

官逼民反，不得不反。此时，巴陵有两个英雄好汉，一个叫钟相，一个叫杨幺，相传他们得到了一部天书，学得一身好本领，能呼风唤雨，力扛巨鼎。他们万分痛恨当时黑暗的社会现实，毅然举起义旗，打出了"等贵贱，均贫富"的口号，聚集四十万义军，在君山安营扎寨，反抗朝廷，保护老百姓的利益。"等贵贱，均贫富"，这是一个多么美妙的理想！中国人民为之抗争了几千年，如今才由钟杨两人提出来。然而，要使之成为现实，却比登天还难。可恨的南宋朝廷派来官军，勾结金兵，封锁湖面，妄想把义军困死饿死在君山岛。钟杨两位首领想冲破封锁，也打了不少胜仗，无奈敌军势力过于强大，无法取得决定性的胜利，一时竟然束手无策。战局一下子对义军相当不利，钟杨两人非常着急。

却说岳阳楼旁有个名医叫李济仁，他精通医术，节操高尚。穷人看病，他从来不收诊金。每逢瘟疫流行，他就在街头义诊，免费为过往行人发药，深得当地居民的尊敬。他见义军起事后，杀贪官，打恶霸，做了许多令老百姓想都不敢想的大事，真可谓是老百姓的再生父母，心里对义军十分拥护。义军有难，巴陵城里的穷人心慌，他也急得吃不好睡不香。一天，他又久久地长吁短叹了，晚上躺在床上也辗转再三难以入睡。不知到了什么时候，迷糊中他看到一个道士隐约在空中，说："吾乃吕洞宾是也。汝若有心救义军，吾就赐你红蜘蛛一只，它喝足了童男童女的鲜血，能够在芭蕉湖钓出聚宝盆，解义军不日断粮之危。"

听到可以救义军，李济仁大喜，一惊醒来，才觉是南柯一梦。他顺着月光往上一看，梁上似乎粘着一个盘箕大的圆形东西，那家伙好像还在屋梁间蠢蠢欲动。他心中疑惑，爬起床，点亮灯，仔细看那物，原来真是一只大蜘蛛！只见它面目峥嵘可怖，通体血红，竟是见所未见。他不觉又是大喜，想："难道真的是吕仙相助？如是，义军无虞矣！"

"可哪个父母愿意献出自己的儿女？时不我待，不如就让小龙小凤……"想到这里，李济仁不觉心中如乱刀绞割，万箭穿刺，几乎昏倒在地。

刹那间天已破晓，又是黎明。李济仁叫妻子做了一桌丰盛的饭菜，中午一家人会餐。小龙小凤从来没有吃过这么好，感到十分奇怪，不停地问："今天是什么特别的日子，搞了这么多好吃的？"他也不多说，只劝儿子女儿吃多一点，吃饱一点饭后，他将儿子女儿带到卧室，问："小龙小凤今年多大了？"小凤抢着回答："我们是双胞胎，前天刚过十四岁，爹爹怎么就忘记了？"他没有回答，又问："钟相杨幺两位英雄在君山起义，如今有难，你们愿不愿意相助？"小龙回答："爹爹从小教我们要行侠仗义，钟杨两位英雄是我们心中的榜样，他们有难，我们如何不愿意帮忙？"看到儿子女儿英气逼人，李济仁称赞说："好样的！爹爹没有白养你们。"接着将梦中所见一一告知，小龙小凤含泪答应了。李济仁跑了出来，夫妇俩抱头痛哭。

过了一会，卧室中红光渐起，之后冲出一团红云，往芭蕉湖方向飞去。

花开两朵，各表一枝。这日，钟相杨幺正在为马上要断粮而一筹莫展。突然，一名军校来报说一团红云由巴陵城飞了过来，不知为何物，请下令如何处置。两人大惊，急忙外出察看。只见半个洞庭湖染上了红色，空中一个庞然大物在快速移动。两人以为是官军使用什么新式武器，急忙命令弓箭手做好准备，以防不测。说时迟，那时快，没有等他们反应过来，面前就多了一个金钟，金钟上一只硕大的红蜘蛛，它慢慢地变小，缩进钟中，隐没了踪影。更奇怪的是，丢一颗谷子到金钟里面，马上就变成了一满钟；放一个铜钱进去，立即就有了满钟的钱币。从此，义军有吃有穿，再也不怕官军的围困，队伍发展得越来越大，还打了数不清的胜仗，弄得皇帝老儿晚上睡不着。

如今，君山上还有个地方叫"宝钟岭"，传说就是当年钟相杨幺放置金钟的地方。

除暴弱女化仙梅

明崇祯十一年（1638 年），一个叫陶宗孔的推官决定重修岳阳楼。如何修好名楼呢？传说重修的头天晚上，陶宗孔召集负责工程的二十四个能工巧匠，征求他们的高见。这二十四个人都是从四面八方招集而来，人人身怀绝技，只有一人名叫皮三，对维修工程狗屁不通，是个典型的纨绔子弟。他是怎么混到这里面来的呢？原来，这皮三的父亲是巴陵的一方首富，腰缠万贯，而且无恶不作，独霸一方，老百姓们都敢怒而不敢言。这皮三也是整日游手好闲，沾花惹草。当皮氏父子听说要重修岳阳楼时，便认定有油水可捞。于是，皮老财带着皮三找到负责招集能工巧匠的陶宗孔的师爷。一番交易之后，皮三便摇身变成了精通土木建筑的行家了。而陶宗孔却还蒙在鼓里呢。

话说陶宗孔召集能工巧匠们在岳阳楼外的一家名叫"望来春"的茶馆，众人一边喝茶，一边献计献策。唯独这皮三游手好闲惯了，坐下来之后便觉得浑身上下不自在，尤其是大家说的那些工程方面的话，他闻所未闻，更别说献计出谋了。他于是趁大家不注意，悄悄溜了出去。回到家中，叫上打手，又威风凛凛地在大街小巷胡作非为了。

皮三一行在街上闲逛了一圈，备感无聊，忽然看见走来一个女子，眉清目秀，长得水灵灵的。皮三一见，直流口水，一双淫荡荡的眼睛直勾勾地望着那女子。

"小妹妹，你叫什么名字？"

"我叫梅香，老爷。"梅香是到岳州城走亲戚的，并不认识眼前这个人便是臭名昭著的皮三。

"梅香，多好听的名字。怎么样，陪少爷我玩玩。"这皮三早已按捺不住，出手对梅香动手动脚起来。

这梅香虽是乡下姑娘，却从小跟随父亲练过拳脚，习得一身好武艺。她哪里容得别人对自己耍流氓！只见她施展拳脚，三下五除二便将皮三一帮人打得落花流水。皮三吓得拔腿就跑，跑到前面一条小道上。道旁有个粪坑，皮三被梅香打得眼冒金星，早已不辨东西南北，一个趔趄掉了进去。说来也巧，这粪坑挖得出奇深，足有一人多高。皮三掉进去后，左挣扎右挣扎，终于还是没能爬上来，一命呜呼了。这真是恶有恶报！沿途百姓无不拍手称快，纷纷感谢梅香姑娘为民除了害。梅香姑娘见出了人命，吓得呆了，手足无措。就在此时，一个道长走到她面前说："姑娘，你有仙根，随我去吧。"说完，便拉着梅香的手飘然而去。

第二天，岳阳楼维修工程开始，民夫们开始挖掘地基。突然，有人惊叫一声"快看，一块石板！"众人循声望去，果然看见一块四四方方的石板，上面沾满了泥沙。岳阳楼的地基乃土质结构，如今挖出一块石板来，立时引起人们的关注。陶宗孔也赶到了工地上。他命人洗去石板上的泥沙，看看石板究竟是什么样子。当水接近石板时，面上的泥沙竟自动消失了，露出洁白如玉的石面。陶宗孔抚摸着石板，仔细一瞧，又发现石板的一面显出一枝枯梅，约二十四萼，均没有叶子，其中有一枝断了枝。枯梅纹理相当苍劲，宛如国画写意。恰在这时，有人来报告昨晚皮三的事。陶宗孔听后，惊得半晌说不出话，他喃喃自语道："仙意，仙意！"

陶宗孔马上命人在岳阳楼旁修建一座小亭子，将挖掘出土的石板立在亭子中央，以示纪念。可惜后来由于兵荒马乱和洪涝灾害，亭子倒塌，石板也不知去向。

清乾隆四十一年（1776年）的一日，巴陵知县熊懋奖到乡间体察民情。他微服私访，来到一户村民家中，详细询问了家庭状况后，不觉已是正午。村民便留这位不速之客吃中饭。熊懋奖也不讲客气坐下便吃。端上桌来的都是些小菜，但味道出奇得好，熊知县吃在口里，甜在心中，不禁连连称赞道："好味道！好味道！"村民忙说："不瞒先生您说，我家妇人以前最惧弄饭菜，因她做的菜味道太差，连家禽都不愿尝，可自从我家砌了一口新灶后，灶中的火出奇地烧得旺，还时不时闪现蓝色的火苗子。说来真怪，我家妇人的饭菜从此以后做得越来越香了。"

熊知县一听，也觉奇怪。不由自主地走到村民的灶台边，往里一看，他"哎呀"一声："这不是岳阳楼遗失多年的那块石板吗？"当下便要村民将石板换下来，怎奈因经过多年烈火焚烧，石板已碎烂成几块。熊知县让人将石板搬回府中，拼凑起来，并请来当地最有名的画家照原样临摹一幅，刻在一块青石板上，反面则记载着它的来历。熊知县重修岳阳楼时，又修建了"仙梅亭"，并将此石板立于亭中。于是便形成了现在岳阳楼、三醉亭、仙梅亭"一楼两亭"并立的建筑格局。

人石相恋结奇缘

岳阳楼前有一个仙梅亭，据说起源于一块仙梅石。其实在很久很久以前，洞庭湖畔曾出现两块奇石，一块为仙梅石，一块便是石红莲。仙梅石为一个落魄书生所得，他把它献给了朝廷，于是便有仙梅亭。至于石红莲呢，据说是被一个叫苦八哥的所得，苦八哥以他真诚的心，浇灌出了石红莲的生命，于是有情人终成眷属。他们共同编织了一段美好的故事。

传说从前，岳阳楼附近的白鹭洲上有一间矮小的茅屋，里面住着一个年轻的后生，人们不知道他姓甚名谁，因为他生活贫苦，人们都叫他苦八哥。苦八哥三岁的时候父母就死了，从小跟着一个老渔人一起生活。他六岁那年，老渔人也死了，他便接过老渔人留下来的烂船破网，干起打鱼的营生来。他从早忙到黑，刚刚糊住一把嘴。三年后的一天，苦八哥到洞庭湖里去打鱼，结果鱼没有打到，倒是打起了一块像红莲一样的石头。人们都说一块石头有什么用，只能玩一玩而已，不如把它丢掉。而苦八哥不以为然，反而十分爱惜，把它轻轻地放置到水缸里，用心地养着。早晨起来的第一件事情就是去看石头，给石头换水。出去打鱼的时候也是先看一眼这块石头，然后跟它说再见。打完鱼回来，他总将一些鲜活的小鱼放入水缸，让石头在水缸里有伴，不感到寂寞。到了夜晚，苦八哥什么地方也不去，就呆在石头边，把自己的心里话讲给它听，好像石头就是自己的红颜知己似的。

有一天夜里，苦八哥做了一个梦，梦见自己和洞庭龙王的四公主成亲了。可是当他和四公主肩并肩，亲亲热热地进洞房的时候，却不由得笑醒了……睁开眼睛一看，自己还是冷冷清清地躺在破茅屋里，一只手伸在水缸里抚摸着细腻的石红莲。苦八哥不觉长长地叹了一口气，自言自语道："不知什么时候才能娶上媳妇呢？也许要一辈子打光棍了。"从此以后，苦八哥常常惦记着这个美梦，对这块石红莲加倍地疼爱。

一天傍晚，什么也没有打着的苦八哥没精打采地回家。当他推开门，不觉愣住了：房子里收拾得整整齐齐，桌上摆着热气腾腾的饭菜。他正好肚子饿了，三下五除二，一下子便把饭菜吃完了。他觉得这是他平生吃得最香最饱的一次。他上床睡觉，一看那床破被子已经缝补得好好的了，衣服也洗得干干净净地叠在那里。这也是他睡得最好的一个夜晚，晚上还隐隐若若感到有人给他盖被子。

第二天清早，苦八哥把鲜鱼挑到岳阳城去卖掉后回到家里一看，一切又和昨天一样，什么都收拾得停停当当了。他想一定要把事情搞清楚。第三天他没有出去，悄悄地躲在屋后的柴草堆里，在墙上挖了一个小洞朝屋里看着。突然，听到水缸里一阵"哗啦哗啦"的水响，只见那朵石红莲慢慢地伸出水面，轻轻地摇了一下，立刻变成一个美丽的少女从水缸里踏了出来。只见那梳着两条乌黑的辫子、一对水汪汪的大眼睛、白里透红的脸蛋和那石红莲一样好看的少女开始为苦八哥做起饭来。苦八哥静静地望着她淘米、洗菜、刷锅，接着又去烧火。苦八哥再也按捺不住了，猛地一下冲了进去，把她紧紧地抱住，原来她真的是洞庭龙王的四公主，她经常看到苦八哥在洞庭湖打鱼，早就春心萌动。她变成一块石红莲来到苦八哥家，更是被苦八哥的一片真心所感动，决定嫁给苦八哥。

以后四公主就在苦八哥的茅屋里住了下来，两人过着恩爱的日子。不久洞庭龙王知道了这件事，大发雷霆，把苦八哥抓进龙宫处死了。四公主伤心欲绝，自杀而亡，她死后便变成了红莲花。

苦妹登仙剪刀池

岳阳楼附近有一个水池叫剪刀池，剪刀池的水又清又亮，早上岳阳楼附近的村民常常来剪刀池边挑水，女人们就以水为镜，打扮和欣赏自己的容颜。如果此时有风吹来，池水则微微荡漾，如像一把把细长的剪刀，剪去昨日的倦容。尤其是夏天的时候，很多人把凉床也搬到剪刀池旁，小孩们在大人们蒲扇的摇曳中进入剪刀池的传说。

很久很久以前，岳阳楼旁边的一间破茅屋里住着母女二人。因为她们的生活过得非常穷苦，人们都管那母亲叫穷嫂子，管那女儿叫苦妹子。母女俩靠着为别人织布维持生计。穷嫂子织了大半辈子的布，也不知织了多少丈，但自己却从来没有穿过一件像样的衣衫，过着衣不蔽体的日子。苦妹子从四岁就开始学纺纱，纺到了十五岁，也不知道纺了几千几百两纱，自己却连一条破裤子都没有。要出去办事或走人家，只得穿她母亲那条穿了几年的又大又破的裤子。在家里只好用一块破麻布条围在身上。

再说苦妹子到了十八岁那年，母亲的那条破裤子几乎也不能穿了，苦妹子也成熟得像一个大人了。左邻右舍的人都说，穷嫂子再不给苦妹子弄条好裤子，今后怎么嫁人呀。要么干脆送到李员外家当丫鬟算了，也好赚点吃的穿的，要么送到陈员外家去当童养媳，今后过好日子。穷嫂子自从丈夫在洞庭湖捕鱼葬身湖底后，与女儿相依为命，女儿就是自己的命根子呀，说什么也不能把女儿送到别人家受折磨。

一日穷嫂子拄着拐棍，提了一个破篮子乞讨去了，她想讨一条裤子回来。那时候人们都穷，好过日子的那些员外们心肠都那么黑。穷嫂子在外面奔波了七七四十九天，连自己的肚皮都没有填饱，哪能讨回裤子呢？苦妹子只好整天呆在家里的灶角柴湾边不敢见人。苦妹子常常等到深更半夜，才从后门溜出去，悄悄地来到湖滩上扯些野菜，到屋后那口小池塘洗干净了，再拿回来当饭吃。

有一夜，圆得像玉盘一样的月亮照得遍野亮堂堂的。苦妹子又是没有穿衣服前去扯野菜，之后再到池塘洗干净。刚刚来到池塘边，只见池塘里浮出了一个美丽的姑娘。苦妹子大吃一惊，以为碰上了神仙鬼怪。待她看仔细，原来竟是自己的影子！苦妹子这才觉得自己那么美，婀娜的身段，大大的眼睛，一头如瀑的秀发，尤其是这胴体十分迷人。苦妹子索性跳进水池，仔细擦洗自己的身子起来。这时她禁不住想，如果有一身漂亮的衣裳穿在身上该有多好。正在想着想着，忽然看到池水里飘起了一匹雪白的绸缎。苦妹子高兴得不得了，当她游到水中央捡绸缎的时候，水中的绸缎却忽然不见了。

从此以后，苦妹子经常精神恍惚，晚上常常做噩梦，眼中全是白色的绸缎。一连几天，苦妹子饭也吃不下，话也不讲一句。这下可把穷嫂子吓坏了，穷嫂子不知道自己的女儿得了什么病，也没有钱为女儿请大夫看病，急得像热锅上的蚂蚁。一天深夜，苦妹子突然叫了起来："妈妈，妈妈，我们再也不要愁了，以后我也不会没有裤子穿了。"穷嫂以为苦妹子的病又发作了，连忙把苦妹子叫醒。原来苦妹子在做梦，梦中她看见天上的织女把她们织的绸缎丢下来，从天上一直吊到屋后那个池塘里，谁也量不清有多长。苦妹子用力拉着绸缎，却怎么也拉不下来。忽然有一个织女用一把剪刀把绸缎剪断了，绸缎和剪刀都掉到了池塘里。

第二天晚上，苦妹子又到池塘里去洗野菜，这次她真的看见了许多白色的绸缎飘在池中，她大着胆子把绸缎拉上岸来，发现里面还真的有一把剪刀呢。苦妹子把绸缎和剪刀拿回家里，穷嫂子见了，以为是苦妹子从哪里偷来的，便气呼呼地要打她。苦妹子便将来龙去脉讲了出来，穷嫂子不相信，苦妹子便把她带到池塘边，用剪刀又剪了不少绸缎。穷嫂子再也没有动手打她，还高兴地说："像我们这样穷得有志气的人，老天爷会来照看的。"

从那以后，穷嫂子便不再叫穷嫂了，苦妹子也不叫苦妹了，她们在岳阳楼上办了一个绸缎店，当起了老板，她们的绸缎卖得非常便宜，还送了许多给那些没有衣服穿的穷人。后来皇上看中了穷嫂子的绸缎，特意派人来到岳阳请她们进京专门为自己做龙袍。穷嫂可不敢与官府来硬的，便说过了三天就进京。第二天晚上，穷嫂却带着苦妹跳入了屋后的小池塘。据说有人看见她们母女俩从池塘里踏着那白色的绸缎一直走到天上去了。人们为了纪念这对母女，便将那口池塘取名为"剪刀池"。

乾隆吕仙成对联

洞庭湖口古代有一石砌平台，名八仙台，据说是因吕洞宾曾在此邀集众仙游洞庭湖而得名。从八仙台南行数十步，有一万岁庙，是州府官员定期朝拜万岁牌的地方。过去这一带，湖上帆船密集，渔舟如梭，街上人群熙攘，热闹非常。

话说当年乾隆皇帝游江南来到了岳阳，纶巾便服，脚踏芒鞋，来到八仙台闹市，了解民情。他被这鱼米之乡的富庶景色所吸引，心情十分宽慰，便信步登上八仙台，极目远眺洞庭风光。忽见台上一个游方道人坐在八仙桌旁，桌前围布上大书"八仙神课"四字。细看这位先生，碧眼朱唇，红光满面，五柳长须垂在胸前，手执拂尘，潇洒飘逸，口里念念有词。乾隆看罢，总觉得好像哪里见过，但又记不起来，便上前打拱道："先生万福，愿求一课，请问前路吉凶。"先生看了乾隆一眼，顿时失色，但很快又复常态，谦恭地答道："观你像个读书之人，不是平凡之士。要我占课不难，得先对副对联。对得好，为你占课，不收分文，对不好，请另请高明。"乾隆说："请出上联。"先生说："别人来对，我出上联，你非同一般，得你出上联。"乾隆听罢，忙说："也可以。"他看了看桌布上的字，脱口而出："八仙台上遇八仙，八仙，八仙，八八仙。"先生听罢，连忙上前深深揖道："万岁庙前拜万岁，万岁，万岁，万万岁！"乾隆皇帝听罢哈哈大笑，说："对联对得好，毋需占课了。"听罢若有所思，扬长而云。占课的先生见乾隆走了，将这副对联写在八仙台的墙上，收起龟壳笔砚，蹒跚而去，转眼不见。此事传开，来八仙台看对联的人络绎不绝，舆论沸腾。

过了数日，岳州知府接到京城文书，说万岁爷驾临岳州，吓得岳台大人面如土色，连忙焚香顶礼，整衣束带，亲自到城中迎接，寻遍全城，未觅踪影。当他来到八仙台，只见围观对联的人挤得水泄不通，又听人们众口传说前几日一官人与一道士在此对对联之事，知府一时目瞪口呆。旁边一老人对知府说："对联对得好，可惜你来迟了！"知府刚要回话，老人又不见了，知府恍然大悟，他说："这是皇上南游，凡人不识，被吕仙说破了，这副对联系皇上与吕仙所对无疑了。"说罢跌跪尘埃，连连磕头。围观的人们说："未必当真！"知府说："你们看，对联已写明白了，上联说明皇上认出了吕仙，下联是说吕仙也认出了皇上。"大家一看连连点头。从此乾隆皇帝与吕洞宾对对联的事便流传下来。如今八仙台早已坍塌，万岁庙后改为洞庭庙，遗址犹存。

李调元妙对讽巡抚

巴蜀才子李调元（1734～1803 年），是清乾隆年间名满天下的才子，也是著名的戏曲理论家和诗人。相传有一日，李调元舟过洞庭湖口，便命梢公转舵直奔岳阳，至岳阳楼前岸边泊定。李只身上岸，沿石级而上，来到岳阳楼下。举目望去，但见楼高三重，巍峨雄伟，气势不凡，便欲登楼观赏。行至门前却被两个带刀兵勇挡住："且住！今日巡抚大人在楼上赏景，闲杂人等不得入内。"李调元这才注意到楼下空坪上早已围聚不少人，一个个脸上均露出不平之色。李调元上前询问，得知巡抚大人在此楼接受州府官员的轮番宴请，已独占名楼三日，便返身回到楼前，对守门兵勇说："烦你上楼通报，说前广东学政李调元来此一助雅兴。"兵勇见他气度不凡，不敢怠慢，赶忙登楼禀报。巡抚虽然心中不悦，但他素以重才爱士自誉，只得装出一脸高兴，传令相请。

李调元上得楼来，巡抚单刀直入：久闻学士善对，今日同在名楼，岂能无联！吾适得一句，敢请学士对来：

看洞庭秋水，叹一座风骚，真多少能诗能赋？

李调元应声对曰：

读范公遗文，问满楼冠盖，有几个忧国忧民？

这明明是和巡抚出句针锋相对，但对得如此敏捷，以致巡抚和在座官员尽皆失色。

李调元诗才传佳话

相传一日李调元到岳阳楼闲游，只见楼中坐满了人，而且摆着宴席，多是当地的所谓名流和举子，在这里设宴赏景吟诗联句，见他像个庄稼老，竟不让他进楼。李调元却不走，坐在一旁的栏杆上赏景，只听这一伙自名为诗人骚客的文人们，七嘴八舌地引经据典，谈古论今，竟有人把洞宾醉卧图说成是太白斗酒诗百篇，又有人说："不是太白未留句，只因崔诗在上头。"李调元听了好笑，有人看他在听他们论文，就问道："老家伙，你也会诗吗？""一知半解。""那何不也作诗一首？"李调元说："那我就献丑了！"遂接笔写了一首《西江月》词：

> 崔颢未曾到此，何能壁上题诗？此楼不是黄鹤楼，请勿信口雄雌。
>
> 那有洞宾饮酒，醉得太白如泥？张冠李戴真稀奇，何竟如此无知！

有人看出这是对他们的讽刺，怒气冲冲地说："汝系何人，竟如此大胆，对吾等无礼！"李调元微笑不言，又提笔作诗一首：

> 李白诗名传千古，调奇律雅格尤高。
>
> 元明多少风骚客，也为斯人尽折腰。

众人一看，这好大口气呀，刚想发火，有一个小官吏看出了门道，这是一首藏头诗，上面顶头四个字，原来是"李调元也"。立刻对大伙说："这是学政李调元李大人到了，请来见礼。"大家一时呆了，面面相觑过了一会儿，忽然猛省地向李调元杂乱地施起礼来："不知学政大人驾到，多有冒犯，望乞恕罪。"个个都肃然起敬，默然无声了。有位年长的人打破了沉寂说："李大人才高八斗，为人所景仰，请大人赏诗一首吧！""以何为题呢？"有人看见树上落着许多麻雀，就说："就以麻雀为题吧。"心想这个题可是个生题。李调元微微一笑，提笔写道：

> 一窝两窝三四窝，五窝六窝七八窝。

大家一看心中暗笑，这叫什么好句呀！但是未敢出声讽笑。李调元接着写道：

> 食尽皇家千钟粟，凤凰何少尔何多！

大家这才脸红心跳，大惊失色。

张照大笔书雕屏

　　乾隆年间，岳州新上任的知府黄凝道重修岳阳楼，并决定恢复《岳阳楼记》雕屏，以增名楼风韵。但是，谁能题写这千古风流佳作呢？张照！张照是江苏娄县人，官至刑部尚书，是一个难得的优秀宫廷书法家，深得乾隆皇帝器重。但此人恃才傲物，惜字如金，求他写字可不是一件易事。黄知府为此很是费了一番脑筋。

　　正巧，天遂人愿。黄知府这天正在府中思考怎样才能搬得动张照的笔，外面来报，张照奉旨办事过洞庭，欲上岳阳楼一观。黄知府一听，喜上眉梢：真是天助我也！于是马上出门迎接。张照登上岳阳楼看了一圈后，便对黄知府说："皇命在身，不便久留。"这可把黄知府急坏了。正在这时，乌云骤集，风雨大作，张照的皇船不得行，只能停留在岳州府。

　　黄知府立即摆席设宴，为钦差大人接风。酒席上，黄知府有意不谈政务，专论书法，这正合张照心思，自然情绪高昂。渐渐地，黄知府把话题慢慢说到岳阳楼的"四绝"之一的雕屏上：如今岳阳楼已被修复，范公的《岳阳楼记》尚存人间，我等有心重现"四绝"之盛，可惜当今还找不到哪一支如橼巨笔可与当年苏子美相匹比……这张照乃性情中人，一听此话，脸露不悦。他强忍住不快，说道："若真的无人命笔，本官试试如何？"黄凝道见激将成功，受宠若惊："那敢情太好了，下官真是有眼无珠，不识泰山，望大人恕罪！来人，笔墨伺候！"手下人立刻将早就准备好了的文房四宝端了上来。

　　于是，张照静心舒气，开始书写起《岳阳楼记》来。开始时他十分谨慎，一笔一划，字写得相当工整，渐渐地精神放松，字写得越来越豪放。尤其是到了后半部时，酒兴又隐隐发作，他只觉得得心应手，字越来越流畅，到最后几个字时，已是龙飞凤舞，笔走龙蛇了。一幅书法，从楷书下笔，行书、行楷相结合，以草书落款，运笔流畅，一气呵成。说也奇怪，张照刚写完这幅作品，湖上立刻风平浪静，云开雾散了。

　　送走张照后，黄知府马上派人从交趾买来上等紫檀木，并选派最好的雕刻匠日夜赶刻。不到一个月的功夫，就把这篇千古佳文分十二块雕刻在长3.16米、宽4.16米的屏上了。这就是如今嵌在岳阳楼二楼的雕屏。

大浪淘沙存雕屏

　　当游客信步岳阳楼时，就会发现岳阳楼的一楼和二楼都有一套张照所书的《岳阳楼记》雕屏。很多人很好奇，为什么楼内会有两套一模一样的雕屏呢？原来这其中还有一段曲折的故事。

　　传说道光年间，岳州来了一个姓吴的知县。这吴知县肚子里墨水不多，却偏偏喜欢附庸风雅，舞文弄墨。他一到任，就被岳阳楼悬挂的张照所书《岳阳楼记》雕屏所吸引住了。张照那飘逸苍劲的书法，那精致的做工，无不使吴知县爱不释手，流连忘返。

于是，人们看见吴知县每天都往岳阳楼上跑。干什么呢？临摹《岳阳楼记》呗！这吴知县倒也有耐心，一练就是三年。三年下来，他拿着自己写的字和雕屏上的字比较，真是不比不知道，一比吓一跳。在张照的字面前，吴知县的字简直未入门，把个吴知县羞得连喊"惭愧"。

这时，吴知县身旁那个尖嘴猴腮的师爷凑到吴知县面前说："老爷，您既然如此喜欢这套雕屏，依我看还不如这样……"说完，将嘴附在吴知县耳旁，嘀嘀咕咕了好一阵。

吴知县听完后，笑得眼睛都眯成了一道缝："妙！妙不可言啊！还是你小子有主意。"

第二天，师爷找来了一个姓何的穷秀才。这个秀才自幼聪慧过人，尤其写得一笔好字，怎奈时运不济，赶考屡试不中，家中贫困潦倒。师爷对何秀才说："知县老爷喜欢这雕屏上的字，你就老老实实地把它临摹下来，重重有赏！"

于是何秀才日也写夜也涂，一年以后，终于写得有模有样了，乍看上去，与真迹毫无二样，把吴知县乐得云里雾里，赏了何秀才一百两纹银。

接着，吴知县又请来一个雕刻匠，用何秀才临摹的字仿制了一套《岳阳楼记》雕屏，并在一个月黑风高的夜晚，将岳阳楼上的十二块紫檀雕屏偷偷换了下来。

三个月后，吴知县告"病"还乡。他择了一个良辰吉日，带着一家老小，当然还有那套《岳阳楼记》雕屏，上了一条大船，偷偷地离开了岳州城。当船行至洞庭湖的九马嘴段时，原本晴空万里的天突然阴霾密布，狂风大作，顷刻间大雨倾盆。湖上风大浪急，没几个回合便将吴知县一家老小掀翻在湖里，全部葬身于湖里。而雕屏因是紫檀木制成的，密度大于水，也沉人了湖底。

从那以后，附近的老百姓发现，每到傍晚时分，九马嘴的湖底便射出道道金光，甚是壮观。老百姓还以为是蚌壳精在作怪呢！直到有一天，有个老渔民出湖打渔时，突然捞上来十二块紫檀木雕屏，湖中才恢复往日的平静。

老渔夫打捞到宝物的事很快传遍了四乡八邻。人们都纷纷跑来争相观看。这事也惊动了一个大学问家，他就是当时湖湘文坛的大文学家吴敏树。吴敏树是土生土长的岳阳人，字本深，号南屏、柈湖先生，早年与曾国藩交好，在湖南文坛上与曾国藩并称"曾吴"。他清高好学，不攀附权贵，本地人都尊称他为"柈湖先生"。

吴敏树赶到老渔民家，见到雕屏，不禁大惊失色："这不就是《岳阳楼记》雕屏吗？"当即以一百二十两银子从渔夫手中买下了这十二块雕屏。

回到家中，吴敏树发现，因为湖中泥沙的冲击，加上老渔夫打捞时的粗心，屏上有好几个字都被损坏了。吴敏树痛心疾首，花了整整半年之久的时间，才补好损坏的字。

民国二十年（1931年），当地政府重修岳阳楼，又以一百二十块银元从早已作古的吴敏树子孙手中购回了这套真屏，并将它悬挂在二楼。至于一楼的那套，虽说是赝品，也有一百多年历史，算是文物了，便将它也挂在岳阳楼。于是岳阳楼上便有了一真一假两套《岳阳楼记》雕屏。

螺仙施术筑湖堤

岳阳楼是一座非常具有灵气的楼台，引得许多仙人前来，或吟诗或赏景，青螺仙子就是其中一位。

有一天，青螺仙子变成一个美丽的女人来到了岳阳楼。这天，岳阳楼附近有一个叫赵海哥的年轻人也来到岳阳楼解闷，他快三十岁了却还是光棍一条，家境十分不好。他一边叹气一边道，范先生能先忧后乐，境界之高无人可与攀比，我一介穷夫连老婆都讨不到，还忧乐什么啊。这时青螺仙子走过来，看到赵海哥这么灰心丧气，便点化他说：男子汉顶天立地，何愁没有出路，何愁讨不到老婆呢。洞庭湖畔水患多田地少，如果在青螺湖口筑一条长堤，既可阻挡水患，又可围湖造田，何乐而不为之？

自从与青螺仙子洞庭湖畔相遇后，赵海哥一改过去的懒惰，召来一群单身汉，跟他们商议说："兄弟们，像我们这样的穷光蛋，一无田二无地三无房，长年累月打单身，过着三天打鱼两天晒网的日子，太没出息了。我说为什么不在青螺湖口筑一条大堤，把洞庭湖的水挡住，造一个良田万顷的大垸，在这里种粮种棉，安居乐业啊？"

人们见平时游手好闲的赵海哥今天说出这样一番话，都觉得有道理，是要改变一下自己了。如果有了自己的良田和房子，不怕讨不到老婆。于是大家纷纷表示赞同。第二天一早就有许多年轻人来到青螺湖的湖口。这时候正是水浅滩干的冬季，青螺湖露出一片绿茵茵、茸乎乎的湖草。他们仿佛看到自己今后的良田和房屋，都非常高兴地挑土筑堤。他们挑啊，筑呀，整整一个冬天很快就过去了，扁担不知挑断了多少条，土箕不知担烂了多少只，手上不知打起了多少血泡，肩上不知磨破了多少皮。可是挑到桃红柳绿的时候，一阵春雷，几场雨，洞庭湖的水暴涨了几丈，排山倒海的巨浪很快就把新筑的大堤给推倒了。

他们是饿着肚子挑的呀，洪水一冲，堤垮了，多少心血也付之东流了。好多人禁不住哭了起来。大伙儿都灰心了，只有赵海哥意志坚定。他常常来到湖坡上，望着汪洋的湖水，心里也很难过，但他想得更多的是怎么样才能筑好长堤。他想，好事多磨，青螺湖，我一定要把你造成良田。

日子一过又是一年，又到了水浅滩干的季节。赵海哥走村串户到处邀人加盟到挑土筑堤的队伍中，但是人们都对筑堤失去了信心。赵海哥不知做了多少思想工作，只说动有一些见识的老人。他们一上工地，就不分昼夜地挑呀筑呀。可是劳累了快个把月，成效总不如意。这时又有人说风凉话了："愚公移山不知要移多少年代呢，也许你们都成了古人了，这堤还没有一点影子呢。"赵海哥也是急得吃不下饭睡不好觉。他常常一个人半夜三更就起来挑土筑堤，哪怕肩膀磨得鲜血淋漓，也还是不停歇一会儿。

有一天深夜，赵海哥又一个人来到工地。这时又圆又大的月亮照在工地上，整个湖滩变得那样的美丽。赵海哥无心赏景，仍然不停地干着。不知什么时候，一个穿着绿衣翠裙、留着一头乌黑头发的姑娘来到湖滩上。只见她一边朝赵海哥走近，一边对他说道："赵海哥，今天是你的生日，也不休息一下，来，来，让我帮帮你。"赵海哥抬起头来一看，发现是那天在岳阳楼上见到的姑娘，心里不由得怦怦直跳起来。赵海哥问你来干什么。那姑娘说，看见你们太辛苦了，我才来帮你们的。说着，她便把盘在头上的长发用剪刀剪了下来，并递给赵海哥说："把我的头发系在每个人的扁担上、锄头上，干起活来要省力得多呢。"说完她飘然而去，远远地有一个声音传来：我是青螺仙子。

赵海哥把他的奇遇告诉了前来筑堤的人们，并一人发一根细长的头发。果然，那系着头发的锄头掘下去，就能挖出九九八十一担泥来；那系着头发的扁担轻轻地往肩上一挑，就能担起三六一十八担土来。消息一传开，十里八里的种田人都赶来筑堤了，赵海哥照样每人给他们发一根头发。大家挑的挑，挖的挖，青螺湖上热火朝天，一片繁忙。没有用多少时间，一条八里长的大堤横出洞庭湖岸，把洞庭湖与青螺湖隔开了。

以后，人们的生活日渐富裕起来，赵海哥这帮单身汉都娶上了如花似玉的老婆，过起了男耕女织的日子。赵海哥经常携儿带女到岳阳楼上去看看，他多么希望能在岳阳楼再看一眼青螺仙子，然而再也没有见到她的踪影。

名楼立碑树新风

岳阳楼，历来就是游人荟萃、骚人墨客登临感慨之所。为了维护游览胜地的秩序，历代官府均在此立有告示，严禁滋扰。光绪六年（1880年），知府张德容不仅重修了岳阳楼，奠定了现在岳阳楼的基本形制，还制作了一块告示牌，立条例，定秩序，倡新风，使得岳阳楼之面貌焕然一新。碑文如下：

为出示严禁事：照得岳阳楼为郡城名胜之处，士民登览，本所不禁。推以仙迹遗存，理宜肃静。乃有不安本分之徒，登楼游览，竟敢任意喧哗，且有互相争斗者，殊属不成事体。合行出示严禁为此示，仰士民人等知悉，嗣后登楼游览，务各恪遵礼法，不得肆行喧闹。三醉亭及旁抱夏翼屋，原为游人酣息之所，不得酗酒滋闹。遇有官绅因公聚焦，游人各宜回避，不得擅进滋扰。自示之后，倘再违玩不遵，定即拿案惩治不贷。特示。光绪六年十二月十二日。

该碑现在仍珍藏于岳阳楼景区内。今天，岳阳楼景区中外游客不断，其盛况已远超光绪时。但昔日告示中的规章条例，在今日看来却仍是我们应恪尽遵守之责。

蒋介石允修岳阳楼

蒋介石（1887~1975 年）是近代史上一位颇具争议性的人物，历来对其评价不一。抛开他的政治事迹不谈，他与岳阳楼还是有很深的不解之缘的，对于岳阳楼的发展产生过比较重要的作用。

民国 20 年（1931 年），蒋介石任国民党军事委员会委员长，在江西行营指挥对中央革命根据地进行第三次"围剿"，8 月在武汉休息。不久，蒋氏夫妇欲往衡山游览，往返途中都到了岳阳楼。9 月 27 日晨，蒋介石一行由汉口乘"楚有"舰溯长江上驶，由国民党湖北省政府主席何成濬、湖南省政府主席何键，以及 20 多位国民党高级将领等陪同前往。28日，军舰进入岳州境内，蒋介石与宋美龄凭栏远眺，但见秋水云天，风云际会；沃野平畴，绿树成荫。乃谓左右曰："自临湘经白螺矶、道陵矶、烟墩矶以至城陵矶，风景皆足酰，诚一福地，苟得渔钓于斯，不求闻达，亦一福人也。"正午，舰抵岳州城。这一天，岳阳地方当局宣布全城戒严，岳阳警备司令段珩亲率保安第六团全体官兵进行护卫，以策安全。而段珩及党政要人早在码头边迎接。蒋介石到达岳阳后，稍事休息，就驱车前往岳阳楼参观游览。在岳阳楼再次浏览了范仲淹的《岳阳楼记》雕屏，便登楼观赏湖光山色。然后，蒋介石一行在岳阳楼二楼小憩。住持道士徐至炎趁给蒋介石进茶之机，向蒋介石禀告古楼的破坏情况，苦求蒋介石"恩赐重修"。蒋介石到长沙后即指示何键要修好岳阳楼。何键表示"斯楼系全国名胜，非大加修葺，不足以壮观瞻而光湖山；至所需经费，湖南省政府可酌予补助"。由于蒋介石没有去过君山，急于一睹其风采，很快就离开了岳阳楼，坐轿去南津古渡，乘船去君山。游罢君山，后旋即换乘"江鲲"舰溯湘江南行，前往南岳衡山游览。

10 月 8 日上午，蒋介石、宋美龄游览衡山后，自长沙乘军舰抵达岳州，在岳阳楼下换军舰入长江返回武汉。登舰之前，再次游览了岳阳楼。据《大公报》记载，蒋介石这天"以该楼为古名胜，实有重修之必要，特捐洋一千元，并函该县商会常务员萧方钰早日兴工，俾早观厥楼"。当蒋介石离开岳阳楼，回南京不久，何键一方面从长沙选派工程师周凤九赴岳阳勘视计划，为修葺岳阳楼做准备；一方面与谭常恺、曹典球等三十多名湖南头面人物发出《重修岳阳楼募捐启》，向社会各界募捐，谋求大修岳阳楼。其结果，湖南省政府拨出银洋 1.2 万元，地方募捐银洋 1.8 万元，由驻防岳阳的旅长段珩、教育局长廖莘耕主持修葺，于民国 21 年 10 月 10 日开工，民国 23 年 2 月 17 日举行落成典礼，其中岳阳楼率先竣工，民国 22 年端午节对游人开放。这次修葺岳阳楼竣工时，由湖南省政府主席何键书写"岳阳楼"三字匾，亲自主持上匾庆典，悬挂在岳阳楼上。同时，何键为粉饰太平，炫绩邀功，又特请蒋介石为修成的岳阳楼"赐墨"。在民国 23 年（1934 年）春天重修完工之后，蒋介石情有独钟，也出于政治需要，在南京挥笔给岳阳楼题写"砥柱中流"四字匾，用小火轮送到岳阳楼，挂在岳阳楼三楼内，熠熠生辉。1935 年 3 月 10 日至 17 日，湖南

《大公报》记者李抱一随湖南水利研究会组织人员赴洞庭湖勘查水利，于 3 月 10 日午后 2 时抵达岳州，并游览了岳阳楼。他在《抱一遗书·洞庭游记》中说："何芸樵（即何键）榜书'岳阳楼'，蒋介石榜书'砥柱中流'，足显斯楼之为新制。"其中蒋介石应邀书匾为白底绿字，匾长 1.5 米，宽 0.4 米。此匾在 1949 年 7 月岳阳和平解放的欢呼声中销毁，却令人遗憾。

"江山也要文人捧，江山也需伟人扶。"从蒋介石几上岳阳楼可以看出，他既喜游历，又酷爱岳阳楼。对于蒋介石的政治立场和为人品格，史家自有评价。但他对于 1932 年大修岳阳楼的确发挥了决定性的作用，功不可没。岳阳楼维修问题之所以能得到蒋介石的高度重视，是因为"洞庭天下水，岳阳天下楼"所心向往之，以及"莫不兴于仁智之心"的共同驱使而为，从而使岳阳楼得到了及时的保护，也大大地提高了岳阳楼的知名度，进一步"因人成胜概"。

郭沫若书岳阳楼匾

当游人瞻仰岳阳楼时，每每对三楼楼额横匾上那雄奇而潇洒的"岳阳楼"三个金色大字，发出不绝的赞叹。楼匾上并没有落款，很多人都不知道这三个大字是出自哪位书法家之手。其实这是当代名家郭沫若的手迹，这其中还有一段故事。

郭沫若是当代著名的文学家、史学家和书法家。他的书法运笔自如，潇洒流畅，飘逸秀颀，布局匀称，使人见后顿生华丽、秀美之感。难怪全国各地许多书刊敬请郭老书字，许多游览胜地皆以有郭老述怀或题词为荣。这不仅因郭老乃世界文化名人，而且确因他的书法是字中珍品之故。

岳阳楼在 1961 年以前悬挂的匾额，系民国湖南省政府主席何键于 1933 年所书。何键是追随蒋介石的国民党政客，新中国成立以后，广大群众要求更换"岳阳楼"匾。但由于国家初创，经济不足，百废待举，未能如愿。1961 年国家才拨少量用款维修岳阳楼。此时岳阳楼管理所所长陈忆吾应群众之请，决定更换岳阳楼匾。于是托其长兄中共中央委员陈赓大将向毛泽东主席转呈了岳阳县委的信件，请求书写岳阳楼匾额。毛泽东主席略事考虑后，谦逊地向陈赓大将提议，改请文史专家郭沫若书写为宜。于是岳阳楼负责人陈忆吾在陈赓夫人陪同下前往郭沫若处，向郭老转达了毛主席的提议，郭老当即表示："主席嘱托当完成。"过了不久，郭老便将笔力雄健、布局严谨的"岳阳楼"三个大字墨迹，寄到岳阳。手书未落款署名，郭老认为岳阳楼乃天下名楼，将自己的名字签上制成匾额后感到不妥，足见郭老是多么谦逊！

岳阳县委收到郭老的字幅，也是欣喜异常，赶紧选好木料，刷上黑色底漆，制成金字匾额，悬挂在了三楼楼额之上，换掉了原何键手书匾。人们遵照郭老的意见，没有刻上他的名字。

郭老题写的"岳阳楼"匾，笔力遒劲，刚柔兼备，结构严整，让人感觉酣畅淋漓，赏心悦目，十分大气。它与暗红的窗楼、黄色的琉璃瓦和雄浑威武的盔顶结构浑然一体，交相映衬。远远望去，它又不失为岳阳楼整个精巧外观的灵气所聚、点睛之笔。

如今，郭沫若先生题写的"岳阳楼"匾额已经录入了《中国名匾》之中，手书墨迹原件则珍藏于湖南省博物馆内。

毛泽东奋书杜甫诗

唐代著名诗人杜甫晚年漂泊于湘江洞庭湖一带。大历三年（768 年），杜甫在病困潦倒之中来到岳阳，写下了被后人称为"登楼第一诗"的具忧国忧民心境、凄凉落寞又宏奇伟丽的《登岳阳楼》诗：

昔闻洞庭水，今上岳阳楼。
吴楚东南坼，乾坤日夜浮。
亲朋无一字，老病有孤舟。
戎马关山北，凭轩涕泗流。

现今岳阳楼上三楼正壁，悬挂着杜甫这首诗的诗屏。屏中字体笔意豪放，雄健挺拔，似以一泄千里奔放之意来抒发杜老先生悲天悯地忧国之情。人们在欣赏时不难看出诗屏字体所具有的"毛体"风格。确实，这正是毛泽东亲笔手书的诗屏。

一般风景名胜都极少见到毛泽东除革命以外的字书题词，而且 1961 年，原岳阳县文化馆陈忆吾馆长托其胞兄陈赓大将请毛主席为岳阳楼题匾，当时毛主席转请郭沫若书写。缘何岳阳楼又有毛泽东的这幅字体呢？

关于这幅字屏，历来有两种说法。

一说是 1964 年 7 月，毛泽东巡视南方后坐专列返京。当车窗外出现浩淼的水景时，毛泽东问当时随行的湖南省委书记张平化列车所处的位置，张平化回答：已进入岳阳。毛泽东在 20 年代初曾三次来岳阳做建党工作和组织工人运动。毛泽东沉思起来，或许他老人家回想起以前的峥嵘岁月，回想起他登临过的千年古楼。片刻后，毛泽东展纸挥毫，书写了这首杜甫的《登岳阳楼》诗。

另一说是在毛泽东主席逝世后，工作人员清理遗物时在书案上发现了此件书体。80 年代初，文物出版社和档案出版社联合出版的《毛泽东手书古诗词选》将此件书体录辑，此书体才得以面世。

关于这两种说法，人们莫衷一是。到 1995 年，原中共中央办公厅主任汪东兴参观岳阳楼时证实，毛泽东主席手书杜甫诗原件是主席逝世后，负责清理的工作人员发现的，而且，根据对原件所放位置和对墨迹的判断，书写的时间应在1976年春夏。由此看来，这两种说法中，第二种说法是真实可信的。

在毛泽东所书这幅诗中，人们还发现了两处有趣的现象。

一是诗中将原句"老病有孤舟"中"病"字写为了"去"字。毛泽东诗通古今，一般是不可能写错别字的。毛泽东办事认真，在他的很多书稿中都有宁可涂改也不能有错别字的习惯。毛泽东为何要将"病"字改为"去"呢？

二是原件前后无款识。毛泽东的所有书写中，不管是写作还是抄录，都是鲜见到这种情况的。

关于这两种现象，后人予以很多猜测，但也只是众说纷纭，这已经成为一个不解的谜团。只是，自古文人以诗言志，书写他人诗句亦然。从毛泽东所书杜甫的这首诗中，我们仍可以窥探到他晚年时候仍怀有的一种博大的胸襟。

1983年，国家文物局拨款对岳阳楼实施落架大修。1984年完工后，原放于主楼三楼的吕洞宾神像移至三醉亭。根据人们的一致愿望和要求，毛泽东书杜甫诗的雕屏被安置在了岳阳楼三楼。

杜甫、毛泽东，中华民族史上古代和当代的两位伟大的思想家在岳阳楼上以这种独特的方式站在了一起。它显现了楼的气势，更为千古名楼增添了无限光辉。

刘少奇情系岳阳楼

那是1957年5月的一天，春水潮涨中的洞庭湖在清新的晨风里碧波荡漾，点点渔帆在水面繁忙穿梭，古旧的岳阳楼被刚刚升起的煦暖阳光洒落得金碧辉煌……岳阳城的一切都显得那样和谐、安宁和秀美。

早早的，岳阳县委书记贾德润、副书记王汝之一行已经站在岳阳火车站的月台上了。原来，他们接到通知，全国人大常委会委员长、中华人民共和国副主席刘少奇乘坐专列向南巡视经过岳阳，刘少奇主席要和岳阳的负责同志"谈谈岳阳的情况"。

上午8时，列车徐徐驶入岳阳车站。岳阳县委的负责同志一上车就看到了年近花甲、两鬓头发斑白但依然神采奕奕的刘少奇主席，他正在与两位同志交谈。原来，少奇主席还在听湖北的同志汇报工作。

送走湖北的同志后，刘少奇主席一边给大家沏茶，一边以和蔼可亲的语气询问他们是否有足够的时间随同列车一起到长沙。当得知县委正在召开一个重要会议，他们都比较忙时，刘少奇主席说："那我们就在车上谈谈吧！"并马上吩咐秘书将列车调开到备用线上，以免耽误其他列车的正常运行。

岳阳县委的负责同志在刘少奇主席可亲的笑容、随和的语气中放松了下来，他们也像拉家常一样将岳阳的工厂建设、农业合作社、生产、交通、财政等等情况都作了比较详细的汇报。刘少奇主席有时一动不动静静地听，有时点点头，有时又点拨式地询问几句。刘少奇主席这样一丝不苟的态度让在座的人都敬佩不已。

刘少奇主席对岳阳的合作社等工作做了表扬，对某些工作的汇报一针见血地指出还有水分的存在，并指出"眼光要远，一步一个脚印也非常重要"。

刘少奇主席又说："岳阳是个好地方，水里的鱼，田里的粮，鱼米之乡呀！这是地利，更重要的还要人和！……"

话锋一转，刘少奇主席又问道："你们这里的岳阳楼是很有名的古迹，你们对古迹的护理情况是如何的呢？"

贾德润同志向刘少奇主席汇报了岳阳楼的破旧和亟待维修的情况，刘少奇主席说："像岳阳楼这种木结构古建筑，最重要的是防止白蚂蚁哟！"

刘少奇主席又问起在座的人："岳阳这一带的许多历史典故，你们都知道不？"他接着讲起："当时魏、蜀、吴三国鼎立，东吴先有周瑜，后有鲁肃水军驻巴陵，还有诸葛亮，三国演义里写的'火烧赤壁''草船借箭'都是在洞庭湖长江这一带地方，他们在这里留下了好多故事。"

王汝之同志报告刘少奇主席，在岳阳一带还有鲁肃墓、周瑜都督府和小乔墓等遗迹。

"那我还是讲得很对啰！"刘少奇主席高兴地说："鲁肃练水军于洞庭湖，建了阅军楼，岳阳楼的前身就是这个阅军楼呢！……岳阳楼地理环境得天独厚，唐朝时名气就很大了，宋朝的滕子京有魄力，有眼光，重修岳阳楼，请范仲淹作《岳阳楼记》。从那以后，岳阳楼的名声就更响了！"

提起《岳阳楼记》，大家都回忆起 1939 年 7 月，刘少奇在延安马列学院作《论共产党员的修养》的讲演，他当时就引用了《岳阳楼记》中的名言，强调每个中国共产党员都要有"先天下之忧而忧，后天下之乐而乐"的思想素质。

刘少奇主席又提起清朝有个叫张德容的知府，说："他将楼址向后移了六丈多，岳阳楼从此避免了洪水的侵犯，对楼以后的保护起了很大作用。"

刘少奇主席对岳阳和岳阳楼历史的通晓，以及他对其中历史人物的中肯评价，让在座的在岳阳生长的干部们也自叹不如，敬佩万分。

在问过其他一些问题后，刘少奇主席又将岳阳楼的修葺问题提了出来。他指出，要加强对岳阳楼的保护，对楼的修理工作，虽然困难不少，但要想办法，尽快实施。还说："有机会，我会来看看。"

谈话结束后，已到了上午 10 点多，在人们热烈的掌声中，列车在车轮铿锵的敲击下往南方继续前行而去。

不久以后，岳阳县政府接到了通知，国家拨款 20 万元，作为对岳阳楼的维修专款。

岳阳人民没有等到刘少奇主席亲自登临岳阳楼，但他当年停车岳阳的经历，却是让每个岳阳人始终都不能忘怀。

朱德情注怀甫亭

从岳阳楼至岳阳门拾阶而下到临湖的第五平台，再向南行约 30 米，人们可以看到一座坐南朝北的方亭。亭子红栏绿瓦、四角方柱，顶部翘脊饰，藻井彩绘，十分的玲珑秀美。亭正中立有青石碑一块，正面镌杜甫的画像和他的那首著名的《登岳阳楼》诗，背面镌杜甫生平。亭正面悬挂有一幅匾额："怀甫亭"。这幅黑底金字、字体端庄雄劲的匾额引起了人们的极大兴趣。这匾额，是著名的无产阶级革命家、军事家朱德所题。

杜甫，字子美，自称少陵野老，是唐代最伟大的现实主义诗人。他一生写出了无数忧国忧民的壮美篇章，后人将杜甫尊为"诗圣"，将其诗称作"诗史"。

据有关史料记载，盛唐自安史之乱后国家四分五裂，杜甫辗转西南，漂泊不定。他一心想回故乡河南巩县老家安度晚年，可是北方兵燹不休，无奈，他不得不继续往南。大历三年（768 年）冬，杜甫携家眷系身于岳阳城下。在这里，杜甫为岳阳、洞庭湖的美丽风光所吸引，又为社稷民众的苦难所伤怀。杜甫在岳阳一带作诗二十余首，首首是激烈情怀，忧国忧民之心溢于字里行间。其中以这年冬天杜甫作的《登岳阳楼》一诗为最。这首诗寓情于景，借景抒情，由自己的悲惨遭遇还及国事的多舛，其忧乐情怀是感人肺腑、撼人心魄，称千古绝唱。

大历四年（769 年），杜甫继续向南漂泊。到第二年冬天，于湘江边上的一条小船上，杜甫在病困交加中结束了他诗意的一生。

1962 年，也即杜甫诞辰 1250 周年，联合国教育、科学及文化组织大会将杜甫列为世界四大文化名人之一。为了纪念杜甫，岳阳有关文化部门决定于岳阳楼南侧，也就是当年杜甫曾经泊身的湖岸边建一座亭台，以便人们追怀这位在洞庭湖一带度过余生的伟大诗人。亭台被定名为"怀甫亭"。经过提议，人们一致认为"怀甫亭"的匾额应当请曾为四川杜甫草堂书写匾额的全国人大常务委员会朱德委员长来题写，于是由当时的岳阳县文化馆馆长陈忆吾致书一封邮往北京，表述了人们对朱德老总题书的期求。

信寄出去半个月后，文化馆就收到了全国人大常委会办公厅的来函。朱德老总在年事已高、国事繁忙中认真地题写了三幅字样，朱老总还在字样中圈出了他自己较为满意的三个字，并在信中附言"任凭选择"。

朱德老总这一丝不苟的精神让人们激动不已。文化馆旋即遵照朱老总的意见选出字样予以放大，又请来优秀工匠选出上好樟木精心刻制成匾。亭台落成之日，"怀甫亭"这三个金光闪耀的大字端端正正地悬挂在了亭额。

关于这幅匾额，其实还有一段后话。

那是在"文革"中，"怀甫亭"匾额被造反派砸成了两半，朱德老总题书的手稿也被抄并遗失。岳阳楼公园的一位职工不顾危险，将朱老总题书的断匾隐藏在自己家中保存了下来。到 1978 年对怀甫亭进行维修时，人们根据断匾复制了匾额一块，依旧悬挂于亭台之上。

1979 年，怀甫亭正面亭柱上增刻了当代著名书法家、文学家吴丈蜀撰并书的楹联："舟系洞庭，世上疮痍空有泪；魂归洛水，人间改换已无诗。"

一处小小的亭台，名匾、名联悼名人，不失为岳阳千古名楼下的又一处佳景。

黄鹤楼

简 介

　　黄鹤楼，位于湖北省武汉市长江南岸的蛇山之上。始建于三国时期东吴黄武二年（223年），为军事戍楼。后逐渐发展成为观景楼阁。其名称由来，一说是原楼建在黄鹄矶上，古汉语中"鹄"与"鹤"为通假字，遂名；一说有仙人"每乘黄鹤于此楼憩驾"；一说原址为辛氏开设的酒店，一道士为了感谢她千杯之恩，于壁间画鹤，鹤能起舞，自此酒店生意兴隆。十年后，道士复来，取笛吹奏，骑鹤而去。为纪念仙翁，辛氏就地起楼，取名"黄鹤楼"。唐永泰元年（765年），黄鹤楼已具规模。诗人崔颢作《黄鹤楼》一诗，使其名满天下。后屡毁屡建十余次。最后一座建于清同治七年（1868年），毁于光绪十年（1884年）。1957年建武汉长江大桥时，占用了黄鹤楼旧址。现黄鹤楼为1981年重建，选址在距旧址约1000米处，1985年落成，以清同治楼为蓝本。

黄鹤与幺妹镇龟蛇

　　很久很久以前，滚滚东流的长江由龟、蛇两个将军镇守。

　　这龟将军残暴、凶狠，自称"老子天下第一"。而那蛇将军阴险、狡诈，一肚子坏水。他俩为了称王称霸争来斗去，闹得长江洪水泛滥，老百姓苦不堪言。一次龟蛇两方因分赃不匀大动干戈，打得江面狂风四起，白浪滔天，后来洪水漫过江堤，百姓死伤无数，惨不忍睹。

　　岸上有个叫黄鹤的青年忍无可忍，提起鱼叉要找龟蛇拼命。一位老汉拉住他劝道："孩子，你这样去硬拼就像鸡蛋碰石头。不如发动乡亲们联名写个状子告上天宫，让玉皇大帝去惩罚这两个坏人。"黄鹤觉得这话有理，动手和未过门的媳妇幺妹安葬了父母，一起带着状子上天宫告状。

　　狡猾的蛇将军先听到这个消息，连忙派虾兵通知龟将军休战，联手想办法阻拦黄鹤。龟将军也怕事情闹大了受罚，于是决定与蛇将军联合带兵追赶黄鹤和幺妹，杀人灭口。

　　话说黄鹤和幺妹提着渔叉正在赶路，忽见前边飞沙走石，天昏地暗，接着滔天黑浪涌上岸来，龟蛇领着虾兵蟹将将他们团团围在中间。来者不善，善者不来。黄鹤操起渔叉就刺，哪知幺妹又累又饿，昏倒在地，黄鹤正弯腰搀护幺妹，龟蛇刀枪齐下，黄鹤、幺妹双双倒在血泊之中。龟蛇正在得意，不料血水打着旋涡，托着状子冲天而上。

正在坐朝的玉皇大帝发现猛然间地动天摇，忙派太上老君出外察看。不久，太上老君带着黄鹤和幺妹的冤魂回来禀报："刚才就是他们的怒气冲撼了金殿。"玉帝端坐龙位问道："你们有何撼天动地的奇冤大仇要告？"黄鹤急忙递上状子，幺妹哭诉了龟蛇在下界的胡作非为。

玉帝看完诉状，大发雷霆，当时就派四大天王下凡押解龟蛇到殿。龟蛇上殿看见血淋淋的黄鹤、幺妹，知道无法抵赖，便一五一十交待了所干的坏事。玉帝当场判定："革去龟蛇官职，各打神鞭一千，押送天牢监禁终生。"

黄鹤抢上一步，要求玉帝将龟蛇锁在长江两岸百姓看得见的地方，以防他们乱说乱动。玉帝点点头说："我原来也是这个打算，就因为天兵天将各有其责，找不到合适的人选。"黄鹤和幺妹异口同声说："小民愿当此任。"玉帝摇头说："你们为民伸冤，惨遭杀害，我想让你们两人还魂归乡，男耕女织，白头到老，怎么能要你们长年分居两岸看守龟蛇呢？"黄鹤、幺妹谢过玉帝的成全美意，坚决要求承担看守龟蛇的差事。

于是，玉帝将黄鹤化成利嘴劲翅的大鸟，专镇蛇族；又将幺妹化成青石玉碑，永镇龟背之上。他还专门派太上老君下到长江岸边，在蛇背上修起黄鹤楼供黄鹤栖息，又在汉阳建起归元寺，让幺妹居住，指派寺内五百罗汉帮幺妹看守乌龟。

千百年以后，乌龟、青蛇化成了两座石山。长江两岸的百姓仍然一代又一代登黄鹤楼，朝归元寺，永远纪念黄鹤和幺妹。

黄鹤仙子伏毒龙

远古时代，蛇山上乱石丛生，人烟稀少，蛇山周围一片汪洋，白浪滔滔。加上水下盘踞着一条口似血盘、眼如铜铃的毒龙，时常吞云吐雾，兴风作浪，残害过往的旅客和渔民，更进一步增加了蛇山周边的荒凉和恐怖。

有一天，两位美丽的仙子趁着风和日丽走出南天门，兴致勃勃地俯瞰人间春色。正看得高兴，忽见长江上波涛汹涌，一只渔船被高高举到浪尖，随后又被甩进波谷，撞碎在蛇山乱石之间，受难的渔民立刻被毒龙大口吞食，血肉模糊之状惨不忍睹，看得她们眼泪直流。

善良的仙子决定暂离天庭，下到凡间降伏毒龙，为渔民百姓消灾解难。从此，蛇山上长起大片紫竹林，林间白云霭霭，与紫竹交相辉映，两只美丽的黄鹤终日栖息在白云紫竹丛中。每当江面风狂浪涌时，仙鹤就鸣叫着飞翔在江上引路导航，带领渔民躲过暗礁险滩，平安到达江岸。渔民们感激地吹响短笛，唱起山歌，向仙鹤表达诚挚的谢意。

一天，兴风作浪的毒龙终于发现是两只美丽的黄鹤坏了它的好事，不由得怒从心头起，恶向胆边生，正要张开血盆大嘴喷吐毒雾，忽见黄鹤显出真身站在云头。毒龙看见如花似玉的仙女，马上转怒为喜，垂涎欲滴地说："两位仙子请了，既然你们也看中蛇山这块风水宝地，为什么不与我共结百年之好，同享人间欢乐？"

黄鹤仙子义正辞严地回答："癞蛤蟆想吃天鹅肉。你这作恶多端的丑八怪只有痛改前非，老老实实回到江底修炼才是正路。否则将死无葬身之地！"

毒龙恼羞成怒，召来虾兵蟹将扑向黄鹤仙子，天兵天将闻讯赶来为黄鹤仙子助战。双方只斗得天昏地暗，日月无光。终究邪不压正，虾兵蟹将渐渐抵挡不住，垂死挣扎的毒龙口喷熊熊烈火，烧坏了黄鹤的羽毛。两只仙鹤双双从九霄直扑而下，用锋利的尖嘴猛啄毒龙的双眼，使它变成了瞎子。天兵天将乘机拥上，一阵刀砍枪刺，毒龙终于由僵而硬，俯卧在蛇山的乱石丛中。从此蛇山更像一条长长的蛇形，周围的江面也风平浪静。

渔民们为了纪念惩恶扬善返回天庭的黄鹤仙子，就在蛇山顶上盖起巍峨瑰丽的黄鹤楼，希望恩人能够旧地重游。

辛氏酒店与黄鹤楼

古时候蛇山首尾相连的七峰中，黄鹄山紧临长江，山势雄奇，风景优美，山顶有家姓辛的老两口开的辛氏酒店，因酒美菜鲜，价格公道，服务热情，成为登山游人必到之处，生意十分兴隆。

在众多酒店顾客之中，有位瘦骨伶仃的道人时常酒足饭饱之后拂袖而去。辛老头本来就为人厚道，况且道人是方外之人，因此从不向他收讨饭钱。寒来暑往，年复一年，只要道人来店，他们总是热情接待。

一天，道人进店落座，要了一壶绍兴花雕和一碟南丰蜜橘，就橘下酒，自饮自酌。三杯下肚之后，道人站起来用橘皮在酒店正墙上画了一只腾空欲飞的黄鹤，然后走到辛老头身边说道："贫道叨扰贵店多年，承蒙盛情款待，感激不尽。方外之人，无以为报。你们可将此桔皮丢进屋后井中，明日井水即可自成美酒，取之不尽。另外，这墙上的黄鹤只要你们双手一拍，也可下来为食客跳舞助兴。贫道即刻离开武昌，云游四海去也。后会有期！"说完打个稽首，飘然而去。

从此以后，老两口的井里就是醇厚甘甜的美酒，翩翩起舞的黄鹤更让游客流连忘返。这事一传十，十传百，越传越广，四乡八野的士农工商到黄鹄山饮美酒、观鹤舞的人络绎不绝，辛氏酒店的生意更加红红火火。

三年之后，道人云游路过湖北，专程拜望辛氏酒店。老两口亲自置办酒菜，衷心款待恩人。席间，道人把盏相问："贵店生意可好？"辛老头喜形于色："承蒙恩人相助，酒店生意兴旺，财源广进。"不料辛老太婆冷不丁冒了一句话："好是好，只是井中取酒之后，没有酒糟喂猪。"

道人放下酒杯，喃喃自语道："海深不算深，人心第一深。"沉吟良久，从腰间取下铁笛吹响，只见天上飘落白云一朵，黄鹤也从墙上跳下。道人跨上黄鹤，黄鹤跃入云中。转眼之间白云、黄鹤在笛声中腾空而起，冉冉隐于蓝天之中。

辛老太婆为自己的贪心失言深感愧疚，为感谢道人的帮助与指点，决定用赚来的钱财在黄鹄山顶修造一座高楼，取名"黄鹤楼"。因为这座楼是辛氏老两口筹资兴修的，有人也叫它"辛氏楼"。

孙权修建夏口城

关羽大意失荆州，败走麦城，被孙权部下马忠斩首。消息传到吴国军营，上上下下一片欢腾。但是，有一个人始终快活不起来。这个人就是吴主孙权。

起初听到关羽被自己的部将斩杀，孙权第一反应是马忠他们没有采取活捉的方法，给自己留一个缓冲的时间，让自己好好思考思考如何处理关羽。关羽这个人虽然是自己的心腹大患，但他是老百姓心中的"武神"，不能杀的。现在正是赢得人心与刘备、曹操决战的关键时刻，老百姓得罪不起。如果活捉关羽，劝降关羽，那该多好。

一连几天，孙权天天晚上做噩梦，梦见有一个无头鬼，浑身上下血淋淋地闯进他的军帐，在他的卧榻前大喊大叫："孙权小儿，你还我头来，还我头来！"孙权夜夜被惊醒，浑身上下大汗淋漓。第二天，不要说处理军务，连吃饭、喝水的心思都没有。吕蒙等一班部将看了，都很着急，看看孙权一脸的愁相，个个都不敢吭声。

孙权的大本营设在公安，这里与关羽生前镇守的荆州城离得太近了。最令人担心的是，刘备得到关羽被杀的消息后，一定会率领大军从四川顺江而下，大举报复，两军血战一场势不可免。刘备的水军在上游，从三峡出峡快如旋风，优势在刘备手里，而且他蜀军还憋着一肚子恨气，现在还是避开他的锋芒为好。

吕蒙鼓起勇气对孙权建议，是不是挪一个窝，将大本营东移，惹不起躲总躲得起吧。"往哪里挪呢？"孙权问道。吕蒙不愧足智多谋，回答说："我们吴国是靠水军起家的，当然是在长江边。往东靠近江浙老家，将来要是有什么情况，老家还可以照应照应，这样，既可以守，又可以攻，进退都有余地。"孙权听了，心情渐渐转好一些，对吕蒙说："就依你的吧。"

孙权带着吕蒙沿江仔细考察了一番，决定把大本营安扎在今天叫作鄂州的江边，背靠西山，地势非常险要。等到把大本营搞定，孙权还是觉得不放心，关羽的阴魂还是没有散。吕蒙说："主公，您随我到江夏蛇山走走。"

两人从陆上快马赶到江夏，登上蛇山头，孙权马上被高峻的蛇山和山脚下长江浩浩荡荡的气势所激荡。乘着兴致对吕蒙说："此地最好，正是我想要的一块宝地。我要在蛇山上建一座城，让它拱卫我大本营的安全。"吕蒙指着江对岸的龟山脚对孙权说："那里曾是关羽驻扎水军的地方，旁边还留有他的拴马石、磨刀石和藏马洞。您刚才说在蛇山造一座城，正好可以压住关羽的阴气。"孙权一听，更加拿定了主意。

于是孙权开始传令在蛇山筑城，期限半年。半年时间一到，孙权赶到蛇山一看，胡子都气歪了：这哪里像座城堡？完全是一大土堆，传令将管事的罚五十军棍。这个管事的确实有点冤，因为当时筑城都是用黏土夯成的。他没有搞清楚孙权的意图，孙权要的是一座堡垒，镇守用的军事堡垒。

挨了五十军棍，长了些事，管事的立即安排兵丁和雇工到江夏山里去拖硬邦邦的石料到蛇山重新筑，终于垒砌了一个周长300丈的石头城，城东南还特意修了一座瞭望塔。这一下，孙权终于满意了，奖励管事的50两银子。

面对江北汉水入口处，孙权问那个地方叫什么名字，随从回答叫"夏口"，因为汉水当时叫夏水。"好，这座石头城就叫夏口城。"

夏口城筑起来了，还需要派一个放得了心的将军来镇守。孙权在心里把部将们一个个地过了一遍，最后定在了老将黄盖的身上。黄盖忠厚老实，做事稳当，又舍得吃亏，就让他在黄鹄矶下训练水军。黄盖有事没事爬到夏口城东南的瞭望塔上，监看鹦鹉洲，监看水情，监看他的水军训练。

几百年过去了，夏口城改成了郢州城、鄂州城，城东南的瞭望塔，渐渐变成人们游览的楼阁，老百姓根据它脚底下的位置叫黄鹄矶，于是就给它取了一个响当当的名字——"黄鹤楼"。

周瑜设宴黄鹤楼

周瑜在赤壁之战胜利以后，心想曹操是个奸雄，在赤壁虽然被打败，但老根子还没有大伤，他需要一段时间来休整和补充，可以把他暂时放一放。而刘备号称"皇叔"，又会装老实、装义气、装糊涂，特别会哄人，这回赤壁大仗占够了便宜，加上老对头诸葛亮一心辅佐，搞不好天下有可能为刘备所得。于是一心一意想找机会囚禁刘备，活捉诸葛亮，然后再灭曹操。鲁肃听了周瑜的想法，不住地点头称是。

这一天，诸葛亮带着关羽、张飞去追击曹军了，江上风平浪静，刘备在汉阳龟山宴请周瑜和他的手下。周瑜一边假装和刘备赏景，一边笑着说江南岸蛇山上的黄鹤楼，是吴国最好的景致，打算就在那里还席宴请他。刘备想都没有想就答应了。过了几天，刘备带着赵云过江上了黄鹤楼，在楼上欣赏四面胜景。周瑜心想这回你刘备插翅难逃，便放开肚量喝酒，不一会就醉醺醺了。醉后他一面夸说自己在赤壁之战中救了困厄在夏口的刘备；一面又威胁刘备：今在黄鹤楼，诸葛虽强，也无法使皇叔过江回去了。刘备听了大吃一惊，俗话说酒后吐真言，莫非今天周瑜摆的是鸿门宴？此刻身处牢笼，如何是好？

正当刘备六神无主的时候，有一个老渔翁到席上来献刚刚从黄鹄矶下打来的鲜鱼。渔翁来到刘备面前，刘备一看，这不是自己的部下孙乾吗？正待他要问话，孙乾立刻用眼神制止了他，闪电一样地从鱼肚子里掏出一团纸交给了刘备，马上就退席下楼了。刘备暗暗打开纸头一看，上面有八个字，从字迹看是诸葛亮写的。这八个字是"乘醉逃离，小船接应"。刘备立刻明白了，把纸条撕碎，渐渐安下心来。不一会，又有人上前来给刘备送了一件抵挡江风的暖衣，刘备一摸，里面好像有一块硬邦邦的东西，他猜想这恐怕又是诸葛亮帮他脱险用的。他装着恭恭敬敬的样子对周瑜说，要是都督率兵讨伐曹操，自己愿作先锋。周瑜大喜，刘备又作诗称颂周瑜，周瑜更加高兴，命左右将著名的古琴焦尾琴拿上来。这焦尾琴传说是著名文士蔡邕听见一块桐木被烧得蓬蓬作响，声音格外不同，知道是一块上等的做琴的材料被外行烧了，慌忙中从烈火中抢了出来，做了一把琴，琴尾还有被烧焦的印迹，所以叫它"焦尾琴"。这把琴果然音色动人，不久天下闻名，后来流传到周瑜手里。周瑜将古琴横放在膝上，弹夫子杏坛之曲，琴声婉转嘹亮，一曲还没有弹完，周瑜酒醉摊倒在琴上。众人发出阵阵尖叫，一下子拥到周瑜座前。刘备一看，机会来了，赶快脱身。于是借要小便的由头，快步下楼。

等刘备走到黄鹄矶的石梯旁，一路人马闪了出来。原来是周瑜的贴身亲兵拦住了刘备一行的去路，问："皇叔要到哪里去？都督吩咐过，任何人要过江必须要有都督的令箭。"赵云正要动手，不料，刘备从暖衣中取出了一支周瑜的令箭。原来这是诸葛亮在孙刘两家合攻曹操的赤壁之战时，有意留下的周瑜令箭。诸葛亮带关羽、张飞追击曹军回营后，听说刘备被周瑜骗到黄鹤楼赴宴，他料事如神，马上派人把令箭裹在暖衣里，火速过江送到刘备手中。吴兵见有都督的令箭，只好放行。刘备对吴兵说，改日我一定设宴，宴请各位做客。说完，假装从容走下石梯，登船而去。

等到周瑜醒来，得知刘备已走，气得把焦尾琴摔得稀烂，大骂手下无能，命令甘宁、凌统率三千军乘大船追杀刘备。眼看就要追上，没想到芦苇荡里，杀出了猛张飞和他的水军，原来，这也是诸葛亮布置好了的，吴军只好退兵。

自己挖空心思设计的黄鹤楼鸿门宴，本来必杀刘备，没想到诸葛亮一步一步破解机关，到手的鸭子还是飞了，周瑜大叫一声，口吐鲜血，晕倒在黄鹤楼上。

诸葛亮"三气周瑜"，家喻户晓。我看还要加这黄鹤楼一气——四气周瑜。

"鮺子鱼" 与 "刨皮鱼"

三国时期，黄鹤矶上的黄鹤楼眼看就要封顶了，哪知偏偏遇上百年大旱，工地上闹起了粮荒。一日三餐喝稀汤的工匠们，实在没有精神再去爬高上梯做力气活了。

一天，有个鹤发童颜的老头子来到工地，围着黄鹤楼转了两圈，向饿得有气无力的木匠借了斧头和木刨，扛着杉木爬上顶层，靠在临江的窗口操起斧头熟练地砍起来，片片木屑飞出窗外。隔不多久，他又端起木刨，摆开弓箭步刨木头，团团刨花飘飘落进江水。经他这么又砍又刨地一折腾，那木屑、刨花一阵接一阵从黄鹤楼上飘下来，就像下雪一样。

突然，有个小木匠指着江面喊起来："快来看嘞，鱼！鱼！"大伙这才发现那些掉进江里的木屑、刨花全都变成了活蹦乱跳的鲜鱼。腹中空空的工匠们来不及多想，争先恐后地拿起筲箕、箩筐下水捞鱼。等他们记起要上楼去感谢变木为鱼的仙翁时，楼上早已空无一人。只见杉木板上摆着一捆木楔子，下面压着一张落有"鲁班"名字的四言八句的纸条：

> 木楔一百零八块，精心收藏待安排。
> 刨花木屑成江鱼，可度饥荒建楼台。

工匠们这才明白，祖师爷帮他们渡难关，是希望他们无论如何得把黄鹤楼修好。说来也巧，从那天起江里的鱼一群接一群的，捞也捞不完。工匠们肚子吃饱了，精神也好了，没花几天功夫，雕龙描凤的黄鹤楼就四平八稳地耸立在黄鹤矶上。据说在黄鹤楼上梁拼装时，鲁班留下的那捆木楔正好垫进楼顶上所有的榫头，不大也不小，不多也不少。

后来，武汉人把木屑变成的头厚尾薄的条状鱼叫"鮺子鱼"，把刨花变成的身宽体薄的扁平形鱼叫"刨花鱼"。直到今天，它们还在黄鹤楼下的长江里游来游去呢。

王羲之的一笔 "鹅"

黄鹤楼下的碑廊有一方大石碑，上面只刻了一个大字。远远看去，这个字就像一只引颈高歌的雄鹅，走近一瞧，还真的是个一笔写成的大"鹅"字。你说巧不巧？老武昌人的祖辈都说这个一笔"鹅"是王羲之的真迹。

相传，玉皇大帝在天宫大门修起一座牌坊，想在上面刻"南天门"三个大字。可各路神仙的书法水平他一个都看不中，想来想去，想起了凡间大名鼎鼎的王羲之。再一打听，这个穷书生清高孤傲，从不轻易为人题字。他一不想当官，二不想发财，用什么办法才讨得到他的墨宝呢？最后，玉皇大帝把这件棘手的差事交给老谋深算的南极仙翁去办理。

南极仙翁了解到王羲之特别喜欢白鹅，就从王母娘娘那里借了一群仙鹅，赶着它们下到凡间。

这天清早，王羲之正沿着长江堤岸散步，只见一个白发老翁赶着一群雄纠纠的鹅迎面而来。他停下脚步，走进鹅群，摸着那些雪白高傲的鹅，连声赞叹："好鹅！好鹅！"接着就向牧鹅老翁施礼，开口求售。老翁摸着胡子回答："如果先生喜欢，老朽就奉送几只吧！"喜出望外的王羲之连声道谢，询问老翁这些鹅是从哪里赶来的。老翁笑着说："从千里之外的天南之门而来。"王羲之想了半天还是记不起哪里有叫"天南之门"的地方。他怕自己听错了，就用手指头在老翁的巴掌上一笔一画地写上了天南之门四个字，再次问道："是不是这个地方？"老翁笑眯眯地连连点头。等王羲之的四个字刚写完，老翁就合上巴掌，跨上一头大鹅升上天空，转眼无影无踪。惊讶万分的王羲之正仰头寻找，只见半天云里有座富丽巍峨的牌坊，上面写着"南天门"三个闪闪发光的大字。他正暗暗惊叹这书法笔力雄健，突然发现此字正是自己刚才所写，这才晓得遇上了神仙。

因此，王羲之特别珍惜仙翁所赠的神鹅，特地将它们养在鹅池里，整天与它们形影不离。时常是边观赏神鹅边练字，天长日久，竟然一笔写出个神采飞扬的鹅字来。后人把这个一笔"鹅"字刻在石碑上，陈列到黄鹤楼下的碑廊里。

仙鲤遗踪

南北朝时期，历经战乱的黄鹤楼因高飞雄奇的造型和子安跨鹤成仙的传说饮誉江南，成为士农工商登临聚会的必到之处。龟兹僧人佛图澄的得意门生释道安从襄阳云游夏口，准备在黄鹤楼上宣讲"佛法三戒"。消息传出，大江两岸弟子云聚，人头涌动，盛况空前。

开讲之日，黄鹤楼上香烟环绕，鸦雀无声，释道安侃侃而谈，众弟子潜心领会，昔日大千世界此时顿成一片净土。忽然，一白衣俊俏书生悄然上楼，停立讲坛之前，满脸虔诚，洗耳恭听。不料释道安手持念珠、微睁双眼、口宣佛号，盯住白衣书生轻声说道："施主本属神灵，何来此楼惊扰百姓？贫僧根底浅薄，还望施主早早回避为好。"

原来那白衣书生是江中白龙，本想化成人形登鹤楼领略人间盛事，聆听高僧说法。不料立足未稳便被慧眼当场识破，自觉无趣。于是返身从黄鹤楼顶窗口跳下，扑通一声跌落江中，踪迹全无。

众弟子见书生听高僧低语后纵身投江，疑为高僧所逼，纷纷指责其残伤无辜，见死不救。高僧无言，只得当众说出真相。但众弟子仍将信将疑，彼此争执不休。

白龙潜入江中听见黄鹤楼上争论之事，深感自己一时冲动，连累高僧背了黑锅，有口难辩。沉思良久，决定显露真身，消除误会。

顷刻之间，黄鹤楼下江水喧啸、白浪汹涌，众弟子从楼上俯身下望，只见一硕大无比的白色鲤鱼跃出江面，摇头摆尾如此三番，直到高僧点头挥手，方才隐形而去。

至此，高僧与弟子间疑虑冰释，重归于好。黄鹤楼下立起"仙鲤遗踪"石刻一方，永志此事，传诵至今。

石照洞的传说

离黄鹤楼不远的黄鹄山腰有个怪石丛生的石洞，洞口有块光溜溜平展展的石壁，亮得能照出人影。旁边还刻有吕洞宾游洞题下的黄鹤楼石照诗，因此这个洞得名石照洞。后来吕洞宾跨鹤成仙，山下有位老翁自愿承担打扫照料石照洞的任务，不论春夏秋冬、风霜雨雪，早晚必去，从不间断。

在一个月色朦胧的秋夜，老人清扫完毕正要下山，忽见石照洞射出万道金光，洞里洞外的山石被映得五颜六色，宛如仙境。恍惚中他看见洞内走出三个鹤发童颜、仙风道骨、宽衣大袖的道士，他们踱到吕洞宾的黄鹤楼石照诗前，齐声低吟浅诵，那声音清脆悦耳，就像唱歌。

老人自知遇上了神仙，便悄悄从背后绕到洞口恭候。三道士欣赏完黄鹄山夜景，正要返回洞中，迎头遇见站在洞口的老人，惊讶之余，热情邀请其进洞小叙，老翁却双手作揖，口呼神仙，要求他们帮助。三道士相视而笑说："方外之人，两手空空。既无钱财，又无宝贝，能帮你什么呢？"老人就地跪下恳求："你们随便给我点什么作个纪念，也不枉老朽与诸位仙翁的一面之缘。"道士们沉吟半响，从地上拣起一块石头说："也罢，就把这无用之物相送，请笑纳。"老人刚伸手接过石头，忽听一声巨响，三道士已无影无踪。洞口严丝合缝地关闭，再也打不开了。

老人捧着石头，一步三回头地下山回家，把那毛毛糙糙的石头供在几桌上，睡了一个好觉。不料一觉醒来，满屋都是金光，道士送给他的石头变成了金子，他暗自庆幸自己遇上了点石成金的仙人。

从此，老人时常将金子凿下一点点上街变卖，日子一天天富裕起来。这件事不知怎么传到武昌府衙，知府派人抓走老翁。老翁经不起严刑拷问，只得如实交代了金子的来历。可是衙役们从老翁家中搬走的那块金子一进府衙，立刻变成了原来毛毛糙糙的石头。

知府决定要老人带路找到黄鹤楼下的石照洞，命令兵丁凿洞取宝。可无论他们如何斧砍刀劈，那平展光滑的石壁毫发无损，依然能照得见人影。大队人马在洞前折腾了七七四十九天，一无所获，只得放了老人，灰溜溜地打道回府去了。据说老人后来依然日复一日、年复一年地继续去清扫石照洞，但直到辞世，再也没有遇到那三个道士，封闭的石照洞口只剩下那平展光溜溜照得见人影的石壁。

崔颢题诗李白搁笔

相传李白是天上的"文曲星"转世,满肚子装的都是诗。他无论走到哪里,只要触景生情,就能出口成章,留下使人称奇叫绝的诗文,因此,被人们称为"诗仙"。

这一天,李白带着书童坐船来到江夏黄鹄山下,只见龟蛇对峙,鹤楼凌空,石壁临江,惊涛拍岸,白云在山头上缠来绕去,薄雾从楼台间涌进飘出,不由得来了三分诗兴,随即弃船登矶,笔直奔向黄鹤楼。深知主人酒后题诗习惯的书童连忙挑着酒坛食盒、文房四宝紧随其后,一同上楼。

李白登上楼顶,极目四望,只见远处山清水秀,近处街市喧腾,诗兴一时增加到五分。他索性推开西边窗户,附身细看,但见长江滔滔东去,汉水缓缓西来,就像两匹锦缎在蒙蒙烟云中交汇。鹦鹉洲上青青芳草、灼灼野花,清香之气似乎随风袭来。李白心旷神怡,诗兴涨到七分,不由得连声赞叹:"如此良辰美景,岂可无锦言佳句相配!"书童摆好酒菜,连忙动手磨墨,预备侍奉主人题诗。

李白自斟自酌,开怀畅饮,不久就醉眼朦胧,诗兴达到了十分,连声吩咐笔墨伺候。书童指着楼内迎门对光的最大一面粉墙说:"您的诗题在那上面最合适。"

李白兴冲冲走过去,提笔饱蘸墨汁,大有一挥而就之势。突然,拿笔的手停在半空:原来他发现那粉墙上已有个落款崔颢的人先他之前题了首《黄鹤楼》诗。

李白直到跟前,先是快速浏览,继而逐句推敲,再后是浅吟低诵,暗暗叫绝。他觉得这首诗写出了连他自己也无法表达的感情,实在是比自己高明。敬佩之余,不由得仰天长叹:"眼前有景道不得,崔颢题诗在上头。"随后即交代书童收拾笔墨,下楼乘船,怅然而去。

洗骨葬友

李白打小长在四川江油城,聪明调皮,胆子特别大,爬树骑马打架什么事都敢做。稍稍长大一些时,听说城西50里山里有一个高人文武双全,尤其会剑术,他非常高傲,不和一般人来往,还痛恨有钱有势的人和为非作歹的人,李白决心独身一人去拜访他。走了一天路,爬了大半天的山,终于在天黑时在山半腰发现有一个山洞。进洞一看,空无一人,洞内除了石床石凳外,到处都是刀剑棍棒,还有一些散落的书本。李白心想这就是那个高人住的地方了。人到哪里去了呢?李白走出洞外黑灯瞎火满山找。山里的风冷飕飕的,好在月明星稀,山间横七竖八的小路都看得见。李白转到后山,看见一块凸出的石头上,有一个人正在上面舞剑。脚下就是万丈深渊,那人像是在平地一样跳来跳去。李白看得惊呆了。等那个人舞完了,李白走上前,行了一个礼,表明自己想跟他交个朋友。那人见他很诚恳，说自己叫吴指南，就把他带回洞里。两人东南西北地聊了一通宵，越聊越亲热，第二天李白就跟他学剑术，很快两人就成了无话不说的知己。不多久，两人去了青城山拜一个道人学了一年的玄门剑，然后出川开始到处周游。

一天，两人来到岳阳湖畔，看了一番景致，肚子也饿了，就在湖边随手摘了几个莲蓬。刚要剥壳，突然看见不远处有一群渔霸正在一艘渔船上抢鱼。吴指南大喝一声，拔剑跳上船头，李白也上船帮忙，三下两下就把一群渔霸打落水里。两人还嫌不过瘾，就跳进水里，接着打。等到渔霸们四处逃窜、两人上岸后，这才发现，吴指南的脚掌被水中的一支锈渔叉扎得鲜血直流。李白慌忙撕下了内衣衣袖把吴指南的脚包扎起来，然后搀扶着他到一个没有人的瓜棚里躺下。第二天一早，李白发现吴指南的一条腿全都肿了，身上发烫，一会儿开始发抖。日头落土时，吴指南昏了过去。李白只有作诗的本事，这一刻恨自己不是治病的郎中，急得不知怎么好。渐渐吴指南醒了过来，他用尽全部的气力对李白说："兄弟，哥不能陪你再往前走了。你有才学，到金陵去，那里有学问大的人。我包里剩下的盘缠已不多，你都带走。还有我的那把剑，也送给你。"李白听了，号啕大哭。半夜，吴指南一命归西，李白哭得更加伤心，鼻子、口里都流出血来。哭声引来了一群瓜农和渔民，其中一个胡子花白的老头劝李白说："莫哭了。你想要死人升天，有一个办法。按照我们这里的风俗，先挖一个坑把死人埋好。过几年再把他的骨头挖出来，埋到一个有仙气的地方，他的魂就会被仙人接到仙界去。"李白听了马上就止住了哭，问道："老伯，哪个地方有仙气？"老头告诉他，离洞庭湖280里，朝东北方向走，就到了鄂州城。鄂州城有一座黄鹤山，山上有黄鹤楼。黄鹤楼就是仙人们下凡时休息的地方，又叫"神仙楼"，凡人是看不见仙人下凡的，仙人骑着黄鹤在天上飞来飞去，你也不晓得他们什么时候来接死人的魂。在大家的帮助下，李白把吴指南埋在岸边的一棵大柳树下，又找了一块石头，用剑在石头上刻了几个字，算是墓碑立在坟前；然后向众人告别，一步一回头，向金陵走去。

光阴似箭，一晃三年过去了。李白走遍了金陵和东吴的风景名胜，结识了好多的诗人和朋友，但他一天也没有忘记埋在洞庭湖边的吴指南。正好，长沙太守请他过去玩，李白乘机来到洞庭湖。他用剑刨开吴指南的坟，吴指南的尸体已经腐烂。李白又用剑小心翼翼地把骨头上的腐肉剔干净，拿到湖中仔细擦洗，用白布包好。本来可以租一支小船，穿洞庭湖，进长江，顺流直下到达鄂州。李白偏偏不走水路要走旱路。他把吴指南的骨头背在身上，几天几夜，一步一步走完280里，终于到了鄂州城。

这鄂州城蛮大，但进城一眼就能看见黄鹤楼高高耸立在黄鹄山上，直插云里。李白爬上黄鹤楼的顶层，只见长江上雾气腾腾，看不见头尾。真是一个神仙呆的地方，李白这才明白为什么黄鹤楼被人叫作神仙楼。他马上下楼找到一个在金陵结交的朋友，向他借了几十两银子，答应以后用诗来还。朋友也很爽快，听说李白借钱给死去的友人办丧事，立刻就借了。李白按照当地人的指点，走出东门，找到一处道观，请道姑们做了七七四十九天法事，又在观后一座土坡上把吴指南的骨头和他的那把剑埋了。从坟旁边可以清楚地看到黄鹤楼，李白这下放心了。

从此以后，人们看见李白隔三差五地来到黄鹤楼。在高高的楼顶层，李白遥望着蓝天和波涛滚滚的大江。有人说他在写诗，还有人说他是在等待仙人骑鹤从白云间飞来，那个仙人正是吴指南……

李白送别孟浩然

李白有个朋友名叫孟浩然，湖北襄阳人，比他大十几岁，诗写得很好，为人讲义气、重感情，两人义气相投，如同兄弟。有一天，孟浩然在家里憋得慌，就出发到扬州去逛逛。扬州向来是江南风流繁华之地，景致尤其好。他经过安陆的时候，当然忘不了去看李白。李白听说孟浩然要去扬州，就高高兴兴地为孟浩然送行。两人一路游山逛水，几天以后来到鄂州城。

送君千里，终有一别。黄鹤楼修在长江边，自古以来就是宴请送别的最好地方。阳春三月，蛇山上草木返青，一片嫩绿中血红的杜鹃、金黄的迎春煞是好看。李白便在黄鹤楼上叫了一桌酒菜，两人一边赏景一边喝酒，把人世间的烦恼都抛到脑后了。分别的时候终于来临，李白把孟浩然送到江边的小船上，然后回过头来一步并作两步地爬上黄鹤楼顶楼，扶着栏杆，目送小船在浪中起起伏伏，慢慢消失在天水的尽头。这时，李白突然想起了一个掌故，是安陆一个爱"摆古"的人对他讲的。说张三跟李四碰到一起了，张三对李四说："要是有三件好事放在你面前，由你挑一件。这三件好事第一是有十万贯钱；第二是到扬州游乐；第三是骑鹤飞天当神仙。你选哪一种？"李四是个土诗人，打油诗写得很不错，人很聪明，他马上用两句诗回答了张三的提问："腰缠十万贯，骑鹤上扬州。"他的意思是这三样美事都要占全。这个掌故本来是嘲笑那些贪心之人的，这时的李白却真心希望自己的老朋友旅途上一帆风顺，生活中处处交好运。想到这里，不由得摇头晃脑地吟出一首诗来：

> 故人西辞黄鹤楼，烟花三月下扬州。
> 孤帆远影碧空尽，唯见长江天际流。

就在他呆呆地望着天边的时候，发觉背后有人在扯他的衣角。李白猛一回头，原来是店小二："客家，您还没有付酒钱呢！"李白不好意思笑了。

吕洞宾修炼蛇山洞

相传唐朝德宗贞元十四年（798 年）四月四日，山西永乐县李家庄的村民，看到有一只白鹤，从远远的天边飞来，停在一个姓李的官宦后代家的屋脊上。这天晚上，这家的孕妇李氏梦见一只白鹤飞进了她的怀中，李氏从梦中惊醒，生下了一个小男孩。

这男孩儿从小就多动，爬树，戏水，到处乱跑。但是他心眼儿好，有什么好吃的总是分给伙伴们。长大成年后，家里给他娶了一个姓金的媳妇，夫妻二人十分恩爱。每年秋收季节，夫妇俩总要拿出一些谷子、苞谷、猪肉送给乡亲。有一天，夫妻二人正在村边寻野菜，碰到一位老人在村口歇息。老人久久地盯着他俩，开口说："不好，我看你们的面相，你们俩要遭大灾。"两人看老人不像扯谎的样子，慌忙问："有什么办法让我们消灾呢？"老人指点他们说："到鄂州蛇山黄鹤洞去修道，可躲过这一劫。"

夫妻俩信了老人的话，不久就来到了鄂州也就是今天的武昌，费了好大工夫终于找到蛇山黄鹤洞。这个洞，隐藏在密林之中，洞内很阴森，还比较宽敞。安顿好以后，丈夫说："从今后，我改姓'吕'，你看，这个'吕'字，是两个'口'，这个洞只有我们俩。至于名，就叫'岩'，这黄鹤洞尽是岩石。我的号，就叫'洞宾'，我们是鄂州的过客，总有一天我们修炼成功还是要离开黄鹤洞的。"

蛇山一带，几百年前就曾是道教大师葛洪炼丹的地方，吕洞宾很快就学到了修炼和炼丹的诀窍。不久，吕洞宾和妻子封了洞门，一心修炼。从此以后，人们再也没有看见他们夫妻俩。有人说，吕洞宾的妻子死了，他又取了一个号"纯阳子"。吕洞宾后来成了仙，跨鹤从洞口飞起，绕黄鹤楼三圈，升天了。至于他跨的鹤，有人说是白鹤，有人说是黄鹤。

吕洞宾跨鹤飞升

很早以前，八仙之一的吕洞宾云游四川峨眉山之后，身挂宝剑顺流而下来到武昌城，兴冲冲地登上蛇山顶，顿时被江汉合流、龟蛇对峙的雄伟壮观迷住了。心想：如果能在此修建高楼，临窗把盏，浏览江山胜景，实属仙界一大佳趣。

可是要在山高坡陡的蛇山顶上修楼，也不是件轻而易举的事。吕洞宾左思右想，决定请八仙中的朋友来帮忙。大家听完吕洞宾的想法，何仙姑第一个表态："我会描龙绘凤，对修楼不内行。"铁拐李哈哈一笑："你要是头昏脑热，我葫芦里有灵丹妙药。要在这山顶修楼，我看不太实际。"张果老更是边拍毛驴边摇头："我还是倒骑毛驴看唱本——走着瞧吧。"

蛇山顶上风大，吕洞宾眼看仙友们各自打道回府，心也凉了半截。修楼之事看起来多半要泡汤了。

正在这时，他忽然听到半天云传来一阵奇怪的鸟叫，抬头望去，鲁班大师正笑呵呵地骑着木鸢朝他飞来。鲁班听他讲完修楼的计划，走下木鸢，看看山高，测测地势，随手从山坡上捡了几根树枝蹲在地上架了拆，拆了架，拍着后脑壳说："我们明天早上再过细商量吧!"

第二天一清早,吕洞宾慌忙爬上蛇山,只见一座飞檐雕栋的高楼已端端正正地竖在山顶。他一口气爬上楼顶,哪里也找不到鲁班的影子,只有一只满身黄色羽毛的木鹤瞪着又黑又大的眼睛望着他。吕洞宾高兴得不得了,一会儿摸摸楼上的栏杆,一会儿望望楼下的江水,口里不住地说:"太好了,不简单,鲁班大师。"

当他情不自禁地拿出洞箫吹奏时,那只木鹤一下变活了,随着曲子的节拍上下起舞。吕洞宾跨上木鹤,木鹤立刻腾空飞升,绕着这座高楼转了三圈,长唳一声,带着吕洞宾钻进蓝天白云之中去了。

后来,人们为纪念吕洞宾和仙鹤,就称这座高楼为黄鹤楼。黄鹤楼也因此好多年一直供奉吕洞宾的神像呢。

仙桃亭的传说

一天,吕洞宾骑鹤来到江夏,看见长江汉水交汇,浩浩荡荡;龟山蛇山对峙,气势非凡。于是他落下云头,摇身变成游方道士,混进熙熙攘攘的人流,登上黄鹤楼观赏楚地风光。

一番尽兴游览后,吕洞宾在黄鹤楼下的山坡席地而坐,信手将拂尘往石头缝中一插。不料那拂尘落地生根,见风就长,眨眼间变成一棵大桃树,花开花落之后,水汪汪、鲜嫩嫩的蜜桃挂满枝头。

这件稀奇事惊动了山上成千上万的游人,一时间桃树附近山坡被围得水泄不通。吕洞宾在树下向围观人群打个稽首,不慌不忙开口讲话:"各位父老乡亲,我这树上的桃子个个水灵鲜脆。不光好看,而且好吃;不光好吃,而且能治病。尤其适合老年人,吃了能够益寿延年。信不信由你,各位尽可现尝现买,数量不多,卖完为止。"

年轻力壮的游人蜂拥而上,不一会儿满树蜜桃便被一抢而空。吕洞宾发现,买到桃子的人要么就全部塞进自己的嘴里,要么顺手喂给自己的小孩吃,没有一个人是把它让给老人或者带回去留给别人吃的,不由得满脸失望,长叹一声,对着桃树拦腰一拳,桃树即刻树倒叶枯。

这时,有个青年轿夫拨开目瞪口呆的人群,蹲在枯桃树前唉声叹气,差一点就要掉眼泪了。吕洞宾急忙走过去关切相问:"后生为何这般忧愁?"轿夫小声回答:"小子家境贫寒,老母身患重病多日,眼看已不久人世。老人家最喜欢吃蜜桃,刚才卖苦力挣来几文铜钱,本想买回几个蜜桃满足她的心愿,尽点孝心。不料来迟一步,心中十分愧疚。"

吕洞宾拍着轿夫的肩膀哈哈大笑:"不要急,不要急,孝心感动天和地。"说着伸手向空中一抓,变出两个硕大的蜜桃递给轿夫。看到轿夫磕头拜谢之后捧着蜜桃要走,吕洞宾故意说："不要慌，不要慌，你可以先尝一下这仙桃的味道，再走也不迟。"可轿夫回答说："我哪里舍得吃，留给老母诊病要紧。"吕洞宾连称"孝子！孝子！"当场把卖桃子的钱全部奉送。轿夫推辞不过，千恩万谢而去。

据说后来轿夫的老母吃了蜜桃，不光百病全消，而且满头白发变得黑黝黝、满口的牙齿长得白汪汪。吃剩的桃核落在屋后也长成了两棵大桃树，轿夫天天侍奉老母在树下颐养天年，只到最后桃树变成两只仙鹤，载着母子二人冲天而去。

从此，黄鹤楼下吕洞宾种桃的山坡上建起了一座"仙桃亭"。武汉三镇的百姓也一代代传诵着轿夫孝母的故事。

吕洞宾卖墨黄鹤楼

有一天武昌城闹哄了，说是黄鹤楼下来了个摆地摊的老头，他在那里卖墨，墨卖出了天价。一连守了几天，根本卖不出去，老头都快死了。有一个姓王的老板听说后，马上就跑到黄鹤楼去看稀奇。等他到了黄鹤楼下，那里早已经里三层外三层地打了围。王老板费了吃奶的力，总算是从人群中挤了进去。地摊只有一尺长，一块破蓝布上放了两块墨。那两块墨，一寸长，跟平常的墨没有很大区别，标价真是吓人：两块 3000 两银子。摊主是个瘦筋筋的老头儿，穿得又破又脏。他盘腿坐在地上，眼睛半闭半睁，也不搭理别人的问话。围看的人群议论纷纷。

一个看似肚子里有点墨水的人说，这墨有来历，它是用千年古松兜烧成的炭灰，掺和小仙鹤的尿、老乌龟的血、最毒蛇的油做成的。吉祥四宝，宝中之宝呀。

另一个人在旁边帮腔说，用这块墨写招牌，乌光闪闪，千年不掉，财源滚滚；用它写考卷，爽心悦目，最屁也可以中举人。

听了这些恭维的话，一个中年人气冲冲地说，你们是跟那个老东西合伙"做笼子"的吧。3000 两银子，莫说买一栋房子，就是一条巷子也买得到。骗老子们的钱，你们一伙想钱想疯了。

前两个人大声分辩，说自己根本不认得那个老头，连他是哪里来的都搞不清楚，自己只是猜猜，"闹眼子"玩。

卖墨的老头，始终不吭一声，一动也不动，守着他的摊。

王老板见众人要吵起来，甚至有人想掀摊子，上前按住了众人的气头："看稀奇就看稀奇，过了眼瘾，还要说风凉话，要打场子，天下哪有这个道理？你们没看到这个老人，已经半天没进食进水了，造孽呀。"

王老板早年是镖局的镖师，不光有一身好武艺，为人还很正直，后来金盆洗手，改行做生意，从来不欺行霸市，遇到同行或乡里相亲有难处，总是大方接济。所以，他一发话，围观的人群渐渐安静下来。

王老板上前用蓝布把墨包了起来，又扶起了卖墨的老头："我请您老人家到黄鹤楼上去边喝茶，边谈生意。"老头一跛一跛地跟他上了楼。

两人抿了几口茶，王老板说："这墨一丁点小，卖这么贵，我想这其中一定有缘故，要么，这墨货真价实，真是宝墨、神墨；要么，您老人家遇到了难处，急需一笔钱。我不管是什么缘故，这墨我要了。我看这样，我给您老人家 3000 两银子，买您一块墨。剩下一块，您再带回去卖，怎样？"瘦老头点了点头表示同意，拿了王老板的银票和剩下的一块墨，谢也不谢，一跛一跛下楼走了。

晚上王老板洗完脚正要睡觉，忽然听见有人敲门。开门一看，原来是那个卖墨的老头。不知道他是怎么找到自己家的，老头递给他那个白天见过的蓝布包，还是一句话也不说，跛跛地离开。

王老板回到房里，把蓝布包打开一看，我的天哪，那一块黑墨一下子变成了一块紫光熠熠的金子，自己的 3000 两银票也在里边；再拿出白天买的那一块，也成了一块紫金。放到灯下仔细一看，两块紫金上都刻有一个"吕"字。王老板顿时明白，是吕仙人吕洞宾下凡了。他慌忙出门去追，哪里有吕洞宾的影子？

一连好几年，王老板天天抽空到黄鹤楼走一趟，但再也没碰到卖墨的老头。

神　笛

三伏天的夜晚，武昌城像个火炉还在散发暑气，只有黄鹄矶头江风阵阵，黄鹤楼上灯光点点，成为老百姓消夏纳凉最好的地方。

一中年汉子扛着竹笛想做夜市生意。他面对围拢来的百姓们夸口说："各位父老，我这竹笛做工精细，音质举世无双，你们如果不信，先听我吹奏一曲。"说着就鸣里哇啦地吹起来。笛声和着江涛婉转回荡，清脆悦耳。一曲终了，引来一片掌声。

突然，人群中有个古稀老人摸着胡子说："你这笛子的确不错，但恐怕不能算天下第一。"卖笛汉子不服气的反问："莫非老人家有更好的笛子能与我比一比？"

老人笑着边点头边慢吞吞从腰间抽出一支短笛吹响，那声音抑扬顿挫，奇妙非凡。不久，夜空中飘来一朵朵祥云，在黄鹤楼上缭绕飞扬。接着，又看见楼下江水中游来蛟龙，和笛起舞，江面上金光灿灿，鳞甲闪闪。沉浸在这仙境仙乐中的百姓也禁不住手舞足蹈起来。

猛然间笛声戛然而止，鹤楼上下恢复原样。卖笛汉子扑通一声跪在老人脚下，口服心服地要拜师。老人把他扶起来并告诉他，这支短笛是江南胜地岩石上经百年风霜的孤竹制成，是自己在蕲州驻防时用名贵貂袍换来的。他拍着卖笛汉子的肩膀和和气气地说："人上有人，天外有天。还望小老弟以后说话留有余地，千万莫再瞎夸海口哟。"说完在爽朗的笑声中飘然而别。

唐朝大诗人刘禹锡曾为这件事专门写了一首诗，诗的名字就叫《武昌老人说笛歌》，一直流传到现在。

郑德璘奇遇湖神

唐贞元年间，有一个叫郑德璘的长沙人，经常到江夏也就是武昌来探望他的表亲。每次经过洞庭湖的时候，总会遇到一个老头在一条小船上卖菱角。一来二去，两人混熟了。郑德璘买完菱角顺势把老头邀到自己的船上，拿出自备的好酒，与他共饮。老头从不客气。

有一次，郑德璘又到了江夏。他让船夫把船停在黄鹤楼下的江边，然后照例登黄鹤楼饮酒。这时，有一个姓韦的盐商，把他的船停在郑德璘船的旁边。他的船也准备开到湖南去。韦家的小姐长得像个仙女，郑德璘从黄鹤楼下来，正碰上韦小姐上楼。郑德璘被韦小姐的美貌惊呆了，半天都没有回过神来。到了晚上，郑德璘正准备睡觉，突然发现水中飘来了一把荷花，又发现旁边船上有两个妙龄女子正在嘻嘻地小声讲话。仔细一看，其中一个竟是黄鹤楼下遇到的美女。第二天，韦家的船起锚向洞庭湖开去，郑德璘也吩咐马上开船相随。船到了洞庭湖，停在岸边，韦小姐从水窗中伸出鱼竿钓鱼。郑德璘赶紧在一块红丝绢上写了一首情诗，将红丝绢扔向韦小姐的鱼钩旁，韦家小姐钓起了丝绢，非常欣喜，将丝绢小心地收了起来。没多久，湖上起了大风，韦家的船是条生意船，非常大，因为要做生意，就顶风向湖心驶去。郑德璘的船小，船夫不敢冒险起航，郑德璘只好眼睁睁地看着韦家的船离开。到了傍晚，突然传来不幸的消息，说是韦家的船被大风吹翻沉到湖底了。郑德璘又惊又痛。自己的婚事一直就不顺，好不容易遇到一位天仙般的佳人，连一句话也没有讲，就阴阳两隔，自己的命也真是太苦了。想到这里，他不禁号啕大哭起来。哭了半天，想想还是要祭奠表达一番才好，于是在纸上写了两首，将酒和纸都洒入湖中。

湖中的虾兵蟹将巡湖时，捡到了写诗的纸，立刻把它交给了湖神。原来这湖神正是那个装成卖菱角老头的神仙。他看见纸上写诗的人是郑德璘，十分惊奇。马上吩咐虾兵蟹将去查有没有一个姓韦的女子前几天沉到湖底。很快，虾兵蟹将把韦家女子带到湖神那里。湖神把她弄醒，问她认不认得郑德璘。韦家女从手臂上解下了郑德璘送给他的红丝绢。湖神看了，果然是朋友的意中人。于是对韦家女说："郑德璘是我的老朋友，我过去常喝他的酒。他将来要当这个地方的县老太爷呢。看在老朋友的面上，我救你一命。"说完，把韦家女一推，女子在水中浮浮沉沉地飘到了郑德璘的船边。郑德璘慌忙把她拉上船，问了她这几天的来龙去脉，女子把奇遇湖神的事对他讲了，两人十分感慨。美女失而复得，郑德璘高高兴兴地把韦家女娶为妻。为了报答湖神的恩，两人从洞庭湖到黄鹤楼长江边，到处寻找卖菱角的老头，找来找去找不到。

过了三年，上面选拔官员，郑德璘果然当了县令，他派船接韦氏到县衙门，船上有一个老船工完全不使劲。韦氏要早早见到丈夫，就狠狠说了他几句。老船工对她说："我还救过你呢，你怎么这快就忘了呢？"说完就跳进水里，消失得无影无踪。韦氏女这才明白这老船工就是湖神，懊悔得不得了。见到丈夫，把情况说了。两人选了一个吉日，到庙里烧香许愿。韦氏女从此对下人再也不敢随便指责了。

岳飞三退美女

岳飞镇守鄂州，带领岳家军与金兵、傀儡打了几仗，大获全胜，震动全国，宋朝皇帝十分高兴，立马给岳飞升了官。

消息传到四川，掌管四川军政大权的节度使眼看岳飞前途光明，今后肯定飞黄腾达，就想巴结他。节度使派了一个下属带着一船礼物，其中有一大包岳飞最爱吃的麻辣牛肉干，顺江直下，到鄂州"劳军"。临出发时，节度使吩咐下属说，留心看看岳飞还有哪些"爱好"，或者还缺些什么。

下属在黄鹤楼下的帅府按礼拜见了岳飞，岳飞让牛皋等人将礼物抬下去分给将士们，然后让张显陪那个下属登黄鹤楼游览。不久，下属回到四川对节度使说："大人，属下照您的吩咐做了，岳飞除了练兵打仗以外，没有什么爱好。他家里好像什么也不缺，只是很简单。""有女人吗？""有李氏夫人和一个贴身丫鬟，总共两个。""这就对了，缺女人！哪一个封疆大吏不是妻妾成群？自古以来英雄难过美人关。找一个由头给他送美女去。""大人，您知道他想要一个什么样的美女？""你去找师爷商量！"

师爷翻了半天书，高兴地发现，古时候楚王喜欢细腰的女子，后来成了楚国的风俗。四川最不缺的就是苗条女子，下属挑了一个一尺三寸腰的女子，赶在岳飞过生日的前一天，到了鄂州送了上去。细腰女子马上被退回四川，节度使对属下说："你们没有搞清楚，味口不对，再去商量商量。"

师爷又翻了半天书，高兴地发现，前朝唐代喜欢肥胖的美女，本朝沿袭前朝的风俗习惯，怪不得岳飞不要。于是，下属又挑了一个丰乳肥臀的女子送到鄂州岳府，不久，还是被退了回来。

这下节度使可费神了，他想了几天，命令部下海捞300个美女，他要像筛子一样，仔仔细细地筛出个绝色美女来。第一道，由下属筛，泼走100个，留200个；第二道，由师爷筛，再泼走100个，留100个；第三道，由他亲自筛，泼走99个，最后剩一个献给岳飞。

经过下属和师爷两道筛过后剩下的100个女子，一个个打扮得光光鲜鲜，齐刷刷地站在府衙后花园里，任节度使精心挑选。节度使虽然妻妾成群，但也从没有见过这种场面。

一时竟把他看得涎水直往下掉。最后一个，来自大凉山深处，是一个彝族头人的女儿，长得不高不矮，不胖不瘦，桃面杏眼柳眉朱唇，真个仙女一般。节度使心里一阵狂喜，他想留着自己受用，又转念一想，想要个西瓜，不能贪这一颗芝麻，忍了吧。等钓到了岳飞，日后有了岳飞的回报，还怕啥子弄不来。于是，他叫人将美女重新装扮好，选了一个黄道吉日，亲自送往鄂州。

岳飞在黄鹤楼宴请节度使。酒过三巡，两人到三楼观赏景色。节度使乘岳飞高兴，说："岳帅为收复国土，南征北战，身先士卒，浑身上下尽是伤疤，本官实在是佩服得五体投地。岳帅还是要息养息养，这样才能为国效命呀。俗话说得好，药补食补不如心补，岳帅要多找些快活才好。"岳飞走南闯北，见过了几多场面，一下子就听出了节度使的弦外之音。但他没有发话，只是微微笑了一笑。见岳飞没有反对，节度使说："实不相瞒，本官这次来鄂，带来一个绝代佳人。美女胜良药，包治百病和枪伤，请岳帅笑纳。"

岳飞听了，不好当面鄙他的面子，就笑着说："多谢大人的厚意。本帅要当面考她一考。要是回答满意，本帅就收了大人美意；要是回答稍有勉强，请大人不要责怪于我。"节度使连连点头称是。

美女被安置在南楼。南楼是蛇山上紧邻着黄鹤楼的一座楼阁，虽然名气没有黄鹤楼那么大，但也算得上鄂州顶级的名胜了，达官贵人经常在那里宴请宾客和欢歌艳舞。岳飞和节度使携手走进南楼，二层廊房竹帘后，隐隐约约可以看见美女的影子。一股浓浓的异香传来，把人都熏得醉晕晕的。岳飞定了定神，走到竹帘前，对帘中的女子问道："姑娘，本帅问你三个问题，你实实在在回答，不能有半点虚假，也不能有半点勉强。可以吗？"帘子后面隐隐可以看见美女点了一下头。

岳飞问道："姑娘，本帅出身贫寒，家中没有一亩薄田。虽然统帅三军，但军饷都靠鄂州百姓补充，家中更没有银两积蓄。你愿意跟从本帅过吗？"帘子后面传来惊奇的笑声。

岳飞接着问道："姑娘，夫人为我育有三个儿子和一个姑娘。本帅常年在外征战，家务繁杂。养儿任重，夫人还需要伺候，你承担得起吗？"

帘后又传来冷冷的笑声。

岳飞最后问第三个问题："姑娘，本帅统兵打仗，性命随时不保。一旦命归黄泉，你能从一而终吗？"帘后传来鄙夷的笑声。

岳飞转过身来，对节度使拱了拱手："大人，俗话说：千里姻缘一线牵，百年眷属三生定。刚才您都看见、听见了。本帅命薄，实在是无缘享受这份艳福，姑娘劳您带回。这里有皇上赐的几匹杭州绸缎，送给姑娘也不枉她老远来鄂州一趟。"节度使呆呆地站在那里，半天都没有会过神来。

事情传到帅府李夫人那里，夫人更加敬重岳飞，从此相夫教子更加尽心尽力；事情传到军营，全军上下军纪更加严明；事情传到城里，鄂州百姓更加拥戴岳家军。从此，岳飞抗金的决心也更加坚定了。

岳飞换菜恤下属

岳飞在郢州战场受了点轻伤，回到鄂州后被做饭的大师傅看见了，大师傅马上跑到集市上买了一只老母鸡和两副猪肚。大师傅是本地人，他要做一道本地名菜——"肚包鸡"，给岳帅补一补。他先把鸡和猪肚洗得干干净净，然后将剁好的鸡块放入猪肚中，用酒、盐、花椒、生姜将它们腌制一个时辰，再加大火爆炒，放入大料、桂皮、香叶、尖椒、酱油、糖，加水煮开，最后用小火熬炖，直到肉烂收汁。菜装盘后，他乐颠颠地端到岳帅面前。

岳飞猛见这道色、香、味俱全的"肚包鸡"，口水自然地流了下来。他太长时间没有吃鸡了。驻鄂州这几年，朝廷拨的银款本来就少得不得了，加上层层贪官污吏的克扣，剩下的真是可怜。幸好鄂州百姓节衣缩食，不断地捐粮、捐物、捐钱，才能勉勉强强地维持岳家军吃饭。在这种情况下，吃鸡当然是跟做美梦一样了。看了好一阵，岳飞始终没有动筷子。他明白大师傅的好意，一句责怪的话也没有。他让大师傅把菜打包装好，然后提着它向蛇山上走去。

打郢州的时候，他在马下舞着帅旗指挥，不料敌人从马肚子下将矛刺过来。身旁的"井字营"校尉陈顺子飞身用腿一挡，长矛刺穿他的小腿，顿时鲜血把军裤和脚下的一片土都染红了。岳飞心疼得掉下眼泪。正好，这盘"肚包鸡"可以慰劳一下他。

岳家军正在开饭，陈顺子先吃完饭跛着腿到黄鹤楼那边闲逛去了。"井字营"将校崔达功看见岳帅提着一包东西，瘪着脸问："元帅犒劳我们来了？"岳飞说："我还没有吃饭呐，今天你们吃啥？""老一样：酸菜炖和渣。"崔达功是湖北施州山里人，山里人经常用泡好的黄豆磨成像豆渣浆一样的东西，伴进老酸菜，叫和渣，和渣有汤有水，十分下饭。岳飞肚子早已饿了，吩咐道："上来！"崔达功叫兵丁端来一个小火钵，上面加好汤钵，倒入和渣酸菜，不一会儿就咕嘟咕嘟煮开了。岳飞夹了一筷子酸菜，放进嘴里，真的十分美味。"加辣椒！"汤钵里浮上一层红油。"好吃吧？这老酸菜是用十几年的老酸水泡的。元帅我给你再加点！"崔达功一边说一边命人加菜。岳飞连汤带菜已经吃完了一钵，满头大汗，第二钵又吃了一小半，这才停住了筷子。"剩下的我带回去下顿吃。我也不白吃你们的，我带来的这包菜跟你们换！"说完，提着半钵酸菜和渣下山去了。

崔达功打开岳飞带来的一包菜，始终不敢动一动。他跟岳帅出生入死十几年，实在是太了解岳帅了。岳帅这个人出身贫寒，他当大官以后，从不像同朝的其他元帅那样奢侈，生活始终简简单单，还是一副老农民的样子。更让人感动的是，他爱兵如子，将士们铁了心跟他杀敌，所以连敌人都承认："撼山易，撼岳家军难！"陈顺子受伤的时候，崔达功就在岳帅身边。他很明白，自己没有口福。

崔达功把"肚包鸡"闻了又闻，终于把它给陈顺子送了去。

岳飞登楼抒情怀

南宋绍兴四年，威震敌胆的岳家军收复了大片被金军占领的失地，屯兵武昌。岳飞被朝廷任为清远军节度使、湖北路荆襄潭州制置使，府衙就设在蛇山黄鹤楼下。

为筹划第一次北伐、汉江北上进击伪齐刘豫政权，解救中原、陕西一带百姓免遭金兵奴役，岳飞率领将士在大江之滨、黄鹤楼之下精心操练、待命出征。等到宋高宗北伐圣旨一到，岳家军就像离弦之箭直插敌营。岳飞率众将士先与伪齐大将李成的50万人马战于郢州，擒杀其部将荆超。随后一鼓作气攻克襄阳。然后乘胜追击，在邓州（今河南邓县）将李成败军打得落花流水，一举收复了郢、随、唐、邓、襄阳、信阳等州郡的大片失地，使金兀术等人发出"撼山易，撼岳家军难"的哀叹。

因这次北伐战绩辉煌，南宋朝廷封岳飞为武昌县开国子，后来又封他为武昌郡开国侯。但是，岳飞并不陶醉于拜将封侯，仍一心记挂着收复失地、解救百姓、统一河山。他乘返回武昌休息之机，继续谋划二次北伐的战略部署。

一天，忙中偷闲的岳飞在岳家军诸将的陪同下沿着山间小路拾级而上，来到雄奇壮美的黄鹤楼观景小歇。岳飞遥望奔腾不息的江流，想到饱受兵灾之苦的中原大地，不禁感慨万端，满怀悲壮地提笔写下撼人肺腑的词章《满江红·登黄鹤楼有感》，字里行间洋溢着精忠报国的炽烈情怀。

绍兴十年，岳家军最后一次北伐曾直逼开封附近的朱仙镇。但是，力主议和的奸臣秦桧却利用宋高宗的猜忌之心，用12道金牌把岳飞从前线召回，并编造许多"莫须有"的罪名将其杀害于牢中，使抗金复国大业毁于一旦。

岳飞冤死之事传出，中原百姓不顾奸臣高压，自发修建岳飞庙祭祀忠烈，弘扬正气。后岳家冤案昭雪，武昌百姓在蛇山黄鹤楼旁建起岳王庙和岳武穆遗像亭，长年供奉，烟火不绝，以还这位千古忠烈"再续汉阳游，骑黄鹤"的遗愿。

银 屏 井

奸臣秦桧杀害了岳飞，还不罢休，他要斩草除根。听说在鄂州也就是现在的武昌，岳飞还有一个女儿，于是连夜派人马不停蹄地赶到鄂州，全城搜捕岳飞的后人。

岳飞这个女儿叫银屏，十五六岁，长得很标致，人特别乖巧，十分逗人喜爱。鄂州城老百姓都想保住岳飞的后人，想尽了一切办法，把银屏藏起来。有一个老街坊把银屏藏到屋子的夹墙中。这道夹墙是他家祖上做屋时，暗地修的。夹墙平时用来藏首饰等值钱的东西，荒年用来藏粮食。除了当家的知道，家里其他人都被蒙在鼓里。现在为了救银屏，就只有把这个秘密公开了。白天，银屏就躲在夹墙中，主人偷偷给她送点饭和水；晚上，让她出来透口气，洗一洗。开始几天，平安无事。不料，时间长了，还是被官家的探子怀疑上了。这家人赶忙把银屏转移出去。官家扑了空，把这家人都杀了，还把他家的房子全部拆毁了。接着，又一家一家查，凡是有夹墙的全部拆了搜。整个鄂州城被搞得鸡飞狗跳，人心惶惶。但是，不怕死的街坊多的是。有一户人家，在后院挖了一个地洞，曾经把银屏藏在他家的洞里。挖洞的一些新土，没有倒干净，官家发现了他家的秘密，没有抓到银屏，把他一家人也杀了。街坊们一看，再藏下去恐怕是藏不住了，大家一商量，决定把银屏送出城，让她过江去，再逃回祖籍河南乡间，保住岳家的根苗。他们把银屏打扮成一个男孩子，脸上抹得黑黑的，混在人群中，朝汉阳门走去。哪知道城门口加了几层岗，城墙上张贴着缉拿银屏的画像，过往的人，不管是男是女，统统要浑身上下仔细搜查。看到这个架势，一行人赶忙退了回来。

银屏是个知书达理的姑娘，看到鄂州父老们为了保护自己，不顾身家性命，心想不能再连累他们了，自己的这条命也走到头了。一个月黑天高的夜晚，银屏悄悄地溜到蛇山，爬上黄鹤楼。楼下不远处曾经是父帅的府衙，以前一家人在一起团聚的日子虽然非常稀少，但是爹娘奶奶和哥哥们是多么疼爱自己啊。想到这里，不觉泪如雨下。银屏面朝东方，那边是爹爹遇害的地方。银屏走近了栏杆，喊了声"爹，岳云哥哥，我来陪你们了"，正想翻越纵身而下，猛地想到这样死法不好，自己的身体落到仇人手里，不知要受到何种侮辱呢。银屏改了主意，从黄鹤楼上退了下来，向蛇山东麓走去。她小时后常常跟大人们到蛇山上游玩，知道山上有几口井，这些井，有的还在冒泉水，有的泉眼被岩石堵死早已枯竭。自己不能选冒泉的井跳，不能污了好端端的一井水，害了一城人。她在草丛中找到了一口枯枝败叶覆盖的废井，头也不回，一头跳了进去。

许多年后，这口井突突地冒出了清亮的泉水，从不干竭。人们说是这是银屏姑娘化的，为的是答谢好心的鄂州父老。街坊们常常到井边来，舀一瓢清亮的井水喝，怀念着那位漂亮、懂事又可怜的姑娘。人们把这口井叫做"银屏井"。

一鹤除双害

宋朝末年，武昌府有个贪官，在任时无恶不作，做了不少伤天害理的事。告老后又把自己缺德少才的干儿子扶上正位，自己在黄鹤楼后的山坡上修起庄园，继续作威作福，欺压百姓，成为当地一害。

有天黄昏，贪官看见几只幼鹤在黄鹤楼和蛇山树林间无拘无束地飞来飞去，就悄悄埋伏在草丛里用拐杖打伤一只幼鹤捉回庄园。当晚黄鹤仙子在梦中劝告他少做坏事，尽快把幼鹤放归山林。但他根本不把劝告当一回事，第二天反把伤鹤送给了当官的干儿子。

第二年大年初一，干儿子请贪官去吃酒，席间他毕恭毕敬地挟了一块香喷喷的腊野味孝敬干爹。贪官来不及细嚼，肉就一骨碌滚到喉咙口，一根细骨正好卡在喉咙正中。

疼痛难忍的贪官问："这是什么肉？"干儿子如实回答："这就是去年您老送来的幼鹤腌制而成，小儿舍不得独自享用，留到今天孝敬您老……"贪官听后面如土色，大叫："报应！报应！"当场口吐鲜血，一命归西。

贪官的家人见他死在大年初一，哪肯善罢甘休，一纸告到府衙，咬定干儿子是有意谋杀。干儿子因这桩人命案被抄没家产、撤职查办。听到这个消息，武昌城内的老百姓个个拍手称快，因为当地从此除掉了两个祸害。

孔明灯的传说

黄鹤楼前有座用巨石雕成的胜像宝塔。宝塔建于元至正三年（1343年），为威顺王太子所建，是用来供奉舍利和安藏佛教法物的喇嘛塔。塔分好几层，每层都是圆鼓鼓、光溜溜的，下大上小，塔顶缩成圆球形状，远远看去像个葫芦，武汉三镇男女老少都叫它"孔明灯"。

相传三国时期，曹操率领83万人马直扑江南，准备把孙权和刘备一举荡平，然后独霸江山。刘备和孙权听到消息，赶紧联合起来，在长江的南屏山和乌木矶一带岸边摆开战场，决定与曹操拼个你死我活，这就是历史上记载的赤壁大战。

负责指挥孙刘联军的诸葛亮心里明白：凭两方的有限兵力抵抗曹操的大队人马不是件容易事。只有调兵遣将，出奇制胜，才有可能以少胜多。可猛将关羽统领的水军还在樊城，远水不救近火，关键是要想办法督促他按期调兵到赤壁战场。

诸葛亮传令关羽日夜兼程，务必如期到赤壁会合。可关羽对这种往返千里的差事感到为难，但又不好违抗军令，于是将了诸葛亮一军："水军在汉水顺流放船问题不大，但一到龙王庙拐进风急浪高的长江再逆流而上，如果遇上黑灯瞎火风雨交加，我可负不起损兵折将的责任。"

诸葛亮哈哈一笑，胸有成竹地回答："将军放心，到时不论风狂雨骤还是夜黑如墨，我定会在黄鹤楼点起亮灯，让江面如同白昼，保证你的水军通行无阻。"关羽以为诸葛亮只是为稳定军心信口搭白，便以歪就歪地说："军中无戏言，军师如果真能实现承诺，末将愿当此任！"诸葛亮当即与关羽立下军令状，郑重其事地嘱咐关羽："军情急如火，将军如果贻误战机，休怪军法无情！"

等关羽从樊城带领水军赶到夏口，正是半夜三更，两岸伸手不见五指，碰巧又遇上狂风暴雨，汉江口白浪滔天。关羽正暗暗叫苦，不料对岸黄鹤楼下真的亮起一盏巨灯，就像悬在半空的一轮明月，把江面照得通明透亮。关羽又惊又喜，从从容容指挥兵船拐进长江，逆流而上，按期与孙刘联军会师，配合诸葛亮火烧赤壁，把曹操的 83 万人马打得落花流水。

从那天起，黄鹤楼下的这盏灯一直不熄，天天为江上的来往船只照明指航。同时，住在黄鹤楼的道士们还发现，他们每拨一次灯，灯里就又冒出一些油来，正好够他们舀来炒菜吃，这样他们也就心甘情愿天天按时拨灯了。

后来，有个好吃懒做的道士想多舀些油卖了发财，偷偷用铁夹子夹住灯芯，一边用力往外拉一边喊："冒油，冒油，多多冒油！"果然油如泉水直往外涌，那道士得意忘形，用力一扯，把灯芯扯掉了，这时灯里不仅不再冒油，连整个灯都变成了葫芦形状的石塔，就像现在看到的这个样子。

后人为了纪念诸葛孔明，就把这座石塔叫成"孔明灯"。

朱元璋烧龙床

元朝末年，各路农民起义军为了争夺地盘，大打出手。其中，打得最凶的是陈友谅和朱元璋。陈友谅是湖北沔阳人，祖上几代都是打渔的。"沙湖沔阳州，十年九不收。"连年的水灾不说，渔霸又横行乡里。陈友谅看不惯仗势欺人的恶霸，久而久之，反叛的心思就产生了。他从小就有一肚子怨气和恨气，总想发泄，和别人打架的时候，特别爱出狠招，想致人于死命。参加农民起义军以后，脾气越来越坏，变得越发凶残，见人就想杀。他曾杀过自己的同乡部下，杀过一手提拔自己的首领，杀得最多的是手无寸铁的俘虏。但是，由于他打战勇猛不怕死，又很狡诈，所以能够占山为王。朱元璋比陈友谅聪明，他善于听取别人的意见和建议，为人也比较和善。大概在庙里做了几天和尚，懂一些庙里的规矩，捉到的俘虏，他不仅亲手释放，还发给路费，让他们返家。他更不像陈友谅那样喜欢张扬，动不动就宣布自己为元帅、大王、皇帝。所以在人心向背上，朱元璋是占上风的。

陈友谅在与朱元璋开打之前，认为自己有必胜的把握，他甚至提前做好了做皇帝的准备。他还特意打了一张龙床，准备将来做了皇帝后使用。床就放在武昌黄鹤楼下的王府里。

两支军队在鄱阳湖打得昏天黑地。从装备上和人数上讲，陈友谅占优，他造的战船非常高大，有三层楼房那样高，船上还可以载马匹。有好几次，朱元璋险一点就被打死了。其中一次，朱元璋因为换了一条船，才逃过一死。但是，朱元璋及时调整战略，采用火攻的办法，用小船攻大船，把陈友谅的大船逼进港口里，结果烧得陈友谅的大船动弹不得，终于把陈友谅团团围住，然后命令士兵用箭猛射。陈友谅头部中箭身亡。他的部下用快船载着他的尸体，连夜送回到武昌，埋在黄鹤楼所在的蛇山坡上。陈友谅的儿子陈理，见父亲已经不在世了，自封为"皇帝"。朱元璋一口气追到武昌，把武昌城团团围住了半年。陈理向父亲的老部下求救，援兵被拦截在洪山而败。陈理见大势已去，只好投降。

朱元璋进武昌城后，陈理跪在地上向他求饶。朱元璋哈哈大笑，说："我和你父亲，本来没有什么深仇大恨。后来他想杀我，但是他先走了，这是天意。我和他的事了结了，我怎么会杀你呢。不光是你，你的部下我一个不杀，愿意跟我的，我这里有合适的位置安排。至于你，等些日子跟我一起回建业，让你享受荣华富贵。"陈理不知朱元璋是为了软禁他，傻乎乎地磕头千恩万谢。朱元璋亲手扶他起来，亲切地说："走，陪我到你父亲坟前去看看。"说罢，挽着陈理的手臂，向蛇山走去。

陈友谅的新坟在离黄鹤楼不远的山坡上，四周是苍松翠柏，一条幽静的小路通往山脚下的王府。朱元璋肃立在陈友谅墓旁，焚香过后久久不语，然后口中念念有词，又命人拿来一杯酒，缓缓泼洒在坟前的草地上，对陈理说："回头我送你父亲四个字，让人拿给你，你刻成碑石，立在坟前，也不枉我和他打了多年交道。"

回到驻地，朱元璋书写了"人修天定"四个字，叫人送给了陈理。

陈理看到朱元璋这样大度，心里又是感激，又是佩服："此人将来一定是真龙天子，父亲以前做的一张龙床，理当归朱大王享用。留在王府里，自己是不敢用的，不如就此献给朱大王做人情。"

第二天，陈理去拜见朱元璋，讨好地说："家父留有一张床，我想献给大王。这张床可是个稀罕物，望大王千万不要客气。"

朱元璋笑了笑："我今日正好没什么事，你叫人搬来，我开开眼，看看是什么宝贝。"

二十几个粗壮的兵丁，呼哧呼哧地把龙床抬来，朱元璋一看，还真是从没见过的宝床，只见它：高高大大，四方八面，八只虎脚，四根立柱，浑身鎏金。立柱和挡板上雕刻着九条活生生的金龙。

陈理在一旁对朱元璋一一地介绍："床的用料是恩施州龙潭溪的阴沉木，阴沉木原来长在溪边的原始森林里，后来倒在了溪水中，被浸泡了上千年。龙潭溪两边都是悬崖绝壁，父亲征了几千个山民，费了几个月的功夫才把这些木头从水里捞上来。又请了武昌府最有名的几个木匠，花了一年时间，才把它做好。描金用了差不多 5 斤金子。这个阴沉木锯开以后，像血一样红，比铁都硬，还有股香味。武昌这个地方夏天又热又闷，晚上睡在门外的竹床上都受不了。但是睡在龙床上，就很安稳。这个床不生虫，也不逗蚊子。"

朱元璋上前闻了闻，果然有股异香。久久望着这张价值连城的龙床，朱元璋不免有些心动。但此时好像突然有一个声音爆发，在警告他不要痴心妄想。朱元璋立即清醒过来，令陈理退下，接着吩咐属下明日将龙床搬到黄鹤楼前的空场上。

第二天，黄鹤楼前挤满了百姓和游人，大家闻讯来看龙床的。但他们万万没有想到，他们看见了更稀奇的一幕：兵丁们用锋利的刀斧，死命地砍、凿龙床，龙床几乎完好无损。兵丁们又抱来几捆木柴，浇上油，点燃后放到龙床上，渐渐把龙床烧着。过了几个时辰，才把龙床烧尽，黄鹤楼被浓浓的烟雾所遮掩，整个武昌城轰动了，几个大胆的私下议论，一个说：朱和尚这是疯了，把好生生的龙床烧了。另有一个说：莫看他给陈友谅上坟，他是猫哭老鼠，这不，把人家的床在坟旁边烧了，这不是要死人都不安身？

众人都无法猜透朱元璋内心的秘密，包括他最贴心的部下。朱元璋内心的秘密，就是那个突然爆发、警告他不要痴心妄想的声音，是三句话，九个字："高筑墙，广积粮，缓称王。"

朱元璋起兵后，有一年在徽州，偶然遇到一位高士朱升。两人同乡又同姓，谈得十分投机。朱元璋虚心向朱升求教，朱升送了他这九个字。就是这九个字，帮朱元璋最终夺得了江山。

黄鹤楼下听 "仙乐"

一天，黄鹤楼前的大石头上来了个白毛老头，自称袖笼里藏有黄鹤演奏的仙乐，能让每个听的人哈哈大笑、忘记烦恼，但听一次要交一钱银子。

不一会，有个人交了银子。白毛老头就用宽袖遮住他的耳朵，小声在耳边嘀咕了几句。那听的人先是一脸惊奇，随后便吃吃地笑着离开，边走边说："听到了，听到仙乐了！"这样，看稀奇的人越围越多，想听仙乐的人排起了长队。

人群中有个便服游楼的将军也交了银子，白毛老头先用袖子笼住他的耳朵，接着在袖内小声说："如果你说听到了仙乐，你就是我的爹；如果你说没听到，你就是我的儿子。请做我的爹吧，我这完全是为了讨银子。"将军大惊，原来人们为了怕当儿子，不仅不拆穿西洋镜，反而个个承认听到仙乐，害得后面的人一个跟着一个上当。

正直的将军非常生气，耐着性子低声指责白毛老头："劝你赶快停止这戏弄众人的仙乐。"不料老者却说："人为财死，鸟为食亡，这是古今不成文的道理。"将军反驳道："这理不见经书，不足为据。"哪知白发老者继续狡辩："古书云：人不为己，天诛地灭，这该是成文的道理吧？你不要多管闲事。"

将军终于忍无可忍，大声吼叫起来："世上歪理，不成文的可恶，成文的更不是东西。本将军这次就当一回你的儿子。"随后当场揭穿了这个骗局。明白了真相的游客们一拥而上，要打死这要钱不要脸的老东西。将军拦住了他们，大声教训白发老头："限你即刻离开黄鹤楼，如果今后再发现你拆白行骗，定斩不饶。"

白毛老头吓得屁滚尿流，连滚带爬地逃下黄鹄矶，从此无影无踪。

白龙池的传说

明朝隆庆年间，紧挨长江的黄鹄矶下人烟渐密，棚屋连片。由于五方杂处、乱用火烛，接连酿成好几场大火。而每次火灾发生，都是风助火势，火乘风威，延烧到矶上成片林木，差一点就烧到了刚刚装修一新的黄鹤楼。这事使奉命管理黄鹤楼的主事心惊胆战，一连几个月食不知味，卧不暖席。可无论怎么绞尽脑汁，还是想不出保护这千古名楼的万全之策。

一天，弯弯山道上走来个满头癞疮，又瞎又跛的老道，正好撞在急得团团转的主事身上。心烦意乱的主事正要发火，忽然听见他正念念有词地反复说着："水火无情，相克相生。"主事不由灵机一动，主动上去打招呼。那道人口称善哉后劈面大叫："施主，贫道现今腹响如鼓，饥渴难耐，你可有东西能够救救急？"

主事连忙叫人置办酒菜一桌，请老道入座。老道也不客气，风卷残云般将酒菜一扫而光。等他酒足饭饱后，主事才向他吐出苦衷，讨教防火良策。老道伸着懒腰，剔着牙齿不慌不忙地说："这有何难？自古水火相克，黄鹄山上下火灾频发实在是火神祝融作怪，只要施主能请来江中白龙相助，保管这方圆十里岁岁平安。"接着凑近主事的耳朵如此这般一番，听得主事连连点头。说完后老道跛进吕仙洞内，转眼已无影无踪。

主事明白这是吕洞宾显身保护黄鹤楼，便连夜派人在黄鹤楼下用生铁修造了一个三丈见方的铁池，天不亮就从矶下挑江水倒入池中。如此三天，池中清水满满当当，而且经月不败。果然，黄鹄山下从此再没发生火灾，黄鹤楼平平安安屹立在蓝天白云之下。

后来，老百姓为纪念吕洞宾的点化和白龙的帮助，就把铁池取名为"白龙池"。

李时珍看诊黄鹤楼

俗话说神农尝百草，李时珍尝的草和根至少有几千种。老家蕲春那个地方，一面挨长江，一面靠大山。江里游的、湖里生的、山上长的，他什么都尝过。特别是邻县黄梅、广济的大山，到处都有他的脚印。猎狗不敢去的悬岩，他都爬上去了。山上各种各样的花草，老农都说不出名字，李时珍却能一一说出它们的道道来。李时珍不怕吃苦，又很好学，遇到有搞不懂的东西，总是虚心向别人讨教。有一次他爬到龙峰山的一处悬崖，看见崖缝中有一条白底黑花的蛇，正在吃石南藤。这条蛇头很小，三角形，尾巴尖子上有一个大鳞片，李时珍知道这种蛇叫"五步蛇"，但怎么样把它捉到手真是搞不懂。下山后他请教村里的土医。土医说这种蛇捉它还真不容易，要先撒一把沙，让蛇盘着不动，然后用叉子叉中，再用绳子系好，吊着放到水里从尾巴那里切开，再风干制好。李时珍就这样一点一点地学到了本事，到后来乡里人说，我们这里庙小了，你还是到武昌省城去谋生吧。

李时珍坐了一夜船到了武昌，听人说黄鹤楼人最多，生意好做，就在黄鹤楼下摆了个摊，一天下来，果然有几两银子。

有一天快到中午的时候，黄鹄矶下一个打渔的肚子饿了，就随手从装鱼船舱中捞起一条鱼，做了一碗汤。活鱼加活水，汤的味道那可不是一般的鲜，加上他饿了，就连骨头带汤水都吞到肚子里了。不想到，没过一会儿，肚子开始翻潮，上吐下泻，脸色涮白。邻船的一个渔夫连忙把他扶到黄鹤楼李时珍的摊子前，请李时珍看病。李时珍一看，就明白了几分，问吃了什么东西。打渔的回答吃了鱼。李时珍问是什么鱼，打渔的说好像是条鲤鱼。李时珍摇摇头，又问鱼长得什么样了，打渔的详细地描述了鱼的长相。李时珍马上明白了，打渔的误吃了河豚。河豚是种味道非常鲜美的鱼，但是有大毒，这个打渔的要是再送晚一步，恐怕命就丢了。李时珍从摊上翻出一包草药，交给邻摊一个卖稀饭的妇人，帮忙熬满熬好，喂打渔的喝了。不一会儿，打渔的就缓过神来。李时珍对他说："你刚才恐怕饿慌了，把河豚当成了一般的鱼。以后吃这种鱼，一定要把它的眼睛挖掉，最好把头剁掉，鱼内脏都丢掉，鱼子绝对不能要，鱼肚子内的血尤其是最上面鱼脊里的血要洗得干干净净。煮的时候要大火煮透、煮熟。"打渔的和周围旁观的听了，个个佩服得五体投地，连连说："郎中是个大善人，黄鹤楼来了高人。"

事情一传十十传百，很快传到旁边的楚王府去了。也巧，楚王府里管事的正在发愁：楚王身上不知被什么虫咬了，全身起疹子，又痒又疼，弄得茶饭不思，尿憋得撒不出来。府里的郎中看不好，外面请了好几个郎中也看不好。楚王府上上下下都不安宁。管事的听说黄鹤楼有个高明的郎中，马上派人用轿子把李时珍接了过来。李时珍看了病情，将随身带来的蕲州产的艾叶点燃，在楚王身上熏了几遍，然后取出"五步蛇"蛇油，把楚王身上涂满。又吩咐杂役用艾叶把王宫熏了又熏，楚王顿时觉得身上轻松多了。接着，李时珍安排人把他从家乡带来的白芹菜根熬水，让楚王一碗一碗地喝。不到一个时辰，楚王憋了多天的尿，一下子就喷了一裤子，痛快得大喊大笑，对李时珍说："你不要再去黄鹤楼做野郎中了，就到我府里来，有吃有喝有银子，包你享福。"李时珍想，楚王宫跟黄鹤楼紧挨着，去看那些老病人很容易。再者，出汉阳门码头登船顺风顺水不要一天工夫就可以回到老家。于是就答应了楚王，留在了王府里。

闲的时候，楚王跟李时珍说家常话，他发现李时珍还会作诗。李时珍把他颂黄鹤楼的诗抄给他看，这些诗合辙、押韵、对仗工整，楚王看了，更加敬重李时珍。不想，李时珍可没有心思久留，他一直在谋划编药书《本草纲目》呢。过了一段时间，李时珍把一封信留在茶几上，不告而辞，走回大山里去了。

张献忠题诗黄鹤楼

明朝崇祯十六年五月，张献忠率部接连攻占了黄梅、广济、蕲水、黄州、汉阳等地。号称"平贼将军"的明将左良玉退守江西，武昌城很快被张部占领。张献忠随即自称大西王，改武昌为天授府，江夏为上江县，还分封了六部尚书、都督、巡抚等文武百官，王宫就用原楚王朱华奎设在高冠山上的楚王府。由于开仓济民、开科取士，加上周围二十多个州县宣布归附，张献忠觉得东征西战几十年值得，萌生了一股功成名就的感觉。

一天，身材魁梧的张献忠由丞相汪兆麟、军师徐以显等文武百官陪同，从王府后门出行，拾级而上，边走边谈，直奔黄鹤楼而去。

时值初秋，风和日丽，张献忠站在黄鹤楼顶极目远望，尽收眼底的市镇州县多已归顺，郁郁苍苍的龟山隔江而峙，波涛连天的长江奔腾东去……胸中不禁涌起浪淘尽千古风流人物的激情。

这位出身贫寒，略通文墨的草莽英雄忽然发了诗兴，笑眯眯对文武部属说："咱老子今天也学你们斯文一下，在这千古名楼上题诗一首。你们也都和上一首。"说完，一手摸胡须，一手蘸笔墨在黄鹤楼上题了一首半文半白的诗：

> 滚滚江流去不返，隔断龟蛇不相攀。
>
> 龟山就譬比李闯，咱老子站在蛇山。

陪同左右的文臣武将见大西王的"御诗"已一挥而就，自然不敢怠慢，一个个抓耳挠腮，搜肠刮肚地奉命作出一首首和诗。而其中礼部尚书潘绰所吟的打油诗最接近张献忠的风格：

> 富贵故乡衣锦还，礼部尚书我姓潘。
>
> 要想回得家乡转，汉阳门渡过龟山。

半截插在云里头

从前，一个四川人、一个浙江人、一个湖南人和一个湖北人同坐一条船顺江而下，闲来无事便聚到一起谈天喝酒，各人都吹自己的家乡如何如何，越吹越来劲。

最先是四川人夸口："四川有座峨眉山，离天还有三尺三。你们说高不高？"

浙江人赶紧接过话头："杭州有个雷峰塔，离天只有一尺八。该比你四川的高吧？"说完得意洋洋地抿了一小口酒。

湖南人也毫不示弱地接过话说："湖南有个岳阳楼，离天只差一尺六！哈哈哈，比你们都要高吧！"说完端起酒杯豪饮一口，然后挑衅地看向在旁边一直饮酒的湖北人，那眼神好像是说，看你还有什么可以比。

这时，只见湖北人不慌不忙端起酒杯笑道："武昌有个黄鹤楼，半截插在云里头，你们那里该没有吧？"说完仰头一饮而尽，旁边两人都不作声了。但是四川人和浙江人心里还是不服，等到船过武昌城时他们专门伸头去看黄鹤楼是不是真的有说的那么高。碰巧那天天降大雾，果然只看到黄鹤楼的下半截，这才心服口服。天长日久，黄鹤楼的名声也就越传越远了。

　　当然，这个故事有些言过其实，但黄鹤楼确以壮丽的景观，动人的传说及浓郁的文化气息吸引着中外游人。

黄鹤楼上西瓜会

　　武汉每年夏季最热时气温都要超过 40℃，是名副其实的长江三大火炉城之一。这时只有临江而立的黄鹤楼上清风阵阵，是个乘凉避暑的好地方。

　　这一年江夏县太爷为了收买人心，扩大影响，预备三伏天在黄鹤楼顶层举办个西瓜会，邀请三镇的文人雅士参加，用以显示自己体谅民情，礼贤下士的姿态。这事被汉阳的健（贱）三爷知道了，他决定不请自到，去出出他们的洋相。

　　西瓜会开始时，县太爷盯着破衣烂衫的贱三爷对众人说："本官今天恭请诸位先生到黄鹤古楼品瓜纳凉，聊表仰慕之心。不过，为了助兴，特出了一个上联请诸位对下联，对上之后即可随意品瓜，不知诸位意下如何？"在座的都是识文断字之人，自然一致同意。

　　那县太爷干咳几声之后，随即念出一个刁钻古怪的上联来："思前想后看'左传'，书往右翻。"念完摸着胡子等人应对，一副学富五车的样子。一屋人苦苦转过了半天，硬是想不出对这"前后左右"四个字的好下联来。整个楼上鸦雀无声，只有贱三爷不管三七二十一，拿起桌上的西瓜津津有味地大吃特吃。

　　县太爷心想："这多秀才都对不出下联，未必你健三这个睁眼瞎比他们还有能耐吗？"于是指名道姓将了一军："健三，你的下联可能已经想好了，不然怎么一个人先吃起来？"

　　贱三爷接连吃完三块瓜才把嘴巴一抹，不慌不忙地回答："这样的对子（联）我们湾子里的放牛娃都会对，有什么难撒？"县太爷听了火一冒，气急败坏地说："你要是真的对得好，在座的认账，不光这一桌瓜归你吃，我还外加十两纹银。"贱三爷哈哈一笑，摇头晃脑张口对出下联："坐北朝南吃西瓜，皮向东甩。"说着顺手把瓜皮丢到县太爷脚前。满场的文人虽说有些不服，但这北南西东对前后左右实在也算贴切。

　　原想讨好文人雅士的县太爷不仅出了他们的洋相，还白贴了十两银子，像个泄了气的皮球瘫倒在黄鹤楼上。

黄鹤楼的五龙朝贺习俗

　　相传在清代最后一座黄鹤楼焚毁以前，每年的人日——正月初七，江夏县（今武昌）有头面的绅商照例到黄鹤楼集会，商谈举办"五龙朝贺"的有关事项。一百多年前的人们，把这事当做一年一度的盛典，花费巨资在所不惜。当时的场景是这样的：

正月十五的午时，在黄鹤楼正门前的场地上摆设香案，两侧站着司仪的"大赞"和"亚赞"；五条龙灯并列香案前，黄龙居中，右边是红龙、蓝龙，左边是白龙、黑龙；一对青狮蹲伏在龙灯和香案之间。当"亚赞"点烛、燃香、升表与敲磬之后，"大赞"朗声宣布："吉日良辰已到，执事者各执其事。"随即高呼："奏大乐！"顿时锣鼓齐鸣铙钹迭奏，应和着唢呐的呜里哇啦，煞是热闹。一曲将终，"大赞"继唱："大乐止，奏细乐！"场上于是响起了舒缓的箫声，清亮的笛声和幽雅的弦乐声。这时候，人们肃立静听，龙灯纹丝不动，狮子则婆娑起舞。细乐奏罢，"大赞"开始说迎神彩，熟极而流的彩词一泻而下："恭迎龙神下天庭，保佑国泰民安宁，五谷丰登六畜旺，春满乾坤福满门……"围观的群众在单双句之间分别垫上"喜呀""喜呀"的帮腔，一唱众和，响遏行云，洋溢着节日欢乐的气氛。在此时，狮子就地匍匐，摇头摆尾作聆听之状；龙灯则在原地掉头，不停地曲折回环而不挥舞。

说完整段迎神彩，就进行求福的仪式：龙灯在原位静立，人们将二十五条不同颜色的绸巾披挂在五个龙头上。微风轻飏，绸巾飘拂，龙的眼珠也缓缓转动，好像在欣赏绸巾上写的"寿登期颐""麒麟送子""连中三元"等吉祥词句。有些绸巾没有写字，却画上"天官赐福""松鹤延年""招财进宝"等喜庆花样。人们献彩时，雅乐再奏，狮子蹁跹起舞，"大赞"朗诵求福彩："一贺列位皓首翁，眼明身健耳也聪，天增岁月人增寿，寿比南山不老松。二贺读书诸相公，书中自有粟千钟，十年寒窗饱学后，雁塔题名乐融融。三贺众位店主东，陶朱事业日方中，财如东海长流水，生意越做越兴隆……"在抑扬顿挫的彩声中，人们有的帮腔，有的用升子装着谷米一把一把地对龙头撒去，有的向龙灯磕头作揖，有的一串接一串地放鞭炮，整个仪式达到高潮，人们喜笑颜开地憧憬着美好的未来。

说完求福彩，以鼓乐前导，依黄、红、蓝、白、黑的顺序，五条龙灯首尾相接；两头青狮殿后，绕黄鹤楼与仙枣亭、涌月台等景点游行一圈，"五龙朝贺"的典礼即告结束。

光绪十年（1884年），一场大火烧毁了黄鹤楼，这种民俗也随之消失了。

重阳登楼比脚劲

清光绪十年（1884年）黄鹤楼没有焚毁以前，武昌的一些老人每年快到重阳节，就相约届时来一次登楼比脚劲的活动。

清同治八年（1869年）竣工的黄鹤楼只有3层，整个高度27米，除去3米铜楼顶，要攀登的不过是24米楼梯，比现在重建的黄鹤楼矮一半还不到。按理说，一般人上这样的楼是不费力的。可是，一百多年前的比脚劲活动，有特殊规定：一、参赛者必须年过花甲；二、按时到武昌长春观集合，人到齐后，同时由蛇山的东头步行到西端的黄鹤楼，不准用拐杖；三、上楼时不得接触楼梯扶手；四、不是以最后能否上楼定输赢，而是讲究捷足先登者胜。那时的山路不像如今的这样好走，何况这不是悠闲地散步，一开始就处于紧张的竞争状态，免不了有些"想赢怕输带着急"的心理负担。匆匆忙忙赶了五里山路，到达黄鹤楼前，体力已经消耗得差不多，设若再无后劲可继，就只好望楼兴叹，腰酸腿软地认输了。

所以，有些老人在决定参加这项活动后，往往早几天就杜门不出，在家里"养脚力"。老人们虽然想赢，但也不是把胜负看得很重。一则是沿袭重阳登高的习俗；再则是趁机和高龄的亲友聚一聚；同时借此检验自己的健康状况。有几句顺口溜恰如其分地表达了参赛者的心情："奔到蛇山头，再上黄鹤楼，脚劲有冇有，就在这里赌，赢了恭喜你，输了也不丑。"

决出胜负以后怎么办呢？这要看事前是怎样协商的。或由输者请客，以示薄惩；或由胜者做东，为自己贺喜。或小酌，或盛宴，随经济条件而定。文化层次低的，吃喝一顿完事大吉。如果是几个文人，还要在黄鹤楼上打一场诗牌，每人作一首七绝。命题限韵后，有的蹙额推敲，有的捋须吟哦，牌局终场，立即进行评比，看谁的诗作得最好。这是继体力拼搏之后，在脑力上再进行较量。

重阳登楼比脚劲，使黄鹤楼这个游览胜地成为体育竞赛场所；在黄鹤楼上打诗牌，则是把这座名楼作为"文化沙龙"。不过前者是一年只有一度；后者不受节令限制，随时可以举行。清人王景彝写过一首《晚登黄鹤楼纳凉》的五律，其中就有"迎风安茗碗，待月设诗牌"的句子。从以上历述的习俗来看，历史上的黄鹤楼不只是观赏楼，"一楼不作一楼用"，有多种功能。

张之洞怒罚茶馆主

武昌人对黄鹤楼的感情那真是挺深的。黄鹤楼被烧了好几年，老百姓还是把黄鹤楼旧址那块地叫"黄鹤楼"。平时人来人往，逢年过节热闹非凡。那个地方真是块宝地。脚下是蛇山和黄鹄矶，对面是龟山。蛇、鹤、龟都是长寿之物、吉祥之物，到这里可以讨一个好福气、好运气。至于看景致，可以说是天下一绝：碧绿的汉水从龟山脚下流过，与浑黄的长江汇合在一起，浩浩荡荡地向东流，江面上，白帆点点，天上蓝天白云。夏天涨水的季节，老百姓关心汛情，常常在晚饭后，三五成群地到江边去"看水"。起大风的时候，江上水急浪高，驾船的稍不小心，船就翻了，眨眼工夫船和人就被水吞没。有些无聊的、好事的、追求刺激的、喜欢幸灾乐祸的人，还专门挑大风大雨的日子到黄鹤楼去等着机会看翻船。结果后来还形成了一句俗语"黄鹤楼上看翻船"，讽刺那些幸灾乐祸的人。

这样一块宝地，好多人都想在那里摆个摊，设个点，大把大把地赚钱。各人把十八般本事都用出来了，最后被一个姓刘的老板弄到手。刘老板在黄鹄矶上盖了一座茶楼，楼下买花茶、香片茶等大众喝的茶；楼上开雅间雅座，卖龙井、大红袍等高档茶。开张以后，生意一天比一天好。刘老板好不得意，就把自己的茶馆叫"黄鹤楼茶馆"，还请了个书法高手，写了一块匾；又从黄陂乡下草台班子请来了几个唱楚剧的，把黄鹄矶炒得热闹非凡。

这一天，秋高气爽，蓝天白云，茶馆里进来了4个年轻人。4个人学生打扮，进门占了张靠窗的茶桌。伙计过来问他们要什么样的茶。回答说要5号香片。5号香片是茶叶末，10文钱一盏，是最便宜的一种。伙计冷冷地说："这张桌不卖5号香片，楼梯底下那张桌可以。"学生问："这是哪来的规矩？"伙计回答："黄鹤楼的规矩。喝不起的话，到外面买碗花红茶，一大碗只要一文钱。"学生们忍气吞声换到楼下那张桌上。这里不光离窗户远，光线不好，楼梯上的灰还落到身上甚至是茶碗里。学生们的怒气开始积蓄。过了一会儿，学生们要求兑水，伙计说要加钱。一个四川籍的学生说："我们四川茶馆兑水从来不收钱，汉口那边的茶馆也不收兑水钱，你们哪里来这么多的臭规矩？"伙计斜眼回了一句："规矩是我们刘老板定的，你有本事去找刘老板。嫌黄鹤楼茶馆规矩多、规矩臭，那你就到四川、汉口去坐茶馆。"学生们强忍怒火付了钱，伙计冲茶的时候，不知是光线暗的缘故，还是有意怠慢几个学生，滚烫的开水溅到两个学生身上，疼得学生们哇哇大叫，学生们的一腔怒火，顿时喷发，把桌子掀了个底朝天，茶水流了一地。伙计喊了声"龟儿子敢在黄鹤楼撒野，活得不耐烦了"，上来就打，学生们与伙计撕成一团，茶馆里其他的伙计闻声赶来，围着几个学生，下死手乱打一气，4个学生伢被打得遍体鳞伤，瘫在地上叫爹叫娘。围观的人敢怒不敢言，知道茶馆老板后台硬，惹不起。事情迅速传遍武昌城，不到一顿饭的工夫，学堂里的学生一群又一群地往蛇山上跑，把个黄鹤楼茶馆围得严严实实，要找茶馆里的伙计和刘老板算账。幸好标营里的兵丁及时赶到，总算把事件平息了下来。

武昌府不敢隐瞒案情，直接报告到总督衙门。张之洞向来偏爱学生，见不得学生受气，事情引起了学生公愤，弄不好肯定会破坏学堂秩序，影响学生学业。于是立即下令拘捕刘老板，调查刘老板的背景，看看他是哪路货色。

不几天，刘老板的背景大致查到了，结果让张之洞大吃一惊：这个"刘老板"叫刘四庆，就在总督衙门当差，是后勤事务方面的一个采买。他打着总督衙门的名号，四处进货，八方受贿，还与汉正街淮盐巷里的盐商、药帮巷里的药商、升基里的杂货商、鲍家巷里的金号和钱庄老板等合伙，在汉口花楼街开有妓馆、烟馆、赌场。但是，他究竟有多少家产，一时还查不清楚，找不到铁证。张之洞听了，脸色铁青，胸中只冒火，叫人把刘四庆押上来。

刘四庆跪在张之洞面前，浑身发抖，尽管在外面可以人模狗样，但是在总督大人面前，他自知连根草都算不上，自己的把柄已落在总督大人的手上，张大帅又是铁面无情的清官，这一关是断然逃不过的。他已作好了认罪伏法的准备。

张之洞让他跪了一个时辰，突然厉声发问："刘四庆，你知罪吗？"

"大帅，小人知罪。小人坏了大帅和督府的名声。"

"你岂止坏了本部堂和督府的名声，你还害了多少百姓？"

刘四庆吓得直磕头。

"本部堂今天问你，这些年你总共捞了多少银子？你必须从实招来。要是有半句假话，立马让你扛着银子到阴间阎王爷那里去报到。"

刘四庆马上供认，自己这几年捞了 5 万两银子，分别存在鲍家巷几家钱庄里。

"大帅，小人知道这些银子来路不正，一两一钱都不敢动。我要是说了假话，您叫人活剥了我。小人愿意把这些银子捐出来，求大帅饶我一命。"

刘四庆被判到伊犁充军，家产全部没收，黄鹤楼茶馆被拆除，而且今后不许任何人在黄鹤楼的故址上修茶馆建酒楼。

处理完这个案子，张之洞叫人把梁鼎芬请来："前些日子，你求我给书院拨发修缮工程款和和设备、书籍购置费。我现在好不容易弄到了 5 万两，都给你，督署一两不留。毕竟办书院是大事。你把学堂书院里的师生召集起来训个话，要他们专心学业，不要有事无事泡茶馆散心，更不能聚众闹事。朝廷急需人才，花了这么多钱财，培养一个个'刺头'，你我拿什么向朝廷交代？"

梁鼎芬呆呆地站在那里，半天说不出话来。他实在是太了解他的这位老上司了：官场上，他顺风顺水；钱面前，他时时为难，"三个坛子两个盖子"，但他又总是想一些土办法、穷办法，甚至是歪办法把"三个坛子"盖好。刘四庆一案，足见香帅办案的果决和凌厉，尤其是他以教育为本的思想和决心，不得不令人感动和佩服。他正在那里呆想，张之洞继续说："动员汉正街一带的茶商、盐商，让他们拿一点钱资助书院；书院每年送他们几十个入学名额，书院经费不就解决了？办法总是人想的。"

张之洞轿上回礼

张之洞四岁时，父亲给他请了个姓何的私塾老师。这个老师的脾气很好，从来不处罚学生，有时还顺着张之洞的意思让他自由发挥。何先生喜欢赵孟頫的"赵体"，张之洞偏不习赵体，而是练苏东坡的"苏体"，何先生仍然鼓励他。张之洞淘气，何先生也很迁就。在何先生的调教下，张之洞学业长进令人惊讶。随着年龄的增大，张之洞越来越懂事，也越来越尊敬自己的老师。后来，他担任学政、总督，时时想到自己的恩师，也效仿恩师，对学堂里的学生就像对自己的孩子一样喜爱，甚至是尊重。张之洞个子长得很矮，有一个学生，画了两幅画：一幅画着一个高个子的学生在与矮子张之洞在比身高；一幅画着张之洞和另外两个矮子在一起玩耍。这个学生把这两幅画贴在学舍的外墙上，学生们里三层外三层边看边笑。学堂里的山长、教习吓得心惊肉跳，怕大帅知道了怪罪下来担当不起，慌忙叫人把画揭了下来，并狠狠处罚了那个学生。结果事情还是让张之洞知道了，张之洞呵呵笑了两声，事情就过去了。

有一天，有个学生在街上偶然遇到了张之洞的轿子。学生肃立在路边，向轿子深深鞠了一躬。轿子中的张之洞看到这一幕，情不自禁地在轿子中站起身来，向学生回了一礼。学生又惊又喜，回到学堂立马就把这事对同学们讲了。同学们半信半疑，大帅虽然是学堂的总监，但更是朝廷的封疆大吏，他向一个名不见经传的穷学生行礼，哪朝哪代有这种稀奇事？学生们东一句西一句地议论起来。有一个姓董的同学，硬是不相信，就想再试一试。他召集了20多个跟自己一样不相信这事的同学在一起商量了一番，就开始了行动。

学生们打听到某月某日正是一个假日，张大帅有事要从黄鹤楼下经过。那时黄鹤楼早已被烧成了灰，武昌人习惯把它附近的南楼叫作黄鹤楼。就在那一天的大早，董同学早早就爬到"黄鹤楼"上，死死地盯着楼下的路，观察张大帅的轿子什么时候来。其余的20多个学生都身穿学堂的校服，隔十几丈远一个，一字排开。等了两个时辰，董同学终于发现张大帅的轿子来了，立刻发信号让楼下路边的同学作好准备。轿子走近了，轿帘半掩着，这是张之洞的习惯，他要观察民情、市情。轿子走到第一个学生身边，学生深深鞠躬，张之洞看见学生穿着整齐的校服，彬彬有礼，比一般的市民就是高一档，心里十分爽快，随之就站了起来，微微回了一礼。轿子向前走不多远，又有一个学生向轿子鞠躬，张之洞又站了起来，回了一个礼。一连好几个，张之洞不仅不感到累，心里还很舒服：这学堂的学生个个都讲礼性，总算是没有白白培养他们。等到回了上十个学生的礼后，张之洞突然醒悟过来，这是学生在拿老夫开玩笑。但他仍然不愠不恼，一直在轿子上时站时坐，向20多个学生一一回礼完。轿子没多远，把个张之洞累得腰酸腿疼，瘫倒在轿椅上。学生们回到学堂，又是开心又是佩服，有人还编了一首打油诗：

> 大帅坐轿不一样，一边端坐一边站。
> 不如走路去办事，省得腰疼又冒汗。

学堂山长梁鼎芬向张之洞赔罪，并把这首打油诗念给张之洞听了，说："都是我没尽职尽责，大帅您先罚我，我回去再罚学生。"张之洞呵呵大笑："学生跟先生开个玩笑，说明他们心中还有老夫这个人，他们没有把我们当外人。想想你我年幼的时候，耍了多少回先生。人同此心，心同此理。今日我也不罚你，只请你把我的一首打油诗带给学生：

> 学子站姿不一样，一边傻等一边站。
> 不如坐着去念书，省得腿酸又冒汗。

月季花被铲

蛇山北坡有一片杜鹃林，花开的时候，一片粉红，黄鹤楼上观杜鹃历来是武昌一景。这一天，张之洞带着管事到汉阳去了，总督衙门里新来的两个花工，趁大帅和管事不在的功夫，到蛇山去观杜鹃。这两个人也算是内行，枝叶、根系、土壤、花朵，看了又看，比了又比，然后跑到近处茶馆里借了两副箩筐，连花带土，挖好装满了挑了回去。回到衙门，两人顾不得歇一口气，把后院一块月季花圃里的枯枝败叶连根一起拔了，然后平土整地，移栽杜鹃，挑水浇花，总算是完成了一件大事。两人抽上了一袋烟，静静地等管事回来，给他一个惊喜。

傍晚时分，管事随大帅终于回来了。管事到后院一看，不是喜得一惊，而是吓得心惊肉跳：一片月季不见踪影，取代它们的是杜鹃。又气又急的管事指着两个花工愤怒地喊道："你们闯祸了，你们闯祸了！"说完，竟瘫坐到石凳上，把两个花工弄得莫名其妙，不知发生了么事。吓唬了好一阵，管事的终于把月季花的来历对两人讲了。

原来，张之洞出生在贵州兴义。三岁的时候，他的母亲得病身亡，年幼的张之洞由父亲的侧室魏氏抚养。魏氏没有生育，她把之洞当成亲生的儿子，把全部的心血都倾注在之洞的身上。张之洞的兄弟姐妹很多，他上面有 3 个哥哥，下面有 2 个弟弟，还有 8 个姐妹。张之洞的父亲是兴义知府，为官清廉，家里银子不多但也不愁，子女们的教育却是一个大的问题。虽然请有私塾先生，但是先生顾不了那么多。张之洞由于魏氏的悉心照顾，学业在兄弟姐妹中排在第一，最得父亲的喜爱。

张之洞年幼多病，每天晚上，魏氏都要把之洞搂在怀里，哄他入睡。有一天他随父亲在外出席酒宴，晚上回来经风一吹，就高烧不退。为了给之洞治病，魏氏到处打听偏方，亲自跑到苗山去采苗药，一双手都被划破了。

魏氏的最大嗜好是种月季。院子中的月季都是她亲手栽种的。她带着之洞，到苗人的水田和山上去挖土，挖回来拌匀，叫人挑来大粪一淋，沃成好肥。花种采自各地，花架搭得既好用又漂亮。每年春夏秋冬四季，魏氏都根据月季的习性，按不同的比例配制粪水：春天是七分粪三分水，夏天是四分粪六分水，冬天是八分粪两分水。寒冷的冬天到来之前，还给月季搭盖铺帘，小心月季冻着。花开季节，红的、粉红的、黄的、银的，争相开放，满院子都是月季的香味。小之洞拉着继母的手，在花间一边看，一边闻。有一次继母摘了朵银白的"玉玲珑"，对小之洞说："这是花中之魁，我儿将来必在大考中夺魁。"此话果然被说中，张之洞 15 岁就在乡试中夺魁，成为解元。以后又经过会试、殿试，最后高中探花，也就是一甲第三名。从此，月季与张之洞终生相伴，不管走到哪里，他总是在住所种下月季，以表达对继母的思念和感激。

旧事讲完，两个花工早吓得浑身发抖，本来想在大帅面前显摆一下，没想到弄巧成拙，惹出这么大的麻烦。

管事思来想去找不到一个好办法来应对大帅，只好硬着头皮对张之洞报告了实情。张之洞初听说月季被人毁了，脸色一垮，等到管事把事情说完，脸上的颜色渐渐转好，说："毁就毁了吧，不知者无罪，他们两个也是好心，又忙了一整天，去拿二两银子一人一两。再火速到周边去采买一批月季回来补栽。"管事说："都怪我事前没向下人交代，那二两银子就从我的俸银中扣吧。"张之洞笑了笑："你有多少银子赔？不过下次再有此类事情发生，那就不是二两银子的事了。"

没过多久，院子里又有了一簇簇的月季。

火烧黄鹤楼

武昌这一带山多，山的名字与龙有关，如青龙山、二龙山。蛇是小龙，有人把蛇山叫小龙山。山多风也多。风在山谷河谷里窜来窜去，窜到某一个地方，就像卯足了劲一样，拼命往上卷、往上旋，这时天昏地暗，飞沙走石，碗口粗的大树轻易地被它拦腰斩断，街面上的摊桌、摊椅都被卷得不知去向。这风现在叫龙卷风，过去老百姓叫它"妖风"。每年阴历六到八月，就是"妖风"横行的季节。

六月的这一天，原本是日头高照，天上瓦蓝瓦蓝的。下午四点钟的样子，天变了，整个武昌城一下子黑了下来。原来清清楚楚的黄鹤楼看不见了。风一阵比一阵急，百姓们知道，"妖风"来了，赶紧关门闭户，店铺打烊，生火做饭，好早早吃了睡觉。有人心里想：今天不知道哪一家又要遭灾了，菩萨快来保佑吧。

六点多钟，蛇山下一家做筷子、灯笼的竹器店里，老板和帮工正在吃夜饭。老板姓张，这两天胃口不好，就叫正在灶屋里吃饭的小伙计到暗楼上把泡菜坛子端下来。这个小伙计不到15岁，是从沔阳逃荒过来的，人很老实，就是说话做事有点不利索，店里人都称他"憨头"。"憨头"听到老板吩咐，马上放下碗筷，端起菜油灯上楼。也是不巧，"憨头"的脚被梯子坎碰了一下，身子一歪，手一哆嗦，菜油灯的火苗把他的手烫了，手一松，灯就掉下来了。楼梯下堆着几个没有扎完的灯笼，顿时就把整个屋子点燃了。

黄鹤矶一带江滩，到处都是贩卖圆木、竹子的。这些圆木和竹子，大部分是从湖南湘江走水路到洞庭湖，再顺长江运到武昌来的。所以黄鹤楼下面灯笼店、家具店、筷子店，甚至棺材店，一家一家拼着做生意。这张家作坊一失火，隔壁左右的店铺马上就跟着遭殃。一时到处是浓烟滚滚，火焰腾腾，灾民们呼儿抱女，四处逃散。突然一阵"妖风"卷过来，把几根正在冒火的檩子吸到天上，摔落在蛇山黄鹤楼的二楼楼檐上。黄鹤楼可是件宝物呀，制军带着救火的兵丁拼命爬上蛇山，一看这黄鹤楼二层以上都被烧光，火势正向下蔓延。火光中兵丁们看见守楼的老道人疯疯癫癫的，一下大哭，一下狂笑，口里大声喊着"岁数已尽，岁数已尽"。火势太猛，老道人救不出来，眼睁睁地看着他倒在了大火中。不到一个时辰，可怜这千古名楼就被烧得只剩一个铜楼顶了。这场大火还烧了200多家门面。

不到30年，革命党在武昌发动起义，大清王朝就像黄鹤楼一样，一下子被烧塌了。这时人们想起黄鹤楼那个疯道人临死前的"疯话""岁数已尽"，觉得疯道人这话指的不是他自己，也不是黄鹤楼，而是清王朝。有人就一口认定，那疯道人是吕洞宾投胎转世变的。

张之洞规划铁楼

这天晚上，张之洞看了两个时辰的公文，就有些累了，随手从案上抓了块糕点塞进嘴里，又小酌了两口，微微有点醉，就让仆人准备了轿子和灯笼，出总督府，往蛇山走去。到了蛇山脚下，张之洞对仆人们说："走，到黄鹤楼去看看。"仆人们回答说："老爷，黄鹤楼早烧光了，除了一个铜顶，什么都没有剩。"张之洞这才清醒过来，黄鹤楼已经在几年前因刮大风烧了，自己是在两广总督任上，从广州报纸上看到这一消息的。但是自己当年在武昌当湖北学政的时候，黄鹤楼还是好好的，那时刚刚重修一遍，不仅非常漂亮，而且很有文化内涵。张之洞在仆人们的搀扶下沿着一条小路爬到蛇山头黄鹤楼空地上，他开始向众人讲他们不曾听过的黄鹤楼：黄鹤楼高 3 层，含有"天、地、人"三才的意思；12 个角代表一年 12 个月、一天 12 个时辰；28 根檐柱表示"二十八星宿"；4 根中柱代"东、南、西、北"四维；楼顶攒尖共 5 个比喻"金、木、水、火、土"五行；屋檐 360 个斗栱合周天 360 度；屋脊 72 示全年"七十二候"；楼内天花板一层绘八卦，二层绘太极，合日月经天、阴阳之象……众人都听呆了，有一个仆人问："修这样一个稀奇的楼要多少银子呀？"张之洞随口答到："整整 3 万两。"又有问："得建多长时间呢？"张之洞答："10 个月。"众人啧啧称奇，张之洞不住长叹："可惜，可惜。"站在这片空地上，张之洞眺望武昌城高低错落的街巷和密密麻麻的屋宅，目光又移向长江，只见长江像一条带子无声地涌流，头上繁星点点，这真是一块风水宝地呀。现在没有了黄鹤楼，就像一幅画缺少点睛之笔。张之洞一时有些冲动，对众人表示，今后用铁造一个黄鹤楼，让它风刮不倒，火烧不垮。

张之洞当时并不想开玩笑，因为他一直把炼铁放在重要地位。洋人在步步紧逼，他们的底气就是船坚炮利，钢铁发达。所以，还在山西当巡抚的时候，他就在山西炼铁。现在当湖广总督，他要利用大冶和江西萍乡的铁矿在汉阳炼铁。有了铁，不仅可以造枪炮对付洋人，还可以造一个铁黄鹤楼世世代代供人游乐。

张之洞要造铁黄鹤楼的消息，一传十十传百地传开了。武昌城老百姓莫不欢欣鼓舞。老百姓盼一年，没有盼到；又盼一年，还是没有盼到。盼呀盼呀，眼睛差不多盼穿了，到张之洞上调京城，始终没有盼到。原来，张之洞有他的难处。费了好大的力，把汉阳炼铁厂修起，但是通往矿山的路因为缺钱没有修通；大冶、江夏一带的煤矿地质太硬，又经常冒水，煤炭供应不上；洋人的机器不断调价上涨。最要命的是张之洞开始就没有经验，搞的两次预算都做少了，实际上要差一百多万两银子，这是一个天大的窟窿。就算他的预算做对了，朝廷哪里拿得出那些银子呢，整个国家穷得叮当响呀。汉阳炼铁厂从开工起，一直是开开停停，亏损严重。最后张之洞没有办法，把炼铁厂交给了别人。铁黄鹤楼没有造成，失望的老百姓编了几句歌来嘲笑张之洞：

张大帅，放空炮。黄鹤楼，铁来造。

盼三年，眼发枯。盼五年，白发掉。

盼来盼去不见楼，黄鹤飞去哪里找？

张之洞改楼名

清朝是个多事的朝代，官场非常黑暗，窝里斗搞得很凶，官员们互相攻击，经常把状告到皇上那里，皇上一动怒，轻的就要罢官，重的就要杀头，甚至满门抄斩，所以上上下下提心吊胆，很少有人能在官场上玩到底。有个人，他一生都在做官，一生都在升官，一生都没有被贬过官，更没有丢过官，甚至连降级处分都极少，可以说是官场奇迹，这个人就是张之洞。张之洞从取进士、点翰林、做京城小官开始起步，到当学政、巡抚、总督，再到入阁拜相，走完了一个臣子的最完美的过程。

张之洞纵横官场的本事有多种多样，其中有一条，他的头脑非常清醒，办事时总把好的坏的、表面的骨子里的、过去的将来的分析得十分透彻，而且很有主见。他小事马虎，大事精明。比方说，他不修边幅，邋邋遢遢。他养了13只猫，这些猫在衙门里、书房内、卧榻上蹦上蹦下，拉屎拉尿，张之洞完全不在意，猫有时爬到张之洞的怀里，张之洞一边处理公务，一边摸猫子，一边抓一把瓜果往自己嘴里送。下属看了都有点恶心，家人说他，他也不改。但是遇到大事，他就非常警觉。有一回，他从武昌到京城办事，就去觐见一手提拔他的慈禧太后。看见自己喜爱的大臣老远从武昌跑来，又因为他在湖广总督任上有政绩，太后大喜，一下子就赏了张之洞五千两银子。张之洞感到太后的这笔赏钱不能瞎花，他没有拿这笔钱买田买地，花在自家身上。他反掏了自己多年积蓄的一万多两银子，加在一起，捐给故乡南皮县修建小学学堂。

甲午战败后没几年，李鸿章等大臣一个接一个去世，朝廷里急缺主事的官员，就把张之洞调到朝廷当军机大臣，还兼管学部的大学士，这就是入阁拜相，进了核心层。张之洞本来不想去，俗话说伴君如伴虎，京城里哪有武昌自在。再说自己在湖北前后差不多二十年，湖北早已是自己的第二故乡，真是有点舍不得。但是转念一想，国家已经衰败到这种田地，自己再不出来，就深深辜负了朝廷特别是慈禧太后的信任。慈禧太后一直都宠信张之洞。当年张之洞考完殿试后，定为二甲第一名，也就是三甲中第四名。慈禧太后仔细阅读了张之洞的试卷，顿时感觉到张之洞是个人才，就把他提到了第三名。看起来虽然只有一个名次的改动，但是意义可以说是非同寻常。因为第三名就进入一甲，也就是进了最高档次。这样的知遇之恩怎能不报呢。于是张之洞恋恋不舍地离开了武昌。张之洞在湖北练新军，办工厂，修铁路，建学堂，搞市政建设，很有政绩，深得民心。他前脚离开武昌，他的部下、学生和军营里的官兵后脚就来到蛇山商量怎么纪念他。学堂里的人说，建一座生祠，搞点碑刻，把张香帅的功绩记下来，传下去；当兵的说，简单点，找几个好位置，安设他的石像、铜像。你一言我一语，越说越激动，众人还纷纷表示，要发动更多的人，大家掏腰包把纪念香帅的事办好，不用朝廷里的银子，也不用衙门里的银子，免得给香帅添麻烦。

这一天中午，张之洞在京城颐和园附近的宅邸刚刚起床，饭菜都已经摆上桌了。张之洞吩咐下人给他拿几张当天的报纸看看。不看不要紧，一看吓一跳。原来报上登了湖北的一班人要为他树碑立传，大搞纪念活动。张之洞没有一丝喜悦，倒是吓出了一身冷汗。这岂不是功高震主，功高惹祸？这不是敬我、抬高我，完全是在害我、拆我的台。他气得饭也不想吃了，叫人赶快拿来纸墨，亲自撰写电文。电文说，我张之洞在湖北没有做什么像样的事，办十件，最多有一两件令人满意。过去确实有些官员离任后，当地民众修一些亭台楼阁纪念他。这个太俗气。你们这样搞，是把我当俗人，不是把我当君子。千万停下来。电文马上就发到了湖北。

湖北的一班人，看到张香帅的电文，都像浑身上下被泼了一桶冷水，一下子冷静了下来。但是想不到，还是有人在蛇山位置最好的黄鹤楼故址上面修了一座新楼，这个楼高3层，屋顶建了个骑楼式檐顶，跟被烧毁的黄鹤楼很相近。几个学堂和书院的教习商量后给这个楼取名"风度楼"，意思是张香帅早就有"宰相风度"，希望他老人家风光无限。消息一下子又传到张之洞那里。其实，张之洞早就知道湖北在给他修造楼阁，他早已给接替自己的湖广总督发过电文，阻止他们修，没想到，他们还是把楼修好了，还取什么"风度楼"这样可怕的名字。现在哪个臣子敢配"风度"的荣誉？真是拿他们没有办法，这群人完全不知道厉害，朝廷里的水比地方上的水还要深得多、浑得多，专门找碴子的人成天瞪大眼睛在你旁边守着。不多长个心眼，随时就会中枪。就拿前不久的一件事来说吧，朝廷在没有让自己正式接管学部之前，曾经先把自己调到京城帮助办理学部的事，湖广总督暂时由湖北巡抚代理。这个家伙为了把自己挤出湖北，成为正式的总督，私下调查武昌织布局的案子，企图从自己小舅子贪污的事上撕开缺口，把状告到京城庆亲王那里。幸亏自己发觉早，更没有沾过小舅子的边，及时返回了湖北，把事摆平，粉碎了那个家伙的阴谋。这事想起来都后怕。

新建的"风度楼"花了大价钱，要是硬生生拆了，就会留下攻击自己的把柄，拆又不能拆，该怎么办呢？张之洞苦苦想了几天几夜，终于想到一个两全的办法。楼，保留下来，因为它建在蛇山黄鹤楼老地方，那里风景绝好，建楼可以供人游玩。名字，给它改个不跟自己沾边的，并且更有意义的楼名。古书中曾说过"恢宏奥略"一句，意思是国家也好，地方也好，个人也好，做事一定要有宏大深远的谋略。想好以后，张之洞又亲笔题写了"奥略楼"匾额，派人送到了武昌，挂在了奥略楼上。

张之洞万万没有想到，一向拥戴他的武昌老百姓根本不按他提写的楼名来称呼那个楼，他们后来一直把奥略楼叫"黄鹤楼"。"您家今天有空没？我们到黄鹤楼上去喝茶怎么样？"

自打黄鹤楼被烧后，老百姓曾经把剩下的那块空地也叫"黄鹤楼"，现在重修了个楼，还是叫"黄鹤楼"。你说这是为什么？这是因为老百姓心里有个黄鹤楼，黄鹤楼是永远不会消失、永远无法替代的！

梁鼎芬私放黄兴

武昌知府梁鼎芬办完了公事，独自一人来到黄鹤楼下抚院街旧书摊闲逛，他要找一本明朝年间印的湖北地方志书。进士出身的他对这一类书最有兴趣。正找着，师爷满头大汗地跑来，说是督署下来了一份急电，两人大步流星地赶回府上。

看了电文，梁鼎芬脸上顿时变了颜色。

电文上说，近来乱党头目黄兴，纠集刁民，购买枪支，私运军火，密谋造反。该犯已于近日从上海逃到武昌，须务必捉拿。

"乱党头目"黄兴不是别人，正是自己在武昌两湖书院当教习时的学生。这个湖南伢子虽然对时局牢骚满腹，怪话连篇，但也读书聪敏，为人正直，怎么一下子变成了"乱党头目"了呢？他怎么会逃到武昌来闹事？这么大的武昌城到哪里去大海捞针呢？梁鼎芬一时着起急来。

不等梁鼎芬去找黄兴，黄兴主动送上门来了。白天，他跑到两湖书院发表演说，鼓动学生投入反清斗争；然后到蛇山散发各种反清的宣传读物。一直到天黑，黄兴才悄悄溜进梁府的大门。

一看这个乱党学生，梁鼎芬气得胡子都翘了起来："没有地缝钻，你走投无路，来老夫这里投降了？"黄兴朝梁鼎芬作揖说："学生来给先生请安！先生不但最有学问，而且对学生就像对自己的孩子，尤其是像我们这些家在外地的学生。"

梁鼎芬听了这话，心里稍稍舒服了一点，口气也软了一点："我平时对你们讲过无数次，要学些经世之学，将来报效国家。你怎么就是不听，去做一些危害国家的事？"

黄兴不慌不忙地回答："先生，您家看大清还像个国吗？日本人今天吞了这块，德国人明天占了那块；英国人要割南边，俄国人要霸北边。国家衰微成这个样子，您老人家肯定比我们还清楚。再看看老百姓过的日子，今年我们湖南发大水，湘江、沅水、洞庭湖到处水漫金山，淹死的人无法数计，长沙城满是灾民。灾民都逃到您的老家广东去了。还有，您老人家满肚子学问，朝廷重用了您吗？您家被朝廷处罚了几多次？但是几十年来您一直给人当幕僚，寄人檐下，仰人鼻息。您知道外面怎么评价您吗？有人说您就是张大帅的影子，还有人骂您是梁疯子。做学生的听了这些话，心里太难受。"

话击中了梁鼎芬的要害，他又气又急地说："你小子莫放妖言，这里不是两湖书院，是堂堂的梁家府宅；老夫也不再是你的教习，而是朝廷命官。你只有悬崖勒马，改心革面，向朝廷认罪，才有一条活路。"

黄兴见老师还是那样顽固，感化不了他，忍着气说："我如果想要一条活路，何苦从日本回来。今天来见先生，是因为身负重任，随时会命丧黄泉。今日特地来最后拜辞。俗话说一日为师，终身为父。学生念这份情。先生要是把我当乱匪，可以把我绑了献给朝廷，死在先生手里总比死在别人手里强。"

梁鼎芬受到激将，愤愤地说："你小子莫说混账话。我问你：你还想逃到哪里？"

"说不上逃，四海为家。或许南下湘赣，或许再渡日本。"

"也好，日本虽然欺我中华，但也是个科学昌明之国，去学点术数技艺，日后也会有个混饭吃的本事。少用一些妖言惑众，不要再搞歪门邪道。但我看你不像个改邪归正的样子。"

梁鼎芬说完，走进里屋摸摸索索的，一会儿拿出来两张银票递给黄兴："你也晓得，老夫平日的积蓄都买了书捐给了书库。这点银两给你作盘缠。从此以后，你我师生之间的缘分尽了，你走你的阳关道，我过我的独木桥。赶快给我滚出武昌，越快越好！"

黄兴也不讲客套，拿过银票，含着眼泪，朝老师深深一鞠躬。

两天以后，梁鼎芬估算黄兴已经走远，就把师爷叫来，令他起草布告：查乱党头目黄兴已潜来武昌，军民人等务必协助捉拿……

梁鼎芬最后对黄兴说的话，对了一半，错了一半。

黄兴果然走了一条"阳关道"：武昌首义不久，黄兴当上了战时总司令。不久南京临时政府成立，黄兴当了陆军总长，成为中华民国的开国元勋。梁鼎芬确实踏上了一座"独木桥"：宣统皇帝被推翻后，梁鼎芬仍然死心塌地地去追随"皇上"。他以"帝师"的身份，每天穿着长袍马褂去见过了气的"皇上"，先给"皇上"叩头，然后给"皇上"讲"之乎者也"。

梁鼎芬说错的一半是，他俩之间的缘分没有"尽"。梁鼎芬死后，人们在奥略楼前边建了一个亭子叫"抱膝亭"，纪念他在湖北兴办文教的贡献。黄兴去世后，人们在奥略楼后边竖了他的铜像，纪念他为推翻清朝统治、创建民国的伟大功绩。一二十步之间，两人紧紧相依，您说这两人的缘分尽了吗？

"棋夫子" 败走黄鹤楼

民国初年，黄鹤楼遗址上的茶馆里，有一个家道小康的读书人，自恃棋艺高强，和过往游人下棋"赌彩"，硬要让对方双先，并流露出在文化、身份上的优越感。他墙上有"弈学斋"的横幅，两旁的对联是"居四民（士、农、工、商）之首，受两先者来"，好一副得意的神态！有人问他姓名时，他答曰："诸位恭维我乃棋坛上的孔夫了、孟夫子，愧不敢当。我姓齐，也精于棋艺，诸位就叫我'齐（棋）夫子'吧！"每逢他赢了棋，就得意洋洋地问对方："你懂得我的斋名三字用意吗！"接着摇头晃脑，抑扬顿挫地朗读起《孟子》中一段话："弈秋，通国之善弈者也。使弈秋诲二人弈，其一人专心致志，唯弈秋之为听；一人虽听之，一心以为有鸿鹄将至，思援弓缴而射之……"此时围观者哗笑，笑他迂腐酸溜溜的；也有人看不惯他的傲态，希望来个高手压压他的骄气。

一天，来了两个人向他挑战，条件是"我们输了，彩金照付；若是赢了，只要把你的对联修改一下"。"棋夫子"看到来者一个像农民，一个像工匠，就有几分瞧不起，哈哈一笑，满口答应了。他第一盘棋，照例让工匠模样的人先走两着，不料未到中局，自己已处于劣势，很快就输了。这时农民模样的人扑哧一笑，让他先走两着，不到三十回合，"棋夫子"头上冒汗，又输了。这一下，有些观众禁不住鼓掌叫好，也有人笑"棋夫子"丢乖现丑。这时，只见从人丛中挤出一个读书人，拿着一副早就写好的对联盖在原来的对联上，轻蔑地对"棋夫子"说："你忘记古人说的'满招损，谦受益'的话吗？你还是用这副对联吧！""棋夫子"和众人抬头一看，新联如此写道："愧居四民之首，欲授双先者来。""棋夫子"满脸通红，连棋盘棋子都顾不得收拾，分开众人夺门而走，从此不见他在这里露面了。

黄鹤楼飘金

清朝末年，汉正街九如巷茅草棚里住着个单身汉，姓沈名元喜。他本想闯世界，挣家业，因为汉口无亲无戚，又没有手艺，只能挑担竹箩子在硚口河边、汉正街、长堤街一带打转，一收荒货，二捡渣滓。幸亏无牵无挂，一人吃饱，全家不愁，凑凑合合一混就到了三十大几岁。

一天，沈元喜挑着两块破布襟子拐进谦祥益布店对面的小巷，有一声无一声地喊着："破铜烂铁换钱嘞，破布烂渣卖钱嘞！抬头看到金庭公店院门打开，一个七老八十的太婆跟他打招呼："收荒货的，这东西要不要？"他看是个糊满泥巴、乌黢巴黑的锈铜块子，就随口开了个价。那太婆家是这家大院看门烧火的老妈子，也没有还价，拿着几文铜钱进去了。沈元喜又转了几条巷子，没碰到荒货生意，就折回河边捡渣滓去了。晚上，他把箩子里杂七乱八的破烂倒出来，顺手用破布擦那块锈铜，哪晓得越擦越亮，等到泥巴锈斑刮干净，简直不敢相信自己的眼睛——原来是块金光亮霞的金砖！

沈元喜喜出望外，一夜没有睡着，翻来覆去琢磨这里面的名堂：听老汉口人说，这金庭公店原是清初一个大官置办的家产，里面有好几栋几重深的庭院，还有个大花园，亭台楼阁，相当气派。后来这官老爷不晓得为什么得罪了皇帝，乌纱帽弄丢了。金庭公店也随着冷落破败，庭楼冷冷清清，花园杂草丛生，现如今只有几个老仆女佣长年住守看管。古话说，瘦死的骆驼比马大。这种地方多少总有些没被人发现的值钱东西。沈元喜越想越觉得自己的运气来了。

第二天清早，沈元喜埋好金砖，把棚子里所有的破烂作一担挑到宝善堂荒货场变成现钱，笔打笔直赶往金庭公店，生怕别哪个瞅眼头抢了他的财路。离院子蛮远他就扯起喉咙喊起来："破铜——烂铁——换——钱——"活该他行时，没喊几声，昨天那个太婆又开门招呼他："收荒货的，院子里还有一些破烂没有用，看你要不要。不过，要收就一起都收走，我好清场子。"沈元喜听了这话差点喜昏了，但表面上装出无所谓的样子说："太婆，我们收荒货也蛮遭孽，有时收得累死人的也赚不到几个钱，先看了东西再说。"

太婆把他领进院子，指着南墙说："破铜烂铁和砖头瓦块混在一起，你自己清出来归个堆一，一次都买走。"他凑到跟前一瞄——乖乖，光浮面上就有三四块昨天那种金货。于是二话没说，拿锄头三下五去二地把宝贝全部从砖瓦堆清理出来。为了不让太婆起疑，还有意把锈铁汤罐、断火钳之类的真荒货堆在上面，装模作样地跟老太婆讨价还价，用荷包里所有的钱买下了这两篓荒货。出了院门，他挑着担子七弯八拐，在街头巷脑转了几个圈，直到认准确实没有人跟踪才溜回九如巷茅草棚，实打实地发了一笔横财。

沈元喜虽说没有读书，但人还蛮聪明，知道财不漏白的道理。他把那些金砖大部分找了个安全的地方埋好，只拿了几块变现做本钱，在升基巷开了个买卖旧衣服的小门面，再也不收荒货了。为了不让别人看出暴发，头几年他还是装出省吃俭用、勤扒苦做的样子，亲自下江浙、上四川，东跑西颠，风风火火。等到同行们都认为他是做生意的好料子，才动手一步一步扩铺面，请伙计，买房子，把生意做大。不久，夹街上的同业老头看中了这个殷实有为的小老板，把女儿许配给了他。这样，沈元喜也就规打规矩地成了家、立了业，成了汉正街有头有脸的老板级人物。

沈元喜成婚之后，生意越做越发，有了铺子、房子、金子、妻子，可是还剩一本难念的经，老婆嫁过来几年没有生下一男半女。他为这事四方求医拜佛，一门心思想有个传宗接代的后人。说来凑巧，就在他满四十九进入五十岁的那年腊月，沈太太居然真的生了个接班人。五十得贵子的沈元喜，认为这是神佛和祖宗的保佑，于是就在升基巷旁边大兴土木，盖起一座宗庙，长年供奉菩萨和历代宗祖的牌位，取名沈家庙。时隔不久，又在沈家庙旁边修了一个同样大小的花厅。因沈家庙与花厅之间只有一步之隔，中间的巷子取名"一步巷"（后名怡步巷），花厅也取名为"一步厅"。沈元喜每天从店铺到沈家庙祭神后穿过怡步巷回到一步厅，享受天伦之乐，好不潇洒快活。

再说独种儿子因腊月出生取名叫腊狗。照理说，名字贱一些应该好养，可腊狗打从娘胎落地，就爱张着嘴瞎哭瞎闹。等到稍大一点，哭倒是不哭了，变得很喜欢笑。可那大嘴巴一咧，"嘿嘿"几声，傻不拉几的，笑得人汗毛直竖。笑过之后，他可以两眼发直地一坐一整天，一句话都不说。沈家两口子看在眼里，急在心头，四处寻医访药。这种天性的智力低下，哪个医生诊得好？可转头一想，儿子傻是傻一点，毕竟是亲生骨肉，对他是要星摘星，要月捧月，一味迁就。冬去秋来，腊狗养成了疏懒好吃，挥金如土的坏坯子。沈元喜几次预备叫腊狗到铺子里帮助主事，接他的班当小老板，腊狗死活不愿意，沈元喜只好听之任之。

有一次，腊狗过生日，沈元喜拿出一箱四个九的纯金叶片当贺礼，嘱咐他用这当本钱去学点生意。腊狗只点头，就是不说话，没过几天，他捧着箱子坐船过江，笔直爬上黄鹤楼，从楼顶把金叶片往下瞎丢，看到金叶片有的掉入江水，有的飘落到楼下被人你抢我夺，腊狗一个人在黄鹤楼窗户旁边傻笑。从此，黄鹤楼飘金的事就在武汉三镇传开来。

腊狗的母亲为这事气得一病不起，过了不久就撒手归西了。沈元喜终于明白这儿子是傻到头了，没治了。只好赶在自己百年归山之前为他找一条生存的出路。经过几个月的考虑，决定把往日存下的金砖一部分暗地里打铸成铜和尚供在沈家庙祠堂里，雇了几个厚道的和尚和老伙计共同看管。另一部分用来资助九如桥与柏家巷（今百家巷）一带的老街坊，解决他们衣食住行的困难。借钱给他们跑生意、做买卖，既不收本钱也不要利息，只订了个回报条件：自己百年归天后，如果腊狗缺吃少穿时，拜托百家大院的人轮流照管吃饭。这样一年365天，每家照顾三四次，腊狗也就吃住不愁了。这百家住户被沈元喜爱子慈心所感，众口一声答应下来。

一转眼又过了几年，沈元喜终于卧床不起，临死之前拉着腊狗的手说了这样几句："放账莫收账，无钱打和尚，九如莫改名，家庙是祠堂。"意思是嘱咐腊狗宽以待人，为今后生活多留后路，自己生前借出去的债，尽量不要去催去讨，特别对九如桥、百家巷的老街坊，要多多联系，不能得罪他们，他们受过沈家的恩惠，对他们好就能有饭吃；另外，沈家庙也是沈家的祠堂，家产都在里面，一定要好好照管，管好了祖宗会保佑。如果实在生活上有了困难，你可敲打庙里的铜和尚，那就可以渡过难关了。

沈元喜去世后，疏懒愚钝的腊狗还是横草不拿、竖草不抬，成天躺在九如桥上混日子，肚子饿了就转到百家巷吃饭，百家街坊也是真心实意轮流招待。过了一些时候，腊狗不晓得从哪里打听到老头子与众街坊订条约的内情，于是把脸一抹，挨家挨户去催讨欠债利息，直到讨完花尽才松气。街坊看腊狗这样无情无义，慢慢也都跟他断绝了来往。腊狗失去了吃现成饭的地方，又不想做事赚钱，于是开始变卖房屋家产。碰到手头无钱时，他就跑到沈家庙大吵大闹，拿守庙的老伙计和和尚们出气，扬言老头子说过要他"无钱打和尚"。和尚和伙计们受不了他的打骂纠缠，慢慢地都离开沈家祠堂另找生路去了。当腊狗不停地变卖家产店铺时，祠堂里的金和尚也被有心人盗拿一空。

天长日久，坐吃山空，腊狗成了蓬头垢面、破衣烂衫的叫花子，每天只能在老头子当时收荒货捡渣滓的地方沿路讨饭，吃别人不要的馊菜剩饭。一个滴水成冰的冬天，有人在长堤街保寿桥下看见沈腊狗的尸体，身上裹着破麻袋……

从此，黄鹤楼飘金的故事就成了武汉老辈教育后人自强自立的好话题。

黄鹤楼上看河灯

在同治黄鹤楼焚毁以前，年年农历七月十五的夜晚，人们会在黄鹄矶上游的江面上放河灯，因此，上黄鹤楼看河灯，也就成为武汉民间的一种节令活动。光绪十年（1884年），黄鹤楼被焚，人们就失去这个看河灯的好场所。过了十年，湖广总督端方虽然在黄鹤楼的遗址上修建了警钟楼，但是到了傍晚闭门谢客，群众就不得其门而入了。辛亥革命以后，警钟楼改名为纯阳酒楼对外营业，每年到了中元节，人们又相率到该楼的上层看河灯。后来，纯阳楼又成了警察局的分驻机构，老百姓再次失去了这个看河灯的景点。位于纯阳楼东北方的奥略楼地势虽高，离江边又远了一些。所以在20世纪30年代的头几年里，武昌看河灯的人，多半是选择胜像宝塔依托的平台，或汉阳门的江畔。位置虽有变易，但当人们约伴同行时，往往还是说："走！到黄鹤楼看河灯去！"长期以来，大家已经习惯于把这一带泛称为黄鹤楼了。

因此，每年的中元节，人们都会到汉阳门江边看河灯。鹄立引颈的人虽然不少，但却异常宁静，好像在默默地珍惜这一年一度而又短暂的赏灯时光。那一晚，对岸灯火通明，天上星月交辉，江面有缓缓移动的夜航船的桅灯和星星渔火，还有一盏盏似有章又无序的随波逐流的河灯。不同方位、不同层次、闪闪烁烁、或明或暗的无数亮点交织成迷人的夜景。偶尔有几盏河灯遇到了漩流，顿时形成了几个急速旋转的光圈，人丛中立刻迸发出欢呼声，并争相指点，似乎这些好看的光圈是自己最先发现的。此情此景，真是太美了。

汉阳的南岸嘴与汉口的集稼嘴也是放河灯的地点，由于水面较窄，并且两岸都有人放灯，正如清人叶调元所吟咏的"小河齐放水灯红"，另是一番景色。

老辈人说，不放河灯，溺死的冤魂将无由超度，这纯粹是迷信的说法。清代汉阳萧德宣的《中元观河灯》云："累累乎若贯珠之相连，出蚌胎而照沉渊；飘飘乎若渔火之上下，泊远潭而燃暮烟。一滴兰膏瞬息尽，千朵莲花次第鲜。释氏向予夸，幽明路不差。藉此一点佛火力，化为无量恒河沙……世人媚佛兼媚僧，金沙虽布孽益深。彼岸清凉望难到，欲海烈焰空飞腾。何不暗室发猛省，吾心自有长明灯。"

督军修楼成笑谈

1922年4月，湖北督军萧耀南与湖北省长刘承恩联名向省财政厅下达训令，要求他们牵头筹划将武昌旧城墙按草湖、汉阳、平湖等门依次拆除，然后建成马路。同时在旧臬署内重建黄鹤楼，增设景点，开办黄鹤楼公园。训令还明确规定了拆除城墙的砖石、地皮变卖款用作盖楼修路的经费。

接到这个一举数得的训令，省财政厅厅长熊祥生马上邀同省警务处处长、江汉道尹及武昌商埠局长共同磋商，达成共识，在5月4日会签呈交了"缓拆城墙先修楼"的报告。

《报告》同意先行重修久毁无存的历代名胜黄鹤楼，以宏观瞻，建议经费从前督军王占元筹措的存交湖北官钱局的30万元专款中列支。同时指出旧臬署现在已成省财政厅厅署，无法搬迁，只能将西边乃园一部分划出辟作黄鹤楼公园，并建议委派熟悉工程的前鄂军第三师师长蔡希圣专司其事。

《报告》强调拆城工程繁杂，修路费用巨大，砖石地皮变卖价格无把握。而省府财政紧缺、库空如洗，经费无法筹措。拟议此举从缓办理，待市政建设通盘计划后再择机施行。

《报告》上交后，不知道萧耀南、刘承恩是否过问过。反正直到年底，重修黄鹤楼和拆城修路的事就像石沉大海，无声无息了。

第二年开春，武汉三镇悄悄地传开了一首民谣：

> 督军一纸空文，省长一事无成。
> 马路未修城还在，问黄鹤几时来临？

武汉人听过好几次的重修黄鹤楼的计划，这回算是又泡汤了。

下不了的黄鹤楼

1953年2月16日深夜23时45分，大雪飞舞。毛泽东专列到达汉口大智门车站，中南局和湖北省武汉市委负责人李先念、李雪峰、王任重等一起去迎接毛泽东。这是毛泽东在全国解放后第一次来武汉视察工作。

2月18日早晨，毛泽东去武昌观看了东湖，转头来到当年湖北省委所在地红楼（注：现武昌阅马场红楼、清朝末年的谘议局、湖北军政府所在地）。红楼原是国民党的省党部，解放后被接收，改为省委所在地。

在二楼会议室歇息片刻，毛泽东提出上蛇山。红楼后面有条道，可以到蛇山东部的山顶。毛泽东便是从东头上蛇山的。

罗瑞卿原来没安排毛泽东去西头，可毛泽东到了山上，对罗瑞卿说："我们到西头看看好不好？"罗瑞卿为难地说："那边人太多，怕不安全。"毛泽东笑着说："人多怕啥，坏人是极少数，我们要相信群众啊。为了不惊动群众，我们出其不意，就过去了！"于是，大家陪着他到了蛇山西头。

据毛泽东当年的秘书罗光禄生前回忆：那天是正月初五。武汉三镇非常热闹，有玩狮子、玩龙灯的。山上没有什么人，偶尔有一两个小学生。路旁有位卖炸豆腐的老人，毛主席和他搭上话。主席问他做什么买卖，老人说："我是炸豆腐的。"主席又问他，做这个生意能挣多少钱。老人说：那不一定，有的时候多些，有的时候少些。聊了几句，随行人员请主席上路。罗光禄跟在后面，问那位老人："你知道刚才和你说话的是谁吗？"他大概无论如何也不会想到，今生会有机会同毛主席见面说话。他摇摇头说："不知道是谁，肯定是个大官！"把一行人逗笑了。

可没走多远，毛泽东还是被小学生认出来了。一声"毛主席来了"，短时间就聚集了几万人，簇拥在他的身边。李先念、罗瑞卿和警卫人员一起手拉手，组成一个圆圈，一步一步地保护他下了山，大家都挤得浑身是汗。

在渡船上，毛泽东大有感慨地说，"下不了的黄鹤楼"。此语意味深长。1927年春，毛泽东在大革命最危急的时候曾去过黄鹤楼，站在蛇山头，俯瞰长江——"烟雨莽苍苍，龟蛇锁大江。黄鹤知何去？剩有游人处。把酒酹滔滔，心潮逐浪高！"那也是下不了的黄鹤楼。

今昔对比，毛泽东的感叹何其深也。

滕王阁

简　介

　　滕王阁，位于江西省南昌市赣江边。始建于唐永徽四年（653 年），由唐太宗李世民之弟李元婴修建，因李元婴被封"滕王"，故名。上元二年（675 年），洪州都督阎伯屿重修此阁，王勃写成《秋日登洪府滕王阁饯别序》，滕王阁遂誉满天下。唐至清代滕王阁屡毁屡建二十余次。现滕王阁为 1989 年原址重建。

滕王创阁赏歌舞

　　说起滕王阁，人们立刻会联想到王勃，联想到"物华天宝""人杰地灵""落霞与孤鹜齐飞，秋水共长天一色"等著名词句。但很少有人知道，滕王阁究竟始建于何年代？其创建者是谁？这座"瑰伟绝特"的楼阁为何冠以"滕王"之名？"滕王"是何许人也？

　　滕王阁始建于唐代，距今已有 1300 多年的历史，其创建者正是贞观年间曾被封为"滕王"的李元婴。李元婴（？～684 年），唐高祖李渊之幼子（二十二子），唐太宗李世民的弟弟，高宗李治的叔叔。贞观十三年（639 年）六月被封为"滕王"，实封千户。

　　这位皇叔因何来到南昌呢？据《旧唐书》《新唐书》的记载，滕王李元婴曾任金州刺史，但他"骄纵失度"，毫无政绩可言。据说他常常做出诸如"以丸弹人""以雪埋人"之类的荒唐事，丝毫不顾忌王爷身份。唐时，入夜是要关城门的，只是在元宵放灯之夜才通宵大开城门，然而，滕王李元婴所"巡察"的城池，却不得不一直开着，因为滕王本人经常"畋游夜归"。在唐太宗驾崩居丧期间，他依然无所收敛，邀集其"官属"燕饮歌舞，花天酒地，"狎昵厮养"，对去世的哥哥毫无哀思。为此，继位的唐高宗以其在金州任职期的种种劣迹，特别是在太宗丧期的恶行，下御书严词切责，并于永徽三年（652 年），将其贬任苏州刺史，次年又转任洪州都督。洪州，也就是现在的南昌。

　　这位滕王虽然政声狼藉，但颇有才情，是一位艺术家。滕王擅画蝴蝶，这几乎是公认的，有"滕派蝶画"鼻祖之誉。宋代诗人陈师道曾有诗云："滕王蛱蝶江都马，一纸千金不当价。"（见《题明发高轩过图》）将滕王画的蛱蝶与江都王画的马相提并论，认为其价值连城。滕王同时也是音乐家，在歌舞方面也造诣颇深，他经常"燕饮歌舞"，与个人才情及爱好也是分不开的。

洪州就当时而言，是比较偏僻的蛮荒之域，是安置谪降官员的地方。李元婴来到洪州之后，心中颇有烦忧。好在远离皇上的挟制，于是他想方设法寻欢作乐，排解烦闷。

一日，滕王带着一班僚属和歌舞伎，来到章江门外的冈峦之上，但见清波送帆，西山横翠，南浦云飞，滕王不禁雅兴大发，命人就地摆开筵席，准备燕饮。可是，城外的丘冈之上，乱石杂草遍布，实在难以风雅。滕王大为扫兴。这时，随行中有一位善于察颜观色的幕僚提议："大人何不在临江的冈峦之上建一座楼阁，既可揽山川之秀，又可极歌舞之乐？"滕王转怒为喜，连连称善。回府后，立即下令召集能工巧匠，精选木石，择日破土，昼夜营造。几个月后，一座瑰丽的高阁就在滨江的丘冈上落成了。但见飞阁流丹，层台耸翠，画栋雕栏，宫灯绮户，滕王好不欢喜。

楼阁落成后，滕王常常和一帮狎客在阁中饮酒赋诗，歌舞作乐，有时则自度曲律，轻敲檀板，慢拢丝弦，横吹玉笛，亲为伴奏。此外，滕王又命打造青雀舸，率僚属狎客游乐江中，或踏歌洲渚。洲渚上野花竞发，彩蝶纷飞。每当见此情景，善丹青的滕王，常情不自禁挥毫泼墨，留下许多精彩图画，被谪迁的烦恼渐渐抛于脑后。

滕王建阁时，已是洪州都督的身份，所建之阁何以冠名滕王呢？《滕王阁志》云：阁成之后，因李元婴曾在贞观十三年封为"滕王"，洪州官员以李元婴的封号而冠阁名，故称"滕王阁"。

滕王李元婴的地位，在唐王朝中颇特殊，他行为放纵，政声狼藉，非议甚多。一生中，东奔西走，在许多地方都当过不大不小的官，似与其亲王、皇弟、皇叔的身份不符，遭遇颇不平凡，给后人留下了许多疑团。他作为亲王，任过金州刺史、苏州刺史、洪州都督、滁州刺史、寿州刺史、隆州刺史、梁州都督等，在交通不便利的古代，要到这许多地方就任实属不易。他是唐睿宗文明元年（684 年）去世的，这年武则天建元为光宅元年。去世后，还被追赠司徒之位兼冀州都督，并陪葬献陵。有人说，在多事之秋的初唐，滕王能保首领以终，能经历唐朝高祖、太宗、高宗、中宗、睿宗几代，也算是一个奇迹，颇值得探究。或许，滕王不求政绩，举止荒唐，背后掩藏着深刻的韬光养晦之术，也未可知。

马当神风送滕王阁

山藏异宝山含秀，沙有黄金沙放光。

好事若藏人肺腑，言谈语话不寻常。

这四句诗单说着自古至今，有那一等怀才抱德、韬光晦迹的文人秀才，就比那奇珍异宝，良金美玉，藏于土泥之中，一旦出世，遇良工巧匠，切磋琢磨，方始成器，故秀才二字不可乱称。秀者江山之秀，才者天下之才。但凡人胸中有秀气，腹内有才识，出言吐语，自不一般，所以谓之不寻常。话说的，兀的说这才学则甚！因在下今日，要说一桩"风送滕王阁"的故事。那故事出在大唐高宗朝间，有一秀士姓王名勃，字子安，祖贯晋州龙门人氏，幼有大才，通贯九经，诗书满腹。时年一十三岁，常随母舅游于江湖。一日从金陵欲往九江，路经马当山下，此乃九江第一险处。怎见得？有陆鲁望《马当山铭》为证："山之险莫过于太行，水之险莫过于吕梁，合二险而为一，吾又闻乎马当。"

王勃舟至马当，忽然风涛乱滚，碧波际天，云阴罩野，水响翻空。那船将次倾覆，满船的人尽皆恐惧，虔诚祷告江神，许愿保护。唯有王勃端坐船上，毫无惧色，朗朗读书。舟人怪异，问道："满船之人，死在须臾，今郎君全无惧色，却是为何？"王勃笑道："我命在天，岂在龙神！"舟人大惊道："郎君勿出此言！"王勃道："我当救此数人之命。"道罢，遂取纸笔，吟诗一首，掷于水中。须臾云收雾散，风浪俱息。其诗曰：

> 唐圣非狂楚，江渊异汨罗。
>
> 平生仗忠节，今日任风波。

此时满船人相贺道："郎君奇才，能动江神，乃得获安，不然，诸人皆不免水厄。"王勃道："生死在天，有何可避！"

众人深服其言。少顷，船皆泊岸，舟人视时，即马当山也，舟人皆登岸。王勃上岸，独自闲游。正行之间，只见当道路边，青松影里，绿桧阴中，见一古庙。王勃向前看时，上面有朱红漆牌金篆书字，写着：敕赐中源水府行宫。王勃一见，就身边取笔，吟诗一首于壁上。诗曰：

> 马当山下泊孤舟，岸侧芦花簇翠流。
>
> 忽睹朱门斜半掩，层层瑞气锁清幽。

诗罢，走入庙中，四下看视，真个好座庙宇。怎见得？有诗为证：

> 碧瓦连云起，朱门映日开。
>
> 一团金作栋，千片玉为街。
>
> 帝子亲书额，名人手篆碑。
>
> 庇民兼护国，风雨应时来。

王勃行至神前，焚香祝告已毕，又赏玩江景多时。正欲归舟，忽于江水之际，见一老叟坐于块石之上，碧眼长眉，须鬓皤然，颜如莹玉，神清气爽，貌若神仙。王勃见面异之，乃整衣向前，与老人作揖。老叟道："子非王勃乎？"王勃大惊道："某与老叟素不相识，亦非亲旧，何以知勃名姓？"老叟道："我知之久矣！"王勃知老叟不是凡人，遂拱手立于块石之侧。老叟命勃同坐，王勃不敢，再三相让方坐。老叟道："吾早来闻尔于船内作诗，义理可观。子有如此清才，何不进取，身达青霄之上；而困于家食，受此旅况之凄凉乎？"王勃答道："家寒窘迫，缺乏盘费，不能特达，以此流落穷途，有失青云之望。"

老叟道："来日重阳佳节，洪都阎府君欲作《滕王阁记》。子有绝世之才，何不竟往献赋，可获资财数千，且能垂名后世。"王勃道："此到洪都，有几多路程？"老叟道："水路共七百余里。"王勃道："今已晚矣！止有一夕，焉能得达？"老叟道："子但登舟，我当助清风一帆，使子明日早达洪都。"王勃再拜道："敢问老丈，仙耶，神耶？"老叟道："吾即中源水君，适来山上之庙，便是我的香火。"王勃大惊，又拜道："勃乃三尺童稚，一介寒儒，肉眼凡夫，冒渎尊神，请勿见罪！"老叟道："是何言也！但到洪都，若得润笔之金，可以分惠。"王勃道："果有所赠，岂敢自私？"老叟笑道："吾戏言耳！"须臾有一舟至，老叟令王勃乘之。勃乃再拜，辞别老叟上船。方才解缆张帆，但见祥风缥缈，瑞气盘旋，红光罩岸，紫雾笼堤。王勃骇然回视江岸，老叟不知所在，已失故地矣。只见：风声飒飒，浪势淙淙。帆开若翅展，舟去似星飞。回头已失千山，眨眼如趋百里。晨鸡未唱，须臾忽过鄱阳；漏鼓犹传，仿佛已临江右。这叫做：运去雷轰荐福碑，时来风送滕王阁。

顷刻天明，船头一望，果然已到洪都。王勃心下且惊且喜，分付舟人，"只于此相等。"揽衣登岸，徐步入城。看那洪都果然好景。有诗为证：

> 洪都风景最繁华，仿佛参差十万家。
> 水绿山蓝花似锦，连城带阁锁烟霞。

是日正是九月九日，王勃直诣帅府，正见本府阎都督果然开宴，遍请江左名儒，士夫秀士，俱会堂上。太守开筵命坐，酒果排列，佳肴满席，请各处来到名儒，分尊卑而坐。当日所坐之人，与阎公对席者，乃新除澧州牧学士宇文钧，其间亦有赴任官，亦有进士刘祥道、张禹锡等。其他文词超绝，抱玉怀珠者百余人，皆是当世名儒。王勃年幼，坐于座末。

少顷，阎公起身，对诸儒道："帝子旧阁，乃洪都绝景。是以相屈诸公至此，欲求大才，作此《滕王阁记》，刻石为碑，以记后来，留万世佳名，使不失其胜迹。愿诸名士勿辞为幸！"

遂使左右朱衣吏人，捧笔砚纸至诸儒之前。诸人不敢轻受，一个让一个，从上至下。却好轮到王勃面前，王勃更不推辞，慨然受之。满座之人，见勃年幼，却又面生，心各不美，相视私语道："此小子是何氏之子？敢无礼如是耶！"此时阎公见王勃受纸，心亦怏怏，遂起身更衣，至一小厅之内。阎公口中不言，自思道："吾有婿乃长沙人也，姓吴名子章，此人有冠世之才。今日邀请诸儒作此记，若诸儒相让，则使吾婿作此文以光显门庭也。是何小子，辄敢欺在堂名儒，无分毫礼让！"分付吏人，观其所作，可来报知。

良久，一吏报道："南昌故郡，洪都新府。"阎公道："此乃老生常谈，谁人不会！"一吏又报道："星分翼轸，地接衡庐。"阎公道："此故事也。"又一吏报道："襟三江而带五湖，控蛮荆而引瓯越。"阎公不语。又一吏报道。"物华天表，龙光射斗牛之墟；人杰地灵，徐孺下陈蕃之榻。"阎公道："此子意欲与吾相见也。"又一吏报道："雄州雾列，俊彩星驰。台隍枕夷夏之邦，宾主接东南之美。"阎公心中微动，想道："此子之才，信亦可人！"数吏分驰报句，阎公暗暗称奇。又一吏报道："落霞与孤鹜齐飞，秋水共长天一色。"阎公听罢，不觉以手拍几道："此子落笔若有神助，真天才也！"遂更衣复出至座前。宾主诸儒，尽皆失色。阎公视王勃道："观子之文，乃天下奇才也！"欲邀勃上座。王勃辞道："待俚语成篇，然后请教。"须臾文成，呈上阎公。公视之大喜，遂令左右，从上至下，遍示诸儒。一个个面如土色，莫不惊伏，不敢拟议一字。甚全篇刻在古文中，至今为人称诵。阎公乃自携王勃之手，坐于左席道："帝子之阁，风流千古，有子之文，使吾等今日雅会，亦得闻于后世。从此洪都风月，江山无价，皆子之力作也。吾当厚报。"

正说之间，忽有一人，离席而起，高声道："是何三尺童稚，将先儒遗文伪言自己新作，瞒昧左右？当以盗论，兀自扬扬得意耶！"王勃闻言大惊。太守阎公举目视之，乃其婿吴子章也。子章道："此乃旧文，吾收之久矣。"阎公道："何以知之？"子章道："恐诸儒不信，吾试念一遍。"当下子章遂对众客之前，朗朗而诵，从头至尾，无一字差错。念毕，座间诸儒失色，阎公亦疑，众犹豫不决。王勃听罢，颜色不变，徐徐说道："观公之记问，不让杨修之学，子建之能，王平之阅市，张松之一览。"吴子章道："乃是先儒旧文，吾素所背诵耳。"王勃又道："公言先儒旧文，别有诗乎？"子章道："无诗。"道罢，王勃遂起身离席，对诸儒问道："此文果新文旧文乎？后有诗八句，诸公莫有记之者否？"问之再三，人皆不答。王勃乃拂纸如飞，有如宿构。其诗曰：

滕王高阁临江渚，佩玉鸣鸾罢歌舞。

画栋朝飞南浦云，珠帘暮卷西山雨。

闲云潭影日悠悠，物换星移几度秋。

阁中帝子今何在？槛外长江空自流。

诗罢呈上，太守阎公，并座间诸儒、其婿吴子章看毕。王勃道："此新文旧文乎？"子章见之，大惭惶恐而退。众宾齐起步向阎公道："王子之作性，令婿之记性，皆天下罕有，真可谓双璧矣！"阎公曰："诸公之言诚然也！"于是吴子章与王勃互相钦敬，满座欢然，饮宴至暮方散。众宾去后，阎公独留勃饮。

次日王勃告辞，阎公乃赐五百缣及黄白酒器，共值千金。

勃拜谢辞归，阎公传左右相送下船，舟人解缆而行。勃但闻水声潺潺，疾如风雨。诘旦，船复至马当山下，维舟泊岸。王勃将阎公所赠金帛，携至庙中，陈于中源水君之前，叩头称谢。起身，见壁上所题之诗，宛然如新。遂依前韵，复作诗一首：

> 好风一夜送轻舟，倏忽征帆达上流。
>
> 深感神功知凤契，来生愿得伴清幽。

王勃题诗已毕，步出庙门，欲买牲牢酒礼以献，看岸边船已不见了，其舟人亦不知所在。正犹豫间，忽然祥云瑞霭，笼罩庙堂，香风起处，见一老人，坐于石矶之上，即前日所见中源水君。勃向前再拜，谢道："前日得蒙上圣，助一帆之风，到于洪都，使勃得获厚利。勃当备牲牢酒礼至于庙下，拜谢尊神，以表吾心。"老人见说，俯首而笑："子适来言供备牲牢者，何牢也？吾闻少牢者羊，太牢者牛。礼，诸侯无故不杀牛，大夫无故不杀羊。吾岂可以一帆风，而受子之厚献乎！吾水府以好生为德，杀生以祀，吾亦不敢享也，更不必费子措置。适来观子庙下留题，有伴我清幽之意，吾亦甚喜。但子命数未终，凡限未绝，更俟数年，吾当图相会耳。"王勃遂稽首拜谢道："愿从尊命！然勃之寿算前程，可得闻乎？"老叟道："寿算者阴府主之，不敢轻泄天机，而招阴祸。吾言子之穷通，无害也。吾观子之躯，神强而骨弱，气清体羸，况子脑骨亏陷，目睛不全，子虽有子建之才，高士之俊，终不能贵矣。况富贵乃神主之，人之一钟一粟，皆由分定，何况卿相乎？昔孔子大圣，为帝王师范，尚不免陈蔡之厄，所谓秀而不实者也。子但力行善事，自有天曹注福，穷通寿夭，皆不足计矣！子切记之！"于是与勃作别。

叟行数步，复又走回，对王勃道："吾有少意相托：子若过长芦之祠，当买阴帛，与我焚之。"王勃道："此何由也？"

老叟道："吾昔负长芦之神薄债未偿，子可与吾偿之。"王勃道："非勃不舍，适来观上圣殿上金钱堆积如山，何不以此还之？"老叟道："汝不知殿上之钱，皆是贪利酷求之人，害物私心之辈，损人益己，克众成家，偶一过此，妄求非福，神不危而心自危之，所以求献于庙。此乃枉物，譬如吾之赃矣，焉敢用哉！"王勃再拜受教。老叟即化清风而去。

王勃骇然，仍携金帛之类，离马当出，趁船径往长芦，每思神所说"脑骨亏陷，目睛不全，终不能贵"，心怀怏怏不乐。

船至长芦，正忘神叟所嘱化财还债之言，忽然寒风大作，雪浪翻空，群鸦绕船，噪声不绝。其鸦或歇桅橹，或落船头，船不能进。满船人莫不惊骇畏惧。王勃亦自骇然，乃问舟人："此是何处？"舟人道："此是长芦地方。"王勃听了，方想江神之言，遂焚香默祷江神，候风息上岸，买金钱答还。祝毕，香烟未绝，群鸦皆散，浪息风平，于是一船人莫不欣喜。次日舟人以船泊岸，王勃买金钱十万下船，复至夜来风起之处焚化，船乃前进。后来罗隐先生到此，曾作八句诗道：

> 江神有意怜才子，倏忽威灵助去程。
>
> 一夕清风雷电疾，满碑佳句雪冰清。
>
> 直教丽藻传千古，不但雄名动两京。
>
> 不是明灵祐祠客，洪都佳景绝无声。

王勃亲远任海隅，策骑往省，至一驿舍，欲求暂歇。方询问驿吏，忽闻驿堂上一人口呼："王君，久不拜见，今日何由至此？"王勃闻言大惊，视之略有面善，似曾相识，忘其姓名。只见其人道："王君何忘乎？昔日洪府相会，学士宇文钧也。"勃大喜，乃整衣而揖。遂邀王勃同坐。叙话间，命驿吏献茶。茶罢，学士道："某想昔日洪府之乐，安知今日有海道之忧，岂不悲哉！"王勃道："学士因何至此？"学士道："钧累任教授，后越阙为右司谏官。唐天子欲征高丽，钧直谏，触犯龙颜，将钧迁于海岛。千里独行，方悲寂寞，何期旅邸，得遇故人。某有《迁客诗》一首，为君诵之。"诗曰：

> 万里为迁客，孤舟泛渺茫。
> 湖田多种藕，海岛半收粮。
> 愿遂归秦计，劳收辟瘴方。
> 每思缄口者，帝德在君旁。

王勃道："有犯无隐，事君之礼。学士虽为迁客，直声播于千古矣！"遂答诗一首。诗曰：

> 食禄只忧贫，何名是直臣！
> 能言真为国，获罪岂惭人。
> 海驿程程远，霜髯日日新。
> 史官如下笔，应也泪沾巾。

当夜二人互相吟咏至半夜，同宿于驿舍。次日学士置酒管待王勃毕，至第三日学士邀勃同行，俄然天色下雨，复留海驿。二人谈论，终日不倦。至第五日，方始天晴，二人同下海船，饮食宿卧，皆于一处。船开数日，至大洋深波之中，忽然狂风怒吼，怪浪波番，其舟在水，飘飘如一叶，似欲倾覆。舟人皆大恐。学士宇文钧心大惊骇，叹道："远谪海隅，不想又遭风波，此实命也！"王勃面不改容，因述昔年马当山遇风始末，并叙中源水君两次相遇之语，真个是死生有命，富贵在天。风波虽有，不足介意！谈论方终，却见波涛暂息，风浪不生，舟人皆喜。

满船之人，忽闻水上仙乐飘然而至，五色祥云从天降下，浮于水面，看看来到王勃船边。众人皆惊。只见祥云影里，幢幡宝盖，绛节旌旗，锦衣对对，绣袄攒攒，花帽双双，朱衣簇簇，两行摆开。前面有数十人，皆仙娥玉女，仙衣灼灼，玉珂珊珊。前有一青衣女童，手执碧符，遂呼王勃道："奉娘娘之命，特来召子。"王勃愕然，问女童道："娘娘是何人也？"

女童道："乃掌天下水籍文簿、上仙高贵玉女吴彩鸾便是。今于蓬莱方丈，翠华居止，其内有马当山水君，举子文章贯古今，特来请子同往蓬莱方丈，作词文记，以表蓬莱之佳景。可速往。不可违娘娘之命！"王勃道："与君人神异途，焉有相召之言？我闻生死分定于天，寿算乃阴府所主，岂有玉女召我作文？何召之有？吾实不从。"道罢，女童道："君如不去，中源水君必自至矣。"

道犹未了，只见一朵乌云，自东南角上而来，看看至近，到于船边，从空坠下；就水面之上，见一神人，头戴黄罗包巾，身穿百花绣袍，手仗除妖七星剑，高声大叫："王勃！吾奉蓬莱仙女敕，召汝作文词，何不往也？况中源水君亦在蓬莱赴会，今众仙等之久矣。子亦有仙骨之分，昔日你曾庙下题诗，愿伴清幽，岂可忘之！"王勃听言自思："马当山中源水君曾言日后遇于海岛，岂非前定乎？"遂忻然道："愿从命矣！"神人见说，遂召鬼卒，牵马来至舟侧。王勃甚喜，亦忘深渊，意为平地，乃回身与学士及满船之人作别，牵衣出舱，望水面攀鞍上马。但见乌云惨惨，黑雾漫漫，云霄隐隐，满船之人及宇文钧学士无不惊骇。回视王勃，不知所在。须臾，雾散云收，风恬浪静，满船之人俱各无事，唯有王勃乃作神仙去矣！

> 从来才子是神仙，风送南昌岂偶然。
>
> 赋就滕王高阁句，便随仙仗伴中源。

王子安一序传千古

大约在公元 650 年前后，在山清水秀的山西绛州龙门（今山西省河津县），一个婴儿呱呱坠地，他就是日后成为"初唐四杰"之首的王勃。

王勃，字子安，是王家第三个儿子。王家乃书香世家。从勃起上推八世，多数世祖居官，说到著述则八世以来人人皆有。其祖父王通，乃隋末大学者、大教育家，曾任蜀都司户书佐、蜀王侍读，后弃官，以著书讲学为业。父亲王福峙，曾出任太常博士、雍州司功、交趾县令、六合县令、齐州长史等职。王勃自幼聪敏过人，悟性极高，乡人誉为"神童"。他六岁即能赋诗，十岁精通六经。

传说王勃十岁那年，重阳节，父亲带他郊游赏菊。见秋光正浓，黄花正盛，父亲不免来了兴致，决定考查王勃的功课。

父亲吟道："重阳游郊，郊野黄花如金钉，钉满野郊。"

王勃不假思索地对了下联："中秋赏月，月浸白蘋如玉盏，盏尽浸月。"听罢，父亲暗吃一惊，心里高兴口里却不露。

快回到城门，见有关帝庙一座，父子稍息于庙内。但见庙内供奉的关云长，左手托三绺长须，右手握青龙偃月刀，端坐青灯之下，凝眉读史，身后黑面周仓牵赤兔马以待。父亲突然萌生一联，对王勃道："捧青须三绺，对青灯读青史垂青名手中握青龙偃月。"王勃略加思索，看着赤兔马，脱口而出："芳赤县千古，秉赤面掬赤心输赤胆跨下骑赤兔追风。"这一回父亲连声说："好！好！"

　　王勃在十四岁时，已知名于世。右相刘祥道以其神童才异，上表举荐。王勃于麟德三年（666年），参加制科考试。应试之日，他来到禁卫森严的考场，放眼四观，见全是年长公子，束发秀才，白首童生，唯独自己还是一个孩童。主考官点名点到王勃时，见其长衫拖地，乳臭未干，一脸稚气，心想这就是那位传说的神童了。王勃不慌不忙，上前叩拜施礼，说："宗师爷在上，学生龙门王勃前来参拜聆教。"一副少年老成的口气，主考官听了颇觉顺耳，又想试试神童的才学，于是故意揶揄道："蓝衫拖地，怪貌谁能认！"王郎仗胆反讥："紫冠冲天，奇才人不识。"主考官笑，再戏谑道："昨日偷桃钻狗洞，不知是谁？"王郎趣答："今朝攀桂步蟾宫，必定有我。"主考官甚喜，拊掌道："神童，神童，果然是龙门神童，准考。"

　　王勃赴考高中后，被授予朝散郎之职，成为朝廷最年少的命官。后沛王李贤闻王勃之名，召王勃为沛府修撰，十分爱重他。王勃此时尚是一少年，却日夕出入王府，往来俱是达官显贵。他撰写了几篇歌功颂德的颂词，词美义壮，气势磅礴，唐高宗得知乃是一未及弱冠的神童所为，惊叹不已，谓之奇才。王勃的声名也为之大振，与杨炯、卢照邻、骆宾王合称"初唐四杰"，并推为首位。

　　也许是少年得志，遭人嫉妒，王勃短暂地春风得意几年之后，先是因戏写《檄英王斗鸡文》触怒高宗，被逐出沛王府，后在虢州参军任上因杀死自己所匿藏的官奴而获罪下狱。虽然遇赦未丢掉性命，但他的仕途从此终结。父亲王福峙连带受累，被贬为交趾县令，远谪到南荒之外。王勃远行到交趾去看望父亲，途中溺水受惊而亡，年仅27岁。

　　王勃一生虽然短暂，却为后世留下了许多不朽名篇。他的五言律诗《送杜少府之任蜀州》，堪称中国诗歌史上的杰作，"海内存知己，天涯若比邻"等千古名句，至今为人们所传诵。而王勃最为人所称道、千百年来被传为佳话的，是他在滕王阁即席所赋的《秋日登洪府滕王阁饯别序》。

　　据《唐摭言》记载，上元二年（675年）秋，王勃前往交趾看望父亲，路过南昌时，正赶上都督阎伯屿新修滕王阁落成，于重阳之日在滕王阁大宴宾客。王勃前往拜见，阎都督早闻他的名气，便请他也参加宴会。阎都督此次宴客，是为了向大家夸耀女婿吴子章的才学。他让女婿事先准备好一篇序文，在席间当作即兴之作书写给大家看。宴会上，阎都督让人拿出纸笔，假意请诸人为这次盛会作序。大家知道他的用意，都推辞不写，而王勃以一个二十几岁的青年晚辈，竟不辞让，接过纸笔，当众挥笔而书。阎都督老大不高兴，拂衣而起，转入帐后，教人去看王勃写些什么，准备随时抓住破绽，奚落一番。听说王勃开首写道"南昌故郡，洪都新府"，都督便说："不过是老生常谈"。又闻"星分翼轸，地接衡庐"，阎公道："此故事也。"再听到"襟三江而带五湖，控蛮荆而引瓯越"，阎公沉吟不语。等听到"落霞与孤鹜齐飞，秋水共长天一色"，都督不得不叹服道："此真天才，当垂不朽！"

　　《唐摭言》等书所记，或者有些夸张，但王勃的《滕王阁序》，确实为不朽之名篇。王勃于南昌阎都督宴上赋《滕王阁序》的佳话，实乃中国文学史上最为动人的故事。传说王勃"属文，初不精思，先磨墨数升，则酣饮，引被覆面卧，及寤，援笔成篇，不易一字"。（见《新唐书》）唐人段成式《酉阳杂俎》也说："王勃每为碑颂，先磨墨数升，引被覆面卧，忽起一笔数之，初不窜点，时人谓之腹稿。"据此可知王勃文思敏捷，滕王阁上即兴而赋千古名篇，并非虚传。

滕王建阁之时，岂能想到，他狼藉的声名，竟然因为一座楼阁而远播至今。元代文学家虞集曾感慨地说："且一阁之遗，见称于今昔者如此，彼滕王何其幸欤！"滕王阁因王勃一序而名噪天下，亦使滕王有幸留名青史。

或许是《滕王阁序》文思太过神奇，词章太过绮丽，世人惊为神来之笔，于是围绕这一绝世名篇，民间附会出许多传奇故事。其中之一便是冯梦龙《醒世恒言》第四十回所记"马当神风送滕王阁"。

上元二年，王勃从山西动身，万里迢迢去看望贬迁南海交趾的父亲。这一天，王勃坐船逆长江而上，来到江西与安徽交界处。在彭泽县东北，东流县西南，有一座马当山，形势险峻。唐朝诗人陆鲁望有《马当山铭》为证："山之险莫过于太行，水之险莫过于吕梁，合二险而为一，吾又闻乎马当。"

王勃的船到马当，突遇风浪。船不能开。王勃问："船行到什么地方？"船公说："已到马当山下。"于是，避风马当山庙下，船上人都上岸纵览风光去了。

王勃也到庙里观瞻了一番，又赏玩江景多时，正想回船去，突然见一位老者端坐巨石之上，须眉皓白，貌若神仙，王勃整衣向前，与老人作揖，老人遥指，问："来的是王勃吗？"

王勃大惊，说："正是，不知长者何以得知？"

老者说："明日重九，滕王阁有高会，若往赴宴会，作为文章，足垂不朽。"

王勃笑答："老丈有所不知，此地距洪都六七百里，一个晚上哪里到得了呢？"

老者也笑道："你只管上船，我当助清风一帆，使你明日早达洪都。"

王勃肃然起敬，问："拜问老丈，你是神还是仙？"

老者笑而远遁。隐隐听见"吾即中源水君"。王勃上船之后，只觉祥云缥缈，瑞气盘旋，脚底下船箭一般朝鄱阳湖方向驶去。果然是：时来风送滕王阁，运去雷轰荐福碑。

另一个著名故事则是"阎公千金求一字"。

传说，王勃一气呵成，挥毫泼墨作完《滕王阁序》，众人正交口称赞。忽然，吴子章高声叫道："此乃旧文，吾收之久矣！将先儒遗文，伪言自己新作，当以盗论！"

阎公惊诧地问道："何以知之？"

吴子章说："若不信我可以当众背诵。"当下便在众客面前，朗朗而诵，从头到尾，竟无一字差错。念毕，席间诸儒失色，阎公亦疑。

王勃听罢，不慌不忙地说："吴公真是过目成诵，佩服佩服！请问这先儒旧文，后面有没有诗？"

吴子章道："无诗！"

王勃再三问之，皆说无诗。王勃乃拂纸如飞，有如宿构。其诗曰：

> 滕王高阁临江渚，佩玉鸣鸾罢歌舞。
>
> 画栋朝飞南浦云，珠帘暮卷西山雨。
>
> 闲云潭影日悠悠，物换星移几度秋。
>
> 阁中帝子今何在，槛外长江□自流。

写毕，不待辞别，携了下人，便匆匆离席下楼，直奔江边而去。

众人正告退之际，阎都督大喝一声："慢，诸位请回。怎么结尾之诗，末一句空一字未写？"

众人近前，果见诗空一字。

阎公说："只怕是我等轻慢了王诗人，故空一字作难大家来猜，大家就猜猜吧。"众文人面面相觑。

便有人说："槛外长江□自流"，所空的字应是"独"字，也有的说是"船"字。问到吴子章，他冥思苦想了良久，也只是说"水"字。

阎公露不喜之色，说："独字太浅，不合王郎诗境；船字太俗，不足论；水字太露，毫无诗意。"众人直琢磨到天亮，竟没有猜出佳句来。

阎公问："此时王勃船到何处？"

衙卫答："最快到了丰城。"

阎都督命令："你快马先追王郎，千金求其一字。"衙卫得了都督之命，快马加鞭，追上王勃，衙卫说明来意，王勃但笑，久之，说："王勃乃一介书生，岂敢戏弄都督大人！我将这一字写在你手心上，你定要握紧拳头，见了都督方可伸掌，否则此字会不翼而飞。"便索了一支笔，并不蘸墨，就在衙卫手心里画了一阵，令其握拳，拜别。

只说衙卫回府，在阎都督面前伸开手掌，竟空无一字。阎公自语："怎么会空空如也，空空如也呢？千金难买一字啊！"猛然一惊，莫非是一"空"字？！

"妙哉！好一个'空'字！"众文人齐声附和称赞。

阎都督拍案称绝："阁中帝子今何在，槛外长江空自流。这个'空'字用得妙，万千感慨，尽在这个'空'字上。"

唐高宗三叹王子安

唐太宗李世民去世后，其子李治继位，是为高宗。初唐时期，历代帝王均有文才，太宗李世民、女皇武则天等，都有很高的文学造诣，高宗算是文学修养较差、对文学也缺乏兴趣的一位。但高宗在位期间，为王勃之才一叹二叹，乃至于三叹，也足以说明王勃文章何等盖世绝顶。

话说王勃被沛王李贤看重，召为沛王府修撰。沛王李贤和周王李显，均是贪嬉少年，相与以斗鸡为乐，不惜千金求珍禽，以较高下。二王素来喜欢与王勃谈笑，每次斗鸡时，必请王勃一道畅饮欢宴。王勃在诗文词赋上才华横溢，政治头脑却十分简单。他仗着文才，戏为《檄英王斗鸡文》，文云：

盖闻昴日，著名于列宿，允为阳德之所钟。登天垂象于中孚，实惟翰音之是取。历晦明而喔喔，大能醒我梦魂；遇风雨而胶胶，最足增人情思。处宗窗下，乐兴纵谈；祖逖床前，时为起舞。肖其形以为帻，王朝有报晓之人；节其状以作冠，圣门称好勇之士。秦关早唱，庆公子之安全；齐境长鸣，知群黎之生聚。决疑则荐诸卜，颁赦则设于竿。附刘安之宅以上升，遂成仙种；从宋卿之窠而下视，常伴小儿。惟尔德禽，固非凡鸟。文顶武足，五德见推于田饶；杂霸雄王，二宝呈祥于嬴氏。迈种首云祝祝，化身更号朱朱。苍蝇恶得混其声，蟋蟀安能窃其号。即连飞之有势，何断尾之足虞？体介距金，邀荣已极；翼舒爪奋，赴斗奚辞？虽季郈犹吾大夫，而坺桀隐若敌国。两雄不堪并立，一啄何敢自安？养威于栖息之时，发愤在呼号之际。望之若木，时亦趾举而志扬；应之如神，不觉尻高而首下。于村于店，见异己者即攻；为鹳为鹅，与同类者争胜。爰资枭勇，率遍鸱张。纵众寡各分，誓无毛之不拔；即强弱互异，信有喙之独长。昂首而来，绝胜鹤立；鼓翅以往，亦类鹏抟。搏击所施，可即用充公膳；翦降略尽，宁犹容彼盗啼。岂必命付庖厨，不啻魂飞汤火。羽书捷至，惊闻鹅鸭之声；血战功成，快睹鹰鹯之逐。于焉锡之鸡幨，甘为其口而不羞；行且树乃鸡碑，将味其肋而无弃。倘违鸡塞之令，立正鸡坊之刑。牝晨而索家者有诛，不复同于凫畜；雌伏而败类者必杀，定当割以牛刀。此檄。

不料此文传到高宗手中，圣颜不悦，读毕则怒而叹道："歪才，歪才！二王斗鸡，王勃身为博士，不行谏净，反作檄文，有意虚构，夸大事态，此人应立即逐出王府。"

檄文本是战争时用来声讨作战对象，激励士气的宣战书。王勃檄斗鸡，原是一种戏谑之词，类似游戏，高宗何以发雷霆之怒呢？缺乏政治头脑的王勃无法明白，历代皇室兄弟之间的关系是不可碰触的高压线，兄弟争斗更是残酷激烈的流血战争。或许王勃刺痛了高宗敏感的神经，令高宗想起了他的兄弟太子李承乾、魏王李泰都死于皇位之争，父亲李世民也是经历了兄弟残杀才登上皇位的，他不希望这种事情发生在自己的儿子们身上。于是，高宗下令将王勃逐出王府，不再录用。

这样，过了些年头，到了上元二年（675 年）冬，长安城里都传颂着脍炙人口的《滕王阁序》。一天，唐高宗也读到这篇序文，当读到"落霞与孤鹜齐飞，秋水共长天一色"句，不禁拍案，惊道："此乃千古绝唱，真天才也。"又读下去，见末尾四韵八句诗："滕王高阁临江渚，佩玉鸣鸾罢歌舞。画栋朝飞南浦云，珠帘暮卷西山雨。闲云潭影日悠悠，物换星移几度秋。阁中帝子今何在，槛外长江空自流。"高宗一扫成见，连声叹道："好诗，好诗！做了一篇长文字，还有如此好诗做出来，岂非强弩之末尚能穿七孔乎！真乃罕世之才，罕世之才！当年朕因斗鸡文逐斥了他，是朕之错也。"于是高宗问道："现下，王勃在何处？朕要召他入朝！"太监吞吞吐吐答道："王勃已落水而亡。"高宗喟然长叹，自言自语："可惜，可惜！"

白居易饯别钟陵郡

> 翠幕红筵高在云，歌钟一曲万家闻。
> 路人指点滕王阁，看送忠州白使君。

唐元和十三年（818年），诗人白居易结束三年谪居江州（今江西九江市）的生活，即将就任忠州（今四川忠县）刺史，路过南昌时，洪州官员在滕王阁设宴为他送行，诗人感慨良多，写下了这首《滕王阁·钟陵饯送》。

白居易（772～846年），字乐天，号香山居士、醉吟先生。原籍山西太原，祖上迁下邽（今陕西渭南县）。白居易出身书香门第，祖父白湟、父亲白季庚及外祖父都是诗人，白居易自幼绝顶聪明，读书又十分刻苦，五六岁便学写诗，九岁便能够辨别声韵，十多岁时就已是小有名气的诗人。白居易回忆早年刻苦求学的经历，曾说："昼课赋，夜课书，间又课诗，不遑寝息矣，以至于口舌生疮，手肘成胝。"

白居易少年时期，河南一带发生了战事，其父便送儿子到南方避乱。他小小年纪就离家避难，随后南北奔走，备尝艰辛，也因此对百姓生活的疾苦有深刻的了解。

白居易16岁时，已经写出不少可以传世的好诗，其中最有名的是五言律诗《赋得古原草送别》。据说白居易初到长安，去拜见老诗人顾况。顾况闻他名居易，便开玩笑说："长安米贵，居恐不易。"但当顾况读到其诗中"野火烧不尽，春风吹又生"之句时，大为赞赏，说有这样的文笔，居长安不难。这首诗，确见白居易才情非凡。

唐贞元十六年（800年），白居易考中进士，先后任秘书省校书郎、翰林学士等职，元和年间任左拾遗。他任左拾遗期间，克尽职守，屡陈时政，难免使得皇上或权臣不满。元和十年（815年），白居易因上疏力主严缉杀害宰相武元衡的凶手，以肃法纪，被权臣指责抢在谏官之前议论朝政，僭越法制，皇上将其贬为江州司马。

白居易遭贬后，思想产生重大变化。他不再指陈时政，为避祸远嫌，"不复愕愕直言"，"世事从今口不言"，转而以游历山水、作诗为事，慕起陶渊明来，希望作个隐逸诗人，并转而事佛，企图从佛教中求得解脱。他经常往游庐山，寄情于山水之间，以排遣心中烦闷。著名的《大林寺桃花》《夜宿东林寺》《游石门涧》等诗都写成于此。

白居易还嗜酒成性，每当良辰美景，或雪朝月夕，他邀客来家，先拂酒坛，次开诗箧，后捧丝竹。然后一面喝酒，一面吟诗，一面操琴，必酩酊大醉方止。白居易有时乘兴到野外游玩，车中放一琴一枕，车两边的竹竿悬两只酒壶，抱琴引酌，兴尽而返。据说白居易家有池塘，可以泛舟。他有时在船上宴请宾客，命人在船旁吊许多空囊，里面装满美酒，随船而行，宴饮时，就把酒囊拉起，喝完一只再拉起一只，直至喝完为止。

贬迁江州三年之后，白居易升任忠州刺史，顺路来到南昌。南昌的官员们久慕他的诗名和酒名，在他到达的那天，在滕王阁上设下盛宴为他饯行。白居易身处巍峨壮丽、耸翠流丹的滕王阁之中，眼前佳人曼妙，美酒飘香，耳闻丝竹管弦，乐舞飞扬，又想起三年来，谪居偏僻的江州，所听是呕哑嘲哳的山歌村笛，所见是绕宅而生的黄芦苦竹，真个有天壤之别。但此时，白居易已是心境淡然。诗人在这首《滕王阁·钟陵饯送》中写道："路人指点滕王阁，看送忠州白使君。"平白的叙述中，诗人早已不再有三年前与浔阳歌女"相逢何必曾相识"的感叹和"枫叶荻花秋瑟瑟"的悲凉，有的只是平静地"指点"，简单地"看送"。对于失意的诗人来说，翠幕红筵、仙乐佳人已无法挑起他悲怆的诗情，或许只有平白的看送才能表达诗人内心的孤寂。

韩文公作记慕高阁

中国古代文人有寄情山水、登高雅集的传统。秀美壮阔的自然风光、精巧绮丽的楼台亭阁似乎是绝妙文思的催化剂，大凡名胜之地，无不被文人骚客的生花妙笔所点染。王勃受邀于阎都督的滕阁盛宴，即席挥毫写下《滕王阁序》；王之涣登鹳雀楼，发出"欲穷千里目，更上一层楼"的感慨；范仲淹作《岳阳楼记》之时，虽未亲临岳阳，却也有滕子京为他专门送来的一幅《洞庭秋晚图》可供鉴赏，可以说这些名篇都是触景生情的佳作。但滕王阁自有它不凡的魅力，让人倾慕一生，虽未登临，亦能为之写下传世之文。此人便是韩愈。

韩愈（768~824年），字退之，唐代著名文学家、哲学家，河南河阳（今河南孟州）人。郡望昌黎，故世称韩昌黎。晚年任吏部侍郎，又称韩吏部。谥号"文"，又称韩文公。韩愈3岁丧父，由兄嫂抚养成人。德宗贞元八年（792年）登进士第，任节度推官，其后任监察御史、阳山令等职。宪宗即位，为国子博士。后又历官至太子右庶子。元和十二年（817年），从裴度征讨淮西吴元济叛乱有功，升任刑部侍郎。元和十四年（819年），宪宗迎佛骨入大内，他上表力谏，为此被贬为潮州刺史。同年冬天，移刺袁州（今江西宜春）。不久回朝，历官国子祭酒、吏部侍郎等显职。卒于长安。

韩愈辗转仕途之时，已是滕王建阁、王勃作序一百多年以后。除了王勃的《滕王阁序》，还有王绪的《滕王阁赋》、王仲舒的《滕王阁记》在世间广为流传，给滕王阁带来极高声誉。韩愈在少年时，就听说过"江南多临观之美，而滕王阁独为第一，有瑰伟绝特之称"，对滕王阁十分向往。后来又亲自读到三王的《序》《赋》《记》，文中壮丽之辞，使他激动不已，"益欲往一观而读之，以忘吾忧"。

唐元和十五年（820年），御史中丞王仲舒视察江南西道，见滕王阁即将倾圮，命人重修。重修工程竣工之后，王仲舒修书给韩愈，请他作一篇记文。

韩愈在京为官时便想南下游览滕王阁，但因政务繁忙而不能如愿。后来虽有三次机会，却由于各种原因而最终没能成行：元和十四年，他被贬至广东潮州，本想取道南昌顺路一游，但圣命取道海上，错过第一次机会；这年冬天，韩愈调任袁州刺史，袁州是南昌的属邑，两地相去不远，本以为可以借机登阁，谁知上司令他速往袁州，失去第二次机会；第三次便是王仲舒观察江南西道，本来所属八州之官应赴南昌逢迎，偏偏王仲舒到达南昌之时，明令各州官不必前往南昌拜会，游阁之愿又化作泡影。后来他在袁州任上，终因政务繁忙而无法往游滕王阁。为此，韩愈引为终生憾事。

接到王仲舒的书简，韩愈欣然提笔，将潜藏心中多年对滕王阁的向往之情一一铺陈纸上，是为著名的《新修滕王阁记》。《记》文先述韩愈少年时代对滕王阁的倾慕，次叙屡次不能往观的遗憾，再写王仲舒重修滕王阁的过程，在文章结尾，他谦卑地写道："愈既以未得造观为叹，窃喜载名其上，词列三王之次，有荣耀焉。"

韩愈一生，工诗善文，尤长散文，文学造诣极高，著有《昌黎先生集》四十卷。他在文学上提倡古文运动，主张继承先秦两汉的散文传统，反对专讲声律、对仗而忽视内容的骈体文。然而他对三王的《序》《赋》《记》，特别是王勃的《滕王阁序》却倍加推崇，甚至以名列三王之次为荣耀。王《序》的影响力由此亦可窥一斑。

韩愈的《新修滕王阁记》，历史上评价很高，影响也很大，甚至使滕王阁两度改名：第一次是明景泰三年（1452年）韩永熙主持重修，改名为"西江第一楼"；第二次是清乾隆八年（1743年）江西布政使彭家屏主持重修后，又一次恢复"西江第一楼"的旧称。更为有趣的是，南宋时期，南昌知府江万里崇韩抑王，曾强行把阁中旧刻王勃《滕王阁序》从中位撤到一边，而把韩愈的《新修滕王阁记》放到中位。当然这种做法最终只是让后人讪笑而不能持久。

如今，第29次重建的滕王阁，王勃的《序》镌刻在五楼大厅正中，韩愈的《记》则镌刻在最先迎接游人一级高台东面墙壁上。王《序》与韩《记》相映生辉，更加彰显这座文化名阁的不朽魅力。

杜牧赋诗记歌舞

唐代是我国封建社会的鼎盛时期，文学艺术空前繁荣，中外文化大交流，各民族文化大融合。永徽年间，滕王李元婴调任洪州都督，为了歌舞游宴的需要，创建了滕王阁。自此以后，滕王以歌舞创阁的流风绵延不绝。几乎所有的洪州地方长官们，逢庆典、接官、送客、宴宾、会友等事，都要在滕王阁举行或大或小的歌舞盛会。所以，这座江南名阁，一直被人们称为"歌舞地"。

唐太和年间，一位诗人曾对滕王阁上歌舞珠翠进行过生动的描绘。诗云：

> 滕阁中春绮席开，柘枝蛮鼓殷晴雷。
>
> 垂楼万幕青云合，破浪千帆阵马来。
>
> 未掘双龙牛斗气，高悬一榻栋梁材。
>
> 连巴控越知何事，珠翠沉檀处处催。

这首诗的作者，便是晚唐著名诗人——杜牧。

杜牧（803～852年），字牧之，京兆万年（今陕西西安）人。杜牧出身于官宦世家，其祖父杜佑乃是著名宰相，史学家，著有史学要著《通典》。杜牧自幼喜好读书，工诗词，善文章，通经史，有经天纬地之才。唐大和二年（828年）举进士，曾任监察御史，黄州、湖州、睦州刺史，后殁于中书舍人任上。杜牧在政治上反对藩镇割据，主张增强兵力，巩固边防。他的诗大多反映现实生活，揭露时弊，诗笔雄健，潇洒自如，与李商隐齐名，人称"小李杜"。

大和三年（829年），杜牧举进士的第二年，他曾应江西观察史沈传师之请，来到江西担任沈传师的幕吏。在此期间，他经常与同僚们随同沈传师登滕王阁游观，在阁上一边饮酒论诗，一边观看乐舞表演。这段闲适的歌舞升平的生活给诗人留下深刻印象。在离开南昌去安徽赴任，泊舟九江溢浦之时，杜牧写下了四首感怀钟陵（南昌的旧称）旧游的诗。其中第二首《怀钟陵旧游·滕王阁》描绘了这座帝子之阁佩玉鸣鸾的歌舞盛况。

唐代是我国历史上歌舞极盛时期。朝廷在太常寺下设有大乐署、鼓吹署、教坊、梨园四个部门，专门管理音乐、舞蹈、百戏等歌舞艺术的教习、排练和演出。在宫廷歌舞的影响下，各州郡也相应设置了乐部，养了一班男女歌舞乐伎。当时的南昌已是江南一大都会，自滕王建阁以来，阁上的宴乐歌舞一直绵延不断。

唐时，滕王阁上所表演的歌舞，主要是宫廷燕乐，以及当时流行的民间曲目，比如春莺啭、菩萨蛮、六幺、杨柳枝、伊州大曲、柘枝舞、胡旋舞、胡腾舞等。杜牧这首诗中所提到的"柘枝蛮鼓"，就是指唐代刚从西域石国（今中亚塔什干一带）传来的蕃乐胡舞。柘枝舞，最初为女子独舞，舞姿矫健，节奏多变，大多以鼓伴奏。后来有双人舞，名《双柘枝》。舞时二女童藏于莲花形道具中，在优美的旋律和强烈的蛮鼓伴奏声中，莲花形的道具慢慢舒展开放，女童出而对舞，帽饰金铃，裸露玉臂，舞动时金铃碰触有声，煞是曼妙。这种乐舞当时非常盛行，一些地方官员甚至在家宴上也进行柘枝舞的表演。

在这种环境下，滕王阁成为当时的艺术交流中心，宫廷艺术、蕃乐胡舞与地方舞乐轮番上演，许多文人骚客用诗词歌赋记述了滕阁歌舞的盛况，杜牧的这首《怀钟陵旧游·滕王阁》便是其中的传世佳作。

李博士重游滕王阁

滕王阁自建阁之始，就不仅是一座瑰丽的建筑，还是一种文化的象征，更是一个时代兴衰的指示。多少名人骚客以登阁一游为夙愿，甚至一登再登。李涉便是其中一位。

李涉何许人也？他是晚唐时期颇有才气的著名诗人，河南洛阳人。自号清溪子。李涉当时的名气很大，大到连风高放火、月黑杀人的强盗都知道而且崇拜他。

据说，有一次，李涉夜宿皖口（在今安庆市，皖水入长江的渡口）小村井栏砂，不想遇上强盗。匪首问："何人？"李涉的随从答："李博士（李涉曾任太学博士）也。"匪首说："若是李涉博士，不用剽夺，久闻诗名，愿题一篇足矣。"意思是你给我写一首诗，比金帛还值钱。李涉得知自己的诗竟然名闻于绿林，不禁欣然自喜，随即赠七绝一首：

> 暮雨潇潇江上村，绿林豪客夜知闻。
> 他时不用逃名姓，世上如今半是君。

这件趣事记载在《唐诗纪事》中，李涉的诗名之大由此可以想见。他的诗质朴自然，凝练晓畅，情思含蓄，寄寓深远，《全唐诗》中收有他的诗作一卷。

李涉与他的弟弟李渤二人，早年曾在庐山隐居读书，并养有一头白鹿以自娱，庐山白鹿洞亦因他兄弟二人养鹿而得名。后来，他们兄弟二人均出仕做官，白鹿洞便开始闻达于世。到了宋代，又扩建为白鹿洞书院，著名理学家朱熹来此讲学之后，白鹿洞书院声震海内，成为全国四大书院之一。

李涉曾两度到过滕王阁，并作《重登滕王阁》诗。诗中写道：

> 滕王阁上唱伊州，二十年前向此游。
> 半是半非君莫问，西山长在水长流。

李涉的一生，政治上很不得意，曾经几起几落。唐宪宗时，他曾任太子通事舍人，后被贬为峡州（今湖北宜昌）司仓参军；唐文宗时，他升任太学博士，不久又被罢官，流放康州（今广东德庆）。

这首《重登滕王阁》诗正是他被流放康州途经南昌时所写。二度遭贬黜，诗人心中的沉郁自不待言。此时的唐朝历经天灾和战乱，已由繁盛走向衰败，滕王阁亦不复当年歌舞升平之气象，虽然几经重修，但景况大不如前。滕王阁的兴衰似与诗人的人生起伏有着类似的境遇。李涉回忆起二十年前游阁的情景，那时的滕王阁十分热闹，人们一边饮酒谈笑，一边欣赏旋律优美的伊州（今新疆哈密）大曲。而今旧地重游之时，滕王阁已呈现出荒凉晚景，当年轻歌曼舞的佳人已无处寻踪，只有那西山依旧，江水自流。此情此景，是耶，非耶？又何必去追问呢？

张若谷设宴待少年

北宋仁宗年间，江西临川县出了个神童，姓王名安国，字平甫。他的哥哥即是后来当上宰相的著名政治家、文学家王安石。

据传，康定二年（1041 年），时年十三的王安国因送兄赴京会试，来到了南昌。一天，他兴致勃勃地起了个大早，收拾停当后，便独自一人去登滕王阁，游览这一向往已久的江南胜景。他走出章江门外，滕王阁巍然屹立，但见飞阁流丹，层台耸翠，雄峙江畔；厅台轩榭，江亭津馆，错落有致。他急步登阁，凭栏纵目，遥见西山叠翠，白云出岫，碧流接天，烟波浩渺，鱼集鸟翔。回望市井，雄州雾列，闾阎扑地，人流熙来攘往。接着王安国转入阁内，细细吟读前朝重修滕王阁的碑文。当他发现王勃《滕王阁序》青石巨碑时，眼前为之一亮，久久伫立碑前，凝神遐思。江山无限，人事代谢，杰阁废兴，触发了这位少年郎的不尽诗情。于是，在阁中专设的题留处，他援笔蘸墨，一气呵成，写下一首七言律诗：

> 滕王平日好追游，高阁依然枕碧流。
> 胜地几经兴废事，夕阳遍照古今愁。
> 城中树密千家市，天际人归一叶舟。
> 极目烟波吟不尽，西山重叠乱云浮。

当他刚刚写完"浮"字，正准备留名落款时，忽听身后有人拊掌叫好。回头一看，原来是一位仪表堂堂的官员，旁边还站着一班随从人员。

"小秀才，这位是南昌太守张（若谷）大人，还不赶快施礼！"一位随从向王安国介绍道。

王安国忙投笔，躬身施礼道："不知大人驾到，晚生失礼了。"

张太守见他年少有才，仪表不俗，且彬彬有礼，高兴地说："免礼，免礼！请问小官人何方人氏，姓甚名谁？"

王安国再次拱手一揖，道："晚生姓王，名安国，字平甫，乃江西临川人氏。"

"原来你是临川少年王安国！与王子安仅差一字，三百年前恐怕还是一家呢！小官人，现年庚几何？"

"晚生今年十三岁了。"

"临川果然是'人杰地灵'，才子之乡，想不到未及弱冠的少年就能写出如此好诗来，老夫深表敬佩！"

这位张太守，名侯，又名若谷，字德繇，福建沙县人。宋淳化三年（992年）进士，曾任巴州、全州军事推官、大理寺丞兼蒙阳知县、处州知州、并州太守、尚书左丞等职。张若谷为官清正，不为博取虚名而做违背民心的事，所到之处，均留下"循良"的美名。当时朝廷有专管铸钱的广宁监，每年铸钱四十万贯。张若谷被荐为主监官，一年余所铸钱币超额三十万贯。张若谷知并州后，了解到并州原有一项重要的边贸活动，朝廷每年用丝织品换取少数民族的马匹，但前任太守中断了这项贸易。他认为互通贸易既有利于少数民族发展，又有利于朝廷了解边远地区的情况，国家还可以得到战马，因此上疏朝廷，恢复了边境贸易。

张若谷亦是个极爱才的人，平日冗务缠身，不免有身心疲惫之感，今天巧遇少年才子，赏得好诗，顿觉神清气爽，兴致高涨。于是张太守传令，在滕王阁中摆上酒宴，歌舞助兴，与少年才子王安国继续饮酒品诗论赋，直至兴尽方归。

王安石罢归游滕阁

公元1076年，史书上记载为宋神宗熙宁九年，丙辰年。一个阴郁的冬日早晨，一位五十多岁的瘦弱老人缓步登上滕王阁。他的头发已是花白，面带忧郁，背部略呈佝偻之态，但目光仍然坚定。来到滕王高阁之上，韩愈《新修滕王阁记》碑刻静静立于阁中，他久久伫立碑前，品吟多时，命人拓下碑刻。然后漫步回廊，举目眺望，但见滔滔赣江缓缓流淌，白波逐浪，远山濛濛，愁云密布。他深深地长出了一口气，口占一绝：

> 白浪翻江无已时，陈蕃徐孺去何之。
> 愁来径上滕王阁，覆取文公一片碑。

这位老人，便是刚刚被罢相归来的王安石。

王安石（1021～1086年），字介甫，晚年号半山，江西临川人。他是我国北宋时期著名的文学家和政治家，"唐宋八大家"之一。宋仁宗庆历二年（1042年）中进士，先后几任地方官。宋神宗即位时，面对内忧外患，决心变法图强，以改变"积贫""积弱"的局面。王安石一生致力于改革，主张变法，受到宋神宗的重视。熙宁元年（1068年），王安石被招至开封，主持变法工作。次年，宋神宗任命王安石为参知政事，实施变法。在他任职期间，大力推行减轻役赋、抑制豪强、加强国防、发展生产、改革科举、整顿教育等一系列新政策，提出了"天变不足畏，祖宗不足法，人言不足恤"的"三不足"思想。变法初期曾收到较显著的效果，但由于变法触动了大地主大商人的利益，遭到了以司马光为代表的守旧派的强烈反对，变法派内部又出现纷争，在宫廷的强大压力下，神宗对变法产生动摇。王安石两次被迫辞去相位，于宋熙宁九年退隐江宁。

王安石罢归后，回江西临川老家探亲，在他回临川的途中来到南昌，在南昌小住了一段时间。这天，他来到滕王阁上散心。作为一个政治家的王安石，虽然已经辞相归隐，仍然时刻为国家的前途命运担忧。此时，他登上滕王阁凭栏远眺，心中久久不能平静。联想起在朝为官时政治风云的变幻、官场的倾轧和人心的险恶，犹如这赣江中翻滚的波浪一样，永远没有穷尽的时候。改革不能推行，政治抱负无法实现，他能够做的只有品诗论赋，拓取韩文公一片碑刻归家自赏而已。

王安石不仅是一位政治家，同时还是一位造诣极高的文学家。在他为官执政之时，他的文学创作是和政治活动紧密联系的，诗文都具有浓厚的政治色彩。如《答司马谏议书》，分析司马光对新法的指责，言简意赅，措词委婉而坚决，鲜明地表达了他的政治态度。

王安石晚年罢相后，身心俱疲，于是便在江宁（今南京）城外钟的半山之麓建筑了一座半山园，从此寓居园中，诵诗著述，以追求心灵的宁静。王安石在滕王阁上所吟之诗，已经表达出今后不问政治，转而研究文学的思想倾向。

在半山园里王安石创作了较多的描写湖光山色的小诗，以往诗中洋溢的政治热情大大减退，更多地注意对诗歌艺术的锤炼。相传《泊船瓜洲》中"春风又绿江南岸"一句中的"绿"字，改了十几次才确定下来。其后期创作的抒情写景小诗，构思新颖，字句精审，艺术性极高，被称为"半山体"。

元丰八年（1085 年）神宗去世，哲宗即位，掌握实权的太皇太后高氏起用司马光为相，新法除教育和科举的部分内容外，其余全被废除。至此，王安石的变法以失败告终。次年，王安石去世。

苏东坡亲书王勃序

滕王阁最近一次被毁，是在 1926 年。

那年正是民国十五年（1926 年），九月二十一日，国民革命军与北洋军阀激战南昌，赣军的南昌守城之师岳思寅命人焚毁所有城外建筑，恐革命军借以攻城。滕王阁正处在章江门外，延烧三日的大火将其化为灰烬。千载古阁，毁于一旦。抗战后，滕王阁遗址上辟建有小学堂一所，1946 年秋，该校在拆除旧房时，发现壁上有"滕王阁"三字青石匾额，经考证为明代遗物，这也是滕王阁唯一保存至今的证物，现藏于南昌市博物馆。

如今，第 29 次重建的滕王阁第六层重檐之下，东西两面各悬一块九龙贴金匾额，其上"滕王阁"三个大字闪闪发光，笔法圆劲沉着，字形温润。人们不禁要问：这是谁的墨迹？原来，这是出自北宋著名文学家、书法家苏轼的大手笔！

苏轼（1037~1101年），字子瞻，号东坡居士，人们习惯地称他为东坡先生，四川眉山人。苏东坡一生数任官职，但仕途颇不顺畅。而他在诗、文、词、书、画等方面的成就，在才俊辈出的宋代堪称登峰造极，是中国历史上少有的文学和艺术天才。他与他的父亲苏洵、弟弟苏辙皆以文学名世，世称"三苏"，与汉末"三曹父子"（曹操、曹丕、曹植）齐名。且"三苏"与唐代的韩愈、柳宗元和宋代的欧阳修、王安石、曾巩合称"唐宋八大家"。书法方面，苏轼与黄庭坚、米芾、蔡襄被称为最能代表宋代书法成就的书法家，合称为"宋四家"。追随苏轼的门生有四位——秦观、黄庭坚、晁补之、张耒，在中国文学艺术史上赫赫有名，被称为"苏门四学士"。

苏东坡与王安石是同一时代人，他们曾经是文友，而且他与王安石的弟弟王安礼还是很要好的朋友。苏东坡在朝为官时，与王安石政见不合。熙宁年间，他因上书反对王安石变法而被捕下狱。其弟苏辙上疏力救，后改判出狱，外放杭州、徐州、湖州等处为地方官。复因诗讽新法，被罗织罪名，贬为黄州团练副使。晚年又因作文讥谤先朝，被降职贬至广东英德、惠州、琼州等边远地区做小官，最后遇赦北归，死在江苏常州。

苏东坡虽然仕途不顺，但他性情豁达，磊落豪侠，不以坎坷为意，潜心诗词书画，民间关于他才思敏捷、诙谐幽默的趣闻不胜枚举。他酷爱王勃的《滕王阁序》，曾反复吟诵，并亲书全文。苏东坡书写的《滕王阁序》为小行书，宋代大书法家米芾称其"刚劲而有韵"，认为苏《序》与大画家赵伯驹所绘《滕王阁图》足称"双绝"。后人将苏轼的《滕王阁序》刻石立碑，藏于阁内。到了明末，又将其收入明刻本《晚香堂苏帖》中。

《晚香堂苏帖》由明代陈继儒所集。陈继儒乃华亭（今上海市松江区）人士，嗜苏轼书法，所见墨迹和拓本均为摹勒，随得随刻，采集极富，且少有伪本。万历四十四年（1616年），陈继儒集苏轼书法，编为35卷，由释莲儒、古冰蕉幻、陈梦运摹勒。此帖前刻有孙克弘所绘苏轼像。帖名篆书。陈氏所收书迹今多有不传，但《滕王阁序》却被完整保留下来，成为后人研究苏氏书法的珍贵史料。

今天，我们在滕王阁五楼大厅里所看到的巨幅铜刻《滕王阁序》，正是源自《晚香堂苏帖》；那悬挂在主阁高层两块"滕王阁"金匾，其字也是从苏帖中拓印后放大制作的。

辛弃疾谷雨会诗朋

辛弃疾（1140~1207年），南宋词人。字幼安，号稼轩，历城（今山东济南）人。辛弃疾出生时，山东已为金兵所占。他二十一岁参加抗金义军，不久归南宋，历任湖北、江西、湖南、福建、浙东安抚使等职。任职期间，积极采取措施，招集流亡，训练军队，奖励耕战，打击贪污豪强，注意安定民生。辛弃疾一生坚决主张抗金，但他所提出的抗金建议，均未被采纳，并遭到主和派的打击，曾长期落职闲居江西上饶、铅山一带。直到晚年时才被起用，不久病卒，葬于江西省铅山县境内。

辛弃疾是一位爱国词人，他的词抒发恢复国家统一的爱国热情，倾诉壮志难酬的悲愤，对南宋上层统治集团的屈辱投降进行揭露和批判；也有不少吟咏祖国河山的作品。其艺术风格多样，而以豪放为主。热情洋溢，慷慨悲壮，笔力雄厚，与苏轼并称为"苏辛"。

南宋淳熙八年（1181年），辛弃疾调任隆兴（南昌）知府兼江西安抚使，这是他第二次来江西就职。他此次来南昌的心情是沉重的，抗击金兵、收复中原的宏愿未酬，抑郁、悲愤之情压抑在胸间。

这天，时逢谷雨时节，为排解心中的忧闷，他特地在滕王阁上摆了酒宴，遍请豫章文人骚客，雅集赋诗，各抒胸臆。国事堪忧，大家的心情都同样忧郁，喝了几杯酒，诗兴却依然难以激起。此时，辛弃疾振臂而起，打破僵局，说道："诸位，我且抛砖引玉，凑得一首《贺新郎·赋滕王阁》，现吟给大家听听。"

高阁临江渚，访层城，空馀旧迹，黯然怀古。画栋珠帘当日事，不见朝云暮雨。但遗意、西山南浦。天宇修眉浮新绿，映悠悠潭影长如故。空有恨，奈何许。

王郎健笔夸翘楚，到如今，落霞孤鹜，竟传佳句。物换星移知几度？梦想珠帘歌舞。为徒倚、阑干凝伫。目断平芜苍波晚，快江风一瞬澄襟暑。谁共饮？有诗侣。

正当大家对这首新词进行品味时，阁门外有一人，自称诗徒，要求入阁参加诗会。辛弃疾心想："既然自称'诗徒'，恐非平庸之辈！"于是，问过姓名，延请入阁，并请题吟。此人姓胡名时可，亦不谦让，取过文房四宝，摊开诗笺，援笔说道："现丑了！"落笔题了首句："滕王高阁临江渚"，在场的人一见，心想：王勃的成句，豫章城内三岁孩童都能背诵，居然一字不改，现搬照用，还自称什么"诗徒"呢？这时，有一人甚至讥诮地说："哎，下一句该是'佩玉鸣鸾罢歌舞'了吧！"辛弃疾自己是借用古人成句的好手，见胡时可此时依然镇定自如，想必胸有成竹，定有精彩下文，于是连连摆手，致意众人少安毋躁，转身对胡时可说："请先生从容下续！"胡时可凝神自若，提笔一边书写，一边朗声诵读。笔如龙飞凤舞，势若高山流水：

滕王高阁临江渚，帝子不归春已暮。
莺啼红树柳摇风，犹似当年旧歌舞。

辛弃疾接过诗笺，吟诵一过，不禁频频颔首，说道："好，好！果然出手不凡，岂只'诗徒'，实乃诗家也！尤其是尾句'犹似当年旧歌舞'，将今日之雅集喻之为当年阁公重九盛会，实令下官有愧！辛某今日又结识了一位新诗侣，诚然是三生有幸。"说罢，重新开筵。

文天祥诗咏报国志

南宋景炎二年（1277年）深秋，秋日的肃杀之气正在南昌肆虐，风雨飘摇之下，已移建于城墙之上的滕王阁勉强保持着最后一点雍容华贵的气度。这一天，冻雨淅沥，一位身披战袍的、面庞清瘦、身形伟岸的诗人步履坚定地登上了滕王阁。

登阁之后，他伫立在江边的回廊之上，极目眺望，西山依然横翠，南浦依旧云飞，山河依然壮美，而家国已经破碎。诗人心潮澎湃，思如泉涌，缓缓吟道：

> 五云窗户瞰沧浪，犹带唐人翰墨香。
>
> 日月四时黄道阔，江山一片画图长。
>
> 回风何处拚双雁，冻雨谁人驾独航？
>
> 回首十年此漂泊，阁前新柳已成行。

斜风肆意地撕扯着他的战袍，冷雨渐渐溽湿了他的肩膀，但他浑然不觉，沉浸在悲壮的诗意中。良久，身边的随从轻声道："文大人，请回吧。"

这位文大人，正是日后光耀史册、气壮山河的民族英雄——文天祥。

文天祥（1236～1283年），字宋瑞，又字履善，号文山，吉州庐陵（今江西吉安）人，理宗宝祐四年（1256年）状元。恭帝德祐元年（1275年），元兵长驱东下，文天祥于家乡起兵抗元。次年，临安被围，文天祥被任命为右丞相兼枢密使，奉命往敌营议和，因坚决抗争被扣。随后文天祥被押往大都（今北京），行至京口（今镇江），在义士的帮助下，逃脱了虎口，辗转由通州经海路至福建。益王在福州称帝后，文天祥被任命为枢密使，同时都督诸路军马。1277年3月，文天祥统兵进军江西，收复南部数十州县，同时围困赣州，湖南、湖北皆起而响应，震撼江南，使元统治者大为惊慌。

进入江西时，江西已经成为文天祥最后的战场了。在滕王阁上，他预感到国运将衰，难挽颓波。眼前秀丽的江南美景，令他想起当年读"三王"文章时的飘逸和畅快，更激起了他对故国家园的深爱之情，而今抗元斗争形势严峻，必须呼吁爱国志士奋起救国，同挽狂澜。十年为朝廷漂泊奔走，阁前昔日所栽的新柳已是枝壮叶茂、葱郁成行了，而他报国之志未酬，抗元决心依旧，斗争仍将继续。

文天祥离开南昌不久，即被元军所俘，押至元大都（今北京），身陷牢狱达三年之久。元朝统治者对他百般威胁利诱，侮辱折磨，他却始终坚贞不屈。1283年，忽必烈亲自劝降未果，终下令将其杀害。

明嘉靖五年（1526年）秋，都御史陈洪谟巡抚江西，见滕王阁已残破不堪，遂予重建。建阁时在后部增建了"二忠祠"，内祠文天祥、谢枋得（号叠山）二位抗元的民族英雄。明清两朝，外地来昌之人必登滕王阁、拜二忠祠，深切表达对英雄的敬仰之情。

虞道园作文纪新阁

古人云:"江山之好,亦赖文章相助。古今不朽之业,其必有籍以存。"

滕王阁在1300多年的历史进程中,随着时代的变迁、朝代的更迭而时有兴废,重修重建达28次之多。据史籍记载,其兴废次数为:唐五、宋一、元二、明七、清十三。它的重修重建,每次都有名公巨卿为之作序写记。目前仅有籍可查的《记》文就有27篇,其中著名学者虞集撰写的《重建滕王阁记》,就是元代具有代表性的《记》文之一。

虞集(1272~1348年),字伯生,号道园,江西崇仁人,世称"邵庵先生"。虞集出身于官宦世家,是南宋著名丞相虞允文的五世孙。他少年时期跟着母亲杨氏和吴澄学习,性极聪慧,过目成诵。元成宗大德初年(1297年),他入京为大都路儒学教授、国学助教。有一次,他跟随泰定皇帝去内蒙古,用蒙、汉两种语言讲解经书,深为国人所崇敬。随后被擢升为集贤殿修撰、翰林院学士兼国子监祭酒、奎章阁侍读大学士。元文宗时,他奉命与赵世延等纂修《经世大典》。书成时,他因劳累过度而患有眼疾,同时又因学问渊博功劳大而遭同僚妒忌,于是告病回到江西,寓居江西临川。虞集诗文在元代负有盛名,与杨载、范梈、揭傒斯并称为"元诗四大家"。他还精于理学,与黄溍、柳贯、揭傒斯并称"儒林四杰"。著有《道园遗稿》《道园学古录》。

元元统二年(1334年),江南行台御史大夫塔失帖木儿来到南昌,在平章马合睦等南昌官员的陪同下,登游滕王阁,见阁已破败不堪,当即追问原因。马合睦告之因连年战乱,而且滕王阁已经四十年未修,故此颓败,并建议重建,得到了塔失帖木儿的同意。这年十二月重建工程破土动工,两年之后,即至元二年(1336年)七月竣工。这次重建的滕王阁,檐宇虚敞,丹刻华丽,并且建在城墙之上,故而显得高大、雄伟、华丽。新阁落成,南昌官府特派使者到临川请虞集参加落成大典,并为新阁撰写记文。

虞集一生曾多次登游过滕王阁,留下了好几首描写滕王阁景色的诗,其中一首《题滕王阁》,是他告病辞官归寓临川、路过南昌重游滕王阁时所写。诗曰:

豫章城上滕王阁,不见鸣鸾佩玉声。

惟有当时帘外月,夜深依旧照江城。

那时的滕王阁冷落凄清,如今滕阁重新,虞集心中甚觉欣慰。虽然他此时正抱病在家,不能赴宴,但他认为昔日韩文公以能为滕王阁作记,名列"三王"之次为幸,如今自己也能为重建的新阁撰写记文,是很大的荣耀,于是诚惶诚恐,欣然命笔,撰写了《重建滕王阁记》。《记》中写道:

阁之崇为尺四十有四,深如崇之度而广倍之。材石坚致,位置周密,檐宇虚敞,丹刻华丽，有加于昔焉。

虞集的这篇《记》文，以酣畅练达的笔调、简洁明了的语言，详细地记述了这次重建的起因、经过，新阁的建筑方位、面积、高度和态势，为后人研究滕王阁提供了宝贵的历史资料。

朱元璋毁床警臣子

朱元璋，明朝的开国皇帝，史称明太祖。朱元璋出身寒微，十七岁时家人全都染疾病亡，孤身一人时甚至不得不去当和尚，才保全了性命。后来朱元璋历经磨难，一路血拼冲杀，渐成气候。在他创立帝业的道路上，陈友谅是最强劲的顽敌之一。朱元璋与陈友谅在鄱阳湖血战了十八年（南昌民间均如是说，与史书有异），陈友谅数胜而以败终，而朱元璋则数败而后胜，最终建立了大明王朝。朱元璋之所以能够打败强他百倍的陈友谅，与他智慧过人、精于用人之道是分不开的。

元至正二十三年（1363年）八月底，朱元璋率军大败陈友谅于泾江口，一箭射中陈友谅之目，贯脑而死。这场中国战争史上最为著名的以弱胜强的典范，以朱元璋的大获全胜告终。朱元璋剪除了多年的顽敌，军威大振，将士们一致请求朱元璋班师洪都，慰问困守城池85日的功臣，吊唁阵亡的将士，朱元璋欣然允准。但他同时也敏锐地觉察到了一股骄兵之气在军中蔓延。他暗自思忖，霸业尚未成就，该如何鼓励士气，继续向前?!

到了洪都后，朱元璋传令在滕王阁上大摆庆功宴，犒劳三军。设宴之日，南昌城里鼓乐喧天，鞭炮齐鸣；滕王阁上张灯结彩，一片辉煌。朱元璋在刘伯温、胡大海、宋濂等一班文臣武将的簇拥下，健步登上了滕王阁。凭栏远眺，西山烟云濛濛，章江之水滔滔北去，南浦上空流云飞渡，真是气象万千。观赏已毕，文臣武将，分列两行，入席坐定。朱元璋高举酒杯说道："吾与友谅大战鄱阳湖十有八载，全赖诸位将军出生入死，浴血奋战，方有今日之胜利，方得大宴名阁！诸位满饮一杯！"说完，一饮而尽。

分列两旁的文武大员们，立即举杯，异口同声地说："全赖吾主英明！"

酒过三巡，都督朱文正传令歌舞助兴。正当歌女们引吭高歌，舞女们展袖起舞时，忽然阁外传来了一阵呦呦鹿鸣之声。朱元璋不解地问道："都市之中，何以鹿鸣?"一位部将回禀道："启奏主公，章江门外，有一鹿囿，又名娱鹿山庄，乃是伪汉陈友谅所建。鹿鸣声就由那儿传来。"原来，陈友谅割据江右称帝时，曾于章江门外建鹿囿，养鹿数十百头。陈友谅还经常骑一头雄性苍鹿遨游，其爱姬也浓妆艳抹骑鹿陪游，招摇过市，效隋炀帝作逍遥游。他又听信方士所进"房中术"，常宰鹿饮血，食鹿茸鹿鞭以强肾壮阳，并特意打造镂金床，供其纵欲声色。

朱元璋起身，来到窗前，经部将指点，隐隐俯视到了鹿囿。转身又问："镂金床现在何处？"都督朱文正禀道："已被臣等缴获，现放在耳厅中。正欲敬献给主公享用。"朱元璋出身微贱，性好节俭，闻听此言，眉头紧锁，但今日乃是庆功之时，不便扫大家兴致。又一想，不如趁此机会警示众人，挫一挫骄兵之气。于是朱元璋领着诸将转入耳厅，观看了镂金床，沉吟良久，朱元璋发问道："诸位爱卿，陈友谅兵多将广，又据有鄂、赣、闽大片富庶之地，何以今日一败涂地？"

众将们你言我语，各有说法。此时，但见军师刘伯温手捋长须，从容地说道："骄奢淫逸，玩物丧志，置民不顾，岂能久乎！"朱元璋十分赞同，喟然叹道："军师所言极是。殷鉴不远，在夏之后世。望诸位爱卿牢记陈友谅败绩的教训，当同心同德，乘胜追击，直捣大都，一统中华！"众人齐声道："主上英明，一统中华！"

朱元璋当即令朱文正当众捣毁镂金床，尽放鹿囿之鹿于西山。是夜，朱元璋与群臣纵观灯火，欢宴通宵。

解学士滕阁吟巧对

明朝洪武年间，江西吉水县出了一位大才子——解缙。关于这位才子如何聪慧过人，民间有许多神奇传说。据说，他六岁才开口说话，一说话就成句成章。上学第一天上午就背下了《三字经》，下午就能背《千字文》，很是了得。他八岁就会吟诗作文，而且是一位对联高手。解缙的名联巧对有许多流传至今，为人津津乐道。

解缙家境贫寒，父母以卖豆腐为生。有人嘲笑他出身寒微，让他以父母为题作联。解缙朗声说道："肩挑日月上街卖，手把乾坤日夜磨。"

解家对面的山坡之上，住着一户财主。一年春节将近，财主家张灯结彩，准备欢度除夕。解缙想家里虽穷，至少也要贴一副春联。他放眼一望，见财主家满园苍翠绿竹，灵机一动，挥笔写道：门对千根竹，家藏万卷书。

春联贴出之后，财主很不高兴，心想：小小解家，竟敢妄称藏书万卷，岂不是嘲笑我商人不识诗书吗？一怒之下，让人把满园翠竹砍掉半截。

解缙回家之后，见此情景，不禁好笑，随即取来笔墨，在春联的末尾各添一字，变成：门对千根竹短，家藏万卷书长。

第二天，财主出门一看，差点气晕，索性叫人把竹林连根拔掉。解缙不慌不忙，提笔蘸墨，又在春联下面各加一字：门对千根竹短无，家藏万卷书长有。

十八岁那年，解缙参加乡试，一举夺魁。府台大人深信他将来会有大出息，于是留他在府内攻读，准备送他进京会试。

一日，解缙攻读之余，来到东湖百花洲游玩。环顾四周花木，当即吟成一联：

> 蒲叶桃叶葡萄叶，草本木本；
>
> 梅花桂花玫瑰花，春香秋香。

围观者无不拍手称妙。

又一次，解缙登上滕王阁，突然有一团东西从梁拱暗处"啪、啪、啪"地惊飞而出，解缙一惊，定睛细看，原来是一只鸽子。于是，他托物起兴，出口吟得上联：

> 滕王阁，阁藏鸽，鸽飞阁不飞！

然而下联却久思不得。

解缙徘徊在临江的回廊上，远眺槛外景色，只见扬子洲畔，几叶扁舟傍洲而过，缓缓前行。于是他茅塞顿开，兴奋道："有了！有了！"

> 扬子洲，洲停舟，舟行洲不行。

卢太学读图忘牢狱

明朝嘉靖二十一年（1542年），河南大名府浚县的牢狱之中，来了一位奇特的犯人。虽然刚刚受过刑罚，身上尚有血污，披枷戴锁仍掩不住其潇洒丰姿、轩昂气质。此人，姓卢名楠，字少梗。

卢楠乃是当地一位有名的才子，太学生。他八岁时即能属文，十岁便娴熟诗律。一生好酒任侠，放达不羁，有轻财傲物之志。他家资巨富，所居在城外浮丘山下，拟于王侯，放浪山水，吹弹歌曲，吟花课鸟，笑傲其间，自号"浮丘山人"。卢楠本是世间少有的潇洒俊逸之人，却没想到由于恃才傲物，得罪了当地知县大人汪岑。汪知县贪酷无比，性情猜刻，以其仆人犯罪，嫁祸卢楠，使其蒙冤入狱。

那卢楠平日受用的是高堂大厦，锦衣玉食，眼内见的是竹木花卉，耳中闻的是笙箫细乐。到了晚间，娇姬美妾，倚翠偎红，似神仙般散淡的人。如今坐于狱中，住的却是钻头不进半塌不倒的房子，眼前见的无非死犯重囚，语言嘈杂，面目凶顽，分明一班妖魔鬼怪，耳中闻的不过是脚镣手杻铁链之声。到了晚间，提铃喝号，击柝鸣锣，唱那歌儿，何等凄惨。卢楠真是度日如年，恨不能劈开牢笼，夺路而出。他的朋友虽然四处托人营救，怎料汪知县一心要致他于死地，卢楠的冤狱一坐就是十年。

汪知县后来升任京堂之职。进士出身的山东人石某来任县令，对监禁的囚犯施以恩德，卢楠的管制稍宽，在狱中有了一定的自由。石县令亦是爱才之人，有时与卢楠攀谈，对他的遭遇深表同情，但慑于汪岑的威势，也无法将其释放。只是时常给卢楠送些书画，供其品读，以打发漫长枯寂的狱中时日。

且说卢楠在年幼时，便听人说过"南昌当吴楚雄镇，而滕王阁则俯瞰西江，延引瓯越，瑰琦绝伟，为东南楼观第一"。后来，又细读了王勃《滕王阁序》和韩愈的《新修滕王阁记》，故慕游之心益甚，每每自言自语道："当及壮游，往视造物之妙于所谓滕王阁者。"然而，卢太学蒙冤入狱，"当及壮游"夙愿，自然难以实现。

一日，石县令给他送来一卷《滕王阁图》，他如获至宝，异常兴奋，细细欣赏，但见：

自阁道始，傍达连房，阿观旋室，婳轩离檐……翔蒿于霄汉之上。怪石幽筱，危松苍然，护映屏障，俱点缀人物。山水图书，象态呈露，咸极巧丽。

此时，卢楠心旌摇曳，恍然自失。周遭监牢的恶浊之气仿佛悄然而退，他的心已插上双翅，翱翔于江汉云河之上。他一边叹美："此阁，诚乃天下之伟观者也！"一边抽出纸笺，濡墨挥毫，一气呵成写就了《滕王阁图记》。在《记》中他这样写道：

于是抚卷慌忽，若失缧绁。栩栩乎若驭云軿而超越江汉；飘飘乎若遗浮埃之表，抟扶摇而游览于阊阖也。

写完之后，卢楠慨然说道："即使我不幸死于狱中，你可经常品鉴图画，吟哦记文，以此告慰我滕王阁之思。如果有幸出狱，我定然与你去同观天下形胜，去寻找我日思夜想的滕王阁。"

卢楠沉冤十载，后由新任知县陆光祖平反冤狱，释放回家。此时，他虽家道沦落，但毫不在意，仍寄情山水以自娱，几经周折，南游吴楚，到了六朝旧都南京，登了庐山，是否偿其一睹滕王阁的夙愿，未见记载，后人不得而知。但是，他在狱中所作《滕王阁图记》有幸保存至今，成为滕王阁古文献中一篇难得的佳作。

唐伯虎装疯避祸患

明正德年间，南昌出了一个胡作非为、横行霸道的宁王——朱宸濠。他是宁王朱权的五世孙。朱权是朱元璋的儿子，其封地原来在大宁一带，是北边非常有实力的塞王，号称"带甲八万，革车六千"。永乐皇帝朱棣一登基，便把势力最大、对自己威胁也最大的宁王改封到江西南昌，削弱宁王的势力。

宁王是世袭爵位，传到朱宸濠这一代，宁王府早就今非昔比。偏偏朱宸濠结识了一批江湖术士。术士说他有龙凤之姿，天日之表，将来可以效仿太宗燕王朱棣靖难，自登王位。于是朱宸濠便怀了篡夺之心，命了心腹之人，各处广招英雄好汉，暗暗招兵买马，积草屯粮，准备起事造反。

这天，术士又为朱宸濠出了个主意，要他挑选十名才美双全、天姿国色的女子，命乐师教习歌舞，礼生教习礼貌，又命老妓教习勾引媚态，眼角传情，吐词风雅，打扮得浓妆淡抹，俊俏风流。再让丹青妙手，绘成图像，送进京都。预嘱这十个女子，务要蛊惑圣聪，使之耽于酒色。

朱宸濠大悦，遂命各处广选美色。千挑百选，拣了十个美人，个个尽是天姿国色，倾城倾国。一面命人教习歌舞礼貌、风流体态，一面派人到姑苏，重金征召名士唐寅绘十美图容。

唐寅乃苏州吴县人士，生于明成化六年（1470年），庚寅年，故名寅，字伯虎，号子畏，别号六如居士。唐伯虎自称江南第一风流才子，丹青妙手，七步成章。弘治十一年（1498年），唐伯虎举乡试第一，被时人称作"唐解元"。会试时因科场舞弊案受牵连入狱。出狱后唐寅心灰意冷，整日不修边幅，与文徵明、祝枝山、张梦晋等一班名士，隐于诗酒书画，疏狂玩世。唐伯虎癖性偏爱桃花，居处遍种满栽。到三月时，花红如锦绣丛中，遂名其居里为桃花坞。

这日，宁王府来人见到唐寅，说明宁王诚请他作"十美图"之意，并以百金为聘。唐寅本是风流才子，最擅长画山水仕女，来到南昌之后，看到十个美女经过调教，婀娜多姿，宁王又对他礼遇有加，唐寅自然十分受用，使出看家本领，把十美容貌画得惟妙惟肖，栩栩如生，只少一口气，便是活的。后人遂附会唐伯虎的画幅，人物能走动，禽鸟能飞去，写生妙手，实有曹吴之技。宁王看毕大悦，欲留住唐寅，许他高官显爵，又在南昌专门为他修建了一套别墅。但唐寅已无意仕途，宁王便以教娄妃习画为由，极力挽留唐寅。

宁王之妻娄妃，是一个明事理的才女，并不赞成朱宸濠叛乱，但又无法劝阻。她爱惜唐寅之才，想方设法暗示唐寅速速离开这个是非之地。唐寅本是精细之人，在宁王府出入这些天，也看出一些端倪，但要辞宁王而去，又找不到理由，真是苦恼异常。只好借口身体有恙，闭门谢客，只是偶尔到章江门外的滕王阁上散心，苦想脱身良策。

这日，天气晴好，为排遣烦闷，他再次信步来到滕王阁。登阁远眺，但见江天一色，霞鹜齐飞，才子本色令他一时忘却忧愁。他情不自禁来到阁中翰墨厅，对着槛外景色，挥毫泼墨，画了一幅《落霞孤鹜图》，画完之后，又题诗一首：

> 画栋珠帘烟水中，落霞孤鹜渺无踪。
>
> 千年想见王南海，曾借龙王一阵风。

唐寅正自欣赏，忽然娄妃派贴身丫环送来一盘枣子、一盘梨和一副药方，他展开药方一看，只见上面写道："病中风寒，即刻发汗，加服当归，病体保全。"

唐伯虎看了药方，情知有变。娄妃显然是在暗示他当归苏州，早（枣）离（梨）南昌。他思索片刻，突然大叫一声，撕破衣衫，狂奔乱跳。随从小侍好不容易把他拉回住处，赶紧报告宁王。宁王起先不信，亲自前来探视。只见唐伯虎裸身坐在门槛上，神情呆滞，时而把沙土胡乱涂抹在脸上，时而张嘴呵呵傻笑。宁王见此情景，以为他真的疯了，只好派人把他送回苏州。

不久，宁王造反被俘，娄妃投江殉难，而唐寅因装疯返回苏州，幸免牵涉其中。

汤显祖赏演牡丹亭

明万历二十七年（1599年），适逢九九重阳，滕王阁的重修工程竣工。这日，秋高气爽，菊香菊黄，江西巡抚王佐举行了重修落成大典，并在阁中在大摆宴席。为使这次庆典别出新意，王佐在相国张位的建议下，安排了一个特别节目，那就是由浙江海盐班王有信领班试演汤显祖的新剧——《牡丹亭》。

汤显祖（1550～1616年），字义仍，号海若，又号若士，别号清远道人。他出生于江南才子之乡——江西临川县文昌里，后迁居汤家山（今江西抚州）。汤显祖从小聪明好学，"童子诸生中，俊气万人一"，14岁便补了县诸生，21岁中举。按汤显祖的才学，在仕途上本可望拾青紫如草芥了。但他为人耿直，不肯依附贵，对刻板的科举制不满，追求个性解放，故在会试中连连落第。直到他34岁那年，即万历十一年（1583年），才科中进士，官拜礼部主事，后被贬为浙江遂昌知县。汤显祖在政治上和文学上都充满了反叛性，这种性格决定了他仕途的不顺利。万历二十六年（1598年）汤显祖弃官归里。回到家乡临川后，汤显祖在文昌桥附近筑室"玉茗堂"潜心研究戏剧艺术。

《牡丹亭》是一部不朽的传奇，描述的是杜丽娘和柳梦梅反抗封建礼教、争取爱情自由的故事。全剧共分游园、惊梦、闹殇、拾画、幽媾、冥誓、回生、婚走、遇母、闹宴、圆驾等五十五出。汤显祖在创作过程中，全身心投入，喜剧中人物之所喜，悲剧中人物之所悲，忽笑忽哭，旁若无人，人以为癫狂，闹出了不少笑话。据说有一天，其家人到处找不到他，原来他一人独卧在柴禾堆上掩袂痛哭。家人惊问何故，他说是苦想一句《牡丹亭》中的唱词"赏春香还是旧罗裙"之故。汤显祖创作谨严，《牡丹亭》数易其稿，其间常来南昌杏花楼小住，与刘应秋等"彦社"的诗友们一道谈戏文。有一天，刘应秋问他《牡丹亭》写得怎样了，他把为剧中女主人杜丽娘设计的一段唱词，吟唱给大家听："这般花花草草由人恋，生生死死随人愿，便酸酸楚楚无人怨……"彦社的长者相国张位听罢很受感动，催他尽快定稿。汤显祖告别诗友，回到临川之后，闭门不出，日夜伏案，字斟句酌，苦熬数月，巨著《牡丹亭》终于最后定稿。

万历二十七年，重阳日，在相国张位的建议下，王佐恭请汤显祖赴宴，首次上演新剧《牡丹亭》。此日，阁上灯火辉煌，鼓乐喧天，相国张位在巡抚王佐的陪同下，率领南昌大小官员观看《牡丹亭》的演出。汤显祖、刘应秋等一班彦社诗友也在座一同观看。当杜丽娘唱道：

原来姹紫嫣红开遍，似这般都付与断井颓垣。良辰美景奈何天，赏心乐事谁家院！……朝飞暮卷，云霞翠轩；雨丝风片，烟波画船。——锦屏人忒看的这韶光贱。

台下，响起一阵又一阵的喝采。《牡丹亭》的演出，从黄昏开始，高潮迭起，直到深夜方歇。

《牡丹亭》在滕王阁上试演非常成功，汤显祖感到十分满意和兴奋，感慨地叹言："一生四梦，得意处惟在牡丹。"当即欣然命笔，题写了七绝《滕王阁上看〈牡丹亭〉》二首：

其一

韵若笙箫气若丝，牡丹魂梦去来时。

河移客散江波起，不解销魂不遣知。

其二

桦烛烟销泣绛纱，清微苦调脆残霞。

愁来一座更衣起，江树沉沉天汉斜。

郭太守为兄勒遗文

明末，河南新乡卫河北岸的郭家村出了一对赫赫有名的郭氏兄弟——郭淐和郭浍。兄弟二人皆中进士，兄长郭淐满腹才学，曾任翰林编修、江西学政、礼部尚书等职，弟郭浍亦官至太守。这对进士兄弟与滕王阁有一段不解情缘。

郭淐少年时代喜爱读书。一日，他读到三王所作滕王阁序、赋、记和韩愈的《新修滕王阁记》，文中的锦词丽句，焕然文采，令他怦然心动，对滕王阁十分倾慕。掩卷慨叹之余，他想："800多年过去，滕王阁至今仍为人所重，嗣而葺之，似乎与天地一同不朽。这究竟是为什么呢？难道是因为它的建造者有多么崇高的地位吗？不是的，是因为王勃之文重、韩愈之人与文并重也。只有锦绣文章才能与天地长存。"

万历三十一年（1603 年），郭淐任江西学政，受朝廷之命，来南昌主持科举考试之事。到昌之后，郭淐公务繁忙，直到科举考试事毕，即将回京前夕才得空闲，与好友吴达可同游滕阁，并以文纪之。他在《登滕王阁记》中写道：

余少读三王之文，知有所谓滕王阁者，恨不游其地登焉。闻之人云：今其阁尚存，则后人嗣而葺之者也。既而，考滕王者无他表见，而勃又不过文士耳。其人俱不足称，何以至今为人重，嗣而葺之？若将与天壤俱不朽者，则以勃之所为文重也。

文之至者，固足以不朽，而所纪之一亭一台，如所为滕王阁者，亦与之俱不朽。文之重也如此，而况乎其以人耶！勃之文，骈丽赡华，目所见者，铺写无遗，使人读之，宛然登斯楼而四眺也。后之为文者，如第一楼诸记，又复铺写，亦泯泯无足传。独韩愈所为《记》，道其所以欲游而不果者，其文遂与勃俱不朽，则又非徒以愈之人重也，文与人并重也。噫，文难言矣！

万历癸卯，余来典试。事方竣，以有至情，将遂驰归。直指吴公游于其下，曰："此滕王阁也，不可不一登。"遂登焉。而所为西山南浦者，皆在目前。愈之所欲游而不果者，今寓目焉。吴公谓余曰："是不可不一言纪之，使后之览者知吾二人游也。"

夫吴公之为人，品峻而养邃，以理学著闻。按兹土间有德政，百世而下，人犹当重之。余既碌碌，无所短长于世，而为文芜陋，又不足重，第后之览者则必曰："某人者与某人游而记之者也。"余之文，不犹因吴公之人以为重耶！遂欣然书之，以纪岁月。吴公，名达可，直隶宜兴人。

郭淐作《记》之后，将其收藏在自己的文箧中。归家之后，郭淐与其弟郭浍论及此次南昌之行，绘声绘色地讲述了登阁的所见所感，然后遥望南方，对郭浍说："将来若有机会，我要带你一同游历这座江南名楼。"十九年后郭淐病故。

又八年后，即崇祯三年（1630年），郭浍来南昌任太守，任职达五年之久。这时的滕王阁，经过万历四十六年（1618年）的火灾后重建，已是栋宇更新，胜于往昔。郭太守一有余暇，即步出城外，登阁凭眺，俯仰江天而慨叹不止。每每登阁，郭太守忆及年少时家兄激情洋溢介绍滕王阁、西山、南浦时的情景，忆及家兄"恨不携余观"的话语，心情总是不能平静。现在，他虽登高阁，然而家兄业已作古，未能手足同游共赏，情何以堪！为了弥补心中的憾事，郭太守便在先兄的遗稿中，找出当年所作《登滕王阁记》，勒石成碑，立于阁中，并写了一篇深情的短跋《书兄太史〈登滕王阁记〉后》刻于碑阴。其文曰：

万历癸卯，余仲兄苏门官词林，典试江西。归而与余言滕王阁所谓南浦西山者，自南望而手指示予，恨不携余观也，余亦恨未得从先生共观。

后十九年，而先生殁。又八年，余来守兹土。登焉，凭槛而望，知先生所指示予者。意欣欣若，欲复言之先生，忽觉不得与言矣。先生偶一观之也，余两年之间，几登斯阁矣。

明霞朝映，紫雾夕含，而江山亦为之变态多矣。此何得复言之先生？

悲夫！余就先生集中，取其所作《登滕王阁记》而勒之石。

解学龙阁畔练水军

公元1627年，明思宗朱由检继承皇位，次年改元为崇祯元年。此时的明王朝，积弊已深，内忧外患，危机四伏，刚愎自用的崇祯皇帝已无法理清这堆乱麻了。江河日下，国事日非，边防上将骄卒惰，辽东外族势力日益壮大，正虎视眈眈，觊觎关内。中原内地，灾荒频仍，农民起义的烽火四处蔓延。为了稳定江南，崇祯五年（1632年），朝廷委任解学龙巡抚江西。

解学龙（1582~1645年），字石帆，扬州兴化人，明万历四十一年（1613年）进士，授金华府推官。天启二年（1622年），任刑科给事中；五年（1625年）被劾为东林党，遭削职。崇祯元年（1628年），阉党败，起用为户部都给事中，后任太常卿、太仆卿。崇祯五年，以右金都御史来巡抚江西。

解学龙到任之后，兴文饬武，仁政频施，使政局稍安。解学龙十分重视倡导文化，认为"武尤不可以胜文"。此时作为南昌文化象征的滕王阁已显残陋败相，他时时惦念将其修复。

第二年，诸项民生渐有起色，解学龙便着手重建之事。他捐出自己的俸银，主修滕王阁，还在阁之旧址旁侧另构一楼，名曰环漪楼，供文学之士以文会友、雅集结社之用。

滕王阁的新建和重修，有三次是由众人捐资而建的。第一次，明万历四十四年（1616年），江西布政使王在晋、大中丞王佐发起同僚捐资重建；第二次，明崇祯六年（1633年），江西巡抚解学龙捐俸集资重修；第三次，清顺治十一年（1654年），江西巡抚蔡士英捐俸重建。

陈弘绪、钱士晋在《环漪阁赋》的序文中，记述了解学龙修阁之意：

（解）公乃登兹阁（注：指滕王阁）而喟然叹曰："东南所长，惟恃水战。章江，此邦之天险也。"驰檄召诸郡舟师集南浦，悉加简练。因构危阁（注：指环漪阁）于旧基之侧，躬阅水犀之剽勇者。而公又以为治国不可以忘乱，武尤不可以胜文。阁之建也，始之以习水战，终之以极宴乐……

解学龙根据江西川流纵横、水域辽阔的特点，认为"东南所长，惟恃水战"，注重操练水军。崇祯六年（1633年）秋，他利用秋收后的农闲季节，迅速发出檄文，召集江西诸郡的舟舰水师，会集在避风的抚河与赣江交汇处的南浦，偕同地方官员登临滕王阁、环漪楼进行指挥操练。当时，江西几十个郡、府、县的各路水军，云集南浦，浩浩的江面上，战船飞渡，旌旗蔽日，金戈耀目，战鼓震天，引得士庶民众争相观看，堪称一时之盛。当时乡贤陈以瑞，进士出身，曾赋诗二首，并作序赞道："破浪扬旌，竞习昆明之战；乘秋骋翰，绰饶羽扇之风。"新建县人氏甘元鼎在《环漪阁赋》中，作了生动的描绘，文曰：

尔乃阁成，岁工其辍。农隙讲武，临江大阅。六师貔总、万群虎决。艨艟之径渡若飞，艛艓之冲陷如截。钲鼓震兮鼋鼍骇，旗游拂兮星辰蔽。弦矢激兮脩翼（指长舟）迟，剑器划兮流光绝。尔时袞衣绣裳，凭阁以观。霜鋌电盾，依方其列。

当时解学龙在滕王阁、环漪阁指挥演兵，声势浩大，威振东南，留下赞誉的诗文不少。

新建教谕张自谔有七律《大中丞解公重修滕王阁，增建环漪阁，时练水师于此，敬赋》赞曰：

> 江上观军阁上留，中丞雅志适相酬。
>
> 万山草偃三年最，千里棠阴四国道。
>
> 缔构煌煌时复古，标题凛凛字争秋。
>
> 赋游应有昌黎笔，不美王公镇八州。

舒日敬结社滕王阁

明代，南昌的经济、文化一度繁荣，书院不少，文人结社之风颇为盛行，滕王阁则是当时的上层文化艺术中心。万历年间，江西左布政使李长庚，曾邀会江西十三郡文人才士，首创"豫章社"。在豫章社中，有一位人物十分引人注目，此时他已是一介布衣，但人们提到他都十分景仰，此人便是明代南昌才子——舒日敬。

舒日敬（1558～1636年），字元直，号碣石。万历二十年（1592年）进士，历任知县、教授等职。在任泰兴知县时，城修政举，后因为治讼断案时忤逆了太守之意，被攻讦而罢官。当时，乡中父老们一致要求他留下来，但未成功，于是只好为他建一座"遗带亭"，并且刻画其像，立碑为念。此后，舒日敬还做过徽州府学教授，后辞官归家。回到乡里，他贫素自守，克己爱人，有门人分俸于他，他总是不忘接济族人及鳏寡者。居家后舒日敬以教书育人为务，先后主紫阳山、白鹿洞、江天阁、杏花楼讲席，不少名公巨卿出其门下。

万历三十五年（1607年），岁次丁未之秋。已近"天命"之年的舒日敬，讲学之余，常与文友及弟子们漫步滕王阁之上，登高览胜，吟咏唱和，雅兴难以名状。一日，舒日敬在阁上邂逅老友临川人氏傅朝佑。此人出身才子之乡，进士出身，曾任中书舍人、补兵科给事中及刑科都给事中等职。老友相逢，自是感慨万千，兹不待言。傅朝佑见舒日敬身边人才济济，且想到当时文人结社之风，于是提议道："滕阁乃立言之阁，江山如画，地灵人杰。舒公何不结社以立言，立言者传之千古而不朽。舒公有意乎？诸君有意乎？"

舒日敬其实早有此意，只是尚未酝酿成熟。傅朝佑这一提议，正合其心。何不就在今日了此心愿？舒日敬捻须领首，在场者亦无不赞同，当即就在阁上创立了"滕王阁社"，并一致推选舒日敬为"盟主"。创社之际，有傅朝佑、舒日敬、谭元春、万时华、万元吉、刘梦得、彭份、刘鸣谦、朱徽、刘斯玮、朱统铨等二十多人。经过商议，社友们约定，每月一聚，自由出题，或为诗，或为文，或把酒观景，或议论时政，并写成社规，共同遵守。

创社之日，舒日敬为当日所得词赋作《滕王阁社初集序》。第二次集会时又得诗词若干，舒日敬为之作《滕王阁社业二集序》，序中写道：

盖自丁未之秋至于今，无月不从诸君子会滕王阁。把酒临江，阅晨夕阴晴，并觉会心。有时天宇旷然，波平如掌，上下鱼鸟，恍从镜中飞跃；渔舟画舫，汀草岸沙，共献融怡于槛外，为乐可知。有时烟消日出，红闪半江，夕照乘霞，影城彩翠；而又煽以微风，荡以轻楫，波光析析，似骊龙受骇，把珠欲浮。凭栏目眩，斯已奇矣。甚则冲飙动地，吹潦倒流，惊涛立而白屋低，飞沫濛而西山失。忽疑晋代仙人，姑息老蛟，令掣铁锁、浴积涎，作成怪状。于是罢酒悸心，暗诧奇绝，诸君子之文，大概如此矣。……

滕王阁社的每月聚会，是当时南昌文人圈中的一大盛事，影响亦长达几十年。在舒日敬的主持下，每次雅集都有佳作问世。有人将入社者的诗文结集成书，付梓印刻，流传至今。

岁月流逝，人事沧桑。二十八年后，也就是崇祯七年（1634年），舒日敬这年已七十有六了。暮春三月，老先生在弟子万时华等人的陪同下，策杖登临重修的新阁。万时华在七古《三月二日，侍舒碣石先生登滕王新阁，后赋》中，有云：

> 后土欺春雨师恶，深寒六旬冻花葶。
> 三月二日江气清，万古西山照新阁。
> 阁外千帆散午晴，碧草茸茸白云落。
> ……
> 吾师策杖诸子从，是中耆旧欢来同。
> 登阁万象豁幽爽，少长列坐晴烟中。
> ……

舒日敬凭栏远眺，遥想当年，往事历历在目，而今有些文友已经作古，不禁感慨万千。他在其七古《登滕王阁》的小序中这样写道："崇祯七年三月二日，予偕高朋二十二人，携觞登眺。是日，天收积雨，霁景融怡，江涨不波，澄净如练，俯仰会心，饮甚欢。忽忆二十年前，文会楼头，人数倍，今与会者五人而已，慨焉有怀……"，其诗云：

> 老病经年未出郭，发兴偶登滕王阁。
> 画栋朱栏又一新，西山南浦还如昨。
> 素交有约载壶觞，青帝行春开寥廓。
> 少长皆集礼数宽，景物撩人忝欢谑。
> ……
> 二十八载转烛过，几人无恙几陈迹。
> 留我登临百感生，惟应乐酒永今夕。

此后，舒日敬是否登阁纪游，史料上未见记载。也许，这就是以舒日敬为盟主的滕王阁社的最后一次聚会吧。崇祯九年（1636 年），这位被誉为"江西二十八位文学星宿"之一的文学家、教育家，便谢世了。

刘将军被逼题讽诗

明朝末年，有位大将姓刘名綎，字省吾，乃南昌人氏。此人生得粗眉大眼，虎背熊腰，臂力过人。据传说，他使一口百二十斤的镔铁大刀，可于马上轮转如飞，令敌人闻风丧胆，因此得一绰号——"刘大刀"。不光勇猛，刘綎治军极严，他的部队"行则成阵，止则成营"，并且炮车火器齐备，装备精良，是明军中少有的善战之师。万历二十年（1592 年），曾参加援朝抗日，因屡屡建功，升为御倭总兵官，进都督同知。

刘大刀久戍边关，转战云南、四川，后又挥师北上，抵御外患，戎马倥偬数十年，功勋卓著，有一年，这位劳苦功高的将军回南昌探亲。南昌知府徐逢聘闻讯后，赶紧张罗，在滕王阁上为荣归故里的老将军接风洗尘，并邀请地方官员和文人学士赴宴作陪。

这一天，滕王阁下，轿马成行，冠盖云集。盛宴开始，鼓乐齐鸣，弦歌阵阵，更见觥筹交错，谈笑风生，煞是热闹。

酒过三巡，官吏士绅个个酒酣耳热，雅兴大发，于是摇头晃脑吟起诗来。都无非是些应景之作，为府台大人歌功颂德而已。那府台大人深怕刘大刀不悦，于是笑道："今日本是为德高望重的刘老将军接风洗尘，将军文韬武略，当请将军挥毫题诗，留下墨宝才是。"随即命仆役将文房四宝送到刘大刀面前。

刘大刀虽已两鬓如霜，但身板硬朗。只是他微微一笑，回道："卑将年十三随父从军，驰骋沙场，冲冲杀杀三十余载，故只识刀枪剑戟，文墨之事早已荒疏了，岂能在诸君面前出乖显丑呢？我看免了吧，班门弄不得斧，还是让老夫多喝几杯家乡酒吧！"

府台大人缠住刘将军不放，求其挥毫，留下墨宝以志盛会。

刘大刀被缠逼无奈，反倒触发了灵感。他思索片刻，提起笔来，饱蘸浓墨，奋臂疾书，写下七言四句：

> 幼习干戈未习辞，滕王阁上逼题诗。
>
> 江南好景君同赏，塞北烽烟我独知。

在场众宾客一见这四句诗，一个个面面相觑，不敢评说，这时候刘大刀见大家缄默不语，笑道："老夫言犹未尽，下面还有四句呢！"说罢，笔走龙蛇，接着写道：

> 断发结缰牵战马，拆袍抽线补旌旗。
>
> 貔貅百万临城下，安用先生笔一支！

题罢，将笔一掷，端起酒杯一饮而尽。刘将军被逼的即兴之作，倒也写得壮怀激烈，是一首难得的武将之诗。此后，刘将军又去乡北征，战死在辽东，以身殉国。噩耗传到南昌，乡民无比哀惋，为之立"刘将军庙"，以供祭奠，以志不朽。

蔡士英捐俸重建阁

清顺治年间，江西来了一位巡抚，姓蔡名士英。此人乃锦州人士，清军入关后，随祖大寿降清，来江西之前，任兵部左侍郎兼都察院左副都御史。顺治五年（1648年）时，南昌的守军将领金声桓、王得仁（均系明朝降将），策应反清浪潮进行兵变，朝廷派兵镇压，激战南昌，终于平定叛乱。战后，南昌千疮百孔，诸业待兴，于是顺治皇帝派蔡士英巡抚江西，安抚百姓，稳定江西政局。蔡士英后因政绩卓著，升任漕运总督。

蔡士英来到江西之后，每日打理千头万绪，税赋、田产、粮贸、工商莫不事必躬亲，条划规制，忙得不亦乐乎。看到关乎百姓生计的各个行业逐步发展兴盛起来，他终日劳顿的心略觉宽慰，但有一件事始终萦绕于心，无法释怀。

蔡士英初到南昌，便向当地官员了解民情，特意问及："滕王阁现在何处？"地方官回答："已在战乱中被毁。"蔡士英叹息道："我年少时读王子安《滕王阁序》，见其凭吊今古，俯仰山川，状都邑之瑰丽，悉人文之美秀，未尝不掩卷神游，低徊欣慕而不能释也！可惜今日竟不得往游之。"一日，他偕同地方官员来到章江门外赣江边，有人指点，那断岸稠棘之处便是滕王阁的遗址。面对着衰草瓦砾，蔡士英更加惆怅："王子安诗云'阁中帝子今何在，槛外长江空自流'，咏之凄然。当时子安见阁犹悲帝子，到如今，连高阁也没有了，怎不更令人动怀古之思呢？况滕王阁乃是风水通灵之阁，阁之不存，地灵禁锢，人才不兴啊！"

此时，蔡士英已暗下决心，待时机成熟，定要重建滕阁。但目前烽燧未消，离乱未定，百姓未安，重建高阁恐非易事！

蔡士英在江西治理三年，赤羽昼消，青燐夜息，民安物阜，时和年丰，那日夜萦绕于心的重建滕王阁的计划终于提上议事日程。顺治十一年（1654年）秋，蔡士英带头捐出俸银，希望不动用国家税赋，自筹经费，完成重建工程。在他的感召下，官员、僚属、士绅、财商纷纷解囊，很快筹到建阁之资。次年正月，新阁落成。竣工前夕，南州学士、原少宗伯李明睿进言道："当时三王（即王勃、王绪、王仲舒）所为序、赋、记等，烂然在人耳目间，阁由是得名，以宠斯阁，树骏流鸿，图不朽也。滕王阁，乃文章之所由重也。重是文，因以重是阁。"蔡公非常赞同这种看法，于是决定征集天下诗文，以志重建杰阁之盛事。蔡公亲自撰写了《重建滕王阁征诗文檄》，文曰：

　　窃以洪都故府，东枕庐峰，西跨鹤岭。二江襟带于前，百花裀褥于后。其间揽秀而特峙者，惟帝子一阁，据山川之胜地，擅今古之芳名。童子挥毫，丹青宛在；初唐杰构，景物依然。祇以兵燹连年，遂尔烬灰一炬。地灵久锢，人杰待兴。

　　不佞承乏江抚，仰赖皇灵。窃幸赤羽昼消，犹幸青燐夜息。民安物阜，庶几小康之启运较蚤；时和年丰，似乎百度之更新复宜。捐薄俸以壮大观，筹之熟矣；询金谋而缔伟造，时则可之。兹落成之日，本欲踵阎伯屿临风宴集之雅；而奉命弗遑，未可卜王子安登高作赋之期。

　　嘉会不逢，胜事须集。敬祝域中才士，尤希宇内名人，或朝或野或宦游，遥把天风之送；为赋为诗为叙记，咸期月夜之披。笔阵凌匡岚，南浦朝云，仁飞画栋；词源倒邺水，西山暮雨，待卷湘帘。莫惜倾泻珠玑，定不浮沉锦绣。

　　不佞羽羞鸦翼，未许凌云；群公彩发鸾毫，欣瞻披露。共集千秋之盛事，丕昭一代之宏文。速惠瑶章，用光剞劂。三韩蔡士英谨启。

　　蔡士英的《重建滕王阁征诗文檄》发出后，应者云集。一时间，海内的名流学士纷纷寄来应征诗文，总计征得记、赋、诗464篇。其中有官至大学士、太傅兼太子老师的范文程的《重建滕王阁记》，还有大文人钱谦益、熊文举、周岐等人的文章。此后，蔡士英主编了《滕王阁全集》《滕王阁古今诗文汇选》，为保存滕王阁文献做出了很大贡献。

康熙帝书序敕滕阁

　　提到康熙，人们自然会想到他的文治武功，除鳌拜、平三藩、复台湾、驱俄寇，兴科举、倡儒学、纂类书、修明史，其人涉猎广泛，懂天文、通历算、尚能琴棋书画，真个是文韬武略，盖世明君。康熙帝与江南名楼滕王阁也有一段佳话流传。

　　康熙自幼喜爱研习书法，对名家墨迹十分珍爱，且有空闲，必取之细心品赏摩玩。一日，康熙在御书楼翻看历代书法家的法帖，看到了董其昌书写的《滕王阁序》真迹，赏读良久。董其昌乃明代书坛领袖，其书法雍容超脱，康熙从小就临摹他的书法，爱其俊逸。读书时又熟诵过王勃的《滕王阁序》。如此双璧，康熙如获至宝，禁不住雅兴大发，即刻命人展开绫绢，静心凝神，临帖书序。书完之后，又细细品味一番，甚觉满意，于是加盖了康熙的玉印，命太监收藏起来。

　　康熙四十一年（1702年），江西巡抚张志栋奏报，重建滕王阁落成，康熙十分高兴。原来，康熙二十四年（1685年），康熙帝曾巡游南昌，当时滕王阁已毁于战火，令他十分扫兴。接到张志栋的奏折，康熙龙颜大悦，命人取出他临写的《滕王阁序》，下旨赏赐南昌地方。

接旨之日，张志栋在迎恩馆前顶礼焚香，拜接圣旨圣书。随后选材择匠，恭摹勒石，并特意在滕王阁南边修建了一座"御碑亭"，将康熙所书《滕王阁序》碑刻供奉其中。

御碑亭落成后才三四年光景，康熙四十五年（1706 年），一场大火将滕王阁化为灰烬，奇怪的是近在咫尺的御碑亭却完好无损。又过了二十五年，新的滕王阁建好后，雍正九年（1731 年），阁又遭火毁，主阁一片焦土，近旁的御碑亭仍然安危无恙。大火烧到碑亭前，便自行熄灭。百姓引为咄咄怪事。

如此一来，"圣碑镇火"的说法在豫章古城的百姓中流传开来，前来观看御碑亭者络绎不绝，说是此碑占有三个"天下第一"，即王勃的序文为第一，王勃名列"初唐四杰"之首；董其昌的书法为第一，董其昌为明清两代书坛南宗之魁；而康熙皇帝更是"天下第一人"。所以，民间传说此碑定有神护，是块神碑！

姚铁松索联成笑谈

滕王阁以文传阁，历来是文人雅集之所，大抵爱文之人，莫不想在阁中留下笔墨，以期长久。却有一干人等，偏偏文采平庸，竟会想假他人之笔，立言留名传世。清朝同治末年，有个抚台大人，姓姚名棻字铁松，就闹了这样一出笑话。

话说姚铁松来到江西当抚台，上任后，南昌知府李春园按例陪同抚台大人游览当地名胜。滕王阁乃是南昌第一胜迹，这日，二人便来到章江门外的滕王阁。

姚铁松本不甚风雅，但也素知滕王阁之美名。进入阁内，但见阁内楹联、匾额、碑刻琳琅满目，令人应接不暇。虽说这些奇文妙词多出自名家手笔，姚抚台也只是走马观花，无意品玩。但当他走到一座碑刻面前，看到落款时，却止住了脚步。此碑乃是由前任巡抚刘坤一撰文、提督学政李文田书丹刻石的《重建滕王阁记》以及刘坤一撰写的楹联：

> 兴废总关情，看落霞孤鹜，秋水长天，幸此地湖山无恙；
> 古今才一瞬，问江上才人，阁中帝子，比当年风景如何？

姚铁松因何止步？倒不是在品赏文辞，而是在心里嘀咕："这位前任抚台倒好，落得主持了一次滕王阁重建工程，又是写记，又是撰联，名标高阁，流芳千古。可我这个后来的抚台乍办？往哪里摆？"

李春园不知他在想心思，一边走，一边如数家珍似地向他介绍："这滕王阁乃江南名楼，引四方文人骚客润笔挥毫。藏古今奇文妙词万章，堪称是一座翰墨宝库呢。"

姚铁松一边"哦、哦"地应酬两声，一边还在想着他的心思："是呀，我若不乘机在此留下一点笔墨，那将遗憾终生。可要写又写什么呢？'三王'的《序》《赋》《记》在前，令人望尘莫及，见而生畏，连韩昌黎都自愧不如，甘居三王之后。撰一副楹联么？惊人之作拿不出，平庸之作不敢拿。怎么办呢？"

姚铁松转到了后楼，见后楼有用小篆书写的韩愈《新修滕王阁记》。他欣赏了一会儿，一仰头，只见其上高悬一块匾额，上书"仙人旧馆"四个大字。这匾额制作古朴庄端，字体写得雄浑苍劲，悬挂的位置又非常引人注目。他又细看了一下落款，原来正是南昌知府李春园所书。

"唔，有了！"姚铁松眼珠一转，捋须一笑："这块匾额可是你亲笔所书？"

李春园回答说："正是卑职所书，献丑了！若有不当，还望抚台大人当面指教！"

姚铁松借风走船："好！写得好！本官环视阁中诸多楹联、匾额，唯有这块最合我意。不瞒你说，我是爱若至宝，欲取不能呀！"

李春园没有领会姚铁松的意图，反觉得有些受宠若惊，忙不迭回答："过奖！过奖！"

姚铁松见知府并未明白他的用意，干脆单刀直入："可否把这块匾额相让与我？"

李春园这才明白是怎么一回事，心想：这匾额是我百里挑一的得意之作，怎好让给别人？但他又不敢硬顶，想了想，说："这块匾额既然抚台大人如此垂青，卑职理当从命。"

姚铁松认为李春园如此爽快就答应了，满怀喜悦地双拳一抱，拱手一揖："哈哈，夺爱了！夺爱了！"

李春园趋前一步，凑到姚铁松耳边："可是这块匾额已经悬挂多时，众所周知。如果现在改换落款，卑职担心有失抚台大人的脸面！"

"唔?!"姚铁松脸上的笑猛地僵住，觉得李春园说得不无道理，但就此作罢又有失体面，于是，作打哈哈状，说："那好，这块匾的事我们姑且不谈。不过，你得为我撰一副楹联，撰得好，即废前议，否则，那就莫怪本官夺人之美啊！"

李春园不敢怠慢，立即表示："遵命！"只见他双袖后挽，面对西山，遥望江天，稍稍静神，脱口吟道：

> 我辈复登临，目极湖山千里而外；
> 奇文共欣赏，人在水天一色之中。

姚铁松对此联非常满意，情不自禁地又捋了捋山羊胡子，连声叫道："好，切景切景，对仗工整，妙极了！"把李春园大大赞扬一番。

李春园所撰的这副楹联，上联是撷取了孟浩然《与诸子登岘山》中"江山留胜迹，我辈复登临"的诗句以及韩愈《新修滕王阁记》中"令修于庭户数日之间，而人自得于湖山千里之外"语意；下联则把陶渊明《移居二首》诗中的"奇文共欣赏"以及王勃《滕王阁序》中的"秋水共长天一色"加以糅合、发挥。虽说这楹联是迫于无奈的奉命之作，只是把前人文句信手拈来，并无新意，但安置得非常妥帖。

姚铁松回府后，便命人精心制作楹联，署上自己的大名，堂而皇之悬挂在滕王阁上，以期传名后世。

滕王阁屡废屡建，这副楹联相继沿用。姚铁松也确实达到了传名的目的，许多资料上载录这副对联，作者为姚棻。不过，后人知其名，更多地还是因为姚大人索取他人楹联的笑谈。

郭沫若审判纵火犯

民国十五年（1926年）九月十九日，国民革命军第六军程潜所属王柏龄师攻克南昌，但很快遭到北洋军阀邓如琢部的反扑而撤离。十月初，孙传芳派郑俊彦接替邓如琢的赣军总司令。

十月九日，北伐军再次攻打南昌，形成包围之势。守城军阀负隅顽抗，为迫使北伐军在城外失去隐蔽之所，并切断城内民众与北伐军的联系，军阀将领张凤岐、唐福山、岳思寅出赏洋两万圆，组织工兵四百余人，令其将城内消防用手摇水龙数十部搬上城楼，喷射大量煤油，沿惠民门、广润门、章江门、德胜门外商业街区，全面纵火焚烧，同时在城内狂捕滥杀，凡认为"形迹可疑"者就地枪决。绕城的十里长街，一片火海，两日两夜不熄，民房店铺被焚万余户，市民被杀二千余，位于章江门外的滕王阁亦于此时被焚毁。

十一月初，北伐军三打南昌，于八日攻克南昌，生俘敌军两万余人。北伐军在群众的揭发下，于德胜门圜丘街南昌医院地窑里捕获了岳思寅，又在郊外捕获了张凤岐、唐福山、侯全本、白家骏等要犯。十一月十日，屠杀民众、焚毁古城的千古罪人张凤岐、唐福山此时被绑在"辕门"外石狮上示众，背插着"纵兵殃民"的板牌。岳思寅、侯全本、白家骏被用敞篷囚椅抬往城内外游街。愤怒的市民怒不可遏，若非卫兵阻拦，恐怕这五名逆犯早被撕成碎片。

十二月，江西人民裁判逆犯委员会成立，北伐军政治部副主任郭沫若任主任委员，方志敏、邹努等十三人为委员，调查、搜集和审理军阀纵火殃民的滔天罪行。次年一月十一日，在贡院大空场召开宣判大会，大会主席郭沫若宣读判决书。张凤岐、唐福山、岳思寅、白家骏、侯全本五名主犯被绑在囚架上，听候处决。当时，郭沫若操着四川口音，洪亮宣判：

……张逆凤岐等，原系中华民国人民，为伪政府官吏，在中华民国领土内抵抗中华民国革命军。其对于中华民国之民众，无论战争之程度如何，乃逞其军阀惯有行为，任意加人民以残害，是自甘弃绝于我民众，为我民众为之公敌。其保护人民之天职既乖，无论其为官吏，抑为俘虏，其资格同时消灭，其所犯罪行与普通人民罪无异，应受普通法律之制裁。该张凤岐、岳思寅、唐福山等，盘踞赣省，甘为军阀爪牙。其对民众历年之摧残与压迫，施痛甚深，为害至巨，姑不具论。既以数月来之残害论，南昌一隅，焚烧商店民房计万余户，杀害民家逾二千名，掳掠财物达一万元以上。其如滕王阁胜迹，同付一炬，事实显然。……实触犯新刑律一八六条第一项之罪，处以死刑……

宣判书读毕，张凤岐等逆犯三魂已散，形似土偶。会场上，响起群众雷鸣般的怒吼声："打倒军阀！打倒军阀！打倒军阀！……"枪声响起，张凤岐、岳思寅、唐福山、白家骏、侯全本等人毙命，但被火焚毁的滕王阁却无法复原了。

杨绰庵首倡重建事

滕王阁从1926年10月被战火焚毁后，直到1989年10月才又重建落成。在这漫长的60多年当中，许多有识之士为重建滕王阁奔走、规划、筹措，可以说正是因为几代人的共同努力，才有滕王阁第29次崛起。在抗日战争期间，有这样一位人物，首倡重建滕王阁，并为治世重新构筑做了不可磨灭的工作，他，就是杨绰庵。

杨绰庵（1895~1955年），祖籍河南，生于福州。其高祖庆珲，进士出身，道光年间任山东巡抚，后迁光禄寺卿，居官清廉，与两广总督林则徐为知交。曾祖及祖父后家渐衰微。杨绰庵生数月，生母林氏弃养，过继给经商的伯父孟芳为长房子嗣。1914年赴京升学，次年考入法大学堂。1919年入北京盐务稽核所，此间在英人斯特立克兰属下工作，获科学管理才智不少，并有幸聆听大学者严复的教益，正如他自谓"吾办事之才，得益于斯氏；而研治中西学问与修养之道则受惠于严公"。为振兴民族经济，30年代曾赴非洲、阿拉伯、欧洲及美国考察一年零两个月，对苏联的计划经济亦有所研究。1937年，杨绰庵任江西省建设厅秘书主任，代行厅长职务，兼有工商管理处处长、省工矿调整委员会主任之职。1939年，因日寇进犯，省会从南昌撤至泰和后，正式就任省政府委员兼建设厅长及省战时贸易部总经理。

抗战期间，为适应战时急需，必须大力发展生产建设。身居要职的杨绰庵先生，克服重重困难，广罗人才，聘请国内外知名的科技专家，许多能人高手聚会泰和、吉安、赣州。先后创办了钢铁、炼锡、硫酸、水泥、机械、造船、造纸、制糖、棉纺、麻纺、印刷、罐头、瓷器、文具、电池、火柴、染料等中小型工厂，多数都以"民生"命名。此外，还创办地质调查所、无线电通讯大队，建立无线电通讯网，举办建设人员培训班。江西战时贸易部的数十辆卡车，行驶省内外，沟通有无。与中国旅行社合办陶陶招待所，遍布赣闽后方交通要冲。在泰和兴建国货陈列馆、图书馆、剧场、体育场、游泳池、临江公园，还创办大众食堂、豆浆公司等等。自1939年至1942年，短短三年，江西建设事业由白手起家到蓬勃发展，杨先生是立了大功的。爱国华侨领袖陈嘉庚先生率南洋华侨回国慰劳团由粤来赣考察，看到了赣县、泰和、吉安、宁都等地的卓有成效的建树，曾对杨先生备加赞赏。

30 年代的中国，杨绰庵可算是一位颇有远见、办实事的人。他曾说："中国遍地黄金，惜未开发，国人今犹捧金碗乞讨。"他主张从洋商买办手中收回权利，国际贸易应由国家控管。在 40 年代初，他有两大计划，其一是抗战胜利后，勘察赣南庾岭地区，开凿贯通粤江与长江水系的运河；其二是抗战胜利后，在赣水之滨重建江南名楼滕王阁。为此，他付出了巨大的努力，做了许多前期准备工作。

杨绰庵先生的务实精神，有口皆碑。他曾编写《赣政十年》《行政管理丛书》《青年服务精神与服务方法》《论民生六件事》《拣信生之绮梦》等书。大力提倡科学管理，用统计数字和图表说明问题，常亲自绘制，亲自校阅印刷清样。尤其值得一提的是，他为滕王阁的重建工作，超前考虑，甘为人梯。1942 年 5 月，中国营造学社主持人、古建筑大师梁思成偕其助手莫宗江，考察南方古建筑路过江西，杨先生借此机会，延请他们为重建滕王阁绘制了八幅平面、立面、断面及渲染图。当时梁先生根据"天籁阁"藏宋画《滕王阁图》，以及宋代李明仲《营造法式》一书，进行设计绘制的（这些图纸后来成为 1989 年新阁施工详图的重要依据）。同年，杨绰庵先生又得到蔡敬襄、周宪民、欧阳祖经、吴宗慈、辛际周、王易、王梅笙、曹仲渊、许文三诸位先生的多方赞助，于 7 月底编定《滕王阁考初编》一书，并将梁先生所绘图纸影印于卷首，次年 10 月付梓，为半个世纪后的重建工作开了路。

杨绰庵先生未能实现重建滕王阁的宏愿。1943 年 9 月，他被调重庆工作。1945 年 8 月，日寇无条件投降，10 月，授任哈尔滨市长职，讵料福兮祸所伏，此次任职竟为后来留下政治暗礁。解放初，他曾潜心撰写《中国经济建设第一个五年计划方案初稿》，以供新中国政务院参考。1950 年 7 月，因前哈尔滨市中苏友好协会会长李兆麟（1946 年 3 月 9 日）遇刺身亡案，涉嫌被捕，1955 年 2 月 26 日在京逝世，终年六十岁。1981 年 4 月，杨先生家属向国家最高人民法院提出申诉，要求复查。1982 年 12 月 2 日中刑监第 169 号刑事再审判书宣布："撤销原判，予以平反昭雪。"

往者已矣，来者可追。1990 年 10 月，滕王阁落成一周年之际，有一位来自大洋彼岸的美籍华人，匆匆而至，兴致勃勃地登临高阁，他就是杨绰庵先生的长子文骐。他凭栏极目，感慨万千，动情地说："先父重建高阁之愿，因种种原因，在生之日未能实现，今见滕阁拔地而起，规模空前，先父可含生笑于九泉了。"

梁思成应邀绘草图

1926 年 10 月，滕王阁毁于军阀之手。

1942 年，南昌沦陷，滕王阁旧址被日寇辟作养马之所，内中仅有六小间平房及一些参天大树，而古阁之迹全无。当时，江西省建设厅曾有在此处重建新阁的意向，鉴于时局动荡，战事未息，拟于抗战胜利后筹办。5月初，中国营造学社主持人——古建筑大师梁思成教授，偕其助手时年二十六岁的莫宗江，风尘仆仆，考察南方古建筑路过江西。时任省建设厅厅长的杨绰庵，曾拜门求教过梁启超，欣闻梁老师之子思成来赣，给予了热情的接待。洗尘话旧，杨先生诚恳地谈到，一旦战事平息，将重建江南名楼滕王阁，并希望梁教授给予支持，绘一套图纸以备战后重建之用。梁先生当时很愉快地接受了这一请求。

梁思成（1901~1972年），广东新会人，梁启超长子。新中国成立前，任职中国营造学社，从事中国古建筑的科学研究工作，调查、测绘过许多具有重要历史价值的古建筑，整理过一些建筑古籍。曾任东北大学、清华大学建筑系主任、教授，联合国大厦设计委员会成员。新中国成立后，历任清华大学土建系主任，中国人民政治协商会议常务委员会委员，第一、二、三届全国人民代表大会代表，第三届全国人民代表大会常务委员会委员，中国科学院技术科学部委员、建筑科学院建筑历史理论研究室主任，中国建筑学会副理事长等职。曾参加中华人民共和国国徽设计和首都人民英雄纪念碑的建筑设计，对我国建筑学的科学研究工作做出了很大贡献。主要著作有《清式营造则例》《中国建筑史》《宋〈营造法式〉注释》及古代建筑调查报告和论文数十篇。

梁思成先生比杨绰庵年长四岁，是师兄之辈，他对师弟也颇敬佩，因为杨绰庵亦学贯中西，且是个讲科学、办实事的人。师弟之请，敢不从命！梁先生刚过"不惑"之年，年富力强，办事雷厉风行，在极短的时间就投入绘制草图的工作。在绘图前，查阅了有关文献，反复思虑，决定采用宋代的法式，参以唐代式样。在不到一个月的时间，由梁先生亲笔勾勒方案草图，然后由弟子莫宗江绘制正式图纸，终于绘制了《重建南昌滕王阁计划草图》八幅，其中彩色透视图一幅，平面图（含地下层、下层、暗层、上层地板、屋顶五个平面）一幅，东、南、西立面图三幅，断面图（含七个断面）三幅。图纸上未标设计人的姓名，仅写明："重建南昌滕王阁计划草图　　中国营造学社拟
民国三十一年五月"。

梁思成、莫宗江的设计图纸绘出后，即交省建设厅，没有收取设计费，据说省厅为表谢意，给予了中国营造学社一些资助。在1943年10月，由杨绰庵主编的《滕王阁考初编》印行，梁、莫所绘图列于卷首。杨先生为这些图，有如下跋语：

右滕王阁彩色透视图一，平面、立面、断面等图七，共八幅，为梁思成先生依明项氏天籁阁旧藏宋画底本，参以所见唐代营造式样设计。唐代阁址，踞近临江，元明以降，均建在城上，故欲重筑高基，期能保存前代旧式，并采如北平正阳门箭楼之制。匠心独运，弥佩精思，附识于此。
中华民国三十二年十月杨绰庵跋

遗憾的是，当时战事正烈，抗战胜利后杨先生又调离江西，建阁的宏愿化作泡影，梁先生的大作也被闲置，难见天日。

新中国成立后，重建滕王阁之议迭起，邵式平省长为此奔走呼吁，江西省文物管理委员会为新阁的设计，于1957年11月6日，致函梁思成先生征求意见：

我省党政各界对重建滕王阁的问题，至为重视。现已开始作一切准备工作。……图纸方面，一般意见拟用梁同志等于一九四二年以中国营造学社名义所绘草图。

梁先生 11 月 19 日复信说：知道你们要重建滕王阁，十分高兴。……当然，那份图只是一份极粗的草图，要兴建则必须做施工图和详图。希望当地的设计单位能担当起来，在制图过程中，我们可以提供一些意见。

他还建议道：请特别注意，滕王阁原是建在城墙上的，因此，重建时也应当为它建一个高约十公尺左右的高台，以代原来的城墙。

岁月蹉跎，建阁之事屡屡搁浅，直到梁先生谢世十余年后，滕王阁终以其空前的规模，拔地而起，巍然屹立于大江南岸、赣水之滨。可以告慰梁先生在天之灵的是，20 世纪 80 年代重建之阁，依然贯彻了先生四十多年前的构思，新阁的建筑设计依然是以 1942 年的草图为依据进行的。而且，梁先生的未竟之业是由其弟子完成的。当年的助手莫宗江教授，参加了 1983 年在庐山召开的"重建滕王阁座谈会"，提出了很好的意见，学生沃祖全率先提出了规划意见，学生陈星文任滕王阁建筑设计总工程师。新阁落成，梁氏功不可没。

邵式平奔走筹经费

滕王阁的鼎新，可以说非一代人之力。面对今日的辉煌，人们不禁会想起已经谢世的江西省老省长邵式平，早在 50 年代，他就为重建江南名楼而奔走呼吁，筹措经费。

邵式平（1899～1965 年），江西弋阳人。五四运动时，即积极参加学生运动，主办《青年报》。1926 年在弋阳领导农民运动。第二次国内革命战争时期，同方志敏一起，在弋阳、横峰组织农民起义，后任闽浙赣省工农民主政府主席、军区司令员、红十军政治委员、前委书记、省委书记等职。1934 年参加二万五千里长征。抗日战争时期，任陕北公学教育长、抗日军政大学第二分校副校长。第三次国内革命战争时期，任中共辽吉省委副书记兼军区副政治委员、东北财政经济委员会计划委员会副主任等职。新中国成立后，任中共中央华东局委员、中共江西省委书记处书记、江西省省长，全国人民代表大会代表。中国共产党第八次全国代表大会上当选为候补中央委员。

新中国成立初期，邵式平既是一省之长，又兼任南昌市城市建设委员会主任。为把省会城市规划好、建设好，充分体现南昌的历史文化与现代文明，邵省长充分发挥了他的远见卓识和雄伟气魄。他为江南名楼的重建呼吁奔走，指示当时市长修葺八大山人纪念馆、佑民寺及翠花街万寿宫，疏浚东湖，大搞城市园林绿化，并亲自规划、亲自指挥拓建安石路为八一大道的工程。邵省长常说："搞社会主义建设，要有魄力。搞城市建设，不能小家子气，要配合环境，讲求实效，要有几十年不落后的长远构思，要从整个城市建设着想，省会城市应有省会城市的观瞻。"以八一大道为例,邵省长就明确指示:"八一大道这条马路,一定要做到宽、平、直、长四个字,使其成为一条具有现代化的高水平马路。"后来,八一大道成为全国著名的三条半马路之一(北京长安大街、南昌八一大道、汉口中山大道三条,半条是上海闵行路)。谈到南昌城市巨变的历史,至今市民们仍有口皆碑,没有忘怀这位老省长的功绩。

邵省长是一位革命者,是一位知识分子。新中国成立初期,百废待兴,滕王阁这座体现赣文化之光的名楼,其重建之事,始终萦绕于这位文武兼备的省长之怀。

1951年秋天,外国一批民间人士组成的访问团来南昌参观游览,邵省长抽空接见了他们,在结束时,客人问及江南名楼滕王阁:"今天开放不开放?"虽语无恶意,但邵省长颇为尴尬,只有含糊而幽默地说:"滕王阁正待整修。"此后,省、市人民代表会议、政治协商会议,都曾有重建滕王阁的提案,邵省长要求省文化部门为此积极搜集有关文物和资料。1956年,邵省长在北京参加全国人民代表大会期间,呼吁奔走,同省文化局计财科及社会文化科的人员一道,前往文化部,就拨款建阁问题请予支持解决,但因故未果。

邵式平自京返赣后,将建阁之事提交省委常委会专题讨论研究,会上采纳了时任省文化局局长石凌鹤的意见:可化整为零,先筹办建材,然后选址建阁。最后做出了着手筹建滕王阁的决定,并确定由省文物管理委员会负责具体事宜。此讯一出,人心振奋。

1957年,省文管会就重建意义、所需经费、建阁地址、开工时间及建成后的管理与使用等项问题,向省委、省人委提交了详尽的《重建滕王阁意见书》,此外还专门致函梁思成征求设计图纸方面的意见。1958年初,邵省长又亲自奔走,和中央文化部商议,征得同意,后又经省委、省人委同意,决定将建阁计划列入当年国民经济计划。正当筹建工作紧锣密鼓地进行时,席卷神州大地的"大跃进"浪潮汹涌而至,建阁之事又不得不搁浅。此后,政治风暴接踵而来,滕王阁的重建也就根本顾不上了。

1965年年末,"文化大革命"的兆头显露之初,邵式平因病去世,建阁之志未酬。但他为重建滕王阁所作的努力,人们永远也不会忘记。

佟蝶仙携蝶寻故园

滕王阁的创建者李元婴,史载其擅长丹青,所绘蛱蝶自成一派,被称为"滕派蝶画"。可惜他的蝶画作品没有流传下来,人们一度认为"滕派蝶画"已经失传。

1996年初,滕王阁来了两位不速之客。他们带来了一个惊人的消息:滕派蝶画并没有失传!他们的老师佟冠亚先生正是滕派蝶画的继承人,并在开封创办了中国滕派蝶画院。此次他二人奉师命,千里南下,寻根滕王阁。

起初,滕王阁的工作者们心中有一个疑问,南昌的文化艺术界人士心中也有同样的疑问："滕派蝶画的传人因何姓佟呢？又是怎样落户开封的呢？"滕王阁管理处随后与佟先生进一步接洽，经过考证，谜团终于解开。

佟冠亚（1907~2004年），原名国栋，画名拙庵。生于北京，满族，后落籍古城开封，任中国滕派蝶画院院长，河南省文史馆馆员。早在20世纪30年代，他即被誉为"蝶仙""蝶叟"，曾受鲁迅、张大千、齐白石等人赞赏，所绘蛱蝶堪称当今一绝。

滕派蝶画的始祖，即创建滕王阁的李元婴。李元婴善丹青，尤喜画蝶，其技法精妙独特，无与伦比。当时即有"能巧之外，曲尽情理"（唐·朱景云语）之美誉。"滕王蛱蝶江都马，一纸千金不当价"（宋·陈师道语），滕王阁的蛱蝶图与江都王的骏马图，价值连城，在当时就不易得。宋代谢无逸亦有诗云：

> 粉翅双翻大有情，海棠庭院往来轻。
>
> 当时只美滕王巧，一段风流画不成。

滕派蝶画历经唐、宋、元、明、清数代，一直为宫廷画派，有画师"传内不传外，传男不传女"之说，它以佛赤、泥银表现蝴蝶翅上的鳞片，用各种名贵宝石粉着色，用珍贵的檀、沉、芸、降香等为配料，使蝶画耀眼夺目，富丽而华贵。此类画属工笔重彩画类，独特的颜料和特殊的技法，使蝴蝶纤毫毕现，栩栩如生，蝶面能保存百年以上而不减初时的风采，被历朝上层社会视为珍品。《历代名画记》《宣和画谱》《芥子园画传》等典籍中，均有记述。

滕派蝶画只以画蝶为主，不陪衬大型花卉，在蝶之外只补以点点野草、莓苔、散花，形成与众不同的"雅、素、洒、脱"四大艺术风格。雅，即清雅别致，笔触生动巧妙，显隐得法，彩绒清晰，引人入胜。素，即画面呈冰晶雪莹清明洁白之象，每只蝴蝶都蕴藏朗韵气氛。洒，指笔法潇洒流畅，飘逸不凡，技巧玄灵，法度潜藏，观者有舒畅之感。脱，乃指蛱蝶突于绢上，栩栩如生，望之摇拂，呼之欲飞。

佟冠亚先生生于北京显贵人家，属正黄旗，幼时住王府，清末民初，家道衰落。十六岁迁居关外，得拜长白山人梁冠三为师。梁氏祖先继承滕派衣钵，父子相传数十代。佟勤勉不倦，常年病榻呵护，深得梁的喜爱。梁将祖传《万蝶图》令佟研习，十年寒暑，倾囊相授。据佟冠亚说，滕派蝶画自滕王元婴之孙湛然之后，就传入梁家，因为梁家的祖师梁太尉当初是滕王家的幕宾。滕王教其子孙，梁太尉常在其畔，天长日久，滕王所言，梁太尉默记在心，归而记录成集，遂得其真传。梁家代代相传，最后传至梁冠三。佟冠亚在其师的耳提面命下，铁砚磨穿，学有所成。"九一八"事变后，师徒挥泪而别，佟随父返归北平，怀揣师父的《千蝶比艳图》手册四卷，且以大自然为师，终日不辍。梁冠三则由于战乱，遁迹隐形，不知所终。

佟家居京，与鲁迅先生是世交。1932年，鲁迅先生常责佟将此中国画史上的"独门""冷门""缺门""绝门"艺术钻下去，研究透，传下去。1934年春，佟先生拿出蝶画三十幅，在北平中山公园水榭，参加齐白石、张大千等大师绘画联展，一鸣惊人，作品被社会名流争购一空。年轻的拙庵获得了"蝶叟""蝶仙"的雅称。白石大师赞他"与众不同""确得梁家真传，不愧为滕王嫡派"。1935 年元月，在北平成立中国滕派蝶画院，出任院长。1940 年京都大乱，佟冠亚无一日得安宁，恰似惊弓之鸟，终于逃离京都，走上流离飘泊的道路，隐姓而埋名。

自此以后四十余年，佟先生箪食瓢饮，不改其乐，白日作工，晚上作画，打探同宗师门，饱经人世沧桑。1980 年，政通人和，百业俱兴，已从开封市商业部门退休的佟老毅然决定再度出山。

佟冠亚先生年已九旬，仍耳聪目明，步履矫健。他闻说滕王阁重建落成，欣喜无比，并梦寐以求能让滕派的"蛱蝶"飞回故园，飞回本门师祖滕王创建的高阁。佟老的梦，佟老几十年的梦，终于在 1996 年 5 月圆了。这年 5 月 7 日，佟老先生携着五十余幅蝶画，健步登上了滕王阁。"滕派蝶画传人佟冠亚先生画展"隆重揭幕。这一古老的画派，异彩重光，传为文化艺术界的一大盛事。

蓬莱阁

简　介

　　蓬莱阁，位于山东省蓬莱市西北的丹崖山上。山上除蓬莱阁外，还有三清殿、吕祖殿、苏公祠、天后宫、龙王宫、弥陀寺等古建筑。蓬莱阁始建于北宋嘉祐六年（1061年），由登州知州朱处约于龙王庙旧址修建，作为州人游览之所。登州治所在蓬莱县，故名。明万历十七年（1589年），巡抚李戴于阁旁增修了一批建筑物，统称"蓬莱阁"。清嘉庆二十四年（1819年）知府杨本昌和总兵刘清主持进行扩建，使其大具规模。后又得以多次修缮。1982年被公布为全国重点文物保护单位。

"三神山" 的故事

　　在蓬莱的北边，有一片茫茫大海。古时候，这里的人们经常看到海面上的一种奇异景象：海天之间，突然出现峰峦叠嶂，林影绰约，屋宇楼台，车马行人，时隐时现，神秘莫测。当人们想进入景物中看个究竟，却不等靠近，它便瞬息之间消失了。后来人们把这一景象称作海市蜃楼。到了战国时期，神仙之说盛行，一些方士便把海市蜃楼说成是海中的神山。一些典籍也附会了神山之说，做了大量记载。《列子》一书中讲到，很久很久以前，渤海之中有五座神山，名字分别称作岱屿、员峤、方丈、瀛洲、蓬莱。

　　五神山上的亭台楼阁都是金玉砌成的，禽兽都是白色的。山上长满了挂着珍珠一样果实的树木，这些果实吃起来味道非常好，并且吃了之后便可长生不老。五座神山没有根基，常随波漂泊。在山上居住的仙人们对此十分忧虑，便禀告玉帝，把神山固定下来。玉帝命北方之神禺强驱使十五只巨鳌来到渤海，每三只背负一座神山，从此以后，神山便固定下来。

　　传说有个龙伯国，这里的人长得特别高大，达到四十丈，能活一万八千岁。有一天一位龙伯国巨人到渤海钓鱼，一下子钓走了六只巨鳌。这六只巨鳌负载的是岱屿和员峤。由于这两座神山失去了巨鳌的负载，便漂流到北极，沉入海底。玉帝得知后勃然大怒，下令缩减龙伯国的国土，并让这个国家的人身体一下子变得十分矮小，以示惩罚。但是漂走的两座神山已无法返回，五神山便从此变成了蓬莱、方丈、瀛洲三神山了。

三座神山都是仙境，是一个令人神往的地方，但是凡人难以到达这里。归结其原因，主要是三座神山向来都是以虚幻缥缈的意象而传世。正因为如此，一方面是说蓬莱仙山太遥远，唐诗中就有王令的"昆仑之高有积雪，蓬莱之远常遗寒"；李商隐的"刘郎已恨蓬山远，更隔蓬山一万重"。另一方面，仙山周围海水浮力太弱，连羽毛都漂浮不起，舟船岂能行驶？《幼学琼林》中即有"蓬莱弱水，唯飞仙可渡"；《太平广记·神仙》亦有"蓬莱隔弱水三千万里，非飞仙无以到"的句子，更加强调了蓬莱仙山是可望而不可及的。

《海内十洲记》一书把蓬莱称为蓬丘，周围五千里，有圆海环绕，圆海的水是黑色的，所以又称为冥海。浩瀚的冥海无风之日也是波涛滚滚，所以凡人是无法往来的。蓬莱山上居住着九老真人、九天真人、太上真人等，除了这些飞仙外，凡人是不可能在此落脚的。

方丈在东海中心，周围五千里。山上有群龙聚居的金玉琉璃宫、三天司命所治之处。群仙中不想升天的，也都居住此处。数十万亩耕田种植的是灵芝仙草。方丈神山上还有一处清泉，称为玉石泉。还有一座九源丈人宫，主神管辖的是天下水神和龙蛇巨鲸以及阴精水兽之类。传说各路神仙云游海上，都相中了方丈这座神山，便想据为己有，于是发生了争执。他们到玉帝那里评理，玉帝说："只这么一块宝地，谁也不用争了，众仙都在这里，和睦相处，共享福祉吧！"从此，众仙人在这里无忧无虑，修身养性。后来佛教也借用"方丈"这一带仙气的吉祥名字，称主持寺院的和尚为"方丈"，以求如意吉祥。

瀛洲山周围四千里，山上到处长满了灵芝仙草。山涧的玉石缝隙里喷涌着泉水，甘甜醇香，美如佳酿，被称为"玉醴泉"，凡人如果喝上几口，便会酩酊大醉，也从此长生不老了。

传说三神山上有两种奇异的神鸟，分别生长在蓬莱山和瀛洲山上。蓬莱山上的神鸟称"蓬莱鸳鸯"，形状像似大雁，雌雄偶居不离，经常徘徊人间，双足从不落地。这种神鸟一万年才交配生雏，雏鸟一千年后开始学飞，遇到太平盛世时才显形于国门。生长在瀛洲山上的神鸟叫藏珠鸟，其状如凤，通体黑里透红，两只翅膀鲜红娇艳。它飞翔时常常发出叫声，鸣叫时口中便会吐出一颗颗明珠。这种珠子很轻，能发出闪闪亮光，被称为夜明珠。这些夜明珠一是为神山照明，二是为仙人们装饰衣服。

三神山的传说影响很大，特别是被人们津津乐道的山上的玉泉神水、灵芝仙药等，吃了之后便可以长生不老。这很能满足人们的长生愿望，便演绎出了诸多到三神山访仙求药的故事。

"蓬莱" 地名故事

"蓬莱"作为地名，究竟始于何朝何代？当地的人们都说"蓬莱"这个地名，与两千多年前的秦始皇求仙有关。

相传春秋战国时期，渤海中有"蓬莱、方丈、瀛洲"三座神山，其上物色皆白，黄金白银为宫阙，珠矶之树皆丛生，华实皆有滋味，吃了能长生不老。秦始皇统一六国后，为求大秦江山永固、自己长生不老，便慕名来到渤海海边寻找神山，求长生不死药。他来到蓬莱后，登高远眺，大海上不见神山踪影，只见海天尽头有一片红光浮动，便问身边的方士："那是什么？"方士回答："那就是仙岛。"秦始皇大喜，又问："仙岛叫什么名字？"方士仓促之间，无法应答，忽见海中有水草随波漂浮，灵机一动，便以"蓬莱"作为回答。"蓬莱"者，"蓬草蒿莱"也。

其实，早在秦始皇之前，"蓬莱"作为海上神山的名字就已经传开了。成书于战国时代的《山海经·海内北经》中就有"蓬莱山在海中"之句；《列子·汤问》亦有"渤海之东，有五山焉，一曰岱舆，二曰员峤，三曰方壶，四曰瀛洲，五曰蓬莱"的记载。

田横与五百壮士

田横山水美山奇，说它水美，碧海蓝天，水天一色；说它山奇，奇就奇在山的岩石隐隐呈现赭红色，隐约间使人联想到两千多年前在此安营扎寨、以拒汉王的田横和他的五百义士，一齐将锋利的刀剑挥向自己的颈项，是否他们的鲜血将这一片山岩染成了这一世间最热烈、最奔放、最雄性的颜色？

田横，齐王田氏族人，是战国末期一位乱世英雄，豪迈义气，很得人心，网罗了一批义士，拥戴齐王，自任相国，与楚王项羽、汉王刘邦争霸天下。他曾经在田横山扎过营寨，如今留有遗址。

汉王刘邦派了郦生为使者与他议和，而韩信却偷袭齐国，于是田横用大鼎烹死郦生。后来汉将灌婴、韩信打败田横，田横不得已投奔彭越。

过了年把时间，汉王刘邦打败楚王项羽，自立为皇帝，封彭越为梁王。这样田横深感不安，眼见在彭越那儿再呆下去，说不定哪天他会把自己的脑袋送给刘邦作为王爵之位的回报。于是，他三十六计——走为上，带领他最亲信的五百子弟兵占据海岛。汉高祖刘邦深知田横在齐国很有号召力，久居海岛不肯臣服，终究是心腹大患，于是惯用伎俩的刘邦派了使者去见田横，说要赦免他的罪过，要他进京相见。

田横早已识破了刘邦的鬼把戏。就回道："我烹了陛下的使臣郦生，如今听说他的弟弟郦商在您手下为将，干得很不错，我很有点怕。请让我做一个庶民，终身守岛。"

刘邦岂肯善罢甘休，装模作样对郦商下诏："齐王田横要来了你们谁敢动他一根毫毛，诛灭九族！"再把这些话传达给田横听，说："田横肯来，封王封侯没有问题，不来，就发兵攻打。"田横不得已，带了两个亲信去见刘邦。

还有三十里就到了，田横假意对汉高祖的使者说："做臣子的晋见天子要沐浴净身才行。"然后与自己的亲信商议，对他们说："刚开始我和汉王都是一国之君，现在他做了天子，而我却像丧家之犬到处逃亡，还要向他称臣，这是多么的羞耻啊！再说，我烹了人家的老兄，现在却和他共事一主，就算他因畏惧汉王之诏不害我，我内心难道不时时感到愧疚吗？而刘邦要见我，不过要看看我的脸，他在洛阳，离这不过三十里，干脆将我的头砍下，快点送过去，头颅还不致腐败变形，还可供高祖观看。"就挥刀自刎，要他的亲信捧着他的头快去见高祖。

高祖刘邦大为震惊："啊呀！他兄弟三人，自平民干起，一直做到齐王，难道不是很贤良吗？"极富表演天赋的他居然还猫哭耗子滴了几滴泪。命以王礼厚葬，还封田横的两位随从为都尉。

但是，两位亲随并没有领刘邦的情，在田横的墓旁，将锋利的钢刀挥向自己不屈的头颅，以自己的颈血祭祀主人的英灵，追随主人于地下。高祖刘邦这才知道田横的亲信都很讲义气，更不放心了。又派人去召唤尚在海岛中的其余随从。

其余在海岛上的五百亲随听到主人田横宁死不屈的消息，刀光闪电般地划过漆黑的夜空，他们以世间最惨烈的方式结束了自己的生命，他们最炙热的鲜血染红了海岛周围的海水，染红了田横山的岩石，田横的五百壮士用他们的行为诠释了男儿之间最珍贵的一个字、一种情感——"义"。

汉武帝修筑蓬莱城

汉武帝作为历史上一代雄主，文韬武略，精明能干，唯一的缺点就是太迷信。与其他帝王年老体衰后开始追求长生之道不一样，汉武帝十六岁刚继位，就开始了他对长生之路的追求。他遍求方士，大炼丹药，祈求长生不老。当他听说渤海中有三座仙山"蓬莱、方丈、瀛洲"，山上居有仙人，有长生不老药，便于元光二年（前133年），兴师动众出巡蓬莱，寻找长生不老之药。他甚至还想亲自乘船渡海求仙，无奈天不作美，风涛十余日，结果无功而返。他为了能寻到仙山，便在此专门修筑了一座小城，每天登上丹崖山眺望大海，但是，他没有秦始皇幸运，没看到海市蜃楼，也没找到长生不老之药，就下令将他在海边为眺望神山而修筑的小城赐名为蓬莱，聊以自慰。从此，在山东半岛北部便有了一个实实在在的人间蓬莱。

据清代《蓬莱县志》载，蓬莱旧城鼓楼（址在今画河桥西50米处）的前身，原是古城东门，称为"望仙"门，门额上刻有"望仙旧迹"字样，便为汉武帝当年修筑小城、望海寻仙的地方。

蓬莱阁 "烂柯处" 的由来

蓬莱阁丹崖山上原有"烂柯处",明泰昌版《登州府志》卷五地理志之宫室中明确记载:"多寿亭,在蓬莱阁南,万历十八年知府王云鹭建,又前有烂柯处。""观棋烂柯"是一个引人遐想、令人感叹的传说,在民间流传甚广。明朝王世贞《列仙全传》中记载:晋代有个叫王质的人,一次到山中砍柴,看到两名老人坐在溪边大石头上面下围棋,于是把砍柴的斧子放到地上,驻足观看。老人把一个形似枣核的东西给王质,吸其汁后竟然不觉得饥渴了。过了一会儿,一老人对他说:"你来这儿好久了,应该回家了。"王质起身拿斧子,木头斧柄却已经完全腐烂了。回到家里后,王质发现家乡已经完全变了模样,与他同时代的人已经故去不知多少年了。原来,王质上山砍柴误入仙境,遇到神仙,仙界一日,人间千年。后王质入山得道成仙。

当年蓬莱阁前建起王质"烂柯处",大概也希望能有王质一样的奇遇吧。除"烂柯处"外,龙王宫也有"观棋烂柯"的彩绘。龙王宫又名"海神庙",是祭祀东海龙王的地方。龙王宫正殿金柱雕刻富丽堂皇、曲折盘绕的神龙,檩枋上施华丽的苏式彩绘,彩绘内容都是我国古代著名的传说故事,有"文王访贤""尧舜禅让""汉钟离度吕洞宾""高山流水""张良拾履""赵颜求寿""观棋烂柯""和合二仙"。这些彩画是1983年维修龙王宫正殿时由工匠师傅精心绘制而成的。其中"王质烂柯"是根据蓬莱阁历史史实选定的。

磨盘街的故事

在全国重点文物保护单位戚继光表功祠大门前有一条祠堂街,这条街经历千年风雨,一直保留到现在。因其路面为磨盘石铺就,被当地人称为"磨盘街"。

在民间,对于磨盘街的说法还有这样一个传说。

唐朝神龙三年(707年),蓬莱由镇升县。第一任知县到任后首次升堂,看见大堂正中端端正正地蹲着一只蛤蟆,两眼直盯着知县,还不断地发出"咕咕"的叫声。知县令衙役们将蛤蟆赶走,可这蛤蟆左蹦右跳,竟跳到知县的公案上,望着知县,眼里扑簌簌地滚下几窜泪珠儿。知县见状好生纳闷,沉思片刻,便对蛤蟆说:"你若有冤,但讲无妨。"只见那蛤蟆将头一点,跳下公案,急急向护城河蹦去。知县一干人马,跟着蛤蟆来到护城河边,但见那蛤蟆跃身跳入河中。霎时间水中泛起无数气泡,气泡过后,见一具尸体浮上水面,众人见状大惊。知县令人将尸体打捞上来,见尸体背上缚着一片石磨。此时知县心中已明白几分,吩咐衙役将尸体掩埋,把石磨抬回县衙。一连数月,县令只字不提此案。开始衙中上下议论纷纷,后来也渐渐将此事淡忘。忽一日,城里大街小巷到处贴满县衙告示:"大唐天子，亲征东藩。王师浩荡，粮草为先。磨粮需磨，征之民间。县民之磨，送县备选，三日为限，违令者斩！"告示既出，知县便终日坐在县衙门前，亲手登记交磨者。第三日黄昏，但见一贼眉鼠目的男子，用独轮车送来石磨一片，知县看后，急令手下将死者身上之磨与之相对，果然相合，不差分毫。知县当即下令，将此人缉拿归案。物证面前，送磨者无言狡辩，只好供认不讳。原来他与死者妻子有奸情，为达到长期姘居的目的，便与死者妻子合谋杀人。为了毁灭罪证便将死者身上系了一片磨盘，趁天黑沉入护城河下。案情大白，杀人者偿命。结案之后，知县令所征石磨用来铺成磨盘街。

朱处约始建蓬莱阁

朱处约，宋朝司封员外郎，于嘉祐五年（1060年）至嘉祐七年（1062年）任登州知州，他在丹崖山海神庙旧址建起凌空欲飞的蓬莱阁，并为后人留下一篇耐人寻味的《蓬莱阁记》。

北宋嘉祐六年（1061年），登州郡守朱处约在丹崖山海神庙旧址首建蓬莱阁。他在《蓬莱阁记》中写道："嘉祐辛丑（1061年），治邦逾年，而岁事不愆，风雨时若，春蓄秋获，五谷登成，民皆安堵。因思海德润泽为大，而神之有祠俾，遂新其庙。"

作为一州之郡守，他对秦皇、汉武东巡求仙之传说，自然了若指掌，而今来到登州任职，看到这里如此美妙的山海奇观，少不得有一番自己的想法，正如其文中言道："世传蓬莱、方丈、瀛洲，在海之中，皆神仙所居，人莫能及其处，其言恍惚诡异，多出方士之说，难于取信，而登州所居之邑曰蓬莱，岂非秦汉之君东游以追其迹，意神仙果可求也？蓬莱不得见，而空名其邑曰蓬莱，使后传以为惑。"但又委婉地说自己"治邦逾年"而"五谷登成"，都是海神的恩赐，因此借重渔民对海神的信仰，以要为海神重修庙宇的理由，将龙王宫迁到了丹崖山西侧，而在丹崖极顶建起了一座巍峨的高阁，并毫不掩饰其"将为州人游览之所"。实际上，朱处约就恰似秦皇、汉武的接力使者一般，是要将人们一直所追求的仙人仙境，转化为现实。要如其文中所言："恍不知神仙之蓬莱也，乃人世之蓬莱也。""此治世之蓬莱也，意不知神仙之蓬莱也。"

秦皇、汉武追求长生不老，成就了人间"蓬莱"这一空名，而独具匠心的朱处约，则是一位致力于把理想转化为现实的人，通过建起巍巍的高阁，观赏神奇的自然景观，以令人叹为观止的手笔，完成了神仙世界落户人间的传奇之作——蓬莱阁，将虚无的蓬莱变为直观的仙境，使其成为神仙文化在人间的承载体。明时守臣陈钟盛深谙朱处约造阁的动机，无非是要"以形破影，以迹蹈空，使登此阁者悟蓬莱亦如此阁，不必更从阁外觅蓬莱耶"。

避风珠的传说

蓬莱阁位于丹崖山巅,西有一座避风亭,面北而建,南、东、西三面为砖墙,北面则是全部敞开。无论亭外的风力如何猛烈,亭内却始终没有风,亭内的烛火不灭,碎纸不飞。欧阳中石先生为此撰联:"面北当风,风力虽狂绝不入;开轩秉烛,烛光固小竟常明。"

避风亭如此神秘,民间流传一则神话传说。

传说避风亭里有一颗稀世奇宝——避风珠,为蓬莱仙岛的镇岛之宝,人们亲切地叫她"珠儿"。她非常善良、非常可爱。珠儿白天为蓬莱仙岛的人们避风镇海,夜里为这里的百姓指航照明。居住在这里的勤劳而勇敢的人们才得以世世代代耕田捕鱼,安居乐业。

但是,有些坏人觊觎这件稀世珍宝很久,很想得到珠儿。

一天,大海里刮起了巨大风暴,几个坏人驾着一只怪船钻出了海面,桅杆断成了几节。隐隐约约地在狂风巨浪中传来了喊声:"救命啊!救命啊!"可怜的呼声很快就被巨浪淹没。眼看小船要被海浪打翻,突然之间,船神奇般地被救到仙岛上。被救的坏人装作很惊讶地问仙岛上的人们,"为什么他们会在这?"仙岛上的人们告诉他们:"因为有珠儿在,是珠儿救了他们。""真的吗?真的有如此的宝贝吗?"那几个家伙露出了贪婪的目光。"能让我们见见吗?"他们向仙岛上的人们乞求道。"当然可以了,不过,珠儿只会帮助善良的人,惩罚恶毒的人。"一个老渔翁带着他们去见珠儿。坏人用花言巧语欺骗珠儿,说家里有年迈的老母亲,还有妻子和儿子等着他们回家,求好心的珠儿送他们回家。善良的珠儿帮助他们把破船变成一艘新船,送他们回家。可是坏人们却抓住了珠儿,让珠儿跟着他们去海上抢劫,让珠儿为他们避风。珠儿早已看出他们的诡计,她化身为一道红光,逃脱了坏人的魔掌,飞上了蓝天。坏人们露出了凶残的模样,搭箭拉弓,想把珠儿射死!

这时,海上出现了五光十色的海市幻影,四面八方都是蓬莱阁,空中到处都是珠儿的影子,让他们分辨不出。最后他们的箭射光了,又饥又渴,便靠上了一个小岛,刚下船就葬身大海。原来小岛都是幻影,都是珠儿变幻出来的。

八仙过海

相传,八仙久仰蓬莱绝世风景,在吕洞宾的率领下一齐来到这里,饮酒赋诗,其乐融融,当时的盛况似可从唐代大诗人杜甫的《饮中八仙歌》窥其一斑。如果套用杜诗,蓬莱八仙喝酒的情形应是:

果老骑驴似乘船,眼花落井水底眠;拐李三斗始朝天,道逢麯车口流涎,恨不移封向酒泉。国舅日兴费万钱，饮如长鲸吸百川，衔杯乐圣称世贤；韩湘潇洒美少年，举觞白眼望青天，皎如玉树临风前；仙姑长斋绣佛前，醉中往往爱逃禅；纯阳一斗诗百篇，长安市上酒家眠；天子呼来不上船，自称臣是酒中仙；钟离三杯草圣传，脱帽露顶王公前，挥毫落笔如云烟；采和五斗方卓然，高谈雄辨惊四筵。

真可谓是盛况空前啊！

酒酣耳热之时，海上忽然出现了一片奇怪的景观，缥缥缈缈，变幻莫测，原来，蓬莱外海出现了海市蜃楼。铁拐李已喝得醉醺醺的，斜着一双怪眼，大呼道："久闻蓬莱仙山乃神仙居处，我等何不乘着兴致高涨，到那仙山海外一游？"

张果老毕竟老于世故，摇头道："不可，既然是海外神仙清修之仙岛，切不可贸然造访，扰人清静，否则不免会有麻烦惹上身的。"

韩湘子却是个好事之人，道："大家都是神仙，怕什么怕的？说不定人家也闷得慌，正想找人玩耍，巴不得咱们上门呢。"蓝采和少年心境，也跃跃欲试，故而大声附和。

八仙当中以吕洞宾威望最高，于是都看他怎么说。没等他开口，汉钟离却呵呵一笑，率先将手中的大芭蕉扇往海里一扔，那扇子见水就长，变成了小船一般大小，而汉钟离肥胖的身躯早已腾空而下，稳稳落到扇上，他祖胸露腹地仰面躺在小船般的扇子上，潜运玄功，那扇就有如神助，朝海那边漂去。

吕洞宾酒劲上来，也就首肯了。他拔出背后的阴阳宝剑，如大鸟般轻盈地飘落到海面，两柄宝剑划出两道光华，他就稳稳立在这剑芒之上，如一道流星划过天空，迅捷前进，不一会儿就赶上了汉钟离的扇船。

铁拐李把酒葫芦的塞子拔出，仰头"咕嘟咕嘟"喝了个底朝天，就把酒葫芦抛向海里，然后跳上葫芦，劈波斩浪，朝前疾行。

韩湘子倒是犯了难，眼见得各位仙友大展神功，各显神通，分明是谁也不打算驾舟前往，自己焉能破例？没奈何，他将平时从不离手的洞箫扔到海里，喝了声："变！"顿时变成一排洞箫，倒也像一个大竹排，他一见大喜，姿态优美地跳下，奋力追赶前方的几位道兄。

蓝采和年纪虽小，功力却也不弱，他随手将手中的花篮丢到海里，花篮变成了一艘小花舫，他纵身一跃，跳到上面，居然也乘风前进。

何仙姑巾帼不让须眉，她的宝贝是一枝荷花，她将荷花平放海面，吹了口气，顿时变成一朵硕大的花船，何仙姑飘然而下，踏定荷花，御风而行。

曹国舅一向正襟危坐惯了，如今难得放浪形骸一次，自是全仗了酒劲涌来，他的宝贝是当年上朝时常拿的云笏板，于是也不甘人后，立定云笏板，飞速前行，在海面上划出一道道浪花。

张果老也没办法，七位道友都兴致勃勃，自己岂能扫他们的兴！于是就把他的那头神驴赶到海里，习惯性地倒着坐上去，神驴不等他拨响手中的渔鼓，早已迫不及待地追赶前方的几位去了。不愧了一句"果老骑驴似乘船，眼花落井水底眠"，他忽上忽下，履海如履平地，在海面下屏住呼吸也能酣眠好久呢。八位神仙你追我赶，互不相让，好不惬意！

正当八仙在海面各施法术，兴高采烈之际，不料惊动了东海龙宫。原来那吕洞宾的阴阳宝剑百炼成钢，甚是厉害无比，剑锋所指，正是龙宫深处，加之其他几位的宝贝也各有所长，搅得龙宫一阵乱晃，龙王三太子率领虾兵蟹将与巡海夜叉出来探听虚实，发现是八个癫子一般的人在海上嬉戏追逐，他们仗着手中的宝贝横冲直撞，太没把咱东海龙宫放在眼里了。但是看了一会，龙王三太子又开始对那八人的宝贝垂涎欲滴，他们的宝贝有的泛着青光，有的透着红光，就连那头驴子一看也知非同凡品，他心想，这不是送上门的大肥肉吗，不得白不得。不过，这三太子不是傻子，也看得出那"八个癫子"功力不凡，所以眼珠一转，有了主意。他令手下去请龙宫大太子相助，约定平分宝贝。

大太子一听有宝贝分，兴冲冲率了部下赶到，两兄弟一商量，决定突然袭击，将八人擒入海底，乘机夺取他们的宝贝。

却说八仙正你追我赶，在海面上飞驰，突然，蓝采和眼前出现一只大手，像钳子一样紧紧抓住他的脚，把他拖入海里。听到一声惊呼，吕洞宾回头一看，已不见了蓝采和，他道行在八仙中最高，掐指一算，已知是海底龙宫在暗算他们，心中大怒，挥剑赶到，其他六位也知发生了意外，纷纷赶来相救。

吕洞宾脚下也突然伸出一巨大的鳌爪，想将他拖入水下，他顺手一剑，将其斩为两段，一股鲜血涌起，原来正是那龙王三太子，偷鸡不成反蚀一把米，不该贪图宝贝，连老本都蚀了，早已被纯阳真人吕洞宾的宝剑杀了。

另一边，大太子将蓝采和擒住后，令手下看住。又被何仙姑美貌吸引，直奔何仙姑的荷花而来，连人带花，往水里猛拖，何仙姑没想到会有这样的遭遇，不禁吓得花容失色，奋力往外拉，但已渐渐没入水中。铁拐李大怒，飞起一拐杖，击中大太子的头部，抓何仙姑的手才松开，于是他跳出海面，与铁拐李斗了起来。一个是钦封东海龙宫大太子，一个是散仙猛将铁拐李，两家功夫匹敌，斗了个平手。

这时，龙王三太子已被吕洞宾杀了，大太子见势不妙，慌忙抓住蓝采和逃窜，其他几位神仙当然不肯放他走，把他团团围住。早有虾兵蟹将将战况报给龙王，龙王一听三太子丧命，龙颜震怒，亲率龙宫水族，倾巢出动，正遇上七仙围困龙宫大太子，到底老龙王功夫高超，一出手就伤了张果老，汉钟离几次想救回蓝采和，也无功而返，毕竟水性不如龙王。但虾兵蟹将实力不济，七仙却个个本领高强，打得龙王父子只有招架之功，而无还手之力。只好挟持着蓝采和狼狈收兵。

回到宫里，老龙王敲响金鼓，召唤另三海龙王相助，而七仙因折了蓝采和，自然也不肯善罢甘休，于是两家在东海再度展开一场大搏杀，真是浊浪排空，日月无光，虽说又伤了另一位龙宫小王子，但韩湘子也挨了一剑，两家都是杀红了眼，谁也不肯收兵。

就在四海龙王掀起冲天巨浪，摆出要与七位仙人决一雌雄的架式时，就听空中传来一声："住手！"

瞬间，海面一片宁静，空中祥光万道，瑞彩千条。原来，是南海观世音菩萨经过此地，及时制止了两家恶斗。东海龙王一见菩萨驾临，赶紧放出蓝采和，向菩萨哭诉两位龙子惨遭八仙杀害，请菩萨主持正义，惩罚八仙。而八仙也跪拜菩萨，表示愿接受菩萨的教海。

菩萨说："东海龙王，如果我救活你两位龙子，你不得再与他们纠缠不休，如何？"

东海龙王大喜，连连称是。这可是他连想都不敢想的，但素闻观音菩萨法力无边，救人应不在话下。

观音菩萨又对八仙说："你们可愿出手救活龙宫两位太子？使两家化干戈为玉帛？"

吕洞宾躬身道："菩萨，弟子法力浅薄，恐怕难救已死之人。"

观音菩萨微笑着对铁拐李说："我赐你两粒仙丹，有起死回生之功效，已在你葫芦里了，你可愿送予两位龙子？"

铁拐李根本就没看见菩萨赐药，怎么葫芦里就有药呢？但他呆了一会儿，恍然大悟，道："善念即仙丹，弟子谨遵法旨。"从葫芦倒出两粒红通通圆溜溜的丹药，分别喂到两位龙子的口中，不一会儿，他们就活了过来。而挨了一剑的韩湘子血流不止，何仙姑正要说："拐兄，为什么不留一颗仙丹治韩湘子的伤？"却见葫芦里又滚出一颗丹药，韩湘子吃了，剑伤顿时无影无踪，完好如初。原来，只要心存善念，铁拐李的葫芦里就会有无穷的灵丹妙药，而若是心存歹意，丹药就会消失。后世人尊铁拐李为药仙，他的宝葫芦里有各种各样的药，这是后话。

众人一齐拜倒在地，菩萨早已驾祥云远去。八仙辞别四海龙王，各持宝物，渡海而去。

天后宫唐槐的传说

蓬莱阁天后宫院内，有一株枝繁叶茂的大树，树高一丈二尺余，树围近4米，丹崖山土层较薄，过去的树木大都因干旱枯死，唯有这棵槐树顽强的活了下来，它年年滋生新枝，开花时，满树白花如玉，弥漫着醇厚浓郁的香气。它的枝干龙飞凤舞般地向东伸展，宛如一幅用墨凝重、线条粗犷的丹青画幅。这就是和蓬莱阁一起闻名远近的"唐槐"。

在民间有这样的神话传说："八仙"过海之前，曾在蓬莱丹崖山落脚。一天铁拐李和张果老在此对弈，时值炎夏，烈日当头，无以遮蔽，酷热难耐。铁拐李施展法术，从他的仙葫芦里倒出一粒种子，埋入地下，念动咒语，转眼之间地面长出了绿芽，绿芽越长越大，很快长成了一棵枝叶婆娑、浓荫蔽日的大槐树。两位仙人就在这树荫下继续对弈。

据说，这棵槐树自长成后就没有任何变化。一辈一辈的老人都说，打记事起它就是这幅模样，因为这是仙人施法生长的，不再继续长大，也死不了，总是这个样子。清道光年间，天后宫失火，一夜里烧毁房屋三十余间，唯独这棵槐树幸免，其中的奥秘就在这里。

蓬莱阁上话吕祖

"仙山隔云海，霞岭玉带连，据说世外有天仙。天仙休羡慕，世人刻苦干，何难亦有欢乐园……"每当听到这悠扬又灵逸的旋律，面前就会浮现出云蒸霞蔚间蓬莱阁凌空而立的画面。

蓬莱素有仙境之称，蓬莱阁更是历史久远，八仙过海的传说，便始于此。相传八位神仙曾在阁上畅饮仙酿，随兴将法器掷于海中，幻化之后，凌波踏浪而去，留下了"八仙过海，各显神通"的典故，世人口口相传至今，更是以此来鼓励集体中各人使出全力、拿出本领完成共同的事业。由此可见，八仙文化已融入到人们的日常生活、学习中。

"《牧童》：草铺横野六七里，笛弄晚风三四声。归来饱饭黄昏后，不脱蓑衣卧月明。"丹崖山下，校园里，孩子们书声朗朗，所吟诵的这首七言绝句，作者为吕岩，作于唐末，载于《全唐诗》中；又名《令牧童答钟弱翁》，载于南宋诗人刘克庄编的《千家诗》。其诗大意为：辽阔的草原像是被铺展在田野里的一样，目之所及都是绿草葱茏。晚风中，隐隐约约传来牧童的悦耳笛声，时断时续，随兴而吹。小牧童放牧归来，在吃饱晚饭后，连蓑衣都没有脱，直接躺倒在草地上，沐浴着明月清辉。

《牧童》一诗所展示的就是这样一幅牧童晚归休憩图，小牧童的可爱形象跃然于纸上，闲适幽静的田园生活也有声有色，表达出诗人内心的向往。《唐诗鉴赏》中是这样评价的：吕岩的《牧童》一诗，写尽了牧童的轻松闲适，一派无牵无绊的天然随意。

那看到这里，大家是不是对作者想要了解一二呢？但吕岩其人，又似乎并不是多么赫赫有名的诗人。少安毋躁，我们先来看看这首诗背后的故事：相传钟傅（字弱翁）原本是宋朝的一个书生，承蒙宦官李宪推荐，做了兰州推官。但因为人耿直，不懂得长袖善舞，所以仕途非常不顺，多次被降职。为此，钟傅倍感烦闷，耿耿于怀。在镇守平凉（今甘肃省平凉县）期间，有一日，他心中郁结，就独自一人外出散心，信马由缰行至乡间，偶遇一位云游道士。只见这道士丰神俊朗、谈吐不凡，钟傅就与他结伴同游，边走边谈，有几分投机。从正午走到黄昏，天色渐渐暗下来，远远地看见一个小牧童骑着黄牛，随心吹着牧笛，悠悠然由远及近。钟傅不觉心生羡慕，说："这小牧童虽目不识丁，却也活得简单，快活呀！"道士微微一笑，手持长髯道："快活自然，他却也是会吟诗作赋的。"钟傅自然不信，道士点头示意，牧童笑嘻嘻地跳下牛背，见了礼，一边摸着牛角一边稚声吟道："草铺横野六七里，笛弄晚风三四声。归来饱饭黄昏后，不脱蓑衣卧月明。"这一下，可令钟傅惊愕不已，他细细体味诗中意境，明白这是道士的良苦用心。牧童吟诗，实是道士之言，意在为迷失宦途中的自己指路，及早离开尔虞我诈的官场，回归田园生活。所以，真正的诗作者，就是这位道士——吕岩。

那么，吕岩究竟是何人呢？他字洞宾，号纯阳子，自称回道人，是唐末、五代著名道士，也就是世人所称的吕祖、纯阳祖师，八仙之一。在蓬莱阁吕祖殿中，吕洞宾仙风道骨，美髯善目；吕祖殿西侧有座小亭，里面安放着吕祖石刻像，石像后面是明朝名将李承勋镌刻的《吕祖咏海市诗》："青天忽见动东风，一望三山雾气中。万丈青光疑有蜃，四徊苍色岂无龙？已开城郭三千界，又见楼室十二重。要识人间总虚幻，不须翘首对长空。"

吕洞宾在八仙中，排行虽然不是"老大"，但他的影响却是深远于其他七仙。八仙塑像中，吕洞宾端坐在主座上；再从奉祀的专庙多寡也可见一斑，可以说，吕祖庙、吕祖殿、吕祖宫成千上万，遍布全国各地。

在蓬莱民间传说中，吕洞宾便集"剑仙""酒仙""诗仙"于一身，在人们的心里，他是一个最有人情味的神仙。其实，吕洞宾出身官宦世家，从小就非常喜爱读书，能过目不忘、诵读如流，被赞为"神童"。可就是这样一个钟灵毓秀的人，科举却屡屡不第，吕洞宾失意之余，又不甘心，于是辗转再三，他踏上了第四次应考的旅途。晚间投宿时，偶遇汉钟离，在其"一枕黄粱梦，醒来悟此生"的点化下，吕洞宾改弦易辙弃儒学道。从此，他仗剑云游天下，扶弱济贫、除暴安良。

但吕洞宾身上的儒家风范却是有增无减，这是为什么呢？熟知八仙故事的人都知道，吕洞宾不仅神通广大，而且他对于道教的传承起到了举足轻重的作用。这就要从很久很久以前说起了，据记载，中国道教史，尤其是神仙史，历来有南北二宗之说。下面，我们来理一理传承脉络吧！大道之传，始自太上老君李耳，又名老聃，即是我们现在所熟知的老子；其后白云上真，白云上真再传道于东华帝君；帝君授法于钟离权，也就是汉钟离；之后，汉钟离点化吕洞宾，将道法传授给他。

自此，吕洞宾潜心修道，终得仙法，度化世人。为弘扬道法，吕洞宾先后传道于海蟾帝君刘成宗（即戏金蟾的刘海），又传道于重阳帝君王德威（即创立北派全真教的王重阳）。目前，北派、南派（张紫阳真人）、东派（陆潜虚）、西派（李涵虚）等道教门派，皆称源于吕祖。正是因为吕洞宾对道教的代代传承、发扬光大贡献甚伟，所以被后人尊誉为道教大宗师，也被尊为剑祖、剑仙。

其实呢，吕洞宾不仅是道教宗师，还是一位多产诗人，有几百首诗文传世。在前文中，《牧童》一诗阐释了他对"人法地，地法天，天法道，道法自然"的明悟。而且，在很多诗词中都有弘法。如：

苏幕遮

天不高，地不大。惟有真心，物物俱含载。不用之时全体在。用即拈来，万象周沙界。
虚无中，尘色内。尽是还丹，历历堪收采。这个鼎炉解不解。养就灵乌，飞出光明海。

雨中花

三百年间，功标青史，几多俱委埃尘。悟黄粱弃事，厌世藏身。将我一枝丹桂，换他千载青春。岳阳楼上，纶巾羽扇，谁识天人。

蓬莱愿应仙举，谁知会合仙宾。遥想望，吹笙玉殿，奏舞鸾裀。凤驭云轩不散，碧桃紫奈长新。愿逢一粒，九霞光里，相继朝真。

苏东坡蓬莱阁上观海市

北宋元丰八年（1085 年），谪居黄州五年的苏轼被朝廷重新起用，派到登州任知州，十月十五到达蓬莱（登州治所）。到任五天，又接到圣旨，调任京城礼部郎中。虽然来去匆匆，但就在这短短的时间里，他深入地方，了解民情，视察海防，为当地百姓做了几件大好事。

登州地近契丹，宋王朝建国以来，这里常驻重兵。苏轼到任后考察发现，登州守军因"久安无事"而松懈麻痹，训练很差，"武艺堕废"。据此，苏轼写了《登州召还议水军状》，向朝廷提出加强登州军备防务的建议。他看到登州"下临涨海，人淳事简，地瘠民贫，"吃尽榷盐之苦，于是上奏《乞罢登莱榷盐状》，指出榷盐给百姓带来的三大害处。于是朝廷废除了过去当地食盐官营专卖制度，方便了百姓生活，减轻了百姓负担。罢榷盐政策在登州一带一直沿用到清代。登州百姓对这位关心民生疾苦的父母官感激不尽，为缅怀苏公功德，在蓬莱阁上建起供后人纪念瞻仰的苏公祠。至今在蓬莱民间还流传着"五日知登州，千年苏公祠"的美谈。

苏轼在蓬莱虽然时间短暂，公务之余，闲暇之时，还数次登临蓬莱阁。登州的山海风光、奇异的传说、纯朴的民风都给他留下了美好、深刻的印象。流连于登州秀美的山光水色之中，苏轼激情满怀，先后写下了《望海》《取卵石养石菖蒲》以及《留别登州举人》《赠杜介诗》等千古名篇。他在《遗垂慈堂老人》中写道"我持此石归，袖中有东海，置之盆盎中，日与山海对。"在他的《留别登州举人》一诗中，有"莫嫌五日匆匆守，归去先道乐职诗"句。字里行间，充满了诗人对登州自然风光的喜爱、留恋和对友人的怀念之情。

苏轼知登州时，看到前人的记述和百姓的传说，对登州海市十分向往，很想能亲眼目睹海市奇观，但海市常见于春夏，他来时已是冬季，为了实现其夙愿，苏轼向海神广德王祈祷。不可思议的是，第二天海上竟真的出现海市奇观，苏轼为此写下了著名的《海市诗》：

余闻登州海市旧矣。父老云："常见于春夏，今岁晚，不复出也。"余到官五日而去，以不见为恨，祷于海神广德王之祠，明日见焉。乃作是诗。

> 东方云海空复空，群仙出没空明中。
> 荡摇浮世生万象，岂有贝阙藏珠宫。
> 心知所见皆幻影，敢以耳目烦神工。
> 岁寒水冷天地闭，为我起蛰鞭鱼龙。
> 重楼翠阜出霜晓，异事惊倒百岁翁。
> 人间所得容力取，世外无物谁为雄。
> 率然有请不我拒，信我人厄非天穷。
> 潮阳太守南迁归，喜见石廪堆祝融。
> 自言正直动山鬼，岂知造物哀龙钟。
> 信眉一笑岂易得，神之报汝亦已丰。
> 斜阳万里孤鸟没，但见碧海磨青铜。
> 新诗绮语亦安用，相与变灭随东风。

蓬莱山水绝胜，苏轼一代文豪，其登州为官五日，为民务实图生息，得到了土人祀之千载，但他可能未曾想到，因其诗文也让登州蓬莱受益万代。画是有形的诗，诗是无形的画，苏轼以其神奇笔韵，将一幅神山现世的绝妙画卷描绘出来，呈献给世人。其诗节奏铿锵、韵采飞扬，空前绝后，独领风骚，引领蓬莱诗文之首。唤来无数文人唱和，古往今来成为蓬莱文化的一大奇观，登州为之增色，蓬莱名声更扬，其《海市诗》石刻静卧于蓬莱阁卧碑亭中，更成为一代文豪留给蓬莱的巨大文化财富。

《蓬莱县志》有言："石钟、赤壁得坡仙而名益显，岵潭马退山因柳州而迹益著，由此观之，人果以地传也耶，地果以人传也耶。"蓬莱与苏轼，正是在历史的长河中，有幸留传后世，让世人看得圆满的又一个完美和谐的结合点。

异事惊倒百岁翁

蓬莱海市平时极难一见，苏东坡在蓬莱为官仅仅只有五天，那么，他能不能看到蓬莱海市呢？

一到登州，办完正事，写完向朝廷上的奏章，苏东坡就接到了调令，被任命为礼部郎中，应赴京城上任。他颇遗憾的是，久慕登州海市奇幻莫测，乃天下第一等妙景，可惜来的时候已是十月，要是五六月间，或许还有点希望。

但苏东坡毕竟非等闲之辈，他父子三人号称："一门父子三词客，千古文章四大家。"风流洒脱，名震天下。此事在别人难于上青天，在他，或于常理之中另有法外之意。

苏东坡于是喝酒，酒酣耳热之际，登上蓬莱阁，极目远眺，但见一碧万顷，海天一色，却无神仙前来造访。他想，既名海市，当属海底龙宫之主管辖，何不求诸龙王？反正龙宫之主广德王敖广的庙宇就在近旁。遂兴冲冲下蓬莱阁，来到广德王庙，进得庙来，点上香火，口中念念有词，随从谁也不知他在干什么。

花开两朵，各表一枝。却说那东海龙王自打自己在蓬莱的广德王庙为给蓬莱阁腾地方，迁向了西边，心中一直闷闷不乐。香火也不如从前旺盛了，肝火倒是越来越旺盛。

突然，龙宫一阵大乱，他的宝座也开始摇晃。龙王的第一感就是哪吒又在海边洗他的乾坤圈、混天绫。要不就是孙猴子又来捣乱。他喊来巡海夜叉，问道："发生什么事了？是哪吒还是孙猴子？"

巡海夜叉也不知道，回答道："启禀大王，没有看见哪吒三太子或是齐天大圣。"

但摇晃更厉害了，于是龙王立刻召唤千里眼与顺风耳。

千里眼仔细看了看，回答说："大王，在蓬莱阁的广德王庙有一个大胡子在拜您。嘴巴还在说什么。"龙王于是转向顺风耳。

顺风耳仔细听着，然后回答："那大胡子说：'眉山苏轼谨以香烛奉于东海龙君尊前，昔日多闻龙君功德无量，使登州一郡风调雨顺，民有余粮，咸感大德，故前有郡守朱公处约重修庙宇，再塑金身，并新建蓬莱一阁，以待龙宫上下现其法身，庶民能亲眼目睹龙王帐下三千神兵之威武雄姿。素闻秦皇汉武，仰慕君之雅致，数次罔顾，而不得见焉。余今暂驻登州，不识仙阙之门径，且不日将去，深以未克聆君金玉良言为憾。以君今日之德，纵哪吒重来、大圣又至，必不战而使之心服，况君之兵强马壮，若再交恶，战亦不惧，但惜不能亲睹君之凯旋。明日午时余当登临蓬莱阁，预为遥祝，薄酒一杯，不成敬意。东坡谨拜。'"听罢，龙王龙颜大悦。而龙宫也恰在此刻停止了震动，恢复了往日的平静。

"眉山苏轼？何方神圣，如此能耐，竟使龙宫动摇？"龙太子皱眉道，"要不我先擒了他，再问明白？"

"不可！此人是天上文曲星君下凡，据闻乃前朝诗仙李太白转世也。"龟相见多识广，连忙制止。

"哦？难怪说得如此之好！"

龙太子不解道："他文绉绉地说了些啥，我一句也没听明白。"

龟丞相说："他很仰慕大王的威风与功德，想来拜见，却不知怎么来。还说大王如今兵强马壮，就算是再与哪吒和孙大圣开战，也不怕他们。最后说明他准备登临蓬莱阁，为大王祝酒。"

龙王捋须微笑，频频点头："龟丞相，乖孩儿，明日点齐三千精壮兵将，蓬莱东面海上，各施本领，给苏大学士开开眼，如何？"

"遵命！"

第二天，苏东坡邀了当地一些士绅名流、父老乡亲，在蓬莱阁摆开酒席，说请大家一同欣赏海市盛况。当地很多人一辈子都没有机会见到海市，不免暗地里觉得苏东坡可能在说胡话，只听说在春夏之交才有可能出现海市，有时好多年都难得一见，凭什么相信他的话？但是苏东坡是地方长官，又有酒席招待，遂不管别的，只管开怀畅饮。

时近正午，见苏大学士端了酒杯，面向东海，嘴里念念有词，突然，一挥右臂，连酒带杯，抛向海里。

正午的太阳光恰到好处地照在抛向空中的酒水，万点金光闪烁，闪得众人的眼前一花，就在此刻，本来清澈的东海海面远处出现了一些奇形怪状的山峰，宫殿，隐隐约约中，一对人马雄赳赳、气昂昂地列开阵式，往返冲杀，不一会儿，山峰上出现数位仙风道骨的神人，正在下棋、饮酒，过一会，山峰上长出许多的树木，奇形怪状的物体在移动……

众人看得口瞪口呆，东坡则掀髯微笑，不置一词。

半个时辰后，什么都消失了，海面又恢复了原貌。这时，东坡先生已摊开宣纸，一挥而就，就有了著名的《海市诗》，写毕，他高声吟诵：

> 东方云海空复空，群仙出没空明中。
>
> 荡摇浮世生万象，岂有贝阙藏珠宫！
>
> 心知所见皆幻影，敢以耳目烦神工。
>
> 岁寒水冷天地闭，为我起蛰鞭鱼龙。
>
> 重楼翠阜出霜晓，异事惊倒百岁翁。

苏东坡访八仙

苏东坡在登州做知州时，听说有人在蓬莱阁上见过八仙，他就动了访八仙的念头。可是什么时候、到哪里去找八仙呢？苏东坡问来问去，费尽九牛二虎之力，才有一个须发皆白的老头儿告诉他："每年农历三月初三，八仙都要到蓬莱阁上聚会，至于能不能见着他们，那就要看你的缘分了。"

三月初三这天一大早，苏东坡就来到了蓬莱阁，他东转悠，西转悠，就是不见八仙的影子。天太早了，连个游人也没有。苏东坡这么想着，就百无聊赖地来到了显灵门，看见两个老翁正在那里下棋。俩老翁一个红脸，一个黑脸，年纪估计都过了八十岁，满头白发，白胡子在胸前飘动。见了苏东坡，红脸老翁就向他招手："来来来，这位小兄弟，给我俩做个评判如何？"

苏东坡才高八斗，琴棋书画无一不精，平日里自视极高，见老翁相招，也不客气。可是到了跟前一看，惊得目瞪口呆：别说当裁判了，自己连棋路都看不出来。读书人都有个毛病，让他暗地里佩服他人可以，可公开承认自己不如他人，那万万不行。苏东坡也未能免俗，就借口有事，想一走了之。这时红脸老翁说道："你要找的人今天准来，我俩在这儿也是等他们的。反正闲着也是闲着，你就不必客气了。"苏东坡一听，惊诧不已，心中暗想：他怎知我是来寻人的？看来老翁不是寻常人，信他的话没错。于是便安下心来，静观棋局，慢慢地看出了一些门道，也就什么都不去想了。

不知过了多久，忽然走来个老叫花子，大老远就招呼下棋的俩老翁："老伙计，今天轮到我请客，走吧，快走吧。"红脸老翁一指苏东坡："这儿还有一位呢。"老叫花子撇了苏东坡一眼："那就一块儿来吧。"

苏东坡看看那老叫花子，要多埋汰有多埋汰，破衣烂裤，脏得看不出颜色来，脸上的油灰厚得都能揭下一层。苏东坡看着觉得恶心，就不想应邀，可一想到方才自己对红脸老翁的疑心，也就跟着去了。

上了蓬莱阁，见阁上已经先到了七位，有高有矮，有胖有瘦，其中有一个还是女的，八仙桌上摆着两只小锅和一方年糕。老叫花子说："今天也没有什么好招待的，就弄了三样小菜，诸位凑合着吃吧！"苏东坡探头一看，两只小锅里分别是一条半生不熟的死狗、一个嘴歪眼斜的死孩子，而那方年糕则长满了霉醭。

这伙人谁也不客气，上前抓起来就吃，个个吃得津津有味，还啧啧称赞"好吃"。苏东坡却只觉得恶心，特别是那死孩子，让这伙人你扯胳膊他拽腿，弄得血呼淋拉的，看得使人心惊肉跳。苏东坡本想尝尝那方年糕，可一看沾上了血腥气，便打消了吃的念头。那两位白发老翁倒是直让苏东坡，可是苏东坡哪里敢吃？眼睁睁地看着人家狼吞虎咽地吃完了，接着兴冲冲地纷纷离去，最后只剩下那两位白发老翁。

老翁把苏东坡招到跟前，问道："你猜我俩是谁？"

苏东坡摇摇头。红脸老翁介绍道："我是南极仙翁，他是北极星君。刚才在座的那八位，就是你要寻访的八仙。桌子上那三样菜，我也告诉你吧，那死狗是万年寿狗，死孩子是千年人参，发霉的年糕是百年寿糕，吃一口活一百岁，吃两口活二百岁。铁拐李为弄到这三样东西，可费了不少事哩！"说完，两个白发老翁倏地不见了。

苏东坡后悔得差点儿没背过气去，为什么自己刚才就不能硬着头皮吃一点儿呢？

苏东坡治狐修城墙

相传，北宋神宗元丰八年（1085年），苏东坡受皇命由汝州团练副使改任登州（今山东省蓬莱市）知州。一路上舟车颠簸，鞍马劳顿，一到登州就四处查看。苏东坡见登州府的城墙矮小，且年久失修，破败不堪，一旦发生战事，居民生命财产得不到保障，于是便四处寻访高人，规划修建城墙。

苏东坡从不拜庙，他有三个儿子，死了两个，剩下一个还有病。一天，县官非得拉着苏东坡去开元寺祭拜，实在没办法，苏东坡只好跟着去了。一进庙里，只听观世音菩萨塑像说道："你有三个儿子，死了两个，剩下一个还有病，为什么不来拜庙?"苏东坡见塑像会说话，大声喝道："你是人是鬼，亮相给我看看。"只见塑像后面伸出一只手，说时迟，那时快，苏东坡拔出腰中宝剑，挥剑砍掉了那只手，只听"吱"地一声，一溜儿火线向西北而去，那只手掉在地上变成了一只狐狸爪子。

原来此地有两只千年狐狸修炼成精，经常在周围装妖弄鬼，散瘟造疾，祸害百姓。被苏东坡砍掉爪子的是一只公狐狸，因苏东坡的剑上有毒，所以就开始溃烂，最后把命也送掉了。公狐狸死后，母狐狸决定为丈夫报仇，于是，想方设法来到了皇宫，附在皇后身上，她使出了一切妩媚手段，把皇帝迷得神魂颠倒，使他一日也离不开皇后。见时机成熟，皇后便装起了病。皇帝见皇后病了，心中焦急万分，马上宣太医为皇后医治，可所有太医都诊断不出皇后得了什么病，皇帝更是坐卧不安，这时，皇后说："我这个病，只有一种法能治。"皇帝一听，忙问什么法，皇后说："只有吃了九孔知府心才能好。"皇帝为难了："上哪找这样的心呢?"皇后说："我倒知道哪里有，不过说了，就怕皇帝不愿意，"皇帝说："只要能治好皇后的病，把半壁江山给你，我都愿意，何况一个知府心。"皇后说："登州知府苏东坡就是这样的心，只有他的心才能治好我的病。"皇帝一听说："这还不是小事一桩!"马上发了十二道令牌，招苏东坡进京。

苏东坡生性耿直，一生多舛，此时正在为修建城墙之事筹划，忽见来了十二道令牌，便预感到事情不妙。临走时对他媳妇说："这次进京，凶多吉少，我若二十日不回来，那就是出事了，很可能永远回不来了，你要心中有数。"夫妻俩含泪告别。苏东坡急急赶往京城。到了京城，皇帝说"你先歇息三天，把心稳定了再说。"

第三天晚上，苏东坡做了一个梦，只见一个白胡子老人对他说："等亮了天，你出东门，走一百步，遇见一个人，这个人手里拿的东西，不管是什么，不管花多少钱，你都要买下来，只有这样，才能救你一命。"说罢倏忽离去。苏东坡醒来，觉得奇怪，可他根本不相信，于是又睡了，哪知，又连做了两梦，全是这个内容，不由得心中疑惑。

天亮了，苏东坡起了床，觉得上朝还早，便信步向东门走去，直到东城门，想起了梦中老人说的话，便数了一百步，恰好一个人手擎一只苍鹰来到他面前，信也罢，不信也罢，先花钱买下这只鹰再说。而后，苏东坡便将鹰放在了袖筒里。

来到朝堂之上，拜见了皇帝，只听皇帝说："爱卿，皇后得了一种怪病，只有吃了你的心才能好，所以今天你要做出牺牲，委屈你了。"苏东坡听后，心中有数，不动声色，很镇静地回答说："只要能治好皇后的病，我可以粉身碎骨，何况是一颗心!可我有个要求，在献心之前，让我见上皇后一面，请皇上恩准。"皇上一听，这有何难，立即答应了苏东坡的请求。

皇帝走在前边，苏东坡紧握袖口跟在后边，刚刚来到皇后寝宫门前。只听皇后惊恐地说："苏东坡，你不要进来，也不要把手放开。如果你放开手，咱俩辈辈世世都得结怨；如若你不把手放开，我可以助你修筑城墙，咱俩的恩怨从此一笔勾销。"苏东坡说："我不放手可以，但你以后不能再去祸害人类了。"只听狐狸精说："我会记住你的话的。"说完，一道火光，一股烟尘冲天而去。皇后又恢复了原来的样子。皇上这才知道，皇后原来是被狐狸精附体了。

苏东坡回到登州后，马上让人勘查地形，准备维修扩建登州府城墙，时间不长，手下人来报，发现一人在城墙周围比比划划，地上墙上还画了些印迹。苏东坡一听心中有数，忙吩咐道："赶快将这些印迹都插上标记，就按照这些标记进行施工，修建城墙。"并亲自到实地查看，督导工程。

史载，苏东坡知登州，仅仅在登州住了五日便调往京城，不可能有修建城墙一事，不过回京后立即向皇帝连上两个奏折：一是《登州召还议水军状》，二是《乞罢登莱榷盐状》，为蓬莱做了两件好事。至今蓬莱民间还流传着"五日登州府，千年苏公祠"的美谈。可见苏东坡在登州百姓中的享誉之高，以至于有些神化。因而在民间也产生了许多关于苏东坡的神话故事，尽管有些离奇，却蕴涵着对苏东坡的赞誉和寄托着人们的美好愿望。

苏轼与蓬莱弹子涡石

苏轼，别号东坡居士，四川眉山人。他是中华文坛上的一代巨匠，也是一位著名赏石家。苏轼曾在古登州（今蓬莱市）任知登州军州事，虽在登州时间短暂，但他不仅发现并采藏过弹子涡石，而且以生花之笔留下了传流至今的弹子涡石诗。

弹子涡石产于蓬莱阁丹崖山西北侧的海滩沙土中，因石体小似弹丸且分布在涡形滩涂，古时当地人称其为弹子涡石，有"一斛碎玉，万斛珠玑"的说法。宋熙宁二年（1069年）苏轼被贬于江南，应挚友、曾任皇宫教授的吴子野之邀，到广东潮州吴公隐居的岁寒堂赏观从登州经海上运回的北海十二石（砣矶石），苏轼见石大为称赏，蓬莱从此成为苏轼热切向往之地。元丰八年（1085年）神宗病逝，哲宗继位，六月苏轼接旨到登州任知登州军州事，苏轼的兴奋可想而知。他说："受命已一月，甚欲速达，而远接人未到，船亦未足。"苏轼正式踏上赴登之途是八月，于十月十五日抵达登州蓬莱。令苏轼意想不到的是登州之任匆匆五日，于十月二十日又接滞后的九月召唤回京（开封）急任礼部郎中的诏书。卸任后方始游登州水光山色。当游至蓬莱阁上看到"目力所及"的海上诸岛（长山列岛）时，吴子野北海十二石的印象浮现在眼前，但因政事紧迫，留下了未能入北海诸岛采石的遗憾。不过令苏轼欣慰的是，当游至丹崖山北麓海滩时，他慧眼识珍，发现沙土中五色温润、圆熟可爱的弹子涡石，遂与从者两次入滩共采获数升达数百枚。

苏轼是当年十一月初踏上离登之路的，对采获的弹子涡石，一部分送回眉山家园，或置于长有菖蒲的浅水之中，或置于盆盎之内水浴观赏；一部分赠送友人作登州之任的纪念；一部分自己珍藏，心念不遗。此间还发生过两件让苏轼挠头的趣事。元祐八年（1093年）

苏轼被贬出知扬州任上时，于广东峤南任职的表弟程德孺赠他一绿一白两件英德石，他把双石浸置在一只来自高丽的铜盆中，并用七年前在登州采获而随身携带的弹子涡石围簇着，令双石锦上添花，视为"希代之宝"。他初命名为双石，又以盆水喻梦中的仇池，命名为"仇池石"，也称"盆山""家山"，后来因弹子涡石"附其足"，又以盆水喻海称"海石"。同年苏轼自扬州还曾带石入苏府，时任都尉的驸马王晋卿特至苏府赏观。谁知王晋卿因喜至极，当场吟诗欲"借""夺"。苏轼不好直面拒绝，便巧以当朝名宦三益友也同爱此石为由，仿"和氏璧"的故事，要王晋卿用所藏唐代名画家韩干的两幅备鞍马画作相交换，令王晋卿知难而罢。对盆山海石，苏轼不但随身携带爱不释手，心中更时时牵念从不遗忘。绍圣元年（1094年）约八月在湖口（今江西湖口县），苏轼于藏石者李正臣舍内看到一件"玲珑宛转，若窗棂然"的九峰石，他不但喜极赐其名"壶中九华"并吟诗，而且"欲以百金买之"，与盆山海石"为偶"，但因又接到被贬惠州（今广东惠州市）的圣旨而"无暇"购买。时隔八年，苏轼被流放南疆海南遇赦北归重过湖口，还想购壶中九华石与盆山海石作伴。可惜此石已被好事者购走，苏轼因无缘拥有心爱之石而十分懊丧，便于当年四月十六日又吟诗以自解。这两件趣事，彰显了苏轼对盆山海石爱不释手、情有独钟的情感。

苏轼是诗词大家，又是赏石家，自然要吟诗咏颂弹子涡石。清代王文诰集注的《苏轼诗集》，其中写赏石的二十首，而吟咏弹子涡石和与弹子涡石有关的诗达七首。专题吟咏弹子涡石的诗有两首。第一首大意是初到登州在"海隅"荒野发现怪诞的弹子涡石，其洁白者有充枕纳凉之效，于是将部分赠予僚友子明的父亲梅丈作枕。"始于文登海上，得白石数升，如芡实，可作枕。闻梅丈嗜石，故遗其子子明学士，子明有诗，次韵。海隅荒怪有谁珍？零落珊瑚泣季伦。法供坐令微物重，色难归致孝心纯。只疑薏苡来交趾，未信蝾珠出泗滨。愿子聚为江夏枕，不劳挥扇自宁亲。"诗在扼腕叹息极美的弹子涡石无人发现、珍爱之后，将弹子涡石喻为"零落珊瑚"，来自交趾（越南）的"薏苡"（草珠）和珍贵的"蝾珠"（珍珠）。第二首，序云"蓬莱阁下，石壁千丈，为海浪所战，时有碎裂，淘洒岁久，皆圆熟可爱，土人谓此弹子涡也。取数百以养菖蒲，且作诗遗垂慈堂老人。"诗曰"蓬莱海上峰，玉立色不改。孤根捍滔天，云骨有破碎。阳侯杀廉角，阴火放光彩。累累弹丸间，琐细成珠琲。阎浮一沤尔，真妄果安在。我持此石归，袖中有东海。垂慈老人眼，俯仰了大块。置之盆盎中，日与山海对。明年菖蒲根，连络不可解。倘有蟠桃生，旦暮犹可待。"该诗把弹子涡石喻为"弹丸""珠琲"（珠串）的同时，以取、持、置、养为线索，用文学巨匠的手笔把弹子涡石的产地、成因、色泽、形态、名称来历揉于诗中，又以非凡的禅能、悟性和想象淋漓尽致地讴歌了弹子涡石，其中"我持此石归，袖中有东海""置之盆盎中，日与山海对"的诗魂雅句，成为古今石家的口头禅。面对权势非凡的王晋卿欲借夺盆山海石而吟作的诗有三首。诗中说弹子涡石来自产"珠蒲"的神仙所宅之地"瀛州"；称弹子涡石为"文登玉""碎玉"；色泽娟秀"如蛾绿"（青黛螺），特点是置于一绿一白的双石底部水浴可"幽光先五夜，冷气压三伏"；还说自己对为官老来居无定所又

"四壁"皆空并不足惜，唯晚年幸得"希代之宝"盆山海石，所以生时"千里常相逐"，官职或晋或贬心中从"未遗"，死后还要与盆山海石一起"归沂"家乡岷山大自然。此外还有《壶中九华诗并引》和《和〈壶中九华诗〉以自解》两首。二诗写苏轼欲重金购买壶中九华石与盆山海石作伴和无缘所得的心境，表达对盆山海石的眷恋。

苏轼与蓬莱弹子涡石结缘至今已有九百三十多年的历史，此石因苏轼而名，其文化代代相传。南宋石家杜绾借苏诗首以"登州石"为名将弹子涡石载入其著作，即我国古代最完整、最丰富的石谱《云林石谱》；明代林有麟所著《素园石谱》对其进行转载，大文学家王世贞游蓬莱因记苏轼弹子涡石诗也拾取数十枚并和苏诗之韵作《取弹子石》诗；清代名士沈心所著《怪石录》对苏、王之诗又进行转载；此后弹子涡石文化的挖掘研究延续至今。苏轼是蓬莱乃至烟台赏石的开拓者。蓬莱是烟台乃至胶东赏石资源颇丰的县级市，这里的赏石不仅品类多（现已发现十余种），富含玉髓、玛瑙，质地花色精美，有的还具有地质历史科研价值，不过一直不见经传。苏轼发现、采藏弹子涡石，并吟诗多首，首次把蓬莱赏石推进中华石坛，令蓬莱乃至烟台成为中华赏石文化的重要发祥地之一。苏轼为赏石新标准提供了实践依据。北宋文人米芾在总结前人赏石经验的基础上，提出了"漏、瘦、皱、透"鉴石标准，后来苏轼又加了一个"丑"字，从此五字鉴石标准延用历代。仔细研读苏轼的弹子涡石和盆山海石诗，不难看出，苏轼早在九百余年前，就开启了用"形、质、色、纹、意、名、座"诸方面观赏弹子涡石和盆山海石的先河，这不仅影响历代，也为今人提出鉴赏奇石的新标准提供了实践依据。苏轼观赏弹子涡石是"置之盆盎中"水浴进行的。此法是苏轼根据此石产于海水之中，且具体小、群体美突出的特点独创出来的，他这种因石制宜的创新精神，也给今人以启示。

郑和下西洋与蓬莱 "紫檀木舵杆"

登州港（蓬莱水城）是我国北方著名古港，1984年和2005年两次重大清淤工程中，发现明代4方大型珍贵木料，材质为紫檀木、黄花梨木、铁梨木，其尺寸之大，国内罕见，现被珍藏在蓬莱古船博物馆展厅内，吸引着四面八方的游客前来观赏。

1984年4月，在登州港（蓬莱水城）清淤工程的淤泥中，发现一块大型明代木材，木材长8.2米，被加工成方木，木材分大、小头，大头宽43厘米，高48厘米。在头部凿有9厘米的圆形穿孔。小头宽37厘米，在小头处刻有3行文字，共48字："黄字三百十五号，壹根长二丈八尺，厚一尺二寸，舵头破心，闪脚破开一尺五寸，巴节三个。永乐十年六月□□日进四百料。"登州港清淤工程后，蓬莱县文物部门将船材取样，送到北京的中国林科院木材所进行了鉴定，古舵杆用材为紫檀木。

从国内发现的明代船材文物看，许多官方木料上大多刻有文字编号等，如南京宝船厂、登州港（蓬莱水城）出土的明代木材莫不如此。登州港（蓬莱水城）紫檀木舵杆编号就是依据《千字文》"天地玄黄，宇宙洪荒"的"黄"字头来编号。登州港（蓬莱水城）发现的紫檀木、铁力木舵杆带有编号，显示出官方管理机构对于珍贵船材的严格管理程度，甚至连"巴节三个"均仔细标明，也说明当时对于海外而来紫檀木的珍视程度。

我国传统观点对于明清紫檀木的产地，素有印度、斯里兰卡、东南亚及我国云南、两广等地的说法。但是，近年来经周默先生等紫檀木专家实地考证，实际上自古至今紫檀木原产于印度南部地区。登州港（蓬莱水城）出土的明朝永乐十年（1412年）紫檀木舵杆，与永乐年间郑和开通西洋航线后，郑和船队抵达印度时间相同。近年来，我国著名造船史专家席龙飞先生提出，郑和船队的大型宝船出现于郑和第三次下西洋以后，而蓬莱永乐十年（1412年）紫檀木舵杆，恰好出现于郑和第三次下西洋。在中国北方登州港，发现并保存郑和下西洋的紫檀木船舵，从一个方面也反映了登州港在明朝初期繁盛的运输景象。十分巧合的是，盛产紫檀木的印度南部卡纳塔克邦与安德拉邦紧邻古代的古里国，再往南就是柯枝国。如果郑和船队或私人海上贸易船队从古里、柯枝装运产于印度南部的紫檀木也是合情合理的。

唐代是中国兴盛时期，紫檀木大量地进入中国，其原因之一与佛教的传播有关。唐代辩机《大唐西域记赞》中记载玄奘西去天竺取经，在经过天竺一座城池时，"城内故宫中有大精舍，高六十余尺，有刻檀佛像，上悬石盖，无陀衍那王之所造也。昔如来在忉利天经夏为母说法，王思慕，及请目连将巧工升天观佛颜容止，还以紫檀雕刻以像真容，世尊下来时，像迎佛，即此也。"可见印度的紫檀木佛像，给玄奘等取经者留下深刻印象。此后唐代开始引进大量的紫檀木，流行用紫檀木雕刻成佛像进行敬奉。从此中国成为继紫檀木原产地印度之后，世界上使用紫檀量最多的国家。

唐代的紫檀制品对日本的遣唐使、留学僧等影响极深，并作为珍品输往日本。保存在正仓院日本国宝之一——唐代镶螺钿琵琶，被视为重要文化遗产历经千年，珍藏至今。据说使用紫檀木制作的琵琶，其音质奇妙，别具韵味。唐代诗人张籍，在《宫词》中描述："黄金捍拨紫檀槽，弦索初张调更高。尽理昨来新上曲，内官帘外送樱桃。"记载了紫檀木琵琶的奇妙之处。

元代，中国的紫檀木作为大宗商品输往东亚的日本、朝鲜。1976年，在韩国新安海域发现的元代沉船，沉船上装载紫檀木多达1017根，紫檀木放置在舱底用以压舱。笔者作为最早接触新安沉船紫檀木的国内人士，在韩国国立海洋遗物展示馆的仓库内，测量了这批紫檀木，紫檀木大多数为实心，长度在30—200厘米。其最大的紫檀木周长为45-70厘米，但数量较少；大部分紫檀木周长在20-32厘米之间。笔者深知新安沉船紫檀木的重要性，在国内外学术场合多次言及其重要意义，以期引起关注。韩国学者金炳堇博士率先以《新安船装载的紫檀木与国际贸易》一文，在泉州召开的"海上交通与伊斯兰文化"学术研论会论文集发表，新安沉船紫檀木的研究开始在国内外传播。目前，这批紫檀木在韩国木浦市的国立海洋遗物展示馆新安沉船展厅，与沉船同时对外展出，期待着国内外学者的更深入研究。

国内学术界的许多著名学者认为，全国范围内紫檀木没有大木料。《紫檀》专著的著者周默先生说"我接触紫檀木二十多年，小头直径最大的有53厘米的（长度为260厘米），最长的紫檀木约390厘米左右。"多年从事明清家具研究的故宫博物院研究员胡德生先生介绍到："故宫现存紫檀大器中，板宽很少有超过20厘米的。"《明清家具研究》的作者，已故著名明清家具研究专家王世襄先生曾说："从见到的紫檀原材料及家具上的板材来看，直径或板材在一尺以上的绝少。"近年来，周默先生曾亲往印度南部的古德伯林区，看到紫檀木的老树桩直径在67.95厘米，还见到了直径44厘米的紫檀木树干。他认为由于印度林区运输困难，紫檀大料在印度本地用于建房或提取染料而使用殆尽或过度采伐，致使来到中国的紫檀大料寥寥无几。然而，在蓬莱的登州港（蓬莱水城）发现明代永乐十年（1412年）长8.2米的大型紫檀木料，应以说明郑和下西洋航线的开通，在明代永乐年间海外的大型紫檀木，经过辗转抵达北方的登州港，因其历史机缘而保存至今。

周默先生在《木鉴——中国古典家具用材鉴赏》书中提出"明中期以前所存的木质文物，特别是家具极少。"故宫博物院研究员胡德生先生认为"明清硬木家具是从明代后期的隆庆、万历以后才开始的。明代272年的历史硬木家具只占最后的七十年。"胡德生先生发现在抄没明代权臣严嵩的家产清单中没有紫檀、黄花梨、铁梨等硬木家具，因此胡德生先生认为"隆庆年间开放海禁，私人可以出洋，才使南洋及印度洋的各种优质木材大批进入中国市场"。从我国可以看到的官方和民间紫檀木收藏领域看，专家们所言不虚。但是蓬莱紫檀木的出土，至少说明在明代永乐年间郑和下西洋期间，紫檀大料进入到中国，但目前存世极少。蓬莱长8.2米的紫檀木，即是郑和下西洋的见证，也是中国目前保存最大的古代紫檀木之一。

登州港（蓬莱水城）发现明代紫檀木、黄花梨木、铁梨木等珍贵木材用于造船，其优良材质保证明代海船的卓越性能，可见郑和船队在船舶材质上，有条件选用世界上最优质的木材来造船，使得船队的抗风浪能力、耐久性必将优于外国船舶。而8.2米长紫檀木舵杆的出土，对于传统"紫檀无大料"的观点形成新文物实证，说明至少明代永乐年间郑和下西洋期间，国内不可否认存在着一定数量的大件紫檀木。登州港明代紫檀木能够穿越历史保存至今，实属国宝级文物，十分珍罕，其历史与科学价值将日益显现。

戚继光与蓬莱的故事

戚继光（1528～1588年），字元敬，号南塘，晚号孟诸，山东蓬莱人。纵观其一生，边关戍守，沿海抗倭，南北征战，立下不朽的功勋。

明朝嘉靖七年闰十月初一（1528 年 11 月 12 日），戚继光出生于山东济宁微山县鲁桥镇，戚景通时任江南漕运把总。嘉靖十二年（1533 年），戚继光跟随祖母阎氏回到登州故居。第二年，六岁的戚继光进入私塾学习。

蓬莱是戚继光童年及青年生活的地方，是处于其思想意识、人格品质形成和发展的时期，在这段时期内，由于其自身的努力和客观环境的熏陶，使其思想境界、道德修养得以升华，最终成就了中国历史上建树非凡的军事家和民族英雄。

少年戚继光胆量过人

戚继光从小胆量过人，有一次他到蓬莱阁古建筑去掏鸟蛋，蓬莱阁老建筑檐下有许多鸟做窝。他爬到墙上，手伸进老建筑檐下，没想到掏出来的竟然是一条长蛇。如果是一般的孩子，看到手里盘曲扭动的长蛇，可能会大惊失色失足掉到墙下，然而戚继光此时却面不改色，丝毫不见慌张顺手将蛇扔出。

少年戚继光喜好布阵

戚继光九岁时，时常在放学后，与小伙伴们嬉戏，他调泥作为营基，砍下竹子用作旗杆，用红布制作军旗，搜集起石头瓦块当作营垒，指挥小伙伴们游戏打仗。当时他的妹妹拔下军旗玩闹，戚继光手舞毒蛇，把军旗追回重新插回原地。乡里的人看到这种情况称赞说："这哪是孩童中的一般人。"

戚景通刻名碑教育戚继光

戚景通五十六岁晚年得子，对戚继光自然是非常喜爱，但他不溺爱孩子，对戚继光的教育非常严格。戚景通曾经问戚继光："你有什么志向？"戚继光回答："我的志向在于读书。"戚景通教导道："读书要掌握忠、孝、廉、节四个字，否则读书又有什么用呢？"戚景通多方搜寻，将搜集到的民族英雄文天祥"忠孝廉节"四字手迹，摹刻镶嵌在家中新建的墙壁上，用以时刻教育戚继光。此外，戚景通专门为"忠、孝"作了两篇题跋，因跋文文采斐然，明清时期《蓬莱县志》均有收录留存。

父毁锦鞋

有一天，戚景通在院子里，看到戚继光穿着一双崭新的锦鞋高兴地走来走去，不禁奇怪地问道："哪里来的新鞋？"戚继光回答："是姥爷送的。"戚景通见状严肃地教育道：

"你是个小孩子，却穿着锦缎制作的新鞋。穿上了锦鞋，一定要穿漂亮的锦缎衣服。穿着锦缎的衣服，一定要吃肉食，你父亲清白贫穷是满足不了你的锦衣肉食。将来你是要进入军中带领部队艰苦作战的，这样下去怎么得了。"戚景通为防止儿子沾染坏习气，严令戚继光将锦鞋撕毁了。这件事情可从看出，戚景通的家教从点滴小事抓起，从小注意培养戚继光形成良好的道德品德。

戚氏府第修缮降格

戚景通时期，戚氏故居作为将军府第在登州蓬莱已有两百多年的历史，戚景通晚年以二品武官的身份退休，回到蓬莱侍奉母亲。因祖居年久失修，戚景通招募工匠修缮故居，期间安排工匠在大门两边雕制四扇花窗。工匠们不解询问戚继光："公子家是将军府第，按朝廷规制应该制作十二扇雕花窗户，怎么才制作四扇花窗。"戚继光就向戚景通转告了工匠们的疑惑，戚景通听后严肃地教导说："你如能够修身立世，严守祖业，以此来奉祀祖先，能使我不失清白的名誉不去获罪于历代先祖，有清白之名延续家族，四扇雕花窗户也就足够了。"戚景通严厉批评了雕制十二扇花窗这种图虚荣、讲排场的做法，要求戚继光处事谨慎，不事张扬，强调这样才能保全家业。

"孝廉、 孝廉， 何以遗后"

戚景通为官清廉，从来不接受馈赠或贿赂，因忙于事业不善治家，因而家中积蓄不多。乡里人私下议论戚景通："孝廉、孝廉，将何以遗后？"夫人张氏担心将来生活不继。戚景通指着戚继光告诉夫人："这就是家中的财富"。后戚继光赴京城办理袭职手续，临行之际戚景通握住戚继光手语重心长说："我留给你的，不要轻易用掉。"戚继光挺身保证："儿应该力求增加，哪会轻易用掉"。旁人不理解说的是什么，都知道戚家没有什么家产。实际上戚氏父子在讲，要将不懈进取的清廉家风传继下去。戚继光赴京期间，戚景通病重去世，家徒四壁，留下卧床一张，川扇一把。家中积蓄不够办理丧事，夫人张氏借贷才处理了后事。

戚继光在职求学

戚继光十三岁就学于蓬莱名儒梁玠先生。梁玠先生为蓬莱诸谷人，秀才出身，屡举乡试不中，后出任沧州训导，历任教谕、教授致仕，享年七十二岁。戚继光十七岁袭职任登州卫指挥佥事，明朝官场规矩有官职身份，需有车马随行。戚继光家贫无资购车马出入，再去梁玠先生处学习，就不能徒步前行，戚继光要继续学习遇到了困难。梁玠先生告诉戚继光："你家世代为将官，现在你也有幸做官，不愿废弃学业，而向老师求学，你能够进一步学习成就功名，我愿意助你完成求学志愿。"于是，梁玠先生每天徒步来到戚继光家授学，使戚继光的学业日益长进。

梁玠身教戚继光

梁玠先生每天来到戚家教学，戚继光深受感动。有一天，戚继光准备了丰盛的饭菜，招待梁玠先生。梁玠先生不喜反怒道："你父亲一生清白，没留下什么金钱，你怎么能操办这些高档饭菜？我来教你难道是为了享受这些饭菜？"梁玠先生斥责后转身就离开了。身教重于言教，从此戚继光再不敢置办餐饮答谢老师。戚继光与老师梁玠先生感情一直很深，戚继光中年功成名就时曾深情回忆道："先生不以光为不肖，过督之。光今一字一句，皆先生授也。"在戚继光晚年编辑的诗文集《止止堂集》中，收录了其撰写的《中谷梁先生墓志铭》《祭业师广文梁中谷先生》《沧州儒学训导梁玠遇寇纪事》三篇记述怀念梁玠老师的文章，可见梁玠先生对戚继光一生影响很大。

一日三鱼

明朝嘉靖二十四年（1545年），戚继光十八岁迎娶了蓬莱万户王栋将军的女儿王氏。戚家贫穷，曾有戚继光的同事到家畅谈，家中无钱置办酒席，过了许久，王夫人方将酒席办好摆上。客人走后，戚继光问王氏酒席的来由，原来王夫人是将首饰送至当铺抵押，才置办了酒席。有一次，戚家好多天没有吃到鱼肉，王夫人在市场上买了一条鱼，砍成三段，准备做菜。早餐做了鱼头端给戚继光，中午又将鱼尾做给戚继光吃，戚继光问："还有鱼吗？"王夫人答："没有鱼了。"戚继光暗自猜测鱼腹是让王夫人自己偷偷吃掉了。傍晚时分，王夫人将做好的鱼腹，给戚继光端了上来，戚继光见状感动地说："一条鱼全都进了我的肚子，夫妻间不应该同甘共苦吗？"王夫人回答："你劳累，我清闲；你吃好一点，我吃差一点，这是夫妻之礼。"这件事说明戚继光夫妻和谐，有举案齐眉、相敬如宾的良好家风。

戚继光作 《拟黄台吟》 处理妯娌纠纷

明朝嘉靖二十七年（1548年），戚继光二十一岁时，率登州守军戍守蓟门。当时弟弟戚继美尚未完婚，戚家无资为戚继美迎娶。王夫人典当了从娘家带来的首饰筹措到资金，为弟弟戚继美迎娶了弟媳李氏。由于戚家家贫，弟媳李氏年轻不懂事，妯娌间多次发生矛盾。戚继光于是作《拟黄台吟》诗：

> 四瓜犹晟摘，两瓜更何如？
>
> 一摘瓜分半，再摘蔓且除。
>
> 家家有南亩，毋使妇人锄。

戚继光向妯娌两个讲述了唐朝章怀太子李贤写作《拟黄台瓜辞》的由来，相传唐朝武则天掌权时期，太子李贤有感于母子亲情在权力斗争之下毒杀前太子，用诗来劝谏武则天对太子废黜的频繁，以藤蔓比喻武后，因四个瓜先后被摘而感伤四兄弟性命朝不保夕，希望武后看后醒悟。诗文如下：

> 种瓜黄台下，瓜熟子离离。
>
> 一摘使瓜好，再摘令瓜稀。
>
> 三摘尚自可，摘绝抱蔓归。

戚继光是通过《拟黄台吟》这首诗，对妯娌二人进行了劝导教育，终于使妯娌二人重归于好。

重责娘舅

明朝嘉靖三十二年（1553年），戚继光二十六岁署都指挥佥事，担任山东沿海的备倭重任，管理蓬莱、文登、即墨三营二十四卫所。当时军中他舅舅长期任职，凭借资格老又是长辈，竟然不听从戚继光的命令，在军中的影响特别不好。戚继光按照部队纪律给予舅舅杖责处罚，而后晚间来到舅舅家，当面摘帽道歉，行外甥的礼节。舅舅深受感动地说："知道你执行纪律严格，今后不敢不听从你的命令了。"这件事在军中传出后，军纪为之一变。军人们私下说："执行军纪不避讳亲舅舅，这是出于公心；军法在先，私礼在后，这是礼让；亲舅舅遭到处罚，更何况其他下属呢？"此事的圆满处理，可以看出戚继光执行军纪的严格与对待军中长辈灵活的处事方式。

严整卫所，　撤换军官

戚继光升任山东总督备倭后，发现有的卫所军费空虚，经调查原来是有的军官挪用了卫所的银两，多年的累积挪用造成卫所的经费空虚，甚至不能保证正常的开支。戚继光下令十天之内，卫所官员必须按时归还挪用银两，个别一时还不上的，从其俸禄中扣除。千户李武臣等军官，在戚继光的督促下，归还了挪用的卫所经费，保证了卫所开支。

戚继光还发现许多卫所主管，由于老病等原因，不能正常到岗视事。于是戚继光果断地上报朝廷，对卫所军官进行整顿，撤换了一批年老有病的军官，提拔重用了如栾煦、王泮等年轻有为的军官，使山东半岛的明军风气有了明显转变，战斗力大大增强。

戚继光在蓬莱题诗明志

在蓬莱军中任职与不懈的求学期间，历史上英贤人物的光辉业绩，深深激励着年轻的戚继光。他在堂前的柱子上刻下一副对联："功名双鬓黑，书剑一囊轻。"他决心以自己的书剑博取功名。可贵的是，戚继光追求并非个人功名，而是要为国家建功立业。

戚继光戍守蓟门，路经金岭驿，又作《马上行》：

> 歧路驱驰报主情，江花边月笑平生。
> 一年三百六十日，多是横戈马上行。

戚继光在一本兵书的空白处，还写了一首题为《韬钤深处》的五言律诗，抒发自己保家卫国的志向：

> 小筑暂高枕，忧时旧有盟。
> 呼樽来榜客，挥麈坐谈兵。
> 云护牙签满，星含宝剑横。
> 封侯非我意，但愿海波平。

其中"封侯非我意，但愿海波平"的诗句，成为戚继光诗文的代表作，流传数百年为人们所传颂。

戚家军军粮——光饼

2018年6月13日，习近平总书记在蓬莱阁观澜亭的商店里，看到了"光饼"，饶有兴趣地掰开品尝，并招呼其他人员一起品尝，讲起了光饼在福建流传很广的故事。

他说："别看戚继光是蓬莱人，但光饼是他在福建时发明的。南方没有麦子，都是吃大米，不容易携带，所以在战斗的过程中，就把面粉做成压得很实很硬的饼，便于携带。因为要在潮湿的南方长期储存，正宗的光饼烘焙得又干又硬，食用时搞不好会割破嘴唇，正确的吃法是在吃的时候要翻过来咬。士兵行军打仗时，要将其穿成一串，像背'斜挎包'一样背在身上"。

光饼是戚继光率"戚家军"在福建打击倭寇时发明的军粮，是用小麦粉烙成小饼，中间穿孔，背在身上。光饼耐存储，食用方便，流传很广。在福建沿海、内地，光饼是特产、名吃，形状有大的有小的，味道有咸的有甜的，内里有带馅的、有不带馅的，式样有穿孔的、有不穿孔的，外表有带芝麻的、有不带芝麻的。

光饼流传于明嘉靖年间，白色微黄，饼面有光泽，味香、咸、脆，嚼后又觉得有甜味，是当年抗倭名将戚继光率戚家军行军作战时携带的干粮，也是我国唯一与戚家军爱国主义事迹直接相关的糕饼。

郁达夫为戚继光作的诗词中提到光饼（在福建，光饼也叫征东饼）："三百年来，我华夏威风久歇。有几个如公成就，丰功伟烈。拔剑光寒倭寇胆，拨云手指天心月。到如今，遗饼纪东征，民怀切。""遗饼纪东征"中的"饼"指的就是光饼。

光饼的历史，还得从戚继光抗倭说起。据福州府志记载：明嘉靖四十二年（1563年），抗倭英雄戚继光率军入闽追歼倭寇，连日阴雨，军中不能开伙，戚继光便下令烤制一种最简单的小饼，用麻绳串起挂在将士身上充当干粮。

戚继光率领士兵追杀捕剿倭寇，贵在用兵神速，但行军过程中，架锅烧饭会拖延不少时间，而简单的用光饼充饥，可解决这一问题，这种小饼便在戚家军中普及起来。

戚家军发明光饼后，沿海各地的百姓争相仿效为戚家军及其他抗倭军队制作光饼。光饼由此在民间流传起来，不但普遍食用，而且有的地方还成为祭祀神灵祖先必备的供品。福建省的福安等地传说，由于助戚家军平倭有功，明嘉靖帝赐名曰"继光饼"。

关于光饼的起源，蓬莱民间有这样的传说，光饼的创意源自蓬莱的巧果，巧果是用小麦粉烙成，穿成一串的小食品。

福建一带不以面食为主食，戚继光是蓬莱人，在福建抗倭时，因军粮不易携带一筹莫展，想到家乡蓬莱七夕时吃的巧果，就指导士兵用小麦粉做成光饼。为便于携带，将"巧果"压得很扁就形成今天光饼的样子。

小小的光饼不仅是福建、蓬莱的民间美食，而且是承载着福建浙江百姓对戚继光思念之情的信笺，是寓意着戚家军巧思发明、开拓创新的精神食粮，是传承着抗倭英雄戚继光忠国爱民、固土御疆爱国情怀的红丝线，是蓬莱这座历史文化名城中民俗文化的重要组成部分。

明代重修三清殿轶闻

在蓬莱阁丹崖山的东侧，有一座三清殿，因供奉道教的三位至高神而得名。大殿内中间供奉玉清元始天尊，东边供奉上清灵宝道君，西边供奉太清太上老君（老子）。他们手中拿的宝器分别象征着三个不同的时代。元始天尊手拿红珠，象征红元时代，灵宝道君手拿太极图，象征混元时代，太上老君手拿扇子，象征太初时代。三清殿遍及信奉道教的地方，我国国内有许多著名的三清殿建筑。

蓬莱阁的三清殿建筑规模虽说不是很大，但是发生在明代重修三清殿过程中的一件神奇事情，却是十分罕见的。这个神奇的故事，真实地记载于三清殿正殿院东墙上的《重修三清殿记》石碑上，它的撰写者是登州蓬莱人、原明朝南京刑部尚书陈其学。

话说明朝隆庆年间，有个叫张凤翙的官员调到登州做官。张凤翙上任后，有一天在游览蓬莱阁风光时，看到丹崖山东边的三清殿，历经岁月的洗礼后，现已破旧不堪。

明朝时，道教十分盛行，渗透到社会的方方面面，上可影响封建君主治国，下可制约和引导百姓生活，成为朝廷确定的官方宗教，道教事务也被列入朝廷行政管理的范围。张凤翙出自太仓世官家族，深谙为官之道，于是决定倡导重修三清殿。

为了保证三清殿的顺利重修，此后不久，张凤翙在一次求雨祭祀海神后，声称得到海神的"神示"，因此要顺应"神意"，重修丹崖山上的三清殿。

在张凤翙带头捐缗钱四万的号召下，登州上至官员，下至百姓，有钱的出钱，有物的出物，有力的出力，重修三清殿的事情搞得风风火火的。

可是"万事俱备，尚欠东风"，修筑三清殿大殿需要质量上好的大木料用来制作立柱和大梁。登州在明代时属于偏远地区，经济很不发达，一时之间，制作立柱和大梁的上好大木料难以筹备，重修三清殿事宜也陷入了僵局。

忽一日，天空阳光普照，万里无云。几名正在北边大海中捕鱼的蓬莱渔民发现，有一些黑点从北边远处大海上慢慢飘来。不久后，渔民们惊奇地发现，这些飘浮的黑点居然是粗大的木材！

于是渔民赶紧报官。

经官府查验，大海上飘来的木头有10多根，其中3根长的竟然有三、四丈长，余下短的也有二丈多长，这些木头大多都是珍贵的树种。更令人惊异的是，这些飘来的浮木居然是经过粗加工过的，正好可以做修建三清殿大殿的大梁和立柱。

登州官员和百姓欣喜若狂，纷纷到海边跪拜，感谢海神妈祖显灵，福佑重修三清殿。

三清殿也因此得以顺利重建，重修后的三清殿更加高大威严，气势雄伟。

明朝年间发生的海上飘来巨木"资助"重修三清殿的故事，的确令人感到神奇。后人猜测，明朝时期常有东北地区运输木料的货船通过登州航线，这些"浮木"可能是货船在海上失事后随洋流飘来的。

李承勋与海市诗碑刻

蓬莱阁丹崖山上古建筑群中，有一座吕祖小像碑亭，亭子坐南面北，形制小巧，别具一格。亭内立有一方汉白玉石碑，石碑正面雕刻着八仙之首吕洞宾的肖像，画面上吕祖束冠跣足，面容庄重，衣袂飘飘，仙风道骨。石碑背面镌刻明朝抗倭将领李承勋的《吕祖咏海市诗》，创作于明万历二十年（1592年），笔法苍劲有力，结构饱满匀称，诗文琅琅上口，意境深远，为蓬莱阁碑刻中的珍品。

李承勋，字锡庸，处州（今浙江丽水）人。其由锦衣卫调处州卫，世袭指挥同知。万历元年（1573年），因东南沿海受倭寇侵扰，其奉命前往浙江行省抚标练兵，法令严明，倭寇不敢进犯。万历二十年（1592年），登州沿海一带倭寇猖獗。李承勋接到皇上圣旨，任命他到登州，抵御倭寇。李承勋领旨后，内心激动不已，他早就听说登州出现过海市，曾惹得秦皇、汉武多次到登州寻求长生不老药的事情。于是李承勋当即率领士兵，从浙江来到登州，在知府大人的安排下，住入黑山公署处（今蓬莱后勤司令部）。一日，李承勋来到蓬莱阁，见到苏轼的《海市诗》后，被其诗文倾倒，久久徜徉在海市的绝妙意境中。他也想一睹渴盼的海市蜃楼迷人景色，可惜正值冬天，不是海市出现的季节，他便信步来到吕公亭，祈祷吕洞宾，希望来年春天让他见到海市。吕公亭为蓬莱阁古建筑群原有建筑，门上悬挂"纯阳洞"匾额，亭内立吕洞宾像碑，后来亭子倒塌，将像碑移于今天位置，并重建碑亭。第二年开春的一天，晴空万里，微风浮动，李承勋正在丹崖山上蓬莱阁下，眺望对面的长山列岛，思索防御倭寇之事。忽见海面上涌来一团雾气，不久对面的长山列岛在雾气中若隐若现，海面上出现了从未见过的楼台殿阁。李承勋内心一片欣喜，吕祖让他见到了梦中的海市蜃楼。李承勋与儿子李大生一同扶乩，得到《吕祖咏海市诗》一首：

> 青天忽见动东风，一望三山雾气中。
> 万丈晴光疑有蜃，四迥苍色岂无龙。
> 已开城郭三千界，又见楼台十二重。
> 要识人间总虚幻，不须翘首对长空。

李承勋将该诗勒石刻碑，于吕祖殿旁建一碑亭，保存至今。

袁可立与蓬莱阁

蓬莱阁避风亭内有一处闻名遐迩的珍贵石刻文物——明朝袁可立《海市诗》石刻。石刻由袁可立撰写，董其昌书丹，温如玉刻石，因三位均是明朝后期名家，珠联璧合，故被称为诗、书、刻三绝的千古名篇，吸引着古今游人观瞻。

袁可立（1562～1633年），字礼卿，号节寰、闲闲居士，睢州（今河南睢县）人。万历十七年（1589年）进士，历官四朝，官至兵部尚书、太子少保，著有《弗过堂集》《抚登疏稿》《评选古唐诗》，为明朝后期文学家、军事家。天启二年（1622年），东北的辽阳、广宁相继失陷，辽东经略袁应泰自杀，辽东巡抚王化贞被逮捕处死。朝野震动，京师戒严，朝中百官禁口，以图自保。袁可立却大胆地提出七项建议，为天启皇帝——采纳。四月十四日，天启皇帝加袁可立右金都御史"巡抚登莱等处地方，备兵防海，赞理征东军务"。袁可立任登莱巡抚后，驻节蓬莱，逢辽东战事危急，到任后其厉兵秣马加强海防，他练兵用戚继光"水军先习陆战"之法，组建起四万余人的水陆师军队，积有战船四千艘。天启三年（1623 年）二月，袁可立亲设奇计，诱降努尔哈赤的女婿刘爱塔，这是明朝诱降后金级别最高的将领，至今为研究明清史者所称道。此外，袁可立在登州妥善地处理朝鲜王朝政变。天启三年（1623 年）三月十二日，朝鲜发生宫廷政变，朝鲜国王李珲为侄子李倧取代，即绫阳君（仁祖）即位，光海君被流放，朝鲜史称"仁祖反正"。明朝得知仁祖反正后，认为是一次篡夺王位的政变，袁可立等最先得知消息的大臣，即上疏朝廷，请求出兵进行讨伐。五月二十三日，袁可立在登州接待了朝鲜李庆全"奏请使团"。九月初一日，又接待了朝鲜赵濈"冬至圣节使团"。两批朝鲜使臣向袁可立通报"仁祖反正"有关情况，袁可立在接受了使臣的"申文"之后，和使臣有一番对话，就先前听到的废旧王光海君、动兵等疑问询问了使臣，使臣则一一作答。袁可立详细研究了使臣的申文，对使臣说："看得废立之事，二百年来所未有者，一朝传闻，岂不骇异。封疆重寄，行文防慎，此自事理当然。而今睹来文，乃悉颠末。效顺之诚，既不异于畴昔；优待之礼，应不减于从前。一切款宴、犒赏夫马等项，已移檄促办矣。合行谕知云云。"在了解事情的因果后，袁可立三次向明廷上奏："珲果不道，宜听太妃具奏，以待中国更立。"促成了明朝遣使到朝鲜举行新国王的册封典礼。

袁可立驻蓬莱三年，多次挫败后金对辽东半岛、山东半岛的侵扰，确保了东北沿海的平安，天启皇帝嘉奖道："兵部右侍郎兼都察院右佥都御史袁可立清任以和，直方而大；精神折冲于千里，文武为宪于万邦"。袁可立作为明朝抗击后金主战派，督办整顿东北海防，多次挫败后金对明朝的进攻，取得夜袭金州、智取牛毛寨等战役的胜利，立下了卓越战功。

天启四年（1624 年）五月二十一日，袁可立在蓬莱公署楼上看到了难得一遇的海市蜃楼，"于平日苍茫浩渺间，俨然见一雄城在焉。因遍观诸岛，咸非故形，卑者抗之，锐者夷之；宫殿楼台，杂出其中。谛观之，飞檐列栋，丹垩粉黛，莫不具焉。纷然成形者，或如盖，如旗，如浮屠，如人偶语，春树万家，参差远迩，桥梁洲渚，断续联络，时分时合，乍现乍隐，真有画工之所不能穷其巧者。"（该诗序）于是诗兴大发，写下了名篇《甲子仲夏登署中楼观海市》，诗云：

登楼披绮疏，天水色相溶。云霭泽无际，谽𧯯来长风。

须史蜃气吐，岛屿失恒踪。茫茫浩波里，突忽起崇墉。

坦隅迥如削，瑞采郁葱茏。阿阁叠飞槛，烟霄直荡胸。

遥岑相映带，变幻纷不同。峭壁成广阜，平峦秀奇峰。

高下时翻覆，分合瞬息中。云林荫琦珂，阳麓焕丹丛。

浮屠相对峙，峥嵘信鬼工。村落敷洲渚，断岸驾长虹。

人物出没间，罔辨色与空。倏显还倏隐，造化有元功。

秉钺来渤海，三载始一逢。纵观临巳申，渴肠此日充。

行矣感神异，赋诗愧长公。

此九方刻石，诚为集一代之技艺，书坛之瑰宝，深受古今游人的喜爱。

孔有德兵祸水城

2005 年，蓬莱水城开展了建国后的第三次大规模清淤工程，当地文物工作人员配合省考古所、烟台市博物馆进行考古发掘，在蓬莱水城小海中不但出水精美的陶瓷器，而且发现在淤泥内还零零散散地分布着许多明朝城砖，有些城砖中心刻有"工城"二字。这些城砖默默地向人们诉说着这样一个悲惨的故事：

明崇祯四年（1631 年），孔有德（俗称辽呆子）反于直隶吴桥，纵兵大掠，连陷临邑、新城等六县，长驱至登州。崇祯五年正月，与官兵孙元化会战，官兵不利。嗣后，累次孔军与官兵交战，孔终失败，航海遁去。其将王秉忠守水城，官兵穴城置火药轰城，城破。王退保蓬莱阁，官兵树旌招降，始释甲被。战役结束后，唯见荒烟蔓草，颓垣断瓦，满目萧条，令人悲感。这次叛乱事件不仅给蓬莱水城及蓬莱阁古建筑群造成重大的损失，而且给当地百姓带来残酷的伤害。

孔有德是明朝末期辽东总兵毛文龙的部下。这只部队驻守在辽东沿海一带，屡次袭击满清政权的后方，给清军造成一定威胁。但这只部队军纪败坏，不听指挥，冒领军饷，骚扰地方。袁崇焕督师辽东后，借机除掉毛文龙，收编该部。后来，明政府将该部分散驻扎在从辽东半岛到山东半岛沿海的各个岛屿上。面对两个政权的分化打击，这只部队军心涣散，事变频仍，逐渐演变成大规模的孔有德叛乱事件，史称"登州事变"。

崇祯四年八月，清军围攻大凌河（今辽宁锦县），时任登州巡抚孙元化急调孔有德率军驰援，早有异心的孔有德，拖延军务，趁机叛乱。仅六天时间，连克陵县、临邑、商河、齐东、德平、新城、青城等七座县城，并利用孙元化有意招抚，疏于防范的心理，使得孔有德乘机东进，于当年十二月二十日，围困登州府城，登州告急。孙元化却仍存侥幸心理，且布防失当，派所部收编的辽兵移守城外，令登莱总兵城内备战，由此使得驻扎城外的辽兵更加不满，半数官兵战场倒戈。

崇祯五年（1632 年）正月初二，孔有德见城池坚固，久攻不克，又采取诈降手段，他精选降兵三百人，诈开城门。联络了城内的辽兵、辽民，夜半时分，举火为号，内外呼应，打开东门，使叛军杀入城内，不到天明，占据登州全城。在登州府城陷落之后，登莱总兵退入水城，固守待援，正月初四，叛军集中兵力，攻打水城，守军势单力薄，寡不敌众，渐渐难以支撑，防御全线崩溃，登莱总兵自缢身亡，自此水城也落入叛军之手。

此后数月，孔有德坐镇登州，封官加爵，收编部队，招降纳叛，并四处出击，扩大势力范围，并利用明王朝急于招抚的心理，再三上演诈降丑剧，致使明军部队围剿行动犹豫不决，贻误战机，直到同年九月，明军各路人马陆续赶到，才迫使叛军龟缩于登州府城与水城之中。

山东巡抚朱大典、巡按谢三宾等人率兵在登州城外安营扎寨，鉴于城池坚固，易守难攻，他们确定划地分守、构筑工事、长期围困、分番攻守、封锁海道、悬赏破贼的作战方案，使各部队情绪激昂、踊跃思奋。

十月，明军开始大举攻城，叛军严防死守，双方形成僵持局面。到了冬天，天寒地冻，水城中粮食、物资极其匮乏，叛军甚至啖人肉、点天灯，残害百姓无数，生灵横遭涂炭。

崇祯六年二月，明军发动攻势，夺取了水城护墙。孔有德眼看登州不保，于十三日连夜乘船逃跑，十六日，明军占领登州府城。叛军残部据守水城，负隅顽抗。十七日，明军游击刘良佐率兵隐藏在水城西北角的永福寺中，将水城城墙凿成洞穴并填满火药引爆。爆炸声起，明军沿着塌陷的城垣冲进水城，叛军退守于蓬莱阁。山东巡抚朱大典立马督战并竖起招降旗，叛军见大势已去，取胜无望，纷纷放下了手中武器。一千余人做了明军的俘虏。

孔有德领着残兵败将在旅顺登陆后，遭到明军伏击，只余孔有德率少数人马逃脱，最后在盖州投降了清政权。

苏轼托梦示像

话说崇祯年间登莱海防道参议周之训仰慕苏轼的风采，捐出款项，命其属下张万宪督修苏公祠，庀材鸠工，两月告竣。张万宪此刻面临一个大难题："独难其像"。受时代局限，坡翁没有留下影像资料，可真是：祠易建，像难摹！但祠堂里没有苏公的像，也不成事啊。

张万宪是个文人，也是一个聪明人，他无法获得直接的资料，但他深谙："文如其人""字如其人"的道理，张万宪堪称苏轼的知音，于是十多天来茶饭不香，只是苦读东坡的诗文，试图从他的诗文中悟出东坡先生的模样。

灯下，四野俱寂，张万宪多次高声吟诵起东坡的名篇《前赤壁赋》："壬戌之秋，七月既望，苏子与客泛舟，游于赤壁之下。清风徐来，水波不兴……浩浩乎如凭虚御风，而不知其所止；飘飘乎如遗世独立，羽化而登仙。"读到此，张万宪喝了一声彩："好文章！"暗自沉吟：坡翁洒脱出尘，气度不凡，这"飘飘乎如遗世独立"正是他的写照，传言坡翁乃天上文曲星下凡，虽属无知之徒妄传，但若真有仙界，坡翁定当位列仙班，不与凡夫俗子同列。"羽化而登仙"句，正暗合了苏公的仙风袅袅。

读到"于是饮酒乐甚，扣舷而歌之"时，酒兴被勾起，张万宪于是起身倒了一杯酒，一饮而尽，又继续往下读。读到文中"客"所说的"寄蜉蝣于天地，渺沧海之一粟。哀吾生之须臾，羡长江之无穷。挟飞仙以遨游，抱明月而长终。知不可乎骤得，托遗响于悲风。"张万宪也被深深感染，陷入了与"客"同样的无奈与感伤之中。又不自禁地倒了一大杯酒，一口饮尽，涕泪横流，如痴似醉。

突然，一个峨冠博带、形貌高古、一脸大络腮胡子的人不请自至，斜眼张万宪道："客亦知夫水与月乎？逝者如斯，而未尝往也。盈虚者如彼，而卒莫消长也。盖将自其变者而观之，则天地曾不能以一瞬。自其不变者而观之，则物与我皆无尽也，而又何羡乎？且夫天地之间，物各有主，苟非吾之所有，虽一毫而莫取。惟江上之清风，与山间之明月，耳得之为声，目遇之成色，取之无禁，用之不竭，是造物者之无尽藏也，而吾与子之所共食。"

张万宪闻言大喜，本来对陌生人还存有的一点戒心荡然无存，连声道："说得好！说得好！请饮了此杯酒，一起叙话如何？"边说边满斟了一大杯酒，边请来人就坐。

此人也不客气，接过酒一口喝了，问道："吾观张兄连日来食不甘味，夜不能寐，不知有何难处？可否示之在下？"

不知何故，张万宪对眼前这陌生人竟似无比亲近，仿佛是乍见多年不见的老朋友，又似是亲人重逢，郁积心中多日的话竟向他和盘托出："在下蒙周公信任，委以重托，负责修建苏公祠，历经两月，大体告竣，但缺苏公之像，故尔烦恼。"

没料到来人哈哈大笑，扬长而去，张万宪本想要拉住他问个清楚，但他已走远，却还听到他的话语远远传来："人之形骸尚属浮寄，况寄外之寄，何求逼真？吾之像仿佛可也。周公且不日有佳兆矣。"

张万宪似有所悟，又有诸多的疑惑，想问清楚，忙迈步就赶，不料脚下一滑，摔倒在地，原来刚才竟是在做梦！再看窗外，明月在天，清爽无比，微风抚竹，沙沙作响。

"人之形骸尚属浮寄，况寄外之寄，何求逼真？吾之像仿佛可也。周公且不日有佳兆矣。"反复琢磨这句话，恍然大悟："原来刚才那人就是苏公东坡先生！"一想到东坡先生托梦解答了他多日的一道难题，他的心中可真是百感交集，难以言表。对东坡先生的豁达与超然，佩服得五体投地。只不过对"周公且不日有佳兆矣"仍不太明白。他恭恭敬敬地斟了三杯酒，来到院中，对着明月，鞠了三躬，将酒洒在一株桂花树下。

第二天，他根据梦中所见的东坡先生的模样，绘画出来，交给一位精于石雕的能工巧匠，命他照画像刻在石上，这工匠雕刻极好，所雕画像形神兼备，呼之欲出，活脱脱就是那风流倜傥、豪放不羁的苏东坡。置之苏公祠，来此拜谒者无不称颂。

周之训一见，亦拍案叫绝，这与他心中的先生完全吻合。于是张万宪就将那晚梦里东坡先生来指点迷津的事说给周公听，周公也很吃惊，反复推敲，确信那就是东坡先生在天之灵托梦示像，只是两人都不太明白"周公且不日有佳兆矣"究竟是何意思。

正说话间，一匹快马疾驰而至，原来是朝廷公文到了，周公加官进爵，即日将赴京城上任。两人相视一笑，原来苏公托梦之时已泄露天机，只是凡人难以领会。

张万宪遂撰文《东坡苏公像记》，详细记载了此事的来龙去脉，并感慨道："孰知非周公也，亦非余也，皆苏公灵爽有以默相而启之者也。"

铁拐李收伏蝗精度李吉

清朝年间，登州府出了个青天大老爷，名叫李吉。李吉体恤下情，爱民如子，把登州上下左右治理得井井有条，百姓安居乐业。

话说这一年春天，风调雨顺，庄稼长势喜人，眼看又是一个少有的好年景。不料天有不测风云，有一天忽然飞来无数的蚂蚱（蝗虫），简直是遮天蔽日。蝗虫落到地里，绿油油的庄稼顷刻间就被吃了个精光，连秸秆都不剩下。

李吉得报，连忙发动百姓下地灭蝗，连三班衙役也都打发到地里去了，可仍旧是杯水车薪，无济于事。李吉只好连夜给巡抚、朝廷修书，命人飞马报灾。谁知道，巡抚大人正在府中花天酒地，歌舞升平，他不耐烦地责备李吉的信使败了他的兴致，并提笔回信斥责李吉"小题大做""耸人听闻"。李吉忧心如焚，无奈之下急忙装了一车蚂蚱，亲自去见巡抚。当那狗巡抚心惊胆战地看到满地、满墙、满院子都是见什么啃什么的蚂蚱时，这才如梦初醒，相信登州地面的确遭了蝗灾。不久，朝廷发下了赈灾粮银，可是经过层层克扣，运到登州时已所剩无几。李吉无奈，一面派人发放那点儿赈粮，一面去大户人家打拱作揖，劝他们开仓救灾，行善积德……

再说那一天，铁拐李正在蓬莱阁后的仙人洞中静坐练功，忽觉心中一惊，忙掐指一算："不好，登州有难，正遭七七四十九天蝗灾！"他立即出洞，起在空中，见一妖女正在云端作法，指挥黑压压的蝗虫大肆吞噬庄稼，不由得怒火中烧，厉声喝道："何方妖孽，竟敢为害人间，看打！"那妖女认得是上八洞神仙之一的铁拐李，怒道："臭瘸子，敢来管老娘的闲事，待老娘来教训教训你！"说罢，双手舞动钢叉上前迎战。两个在空中你来我往，只杀得天昏地暗，日月无光。铁拐李边战边暗自思忖："这妖孽如此厉害，怕是有些来历，不如先上天庭查看一番，再作道理。"主意打定，便卖个破绽，抽身就走，驾云直往南天门而去。正行间，忽然面前金光一闪，被人拦住去路，定睛看时，原来是太白金星。铁拐李赶忙拱手问道："大仙何往？"太白金星哈哈一笑，说道："贫道此来，为的正是刚才与你争斗的那个小小孽障。它本是贫道后花园中看守灵芝的蝗精，不知何时偷下凡间，竟然野性不改，在此撒泼作恶，待贫道助你将它收了。"说罢，附在铁拐李耳边，如此这般地一说。铁拐李大喜，返身再去向那妖女叫战。那妖女以为一战成功，不料铁拐李去而又返，顿时杀气腾腾，张口喷出一团黑气，举叉来战。战了几个回合，铁拐李又卖个破绽，转身就走。妖女笑道："臭瘸子，这回看你还往哪里走。"正待擎起钢叉，太白金星在云端现出身形，喝道："孽障，还不快快现出原形！"妖女抬头见是主人到了，顿时骨软筋酥，站立不住，就地打个滚儿，现了原形——原来是只斗大的母蚂蚱。太白金星使了个袖里乾坤法，瞬间将蝗精收在袖中。铁拐李接着作法，霎时大雨倾盆，水流成河，眨眼把地面的蝗虫都冲进了海里。蝗灾既解，太白金星说道："贫道这就返回天庭，玉帝阶前甘受管理不严的责罚。那登州李吉，前世与我道有缘，夙根深厚，不妨度他一度，还是道友去成此功德吧。"说完，驾祥云冉冉而去。

再说登州李吉，见一场大雨解了蝗灾，心感上苍的大恩大德，便择吉日前往丹崖山上的三清殿进香。当轿子行至蓬莱阁下迎仙桥时，忽见一个疯疯癫癫的瘸腿老叫花子，端个破碗拦住了去路。衙役们急忙上前驱赶，老叫花子却用碗筷打着节拍，旁若无人地唱了起来："知府爷，苦蝗灾，没有蝗灾我不来，来了见他好痴呆，纸扎的乌纱头上戴，摇头晃脑让人抬，受气的滋味全忘怀。"

李吉听了怦然心动，知道眼前这个老叫花子肯定有些来历，于是慌忙下轿，来到他跟前，见其端着的破碗里有些烂菜臭汤，便问："老人家，这些东西能吃吗？"老叫花子瞅了李吉一眼，说道："不吃肚里饥（谐音，即"不痴度李吉"）啊。"李吉何等聪明，心里顿时明白，倒头便拜。老叫花子一见，却扭身便往海边走，李吉随后追赶。别看那老叫花子瘸着腿，趿拉着破草鞋不紧不慢懒洋洋的样子，走得可是真快，李吉一路紧跑还撵不上，急得他索性脱了厚底官靴，赤着双脚追去。

来到海边，瘸腿老叫花子脱下一只草鞋随手抛出，那只鞋立时化作一只仙鹤，载着瘸腿老叫花子乘风而去。李吉追到海边，见地上只有老叫花子遗留下的另一只草鞋，就依样画葫芦，抓起来往空中一抛，那只草鞋也随即化作了一只仙鹤，翩然落地。海边的众多百姓，眼看着李吉上了鹤背，只听一声嘹亮的鹤唳，一人一鹤，转眼间升入云端。

后来，登州百姓便把李吉称作"赤脚王"，尊其为"耍祖"，并在蓬莱阁坐落的丹崖山上建祠以资纪念。

铁保的 "蓬莱阁" 匾额

蓬莱阁是历代文人荟萃之地，碑刻匾额琳琅满目，后因世事变迁，尤其是民国时期的战乱、抗日烽火和解放战争的洗礼，绝大多数匾额楹联毁于战火。至建国初期，蓬莱阁上所存的木制牌匾楹联已寥寥无几，后又经历"文革"浩劫，只有"蓬莱阁"匾额得以保全，就此成为蓬莱阁古建筑群中旧有仅存的唯一匾额，并以其出自于清代书法名家铁保之手，而堪称吉光片羽，弥足珍贵。虽然如此，在"文革"破四旧中，"蓬莱阁"匾额的上下款识，还是遭到人为铲除，如今游人所看到的蓬莱阁匾额，其上款"嘉庆九年甲子七月之吉"以及下款"铁保书"，均为20世纪80年代初期补上的。

爱好书法的细心游人和专业人士会发现"蓬莱阁"匾中，其上、下款识后补的痕迹不仅显而易见，而且字体与铁保的传世作品出入颇大，尤其是下款"铁保书"三字的上下空白处，旧有的字迹和两枚印章的痕迹似乎还隐隐可见。显然其下款仅以"铁保书"三字来应对"文革"期间铲除的下款不够妥帖，这无疑成为了他们许多人心中的一个疑问和游览欣赏中的一个遗憾。

铁保（1752～1824年），字冶亭，号梅庵，满洲正黄旗人，清中期乾隆、嘉庆、道光年间著名文学家、书法家。他优于文学，长于书法，词翰并美。与翁方纲、刘墉、永瑆并称清代乾嘉"四大书法家"。清嘉庆八年（1804年）任山东巡抚，嘉庆十年升任两江总督，对照匾额的上款年代，此匾是其山东巡抚任上时所作，这从时间上来看相对吻合，没有什么疑问。但其下款上的空白偏差又作何解释呢？查阅蓬莱阁的资料，偶然检索到由姚乃麟编写于1935年的《现代创作游记选》一书，其中恰有一篇关于蓬莱阁的游记，作者阎哲吾（时主办济南戏剧训练班，编著有《剧团管理》《导演方法论》《学校戏剧概论》等）在这篇名为《蓬莱阁上》的游记里，为我们描述了20世纪30年代抗战前的蓬莱阁景色，如三台石和丹崖仙境坊，以及今天的蓬莱阁后长廊的澄碧轩、避风亭、卧碑亭、苏公祠等。在对蓬莱阁的描述中这样写到："沿岸看罢，复由老道引登蓬莱阁。阁内有额颜曰'蓬莱阁'，下款是'梅庵铁保书'，笔力雄厚，室内联队甚多，其一有言曰：'山水有灵亦惊知己，性情所得未能忘言'句为吾家（阎）敬指先生所撰……"结合《现代创作游记选》书序，该书旨在供给一般爱好游览的朋友们，作为游览向导和参考的资料。并指出："在本选内各篇的作者，对游览的经验都很丰富，并且他们全都是从事文艺的人，用细腻流畅的笔调写错综复杂的游记，对山水风景、名胜古迹作有系统的描述。无论在技巧与结构诸方面，都可说是非常圆熟而要凑的。而每篇作品均富有文艺的风趣，能使读者读了，有如身历其境之感，一些不会觉得枯燥和硬化。一卷在手，可作卧游，尤为本选内作品的特色。"

这篇游记文章，不仅为我们提供了民国时期蓬莱阁许多建筑单体的文字描述资料，而且使我们对"蓬莱阁"匾额原有的款识有了新的认知，解开了多少年来人们心中的疑问。

蓬莱阁消失的 《墨竹图》

蓬莱阁一楼北侧墙壁上，原为清朝著名画家招子庸绘制的《墨竹图》壁画。"高可丈余，宽亦如之。满壁琅玕，有扫月拂云之气概，笔意生动，与板桥并美。"中日甲午战争发生后，1895年1月18日，日本海军"吉野号"等三艘军舰炮击蓬莱阁，一发炮弹击中阁北壁间的"海不扬波"刻石。硝烟散去，阁内墙壁的灰皮大面积被震脱落，粉壁上招子庸绘画在其上的杰作巨幅《墨竹图》从此湮没人间。

招子庸（1793～1846年），字铭山，号明珊居士，广东南海人。他生于书香之家，天赋才艺，能书擅画，可惜命运多舛，仕途上一直不得志。清嘉庆二十一年（1816年）中举。道光十七年（1837年），招子庸被正式调任潍县知县。潍县县衙中，挂有前任县令郑板桥的竹石图。这对于也善于画竹子的招子庸来说，是一种无言的激励。每当闲暇之余，招子庸也会挥毫泼墨作画，抒发情怀。二十一年（1841年）因受友人的案件所牵连而被罢官。二十六年（1846年）在家乡病逝。

道光十八年（1838年）冬，登州知府英文升任四川川北道宪。临行前，他在蓬莱阁宴请宾朋好友。他的好友招子庸因公事，提前两日来到蓬莱。于是英文白天陪同好友参观天后宫、白云宫、蓬莱阁等亲自督修的建筑，晚上两人秉烛夜谈各自的理想、抱负。在好友的陪伴下，两天的时间过得真快。第三天，英文特意带领招子庸到苏公祠，观看苏东坡的海市诗，一为自己即将离别，未曾见到海市，聊以自慰；二是好友招子庸与苏东坡都是画墨竹的高手，想让好友在蓬莱阁留下墨宝。说来也巧，海市当天竟然不期而至，满足了他的愿望。中午聚会饮酒时，两人谈到苏东坡的海市诗、书画、在登州任职的情形，今天竟然和苏东坡一样，在冬天见到海市。两人十分高兴，不知不觉都喝多了。招子庸想到好友的盛情款待，即将分别，不知何日重逢，不由悲从中来。此情此景，恰似当年的苏东坡与郭祥正。

宋元丰七年（1084年），苏轼奉命自黄州移居汝州，七月初到达当涂。好友郭祥正在家中为朋友接风洗尘。酒席上，尽情互吐积累在内心的郁闷。见好友心情不好，郭祥正想起求画之事，便问："子瞻兄喜欢竹石，可否给我画一幅水墨竹石呢？""行！"苏轼望望四周，说："就画在这边墙壁上罢。"说完，他乘兴举笔在墙上挥毫起来。画毕，他又在画上角题了一首诗。诗曰：

> 空肠得酒芒角出，肝肺槎牙生竹石。
> 森然欲作不可回，吐向君家雪色壁。
> 平生好诗仍好画，书墙涴壁长遭骂。
> 不瞋不骂喜有余，世间谁复如君者。
> 一双铜剑秋水光，两首新诗争剑铓。
> 剑在床头诗在手，不知谁作蛟龙吼？

郭祥正当即作诗答谢，并将家中一双铜制古剑赠送与苏轼。

想到此，招子庸趁兴而绘墨竹。英文只见招子庸"顿开眼界大放狂，尽道奔澜收腕底。龙蛇直立气盘盘，但听乾声响笔端。急挥迅扫不停手，满壁飒飒生秋寒。须臾黑汁数升尽，化作雨万青琅玕。"画完《墨竹图》后，招子庸写下《次坡公醉画竹石壁上诗韵》一诗。诗曰：

> 奇观得酒奇气出，奇气纵横生竹石。
> 濡墨十指何淋漓，洒向蓬莱雪色壁。

> 生平游兴诗酒画，坡老文章皆笑骂。
>
> 写竹何须问主人，此壁不挥谁挥者。
>
> 欲界仙都竹有光，随风叶叶生剑铭。
>
> 大风披拂龙蛇走，入海定作老蛟吼。

此事此诗成为当时美谈，传诵一时。

蓬莱阁 "海不扬波" 轶事

在蓬莱阁主阁北墙外壁上，镶嵌着一处引人注目的隶书石刻，这就是清代山东巡抚托浑布题写的"海不扬波"。

"海不扬波"刻于1840年，青石作底，字大如斗，气势雄浑。美中不足的是，"海不扬波"的"不"字有大块缺损，是经过后人精心修补的，这里有一个鲜为人知的历史故事。

1840年，鸦片战争爆发，山东巡抚浑布来到蓬莱。一日，他登上云烟缥缈的蓬莱阁，眺望着浩渺无际、微波不兴的大海，颇有感慨，信笔挥毫，写下了"海不扬波"四个大字，表达了希望万里海疆平安无事的心愿。然而，事实并非如此。五十余年后的1894年，日本发动了甲午战争，战火蔓延到蓬莱。1月18日，日军"吉野"号等三艘战舰闯至蓬莱阁下，发炮轰击蓬莱城。一发炮弹正中"海不扬波"的"不"字，幸而是一颗没有爆炸的哑弹，却把大半个"不"字打飞，"海不扬波"变成了"海扬波"。与其说哑弹与托浑布的题字开了个小小的玩笑，不如说历史给了封闭的中国以无情的讥讽，"海不扬波"的美好心愿，在没有强大的国家和强盛的国防面前，那只能是一厢情愿而已。

今天，当我们登上蓬莱阁，站在当年托浑布畅怀命笔的楼台前，只见碧海平静，银鸥翻飞，渔帆点点，棹歌互答，好一派繁荣景象，"海不扬波"再也不会变成"海扬波"了。

水城炮台古炮的由来

在巍巍的蓬莱水城东、西古炮台上，挺立着两门高大威武的火炮。它雄姿傲然，造型古朴，引得游人驻步观赏。

1982年，蓬莱市凤凰村意外地出土了两门火炮。一门火炮长3.06米，口径0.36米，上铸造铭文："大清道光二十一年孟夏　山东巡抚托、登州总镇王督制　大炮一位重六千斤　登州府知府诸镇监造"；另一门火炮长2.41米，口径0.3米，铸造铭文"大清道光二十一年孟夏　山东巡抚托、登州总镇王督制　大炮一位重二千觔　登州府知府诸镇监造"。这两门火炮是清代道光年间山东巡抚托浑布、登州总镇王文焘监造。

1840年，山东巡抚托浑布督办海防，来到了素有"京津咽喉"之称的蓬莱。当时恰逢中英鸦片战争爆发，我国沿海一带海防骤紧。托浑布抵蓬后急令蓬莱知县王文焘增筑炮台，并且在地势紧要的蓬莱城东北海滨，沿着蜿蜒的海岸，修筑起一里多长的城墙，命名为"沙城"。与此同时，他还征集当地铸造业的能工巧匠，在很短的时间内，铸造了一批威力强大的火炮，布置在蓬莱阁高大坚固的炮台上。甲午战争爆发后，日本为进攻威海卫，曾制造准备在登州登陆的假象，这期间，日舰多次在登州沿海游弋，并炮击蓬莱城，蓬莱守军就是用这批火炮发炮还击，将不可一世的日舰击退。

如今，两门古炮静静地守护在蓬莱水城古炮台上，作为珍贵的中英鸦片战争的遗物和具有历史功绩的军事文物，供游人观赏。

仙山祀高士　一祠两贤人

蓬莱阁白云宫院东侧有一座古朴的院落——仲连祠，祠内供奉有鲁仲连和吴长庆两位先贤。

鲁仲连，又名鲁连，尊称"鲁仲连子"或"鲁连子"，战国末期齐国人。公元前284年，燕将乐毅率五国联军横扫齐国，半年内攻下齐七十余城。五年后，即墨守将田单率军民众志成城，顽强抵抗，以火牛阵大败燕军，并以摧枯拉朽之势进行了战略大反攻。就在复国形势一片大好之时，距鲁仲连居住地不远的狄邑成了田单难啃的硬骨头。鲁仲连为田单剖局势、直言利害。田单听了鲁仲连切中要害的分析后，恍然大悟，回去后亲临战阵，挥旗擂鼓，一举就攻克了狄城。

过了不久，田单势如破竹，一直打到鲁仲连的故乡——聊城城下。燕将据守聊城，田单攻聊城一年有余，士卒死伤无数却久攻不下。鲁仲连对当时齐、燕两国的局势和燕将的性格、心理透彻分析，认为"攻心为上，攻城为下"。所以鲁仲连提笔给燕国大将写了一封信《遗燕将书》，用箭射到城里。在这封信中，鲁仲连先是结合齐、燕两国的局势，谆谆告诫燕将死守孤城是非忠、勇非智；又站在燕将的角度上，分析归燕、降齐的不同好处；最后又用曹沫和管仲的例子指出"行小节，死小耻"是不明智的做法，劝诱燕将以"小节"而成"终身之名"，以"小耻"而立"累世之功"，放弃聊城。结果，鲁仲连说到心坎里的一番话令燕将痛哭三日，罢兵自杀，不战而屈人之兵。

鲁仲连不仅在破燕复齐的进程中出奇谋，立奇功，为光复祖国做出了杰出贡献，而且在当时的各国外交舞台上，也能时刻以齐国利益为重，扶危济困，仗义执言。赵孝成王六年（前260年），秦于长平大败赵军，坑杀赵卒四十余万，继而围攻赵都邯郸。魏国救赵部队驻扎汤阴不敢进兵，却派新垣衍说赵帝秦。平原君心急如焚，束手无策，形势岌岌可危。

鲁仲连主动去见新垣衍，用具体的事例作比喻，生动、形象而又透辟地阐明道理，指出帝秦的弊害，终于让新垣衍拜服，不敢再言帝秦。而秦将因此退军五十里。邯郸解围，平原君欲封鲁仲连，"辞让者三，终不肯受"。以千金为鲁仲连祝寿，鲁仲连笑曰："所贵于天下之士者，为人排患释难解纷乱而无取也。即有取者，是商贾之事也，而连不忍为也"。终不接受，遂飘然而去，隐居东海。

吴长庆（1833～1884年），字筱轩，安徽省庐江县南乡沙湖山人。清朝后期名将，官至直隶提督，被光绪皇帝"诏优恤，谥武壮"，并御建专祠。吴长庆一生重文强武，极善谋略，史称儒将。尤其在处理一些重大棘手事件中，既重于国家民族大义，又对百姓桑梓常怀悲悯之心，文治武功相辅相成。

同治年间，清廷将裁员淮军，鼎字营裁余的七营六哨因争粮饷发生哗变，曾国藩让吴长庆前往查办。他没有按清廷"扼截"的要求去杀人，而是晓之以理，要求昔日战友"弃械遣乡"，回家团聚，只杀了鼓惑之人，分别资遣数千人回家。迅速平息了一场内乱。

在处理漕粮事件后，通过详细调查，上书请减江宁五属漕粮，减轻百姓负担。并从根本上解决了官府与百姓的矛盾，深受两江人民爱戴。

在平息宁国府天主教事件中。吴长庆认为，祖民不可，枉法徇教也不可，力排干扰，查明了事实真相，呈请何诸无罪，严惩教会不法行为。时人称"拒不媚外，当今包拯"。

吴长庆驻防江宁期间，黑水河年年水患，二百里内民众苦不堪言。吴长庆建议疏通下游泉河、玉带河，以根治黑水河水患。吴长庆大举以军力治河，从勘察到材料筹集，从兵力安排到工具配备，事必躬亲，苦战两年将工程大部完成。其后左宗棠继任，总督两江，继续完成，深为民众赞颂。

清光绪六年（1880年）十月，吴长庆调任广东水师提督，尚未赴任。当时法国与越南构兵，沿海戒严，吴长庆受命帮办山东海防并节制全国防军，率所部驻于登州丹崖山。吴长庆整饬军队、加强海防、治军严明，暨保一方平安。吴长庆所驻丹崖山上原有一座传承久远的仲连祠，毁于明后期。后人在原址内刻吕公像遂改为吕公亭。吴长庆仔细研究了鲁仲连的史料事迹，心中对鲁仲连"好奇伟俶傥之画策""心怀天下却不慕世俗名利，奇谋高计仍不忘悲天悯人"非常欣赏仰慕；特别推崇鲁仲连"攻城为下，攻心为上"的战略思想，将其视为知音师表。因此捐资在蓬莱阁白云宫院重修仲连祠，朝夕虔心祭拜。吴长庆逝后，当地人们为了纪念这位将军，在仲连祠中"设公神牌，奉置鲁连神牌之右"与鲁仲连并祀。

宋庆与 "篪" 字碑

蓬莱阁天后宫垂花门西侧，矗立一碑，书为草体，为清末将领宋庆所书。字体运笔雄浑，上实、中虚、下涩，笔力遒劲，字型端正，一挥而就，末笔通天入地，酷似斑驳的虎尾，故人称"一笔虎"（也有人称之为"一笔篪"）。此字到底是"虎"还是"篪"，历来人们争论不休。但在书法草书中却找不出此"虎"的范本，却找到了"虎"字头上带有"竹"头的"篪"字。篪是古代一种管乐器，像竹笛，有八孔，横吹。"虎""篪"两种说法，究竟哪种说法更符合史实呢？

要弄清楚到底哪种说法更符合史实，我们就要先弄清楚宋庆其人。

宋庆（1820～1902年），字祝三，原名宋良确，生在蓬莱南王泊子宋家村一个农民家庭里。1854年，年已三十四岁的宋庆闻同乡宫国勋在安徽亳州做州官，便前去投奔。宫国勋见他为人老成，又有壮志，命他统带练勇，积功至花翎游击。值捻军起于江淮，宋庆奉命参与镇压，数战多捷，于咸丰十年（1860年）晋升总兵，敕号"毅勇巴图鲁"（作为赐号之巴图鲁，乃为勇将，能干之意。在清代，巴图鲁作为一种赏赐手段，大量赐封将士）。宋庆在花甲之年仍屡立战功，1882年清政府决定加强海防，命宋庆率其毅军驻扎旅顺口。此后，宋庆驻扎旅顺口十二年，为巩固渤海海防、训练士卒、修建工事竭尽心力，当时旅顺口的陆路炮台多为宋庆部所修筑，时人认为宋庆毅军为"诸军之冠"。为此深受慈禧太后、光绪帝的宠爱和恩赐，并立牌设祠，表功晋升。慈禧太后亲书"耆年伟略"，光绪帝亲书"倚之干城"匾额赐之。

关于碑上的字，有一桩家事能道出个中缘由。

宋庆曾娶三位妻室，原配夫人马氏早逝，只留下一个女儿。继配滕氏婚后一度不孕，后经多方医治，终于生一子。当时宋庆已五十岁，老来得子，乐不可支，遂取名"篪"，不料此子三岁夭亡，宋庆空欢喜一场，难免伤心不已，以后军旅之余，终日默念着"篪"字，他有练书法的习惯，于是把悲伤和怀念常常倾注在笔墨之中，"篪"呀"篪"的写个没完，日久天长，熟能生巧，这"篪"字写得苍劲有力，虚实皆备，张弛得体，一气呵成，由于笔划间未停顿，遂成了"一笔篪"。

宋庆发迹后，曾捐俸续修《蓬莱县志》，于县境修路建桥，捐修蓬莱阁。青黄不接时节，办粥厂施舍百姓等。乡人受惠于宋庆，无不感念之。有心人便于1884年浮海至旅顺，取宋庆写得最好的一个篪字，募人刻石，立于蓬莱阁上，也算是一种别致的纪念了。

吴佩孚蓬莱轶事

名人与故乡总有着扯不断的渊源，民国时期的吴大帅——吴佩孚（1874～1939），在蓬莱家喻户晓。而今吴佩孚家族遗迹，在蓬莱踪迹全无，那处蓬莱著名的吴家大院，在20世纪全部拆除，吴家大院门前的两尊石狮，被移置在蓬莱阁白云宫前供游人观瞻。吴佩孚在蓬莱的轶事传闻，百姓多口耳相传，至今不见刊载，今搜集数则蓬莱乡间轶事，是真是假，供方家稽考。

修缮戚继光祠堂

1894年，日本发动侵略中国的甲午战争，此时十几岁的吴佩孚在蓬莱水城水师营当学兵。1895年1月18日，日本海军"吉野"号等三艘军舰，来到蓬莱海面炮轰蓬莱城，守卫蓬莱的清军在田横山、水城等处开炮还击。炮战中，日本军舰一发炮弹击中蓬莱阁，幸而是颗穿甲弹不会爆炸，蓬莱阁逃过一劫，但是将北壁"海不扬波"石刻"不"字击坏，碰巧把"海不扬波"变成"海扬波"，所以今日蓬莱阁的导游员日复一日地给日本游客在内的中外游客，讲述着这段往事。当年日军炮击后的蓬莱，百姓纷纷到戚继光祠堂上香祈祷，祈求戚将军显灵，保佑百姓平安，别让倭寇小鬼子祸害百姓，这一情景给吴佩孚留下难忘印象。

戚继光祠堂建于明朝崇祯年间，是明朝廷为褒扬戚继光的功绩专设"表功祠"。明清时期，蓬莱官方依旧例设专人管理，每年春秋两季，举行隆重的官方祭祠活动。清朝灭亡后，原来蓬莱官方定期祭祠和维修的戚继光祠堂，无人问津，日渐衰落。戚继光后裔在蓬莱只有一户，日子日见艰难，戚家祖居遂易手他人，戚家人搬进了表功祠居住。戚继光表功祠因年久失修，有的屋顶透天漏雨，逐渐破败不堪。吴佩孚得知戚继光祠堂的情况，汇来款项安排修缮，整修了戚继光祠堂的门厅、正厅、后厅，新建两座碑亭，将戚继光父亲戚景通刻制的文天祥手书"忠""孝"石碑，移进"忠""孝"碑亭。此外，在祠堂北部增建三间瓦房，供戚氏后人居住，看管祠堂。至今戚继光的第十三代孙戚兆华叙述此事，仍对吴佩孚修缮祠堂念念不忘。现在吴佩孚为戚氏后人修建的住房，因戚继光景区统一规划已经拆除，但作为故事，仍然在戚氏家族中代代流传。

清淤蓬莱水城

位于蓬莱城区北部的蓬莱水城，古称"登州港"，是我国古代北方著名港口和对外交流口岸，自公元707年登州港得名以来能够保存至今，是我国古港史中的一处奇迹。我国唐朝时期的著名古港如扬州港、广州港等早已淤塞，而唯独登州港（今名蓬莱水城）得以保存下来。蓬莱水城是蓬莱画河入海口的一处自然海湾，自唐朝以来是日本、朝鲜遣唐使等登陆口岸。因该海湾出口向北，冬季受北风影响，画河河水携带的泥沙和海浪潮汐携带的泥沙同时沉淀在港内，日积月累造成港口淤塞，因此各朝代对蓬莱水城的港口清淤都极为重视，清朝时规定入港的船舶，出港时需携带淤泥倒入水门口外的外海，以保持港口的水深，清朝后期曾设立五名专业清淤人员，清理水门口内外泥沙，当地俗称"五尊神"。到民国时期，蓬莱水城的淤积愈急严重，大型帆船和轮船已不能驶进港内，只能停泊在水门口外及外海海面进行装卸，费时费力影响航运及地方经济的发展。蓬莱民间传说吴佩孚曾安排一队士兵驾驶"小火轮"船，来蓬莱水城清淤，小火轮船和士兵的耗费不用蓬莱政府和商会负担，这一清淤活动曾持续数年，对蓬莱水城港口正常使用起到了较好的作用。因岁月变换，这次港口清淤的具体时间、清淤规模、持续年限等已不可考，仅仅作为口碑在蓬莱民间流传。

让烟潍公路拐到蓬莱

蓬莱自唐朝神龙三年（707年）设立登州后，一直是山东半岛的政治、经济、文化和交通中心，蓬莱传统的官方道路，是蓬莱城区向南经庙山西折，经龙口、莱州通往内地，古官道多丘陵地带，道路崎岖不平。民国成立后，为发展交通事业，计划修建烟台至潍坊的烟潍公路，传说吴佩孚在北洋政府中施加了影响，让原来较直的烟潍公路拐弯经过了蓬莱。为什么说是拐弯到蓬莱呢？因为烟潍公路最佳路线是取道山东半岛中部，从潍坊经莱西、莱阳等地至烟台，线路平直较为经济。而经山东半岛北部的莱州、龙口、蓬莱、福山到达烟台的线路较为曲折，所以说是拐弯到蓬莱。但烟潍公路的修建，极大地方便和推进了蓬莱等地的交通和经济事业的发展，是有益蓬莱本地发展的重要历史事件。

请大帅远走高飞

北伐战争时期，北伐军进展顺利，吴佩孚率领的联军节节败退，吴军失败的消息不断传到了蓬莱。这时曾传闻吴佩孚计划回故乡蓬莱隐居，传说蓬莱商会获知这一消息，恐怕吴佩孚给蓬莱带来兵患。于是商会迅速筹集了一笔款项，派人去南方送给吴佩孚，并带话给吴："请大帅远走高飞"。吴佩孚是否接受了款项和如何表态，现在都不得而知，但是从此吴佩孚未再回故乡蓬莱。但传说唯一例外的一次，吴佩孚在北京隐居期间，因多年未给父母扫墓，曾悄悄地回了一次蓬莱，悄悄地来，悄悄地走，蓬莱人都不知道。以致于吴死后葬于北平郊外，从此吴家和蓬莱断了联系。

吴佩孚的轶事传闻在蓬莱民间还有一些，如翁曾堃作为使节出使俄国，为东北边界据理力争而被俄扣押，回国后沦落在故乡蓬莱，吴佩孚听说了同学的情况，接翁到军中任职，翁在俄期间创作的《苏武牧羊》词，随之在全国流行一时。还如，做了大官的吴佩孚，不为吴氏亲戚族人荐职，据说还下了手谕禁止吴姓人当官，在北洋政府呼风唤雨的吴佩孚，蓬莱的吴氏族人却没有沾到什么光等等。人生一世，大多数人如流星划过夜空，终生默默无闻，逝后被人遗忘。但是蓬莱藉明朝将领戚继光捐修蓬莱阁、清朝将领宋庆在故乡修桥铺路，灾年设粥厂赈灾等，被蓬莱百姓津津乐道。中国传统文化提倡行善积德，许多名人都遗惠于乡里。可见行善于世间，造福于乡梓，会被老百姓口耳相传，留存在人们的记忆里。

碧海丹心长相映

在蓬莱阁主阁前院的南墙壁上，有巨大刻石一方，上镌"碧海丹心"四个醒目大字。这是国民党爱国将领冯玉祥将军的手迹。

冯玉祥（1882~1948年），原名冯基善，字焕章，祖籍安徽巢县，民国时期著名军事家、爱国将领。

1929年蒋冯战争爆发，之后冯玉祥战败下野，所部被蒋收编。于是他发表了下野通电，声称"洁身引退，以谢国人"，同时宣布"从此入山读书"。1931年"九·一八"事变后，冯玉祥积极主张抗日，反对蒋介石的不抵抗政策，因而受到蒋的排斥。1932年，日本又在上海制造"一·二八"事变，冯玉祥极力主战，但苦于手中无兵，爱莫能助。至此冯玉祥的抗日主张得不到蒋介石的支持，而他本人又不愿与蒋同流合污，于是便托病住进徐州医院，并准备重返晋西峪道河。当时主政山东的旧部属下韩复榘得知这一消息后，立即派铁甲车前往徐州，有意请冯至泰山隐居，冯玉祥经过认真考虑，同意了韩的请求，便来到泰山，住到泰山普照寺一带，每日以读书写字打发时光，但一腔爱国激情仍积蕴心中。1934年5月，冯玉祥第二次来泰山并前往胶东游览，好友李烈钧闻讯赶来偕同。冯玉祥偕同李烈钧先生下榻在蓬莱阁"避风亭"内。阁上道士忙为之洒扫，却被冯的卫士接去了笤帚，说："这不行，打扰百姓，长官要骂我们的。"登阁之日，冯玉祥见四处求神问卜的迷信活动甚盛，愤然写下丘八诗一首："蓬莱阁，蓬莱阁，迷信风尚至今打不破；吕洞宾专祠巍且峨，阁上许多仙人，县志曾载过。东面备倭城，如今反落得颓废荒凉，七零八落。神仙们真能来守边拒敌嘛？那可算是杭州时轮金刚法会的成绩啊！"

在蓬莱期间，冯玉祥不畏国民党反动派的白色恐怖，多次向民众发表演讲，宣传抗战。冯玉祥时常来到当年戚继光抵御外敌入侵的备倭城，诵读古人爱国诗词，抒发自己郁闷之情。一天，冯玉祥先生接见陆军大学军事教官，谈起国事。李烈钧十分激动，力主冯玉祥再度出山，挽救民族危亡。他反复陈词，见冯玉祥不为所动，遂拿起毛笔，在蓬莱阁的外廊柱上写下一副对联：

> 攻错若石，同具丹心扶社稷；
> 江山如画，全凭赤手挽乾坤。

写完对联，李烈钧请冯玉祥补额，此时的冯玉祥受蒋介石挟制，抗日壮志未酬，对于当时国内形势和蒋介石假抗战真独裁的本质看得深远，其爱国、忧国的衷肠李烈钧又不能完全领会。因此冯玉祥也不搭话，挽起衣袖，拾起笔，挥毫写下了"碧海丹心"四个大字，以明心志。

当日下午，他们来到蓬莱城西南角武霖村，瞻仰明代抗倭名将戚继光祠堂。冯玉祥观看祠内的戚继光画像，以及明代以来褒扬其生平功绩的匾额等，联想到自己的一生，不胜感慨，回蓬莱阁避风亭后，冯玉祥又提笔为戚祠题联，联语是：

> 先哲捍宗邦，民族光荣垂万世；
>
> 后生驱劲敌，愚忱惨淡继前贤。

写完后，冯玉祥立即派人前去刻制悬挂。他兴犹未尽，又作《题戚武毅公》诗一首：

> 大人物，戚武毅，大战倭寇所向无敌；有学识，有经验，挫败倭寇万丈凶焰；九一八，失三省，转年热河又退兵；多伦失，滦东陷，国家存亡，民族攸关，奈何摇尾乞怜于国联？如今思武毅，只觉我们有张厚脸皮！

冯玉祥还在蓬莱阁戏楼多次发表抗日演说，大声疾呼："中国抗日则存，不抗日则亡。"即便是在蓬莱阁上观望风景，冯玉祥心中也满是抗日激情。他与李烈钧在蓬莱阁上对仗题联，冯玉祥题写上联："备倭城头畅谈抗日"，李烈钧对出下联："避风亭内策划兴邦"。

冯玉祥蓬莱之行，迄今已过去了八十多年，今天当我们看着这些石刻、对联时，完全可以感受到当年冯玉祥将军登临蓬莱阁的心情。东北沦陷，全国人民抗日激情，像火山爆发。而他却被迫隐居山林，以读书习字打发光阴。站在蓬莱阁上，纵目远眺，大海那边的东北大地上，敌骑纵横，他不能"继前贤"，像戚继光那样的"驱劲敌"，却只有向着这万顷碧海，表抒他的一片丹心了！

于学忠出资打龙井

1935 年春，时任中将的于学忠在奔赴北平参加会议结束后，顺便回蓬莱于家庄看望年过古稀的父母和家人，商量购地建新室（现在的立德小学）等事宜。于学忠回乡立即惊动了蓬莱国民党县政府，派专人去于家庄村给于学忠送请帖，邀请到蓬莱东来顺饭庄做客赴宴。于学忠觉得盛情难却，便应邀而来，但提出东来顺的饭要在蓬莱阁吃。县政府心领神会，立即按照他的意思进行操办。

于学忠在随从和县政府人员的陪同下来到了丹崖山蓬莱阁，东来顺的厨师们也挑着食盒，带着菜肴，来到蓬莱阁。于学忠观光完毕后，来到观澜亭与幕僚们一起论起了国内外时局的发展，军阀间的争斗，家乡的发展变化等等。厨房设在观澜亭下坐东面西三间小屋内，这里灶具齐全，是有头有脸的达官贵人来此吃喝的专用场所，就餐地点就设在观澜亭。当时的蓬莱阁由道教俗家弟子管理，有一姓庄的道士携全家常年居住在阁上，此时自然成为主人，参与到为于学忠服务的行列。于学忠在观澜亭视察水城时，突然发现一位中年小脚妇女，带着两个小孩，挑着两桶水，步履蹒跚的朝蓬莱阁走来，便开始询问起吃水的事。

庄道士介绍说，阁内的用水全是人工从西营子南端肩挑而来，往返三华里多。阁里防火用水全部是接雨水装在大缸内备用，正月十六蓬莱阁天后宫庙会人山人海，更是滴水如油。庄道士还提起募捐打井的想法。于学忠听完庄道士一席话，心中受到很大触动。看到中年妇女带着两个孩子从那么远挑水为自己做饭，也感到不安，立即表态出资五百大洋为蓬莱阁打井。随同人员听到他的表态，无不欢欣鼓舞。县政府陪同人员看到于学忠的许诺，自然不敢怠慢，急忙表态做好打井的组织工作，并让城防部门调拨炸药为打井攻坚所用。于学忠是个很务实的人，他征询庄道士选址打井的意见后，亲自看了三个点，综合地理条件，最后敲定在蓬莱阁西侧俗称龙道的南端打井。于学忠最后高兴地说："龙道打井，今天我们打的是龙井。"从此，"龙井"之名就被沿用下来。

龙井位于蓬莱阁古建筑群的西南角，地质结构是石英岩构造，政府四处搜罗能工巧匠，采用土洋结合的办法，在27天的时间里，将一口深9米的水井打成。龙井的井口用四块规整的青石铺砌而成。从此，这口龙井为蓬莱阁上庄家生活用水、游人用水、防火用水提供了方便。1995年，景区对龙井重新淘浚，清除了水中杂物，重修了井口。将平台式井口改为圆柱形高台井口，上加防护网。旁有碑记："龙井，丹崖唯一之泉井，井深32米，水深3米。潮起水咸，潮落水甘。相传系龙王出入龙宫通道，实为泉脉与海水相通。龙井历经沧桑，数次塌陷干涸，经浚泉脉复原貌，龙井面貌一新，立碑以志。"

将军早已辞世，但他那拳拳爱民之心，将永远载入蓬莱阁史册。

蓬莱阁 "志为人民" 抗日纪念碑

"志为人民"抗日纪念碑是1945年10月10日，蓬莱县党政军民为了悼念在抗战时期为蓬莱人民的解放事业光荣献身的盛易三、姚琪、郝斌等英烈而立。该碑座落在丹崖山南坡，丹崖仙境坊东侧的台地上。

1945年8月，蓬莱县人民同全国人民一样迎来了抗战胜利这一天，人们欣喜如狂，奔走相告的同时，不会忘记为蓬莱的解放做出贡献流血牺牲的英烈们。蓬莱独立营在蓬莱这块土地上威震敌胆，屡建战功。时任营长的盛易三在抗日战争胜利前夕的蓬莱庙山战斗中光荣牺牲。姚琪（胶东军区14团参谋主任）、郝斌（胶东军区13团政治处宣传股长）深入虎穴做策反工作，被当时的蓬莱伪军大队长郝铭传背信弃义残酷杀害，场面惨烈之极。所以当时的蓬莱县委根据民众的呼声，听取了相关方面的意见，选择了有代表性的三位英烈，树碑于丹崖山上。碑体面南处用魏碑字体阴刻"志为人民"四个大字，旁刻正楷小字：盛易三、姚琪、郝斌三同志及蓬莱县历次为国家、为人民而光荣牺牲诸先烈千古！落款为：蓬莱县党政军民同立。碑体东、西两侧主要是三位英烈事迹简介和评价，南为开篇，西为续篇，用正楷小体字阴刻。

如今人们参观有近千年历史的蓬莱阁古建筑群，"志为人民"抗日纪念碑矗立其间，时刻警醒人们不忘抗日战争这段历史，告诫我们珍惜今天来之不易的幸福生活。

董必武题诗

1964年8月，国家副主席董必武来到蓬莱，在蓬莱阁上留下了一首脍炙人口的七言诗：

> 来游此地恰当时，海国秋风暑气吹。
> 没有仙人有仙境，蓬莱阁上好题诗。

董老毕竟写的是一首诗，借蓬莱之景，抒发胸中之情，表现一种意境。蓬莱素有"人间仙境"之称，而蓬莱仙人却是凡间俗人所见不到的。仙人见不到，仙境却是真实而直观地存在着。作为蓬莱的标志性景物蓬莱阁，矗立在大海之滨的丹崖山上，早已被视为仙境的载体，为世人所瞩目。

因为秦皇汉武时期的寻仙传说和筑城命名，丹崖山自古便有人间蓬莱之说，古人借物冠名，总是要有一点来由的。神山仙岛太缥缈，何不将这遍布圣迹神踪的海峤丹崖以仙岛的名字称之！这样一来，虚幻的变成直观的，也便有了体验和想象的空间。当年北宋郡守朱处约在丹崖山上别出心裁地营造起一座楼台，称之蓬莱阁，使一处徒有虚名的仙境又增加了新的内容。对于建阁的目的，朱郡守在他的《蓬莱阁记》中说得很清楚，"将为州人游览之所……要使世人恍不知神仙之蓬莱也，乃人世之蓬莱也"。从此，凌空仙阁成为人间蓬莱的一处胜迹，也被誉为蓬莱十大景中的第一景。而今，它又被视为人间蓬莱的一枚城徽，充满着神灵仙界的意韵，闪烁着耀眼迷人的光芒。不管沧溟大海中的蓬莱仙岛如何扑朔迷离，眼前实实在在的山海景观却着实令人惊叹不已，浮想联翩，恰好印证了董老精彩纷呈的诗句。丹崖仙阁，碧海蓝天，确实能给人以自然的美、人文的美、诗情的美、画意的美，堪称人世间的一绝，神话世界的瑰宝。董老意境通俗朗朗上口的诗句，无疑为这美丽的山海景观增添了浓墨重彩，为后世蓬莱留得无尽享用。

叶剑英蓬莱阁题诗始末

1960年，时任军委军事训练和军事学术研究委员会主任的叶剑英元帅，在我军的现代化正规化建设中，坚决贯彻党中央、毛泽东制定的积极防御的战略方针，参与领导研究国家防御作战问题，主张军事训练和军事科学研究相结合，以总结我军的经验为主，探讨在现代条件下的战争指导规律。为此，他分工部署，并亲自带队，对有着京津门户之称的胶东要塞一线，展开实地考察。就是在这样的情形下，叶帅来到了胶东半岛，蓬莱阁也因此有幸迎来了这位新中国的开国元勋。

8月13日叶帅的专车匀速的行驶在烟潍公路上，在车辆驶入蓬莱县境时，沿途两边的田间，到处散布着辛勤劳作的人们，进入新的一年以来，因为天旱少雨，田里的庄稼干枯歉收，有的地块甚至绝产，但勤劳的蓬莱人民不畏天灾，农业社合作化的道路，让他们仍以高昂的热情、宽广的胸怀去迎对这不尽如人意的现实，他们担土平地，垒砌田埂，挖井抗旱，修整道路，虽衣衫破旧面带饥色，但精神饱满干劲十足，给这一片干枯歉收的田野，带来了勃勃的生机与活力……连日考察的旅途上，叶帅已见识过无数人们热火朝天的劳动场面，虽然目前国家的建设受自然灾害的影响和来自多方面困难的制约，但从叶帅镇定从容的眼神中不难读出：困难毕竟是暂时的，有着如此质朴勤劳秉性的中国人民，是任何困难都战无不胜的。

车辆抵达蓬莱县委驻地后，叶帅立即招集地方党、政、军领导展开座谈，并听取了有关方面人员的专题汇报，工作之余，叶帅应邀前往蓬莱阁参观游览。

这一天的蓬莱秋高气爽，阳光明媚，湛蓝的大海，微波荡漾，叶帅的专车沿着刚刚修好的水城城墙西路，驶到万民感德碑亭遗址边停下，举世瞩目的蓬莱阁尽现眼前。虽然当时的蓬莱阁因资金缺乏，已失修年久，但其踞守丹崖，俯瞰沧海的独特地理环境，和放眼望去的美丽自然风光，仍使得叶帅心旷神怡，游兴随来，他要在百忙之余，尽情感受一下这恍如仙界的山海景致，望着这世外桃源般的美景，年过花甲的叶帅仿佛年轻了许多，拾级而上，步履矫健，登阁游览，神采飞扬，连工作人员为其准备的圈椅也派不上用场，随行人员看到这一切，心中暗自欢喜，他们知道，连日来的旅途劳乏，叶帅是需要好好放松一下了。听着讲解人员言简意赅的介绍蓬莱名称的由来、海市蜃楼的奇观、蓬莱阁建阁的年代和目的……一行人不知不觉来到了卧碑亭中，在欣赏了苏东坡的海市卧碑后，叶帅停在了清代龚葆琛的"海市蜃楼皆幻影，忠臣孝子即神仙"石刻前，以浓重的广东乡音朗朗研读了两遍，并时而啧啧有声，时而微微摇头，不难看出对石刻上的话语，叶帅似乎独有所悟，以其无产阶级革命家的气魄，其自然不屑于刻石所言"忠臣孝子即神仙"的封建唯心主义观点，海市蜃楼的神仙境地自不可求，但神仙般的富足美满的生活，却是可以通过我们勤劳的双手去创造的。正如《国际歌》中：从来就没有什么救世主，也不靠神仙皇帝，要创造人类的幸福，全靠我们自己……想到这些，叶帅心潮起伏，感慨万千，游览结束回到驻地，当即挥毫泼墨，写下了"蓬莱士女勤劳动，繁荣生活即神仙"的诗句。

叶帅的诗句以其浪漫而现实的手法，体现出一个无产阶级革命家的博大胸怀，抒发了对广大劳动人民的深情厚意，也表达了其坚定的共产主义信念。

今天勤劳善良的蓬莱儿女，用智慧和汗水奏响生活的新篇章，把人间蓬莱建设成为了凡间仙境，使得叶帅的预言变为了现实，而叶帅绮丽的诗句，仍将激励着一代代的蓬莱儿女，继续走向更加美好的明天。

彭真蓬莱阁下谈爱国

1988 年 6 月 30 日下午，蓬莱阁前热闹非凡，丹崖碧海令人心醉。突然，随着一声车鸣，一辆高级轿车在人群中戛然停住，一位身材魁梧的老人笑容可掬地走下车来。

"彭真同志来了！" "彭老来参观蓬莱阁啦！" 随着一阵阵喊声，彭老立刻被人们围了个水泄不通。

是的，这正是德高望重的彭老。他这次烟台之行，尽管百忙劳累，但还是没有忘记蓬莱百姓，还是要抽空来丹崖山下走一走。彭老下车后，一遍又一遍地同周围的游人握手打招呼，十分和蔼可亲。那一串串幽默的话语，在众人中引起一阵阵掌声。后来，彭老漫步走到水城东岸，又穿过太平楼南门，来到戚继光的雕像前。顿时，他脸上立刻严肃起来，望着戚继光那高大的雕像，久久伫立。

"彭老，时间到了。" 一位随行人员贴到彭老身边轻声说道。停了好一阵子，彭老才回过神来，望了望西天，又轻轻摇摇头。最后，他恋恋不舍地凝视了一会儿太平楼，才遗憾地朝轿车走去。

这一夜，彭老久久没有入睡。他从古代战争，想到当时的国际形势；从戚继光抗倭卫国反被奸臣诬陷，想到了"文革"；从国家的长治久安，想到了爱国主义教育……总之，这一夜他没有睡好。第二天一大早，他不顾疲劳，决定再去参观戚继光祠堂，了解戚继光的爱国事迹。

这次，彭老目的明确，下车后便径直步入祠堂内，一边细心地听导游员的讲解，一边不住地点头，遇到不明白的地方，便反复询问。当听到戚继光大义凛然，率兵与倭寇血战到底等细节时，彭老不停地放声大笑，连声称好，并不时鼓掌；当听到戚继光征尘未洗，反遭奸臣诬陷时，彭老脸上立刻怒颜作色，紧握双拳，久伫不动，使讲解几次中断，全场肃然。

参观结束后，彭老没有立即离开，而是把在场人叫在面前，殷切地对大家说："爱国主义，是国家存亡的根本。一个国家的人民如果没有民族精神，没有民族荣辱感，那是很危险的事情。爱国主义，民族精神，以及革命英雄主义，过去要讲，今天要讲，将来也要讲！特别对青少年，要经常进行这方面教育，让他们牢固地树立民族自尊感和自豪感！" 接着他又对一些年轻人讲："大家千万要牢记，祖国的江山来之不易，是经过几十年，无数革命先烈流血牺牲换来的。现在，国家正在进行现代化建设，更需要有爱国主义精神；还要知道，国际形势在不断变化，有人对我国不怀好意，极力想侵略、颠覆我们。我们这茬人都老了，建设国家、保卫国家的重任全由你们年轻人来承担！"

最后，彭老在一片掌声中步出戚继光祠堂大门，并高兴地说："这次不虚此行，接受了一次深刻的爱国主义教育，也希望蓬莱和全国多出些爱国主义英雄！"

三清殿下石榴石

闻名遐迩的"人间仙境"蓬莱阁，引天下无数游客纷至沓来。而蓬莱阁三清殿台阶上一个闪光的颗粒，也曾在蓬莱引起了一股不小的寻宝热，同时也翻开了蓬莱奇石宝玉史上新的一页……

1992 年，时任蓬莱市侨办主任的于秋中在一次陪同华侨游览蓬莱阁时，无意间发现三清殿门前的台阶上，有一个发光的东西，嵌在台阶的一块黑石头上，他觉得奇怪。因当时外事任务在身，他未能仔细探究。外事活动结束后，他特地带着一些采凿工具，返回蓬莱阁，在征得相关人员的同意后，将这块发光体抠了下来。

这块发光体约有一粒大花生米大小，呈黑色。对着太阳逆光看，便显示出鲜艳的红色。有着从事高校物理教学 20 年经验的于秋中马上意识到，这可能就是一颗红宝石。为了给蓬莱红宝石一个合理和合法的名份，他开始有意找专家，查资料，研究这个发光体到底是个什么玉石。

1994 年清明节期间，曲阜师范大学物理系的李呈祥教授回老家蓬莱市北沟镇下朱潘村。他曾在 1986 年蓬莱海上出现海市蜃楼奇观时，作为专家，接受过山东电视台以及央视媒体的采访，知名度很高。他与于秋中是好友。当得知李呈祥教授回乡的消息，于秋中立即找到了他并让他鉴定。李呈祥教授看了于秋中递交的标本，并查看了蓬莱城区以及老家的山坡、田野、河套和海滩，也捡到一些类似的发光颗粒，也初步断定是宝石。为准确无误，他将一些标本带了回去，找地质专家进一步鉴定。一个多月后，李呈祥教授来电话了，确认那些发光的颗粒就是红宝石，准确讲是石榴石红色宝石。

消息传来，于秋中欣喜若狂，奔走相告。一时间，蓬莱北沟镇下朱潘村首先掀起了一股寻宝热。据当时任下朱潘村党支书的杨喜润讲，那时正赶上拔麦的农忙季节，可许多农民听说他们村出宝石了，便把自己家的麦地都撂下不顾而去捡宝石……后来，不光下朱潘村，周围许多村的农民和企业职工也趋之若鹜，纷纷加入寻宝的行列。尤其到了星期天，漫山遍野，全是捡宝的人群。北沟当时的一位村委副主任，开始还不知道他们村出宝石。当告诉他宝石是什么样、到什么地方捡时，他没费多大劲，一下子就在脚下捡到一个特大的石榴石红色宝石，像小鸡蛋那么大，直径约有 30 毫米，重量可达 250 克拉，是于秋中在蓬莱见到最大的一颗宝石。

为进一步了解蓬莱石榴石红色宝石的相关知识，于秋中听说中国地质大学设在武汉，便让当时恰巧在武汉工业大学就读的女儿于海群利用课后冒着 40℃的高温天气，骑着自行车去找地质专家。

经于秋中奔波辗转，终于得到了专家的正式鉴定：蓬莱阁三清殿玄武岩台阶上嵌有的一颗暗红色发光体及蓬莱北沟镇下朱潘村一带出现的类似发光颗粒，系石榴石红色宝石。

蓬莱石榴石属铝系石榴石，大体又可分成两种：呈深红、玫瑰红的为镁铝石榴石，呈暗红或褐黑色的为铁铝石榴石。石榴石在工艺美术上称"紫牙乌"，中国珠宝界习惯上也把石榴石称作"紫牙乌"。蓬莱石榴石红色宝石多数为暗红色，映日方显特有的星彩光泽，十分美观。蓬莱石榴石红色宝石的硬度为摩氏 6.5－7.5 度（也有的专家鉴定另一些为摩氏 8 度），比重为 3.4－4.2 克/立方厘米，属优质石榴石红色宝石。

据于秋中整理的有关资料查明，蓬莱红宝石属于石榴石类红色宝石。因石榴石晶体与石榴籽的形状、颜色十分相似，故名"石榴石"。

于秋中还把采拾蓬莱石榴石的方法，整理成文字，介绍给周围那些跃跃欲试、摩拳擦掌的寻宝者。他说，在蓬莱火山带，如城区周围的山地和沿海，东至南王、刘家沟、马格庄（即现在的新港街道）等镇，西至北沟镇的大片山地和海滩，裸露的山坡、田野、河套、海滩，尤其是刚耕的土地并且是雨后可以进人的时候，上午 9：00 和下午 3：00 在有阳光的天气里，是寻找石榴石的最佳时机，往往几步远也能见到宝石的发光……

于秋中还不辞辛苦，先后多次到烟台城乡各地探寻石榴石的打磨加工和饰品的制作技术。

与此同时，蓬莱另一位奇石收藏家沈周田也在为蓬莱石榴石红色宝石的发掘而奔忙。

沈周田是蓬莱供水总公司退休干部，过去曾在地质勘探队从事水文地质专业工作，跑遍大半个中国。在当时蓬莱出现石榴石寻宝热的前后，他也不顾年迈带病的身体和野外作业的辛劳，戴上老花镜，背起他盛有铁锤、罗盘和放大镜的背包，餐风沐雨，徒步跋涉在蓬莱有可能产生石榴石的地带。他和于秋中一样，探求蓬莱石榴石不是以捡宝发财为目的，而是从地质专业的角度和个人的志趣爱好，来发掘蓬莱的奇石宝玉文化。

作为媒体记者和奇石爱好者且又是于秋中、沈周田的好友，我近水楼台取得了对他俩探求蓬莱阁石榴石有关情况的了解。有时我也参与了他们的探宝行列。为了探明蓬莱石榴石的成因、品位和成色，我也曾和沈周田一起，先后到被称为"中国蓝宝石之乡"的山东昌乐县北岩镇的二姑山以及被称为"可与美国魔鬼之塔相媲美"的即墨马山考察，走访过当地的百姓。那产生宝石且壮观的柱状节理石林，让我们惊叹不已。

为什么蓬莱阁上能有石榴石的出现？沈周田对蓬莱石榴石红色宝石也有很深的研究。据他讲，石榴石原生矿是玄武岩，如央视 10 套《探索·发现》栏目报道过中国刘嘉麒院士和科考队的刘欣他们在大兴安岭火山地貌中发现的石榴石绿色宝石、红色宝石等，都附在玄武岩上。在蓬莱的古火山带出现的那些黑褐色石头，就是玄武岩，属基性喷发岩覆盖在第四系地层之上、在火山碎屑物形成的火山口地形区域内的玄武岩矿。而蓬莱阁三清殿门前的台阶，正是用这种黑褐色的玄武岩砌成的。所以，蓬莱阁出现石榴石就不足为怪了。同时，由蓬莱阁三清殿门前台阶的玄武岩发现的石榴石红色宝石，推断出有古火山喷发所带来玄武岩经过的地方均有产生石榴石的可能，进而把蓬莱石榴石的出产地由蓬莱阁延伸到蓬莱几个古火山口及周边地带。有的火山喷发的玄武岩经多年风雨剥蚀已经风化，曾附在上面的石榴石便脱落下来四处流落，掩埋于泥沙之中，有的仍附在至今还坚硬的玄武岩石上。在地面上能见到的石榴石属于前一种情形，蓬莱阁三清殿玄武岩台阶上的石榴石红色宝石，便属于后一种情形。在后来于秋中和沈周田的野外调查报告里，也证明了这一点。

从沈周田撰写的调查手稿和整理的考察报告里，我们得知，在蓬莱火山发生的这些区域内，均能捡到石榴石（砂矿）。品位西部高于东部，颗粒也是西部大于东部，直径一般在3－10毫米，而大于20毫米的少见。当时，蓬莱查明的就有五六个村庄几百人在搞蓬莱石榴石红色宝石的收藏，有的存有几十颗，有的存有几百颗，个别藏家有几公斤……其中有的人去市场交易，更多的人是送珠宝店加工成戒面、别针、耳坠、耳钉、胸坠、手链等饰品。

据于秋中、沈周田调查的结果，我们还得知，蓬莱石榴石很早就被人发现，但很少人知道是石榴石宝石。旧社会蓬莱当地许多人只是把它当火石，抽烟取火时用。蓬莱城区周围有许多火山口，石榴石宝石便是随着火山爆发，在特定的高温高压下形成，经多年风化、雨水冲刷等作用，才出现于世以至于被人们发现的。

据山东宝石协会秘书长李通一等专家讲，石榴石属高、中档宝石（也有的资料介绍说是中、低档宝石），是十二生辰宝石之一，在世界各国生辰石中位列一月生辰石。它象征忠诚、友爱、真实。对于许多旅行者来说，喜欢佩戴石榴石可以顺利走远，特别是可以保佑旅行中平安无事。石榴石最光辉的一页，是它被许多王室选作收藏的宝物，因为许多波斯人将石榴石常作为君主的偶像而崇拜。蓬莱石榴石红色宝石更有其特殊的品质：美观、坚硬、稀少。尽管目前看分布范围与产量不大，可有一定的潜力。宝石最显著的特点就是稀有。据悉，全国宝石级的大矿、富矿也不多见。

据资料介绍，宝石级石榴石的标准要求是：透明度好，颜色鲜艳，粒径大于5毫米。翠绿色的钙铁石榴石在国际宝石市场上非常受欢迎，红色、橙红色石榴石也很珍贵，橙色的石榴石（也叫锰铝榴石）最近几年价格上涨较快。中国地质博物馆中，藏有一颗橙红色的锰铝榴石大晶体，重达1397克拉，产于新疆。美国国家自然历史博物馆中珍藏着世界上最好的一颗褐黄色透明的肉桂石（铁钙铝榴石），是一个雕刻精巧的基督头像，重61.5克拉，堪称无价之宝。

于秋中、沈周田现在蓬莱退休多年，他们有更多的时间研究蓬莱宝石了。蓬莱城区及北沟、南王、新港、刘家沟，还有昌乐古河流经的7个乡镇，都曾留下他们的足迹。对那些初涉石坛的收藏奇石珍宝者，于秋中和沈周田都毫不吝啬把他们探宝的一些"秘方"予以传授，让大家一起分享赏石所带来的乐趣。

蓬莱不愧是人间仙境，风水宝地。这里不仅风光秀丽，而且物产丰富。据有关资料显示，蓬莱境内除了有开采量居全国县级前列的黄金资源外，一些重要的非金属矿尤其是能构成奇石宝玉类也有繁多的品种。如山上除了有泰山石、太湖石、灵璧石、卷纹石、木化石（硅化木）、干勾石、上水石、彩云石、模树石外，还有特有的蓬莱玛瑙石、川李绿玉以及多种与莹石（氟石）伴生的石种，各种各样的矿物水晶石也常常惊撼问世；海上，除了有光洁圆润的登州石（也称长岛球石、卵石）、凝脂纯净的黄蜡石、璀璨晶莹的丹崖石、令人称奇的蜂窝石以外，还有享誉古今、曾被宋代大文豪苏东坡爱不释手的"弹子涡石"。蓬莱石榴石的发现，无疑又为蓬莱奇石宝玉史上增添了新的记录。蓬莱石榴石广泛分布于山坡、田野、河流、海滩等地，但由于过于零散而不便大规模机械集中开采。这反倒为民间喜好奇石宝玉者作为业余捡宝寻梦提供了非常好的平台。在蓬莱，我们可以经常看到当地的一些中青年妇女佩戴由石榴石加工的饰品，徜徉于仙境。既为主人增添了美感和尊贵，又为仙境平添了靓丽的风景。

蓬莱石榴石红色宝石荣登珠宝的大雅之堂，是蓬莱奇石宝玉史上的一次重大发现。后来在探求石榴石的同时发现的紫荆山街道三里桥村南发现了柱状节理玄武岩石林，在蓬莱阁三清殿门前台阶发现类似青岛鹤山观和央视《走遍中国》播放的南方某寺庙石阶上"脚踏石阶如闻咚咚水声"的奇观。这无疑也让最初被发现石榴石红色宝石的蓬莱阁以及发现柱状节理玄武岩石林的蓬莱大地，也因此增添更加神秘的色彩和诱人的魅力。

蓬莱阁城墙惊现　"日寇航弹"

自1982年蓬莱水城和蓬莱阁被确定为全国重点文物保护单位后，围绕其修缮、建设的施工便有条不紊的逐年展开。时间进入1994年，蓬莱阁的西北角城墙处开始了索道门的施工建设，6月12日，施工人员在索道门基础部位的土方清理中发现了一个锈迹斑斑的金属柱状体，顺着这金属物体向西开挖下去近一米，仍未使这个物体全部露出，这时工地的施工人员看到该物体已超出了计划施工范围，便准备用铁锤和钢钎将其砸碎以方便后续施工，当他们找到工程负责人说明施工中遇到的这一情况时，引起了监督工程施工的文物管理员罗世恒的重视，他立即带人来到施工现场，对这一锈迹斑斑的物体进行探查分析，对金属体的周边进行了认真清理，排除了这是废弃管道的可能，在向两端继续扩大探查面至1.2米时，发现其两端有逐步收紧的迹象，这时曾当过炮兵的罗世恒做出判断：这是一枚炸弹。在做出了准确的判断后，现场人员被要求全部撤离，该情况被迅速上报到管理处，管理处保卫科和公安派出所的人员随即赶到了现场，一面对炸弹发现的位置拉起警戒线，一面安排疏导围观的人员，与此同时管理处与市武装部取得联系，由其派来排爆人员小心翼翼的开挖炸弹尚未显露的部分，经过一上午的努力，最终使这个长达1.9米、直径0.36米的大炸弹现出原形，经专业人员最终确认，这是一枚重量达500磅的没有爆炸的航空炸弹，从其锈蚀程度上判断，当是建国前战争年代的遗留物。由于施工工地原无道路，周围回填土质松软，使得大型吊装机械无法进入现场作业，为慎重起见，相关部门联合决定，暂时将炸弹挪移到了待回填地段的一个深沟中，仍采取隔离警示措施，并安排人员日夜监控。直到 6 月 18 日上午，市公安局人武部和当地驻军联合行动，通过公安警车开路，人武部专车押运，驻军工兵拆爆人员的现场操作，该炸弹被运到城郊空地预定地点，成功引爆。

经查阅《蓬莱阁志》有载："芦沟桥事变，日军逐步侵略沿海一带，患被骚扰。蓬莱西北老北山与蓬莱阁相邻，日军掷弹老北山约百余枚，或误投阁上，扰乱数月，仅毁一戏台，余皆无恙。"此次引爆的炸弹，估计就是当时投掷未爆之遗物。

而今，该往事与甲午战争期间曾击中蓬莱阁下"海不扬波"的哑弹一样，不论其由于何种原因未爆炸，但其未对蓬莱阁古建筑群造成严重损失的这一事实，令人为之庆幸，并且给蓬莱阁增添了一份神秘色彩，为后世人们留下了无尽的遐想。只是，当时由于有关单位领导出于安全考虑，担心发生爆炸事故引发负面影响，而没有采取将其拆掉引信保留外壳，留作抗战时期日本侵略的实物证据保留下来，至今仍为经历此事的人们，每每谈起而感到遗憾之处。

蓬莱阁 "八仙醉酒" 塑像溯源

每当人们步入"人间蓬莱"坊、径级登临凌空如飞的蓬莱阁游览时，要数坐落在阁楼二楼上那一簇活灵活现的"八仙醉酒"塑像，最惹人注目。这组"八仙醉酒"塑像为八单体组合式。由北京中国木偶艺术剧团美术大师索万今形体制作、杨军服装制作完成。整个群塑运用现代木偶制作用料工艺——纸塑造型，优雅细腻、神态各异、栩栩如生。塑像背靠大海，面座朝南，与周围那古朴的桌椅、画廊、绮疏水乳交融，浑然一体，缤纷耀彩。伴随着临海之阁的涛声，更显得人物静中有动、可亲可爱。虔心的游人逢至必定置身像前拜谒，与仙人举杯问盏，猎取倩影，当会儿片刻逍遥神仙，真乃心旷神怡，犹如脱凡胎换仙骨之感，在惬意不过了。若能沾得一身仙气，也算是不枉来仙境一遭，证实古人所云："身到蓬莱即是仙"嘛！

这组"八仙醉酒"塑像是 1992 年夏末傲立于阁上的。塑像的制作工艺确是独树一帜。据索万今大师介绍，塑像的制作工艺流程甚是复杂。首先，用细黏土雕塑出人物的头、手、脚等显露部分制成阳模，按"等身"比例法制作，晾干后表面涂隔离层；然后，用石膏翻出阴模，修型阴干，在阴模内裱糊数层道林纸或牛皮纸，约 5 毫米厚，风干揭模，活脱脱的人物雏型便面世。此胚质轻坚韧，易雕易饰。由于地处沿海，空气潮湿，定型后进行防潮、防腐、防蛀处理。最后根据人物年龄特征，从现代审美角度出发，运用写实手法，人物肤色用油漆装饰，面部质感、表情既逼真又生动。

塑像在北京完成，运抵蓬莱阁组装。布局上或坐、或卧、或立、或倾，相得益彰。正当拂晓竣工之际，阁外突然大雨滂沱，遮天盖地，持续了好一会儿。真是巧了，这雨打春天至夏季高贵如油，早不下晚不下，偏偏在八仙像落成才下。在场的工作人员感慨地说：

这是仙人显灵感动了龙王，给家乡人民带来福祉哩！让我们祈祷吧！于是乎，不知是谁从何地方找来一尊不大不小的石香炉，大伙儿向八仙像焚香叩拜，以示祷祝，虽不是教徒，但个个虔诚，祈望蓬莱庶民将来必定"风雨时若，春蓄秋获，五谷登成，民皆安康。"以此告慰修建仙阁的朱处约老太守。

这组塑像的设计采撷了八仙在过海前把酒兴叹这一瞬间的形态，以八仙桌为轴心展现人物，让仙人们围桌边饮边磋商过海法术，把他们定格在似醉非醉、醉与大醉之间。于是，便有了"八仙醉酒"这一主题。

按常规，八人饮酒是双双而座，对面而饮，左右逢源，若这样处理，定然呆板，无论是从审美还是拍摄角度而言，谓之大忌。设计者们避俗就新，有意破开"一张桌八把椅子"的俗套拘囿，以八仙桌面为视平线，让人物线上立、线中坐，线下卧，形成一幅侧 45 度角的扇面构图；以酒为载体，体现出仙人们不同的醉态——韩湘子抱坛给吕洞宾斟酒；张果老乐不合口端杯相应；汉钟离耐不住性子擎碗干杯；何仙姑指爵誓言："我奉陪到底！"曹国舅多贪了两杯，醺醺然低头不语，生怕丢了云板；蓝采和与铁拐李只好受点委屈——让蓝采和不胜酒力，卧凳酣睡，酒洒衣襟；铁拐李嗜酒如命，让他独揽酒坛，醉倒桌下。如此的构图，使一纸空想变为了现实——"八仙醉酒"塑像就这样诞生了。

"人间蓬莱" 匾额的由来

1994 年冬，蓬莱阁下新修一牌楼。此牌楼由清华大学古建筑设计院设计、曲阜古建筑队承建。牌楼的建成既解决了过去进阁无门的问题，也蔚为壮观，成一新景致。

但美中不足是当初的设计未照应考虑到匾额与楹联。据当时正在施工的曲阜古建筑队负责人称牌楼历来无字。听后很不以为然。适逢这段时间市委安排徐明参与旅游工作调查，便与蓬莱阁聘请的一些老顾问和有关工作人员商讨之。多数人认为还是有个匾额才好。于是，极力倡导鼓动大家献计献策，补额填联。

一段时间里，大家对匾额的设想建议归纳起来有三：一是请中央领导题写，并有同志承诺，可托人即刻求到最高首长墨宝。二是因地制宜，用蓬莱阁上现存的清朝铁保榜书"蓬莱阁"三个大字，且正是阁上匾额。三是高薪聘请名家书之。一时群言各抒，莫衷一是。徐明则觉得，这三条都有一定的道理，但又都不合适。第一，蓬莱阁乃千年古迹，非新上景点，请现今党和国家领导人题写古迹门匾，欠妥（当然，在阁上题词书丹例外）。第二，用清人铁保的字亦欠贴切。一则清朝距今太近，铁保的身份、书法及名声也难与蓬莱第一匾额相匹配；二则"蓬莱阁"三字是为楼阁所题，题阁之匾只能挂在楼阁之上，若挂在门坊上，恐会贻笑大方；三则将来游人入此牌楼要观两大景，即蓬莱阁及水城，因二景齐名，同为国家级文物保护单位，若只写"蓬莱阁"，忽略了水城，岂不自煞一风景。第三，高薪聘名家，倒是顺应当今"社情"，不过资金是否即刻筹得足暂且不论，担心的是高赏之下虽有应者，而应者之中又有几多可用之大手？另外，征集匾额写什么内容？用什么字体？也是难题。单就修缮古迹的许多特定的近乎苛求的条件而言，清人犹嫌弱，今人更谈何？

匾额楹联之事一时陷入困境，成山重水复，江郎才尽状。

当初创意搞匾楹联是徐明发起，而今搁浅难以成事，内心很不踏实。一日，忽发感悟：古迹还得古人书。既然千百年来仙境之上，骚人墨客多会于此，何不从中觅幽集粹。于是想到了最初建蓬莱阁的朱处约，但此公惜无正史记载，其又未留下真迹；又想到了留下笔迹的明朝大书法家董其昌，但董字纤细柔弱，不宜书匾。又一日，眼前一亮，豁然开朗，想到了有宋一代大学士——苏轼。苏轼，字子瞻，号东坡居士，乃北宋以来我国著名大文豪，又列宋朝四大书法家之首，最让人喜处是他曾任过登州太守，到任时间是元丰八年即公元 1085 年，而这个时间距前任太守朱处约建蓬莱阁的嘉祐六年，即公元 1061 年，才刚刚过了 24 年。可以说此人之后，再无一位来者的学养名声能逾越之。真是"众里寻他千百度，蓦然回首，那人却在灯火阑珊处"。

确定苏轼之后，查找当地志书资料，但难觅其书匾之类。故萌生集其字的念头，因苏字由二王与颜鲁公化出遒劲端庄最宜书匾。这虽有先入为主之嫌，但历史上已有先例，只要妥帖能为世人所接受。于是，先拟了若干匾额词句，诸如"蓬莱揽胜""蓬莱胜境"之类，然后查其书迹。事有多济，也是偶合，一日夜里，竟从书箱中查出一帧苏轼手迹影印件，写的恰是蓬莱仙境。这是苏轼在元祐元年即 1086 年写的一纸书札，叫作"遗过子尺牍"。原件现藏于台北故宫博物院，为纸本行书，纵 14.2 厘米，横 26.7 厘米。尺牍上的字写得神采飞扬，煞是好看。全文是：

元丰八年正月旦日，子由梦李士宁草草为具。梦中赠一绝句云：'先生惠然肯见客，旋买鸡豚旋烹炙。人间饮酒未须嫌，归去蓬莱却无吃。'明年闰二月六日为予道之，书以遗过子。坡翁

从文中出现的两个时间看，叙述的是元丰八年（1085 年）的事情，书写时间约是第二年，即元祐元年（1086 年）。经考，苏轼写这纸尺牍的历史背景大致如下：元丰八年（1085 年），宋神宗皇帝驾崩，哲宗皇帝即位。这年五月，因"乌台诗案"讪谤朝廷罪遭贬的苏轼被重新启用。当时诏曰："复轼为朝奉郎知登州军州事"（《续资治通鉴》宋纪七十七），其意是恢复苏轼京内谏官职，并任其为登州太守军政兼管，于是，在经历了六年贬谪生活之后，苏轼终于离开了当时荒凉偏僻的黄州，来到了向往已久素称人间蓬莱的登州（当时登州州治设在蓬莱）。这也是他 1077 年离开密州（诸城）后，第二次到山东为官。苏轼到任后，不忘在黄州自号"东坡居士"的境遇，与民同甘共苦，就业为政。虽时间很短（正史记载五个月，当地传说为五日），但各方面的作为却不小。所感所为涉及政治、经济、

军事及诗书画与自然形胜、山海风光等，真不愧为一代卓然不群的大家。元丰八年（1085年）岁末，苏轼被召回汴京升礼部郎中。但此公意犹未尽，进京后仍时刻眷恋着登州，惦念着这方水土与百姓。甚至不惜冒再遭贬谪之险，上书太皇太后与朝廷，为民请命、为固登州海防进谏。计写有《乞罢登莱榷盐状》和《登州召还议水军状》等篇章，其情其意甚感登州百姓。后来人们在蓬莱阁旁专修一苏公祠纪念他，并有一楹联歌道："五日登州府，千载苏公祠！"可见苏东坡与登州的情份。

话扯远了，再回到尺牍上来。正是在东坡恋恋不舍地离开登州的翌年闰二月里（1086年），正是在东坡贬放出京多年又荣耀以归感慨系之的日子里，写下了这纸赠其三子苏过的尺牍。苏过，是东坡最疼爱的儿子，这孩子多年来一直追随守侍左右，与之相依为命，共担苦乐。东坡如此郑重其事地赠一诗句、书法给他，也是一种对亲子、对登州挚爱的表露（另，苏轼书法轻不示人，若出手必工，即便是一纸便条，亦欲后传百世，不为人笑）。还有一层意思则是东坡感激其弟苏辙多年来对自己的关怀与牵念之情。苏轼的这纸尺牍，实际上是给苏过讲了一段有趣的小故事。说的是，苏辙去年正月初一做了个梦，梦见仙人李士宁从仙岛蓬莱匆匆来到人间，子由很高兴地与之相聚，立即置办酒宴款待之。并告曰：到人间作席饮酒，不必挑剔浓淡甘苦，放开肚皮吃就是了，因为回到蓬莱仙岛后，那里的神仙不食人间烟火，你是没有饭吃的。其意是：人间虽苦有酒喝，仙境再美无饭吃。

这段故事原本是苏辙叙述给苏轼听的，是兄弟二人思想情感交流的一段佳话，诗中描绘的小故事栩栩如生，饶人兴味，使人如闻其声，如临其境。苏轼之所以要写这么一段内容赠其儿子，个中缘由尚未见记述。但有一点是值得注意并加肯定的，那就是他对登州的怀念与留恋、对仙岛蓬莱遐思来断，其情其意跃然字里行间。尺牍虽是写子由之诗，却道的是子瞻之情。苏轼乃千古文豪，是一位具有多方面才能的文学艺术家。其诗词，一扫晚唐、五代绮丽柔靡之习，开北宋以来豪放词风；其赋与散文长于说理，纵横恣肆，有强烈的艺术感染力；其书法遒劲潇雄，气韵隽逸，列宋朝第一。其弟苏辙与之比肩，有许多相似之处。但在苏轼被贬谪六年后，二人在思想及文风表现力上已明显拉开了距离。苏轼在诗词文赋和书法艺术上高于苏辙，当时已成公论。即使这样，苏轼还是将苏辙的一首看似文笔极平常甚至平俗打油的小诗笔录书赠其爱子，这是耐人寻味的。如果不是诗中提到的仙人与蓬莱等勾起了这位大文豪的情愫，他是断不会引子由诗来发感慨的。细揣东坡当时刚刚被启用擢升的心境，以及其朴素唯物主义的思想特点和六七年来与民相处之所得所感，他必是被诗中阐释的一种要人间真情附仙境之景物的美好愿望所感染并有所悟，同时也有这样一层：东坡对子由元丰八年正月旦日梦见蓬莱仙人，自己恰在这年五月脱去苦难至人间蓬莱登州任职一事，感慨万千，唏嘘不已，故抄录小诗以抒怀。

正是在对以上背景及情况作过一番分析思考的基础上，徐明将尺牍小诗中的"人间"与"蓬莱"缀成一语——"人间蓬莱"，奉为匾额用词。

"人间蓬莱"，涵盖之意力图与历史相符，即与苏轼当时心境及用意相吻合。东坡在文学创作上，历来愿借"天上人间""人间天上"浪漫之笔作遐想翅膀。鉴于他当时对登州的眷恋，对蓬莱仙境的向往，将登州山海胜景喻为人间蓬莱并不唐突牵强，亦符合其时之思想情感与写作表现手法。

"人间蓬莱"，所含之意力图与实际相符。"蓬莱"，自古便是仙境的代名词，传说中的海上仙山蓬莱是虚无缥缈的；登州海域独有的海市蜃楼也是瞬间即逝的。而呈现在人们面前的登州山海风光却是亘古未变的天然美景。故"人间蓬莱"暗喻着人们向往蓬莱仙境在人间登州再现。亦即如今登州丹崖山附近的山海胜景就是蓬莱仙山在人间的一个缩影载体。

"人间蓬莱"比之"蓬莱胜景""蓬莱揽胜"之类，在取字上力图不落窠臼，词句虽平淡白话，寓意却深邃绵长，"看似平常最奇崛"，欲求平实中耐人寻味之境界；在景物与区域涵盖观照上也宽阔得多，它甚至可包容如今整个蓬莱的山海风光、自然形胜以及风俗民情、人文景观等。

当然，这一缀法亦不无断章取义、穿凿附会之虞，但全面分析苏轼来登州前后之思想状况及文法表现形式，窃以为还是能与历史相符，与实际相谐的。更何况集字是历史上一种正常的文化现象形式，若集得好，可弥前贤之夙愿，并昭其德于世间。笔者曾将此创意讨教于多位省内外方家，皆以为然，且希望能尽早促成为好。于是，1994年冬在征询部分顾问和有关负责同志意见后，最终研究以此语制匾。匾额署款"苏轼"及朱文印章"子瞻"，亦查之当时手笔迹样。

与匾额同时刻制的还有均已作古的当代艺术大师刘海粟、费新我留迹阁上的楹联两幅。

岁次乙亥正月十六，公元1995年2月15日，天朗气清，惠风和畅。苏轼手迹"人间蓬莱"匾额，衬蓝贴金，高悬于新落成的四柱冲天式牌楼上。蓬莱市委书记程竹坤、市长王胜科与全市各界干部群众千余人，在牌楼前隆重集会。鼓乐鞭炮声中，他们将匾额上的红绸徐徐揭下。自此，"人间蓬莱"昭示人间。

蓬莱水城城墙地道

蓬莱水城是我国现存较为完整的古代军港，1982年被公布为全国重点文物保护单位。伴随着旅游业的发展，水城明代城墙逐步得到修复，期间在水城西城墙、水城东炮台以及水城东城墙南段先后发现人工地道，更为其增添了几分神秘。

1986年，水城西城墙维修时发现地道。地道位于敌台北50米处，洞口朝东位于城墙基础部分，从洞口进入，向西为长3米，宽1米，高1.5米的地道，地道中间另有1.5米长，宽1米，高1.5的通道向北延伸，通道西侧有一宽0.5米，高0.3米的平台，平台北端有一青砖。

1992年，水城东炮台台阶西侧墙体出现裂缝，地面出现塌陷。经当地文保单位会同原中国文物研究所对东炮台进行勘察，于东炮台台阶塌陷处发现一直径 0.8 米的洞口，进入洞内有往下向北的台阶数级，地道沿炮台外砌石墙延伸至炮台西、北两面，总长度约 15 米，地道内沿墙可见数个与墙外相通的瞭望孔，可有效观察控制水门船只人员的进出，地道内发现玻璃油瓶和油布等。

2004 年，水城东城墙南段维修时，再次发现地道。该处地道由城墙夯土下挖 2.6 米后，由西向东延伸。洞口由石块封堵，宽 1.4 米，高 0.9 米。洞内呈"Z"型，多处塌方将该地道截成 3 段，长度分别为 4.6 米、17 米、5 米，共 26.6 米。在地道附近发现一块青砖，长 31.5 厘米，宽 15 厘米，厚 7.5 厘米，上刻"工城"二字。

三处地道均位于城墙基础相对隐蔽处，地道之间相距较远，互不相通，人为遗留物较少。但纵观水城的形成及其历史上特有的军事作用发挥，这些地道与军事活动不无关联，因其所处位置不同，其具体用途有所差别：西城墙地道洞体不大，仅一个出口，可用于防空及隐蔽；东炮台地道有对外的枪眼，用于瞭望射击，可用于水城关门口一带的防御；东城墙南段地道较长，且在城墙内、外两侧各分布一出口，有利于水城内外的沟通联络。

葛家修《蓬莱阁志》记载："1930 年，军阀张宗昌、褚玉璞等失败后，率残部突至蓬莱，设立中国共和同盟军第三方面统帅部，意欲夺取烟台为根据地（时刘珍年盘踞烟台），驻军蓬莱阁上。国民党盘踞蓬城时期，曾在水城及蓬莱阁上驻扎军队。"由此可见，地道具体成形年代不晚于卢沟桥事变的年代。原蓬莱市政协副主席李克俭回忆，1945 年他曾经与一个班的战士驻扎过东炮台地道。这有可能是对地道的再利用。

蓬莱阁 "沐日浴月" 匾的故事

1981 年冬，当代著名书法家聂成文先生游览蓬莱阁时，应蓬莱阁负责人的邀请，为蓬莱阁主阁题写"浴日沐月"。聂成文先生生于 1946 年，现任中国书法家协会副主席，原辽宁省文联副主席、文联书记处书记、书法家协会名誉主席，中国书协草书委员会主任、创作评审委员会委员，全国中青年书法展评委会副主任，中国书法培训中心教授，为中国流艺术家。1983 年该题字被制成匾额悬挂于蓬莱阁一楼檐下，至今已有 35 年，历经岁月洗礼，仍金光闪闪，吸引游客驻足观赏。

2016 年 4 月，烟台市人民代表大会张宜中先生在研究抗日战争时期蓬莱抗战史查找资料时，查到一张 1946 年中共蓬莱党政军负责人在蓬莱阁留影的老照片，他突然发现蓬莱阁一楼檐下赫然悬挂着"沐日浴月"匾，他百思不得其解，于是向蓬莱阁等有关部门咨询此事，他写到："2016 年 4 月 11 日早晨，我在研究抗日战争时期中共党组织任命的'蓬莱县县长李慕'资料查找其照片时，发现一张抗日战争时期时任中共胶东特委书记曹漫之（照片中坐在最前台阶者）和时任中共蓬莱县委书记王一夫、县长李慕（因资料没有说明两人所在位置，无法确认两人）等党政军负责人在'蓬莱阁'阁前台阶上的合影，发现当时'蓬莱阁'底层门上（即现在铁保手书'蓬莱阁'牌匾处）悬挂着是上书'沐日浴月'四字牌匾（'沐日浴月'一词，是指受日月光华的润泽）。这在现有资料中没有查到相关记载和说明，我多次到蓬莱阁景区也没有看到这幅牌匾。为何出现这一历史情况？我咨询过蓬莱阁景区，他们也不知道这段历史，请您们给予赐教。"

张宜中先生发现的"沐日浴月"匾史料十分珍贵，现在的蓬莱阁工作人员之所以不知道此事，是因为1947年冬天的一场劫难，这年冬天，进攻胶东的国民党军队盘踞蓬莱阁上，拆卸蓬莱阁匾额、门窗等木材，用于烧火造饭、取暖等，蓬莱阁古建筑群里历代珍藏下来的200多块匾额、楹联，除铁保书"蓬莱阁"匾外，其他匾额均被损毁殆尽。原山东文史馆馆员、蓬莱籍著名书法家葛家修先生在《蓬莱阁志》（未刊本）对国名党军队的破坏行为记录道："蓬莱阁虽迭遭兵燹，其匾联、门窗及各种设备，还能依旧存在。自国民党盘踞蓬城，阁上驻扎军队，任意作践，不知护惜。匾联、门窗俱变为燃料，或作掩蔽洞，不堪入目。国民党不久逃窜，名闻全国之古迹，又归人民掌握，经数次重修，略复旧观。"蓬莱阁原有"沐日浴月"匾额自此损毁。受此劫难，历史上保存下来的蓬莱阁200多块匾额内容、题写者、题写年月等历史信息从此从历史上消失了。

蓬莱阁主阁究竟应该悬挂"沐日浴月"匾，还是"浴日沐月"匾呢？查询《辞海》等专业性词典，只有"沐日浴月"的详细解释，而"浴日沐月"不见典籍。"沐日浴月"的意思是指受日月光华的润泽。传说大禹登上南岳衡山，获金简玉字之书，上有文字："祝融司方发其英，沐日浴月百宝生。"清朝诗人沈德潜将其收录在《古诗源》一书中。

搜寻有关蓬莱阁的历史文献，查询到"沐日浴月"一词，在清朝施闰章的《登州祭东海广利王文》中出现。清朝顺治十四年（1657年）四月十五日，山东提督学政施闰章在蓬莱阁龙王宫祭海，在《登州祭东海广利王文》中写到："惟神涵育万灵，吐吸百谷，沐日浴月，化无为而自成，出雨兴云，诚有祈而斯应乃有蜃楼海市。"施闰章为清朝顺治年间的著名学者、书法家，他曾发现提携《聊斋志异》的作者蒲松龄，在当时很有名望，因此推测蓬莱阁的"沐日浴月"匾，或许与施闰章代表官方在蓬莱阁龙王宫祭祀东海龙王敖广的活动有关。

20世纪50年代，葛家修等先生在《蓬莱阁志》楹联匾额编撰时，"沐日浴月"匾早已不存，可能当时有关人员的记忆出现差错，因此变成"浴日沐月"，若有可能应该复原原有的"沐日浴月"匾额，从而尊重历史记载，恢复蓬莱阁的原貌。

蓬莱阁龙王宫消逝的唐槐

如今说起唐槐，人们往往想到的是天后宫主殿西南角那株苍老的古槐。无论从蓬莱阁记也好，从导游词也好，还是许多丛书，均对这株古槐身世、体貌加以详尽的描述，以增强这处古建筑的韵味。其实早在 1941 年以前，龙王宫西厢南侧还有一株唐槐与天后宫这株唐槐遥相呼应。由于道士相继谢世，又无准确的资料记载，这株唐槐自然而然地被后人忘却。20 世纪 90 年代初期，道士后人庄风驰已年过 80 岁，据他介绍，龙王宫唐槐位于龙王宫前院西南角，树干挺拔，枝叶茂盛，树冠舒展，通体没有一点腐烂之处。胸围两个成年人也搂不过来。整个树冠几乎将龙王宫前院全部遮住。大风天部分侧枝将东西厢及前殿屋面屋脊扫坏。庄道士家人爬上房顶对部分侧枝进行修剪，以免古建筑再度被损坏。在西厢房北侧有一株藤萝，似一条黄白色长蛇盘唐槐枝干而上。然后沿树冠主枝、侧枝绕行。尤其是盛夏，唐槐的枝叶与藤萝花朵相间，给人们难以言表的美感。自然也是天然的避暑乘凉的极佳场所。白天城里富豪经常乘车坐轿来此院避暑。有时三、四桌人喝茶、请戏班子唱小段子，中午在此午餐，晚上才离去。这里的晚上是渔民的天下，他们利用渔猎后的空闲时间，携带儿女在唐槐下乘凉，摸着黑谈东说西，直到午夜后才悄然离开。

1940 年农历九月初三的早晨，东方一片火烧云，红得很可怕。俗话说，朝霞不出门，晚霞行千里。这是人们长期生活中对天气预报的一个经验积累。九点过后，天空开始转多云，十时许从东南方的乌云压顶而来。接着狂风大作，大雨倾盆，让人透不过气来，连多年来未动过的唐槐主干也开始抖动。突然间，一条雷电呈东南、西北方向从唐槐树冠掠过，"喳喳"一声，唐槐冠顶腾起一个巨大火球，唐槐主干被拦腰截断，与唐槐相伴的那株藤萝也难逃厄运。生长千年的古槐就这样断送了自己的性命，给自己生长的年轮划上了句号。庄道士介绍，被雷击的唐槐树冠呈黑颜色，部分地方被火球烤焦。倒下的粗壮树冠将西厢东坡砸了一个洞，东厢正脊刮倒。雨后，庄道士家人和水城村热心人均来帮忙清理现场。光用锯截枝、搬运就用了两天时间。在前殿院内两侧堆起的树枝就像小山一样。随后，庄道士利用募集的资金将东西厢房破损部位修复。此时的龙王宫院内唐槐仅存不足人高的残树干了。昔日的风貌如烟云般消散了。人们的心底是善良的，庄道士家人总认为唐槐还会复活，最起码从根部再萌发新枝。毕竟这株唐槐伴随蓬莱阁一千多年，陪伴庄家度过庙里生活的美好时光。一直守候三年，古槐也没有复活的痕迹。他们在古槐前烧香、烧纸、祷告，才将古槐残树干彻底根除。此处的唐槐已在蓬莱阁彻底消逝。

按一般规律，被雷击的树木有再生的能力。但龙王宫此处土质贫瘠，树木生长萌生能力十分脆弱，加之雷击重创等因素，再生的机率是很小的。如今，龙王宫唐槐的存在已经成为鲜为人知的事情了。但这株唐槐是与蓬莱阁古建筑群同步的老者，是一段历史史实。今天我们对它进行补记，旨在将龙王宫唐槐公布于众，让它重见天日，这对于研究蓬莱阁，对今后重写蓬莱阁记均有一定的帮助。

鹳雀楼

简　介

　　鹳雀楼，位于山西省永济市蒲州古城西面的黄河东岸。始建于北周时期（约在 557～571 年），为大冢宰宇文护修建的军事戍楼。唐代诗人王之涣写下《登鹳雀楼》诗，鹳雀楼遂名闻天下。元初毁于战火，楼基犹存。明清时期，黄河水患日剧，台基泯灭。今鹳雀楼为 2002 年重建。

鹳雀楼名之源

　　据记载，北周时，永济蒲州老城西南城上，建有一座美丽的楼阁。楼分三层，高约十余米，又因其筑设在城垣之上，共计高达二十余米。此楼设计精美，结构奇巧，雅致壮观，登至三楼之上，既可鸟瞰那阡陌交织，坦荡无垠的大地，也可南望起伏连绵的中条山，还可隐约遥望雄伟壮观的西岳华山。如有风徐徐吹来，登楼人衣袂翩跹，颇有凌空欲飞之势，故人称为"云栖楼"。由于云栖楼地处秦晋分界处，位置适当，景色宜人，因此，至唐时已成为著名的游览胜地。又由于此楼近临黄河之水，于是就有一种食鱼鸟类时而翱翔在河面上，时而又栖息在云栖楼上。此水鸟似白鹤，嘴尖与腿长而直，毛灰白色。它们常在江、河、湖、泽近旁，专捕鱼虾为食。据说，当地老百姓刚开始，见到这水鸟栖息高楼顶上时，不知道它们就是"鹳雀"，只是时间久了，大家发现，这种鸟很懒，老在水边上等着，一等就是一两个小时，直到鱼撞上来后它们才吃上一口，所以人称"老等"。

　　云栖楼刚落成时，"老等"只是偶尔在楼上聚聚，但后来就越聚越多，甚至当它们栖息停落于云栖楼上时，整座云栖楼都变成了一片灰白，因而当地百姓又称它为"白楼"。后来，传说有位学者到云栖楼游玩，他对花鸟都颇有爱好，见到群居于云栖楼的"老等"，他禁不住地惊呼"鹳雀，鹳雀"。从此，老百姓不再叫"老等"，而是改叫"鹳雀"了。

　　人们登上云栖楼鸟瞰风景的盛况，不知怎么被天上的神仙知道了，玉皇大帝传诏，命一位神仙来此窥探虚实。那神仙老儿辞离众仙，刚离天宫，就见成群的鹳鸟绕着他盘旋。其中一只白鹳竟展翅飞至他身边，点头轻叫，示意他坐到其背上。那位神仙被鹳鸟驮着，降临楼上。凭栏四顾，但见黄河滔滔、山川秀美，群鹳飞翔，喜鹊鸣唱，不由连赞："美哉！美哉！真乃人间盛景也。"随后，又驾鹳鸟升腾而去。打那以后，天上的诸位神仙都竞相来此赏景。且每次都是身驾鹳鸟而来，又身驾鹳鸟而去。云栖楼一带，简直成了鹳鸟与喜鹊的世界，人们便将云栖楼改名为鹳鹊楼。传到后来，就成了鹳雀楼。

宇文护的事迹

鹳雀楼的始建者是宇文护（513～572年）。传说宇文护是炎帝神农的后代，在"葛乌兔"时期，该族之人英雄辈出，谋略过人。鲜卑慕名，把"葛乌兔"奉为主，统领十二部落，世代为大人。后来，族中有个叫普回的人，在狩猎时拾到一个玉玺，上面有文字说："皇帝玺"，普回十分诧异，以为是上天授予他的。因为人们习惯上把天称作"宇"，把帝君称作"文"，所以，普回把其国号称"宇文国"，并以宇文为氏。普回的儿子莫那徙居于辽西，第九世有一个儿子叫宇文陵，仕于燕国，后来归了北魏，徙居武川。宇文陵有一曾孙叫宇文肱，宇文护是宇文肱之孙。

宇文护的崛起

宇文护的叔父宇文泰，十八岁就在葛荣部下为将，以后做了贺拔岳的司马，兵在关中。530年，宇文泰遣人到晋阳迎宇文护到关中，其后，贺拔岳被陈悦所杀，宇文泰讨伐陈悦并将其斩杀，统领了贺拔岳遗部。534年，北魏大丞相高欢举兵造反，宇文泰带兵奋力抗战，保住北魏半壁江山。魏孝武帝元修被迫投奔于宇文泰军。宇文泰迎孝武帝于长安，孝武帝以宇文泰讨伐高欢有功，以宇文泰为大丞相，掌管军国之政，而后，孝武帝与其有不投，被毒死。宇文泰拥立南阳王元宝炬为帝，建立西魏，建都于长安。而高欢拥立清河王世子元善见为帝，建立东魏，定都邺城。

宇文泰虽为大丞相，却以军拥帝掌管军国之政，宇文泰沿用古制，诸位王爵，都称为公，宇文护被封为中山公，宇文泰自己为太师大冢宰。宇文泰能驾驭英雄，明达政事，使各位贤达良才都能咸得其用，统领西魏达二十二年。因其子都还幼小，不能征用，便用其兄的儿子章武公宇文导、中山公宇文护帮其镇守天下。后来宇文导病逝。公元556年宇文泰病后，召侄儿中山公宇文护到堂前，将天下交给宇文护镇守，立次子宇文觉为周公，来承父嗣，叮嘱宇文护努力完成治国大业。宇文护名位素来卑微，怕诸公各图执政不肯服从，先与大司寇于谨说服诸公臣服，使宇文护能纲纪内外，抚循文武。当时，宇文觉才十五岁，宇文护觉得其幼弱，想尽快将其扶为正位，安定天下人心，便以西魏恭帝的名义颁下诏书称：恭帝要禅位于周，让宇文觉继承王位。于是，557年，宇文护扶正周公为天王位，立北周，都长安。早在

550 年，高欢次子，齐王高洋篡了东魏孝静帝之位，建立北齐，定都邺城。至此，北齐、北周又形成对峙之势，北周帝先后以宇文护为大司马，封为晋公，又为大冢宰，太师等，掌管北周朝政。宇文护为保北周天下，常常以兵攻齐。公元 559 年，宇文护还政于周王，只管军旅之事。561 年周武帝宇文邕继位，仍以大冢宰宇文护都督中外诸军之事。

宇文护与北齐的恩怨

北周与北齐对峙，河南自洛阳以东属北齐，河北以平阳（今临汾）属北齐。为保天下，北齐屯兵平阳、晋阳、洛阳。北周为了将北齐军队赶出晋地，举兵伐齐，连年征战于晋阳、平阳。当初，周太祖派人从晋阳将宇文护迎至关中，将宇文护的母亲阎氏及周武帝的姑母留在了晋阳，宇文护多次遣人到太原打探，均无母亲音信。齐人为了求安，想与北周互通友好，在晋阳（今太原）为宇文护之母及周武帝姑母配有中山宫。然而，北周意在取下平阳、晋阳，将北齐赶出晋地。564 年，北周多次攻晋阳而取不下，计划联合突厥大举讨伐北齐，齐武成帝听了十分害怕，答应送宇文护母亲阎氏与周武帝姑母回周，以求修好。特遣勋州刺史韦孝宽，致书宇文护，明示其母消息，且言周、齐释怨，可送其母回还，否则立斩不断。宇文护复书愿和，乞求释母西归。于是，先送了周帝姑母，仍留下了阎氏，齐人令人替母给宇文护写了一封家书，书中谈了宇文护幼时之事，随信一并寄去宇文护小时穿过的衣服作为证物。齐人想用母子之情，来缓两军对垒鏖战之势。阎氏寄儿的家书说的非常痛切，全文如下：

吾年十九适汝家，今已八十矣，凡生汝辈三男三女，今日目下不睹一人，兴言及此，悲缠肌骨，赖皇齐恩恤，差安衰幕，又得汝姑嫂等相依，稍足自适，但一念及汝，百感丛生。今特寄汝小时所着锦袍一袭，汝宜检看，知吾含悲抱戚，多历年纪。吾属千载之运，逢大齐之德，矜老开恩，许得相见。禽兽草木，母子相依。吾有何罪，与汝分离！今复何福，还望见汝！言此悲喜，死而复苏。世间所有，求皆可得，母子异国，何处可求。假汝贵极王公，富过山海，有一老母，八十之年，飘然千里，死亡旦夕，不得一朝暂见，不得一日同处，寒不得汝衣，饥不得汝食，汝虽穷荣极盛，光耀世间，于吾何益！吾今日之前，汝即不得申其供养，事往何论；今日以后，吾之残命，唯系于汝尔。戴天履地，中有鬼神，勿云冥昧，而可欺负！

宇文护看到娘的家书，接到姑母还朝，悲痛万分，不得自制。当下取过纸笔，且泣且书，随即回书给其母。

区宇分崩，遭遇灾祸，违离膝下，三十五年。受形禀气，皆知母子，谁同萨保，如此不孝！子为公候，母为俘隶，暑不见母暑，寒不见母寒，衣不知有无，食不知饥饱，泯如天地之外，无由暂闻，昼夜悲号，继之以血，分怀冤酷，终此一生，死若有知，冀奉见于泉下耳！不谓齐朝解网，惠似德音，磨敦、四姑，并许矜放。初闻此旨，魂爽飞越，号天叩地，不能自胜。四姑即蒙礼送，平安入境，萨保于河东拜见，得奉颜色，崩动肝肠。但离绝多年，存亡阻隔，相见之始，口未忍言，唯叙齐朝宽弘，每存大德，云与摩敦虽处宫禁，常蒙优礼。今者来邺，恩遇弥隆，重降矜衰，听许摩敦垂谕，曲尽悲酷，伏读未周，五中似割。蒙寄萨保别时所留锦袍，年岁虽久，宛然犹识，顾视之下，愈觉疚心。今齐朝霈然之恩，即已沾洽，爱敬之旨，施及旁人，草木有心，禽鱼感泽，况在人伦而不铭戴！有家有国，信义为本，伏度来期，已应有日，一得奉见慈颜，永毕生愿。生死骨肉，岂过今恩；负山载岳，未足胜荷。二国分隔，理无书信，主上以彼朝不绝母子之恩，亦赐许奉答，不期今日得通家问。伏纸呜咽，不尽所云！备录二书，以全伦纪。

之后，齐人又使宇文护多次与母亲书信来往，看到宇文护有放弃讨伐齐国之意后，便送其母回到长安。阎氏回到北周，举朝进行庆祝。

宇文护与母亲团聚之后，拟与齐互结合约。偏突厥木杆可汗遣使者来周，称已调集各部精兵，如约攻齐，宇文护恐怕负了与突厥的约定，更会增加边塞之患，不得已之下，征兵二十万，继续讨伐北齐。

567 年 12 月，宇文护母亲去世。

宇文护遇戈

572 年 3 月，北周武帝十二年，宇文邕见朝中大权尽归于宇文护，加之宇文护的诸子及从僚属，贪残恣横，成为天下士民的大患，周武帝深自悔匿，恶其专横，便与母弟卫公直、宫伯宇文神举、下大夫王轨、右侍宇文孝伯等密谋，要除掉宇文护。于是对宇文护说："太后年事已高，颇好饮酒，我们屡次劝谏，太后均不听，兄今日入朝，请再次劝谏太后。"将宇文护骗到含仁殿拜见太后，请宇文护读《酒诰》以谏太后。宇文护正在劝谏太后之时，武帝宇文邕趁其不备，用玉珽从后面将宇文护击倒在地，又命何泉用御刀斩之，何泉十分惶恐，这时卫公直从门后跃出，将宇文护斩杀。随后，又将宇文护的儿子柱国谭公宇文会、大将军莒公宇文至、崇业公宇文静、正平公宇文乾嘉，及其弟和所有党羽召进宫，斩杀在殿中。将宇文护的儿子蒲州刺史宇文训从蒲州传到同州（今渭南）赐死。

其后，北周大将杨坚废周建立隋朝，杨氏得周天下之后，将宇文氏族全部灭杀。

宇文护筑楼戍边

宇文护任北周大总管时代，善兴土木，为安邦立国，克齐兴周，北周与齐连年征战。河南以洛阳西为界，河北以平阳西南为界，形成拉锯之势，各自互相袭扰，蒲州成为北周河外必须固守的军事重镇。北周要依靠蒲州，东取平阳，蒲州是屯兵伐齐的前哨阵地。

宇文护统兵镇守蒲州时，在城西南黄河中高丘之上，有许多高大榆树。有一日，他又去巡视营地，当天，阳光普照，蒲草葳蕤，放眼远眺，但现华山如屏，黄河如带。再看近处，成群的鹳鸟与喜鹊栖憩在壮硕的树丫上，树冠如盖，不动不摇，兀自独然承载着群鸟的依恋与萦绕，树鸟相处，一动一静，煞有风味。宇文护极喜鹳鸟，这种属鸟纲的大型涉禽，形似鹤，也似鹭。嘴长而直，翼长大而层圆短。飞翔轻快，常活动于溪流近旁，夜喜宿高树，主食鱼、蛙、蛇、甲壳类。黑鹳体长约一米，上体从头至尾，两翼及胸部均为黑色，泛紫绿光泽，下体及余部分纯白。白鹳头、颈、嘴和背部，均为白色。而喜鹊又是北方人极喜的一种象征吉祥如意的贵鸟。永济当地人习惯称：凡喜鹊落在谁家的树上"叽叽"地叫几声，这家今天准有喜事或贵客到来。喜鹊与鹳雀的习性几乎一样，都喜欢将巢筑于高树、栖于高楼之上。蒲州城西常有沼泽、溪流以及高树，正适宜鸟类嬉戏、栖居、繁殖。面对自然的和谐与人类的争斗，宇文护感慨颇多，触景生情，加之他极喜大兴土木，故在蒲草丛生的黄河滩地建一军事用楼。楼成后，因其气势宏伟，高大壮阔，登上层楼则有腾空欲飞之感，故名"云栖楼"，后因时有鹳鸟与喜鹊栖憩其上，更名曰"鹳鹊楼"，后改为"鹳雀楼"。元代杨莹诗：

> 闻说当年纪胜游，高城依旧枕长流。
>
> 秦川八百微茫外，落照悠悠上戍楼。

诗中明说鹳雀楼原为镇守蒲州的军事用楼。

北周武帝宇文邕是一个比较节俭的君主，常服布袍，寝布被，后宫不过十余人，对宇文护常常大兴土木颇为反感，为了能制胜北齐，他除掉宇文护在朝中的势力以后，"乃毁其宫室之壮丽者"。庆幸的是鹳雀楼不在京师，又为军事所用，方幸存于世。

鹳雀楼历经隋、唐、五代、宋、金700余年后，至元初成言思汗的金戈铁马进攻中原，迫使金主完颜氏迁都蒲州死守。蒙古铁骑攻占了平阳、绛州和陕西渭南，多次从金兵手中攻打蒲州，金元光元年（1222年）金与元兵展开城池争夺，金将侯小叔"夜半攻城以登，焚楼、橹、火照城中"，从此，无限辉煌的鹳雀楼毁于兵火，仅存故址。明初时故址尚存，后因黄河水泛滥，河道摆动频繁，其故址随之难以寻觅。

宇文护三易楼址

公元557年后，北周迅速强盛，招兵屯粮，加固城池，修筑边塞，养精蓄锐，伺机统一全国。镇守蒲州的大将军宇文护，身为皇室至亲，更是深受皇帝的宠爱及重用。

蒲州物产富饶，人杰地灵，是依山傍水的水旱码头、交通要道，是兵家必争之地。宇文护不断扩充实力，练兵布阵伺机邀功树绩。征得皇帝旨意，在蒲州扩建练兵场，修筑瞭望楼，使之善守善攻，固若金汤。选择吉日良辰，拟在蒲州西城墙边动工，但经过实地勘察，在城墙边筑高楼，一是与西城楼太挤，距闹市太近，不利于瞭望及指挥作战；二是距黄河岸太远，不利于供给救援。于是改变地址，欲将瞭望楼建在黄河与城池之间，好彼此照应。开工数日后，宇文护又亲临现场视察，发现河岸弯延曲折，远处多有树木遮蔽过往的船只，黄河西岸及河面的瞭望及监控皆有死角，不易发现敌情，就果断地下令停工，将其地址定在黄河边上，西面临水，三面接陆。一来减少了闹市的干扰，便于瞭望，二来便于进攻和防守，集阅兵台及瞭望楼为一楼多用。

蓝图既定，便招选能工巧匠，征集民工，筹集材料，迅速奠基开工。但在临河修筑台基时，因水深流急，多次将砌筑平直、棱角分明的台基毁于一旦，前功尽弃。几经改变施工办法、易换工匠都无济于事。有一天，日近中午，工地上来了一位貌似无事闲游的老者，面目清秀，银须潇洒，说是要讨碗饭吃。大将军宇文护，正为台基多次崩塌而心烦意乱，就吩咐伙房给老者些饭吃打发走了事。过了一会，有人来报说："那人并没有吃饭，将饭倒在桌子上不知去向。"宇文护感到奇怪，就前去看个明白：只见黄澄澄的小米粥倒在桌子上，碗反扣在黄米粥里，三个馍用筷子插着，端正的在碗底上。看着眼前的一切，宇文护自语道："奇事！奇事！"待他将馍拿下来，刚将碗翻开，就生气地说："怪不得老人家不吃，你们将小王八舀到饭里了，真是无礼！"旁边的人忙说：将军，那是一个枣，今天，我们都喝的枣米粥。宇文护将枣拿起来看了看，哈哈大笑，忙喊道："快去将老者请回来，妙！妙极了！"回来的人说，四处都没有追上老者。宇文护长叹一声说："天助我也！"

宇文护立即传集工头及工匠，下令将原来的台基完全拆除，选择了吉日良辰，张灯结彩，燃放鞭炮，设置香案，摆供拜天祭酒，将一只刚捉来的鳖用黄表纸包了，系上红绫，埋在基地中央，亲自铲土动工。命令工匠改变台基形状，将台基砌成圆锥形，周围要平滑整齐，精确施工，不得有误，有违令者，严加惩处。说也真灵，按此施工的台基，再也不下陷崩塌，任凭黄河水肆意冲刷，台基依然如故，施工进展特别顺利。在将要封顶竣工时，天不作美，阴雨连绵，人们为了不误工期，只得冒雨干活，黑夜还得挑灯赶进度，吃饭都是轮流换班，施工一刻也不能停。但是工地上因为没有足够的干柴烧火，人们经常吃不上饭连日操劳，常有民夫因身体不适而怠工。工头就严刑拷打，民工们苦不堪言，工头也自知理亏。有一天，眼看着又要因无柴而误饭，伙夫们眼看着又要受皮肉之苦，都在束手无策、一筹莫展。只见一群鹳雀从天边飞来，在伙房上空盘旋，忽然有大量的干柴从天而降。伙夫们见鹳雀衔来了干柴，解了燃眉之急，忙跪在地上，答谢救命之恩。工头也高兴地连声说："天意！天意！"

鹳雀衔柴的事接连发生，解除了误饭之危。大将军宇文护感激不尽，连呼："天助我也！天助我也！"下令不得惊吓鹳雀，对雀有意伤害者，要严加惩处。从此以后，工头及民工们齐心合力，连夜奋战，施工进度大大加快。人们与鹳雀更加亲密融合。在最后封顶建脊时，两端高高耸起，雄伟壮观，人们都认为那是两只鹳雀在回首张望，合和相鸣，也就有了鹳雀楼的称呼。

大将军宇文护登楼瞭望，视野开阔，心旷神怡，西岸的一草木尽收眼底，河面上的过往货船渔舟历历在目，兵将们随鼓角声列队布阵，操练兵马，颇为壮观。鹳雀楼竣工以后，练兵检阅时是威严的将台，战时可作瞭望敌情、传递命令的制胜中心，平时则是登高望远、赏景抒情的好去处。一面临水，三面接陆，四檐三层，从洪流中挺拔而立，直插碧宇晴空，无与伦比，背靠蒲坂古城，西向滚滚黄河，外观雄伟高大，巍峨壮丽，气势磅礴，立在一个高大的石砌台基上，重檐十字歇山顶，四周设宽敞的月台，上下有垂带石阶，其间格扇，层层斗拱承托着梁架和屋檐。第二、三层外设坚木栏杆，形成绕楼回廊。远远望去黑瓦朱楹，昂首挺胸，有振翅欲飞之意。登临其上，视野开阔，心情舒畅，感觉轻松，有飘然升腾之感。尤其在阳春三月，万象更新，碧空万里，更是人山人海。登上三层楼，凌空黄河波涛之上，前瞻中条苍翠有色，远跳华岳仙掌有形，鸟瞰蒲津城池及田陌，雀结群绕楼翻飞，有的还停栖楼顶，翩翩起舞，和鸣成趣。招惹得文人墨客慕名而来，游人名士接踵而云集，使来人流连忘返，灵感萌生，怀古寄志，妙语佳句频传。

王之涣题诗留佳话

鹳雀楼以王之涣的题诗为著。王之涣（688～742年），字季凌，山西晋阳（今太原）人。他好交友，喜饮酒，善吟诗，常击剑悲歌，颇有豪侠之气。他曾游学蓟州，出过塞北，学会了骑马射箭打猎，写了不少气势雄浑，悲壮苍劲的边塞诗。他也曾出玉门，到凉州，写西北边塞荒寒壮阔的自然风光，抒发边塞军士久守塞外难以归家的哀怨。他的诗意境深遂壮阔，意蕴丰富，格高调逸，为唐代七言绝句压卷之作。更多的时日，是同文朋诗友游蒲州，逛黄河，下长安，遍游名山大川，登临吟咏，抒发豪情。

开元年间，王之涣同大哥之咸、二哥之贲来到河中府。先登条山游览了中条第一禅林万固寺，后又游了由则天娘娘香火院改名的普救寺。他们弟兄三人信步蒲州城西，观览了竹索缆浮桥的蒲津渡长桥和镇河大铁牛。红日偏西时他们来到蒲州城西洲渚上的鹳雀楼。这鹳雀楼横空而立，直插云汉，鬼斧神工，杰构不凡，与武昌黄鹤楼、湖南岳阳楼、南昌滕王阁并称天下四大名楼，乃河中府第一胜景。怎见得？有赋赞道：

楼立洲渚，奇竣挺拔。飞檐可挂斗，杰构挽流霞；飞鸟翔脚下，黄河绕天涯。举目长安在望，振臂可揽太华。云树苍茫炊烟袅，归舟徐来渔歌答。天下名楼数河东，鹳雀楼奇甲天下。

　　王之涣与两位哥哥观见鹳雀楼建筑宏伟，雄奇壮丽，不由夸赞了一番。之咸说："面对天下名楼，岂能无诗。我弟兄三人每人作诗一首，以志今日之兴也。"之涣说："诗言志，歌传情，我们边登楼边吟诗，以抒登高骋怀之情。"之贲说："大哥为长，就从大哥作起。"说着弟兄三人登上了第一层，抬头清风徐来，楼檐铁马叮当作响；俯首黄河滚滚东流而去。之咸凭栏眺望，好像看见汾河湾，看见绛州古城，不由感怀身世，既为自己无有功名而悔叹，又为三弟官场失意而惋惜。便信口吟道：

> 日暮乡关远，楼高江河低。
> 借得一叶舟，垂钓武陵溪。

　　意思是说，太阳快要落山了，暮霭中的绛州老家已很遥远了。我登上高楼，望着脚下的黄河，愿乘一叶小舟，像李白那样云游天下，抛却名缰利索，官场得失，隐居到武陵溪钓鱼来消磨岁月。诗虽简洁清雅，却有一种厌弃官场，逃避现实的消极倾向。之贲说："到底是大哥，诗作老成隽永，耐人寻味。不错，不错！"之涣想说什么，但他理解大哥的心情，也知道大哥的文采不及他们，也就笑了笑没说什么。哥仨说说话话指指点点又登上了第二层。但见西天红霞缭绕，红日将坠，别是一番夕阳瑰丽景色。脚下盘旋着几只鹳雀，扑闪着翅膀，飞掠水面，戏水捉鱼。对面的首阳山已缩向苍茫云树之中，只觉放目天无际，白云向远方。之贲说："大哥遥望绛州家乡，我更思念并州老家，可惜看不到啊！"说着口占一绝道：

> 鹳雀波面翔，山河半夕阳。
> 故里无处觅，凭栏泪沾裳。

　　意思是说，鹳雀鸟儿在波面飞翔，夕阳西下，余辉映照着首阳山和黄河水。抬头远望，并州是根本望不到，找不见，思念亲人只好依着栏杆暗暗垂泪。

　　之贲刚吟完，之咸便说："二弟不愧写景高手，前两句可称神来之笔。后两句动心伤肝，听得人心里酸楚楚的，是首好诗！"之涣却摇摇头说："大哥莫要谬夸，二哥之诗太得浅白，也太得伤感。咱弟兄难道是久居他人之下的庸才么？不！我们应寻找报国之门，来大展抱负才是。小弟登楼时，只觉眼前空阔，诗潮奔涌，亦吟得一绝，请二位兄长正之。"说罢吟道：

> 白日依山尽，黄河入海流，
> 欲穷千里目，更上一层楼。

　　意思是说，太阳依着西岳华山慢慢地沉下去了，滚滚的黄河闪着金波向东流向大海。哥哥要眺望千里外的并州，要观赏更远的景色，那就再上一层楼吧！

一诗吟出,二位哥哥齐声赞好。之咸说:"三弟之诗藻思鸿裁情逸云上,令人飘飘然有振羽欲飞之感。"之说:"三弟诗一扫委靡之诗风,有气势,有哲理,读来令人振奋。大哥,上吧!"兄弟三人顿时情绪高涨,信心倍增,很快又登上第三层,在晚霞暮霭中,山变得淡雅朦胧,水变得若隐若现若流若静,脚下飞鸟也变得小了,只有眼前的苍穹更加深遂广阔,之咸、之贲举目远望,好像看到千里之外的并州双塔,正在向他们招手问好,他们的襟怀从来没有这么舒展广阔,他们的眼睛从来没有这么远大,看过这么壮观的景色。

之咸、之贲回去后即把之涣的诗说与父亲听,父亲又给好友讲,这样一传十,十传百,王之涣这首诗世代相传,竟成为千古名句。

旗亭画壁夺魁元

王之涣西去长安,整日同一些文朋诗友游山玩水,饮酒赋诗,安贫乐道,乐在其中。唐开元年间,因唐玄宗、杨贵妃喜好歌舞弹唱,培养了三千梨园子弟,故长安弹唱歌舞之风盛行,勾栏瓦舍,茶肆酒楼,常有歌女弹唱新诗,优伶扮演杂戏。李白、张九龄、贺知章、王之涣、王昌龄、高适等一些知名诗人的佳作丽句常被歌女传唱,诗借歌传,人以诗名,王之涣的名声越来越大,越传越远。真是窗户口吹喇叭,名声在外。

有年冬天,天降瑞雪。长安城银装素裹,玉树琼林,好一似水晶世界。客居长安的王之涣一时游兴大发,便约了王昌龄、高适二位同年等辈的诗友到城南曲江去赏雪。他们欣赏了灿如梨花盛开的雪挂,独钓寒江雪的渔翁,各自吟了几首踏雪访友、雪中赏梅的小诗,看看时已近午,腹中有点饥饿,便信步来到城外一家卖酒的旗亭内,命店家端来桑落美酒和几盘酒菜,三位诗友说说笑笑地畅饮起来。不一会,旗亭内又走进来四位身披雪氅、手携乐器的歌女。她们是梨园教坊内有名的女伶,个个身姿窈窕,娉婷袅娜,打扮得花枝招展,明艳靓丽。为首身穿红衣,手拈一枝梅花的是班首李香菱,店家原本认识她们,忙热情相迎,安排在王之涣一桌的左边坐下。

李香菱姐妹几个也是出城赏雪而归,来到旗亭酒家小憩。她们酒过三巡,菜上五味,不由浑身燥热起来,李香菱脸上泛着红云,笑吟吟地说:"众家姐妹,平日咱们多为官宦家弹唱歌舞,今天咱们游玩赏雪,心情舒畅,何不弹唱几曲,助助咱们的雅兴。"穿青衣的姑娘苏云青说:"就依姐姐。咱们先从小妹唱起吧。"被称作小妹的穿白衣的姑娘,名叫王双娥,羞答答站起说:"恕妹妹先行献丑了。"便拿起琵琶,调起琴弦。

旁桌的王昌龄听后大喜,悄声对王之涣、高适说:"二位年兄,你我俱擅诗名,难分高下。不如今日窃听她等唱歌,唱谁的诗最多,便为诗文魁首,二位以为如何?"王之涣说:"王兄所言极是,我等各自记来。"只听琴弦响起,白衣歌女王双娥开口唱道:

> 寒雨连江夜入吴，平明送客楚山孤。
>
> 洛阳亲友如相问，一片冰心在玉壶。

王昌龄见白衣女唱的是自己的《芙蓉楼送辛渐》诗，得意洋洋地用竹筷蘸酒，在身后墙壁上画了一道，说："小弟占先一首。"王昌龄话音刚落，又听穿红衣的指着穿蓝衣的歌女秦兰亲说"该三妹唱了"。秦兰亲站起身，舒了舒长袖说："小妹若唱，还请众位姐姐弹奏配乐。"三姐妹答应一声，一个弹琴，一个品箫，一个弹琵琶，秦兰亲在悠扬乐曲中边舞边唱道：

> 开箧泪沾臆，见君前日书。
>
> 夜台今寂寞，犹是子云居。

高适见蓝衣女唱的是自己的《哭单父梁九少府》诗，也摇头晃脑喜滋滋地说："吾亦一首矣！"也用筷子蘸酒在墙壁上画了一道。

此时，只听琴声叮咚，丝竹悦耳，青衣女也边舞边唱道：

> 闺中少妇不知愁，春日凝妆上翠楼。
>
> 忽见陌头杨柳色，悔教夫婿觅封侯。

王昌龄见青衣女苏云青又唱了自己一首《闺怨》诗，心中大喜，喜形于色，得意地望了王之涣一眼，用筷子敲了一下酒碗说："恕为弟二首了！"说着又在壁上画了一道。王之涣坦然一笑说："好诗不在长短，佳句何论先后。观此四女，红衣为长，乃梨园班头，优伶行首。此女若不唱我的诗，我甘拜下风，尊二位兄为师。"高适笑道："吾观此四女，前两位乃二、三流伶官，只配唱低俗之曲，后两位乃一流名伶，容貌俊秀，文静端庄，必唱高雅之诗。如果红衣女唱之涣兄之诗，小弟亦甘拜下风，尊你为诗中魁首。"王昌龄也在一旁随声附和道："就依高兄之言。"

只见红衣女李香菱脱去外衣，轻舒广袖，翩翩起舞，且舞且唱，只觉歌喉婉转清亮，如黄莺啼春，舞姿轻盈娇美，似柔柳迎风。她唱的恰是王之涣的《凉州词》：

> 黄河远上白云间，一片孤城万仞山。
>
> 羌笛何须怨杨柳，春风不度玉门关。

王之涣笑了笑说："二位兄看是如何？"未待王昌龄、高适答话，只听那边三个歌女叽叽喳喳嚷道："大姐再歌一曲，让妹妹多见识见识。"只听红衣女轻咳一声，又开口唱道：

> 白日依山尽，黄河入海流。
>
> 欲穷千里目，更上一层楼。

王昌龄不由拍桌赞道："王兄的诗写得好，红衣女唱得也好。闻她唱曲，如身登鹳雀楼上有凌空升仙之感，襟怀为之开阔，眼前为之高远，心境为之豁然。难得呀，难得！"高适接言说道："难得诗佳曲妙，王兄与此女可谓珠联璧合，相得益彰啊！"一句话说得王之涣面红耳赤，假作嗔怒要打高适，王昌龄忙从中拦住说："莫闹，莫闹，饮酒、饮酒！"说得三人哈哈大笑。红衣女听得邻桌笑语嚷嚷，不知发生何事。扭首一看，见是三位风流倜傥的文雅之士，忙检衽上前说："三位先生发笑，莫非小女子唱错诗句？"王昌龄忙还礼说："哪里，哪里，我等发笑别有原故。"红衣女说："请先生指教。"王昌龄便把三人听曲打赌，计数画壁之事细说了一遍。李香菱听言大喜，忙向王之涣行礼说："小女子才艺浅陋，有辱先生之作，还望海涵。"王之涣还礼说："区区小诗，得蒙姑娘吟唱，增色非小，在下不胜感激。"李香菱又召来苏云青、秦兰亲、王双娥同王昌龄、高适及王之涣见礼。三位姑娘见到自己终日吟唱诗曲的作者，欣喜不尽。王昌龄命酒家把两席并一席，重整酒菜，七人一起谈文论诗，饮酒弹唱，引得店内店外挤满观赏听唱的游人酒客。外面又下起了鹅毛大雪，旗亭内却春意盎然，诗人、歌女在和谐的气氛中一直饮酒吟唱到天黑方散。从此，王之涣的诗名更加家喻户晓，被世人推为唐诗绝句之魁首。

官复文安清名远

唐玄宗天宝元年，因喜得灵符，更改年号而大赦天下，过了十五年贬官漫游生活的王之涣经在京朋友的帮助，官复原职，略有提升，被任命为天津府霸州的文安县尉。他刚上任没三天，就收来霸州知州钱福英送来的五十两白银贺礼。州官为什么给县官倒送礼呢？这里面有个说道。原来唐时官场时兴礼尚往来，有轻送倍还之说。即我给你送五十两，你就得回送我一百两，甚至更多。那钱福英是个"佛面刮金，针尖削铁，蚊子腿上能劈肉，谷糠能榨四两油"的贪官。他给王之涣送礼，图的就是王之涣给他加倍回送。若是遇上溜舔奉敬，阿谀奉迎，图谋升官的主儿，正是求之不得巴结上司，送礼买官的好机会。可王之涣是个为官清廉，刚正不阿的风流才子。他收下钱福英的贺礼，眉头一皱，计上心来，决定戏弄一下这个贪官。

第二天，他让衙役挑了一担清水，用红布包了一面生了锈的铜镜，他掖了一轴字画前去知州府里回礼。钱福英以为王之涣为他送来厚礼，高兴得鼻子眼睛笑挤一处，忙把王之涣迎至客厅。待王之涣献上礼物后，不禁勃然大怒，手指王之涣说："本大人有心抬举你，你竟敢戏弄本官！"王之涣面含微笑，缓步上前，展开字画说："大人请看。"钱福英一看，上面写道：

大人姓钱不爱钱，官如清水洁如莲。

献上铜镜作人镜，高悬大堂称青天。

王之涣说："下官代替民意，愿大人做一个清正爱民的青天官，难道不对吗？难道不合大人之意么？"

一番话说得钱福英哭笑不得，喜怒不是，只好强作笑脸说："你送的好，说得对，这礼我收下啦。此事在文安一传开，钱福英更加臭名四扬，王之涣则受到百姓的爱戴。

文安县处于廊坊南边大清河下游，地处偏僻，落后愚昧，百姓生活一直很穷苦。王之涣认为，文安穷就穷在缺少文化，读书人少，文安，文安，无文不安。他决心筹集资金，兴办义学。他主意一定，便在县衙大摆宴席，用大红请帖请来了文安县的豪绅财主。酒过三巡，菜上五道，王之涣开门见山地说："今天请各位来，专为筹白银，办义学，扫文盲，富文安。请各位为后代子孙着想，慷慨解囊吧！"

众豪绅财主方知这不是好吃的酒席，心里暗暗叫苦，你看着我，我望望你，苦丧着脸哭穷地说："办义学是件好事，只是我们手里没钱啊！"王之涣早对这伙人的底细了如指掌，也料到这伙人会来这一手，便来个杀鸡给猴看，决意从杂货店老板刘福贵头上开刀。这刘福贵为人奸刁，坑蒙拐骗欺五毒俱全，人称"刘扒皮"，是个典型的奸商。王之涣端着酒杯，来到刘福贵面前说："办义学积福行善，功德无量，刘掌柜打算出资多少？"刘福贵脸抽得像吃了苦瓜，摊摊手说："小店薄利，收不敷支，我是心有余而力不足啊！"王之涣顿时沉下脸，说："刘掌柜不必装穷叫苦，且不说你其它生意如何，单贩卖私盐赚的钱，足够盖半个文安县城。你可不要敬酒不吃吃罚酒哟！"刘福贵掂了掂王之涣话中的份量，勉强说道："那，我就捐五十两银子吧。"王之涣说："不成！你拔根汗毛都比他们的腰粗，五十两亏你说得出口。"刘福贵狠狠心，咬咬牙，加到一百两，见王之涣还是摇头不答应，只好忍疼加到五百两。

其它豪绅财主、店铺掌柜见"刘扒皮"捐了五百两，谁也不再耍滑头哭穷了，便你三百，他二百，不一会账簿上就记了白银三千两。王之涣拨了一些官银，很快就盖起了有二十余间房舍的学堂。他又从乡下请来一位德高望重的老举人当塾师，招收了百名穷家子弟入义学读书，为文安做了一件大好事。

王之涣在文安还审判了不少案件，惩恶除奸，安良除暴，使百姓安居乐业，使世风大有好转。有一天，县城豆腐巷的民妇刘月娥来到县衙，击鼓喊冤说："民妇公婆早丧，丈夫外去经商，家中只有我同小姑仙花二人。昨天晚上，我去邻家碾米，忽听仙花呼叫救命。我急急赶回家中，只见个彪形大汉夺门而出，我便扭住他厮打，他将我摔倒在地仓皇而逃。我进门一看，小姑仙花已被剪刀捅死。请大老爷捉拿凶犯，为我小姑报仇伸冤！"

王之涣听后立即带领衙役到刘月娥家勘察现场，发现仙花指甲内有血痕肉丝，分明是与凶手搏斗中抓挠所得。他又发现家中有一条黄狗，便问是谁家之犬，月娥说是她家的。

王之涣又问，凶手逃时，黄狗吠咬没有？月娥说没有听见狗叫。王之涣又询问了些细节，作好笔录，便回衙去了。

当天夜里，王之涣备了一壶酒，边饮边琢磨案情。他想，黄狗不咬凶犯，凶犯定是常来的熟人；月娥、仙花都与贼人厮打，贼人竟能杀人挣脱，贼人定是个青年后生；仙花指内有血，凶犯身上必定有伤。他思来想去，一壶酒喝完，便有了主意。

第二天，王之涣命人役在县城四处张贴布告，说仙花一案，乃黄犬伤主。本县要在城南城隍庙里审黄狗。布告贴出，轰动四街。成群结队的市民百姓都涌进城隍庙看县尉审狗。只见王之涣官服齐整，坐在公案后面，衙役牵着黄狗在旁听审。人们好奇，越来越多，一会就把城隍庙挤得满满当当。

午时三刻，王之涣命关闭庙门，挨个清查看热闹的人，先将老人、小孩放出，又将妇女放出，最后只剩下百十个年轻力壮的小伙子。王之涣命这些后生脱去上衣，面壁而立，他挨个检验，很快发现一个叫王大狗的人，背上有手抓伤的痕印。王之涣立即把王大狗带到公案前，严审之下，王大狗如实交待了他的杀人罪行。原来王大狗同刘月娥是邻居，因赌博输了钱，翻墙过户行窃，被仙花撞见，两人厮打起来。王大狗听见仙花呼救，一时心急，杀人灭口。刚出门口又撞见刘月娥，他摔倒月娥急忙逃窜。因天黑，月娥也未认出他，没想到今天看热闹竟自投罗网。这宗杀人案第二天便破了案，凶手王大狗认罪伏法。王之涣机智审案为百姓的清名更加广为流传。

火焚诗稿遗恨长

王之涣在文安一直当了十多年县尉。他在公务之暇，写了不少诗赋，却一直没时间整理刻印，全都封存在一个樟木箱内。

有一天，他表兄龙志昭因家贫无法度日，特找到文安，求王之涣给他一碗饭吃。王之涣与表兄自幼相交甚好，兄弟相逢，不胜欢喜，便让表兄留在文安。他表兄龙志昭也是一位能诗善赋的才子，他安排表兄到义学教书，教书之余为他整理诗稿，准备刻印流传。

龙志昭十分佩服表弟的才华，花费了三年的心血，整理了王之涣两千多首诗词歌赋。还写了十多万字的评语，并挑选了六首他认为是王之涣诗作中的精品，工楷抄录，让王之涣润色，最后再校勘一遍，便可请工匠雕印出版。

谁知，天有不测风云。龙志昭见大功即将告成，更加废寝忘食，秉烛达旦校阅诗稿。不料自己年岁大了，体力不支，经常熬夜，难免困倦。有天晚上，他校着校着，感到神倦眼困，打了个盹，便趴在桌子上睡着了。没想到他胳膊一动，碰倒了蜡烛，引燃了书稿。当众学生发现火光，把他救出后，诗稿全被烧为灰烬。龙志昭眼看着表弟数十年的心血毁于一旦，精神受到刺激，整日疯疯癫癫东奔西走，不停地念叨着："诗稿、诗稿、我的书啊……"

过了不久，王之涣也病故于文安任上，终年五十五岁。一代文豪，唐代有名的大诗人，可惜流传下来的诗作只有龙志昭挑选后交给王之涣的六首诗，不能不说是中国文学史上一大损失和遗憾。而这六首诗却被后人称为唐诗的精华和典范，为世人所赞赏、所推崇、所喜爱，而广为流传，成为千古绝唱。

两代领袖的鹳雀楼情结

毛泽东不但是伟大的革命家，也是伟大的诗人和书法家。毛泽东诗词抒写时代风云，寄托豪情壮志，意境博大豪迈，在现代诗歌史上占有极重的位置。毛泽东的书法艺术也笔走龙蛇，恣肆雄浑，赋予了中国书法以全新的艺术风貌，将中国书法的艺术价值和社会价值推向了一个前所未有的高度。毛泽东青年时期即研习王羲之、欧阳询、颜真卿等人的法帖并对古代碑石、佛家写经和民间写法留意考察，打下了严谨而深厚的书法功底。大约是20世纪50年代以后，毛泽东开始大量书写古典诗词，这种创作活动直延至他的晚年。可以说，毛泽东手书自作诗词和古典诗词是一种纯艺术性的创作。

毛泽东去世后，有关人员着手从其大量的手迹中精选有代表性的墨迹，汇编成《毛泽东手书古诗词》。在整理毛泽东遗稿时，工作人员先后分拣出六幅他于不同时间书写的《登鹳雀楼》一诗的手稿。这不仅对毛泽东，对其他书法家也是极少见的。对同一首诗的反复手书，多是钟情于诗词本身，也有对书法新境界孜孜不倦、不懈追求的可能。毛泽东曾手书过的古典诗词，均为古人传世之作，并且大多是背诵书写，其意是通过书写加深对古典诗词意境的理解，再激发自己的创作灵感。毛泽东共手书过王之涣两首诗，即《登鹳雀楼》和《凉州词·出塞》。六次手书《登鹳雀楼》一诗，这充分说明毛泽东对王之涣这首诗的挚爱与钟情。对书法的认识，毛泽东认为"字宜振笔直书"。"振笔直书"一语道破了中国书法气韵与用笔的要旨。在书法风格形成的过程中，主席走的是"庇千山之材而为一台，汇百家之说而成一学"的先临帖描摹、后摆脱自创的道路。那时，他在延安曾说过："各个体都有缺点，我都不遵守，我都看不上，我写我的体。"纵观其遗稿，可以看出其书法从形式到风格的自我完善是在1938年之后。1938年至1949年这段时期，他的手书作品用笔骨力劲健，洒脱豪放，玉珠满篇，茂密有生气。从字形而言，始终贯穿一种字势倾斜、斜中求稳、劲健有力的特点。从字体而看，大小变化丰富，时而笔实墨沉，时而锋芒毕露，常常在笔画中着意夸张，无拘无束，整体布局自然舒朗，可看出其书法风格已趋成熟。1949年以后，毛泽东的书法进入最具代表性阶段，艺术造诣也达到登峰造极的境界。这个时期他的书法从楷书、行书转入到狂草的艺术境界。他工作之余与休息之间广泛研究草书法帖，并书写了大量的古典诗词，这段时间，他的艺术已趋随意挥洒、灵动峻拔，笔力雄强，气象万千的超然境界。我们可以从这个时期他大量手书的自作词与古典诗词中领略其洒脱无羁的完美艺术境界。《登鹳雀楼》正是毛泽东晚年时期的手书作品。欣赏毛泽东手书《登鹳雀楼》，可以看出其狂草书法书达诗意的无穷魅力。细研整幅作品，可以看出，他是在受到诗情感染后，陶醉于诗情画意之中而书的。笔走龙蛇，如行云流水，运笔果断，而又锐利干净。字体收放自如，起落有致，气韵生动，合拍和弦。整体排列工整，飘逸洒脱，把诗的气势意境表现得淋漓尽致。探究毛泽东书法艺术之渊源，首先得益于他深厚的国学基础和仰之弥高的品德修养及令人惊叹的艺术天赋。"读万卷书，行万里路"的人生经历，构成了他伟大革命家的胸襟，这种精神气质是他书法艺术的神韵，比形式和技巧更具感染力。

与开国领袖相比，第三代领导人江泽民就显得平和、圆通了许多。江泽民同志也极喜王之涣的五言绝句《登鹳雀楼》。不论是在接见英国首相撒切尔夫人，还是在大洋彼岸的美利坚演讲，他都曾借用过王之涣的《登鹳雀楼》与之共勉。可以说，和平时期领袖同志的为政为人之道更显柔和与理性。对于祖国传统文化，他会不失时机地加以运用。对承载古代文明的名胜古迹，他也会全面关怀，点滴照顾。对具有河山之胜的中华历史四大名楼之一的鹳雀楼，亦然如此。

1991年9月，"全国第六届旅游地学学术研讨会"在山西运城召开，来自全国的知名教授、专家和与会代表86人联名倡议重建鹳雀楼。1992年7月15日至16日，有关方面召开了现场论证会，之后，中共永济县委将有关情况呈报给了江泽民同志。1993年3月，江泽民同志应永济县委之邀，首次为鹳雀楼工程题写了唐代王之涣的著名诗句《登鹳雀楼》，并委托山西省委转交给永济县委。

1994年1月，江泽民同志来到山西考察工作，专程来到永济市察看鹳雀楼的重建工作情况，详细询问"鹳雀楼的旧址在哪？新选定的楼址又在哪？"并认真听取了重建情况的汇报，希望重建工作认真细致，再现鹳雀楼的历史风貌。在永济视察期间，总书记又一次书写了王之涣的《登鹳雀楼》，并在落款处标明是在王之涣吟诵该诗的故地题写的。

2001年7月，鹳雀楼主楼封顶。同年8月，江泽民再次来山西视察，当他听到鹳雀楼主楼完工的消息后，应山西省委、省政府之请，第三次欣然提笔书写了一竖二横三幅鹳雀楼楼名匾额。

从三次手书字体来看，江泽民同志的书法体方笔圆、雄伟遒劲，饱满沉稳，淡定平和别有一番拙朴意趣，大有颜体"不使巧，不求媚，不趋简便，不避重复，规绳矩削，而独守其拙独为其难"之真风。可见江泽民同志严谨的做人风格与新时期国家领导人的理性与内敛。

十年间，江泽民同志三题鹳雀楼，也显示了新一代党和国家领导人对中华民族历史文化的重视，表现了江泽民同志利用民族精神与历史文化启发人民开拓进取的信心和决心，也体现了鹳雀楼在中华民族历史文化上的重要地位。

大观楼

简　介

　　大观楼，位于云南省昆明市西南，濒临滇池草海北滨，其地又称近华浦。始建于清康熙二十九年（1690年），由云南巡抚王继文、石文晟、布政使佟国襄等人修建，为观赏楼阁。因其面临滇池，远望西山，尽揽湖光山色而得名。乾隆年间，孙髯翁为其撰写长联，由名士陆树堂书写刊刻，大观楼因长联而成中国名楼。道光八年（1828年）增建为三层。咸丰五年（1855年）咸丰帝题"拔浪千层"匾。期间有过几次重修。1919年，唐继尧将大观楼辟为公园。2013年被公布为全国重点文物保护单位。

滇池的传说

　　从前滇池这个地方是一片荒漠，老百姓过着贫苦的生活。田里的庄稼因缺水而枯死，万顷田地到头来一无所获，真是"种一千毡帽，收一千尖帽"。就连人畜饮用水都要到远处去挑。因此，这里的人大都背井离乡，到处流浪。

　　村里有个年轻人，心里总想着引一股水来的办法，但是也想不出来。这天晚上，他睡在床上。忽然，一阵青烟飘过，他定眼一看，一个白衣少年站在自己跟前说："我是东海龙王的小太子小白龙，因为大黑龙怕我继承王位，对我百般陷害。我忍不住，和他打了起来，他力气大，气势汹，一会儿就把我打败了，于是我逃出了龙宫。"他接着说，"虽然我逃了出来，但大黑龙还是凶神恶煞般追杀我。如果你想要水，明天就到西山去一趟，如果你看到一只白羊和一只黑羊打斗，白羊不行了，你就去帮助它。"说完白衣少年就不见了。这青年农民一惊，立刻醒了，原来是梦，这时天已大亮，他想起了那白衣少年的话，就往西山走去了。

　　青年农民半信半疑，边走边玩，终于在午时午刻赶到了西山顶。忽然听到了一阵犄角撞击的声音。他循声望去，看见不远的山坡上有黑白两只羊在格斗，黑羊非常凶猛，一下就把白羊撞倒在地，接着用角向小白羊撞去。这时候青年农民一跃而上，几下就把黑羊打死了。

这时，身后一阵清香，他回头一看，一个白衣少年站在自己的身后。原来小白羊就是他梦见的小白龙。农民又惊又喜，小白龙感激地说："你救了我的命，我一定帮你解决缺水的问题。你只要用一个篮子，把我变成的小龙装在里面，然后回到你家，每到一条沟或河，你就告诉我。"说完便变成了小龙，农民用篮子把它装在里面提着往回走。到了一条沟，农民说："要跳沟了。"于是跳了过去，沟里的水一下子全没有了，他意识到是小龙吸了。这样又过了一条条沟、一条条河才回到了家里，小白龙说："只要你房后挖个坑，把我放在里面，要多少水就说。"农民照办了，站在坑前说："我要碗口粗的一股水。"果然有了一股水出来了，他立即挑出去浇田里的庄稼，过了不久庄稼长好了。可是他又想起了这里的劳苦大众。于是又跑到坑前说："这点水不够，能大点吗？好浇万亩田地。"这时，小白龙说："要大就是五百里大海。"半夜里农民听到了一阵阵"哗哗"的水声，于是跑出去一看，果然看到了白茫茫的大海，就是现在的滇池。以后这里的农民世世代代都过上了幸福的生活。

沐侯辟园近华浦

近华浦三方环水，直面五百里滇池，其美景吸引着人们钟爱的目光。终于，一位有心人要让它显现光华，要在它的地段经营一下审美意趣。明朝初，一位叫沐英的官员在近华浦北面开辟了一座花园，名"西园"。

沐英（1344～1392 年），字文英，安徽定远人，朱元璋养子。随军转战南北，屡立战功崭露头角，封西平侯。明洪武十四年（1381 年），朱元璋命颍川侯傅友德、永昌侯蓝玉、西平侯沐英率 30 万大军进入云南，消灭元朝在云南的势力。洪武十六年（1383 年）傅友德、蓝玉班师回南京，沐英留镇。沐英在云南的十年，大有作为，比如"安定边地，筑城设卫，简官修惠"，比如"劝课农桑，礼贤兴学"，一位以简从政、尊重贤士、兴办教育的官员形象跃然纸上。当他死于任上时，百姓与他的士兵在街巷间痛哭，十分动人。

史家记载了西平侯沐英的政绩，而我们却从他在近华浦北面开辟了一座叫"西园"的花园，看到了他的审美眼光与审美倾向。他不是"礼贤兴学"吗？那说明他对文化与学人是尊重的，对文化是心存恭敬的。也许是中国传统文化中的山水精神浸润了他，才使他要在近华浦兴建西园，让文人意趣与滇池山水相交相融。这座叫"西园"的花园，也就是沐英的别业（别墅），"建有簇锦楼、君子亭和水云乡莲池"。据史料记载："山茶花在会城者，以沐氏西园为最，西园有楼名簇锦，茶花四面簇之，凡数十树，树可三丈，花簇其上，数以万计。紫者，朱者，红者，红白兼者，映目如锦，落英铺地，如坐锦茵。"有楼，有亭，有莲池，还有数以万计姹紫嫣红的茶花簇拥园中之楼。落英纷下，铺洒于地时，如坐锦茵，这是怎样的一处芬芳景致！明末高应雷在《花朝歌序》中有记："城西廓外为黔国西花园，名卉缤纷，穷宇内之奇丽。"西园中所植名花异卉之多，似乎集纳了天下的奇丽之花，这又是何等的盛势！潮起潮落，花开花落，经过六百多年岁月冲刷，今天，楼与亭早已不存，我们已经看不到沐英当年栽种的茶花，也找不到他当年种下的大树，但却可以这样认为，西园就是今日大观公园、大观楼的滥觞之作，是人们在近华浦将人造景观与大自然景观连接起来的第一次设计。

王巡抚宝地建楼

大观楼的建立是在清初平定"三藩之乱"后。当康熙帝取得对吴三桂的胜利，志得意满时，想起大臣王继文（？～1703 年）算个人才，就任他为云南巡抚，代他安抚受到战乱之苦的滇地百姓。

王继文也确实是个爱民如子的好官，看见农田没有水时，就向云贵总督蔡毓荣上言，将盘龙江的水引去灌溉农田，受到百姓爱戴。

在云南呆了几年后，王继文对昆明周边很熟了。一天，他路过滇池时，发现一处风光秀丽的绝佳宝地，"远浦遥岑，风帆烟树，擅湖山之胜"，遂于康熙二十九年（1690 年），大兴土木，挖池筑堤，修建了一座观赏楼阁，作为滇池赏景之所。楼阁建好后，他发现站在楼上，一眼望去，碧波荡漾，渔帆点点，心旷神怡，蔚为大观，于是取名"大观楼"。

当我们登上大观楼，畅览滇池秀丽风光之余，不得不感叹王继文的独具慧眼，也不得不感谢他为大观楼这座昆明珍贵历史文化遗产所做的奠基之功。

仙女画就大观楼

大观楼是康熙时巡抚王继文所建，但也许是大观楼太美了，在人们心目中太重要了，在民间还流传着一个大观楼建楼的美丽神话传说。

从前，近华浦附近，有父子俩，住着一间破旧的茅屋。父亲七十多岁，双目失明，什么也不能做。儿子叫春喜，十多岁，长得清秀端庄，可是家境贫寒没有说亲。春喜每日天麻麻亮起床，烧火做饭，侍候父亲吃早饭，把父亲的晌午饭菜温在锅里，然后提起鱼网，划船打鱼。一直到傍晚，他才收船回家，拖着疲倦的身子，到灶下凑火做晚饭。

有一天，春喜把船划进草海打鱼，忙了一天才捞得几斤小白鱼。这时，晚霞已经烧红西山，他打算撒最后一网便划船回家。当他向上拖网的时候，感到坠手。他奋力拖起，见网里有一条十来斤重的鲤鱼。这鱼特别红，金麟在晚霞映照下闪光，两只眼睛骨碌碌地转动，像会说话似的。春喜觉得这鱼很可爱，回家后便小心地把它放进水罐里养着。

第二天，滇池风大浪急，打鱼困难。直到西山溶进苍茫的暮色中，春喜才回到近华浦。他快步向茅屋走去，心想：耽搁这一天，恐怕爹爹饿坏了。他急冲冲推门进屋，吃了惊：在暮色中，分明看见桌上整整齐齐地摆着饭菜。他想这些饭菜，大约是附近的张大婶或李二妈见我没回来，怕饿坏了老父亲，帮我做的吧。他就把这香喷喷、热腾腾的饭菜端起来，递到瞎眼父亲手中。父子俩吃得香极了。

这一夜，他睡得格外甜。天亮后，他又提起鱼网进滇池打鱼去了。

以后接连几天，他回家来，桌上都摆着现成的饭菜。他不由得心中起了疑团，便问父亲：

"家里有人来过吗？"

"没有呀。"

这就更奇啦！他决心弄个明白。第二天，他照样出去打鱼，但到午后便歇网收船了。他蹑手蹑脚地走近茅屋，从门缝望去，屋里空荡荡的，没有任何异样，只听得父亲轻微的鼾声。他在门口等着，不时向屋里张望，一直等到太阳偏西。

突然，传来"扑刺"一声响。他紧张地凑着门缝瞧：啊，他心爱的鲤鱼从长着苔藓的石缸里跃出来了，还带落几滴水在地上。鲤鱼眨了眨眼睛，身子往上一挺，红光闪处，现出一位娇艳的姑娘，手掌上托着一张金光闪闪的鱼皮。春喜细看：她恬静的清瘦的脸上，嵌着一双黑黝黝、水灵灵的眼睛，眼波泛光流采，像会说话，乌黑的长发松松挽个髻儿。如果说她的脸是明月，那么她额上的刘海便是一朵流云。姑娘穿着红绫锦绣，迈开轻盈的步履，像晚霞飘忽，满屋生辉。春喜目不转睛地看着，又喜，又惊，心儿扑通扑通直跳。

他定了定神，再往里瞧，只见姑娘把鱼皮叠好，放在水缸上，走近桌前。只见她嘴唇启动，用左手一招，不知从什么地方飞来一碗又一碗的菜肴，齐整整地摆在桌上；她又用右手一招，一甑冒着热气的白米饭，便端端正正搁在桌头。春喜看入了神，一不小心撞开了柴门。姑娘听见响声，吃了一惊，便往水缸奔去。春喜抢前一步，把鱼皮紧紧抱在怀里，姑娘无处躲藏，转过身来，对他嫣然一笑，脸儿羞得通红。

"好心的姑娘，天天为我父子做饭，谢谢你啦！"春喜兴奋紧张，喘着气说，"你……"

姑娘"扑嗤"一笑："我是龙宫里的。那天，我跟大姐、二姐走出滇池龙宫游玩，不知怎的游进了草海，日落西山，正想返回时，就被你请到这儿来了。"

"那，就请你长久住在这里，好吗？"春喜诚恳地请求。

"嗯。"姑娘点点头，把桃花样羞红的脸低了下去。

"可是，这风雨飘摆的茅屋，怎好让天仙住呢？"春喜忧虑地自言自语。

"这有什么难的？今晚我就包管你和父亲住进宽敞华美的房屋。"

姑娘说着，用手一招，飞来纸、笔和颜料。她埋头画起来，一会儿就画成了。多美的一幅画儿啊！碧波之畔，亭阁崇宏，水榭曲折，一座主楼凌空欲飞，"大观楼"三个浑厚端庄的大字醒目照眼。由此远眺，但见：遮不住的青山隐隐，流不断的绿水悠悠，"美人"山卧在碧波之上，渔村聚散在烟树之间。姑娘问春喜："满意吗？"

春喜捧着画儿，端详了又端详，答道："恐怕是神仙住的地方吧？"他接着叹口气，

"咦，可惜是画儿！"

"我要叫画儿变成真的！"姑娘认真地说，"你同父亲先去睡吧。"

这一夜，不知仙女忙些什么。春喜做了一个甜蜜的梦。当第一缕阳光探进屋里来的时候，春喜睁开眼来：哎呀，他简直不敢相信自己的眼睛！怎么，我会睡在这雪白柔软的床铺上？宽敞的屋宇雕龙绘凤，褴褛的衣裳已经无影无踪，枕边叠着新衣。他忙穿衣起床，奔出门去看：啊哟，楼台亭树，绿柳红花，不是跟画儿上的一样吗？他奔回屋里，见父亲的居室清雅，父亲已穿上新衣。他把奇迹告诉父亲。父亲的眼眶滚出热泪，他一边抚摸，一边喃喃地说："可惜我看不见。"

早饭后，春喜怀着喜悦、惊奇，告别仙女，照常去打鱼。这天，他感到浑身是劲。傍晚回来，他和父亲一同坐在仙女预备好的饭桌旁，一边吃，一边讲在滇池的见闻。仙女听得津津有味。他们谈呀，笑呀，一直到深夜。

这一夜，他们结成了终身伴侣。

一年后，生出一个白胖胖的娃儿，那乌黑发亮的大眼睛，同他的妈妈一样。

春喜同仙女相亲相爱，他每天照样出去打鱼，仙女在家里织网，做饭，看孩子。日子像滇池春光一样无限美好。

一天，太守带着随从到近华浦春游，步入春喜家的庭园。深邃的园林里，浓荫夹径，荷塘盈翠，迂回长廊穿过重重的楼阁亭树。凭栏远眺，浩瀚的滇池奔来眼底，片片风帆明灭在烟波浩渺之上，远远的西山笼罩着迷离的云气，无声地躺在草海尽头，躺在骄阳和春光的合抱里。太守一边观赏，一边摇头晃脑，用吟诗的腔调唫道："美哉，此景！壮哉，斯楼！果然一大观也。"当他把头转过来时，看见了出门打水的仙女。仙女轻盈的体态漾起一圈一圈的光波。太守不觉迷离恍惚起来。直到幕僚叫他，他才惊醒过来。太守脱口赞道，"高楼美，佳人更妙哇！"

回到衙署，太守一迭声喊叫："把那美女给我弄来！"

幕僚阴险地说："大人，何必讨个强占民妻的恶名呢？不如……"

"那，你说怎么办？"

幕僚立即凑上去，同太守咬了一阵耳朵。太守不住点头："对，行！"

第二天，春喜被传唤进衙门。太守下令："明天一早给我送三条有三斤三两三钱重的鲤鱼来，每条不许多一钱少一分。到时送不来嘛，嘿嘿，就把你那美人送来抵！"

春喜带着这个难题儿，愁眉苦脸地回到家里。妻子问他有什么事，他把太守勒令交鱼的事告诉了仙女。仙女说："太守要鱼是假，夺我是真！"

"那么，如何网得斤两完全一样的三条鱼呢？"

"不用怕，你明天尽管去。看我施点小法儿，让他讨个没趣。"

月夜，仙女坐在水光潋滟的湖边，从树上摘下三片叶来，叠在一起，剪成鲤鱼的模样，吹一口气。树叶飘落进搁在面前的一个大白盆里，立即变成三条鲜活的鲤鱼，银光闪闪。

第二天，太守早早起床，点齐兵丁等着。他算定那打鱼人是拿不来三条一样重的鲤鱼的，到时候就可以放心去把美人抢来。可是当他正升堂发兵时，春喜挎着个大笆笼来啦。他，登登登走上堂，把笆笼当堂一搁，二话不说，用虎彪彪的眼睛瞪着太守。太守命令拿秤来称，果然每条鱼都是三斤三两三钱——不多也不少。太守没奈何，只好干笑两声。

以后，太守又出了一道道的难题儿，都被仙女破了。太守大怒，急不可耐地点起兵丁，连夜向近华浦奔去，要抢夺美人。

晚饭后，春喜一家正要安息时，仙女心头突然一动。她掐指一算，惊叫："哎呀，不好，太守带兵来啦！"

春喜说："来得好，我正要寻他算账呢！"

仙女说："除掉恶官，还会出现污吏。好端端的人世间，全被这些家伙破坏啦！让我们全家搬到龙宫去吧！"

"我们老小怎么去得了龙宫呢？"

"你把我的锦衣拿来。"

春喜把鱼皮捧给仙女后，一家向滇池走去。春喜不时回过头来看大观楼。大观楼在夜色中，沉着脸。

春喜一家来到滇池。四周寂静无声。仙女把鱼皮往身上一披，跃进水里，向前游去。像犁铧翻土那样，碧波银浪向两边翻卷，现出一条康庄大道。春喜背着娃娃，牵着瞎眼父亲，向龙宫走去。过后，波浪又合拢来。听说，春喜一家现在还快快活活地生活在滇池里呐。所以，后来的诗人写道：

> 仙女已着锦衣去
> 此地空余大观楼

诗人的话是不确的。其实，那座大观楼早已被当年那位气急败坏的太守烧掉了。现今屹立在滇池之滨的大观楼，是清代康熙年间修建的。每当人们登楼望远时，古老的传说就像滇池的满湖风烟，浮上心头。人们仿佛又看见了传说中的大观楼。老人们说，现今的大观楼，就是仿照神女的画儿在原址上建造的，要不，怎么这样美呢？

孙髯长联传千古

大观楼因长联而闻名天下。此联的书写者是孙髯（？～1773年），字髯翁，号颐庵，祖籍陕西三原，寄籍昆明。传说他生下来嘴唇即有少许胡子，故以髯为名。他在世时，因其长须而被人称作"孙胡子"。他虽是一介布衣，但博学多识，能歌善诗。

孙髯自幼就很聪明，也爱好读书。后来长大了，去参加当地的童子试，进试场时，守门的士兵要搜他的身，以检查考生是否有夹带，他很气愤，马上转身离去。孙髯认为这种"以盗贼待士"的举措，实在是有辱斯文，于是发誓永不参加科举考试了。由于他父亲是云南的一名武官，官职很小，他随父亲来到昆明后，在昆明无以为生，便以卜卦算命来糊口，在昆明的大观楼前摆了一个卦摊。

有一天，一群秀才在大观楼上摆了酒席，一边喝酒一边作诗，热热闹闹庆祝大观楼落成。

三杯酒落肚，一个穿绸衫子的公子哥儿大声大气地说："哎哎，个个酒席都作诗，太没味道了，我来做副对子给你们听听吧！"

大家说："要得！要得！"

穿绸衫的公子哥儿一板一眼地念道：

远山淡淡美人妆
近水清清唱红娘

秀才们齐声叫道："好哇！好哇！"

独独有一个人哼着鼻子骂道："肉麻！"

那穿绸衫的公子哥儿气不忿，叫起来："孙胡子！你怎么说我肉麻？"

孙胡子冷笑两声，便用对子答道：

幸亏湖山非美女
不然拉入你家墙

那穿绸衫的公子哥儿气得脸红筋胀，半天说不出话来。这时，另一个穿绸袍公子哥儿拿扇子敲敲桌子说："莫吵，莫吵，瞧我来做一对好的！"说着念道：

西山颂尽圣贤诗
滇水总作帝王池

又听见一人哼哼鼻子骂道："下贱！"

穿缎袍的公子哥儿看见又是孙胡子，气呼呼问道："你怎么说我下贱？"

不等他说完，孙胡子又接着对道：

山水若可颂君王
也可打你三百尺

穿缎袍的公子哥儿气得哼哼地说："好，好，你笑话别人，有本事就自己做一对来瞧瞧！"

孙胡子嘿嘿一笑，自管走到窗户前面，望着远处的山水，不理他。

穿绸衫的公子哥儿和穿缎袍的公子哥儿喜欢了："哦嗬，原来孙胡子是没有三分真功，倒有七分吹功呀！"

话还没说完，只见孙胡子几大步跨过来，端起酒碗，咕嘟咕嘟一口气喝干，把帽子朝头上一推，一气念出一大串来：

五百里滇池，奔来眼底。披襟岸帻，喜茫茫空阔无边。看：东骧神骏，西翥灵仪，北走蜿蜒，南翔缟素。高人韵士，何妨选胜登临。趁蟹屿螺洲，梳裹就风鬟雾鬓。更蘋天苇地，点缀些翠羽丹霞。莫孤负：四围香稻，万顷晴沙，九夏芙蓉，三春杨柳；

他一边念，秀才们一边听，眼睛瞪得越来越大，个个呆痴痴的，互相悄悄地说："太好了！太好了！"

孙胡子念完上联，背着手走了两步，还不等大家想过来，又哗啦哗啦地念出下联来了：

数千年往事，注到心头。把酒凌虚，叹滚滚英雄谁在？想：汉习楼船，唐标铁柱，宋挥玉斧，元跨革囊。伟烈丰功，费尽移山心力。尽珠帘画栋，卷不及暮雨朝云。便断碣残碑，都付与苍烟落照。只赢得：几杵疏钟，半江渔火，两行秋雁，一枕清霜。

这副对联硬是惊倒一楼人！孙胡子把古往今来的英雄豪杰一个个数落了一番，这时，大家才知道孙胡子不是个平凡之辈！孙胡子念完，哈哈大笑起来。

大家望着他，半天才回过气来。

这副对联洋洋洒洒竟有180字，它用现在的语言可大体翻译如下：

登上大观楼，五百里滇池风光尽收眼前。面对空阔无边的滇池，敞开衣襟，推高帽子，让海风尽情吹拂，心情非常的畅快、高兴。看东面金马山势若骏马昂首奔腾，西面碧鸡山犹如凤凰迎风展翅，北面的长虫山如同长虫在蜿蜒行进，南面鹤山如同白鹤在蓝天飞翔。高雅的名士诗人们，也不妨选个好日子，一起登上大观楼，凭栏欣赏这里美好的景色吧。看那滇池中如螺似蟹、别具风味的小岛，那荡漾春意的杨柳在清风中曼舞，婀娜多姿，恰似那少女精心梳妆如薄雾般轻软的鬟发和美丽的发髻。更有那连天的水草，遍地的芦苇，翠绿色的小鸟映着灿烂的云霞。珍惜这美好的时光，尽情的领略、欣赏吧，不要辜负了夏天四周飘香的稻谷，冬日灿烂阳光下的万顷平沙，夏季亭亭玉立的荷花，春天依依的杨柳，这一年四季的大好风光。

几千年的历史涌到心头，举起酒杯，面对广阔的天空，不由得感慨万端。想到汉武帝刘彻为了打通云南，曾在长安开凿昆明池，建造楼船，训练水军。唐中宗李显在景龙年间，派御史唐九征，击退吐蕃，统一洱海地区，并立铁柱以记功。宋太祖赵匡胤面对地图，挥动玉斧，将云南地区划出了宋朝版图。元世祖忽必烈亲率大军，乘坐皮筏，渡过金沙江，把云南收为元朝的版图。这些雄才大略的一代君王，他们生前费尽了移山的心力，企图建立万世不朽的伟业丰功。然而他们都是历史上来去匆匆的过客，他们的功绩就像朝云和暮雨一样，转瞬即逝。一个个王朝的更迭，连历史的帷幕都拉不及，顷刻之间，不仅人亡政息，就连记载他们功勋的碑碣也都残断了，冷落的倒在苍茫的烟尘和昏暗的落日余晖之中。这些滚滚英雄，所得到的只不过是深山中几杵沉重稀落的钟声，若明若暗的江边渔火，萧瑟零落的深秋里的两行归雁，一梦醒来满地的严霜。

这副对联，上联写滇池风物，好似一篇游记。它以"五百里滇池，奔来眼底"开头，写出了祖国风景如画的壮丽河山，表达了作者对祖国的热爱和赞美，突出了一个"喜"字。下联记云南的变迁，如同一篇读史随笔。它用"数千年往事，注到心头"开头，记述了历史，抒发了自己感慨万分的心情，着重写了一个"叹"字。整副对联气势磅礴，就好似一篇有声、有色、有情的骈文，妙语如珠，琅琅上口。感情充沛，想象丰富，因而备受人们赞赏。

孙髯的这副对联写得不仅文字较多，写得较长，而且抒情叙事，层次分明，情景交融；对仗工整，字句洗练；意境高妙，气势非凡。可以说它是对联史上不朽的杰作，因而很快就不胫而走。不仅在昆明，而且在全国各地都流传开了，因而被誉为"海内第一长联"。后来由当地的名士陆树堂用行书体写成，镌刻在大观楼的楹柱上，成为了大观楼最吸引游人的一个景点。

孙髯的传说

大观楼长联作者孙髯，清乾隆年间文人，正直无私，博学多才，对当时考场中行贿的弊病十分痛恨，只有背后写诗谩骂贪官污吏。后被诗友出卖，遭到报复迫害，锒铛入狱。其母得知，行贿知府得以出狱。时值水灾严重，他目睹人民疾苦，不忍坐视，倾家荡产赈灾救民。后来又写诗骂官府，第二次受迫害入狱，被江湖义士仗义搭救出狱，此时生活上极端困难。传说遇江湖术士，教以书符念咒、除妖驱鬼之术。当时圆通寺后，潮音洞蛟龙作怪，洞内涌出大水，街道受淹，平地水深三尺。孙髯即到圆通寺大殿后，潮音洞上方土台，书符念咒，制压蛟龙，水势即减，渐渐解除水患，洞内也不再涌水出洞。孙髯即在台上设馆卜卦谋生，此台取名"咒蛟台"。孙髯为民解除疾苦精神，受到百姓崇敬，好名流芳百世。

大观楼建造落成，省城制台、巡抚、道台、知县及地方有名士绅耆老等，都参加典礼，盛况空前。大家议论，楼既建好，必须要挂副楹联，平添景色。当时参加的官绅中最高的是云贵总督，全体恭请总督大人执撰。总督推给巡抚，巡抚又怕写不好献丑，只有往下推给道台，道台又推给知县。知县才疏学浅，官职低下，怎敢撰拟。此时孙髯也夹杂在人群之中，于是自告奋勇，走至知县面前，先施礼，然后说声，启禀大人，贫儒愿当此任，撰写一联。此时知县正在狼狈不堪、无法下推之际，得孙髯挺身而出替自己解了围，带笑说声欢迎欢迎。孙髯提笔撰写"五百里滇池……"的长联，下方署名孙髯翁撰，将联呈上。众官一一过目，夸称好联好联。孙髯也因长联闻名遐迩，昆明大观楼的风景名胜，也因有此长联，增添光彩。

孙髯因联闻名，深得达官贵人器重，拟聘入幕府。但孙髯视官府如污泥浊水，甘居民间淡泊，保全自身清白，拒聘入府，以卜卦为生，过其艰苦生活，晚景十分凄凉，最后冻死于大雪之中。一代才子，遭此下场，可悲可叹，而其声名，与长联将百世流芳。

髯翁青冢后人仰

大观楼长联的作者孙髯翁的墓，在弥勒县城西。

孙髯，约生于清康熙五十年（1711年），卒于乾隆三十八年（1773年），另说约生于1684～1694年间。原籍陕西三原，父亲来云南任职，举家寓居昆明。孙髯翁自幼好学，入学考试时，因入场搜身，不愿受辱离去，遂终身不仕。40岁左右时，适遇弥勒州苗漪任昆明育才书院山长，两人相识结为至交。他常与钱南园、李因培等往来酬唱，抒发高洁情怀。他爱梅花风骨，自称"万树梅花一布衣"。孙髯晚年穷困潦倒，在昆明圆通寺结庐而居，以医卜为生。他有个女儿出嫁在弥勒州三道桥，老伴（人称孙二奶奶）从女儿度日。乾隆三十六年（1771年），孙髯翁也来到弥勒设馆教书。去世后得苗姓人家相助，草草收殓，葬于城西苗姓祖茔。民谣唱道："山中若有王侯地，难得捡来葬髯翁。"

清末弥勒知州胡国瑞重修孙髯翁墓，为之撰墓志铭。民国三年（1914年），弥勒群众公立墓碑，题文为"古滇名士孙髯翁之墓"。邑人王运谦题墓联云：

古冢城西留傲骨
名士滇南有布衣

联语使用了倒装句式，恢复语序，意思是说：县城西郊的古墓里，留着一副铮铮傲骨。滇南的山水有幸，终生布衣的名士孙髯翁，曾经在这里生活过。

由衷的崇敬，强烈的自豪，洋溢在字里行间。

清末弥勒知州胡国瑞修墓时，墓前有石标（石标现已不存）。石标上有弥阳贡生王晓云撰写的长联：

读大观楼一联，脍炙人口久矣。就苹天苇地，濡染笔墨生辉。布衣有何能，几历昆池劫灰，常图不磨文字；

出把爽门半里，追绕马鬣依然。叹断碣残碑，灭没名流不少。吾侪非好事，一存滇南傲骨，以昭先正典型。

联语的大意是说：

读一读大观楼长联，就会知道它的妙处。很久以来，长联就脍炙人口了。当年，孙髯翁面对漫天遍地的苹叶和芦苇，真是思绪万千，情怀悠悠啊。而正是这无边的烟水云霞，浸润着他的彩笔，使他笔下的文字，焕发出绚丽的光辉。若问一个终生布衣的书生有何能耐？他不倦谋求的，是写出那在滇池几经变化的悠远岁月之后，依然存有不被磨灭的文字！

出弥勒县城的西门——挹爽门半里，就是孙髯翁的墓地。骑马绕墓而行，马鬣飘飘，眼前的景物，依旧和从前一样。然而，看着残破的碑碣，不禁顿生感慨。时间有如流水，灭没了多少有名的贤人达士啊！为孙髯翁重修坟茔，并非我辈好事，而是为着完好地保存滇南的这副傲骨，供后人凭吊，以使先辈正大光明的典范品质得到彰扬！

这副长联表明，大观楼长联一经问世，便脍炙人口，直到清代末年，依然为人们深情传颂，人们对孙髯翁的人品，对他所作的长联，评价很高，已成为滇地文化的重要组成部分，足见长联的文化影响力。

孙髯翁有一副自挽联，写得诙谐有情致：

> 这回来得忙，名心利心，毕竟胡涂到底；
> 此番去甚好，诗债酒债，何曾亏负着谁。

作者说，他投生时"来得忙"，没有准备好"名心利心"，不会钻营，不会算计，也不去钻算计，他的一生，真是"胡涂"到底了。他说，此番辞世真好啊！为什么这样安然愉快呢？作者说，他一生一世，没有做过亏心事，去得没有牵挂。他以颇为强的口气反问道："诗债酒债，何曾亏负着谁？"

"胡涂到底"，正是孙髯翁高尚品质的写照。他终生布衣，并以此为荣。说"毕竟胡涂到底"，即表示永远如此，直到生命结束。态度之鲜明，竟至如此。不曾欠谁"诗债酒债"，表明他一生诗酒自娱，与官场无涉，表明他始终维护人格的高尚和思想的自由，无怨无悔，难怪他要说"此番去甚好"，心情那么坦然了。

擅改长联众人讥

孙髯的长联大约写于公元 1765 年，当时虽值"康乾盛世"，却也埋下了衰败的隐患。孙髯有感而发，一气呵成，在写景的同时触景生情，抨击了封建王朝的统治，揭示了封建王朝必然衰亡的规律，埋有清王朝也必然如此的伏笔。他把正统皇朝看作是不长久的幻影，把帝王们的"伟烈丰功"看作是"苍烟落照"里的"断碣残碑"。在当时来讲，这是一种明显的叛逆思想，具有"犯上"的嫌疑，必然为当权者所不容。由于髯翁长联已广为流传，深得人心，他们又不敢公然撤销这副著名的长联，于是就有人用篡改字句的办法，仿照孙髯翁的格式，另外又写了副大观楼长联出来，企图通过改变其思想内涵，替代原有的长联，为封建统治者所用。但改来改去，总是弄巧成拙，造成不少笑话，与长联一道流传下来，反而扩大了髯翁长联的影响。

孙髯过世后，云南景东人程含章（1763～1832年）公然跳出来把这副长联改为：

五百里滇池，奔来眼底。披襟岸帻，喜茫茫空阔无边。看：东骧金马，西峙碧鸡，北耸青虹，南翔白鹤。高人韵士，定当击节讴歌。况栏外树色江声，随地皆诗情画意；更云开雨霁，何时不鱼跃鸢飞。登斯楼也，莫辜负：四围香稻，万顷晴沙，九夏芙蓉，三春杨柳；

数千年往事，注到心头。把酒临风，叹滚滚英雄谁在？想：汉习楼船，唐标铁柱，宋挥玉斧，元跨革囊。伟烈丰功，举欲同符天地。至今日离宫别馆，悉化为苦草长林；并断碣残碑，都付与苍烟夕照。游于浦者，止剩得：几杵疏钟，半江渔火，一行秋雁，两岸芦花。

程含章改写的长联，先是在上联中把大观楼四面景色之意象改为了实实在在的景点名称，在下联把"伟烈丰功，费尽移山心力"改为"伟烈丰功，举欲同符天地"等，弱化了对王朝盛衰的感慨，并别出心裁地多加几个字，企图以此来讨好统治者，并卖弄自己的文才。但他改得不伦不类，其内容及艺术性都远不及孙髯原联，自然也就得不到广大民众的认可，虽然新鲜了一阵，但不久就销声匿迹了。

最突出的是道光六年（1826年）来昆明任云贵总督的阮元。阮元（1764～1849年），字伯元，号芸台，江苏仪征人。乾隆五十四年（1789年）进士，在来云南任职前，已颇有政绩，并通经史，在文学上有很高的名声。他慕名至大观楼观景，对长联越看越不顺眼，越看越有气。他认为："孙髯原联，以正统元汉、唐、宋、元，传业丰功总归一空为主，岂不乎说到我朝？故改'伟业丰功'为'爨长蒙酋'，递到吴三桂等人身上，所以扶正而消逆也。"于是他利用权势，强行把长联改了，作为他"扶正消逆"的功绩，另制了一副长联挂在大观楼前。他的改联为：

五百里滇池，奔来眼底。凭栏回忆，喜茫茫波浪无边。看：东骧金马，西蒿碧鸡，北倚盘龙，南驯宝象。高人韵士，惜抛流水光阴。趁蟹屿螺洲，衬将起苍崖翠壁；更蘋天苇地，早收回薄雾残霞。莫孤负：四围香稻，万顷鸥沙，九夏芙蓉，三春杨柳；

数千年往事，注到心头。把酒凌虚，叹滚滚英雄谁在？想：汉习楼船，唐标铁柱，宋挥玉斧，元跨革囊。爨长蒙酋，费尽移山气力。尽珠帘画栋，卷不及暮雨朝云；便藓碣苔碑，都付与荒烟落照。只赢得：几杵疏钟，半江渔火，两行鸿雁，一片沧桑。

阮元的改动承袭了程含章对上联改法，将原联写景的意境换成了实实在在的景观名称，并在具体用词上做了细微修改。其对下联的改动可谓煞费苦心，比程的改动高明不少。其"精妙"之处在于，将"伟烈丰功"改为贬义的"爨长蒙酋"，使原联对于前代历史的感慨，无中生有成了对吴三桂据云南叛乱一事的感慨，既将历史叙述延伸到了当朝，又使后面"藓碣苔碑""荒烟落照"的感慨，与封建王朝的盛衰脱钩，只是对于吴三桂的评价，符合清朝统治者的价值取向。但经此一改，前面"汉习楼船，唐标铁柱，宋挥玉斧，元跨革囊"无法对应上，成了多余，而"爨长蒙酋"与"滚滚英雄"则存在明显的褒贬差别，无法兼容。而将末句"一枕清霜"改为"一片沧桑"则有避"文字狱"之意。

两相对照，即可看出阮元其实改得很糟，把原来优美的有诗意的句子改成了一些死句，意境与原联迥异，逻辑也不通顺，自然引起人们强烈的不满。当时就有名士公开指责说："阮元所改，不及原文远甚，芸台亦多事矣。"于是一首讥讽阮元的打油诗就在民间迅速流传开来："软烟袋（阮芸台谐音）不通，萝卜韭菜葱，擅改古人树，笑煞孙髯翁。"阮元被调离后，在众人的一片抗议声中，其改制的长联被撤下，换上的仍是孙髯翁千古流传的佳作。

大观楼仿联趣谈

孙髯翁大观楼长联撰成后，声名海内外。其构建的长联格律为后学所推崇，成为争相模仿的范式。

清末时，四川成都文人江受先曾仿大观楼长联，讽刺科举考生，读来脍炙人口：

望百里蓉城，奔来眼底。心中有数，喜洋洋录出遗才。便东游牛市，南谒羊宫，西到满城，北观昭觉。假充豪杰，借此宿柳眠花。便水榭茶亭，商量就拈香换帖；更酒楼烟馆，贪恋着过瘾传杯。莫辜负威仪小帽，履秦朝鞋，义和虾仁，月兴酢肉；

数千人蒿目，惨上心头。榜下无名，怒轰轰怨着主考。想文揣时风，诗遵官韵，策操纂要，经习短篇。废寝忘餐，尚望步蟾折桂。奈邮传报语，叫不应解元老爷；及爱女娇妻，做不成夫人小姐。只剩得半副号帘，三场题纸，两枚残烛，一个提筐。

此联用对比的手法对得意和失意的两类士子进行了嘲讽。上联写"遗才"们得意忘形的酸态。游逛蓉城（成都）的名胜古迹，假充豪杰，极抖春风得志之威风，贪杯恋色，抽大烟，换帖结友，尽情地宣泄被十年寒窗压抑的情绪。这些变态的行为，既让人感受到贪官污吏者的前姿，又让人感到可怜和可悲。因此，作者站在旁观者清的角度，给"遗才"们敲了敲警钟。下联写落第士子们的窘态。能跃上龙门的鲤鱼毕竟是凤毛麟角，众多求取功名的士子如斗败的公鸡，几多寒窗苦读付之东流，所以是数千人惨上心头，又怨恨主考官不公平，回想自己循规蹈矩，废寝忘餐，目的是求步蟾折桂，想一人飞升，仙及鸡犬，怎奈南柯一梦，自己成不了仙，爱女娇妻也做不了小姐夫人。尾联四句，落第考生的穷酸相被刻画得跃然纸上。

到了民国年间，长联"古为今用"，成了针砭时弊的武器。那时，烟土大量涌入云南，民间就出现了一副仿大观楼长联，讽刺吸大烟的对联，写得颇生动诙谐：

五百里烟泥，赊来手里。价廉货净，喜洋洋兴起无穷。看粤夸黑土，楚重红瓢，黔尚青山，滇崇白水。估成辨色，何妨清客闲评。趁火旺炉燃，煮就了鱼泡蟹眼。正更长夜永，安排些雪藕冰桃。莫辜负：四梭响斗，万字香盘，九节老枪，三镶玉嘴；

数千金家产，忘却心头。瘾发神疲，叹滚滚钱财何用。想品类巴菰，膏珍福寿，种传罂粟，名号芙蓉。横枕开灯，足尽平生乐事。尽朝吹暮吸，哪管他日烈风寒。纵妻怨儿啼，都装做天聋地哑。只剩下：几寸囚毛，半抽肩膀，两行清涕，一副枯骸。

1945年，在昆明爆发了震惊中外的"一二·一"学生运动。人民群众都站在学生运动一边，以西南联大为核心的各大中学校，集会反蒋，串联演出，教授发表国是演讲，各种活动相当激烈。有一天晚上，教授、学生、群众在联大一草坪上集会，声讨反动当局。反动军警竟然鸣枪威胁，企图制止集会。次日，中央社发了一则新闻报道，诬称"昨晚西郊发生匪警"，昆明《中央日报》以此为标题刊出了这一"新闻"。这就更加激怒了学生。于是一首"中央社是造谣社，中央报是造谣报……"的歌曲诞生了。今天，上了年纪的昆明人，大约都还能哼出它来。这时的《正义报》对学生运动采取了同情和支持的态度。在上述事件中，刊登了曹世文采写的真实报道。由于与《中央日报》唱了反调，当时的昆明警备司令部曾派人到《正义报》追查，曹世文还为此躲了几天。这一段学生运动史实，有人就仿大观楼长联，痛斥当局，算是古为今用了：

三百个军人，奔来眼底。摩拳擦掌，势汹汹径往前冲。看周绅牛劲，西服乱闯，俊杰被擒，林蔚帮凶。走狗奴才，何妨硬打蛮干。趁闹里无备，抢几只手表水笔。更撕毁壁报，放一些冷枪热炮。不辜负：四文赏钱，九个流氓，半打特务，三升暴徒；

数日前往事，注到心头。怒发冲冠，叹滚滚英雄谁在。想于再先生，潘琰小姐，华昌同学，鲁连烈士。壮伟殉难，抛去七尺之躯。尽造谣中伤，掩不了血腥罪行。便拼却一死，留待后继者标榜。谁要你：两口棺材，十万臭钱，几句谎言，一点假意？

"文革"初期，也有一副仿大观楼的长联，足以反映当时的狂热：

几百位干部，奔来昆明。目瞪口呆，巍颤颤顾虑无边。看东架重炮，西燃烈火，北呼革命，南喊造反。明智之士，何妨权充骑墙。将两耳堵严，学一学装聋卖哑。更紧闭双目，羞遮面噤若寒蝉。只赢得：省委嘉奖，市委表扬，满身清爽，晋爵加官；

数个月往事，注到心头。凡如潮涌，志昂昂意气冲天。劝折衷先生，回头是岸，保皇干将，速速投降。革命先锋，奋起倚天长剑。将右倾路线，杀它个尸碎万段。更斩草除根，轰它个人仰马翻。张臂迎：漫天云霞，浩荡东风，赤旗环球，通红宇宙。

中共"九大"召开后不久，当时云南有人搞"围海造田"，把滇池填了一角。滇池的"田"成了一片沼泽，当年颗粒未收。这是后话。可当初造田之际，又出现一副长联，虽说是今天读来，叫人哭笑不得，但也可一窥当时的思想环境：

三万亩良田，奔来眼底。举手挥汗，惊浩浩功业空前。看前扬赤帜，后响欢歌，左落银锄，右摇铁臂。劳动工农，气压昔日愚公。教滇池草海，倏忽间春播冬藏。更鸭戏羊鸣，方现出气象万千。集成了：十里长堤，万顷粮仓，万代丰功，千秋伟业；

数百万景象，涌到心头。把镰收宝，笑滚滚烟波何在。喜银裹棉铃，金翻稻浪，绿浸堤树，红透思想。激浪狂涛，退出千年旧地。尽龙宫虾馆，忙不及夏去秋来。就鱼遁龟逃，化为黄金一片。功归于：一轮红日，四卷雄文，九大光辉，七亿英雄。

谁来再撰新的长联呢？

田鹤龄偶书大观楼匾

据传，永胜人田鹤龄先生曾为大观楼书写匾额。

田鹤龄先生是乾隆年间人，系永北府永北镇（今永胜县城）西街人，自幼秉性善良，天资聪慧，由于家境贫寒，只读过两年私塾。但他勤奋好学，刻苦钻研而终成为有口皆碑的大书法家。

很久以前，永胜人在年关就有张贴春联的传统。那时各家各户都是买好红纸，在年关前请有名的书法先生书写，在除夕那天张贴在门上。田鹤龄家的春联每年都请邻居的一位老先生写。有一次因礼数不周而受到老先生的责难，从此他下定决心发奋练书法。由于家中拮据，无钱买纸笔，田鹤龄就挑来沙子铺于院内，用木棍当笔在沙滩上全神贯注地练习书法；坐下休息时，他就以手指为笔在膝盖上比划；躺在床上小憩或出门行走时，用手指在自身长衫上面比划。每逢哪里悬挂有名人书法字贴，便跑去看个够，一笔一划反复揣摩，反复探索，回到家后又自行演练。

俗话说，只要有恒心，铁杵磨成绣花针。光阴荏苒，星移斗转，田鹤龄勤劳俭朴，省吃俭用，积攒了一点零花钱买回纸笔、砚墨，每天忙完活路，一有空就专心致志地练书法，严肃认真，一丝不苟。经过长时间坚持不懈的努力，功夫不负有心人，他练就了一笔刚劲雄浑的好字。这年除夕，田鹤龄在自家大门上贴了一副亲手书写的春联："向阳门第春常在；积善人家庆有余"。邻居那位书法老先生原想看他的笑话，谁知走到门前一看，惊讶不已，此联书法得当，出手不凡，大有超己之势。老先生自觉惭愧。田鹤龄崭露头角，消息不胫而走，一些书法爱好者、识字人都要去田家门前看一看，都说他年轻有为，将来必成大器。听了夸奖，田鹤龄倍受激励和鞭策，自感知识浅薄，还须勤学苦练。街坊邻居、亲朋至友得知田鹤龄的字写得好，每逢婚丧、喜庆要写对联、寿图、匾额、挽联之类的事都来请他。他总是好助人为乐，有求必应，随请随到，却从不收人家的礼品，更深得众人爱戴与好评。

几年后，田鹤龄的书法已达炉火纯青的地步。是年，他少年时的同窗好友永北清邑人刘恺中进士在朝廷做官，升任山东藩台。藩台衙门正缺少书写誊录人员，刘藩台由山东捎来信和盘缠，邀请他去共事。田鹤龄征得母亲和妻子同意，打点行装起程，上昆明然后转道赴山东。

田鹤龄身着粗布蓝衫，脚蹬草履，起早贪黑，徒步行程十多天到达省城昆明。因所带盘缠有限，只好找一家巷间小客栈住下，准备来日继续前行。这时只听人们议论纷纷：云南抚台大人张贴榜文，聘请各界名人学士书写"大观楼"三字匾额，已有几百幅书写字体挂于展馆，让官员、学者、庶民前往观看评判、挑选，最后将由省府衙门定夺。田鹤龄得知这一消息，尽管风尘仆仆，旅途劳累，也迫不及待地跑去一观，以增长见识，至于录用与否、赏银之类，他根本没留意。

田鹤龄进展馆对每幅字都端详仔细，忖思片刻，要么轻轻摇头，要么皱皱眉。这样反复观赏了一个时辰，似乎没幅中意的。守馆人员则早将他的一举一动暗窥在目，待他将走之时拦住说道："先生想必远道而来，定有高见，现备有专用笔砚纸张，何不书下一幅，一展宏图？"

田鹤龄被纠缠不过，只得应酬。他提起笔来，饱蘸浓墨，在铺开的宣纸上一气呵成"大观楼"三个字，尔后抱拳向守馆人员道别回客栈。

翌日上午，云南抚台大人在众官员簇拥下到展馆评选字贴，见到田鹤龄的手书，皆拍手叫绝，技冠群芳，独占鳌头，当即选中，并向守馆人员询问书写之人。随即派员四处寻找，终于在客栈内找到田鹤龄，用八人大轿将他接到省府衙门。抚台大人在花厅召见了他，见他英俊洒脱，气宇轩昂，对答如流，称之为"我地方一人杰也"，并提出留府任用。

田鹤龄恭恭敬敬地向抚台大人秉明原尾，千恩万谢抚台大人的知遇之恩和器重，但大丈夫应以信义为本，绝不能见利忘义，失信于人。抚台大人见他去意已决，不可强留，遂赠银两以盘缠使用，送别上路。

田鹤龄这一去，直到刘恺告老辞官还乡，才随同返回故里。现今，山东境内还留有田鹤龄先生的亲笔手书墨迹。

"大观楼"三字，由当时的云南抚台大人派人拓印刻制匾额，悬挂在昆明大观楼上，与日月同辉。

板凳龙的传说

从前滇池跟翠湖连在一起，当时的翠湖叫九龙池，因为有一些乡亲在湖边种菜，所以又叫菜海子。

有一年，有一个手巧的姑娘，在翠湖种莲。每天太阳刚露，朝霞满天，姑娘就驾起莲船，唱起莲歌，漂流在湖水上。她一唱莲歌，湖水就漾起琴音，满湖莲花也会跳舞。姑娘生得很俏丽，像一朵出水芙蓉，乡亲们都叫她芙蓉女。

一天黄昏，芙蓉女收工回家，在岸边看见一条受了伤的白鳝。她把白鳝带回家，用莲花瓣包伤口，熬莲子汤喂它，补它身子。第三天，白鳝的伤好了，变成一个姑娘，告诉芙蓉女："我是九龙池最小的龙女，前天被人刺伤，幸好你救了我。"芙蓉女很高兴，但她不要报答，劝龙女回家。龙女临走，叮嘱她说："明天，无论是谁到岸上来，不允他搭你的莲船，更不许他下水。"芙蓉女记下了。

第二天清晨，漫天朝霞，满湖莲花，芙蓉女在花丛中的莲船上，轻舞银篙，长声悠悠地唱起了莲歌——

姑娘生长滇池滨，湖水叫我种莲人。

一船风雨一船汗，赠我乡亲莲女心。

姑娘的歌声刚落，突然，湖岸有人来对歌，歌声豪放，热情洋溢——

水波天光一色长，满湖莲花舞红装。

姑娘莲船歌声起，花香水香歌也香。

芙蓉女听到歌声，朝岸上一望，只见一个健壮小伙子，头戴束发金冠，身穿白色紧身绣衣，腰挂宝剑，英俊威武，意气风发，正向姑娘招手。芙蓉女把船撑到岸边，小伙子含情脉脉地说："姑娘，我们是家乡亲人，你的芳心把湖水打扮得这么秀丽，我愿是一颗莲子，播在你的心里。"

芙蓉听见小伙子说话诚挚多情，心里也喜欢，问道："阿哥，你是家乡人，我怎么从来没有见过你？"

"我自幼读书养性，从未出门。"小伙子深情地解释，"大前天出游，见到你和你种的莲花，既爱慕你，又迷恋这地方，想到这里来安家。"

芙蓉女又感动，又欢欣，觉得来了个难逢的知心人，心有千言万语，不知从哪里说起，只是娇羞地低着头。

小伙子要求搭姑娘的莲船，日后一起在九龙池种莲。芙蓉女猛然记起龙女的告诫，不许谁搭她的莲船；但她心中又喜欢这个小伙子，所以，她邀约小伙子到她的家。小伙子很高兴，二人来到家中，小伙子表明了情意，说他喜爱莲花，更喜爱芙蓉女，他要跟姑娘成亲，永远在湖上种莲花。芙蓉女听见小伙子跟她志向相同心相连，也就答应了。小伙子用一对明珠耳环挂在芙蓉女的耳朵上，芙蓉女送了小伙子一个香荷包，两人就定亲了。

正在这时候，有九个姑娘提着宝剑闯进家来，当头一个大姑娘怒目圆睁，喊道："龙太子，你家住滇池，为什么要强占我们的地方？还刺伤小妹？"

原来小伙子是滇池龙太子，他因爱慕芙蓉女，要求成亲种莲，叫九个龙女让出九龙池。九个龙女当然不答应，前来跟他比武。

芙蓉女慌忙解劝，不同意双方比武。她虽然知道了小伙子是滇池龙太子，但不管怎样她都爱他。她给龙太子说，滇池内港湖湾多，今后成了亲，夫妻在滇池种莲。加上九龙池附近扩建街巷，乡亲菜地日益缩小，她劝龙太子不仅不争九龙池，还要给乡亲让出一些菜地。

龙太子有芙蓉女相爱，心里高兴，也就完全同意了，九个龙女也消了气，并祝福芙蓉女跟龙太子的美满婚姻。

龙太子问芙蓉女，要他让出多少菜地。芙蓉女说，她抓把莲子向远处撒，莲子撒多远，让多宽的地。说着，芙蓉女抓把莲子向门外一撒，莲子飞呀飞，飞到大观楼落下了。龙太子吸了一口气，向门外一吹，滇池水退到了大观楼，从此，滇池就不跟翠湖连在一起了，大观楼也就有莲花了。

经过芙蓉女的调解，大家都很高兴。九个龙女热心热肠帮忙筹办龙太子跟芙蓉女的婚事，要办得很热闹。但龙太子性急，他要当天就成亲，跟芙蓉女到滇池内港湖湾去种莲，并邀请九个龙女送亲，到滇池龙宫去做客。所以，他决定现了龙身，叫芙蓉女骑在他背上，他驮起媳妇回龙宫。

九个龙女不同意他这样做，说他现了龙身，莫把姑娘吓坏了，还会惊吓满城乡亲。

最后，龙太子想了个主意，由他变一条雕花板凳，芙蓉女骑在板凳上，由龙女抬起走，大家同意了。龙太子变了一条雕花彩漆板凳，可是头尾变不过来。九个龙女在龙太子头上挂了彩红，身上铺了彩锦，尾上挂了红绸，由芙蓉女骑上，四个龙女各抬一只凳脚，剩下五个龙女敲锣打鼓、吹唢呐，一路吹吹打打，热热闹闹，送新娘到滇池。

满城百姓都出来看热闹，觉得新娘骑板凳龙很有趣，所以，昆明人也就喜欢舞板凳龙了。

兰仙人滇池降龙

兰茂（1397～1470年），字廷秀，号止庵，另号和光道人、洞天风月子、玄壶子等号，祖籍河南洛阳，据说，兰茂的父辈从河南洛阳进入云南地区，落户于杨林。兰茂著有《滇南本草》《韵略易通》，奠定了他在中医药及音韵学方面的地位。由于其杰出的成就，后世不断将其神化，在云南一带有很多关于他的传说。

兰先生不只才学好，通医药，还喜欢山川地理，经常约好友游乐于名山胜水之间。一天，兰先生约好友张三丰，从昆明篆塘雇小船经大观楼泛昆阳海，船中备有水果点心，边走边小口品酒，慢声交谈。

船到了海中，对面是西山龙门，船家对两人说："两位先生，不能前行了，到此回转吧！"张三丰问："艄公，这是为何？"船家战战兢兢地说："前面不远处有条缺鼻子龙，常常兴风作浪，掀翻不少小船，伤了不少人命。我劝二位先生，还是回转吧。"张三丰哈哈一笑："我说是什么大事，原来如此。这有何惧？你只管往前划去，有我辈在此，包你没事。"船家只得往前划了一程，约二三里，又苦苦哀求道："二位先生，求你们回转吧，我实在不敢向前划了，我家里还……"兰先生打断艄公的话："你何必如此害怕，我们三人同在一条船上，可谓同舟共命，有事大家齐心协力，你只管放心往前划，等会多谢你点船钱。来，你我共同饮酒，壮壮胆子。"船家无奈，只得接过酒杯，一仰脖子，咕咚喝下酒，接着往深处划去。

一时，风浪大作，小船颠簸不已，急得艄公大惊失色。在危急之中，只见张三丰脱去外衣，高卷裤腿说："这孽畜可恶，待贫道下去把它擒来掏肝下酒。"兰先生急忙劝阻道："此等小事，伺劳老弟动手。"说着，取出青藤纸，提笔写了几个字，擦根火柴焚于水中。霎时，风平浪静，比平时还要稳妥十分。三人尽情饮酒游玩，尽兴而归。

那天下午，小西门监狱内，狱卒发放犯人囚饭，本来预备了九十九人的饭，但发完了还差一份，一个缺鼻子老人没饭。问他，他说："我非人也，乃滇池海中之龙，被二位仙道拘禁于此。"狱卒说："这么说是你自己进来的，这里案上又无你的名，何不自去？"

缺鼻子老人说："不敢，也不能。必须仙道允诺，方可脱身。"狱卒又问："仙道现在何处？"老人答道："他们游完滇池回到大观楼近华浦了。"

狱卒哪敢怠慢，即刻往上呈报。制台大人闻报既惊又喜，马上传令备齐仪仗执事，亲往大观楼摆设香案迎候。不多时，果然有两位道士飘然而来，看他们衣着古朴，举止脱俗，仙风道骨，便上前拱手道："二位仙长风水间辛苦了，卑职来迟，乞谅海涵。"兰、张二位仙人见仪仗显赫，知是制台大人来迎接。两位仙人从不与官府打交道，就答道："大人错爱了，我哪里是什么仙人，不过游滇池，偶遣游兴而已。"制台又说："二位仙长不必过谦，卑职已明矣，孽龙被子执，乞请释之。"二人哈哈大笑说："并无此事，叫它走便是了。"制台欲邀二人回府设宴款待，以求修身长命之术。张三丰朝滇池方向一指："大人所说的仙人，那不是来了吗！"众人回头看去，再折回头时，早已不见二位仙道。

制台快快回府，传狱卒释放缺鼻子老人，狱卒报说："早已不知何时走了。"

大观楼三潭的传说

大观楼下，有道清汪汪的水湾，水湾里支着三座白白的小塔，人叫三潭。一到天蓝蓝，水幽幽，月亮照得亮花花的时辰，三座小白塔就被月亮照得透明透明的，细心人就能看得出，它们原来是三个白葫芦。这时，大条大条的金色鲤鱼就从水湾里游拢，"咚咚咚"地撞着三潭，波浪也"哗哗哗"地冲着三潭，好像不把三潭推倒不罢休。这是什么缘故呢？

传说早些年，昆明有个秀才叫李天水，家住大观楼畔，因为喜欢大观楼的风景，就搬来楼上读书。李秀才生得斯斯文文、秀秀气气，文章也作得像花朵一样，为人心地也好，只是一点，太古板，胆子又小，生怕出点什么事耽误他的前程，所以一心闭门读书，旁事不问。

有一天深夜，月亮白晃晃，清风凉爽爽，大观楼四周雀不飞，鸟不叫，静悄悄的。李秀才正在楼上专心专意地写字，写着写着，突然听见什么地方传来女人笑声。李秀才吓得心怦怦跳，赶忙四处望。他一生最怕女人，这深更半夜的，有个女人来他书房里，被人家晓得了还了得！他到处看看，一个人影也不见，这才放下心来，又专心写字。

写着写着，一只白嫩嫩的手从他背后伸过来，忽的一下把他的笔抢走了。李秀才急忙一抓，没有抓着，回头一瞧，见一个姑娘拿着他的笔站在旁边。可把他吓坏了。他偷偷一瞧，这个姑娘那种俏呀，比荷花还美，比桂花还香，比茶花还艳，比水仙还娇！

李秀才又羞又怕，结结巴巴地对女子说："这……这位大姐，赶紧……把笔还给我！"

那个姑娘见他慌成这样，忍不住一笑，不但不还他笔，反倒把手藏在背后，故意逗他道："你要教我写字，我才还你笔！"

李秀才心想，夜深人静的，教个女人写字，成什么体统！就说："莫闹莫闹，赶紧还笔来吧！"

姑娘把嘴一噘，说："不还！"

李秀才急得鼓着眼睛，憋了半天，只好连声说："好吧，好吧，教你就教你，教你就教你！"

平时他是提笔就成章的，这个时候，却一个字也想不起来，抓着脑壳说："嗯……教你个什么字呢？"

姑娘笑笑说："你姓什么就教什么吧，不然再抓抓，头都要抓通了！"

李秀才脸红筋胀地说：   "好吧，好吧，我的姓最好写：十八子，合起来就是个'李'字。"

姑娘用笔画画，蒙住嘴，"咕咕咕"地笑了一会儿说："不对不对，咋个是'十八子'？"

李秀才说："怎么不对，我的姓我还会写错？"

姑娘写给他看："明明是'木头生的憨儿子'，还'十八子'呢!"边写，边又笑个不停。

李秀才这才知道她在讥笑自己，心头一阵火冒，但又怕她没完没了地说下去，只好说："由你由你，赶紧还笔来，深更半夜的，你一个姑娘家，来这里说说笑笑，要不得!"

哪知姑娘反倒偏起头来，奇怪地问："为哪样要不得？我喜欢和你在一处!"

李秀才被吓了一跳，连忙跑到楼梯口瞧瞧，看有没有人听见姑娘说的话，一边慌里慌张地说："莫乱说!"

姑娘越发奇怪了："咦，你不喜欢我啦？"

李秀才见她越说越不成话，急得央求她说："老天爷，求求你莫说了，求求你，好姑娘，赶紧回家去吧!"

他越怕，姑娘越说："这里就是我的家，你还叫我到哪里去？"

李秀才急得跺脚道："真是真是！我在这里读了好几个月书，还说是你家，成何道理!"

姑娘羞答答地说："你叫我来的时候，不是说我两个做一家吗？怎么现在倒分起你家我家来了？"

李秀才结结巴巴地说："你……你……真是天大的冤枉，我多时叫你来，多个时候说我们两个做一家？"

姑娘一听，气愤愤地说："你真是昧良心！你忘记啦，前天晚上，你见我在水湾里跳，就作了一首诗说：'何日讨得鲤鱼娘，皓月深宵慰凄凉'，你说，有没有这回事？"

李秀才想起那天晚上，他一个人在楼下散步，忽然见水里"哗啦"一声，一条金色大鲤鱼跳出水面，他心头一振，顺口作了那首诗。可是……他再看看前面这个姑娘，心里怀疑起来，忙问："你是哪个？"

姑娘害羞羞地说："我是鲤鱼姑娘。"

李秀才惊呆了，他哪里想到真的会有一个鲤鱼姑娘呢!

他急忙说："哎呀，哎呀，你怎么当真呢，我是作诗呀!"

鲤鱼姑娘说："哦，你作诗尽是说白话瞎扯!"

李秀才张着嘴答不上来，又是急又是怕，猛地想出个办法，对鲤鱼姑娘说："你等等，我去去就来。"说完，从外面把门关上，跌跌撞撞地跑下楼去了。

鲤鱼姑娘左等不见他来，右等不见他来，撩撩门，才晓得被李秀才扣住了。她想自己是一片真心，哪知李秀才这样无情无义，气得哭了起来。怎么办呢？她想，还是去找天女三姊妹商量商量，她们一定会帮助我的。鲤鱼姑娘"扑通"一声跳进水湾，变作一条金色鲤鱼，顺着滇池游到天池里去了。

天女三姊妹正在天池里洗澡，她们是老天王的三个公主，和鲤鱼姑娘最要好。她们见鲤鱼姑娘泪汪汪地跑来，急忙围上去问："鲤鱼妹妹，哪个欺负你了？"鲤鱼姑娘就一五一十把事情说了出来。

天女三妹抹抹袖子，叫起来："啊呀呀，气死我了！走，鲤鱼妹妹，我帮你去捶那个死秀才，叫他晓得鲤鱼姑娘不是好惹的！"

天女二姐也跺着脚说："走走走！等我去扇他三巴掌，叫他天天歪着脖子看书！"两个吵吵嚷嚷的，说走就要走。

鲤鱼姑娘赶紧拉住她们，羞答答地说："两个姐姐，去不得，去不得，万一真的把李秀才打伤了，我……"

天女二姐和三妹急得叫起来，"啊呀，鲤鱼妹妹，你咋个像棉花一样软，李秀才这样欺负你，你还护着他，咳！"

鲤鱼姑娘红着脸说："他也喜欢我的，只是，只是……"

天女大姐接着说："只是他心太硬了！这些读书人，一个个都是假斯文，死要面子！"

天女二姐和三姐叫起来："他要斯文就让他斯文，可不能让鲤鱼妹妹受气！"

鲤鱼姑娘叹口气说："他心变软点就好了！"

天女大姐猛地一拍巴掌说："对，我有个主意了。"

大家问她什么主意，她悄悄地对她们说了几句，便一起高兴地拍着手笑道："好！好！好！就是要这样治治他！就是要这样治治他！"

天女大姐先把天女三妹变成副箩箩，把天女二姐变成根扁担，再把鲤鱼姑娘变成宝珠梨，她自己却变成个卖梨的老爹，装好梨，挑着担子找李秀才去了。

她来到李秀才家门口，转来转去地吆喝："宝珠梨、宝珠梨，又大又甜赛蜂蜜！压得惊，镇得邪，吃了不香不要钱！"

李秀才正心慌意乱地坐在家里，一会儿想想鲤鱼姑娘美得赛过天仙，对自己一片真情，自己反倒把她关在大观楼里面，真是对不起她；一会儿又想想，自古男女授受不亲，万一传出去，功业也完了，名望也败了，脸皮还搁在哪里？想来想去，愁得他长一声短一声直叹气。正在苦恼的时候，忽然听见外面有人叫卖宝珠梨。宝珠梨是他最爱吃的东西，他就出去买了两个，削皮就吃，一边想起鲤鱼姑娘对他的一片深情，不由得自言自语地说："唉，鲤鱼姑娘，不知你现在哪里？"

没料到他的话音刚落，就听见鲤鱼姑娘的声音："秀才阿哥，我在这里呢！"

李秀才吓得"嘣"地跳起来，四处瞧瞧，明明屋子里只有一个人呀！

他自己想鲤鱼姑娘想得太焦急了，就摇摇头说："可笑，可笑！"

话刚说完，又听见鲤鱼姑娘的笑声。他再瞧瞧，又四处听听。才听出声音来，原来是从他肚子里发出来的！

李秀才战战兢兢地摸着肚子问："是……是哪个在……在……在我肚子里头？"

鲤鱼姑娘的声音说："秀才阿哥，是我呀！"

李秀才听了，更加慌了："哎呀呀，你跑进我肚子里做哪样？"

鲤鱼姑娘说："你的心太硬了，我帮你揉揉！"说着便在李秀才的心上轻轻地揉了一下，把李秀疼得抱着肚子直叫。

鲤鱼姑娘问："你还把我关在大观楼里呢？"

李秀才忙说："不关了、不关了！不过……读书人以礼义为重，岂能轻举妄动……"

他正说着，鲤鱼姑娘又轻轻地揉了一下，又把他疼得直冒冷汗，连连告饶。

就这样，他病倒了。

李秀才有个朋友，姓蒋，人人喊他蒋秀才。听说老朋友病在床上，就来看望。走到李秀才家门口，听见李秀才和一个姑娘在说话。

蒋秀才是个浪荡人，心想：嘿嘿，李秀才平时装得一本正经，原来躲在家里干好事呀！他就轻手轻脚地摸进屋去。

到了屋里一看：奇怪了，只见李秀才一个人躺在床上。

蒋秀才笑嘻嘻地说："李兄，快把小娘子叫出来给我瞧瞧。"

李秀才说："混说，我有哪样小娘子！"

蒋秀才"嘿嘿"一笑，说："没有？那，你刚才和谁说话？"

李秀才是哑巴吃黄连，有苦说不出，结结巴巴地说："和……和……"半天也说不清楚。

蒋秀才见他着急，越发要瞧。李秀才说："当真没有！"蒋秀才不信，到处搜了一遍，果然一个人影也没有。他奇怪了，就问李秀才是怎么回事。李秀才只好把前后经过告诉了他。

蒋秀才一听，三角小眼转了两转，笑嘻嘻地躬着腰，用手里的扇子敲敲李秀才的肚皮，说："鲤鱼姑娘，听说你比天仙还美，是吗？"

鲤鱼姑娘不理他。

蒋秀才又说，"你找李秀才干什么？他呀，像你说的，是木头生的儿子，不姓李，姓木！"

鲤鱼姑娘还是不理他。

蒋秀才越说越高兴，"嘭嘭嘭"地敲着李秀才的肚皮说："哎呀，你划不来啦，与其闷在李秀才肚子里，不如出来嫁给我，我倒蛮喜欢你哩！"

话才说完，只见李秀才忽地跳起来，一把把蒋秀才按倒在床上！

蒋秀才叫着说："李兄，李兄，莫火，我只是说说玩玩！"

哪知李秀才一下变得像个莽汉，把蒋秀才按得气都喘不过来，拿起一枝大笔，浓浓地蘸饱墨，把蒋秀才画了个大花脸。李秀才一边画，一边用鲤鱼姑娘的声音大骂："不害羞！不要脸！不害羞！不要脸！"蒋秀才费了好大的力气才挣扎起来，没命地跑出去，老远，还听见鲤鱼姑娘在那里骂呢！

这样，李秀才的心被鲤鱼姑娘揉得一天比一天软了。鲤鱼姑娘很高兴，只等把李秀才的心揉好和他成亲。

这个时候，张天师云游来到昆明，他听人说起李秀才的怪病，就到李秀才家来瞧瞧。他见李秀才和鲤鱼姑娘亲亲热热地说话，就怒火三丈，大喝一声："李秀才，你竟敢和妖精亲热，好大的胆子！"这一声如雷吼，把李秀才震得昏倒在地上。

张天师还不满足，又在大观楼上摆起案桌，敲敲钟、碰碰铃，烧起三炷驱妖香，念了三遍捉妖经，要捉拿鲤鱼姑娘。

人都说张天师厉害，当真厉害。他头道经一念，鲤鱼姑娘就头昏想吐，二道经一念，她就昏了过去，三道经念完，她就变成一道青气，轻轻地从李秀才的喉咙里飘了出来。

张天师一把捉住鲤鱼姑娘，"唰"地抽出斩妖剑，恶狠狠地朝鲤鱼姑娘砍去！

说时迟那时快，只听"当"的一声，那把斩妖剑飞到天边去了！

张天师一瞧，是天女三姊妹把他的剑挡飞了。原来，天女三姊妹闻见那股香气味，知道鲤鱼姑娘遇难了，就从天池飞来，用金钗挡飞了斩妖剑。

张天师气得大吼一声："我在这里降妖，你们为什么要拦我？"

天女大姐也怒冲冲地大喝一声："鲤鱼姑娘与李秀才一片真心相爱，与你姓张的何干？为什么要杀她？"

张天师说："一个是妖，一个是人，人妖不能相爱！"

天女二姐说："鲤鱼姑娘比凡人更好，为什么不能和人相爱！"

张天师恶狠狠说："你们三个毛丫头，莫管闲事！"

天女三妹气呼呼说："你这个死老倌才是狗拿耗子多管闲事！"

张天师气得火冒三丈，二话不说，就朝天女姊妹打过来，三姊妹也不示弱，撸撸袖子就和张天师斗了起来。一时间，大观楼上"乒乒乓乓"打得难分难解。

张天师是个老倌倌，哪里斗得赢天女三姊妹，斗了一阵，早就累得上气不接下气，一个不小心，白胡子都被天女三妹揪掉一大把。三斗两斗，张天师的宝贝都使完了，最后只剩下三个白葫芦了。这三个白葫芦是他的命根子，不到拼命的时候他是不肯使出来的。他见天女三姊妹这样厉害，就从背上解下葫芦，朝天女三姊妹一丢，白葫芦"唰"地飞出三道白光，把天女三姊妹罩住了！

张天师哈哈大笑，说："听好，你们答应不管鲤鱼姑娘的事，就放你们，不答应就把你们关进葫芦里，叫你们永远受苦！"

天女三姊妹咬咬牙，齐声回答："宁肯被关进葫芦里受苦，也要救鲤鱼姑娘！"

张天师见她们这样硬，手一招，那三道白光就"嗖"地把天女三姊妹吸进白葫芦里去了！

张天师急忙把葫芦口封住，又搬来三块大石头，在大观楼前的水湾里把白葫芦支起来，吹口气，把它们变成三座小白塔。从此，天女三姊妹被关在塔里受苦了。这就是人们说的三潭。

使完宝贝，张天师没有法术好弄了，只得一拐一拐地走了。

　　张天师使法术的时候，李秀才昏昏沉沉的什么也不知道。他一醒过来，见鲤鱼姑娘脸色白煞白煞地睡在地上，心疼得像刀戮，就爬在她身上，"呜呜呜"地哭了起来。他的眼泪一滴一滴地落在鲤鱼姑娘眼睛上，鲤鱼姑娘的眼睛就睁开了。她坐起来，紧紧地拉着李秀才的手说："莫哭啦、莫哭啦，我们去瞧瞧天女姐姐吧！"他俩来到白塔旁边，见天女三姊妹被关在里面受苦，就一齐哭起来，大声喊着："天女姐姐！天女姐姐！你们瞧瞧我们，和我们说说吧！"

　　可惜天女三姊妹被关在白塔里，再也瞧不见他们的样子，再也听不见他们的声音了！

　　尽管天女三姊妹什么也没瞧见，什么也听不清，她们一直在想着鲤鱼姑娘和李秀才。一到风不吹、柳不动、人无语、鸟无声的晚上，她们就借着月光，东瞧瞧，西找找，互相问："鲤鱼姑娘救出来了？她和李秀才成亲了没有？"她们永生永世都在牵挂着那对有情人！

　　一到这个时候，鲤鱼姑娘就咚地跳进水湾里，变成几百几千条金鲤鱼，哗哗地掀起波浪，一起拢到白塔下边，"咚、咚"地啄着、撞着，想把白塔啄通、撞倒，把天女三姊妹救出来，这个时候，月亮光在三座白塔下面像千万片碎银子，亮闪闪的。这个时候，昆明人都来看鲤鱼姑娘推白塔，人人都希望她早一天推倒白塔，把天女三姊妹救出来！

咸丰赐匾大观楼

　　当游客瞻仰大观楼时，会看到二楼悬挂有一块黑底金字的匾额，上书"拔浪千层"四个大字，旁还有款识。这四个大字为清咸丰皇帝所题，足见当时大观楼的地位。

　　清咸丰五年（1855年），晋宁人何彤云在兵部侍郎任上。某日，咸丰帝向他垂询滇池湖势，何讲着讲着，忍不住讲起了大观楼的风光。也许是因为思念故乡风物，何彤云讲得忘情，而咸丰帝也听得出神，若有所思，在何讲完后，忍不住御书"拔浪千层"四字赐与何彤云。对于咸丰帝而言，虽贵为帝王，表面上坐拥万里江山，但对真正的江山，却只能在皇宫中的一隅之地里玄想，极少能够真正亲近，何彤云口中的"五百里滇池"，也只能成为众多神往的地方之一，引起一点"拔浪千层"的想象。而实际上，他最多只能在颐和园的昆明湖里拨一两下水花。可对何彤云，那就不一样了，这可是皇帝的御笔！是对家乡风物的极大褒奖！征得咸丰帝同意，他迅速将御书"拔浪千层"制成匾额，带回昆明，颁立斯楼，成为大观楼吸引眼球，无比风光的御赐之物。

　　后来云南提督马如龙重修大观楼时，追作"跋"叙述当时赐匾经过：

　　咸丰乙卯，兵部侍郎何彤云侍南斋日，蒙文宗显皇帝垂询滇池形势，彤历陈大观情形，仰荷御书"拔浪千层"匾额，颁立斯楼，猗欤休哉！滇去京师万里，而山水之胜，得邀宸赏，足征圣天子声教所被，无远弗届也。丁巳毁于火，今重建斯楼，敬谨恭录，悬诸前檐，不特为山川生色，亦潜移默化，六诏受怀柔之德于无既矣。

臣马如龙谨识。

马如龙重建大观楼

清咸丰六年（1856年），云南回民起义反清，大观楼、华严阁等皆毁于战火，成为一片瓦砾之地。

八年后，同治三年（1864年）仲冬，云南提督马如龙操兵演练，舟过近华浦，看见岛屿蔓草荒烟，一片凄凉。问湖边的百姓，知道了大观楼被毁的经过。马如龙感慨不已，不惜自己捐出重资来进行大观楼的重建。工程开始于同治三年仲冬，落成于同治五年季春，重建之后，"瓦砾之场，依然金碧之区，仍复省城第一名胜。"

据马如龙自己撰写的《重建大观楼再记》中说，他修建大观楼的初衷是："以斯楼而听其废弛，则不惟湖山笑人，且前人之流风善政亦随而湮没也，余甚惜焉。乃亲阅其址，思所以建之。"马如龙重建大观楼后，在近华浦门楼撰有一楹联：

曾经沧海难为水

欲上高楼且泊舟

在被史籍称为"咸同兵燹"的云南回民起义中，马如龙是一位颇受争议的历史人物。他初随杜文秀起兵，后来又和杜文秀闹翻，投靠清廷，得到重用，成为防守昆明城和最终扑灭大理杜文秀政权的重要人物。据1867年抵达云南昆明的法国湄公河考察队的《加内报告》记述，他们到马如龙家里做客，发现他家里挂着的各种字画和各种名贵家具上有洞，稍作打听，原来那是酷爱各种枪支的马大人在家里练枪给打穿的。法国考察队到昆明的时候，已经用光了盘缠，穷得几乎和乞丐没什么两样，他们从马如龙那里借了价值6000法郎的银子，才得以继续下面的行程。从他肯借法国人银子可以看出，别的不论，马如龙倒是一位慷慨之人。而被兵燹毁灭的大观楼在他这位武人手里重建，实在令人感叹。

孙铸铁笔榜书 "大观楼"

孙铸，字海楼，号铁舟，是云南呈贡人。孙铸幼聪慧，工诗善画，尤精书法，魄力雄壮，气骨苍老，滇中匾联多出其手，识者珍之。生平足迹几遍天下，名震一时，求书画者所至云集，惟恐不得。现大观楼有孙铸所题之匾，这其中还颇有一段曲折。

孙铸排行第三，故时人又称他做孙老三，幼年拜在杨永宾老先生门下，攻读诗文，兼学书画。二十岁后，才艺大有上进，道光二十九年选拔为贡生。可孙铸却淡泊功名，乐意诗文书画艺术，书法喜学柳体，成就亦以柳体为最妙，喜绘翎毛花卉画，尤精于山水画，古体诗文写作好，更善于近体绝句，世人对他在诗书画艺术方面的成就有"三绝"的评谓。

这杨永宾老师是个学识渊博的致仕还乡学者，见孙铸天资聪慧，淡于功名利禄，知他久后必成大器，是个好艺术人才，有心开导指引他，遂对孙铸说："三人行，必有我师，读万卷书，行万里路，扩大怀抱，增广见闻，友天下士，会名门师，这对你来说是至关重要的。趁你正是壮年之时，出外远游一番去，增广一些知识，会促进你的诗书画艺术创作才能，你将受益不浅呐！"孙铸接受了杨永宾老先生的建议，不久，取得了家人们的同意，遂收拾了行装，于同治二年季春三月踏上征途，离开呈贡故乡，外地出游了。他喜爱江南地区田园山水美，取道贵州、湖南，转长江水运，游历九江、南京、镇江、苏州、杭州等地，饱览祖国大好河山，扩大了眼界，增广了见闻，真正提升了诗书画艺术创作才能，沿途留下了一些艺术佳品。

路过贵州时，正值农村栽插季节，满田坝尽是妇女村姑辛勤劳动，她们边插秧边唱山歌，以助劳动。孙铸耳听农歌，即兴采意作秧歌二首：

一

上山采花花正开，下山等郎郎不来。

等得郎来花又谢，几时花树旁郎栽。

二

四月南风燕麦齐，田头又是雨凄凄。

心想过沟花满地，怕将花片踏成泥。

可见孙铸诗文艺术水平颇高。他感情充沛，一触即发，在湖南留下了《猎手饲鹰图》，在江浙水乡留下了《春江水暖图》《雏鸡争粟图》等名画。

他羡慕齐鲁文士风，整装北上山东，到曲阜、济南，游大明湖。后取《老残游记》句意，绘出《老圃黄花图》。转北京游景山，在崇祯皇帝自缢的槐花树下，眺望故宫，感慨万千，回旅寓后绘制出《煤山遗恨图》。登香山，值深秋，枫叶尽染、红遍林间，又绘作《香山枫叶图》。他这次遨游，足迹走遍祖国东南，沿途留下了不少诗画艺术佳品。

同治三年，直隶总督刘长佑慕孙铸大名，敦聘他为幕府，参知政事，赞襄军务。主客间相处融洽，刘制军倚他为股言听计从，数年间从不间断。

同治五年，云南提督马如龙重修昆明大观楼，近华浦边阁门上需榜书"大观楼"三字，以示雄伟。征书者不少，可不中提台心意。幕僚对马说："'大观楼'三字要呈贡孙铁洲书写才行，他善于榜书，尤精于铁笔，柳体妙绝。"马如龙说："他远在保定，千里迢迢，怎么能书写呢？"幕僚说："寄书直隶督府，敦请他为故乡榜书，孙氏为人，极重感情，他定会乐意的。"

马提督依从幕僚建议，写书直寄直隶督府，恳请孙铸榜书此三字。孙铸接到书信后，高兴万分，立即书写。他以铁棍为笔，聚精会神地书写了魄力雄壮、气骨苍老、字大整五尺的近柳体"大观楼"三字，折叠书寄回云南昆明提督府。

因孙铸所书寄来前大观楼已重建完成，马如龙已先请当地的书法家李漱泉书字立于大观楼内，这使马如龙拿到后十分难办，召集诸名流商议后将之藏于家中。马如龙去世后，其子马少云于家中清点时发现此书，觉得有必要将此书法昭于世人，遂在"近华浦"石坊后面立一假山，将所藏的孙铸手书"大观楼"刻于削石之上，并立有一序：

先君子云峰军门重建大观楼，询知原额为王在兹中丞手书，海内名流，钦慕而传称久矣，不可复得。因思堪以继美中丞书者，有吾滇孙铁舟先生，在直隶刘荫渠制军幕中，遥遥万里，特具函邮请手书。嗣大观楼落成，手书未至，爰集会城诸名手商订，咸推李君漱泉书立。立后迟之又久，先生手书乃至，诸名流曰："墨宝也，宜什袭而珍藏之，以待传世。"又思藏之以待传世，使人不得见，何如刻之，使人共见以寿世。于是慎选石工，刻之于石，以终先君子邮请手书之意焉。

孙铸所书立于石上后，几经沧桑，沉没于瓦砾之中。民国时，唐继尧在近华浦辟大观公园，在开工建设时，于瓦砾堆中发现此石刻，于是将假山石上之字镶嵌在大门上方，并有唐继尧所立之跋：

右大观楼三字，为呈贡孙铁舟先生所书，笔力雄伟，逼肖诚悫。同治丙寅马云峰军门重建此楼时，先生在直隶刘荫渠制军幕中，允军门请书此寄滇。既至而工竣已久，遂藏之家。光绪甲午，军门喆嗣少云观察检出上石，以事不果。立后楼，经屡修，字仍沉没。己未夏，孙荫堂、陈念祖两君在事督工，得之于瓦砾中，乃举而嵌诸壁。先生此书与楼不朽矣。

会泽唐继尧识。

孙铸的榜书堪称佳作，直到今天，游者莫不称赞于口，叹为观止。

李漱泉书大观楼匾

现存大观楼匾有两副，一为孙铸所书，一为李漱泉所书，并在题字两旁各有款识。这其中还颇一段故事。

大观楼匾原为王继文建楼时所书。咸丰六年（1856年）兵乱，大观楼及匾联全毁。同治五年（1866年），马如龙重建时，想到原书"大观楼"三字出自一代名手，铁笔银勾，不找一位比肩书家的手笔，难以媲美。当时幕僚提议请远在直隶的孙铸题写，马如龙特函请孙铸手书，不想楼已落成，手书还未到，只好就地找一位书法家李漱泉先生书立。马如龙考虑到李漱泉名位不高，特在"大观楼"匾额两边题一序，云：

大观楼额，旧为康熙中滇抚王公继文所书，名公巨卿，靡不称美，铁画银勾，洵一代名手也。咸丰丁巳，楼毁而额亦无存。余重建斯楼，法家摹书者美不胜收，乃于翰墨林中，选刻三字，俨然旧制重新，愿与登斯楼者，追慕前贤，同深景仰。

同治丙寅春，马如龙识。

但是，在大观楼重修落成一段时间之后，远请孙铸先生的手笔邮到了，马如龙并没有将李漱泉所书之匾替下，而是将孙铸的手书藏于家中，这也是对李漱泉的一种尊重吧。两副书法后来都保留了下来，各有千秋，可见书法不在名位高低，只要功夫到位，同样可流传千古。

赵藩飞书髯翁联

现在悬挂在大观楼的长联是由云南白族书法家赵藩所书。赵藩（1851～1921年），字樾村，一字介庵，号石禅老人，云南剑川人。他是云南著名的学者、诗人和书法家。他的书法专习颜、柳，兼习何、翁行楷，人谓"具颜骨柳意，何风翁神之妙"。

赵藩的大观楼长联书法写就于清光绪十三年（1887年）冬。那时，赵藩正在云贵总督岑毓英府上任幕僚。有一天，岑毓英与赵藩谈起自己六十大寿的事。岑毓英把六十大寿的庆祝看得很重，他既知赵藩的文才，赵藩同时又是他十分倚重的大总管，怎么把大寿庆祝活动办好，岑毓英免不了要听听赵藩的主意。

岑毓英自1856年进入云南任职，中间短时间回广西西林原籍侍奉父母，短时间调贵州、福建任巡抚，加在一起不足5年，其余20多年都在云南做官，与云南结下了不解之缘，与赵藩结下了不解之缘，赵藩也希望把岑毓英的六十大寿庆典办好。赵藩建议：一要大宴宾客，尤其要让20多年来跟随岑毓英东征西讨，出生入死的僚属、文武官员以及省垣绅耆得以欢聚；二要做一件善事。

岑毓英很赞同："如此甚好，既有面子，又有意义。"他进一步探问："前一项自然不可少，后一项做什么善事好呢？"

赵藩答："做这件善事，要给您的六十大寿留下纪念意义。"

岑毓英鼓掌道："想得好！金马、碧鸡、忠爱三坊的重修，就很有纪念意义。将来我岑某回了西林，归了西天，品字三坊还在嘛，哈哈！可是，现在离生日庆典时日已不多，不说财力，办这类大事，连时间也不够啊。"

对于这次的善事该做什么，赵藩已经成竹在胸，只不过他要先引出岑毓英的兴致和兴趣："重刻重立大观楼长联，大人以为如何？"

赵藩善联，他也真心推崇大观楼长联。他曾在孙髯翁长期居住的咒蛟台题诗：

> 奇句蛟龙服，应逾禁咒严。
>
> 此台巍不动，千载属孙髯。

据说，昆明圆通寺正殿东距殿角数十步处有一个岩洞，原名圆通洞，有蛟龙藏于其中。晋宁盘龙寺一高僧来到圆通寺后面石台上，每天念咒语，终于把蛟龙赶走。圆通洞于是干涸，易名潮音洞。咒蛟台如今还在，孙髯翁晚年住在咒蛟台，自号蛟台老人。诗人在这首诗中，称赞孙髯翁的大观楼长联令蛟龙都叹服，要说制服蛟龙的武器，大观楼长联比盘龙寺高僧的神咒还管用。孙髯翁及其长联，将和咒蛟台大石一起屹立千古。

岑毓英与身边的文人雅士雅酌闲游，也常常聚会大观楼，对长联心甚爱之，加之想到原来由昆明人士陆树堂书写的大观楼长联已与楼一起毁于兵燹，把重立大观楼长联列进自己的庆祝六十大寿项目，不仅能让祝寿活动大放异彩，将来自己驾鹤西去，名声还能与长联长存于世，岑毓英心里美滋滋，乐滋滋，吩咐赵藩抓紧操办。

刻书工匠不愁，能胜任的剑川木雕艺人举目皆是，而书家则大有考究。他不仅要在书法界名气大，名声好，而且岑毓英本人要喜欢他，欣赏甚至推崇他的书法才行。赵藩把当时有把握约请的书法名家向岑毓英和盘托出，一并推荐，其中包括外省籍人士谭忠浚、周应方、舒运昌、陈先湖、苏忠廷、王介臣和本省人士孙竹雅、蔡岜田等。赵藩一一介绍这些名家，岑毓英自始至终笑眯眯地听着，不插一句话。待到赵藩说完，岑毓英却不假思索地说："就劳烦先生书写了，不必另请高明。"

赵藩相信自己的底气，但还是受宠若惊："此等荣耀，赵藩担当不起。"

"先生当之无愧，不用推辞了。长联刻好了，我们就选日子重立，也不必和生日宴会安排在同一天。"虽然重立大观楼长联是自己为庆祝生日而做的善事，但岑毓英不想让别人把二者联系起来。

按照年节习俗，大年初一不出门，从大年初二起相互拜年或外出游玩。1888年正月初二上午，大观楼喜气洋洋。锣鼓声中，文武官员、骚人墨客、乡绅耆老和看热闹的游人都聚集于大观楼下。随着清脆的鞭炮声噼噼啪啪响起来，已在大观楼上悬挂好的新刻长联上的两条红绸徐徐落下，蓝底金字，长5米、宽0.65米作瓦覆状的木质大观楼长联露出真容。字体为端庄的工楷，联末一边题"昆明孙髯翁先生旧句"，另一边题"光绪十四年戊子春正月二日西林岑毓英重立"。顿时，惊叹之声，赞美之声，祝贺之声连成一片，不绝于耳。赵藩从长联书成楹联，木料选择，工匠试雕到描金上漆，一道道工序都请岑毓英亲自过目，岑毓英总是笑眯眯的。在重立长联现场听到那么多赞扬，看到那么多喜色，岑毓英仍然是笑眯眯的。对于当面道贺、称颂的那些地位特殊的人，他也只是拱拱手，并未回应许多话，但他内心的兴奋、快乐和满足，都摆在脸上，这些表情并没被总督位高权重的威严盖住。赵藩则有意避开众人的视线，让岑毓英尽享荣耀与快乐，而不必顾及他这个不署名的长联书法作者和长联重立的策划者、操办者。

如今，赵藩书写的大观楼长联又被昆明市园林局制成铜质楹联，继续高悬于大观楼。这件艺术精品，将流芳百代。

唐继尧辟园大观楼

如今的大观楼，是处在风景如画的大观公园之中。而大观公园的开园者，是民国时期的滇系将领唐继尧。

唐继尧（1883～1927 年），又名荣昌，字蓂赓，云南会泽人。他曾发动护国运动，并主政云南 14 年，兴办教育、筹办市政、发展实业，为云南的近代化发展做了很多贡献。

民国三年（1914 年），唐继尧与张子贞、罗佩金等数度骑马到大观楼观赏胜景，均感大观楼欠严紧，作为名胜不易管理。经再三斟酌，决定将近华浦一带改建为一公园。乃拨款派专人督修，由外堤内，再建一条内堤，与外堤断水隔开，将"涌月亭""澄碧堂""华严阁""催耕馆""观稼堂"和"大观楼"纳入其中；由"承华浦"北侧起，在堤上建曲折"长廊"直通大观楼，在长廊内设固定木椅供游人小憩；在内堤两侧种植垂柳、花草；在承华浦前约二三十米处，建三门石牌坊一座为大门，总绾游人进出。将马少云所刻孙铸"大观楼"书嵌于大门额，并在大门前用大理石镌"大观公园"四个大金字，在路两侧种植花木，香气馥郁。公园于 1919 年完工。经此一建，大观楼不仅重焕光彩，而且更多的游人慕名来参观，促进了其关注度和知名度的进一步提升。

1927 年唐继尧遭到部属逼宫，于 5 月 23 日含恨病逝，享年 44 岁。云南当局举行公葬，葬于圆通山。抗战初期，感念唐继尧护国之功，国民政府于 1935 年明令褒扬，于 1936 年改公葬为国葬，补行国葬仪式，并远赴意大利为唐继尧打造铜像。1937 年 4 月，铜像海运至越南海防，由海防经滇越铁路运抵昆明，安放在近华浦广场中央。当时的《云南日报》报道说："纪念护国元勋唐公铜像今日落成，龙主席（龙云）亲莅主持……全市悬旗志庆，万人空巷前往瞻仰。"这尊铜像上，唐继尧着戎装，面南，马前蹄腾空，大氅随风飘飐，一副叱咤风云之英雄模样，栩栩如生。这一铜像既有纪念唐继尧护国运动之功，又有纪念其开辟大观公园之意义。唐继尧戎装骑马坐像在昆明大观公园屹立了 20 余载后，于 1959 年被拆毁。1964 年，陈毅元帅到大观楼，还曾问到唐继尧的铜像去哪了，但无人应答。他还特别提出应恢复唐继尧塑像，但未能实现。现在这座失踪了半个多世纪的铜像依然是不少老昆明人闲暇时的话题。

如今，在昆明圆通公园，人们还能看到唐继尧之墓，两边的对联是：

功业须当垂永久

风云常为护储胥

而在会泽唐继尧故居悬挂之楹联，可谓对其一生的高度概括：

护国讨袁南天一柱

治滇兴教东陆独尊

现在，昆明城内有护国路、护国门、护国桥；云南大学的前身则是东陆大学，大学的主楼是会泽院，这些名称都与唐继尧有关。

赵鹤清垒山彩云崖

大观楼边的假山是云南的书画名家、园林大师赵鹤清（1865～1954 年）的杰作。

大约是 1920 年前后，云南地方当局聘请赵鹤清于大观公园内造一座假石山，以供游人登临。

赵鹤清一接到这任务后，便收拾行李、告别家人，带着孙子赵献锴住到了近华浦，这一住就有半年多。这段时间里赵鹤清表面上什么事也不干，每天带着孙子游山玩水、访古探幽。他时而眺望远山，时而凝视湖水，时而细观行云，有时一望就是几个小时。他的孙子不解其意，有一次大着胆子问道："爷爷，省里叫您垒假山，您怎么老是带着我瞎跑，到了好玩的地方，又不见您带我玩一玩，常常站在一个地方发呆！"赵鹤清哈哈一笑道："你懂什么！我观真山，以定假山之脉络气势；看行云，以塑假山之神态形状。我将自然的山势、云态精选提炼，描绘成图，作为下一步选石垒山的蓝本。"

假山的蓝本绘制告一段落后，赵鹤清便开始在滇池的四周亲自搜寻石料。中国园林的假石山，对石头的选择很讲究，一般以瘦、漏、皱、透为最佳。这些选石标准，赵鹤清早已烂熟于胸，但滇池不是太湖，能用于垒假山的石头没有太湖多，完全按照这一标准选石，更是难于上青天。赵鹤清跋山涉水四处搜寻数月，终于在滇池沿岸寻找到了一些较为理想的石头。叠垒石山要求石头的种类统一，切忌用不同种类的石头叠垒同一座假山。然而，这一原则真正实行起来也是很困难的，就连苏州很有名的拙政园，有几座假山都同时使用了太湖石和黄石两种石头，成为垒石大师眼里的败笔。这种教训赵鹤清当然是牢记于心的，因此他常常忍痛舍弃一些形状很好，但石种不同的好石头，坚持挑选同一种类的石头垒山。

清代末年叠垒的一些假石山，往往不太注意石峰的整体轮廓，仅在洞的多寡与大小方面苦下功夫。赵鹤清认为这是本末倒置，叠垒假山更应该注意外部的造型。因此赵鹤清设计、叠垒的大观楼假山，山体内部结构空、通、透俱备；山体外部则造型雄峻，东部主峰陡峭险峻，西边山峰逶迤蜿蜒，富于动态的均衡美，真可谓既可以观赏，又可以游玩。攀登大观楼的假山，不像很多园林中的假山那样，只有一条或曲折或笔直的山路到达山顶，游人只须沿着山路拾级而上，不一会儿便能爬到山顶。大观楼的假山，洞口多，道路多，岔道更多，既条条道路通山顶，又条条道路入迷宫。有时游人在洞内走半天，不但没能爬到山顶，竟又回到了入洞的洞口；有时游人发现前边的山路较宽敞，有三四条岔道，凭经验挑选地势较高的道路往上爬，爬了会，眼前一亮，以为到达山顶了，却是通往绝壁的一条死路；有时越爬越感觉不对，以为又走上了绝路，正准备调头重走，却又峰回路转居然爬到了山顶。大观楼的假山，曲曲的洞中山路忽暗忽明，忽高忽低。暗处能使胆小的人心生恐惧，明处能挨着"窗口"窥视山外的风景；忽高忽低的山路则使游人不知是上山还是下山。总之，攀登大观楼的假山颇有刺激性，既能引发游人的好奇心，又能满足游人的成就感。

叠垒假山时，赵鹤清已经50多岁了，但他却亲临工地，指挥着每一块石头如何堆垒。堆垒假山不但要石头的种类统一，而且还要求每块石头的颜色深浅一致，相邻石头的纹理相同。只有这样，才能使人感觉整座假山浑然一体，统一协调，不然就会使人感觉杂乱无章、支离破碎。赵鹤清对石工的要求一丝不苟，几近苛刻的程度，凡石色不同，纹理迥异的石头，都被赵鹤清细心地挑出，留着叠垒其他零散的小景。

1930年，历时多年而建造的大观楼假山，终于在一片赞叹声中完全竣工了。因"彩云见于白崖为云南得名之始"，故将假山命名为"彩云崖"。面对着浸透着多年心血的这件杰作，一贯谦虚、谨慎的赵鹤清也踌躇满志，他在"彩云崖"的东侧刻写了一首自撰的《彩云崖歌》。其歌曰：

吾家住在彩云深，彩云朝暮荡胸襟。彩云自来还自去，云来云去皆无心。我爱绘彩云，亦爱垒白石。有时看云峰，认白石之迹，云峰石迹咸所造。石乃云之根，云为石所喷。石有纹，云有痕。云既可为石，石亦可为云，云耶石耶两无分。我积数片石，幻白云之态，勿谓彩云无定形，遮莫彩云时时在。

如今，当我们徜徉于彩云崖的假山之上时，不得不感叹赵鹤清先生的鬼斧神工！大观楼也因彩云崖的建造而增添了别样的景致！

庾恩锡的庾庄

在大观楼的南面，有一座别具风格的中西合璧建筑，这便是庾恩锡所建的"庾庄"。庾恩锡（1886~1950年），字晋侯，号空谷散人，云南墨江人。早年留学日本，专修园艺，后来成为云南知名的实业家。曾出任昆明市长，对昆明城市的发展做出了一定的贡献。

庾恩锡的二哥庾恩旸，是"重九起义"有功的滇军将领，1918 年被暗杀身亡。他同时也是唐继尧的留日同学，1920 年，庾恩锡被唐继尧任命为云南水利局长，从而迈出了他从政之路的第一步。

水利政务纷繁，庾恩锡志在园林，抱负难以施展，因而渐渐厌于做官，于是大兴土木，扩建亡兄遗园——位于崇仁街的庾园。他发挥所长，亲自规划设计，别出心裁地对旧园进行改造，使其成为民国时期昆明罕见的私家花园。

庾园的成功，让庾恩锡信心倍增。不到两年，厌倦官场的他退出政坛，开始筹划建造真正属于他自己的庄园。

1927 年，庾恩锡在位于大观楼外的草海之滨购置土地，力邀对园林素有研究的著名书画家赵鹤清参与设计，建造庾庄。3 年后，这栋中西合璧的庄园落成，因前临烟波浩渺的滇池草海段，又称为枕湖精舍。这座昆明当时最为著名的私家园林，平时并不对外开放。但常有贵客借此地游览，在征得庾恩锡的同意后，方通知看门工役开门。

庾庄建好后，由于位于大观楼的草海之滨，有两条路可以到达：一条是从大观楼乘小船；另一条是从西坝下走，绕田埂步行，也可入庄。然而大多数游人，还是喜欢乘小船前往。

刚完工时，参与设计和建设的赵鹤清抑制不住内心的喜悦，马上赋诗《庾庄垒石歌》，表达对庾庄的"称心如意"：

> 此海固无恨，精卫何踌躇。
> 填海海弥深，驱山不受驱。
> 劳劳此终日，愚比愚公愚。
> 胸次多磊块，聊藉此消除。
> 海滨有至乐，游人其问诸。

赵鹤清还在末尾得意地署上"民国十六年夏历丁卯阳生之月，垒石于滇海之滨，既毕工，并题短歌以志岁月"的字样。如今，这首雕刻于园内假山上的《庾庄垒石歌》，仍然清晰可见，只有不变的字迹在诉说着岁月的沧桑。

美丽而飘渺的庾庄，不断受到世人的啧啧称赞，使它成为了庾恩锡引以为傲的资本，也一度成为骚人墨客、政要商贾的"乐园"。

1930 年 9 月，周钟岳、袁嘉谷、由云龙等，曾应邀前往落成不久的庾庄。当时园中的很多植物才种下不久，很多松树尚未长成。1933 年 12 月 22 日恰值冬至，庾恩锡在枕湖精舍大设宴席，邀请好友前往过节。

由云龙诗兴大发，借着酒意写下《长至日晋侯招饮枕湖精舍，鼓櫂赴之，景色如画》七律一首：

> 长至天公恰放晴，招邀裙屐出西城。
>
> 舟从云水光中过，身向湖山胜处行。
>
> 已拼余生老泉石，稍从佳日畅心情。
>
> 重来已阅三寒暑，莫讶松高与屋平。

以诗抒情言志，是骚人墨客的嗜好；乘小船从"云水光中"穿行，是久居城中者所乐为之事。"建园初种植的松树，三年后已经高及屋顶……"这些文人雅士们的闲情逸致，都已经成为后人们"奢侈"的记忆碎片。

在庾庄的建设过程中，有报国之心的庾恩锡再次踏入政坛。1929 年 9 月，在时任云南省主席龙云的邀请下，他出任昆明市长。在任期内，他终于找到了发挥自己专长的机会，对翠湖、古幢、金碧等公园，或培护或改建。特别是在赵鹤清的相助下，重新设计，扩建了大观公园。他们仿西湖之白堤、苏堤，修筑长堤，环浦可通人行。同时在大观楼前"峙三塔如三潭印月"。所以我们今天见到的三个小塔立于池中，活像西湖的三潭印月微缩景观。庾恩锡还作有《鼎建大观公园记》一文记载扩建始末，并由遂宁人吴绍璘刻碑立于大观公园内。

但他的这次政治生涯同样短暂。13 个月后，他以"诸多掣肘"为由提出辞呈，并把 13 个月的薪水全部捐赠给全市警长警士，每人 10 元。

对仕途彻底绝望的庾恩锡，将更多的精力投入到园林之中。1938 年，他又选址白渔口，建造了他的又一座的私家花园——磊楼。这是一栋仿欧洲古堡的石头别墅，墙体全部用青石垒成，背山面水，呈"品"字形，取意光明磊落。

三栋风格各异的私家花园，终于让官场失意的庾恩锡有所归依。

鲁道源与鲁园

鲁家花园，位于大观公园南园，是原国民党第五十八军军长鲁道源（1900～1985）的私家花园，与庾庄相邻。建于 1927 年，由子泉别业馆、太华晚照廊、不系舟石舫、道源崖等园景组成，与潭影风荷、南堤春晓景观融汇，是中西合璧的私家园林，是休闲度假之胜境。

鲁道源一生戎马倥偬，是云南著名的抗日名将。经年周旋于军界的他，在年轻时代就积累了丰富的人脉和财富，27 岁就在滇池边建造了中西合璧的私家园林。他因为曾经救过蒋介石而名声大震，而且头上还有"云南省主席"的名号，只是因为国民党的溃败而一切终成幻影。鲁园和他的命运一样，风光过后，只剩下没落贵族的气息……

鲁园命运多舛。1950 年军事接管后，人民政府将其划入大观公园，与庾庄形成"南园"景区。50年代后期，鲁园已经交由当地生产队管理。看到"子泉别业馆前的围栏正在被拆除，人们取砖它用"，当时的学者万揆一先生曾经叹息不已。其后，大观公园对鲁园进行过几次翻修，后被公布为区级文物保护单位。时隔多年，鲁园终于受到保护，如果鲁道源儿女得知此消息，不知会作何感想。

初春的鲁园里，游人不多。鲁道源主房前的树阴下，三五成群的人围聚在一起打牌，他们多是花园附近退休了的老年人。鲁道源当年可以聆听滇池水声的卧室，如今已辟为茶室。

他逝世那年，《云南日报》曾载文评述道：鲁道源和龙云、卢汉一样，是闪烁在中华民族英雄银河里的一颗星星。而今，当来到这栋历经沧桑但看上去仍然年轻的建筑前时，要是没人介绍，有谁知道它就是鲁道源年轻气盛时的杰作呢？

1927年，旅长，27岁，私家花园，滇池湖畔……这些看上去有点盛气凌人的字眼，和一个人的名字紧紧相连，他就是——鲁道源。

民国时期，权势之人修建私家园林成风。一些达官贵人和军政要员，在昆明选择山清水秀之地，建盖私宅和花园。仕途一路通达的鲁道源，未到而立之年，便在滇池湖滨建造出象征身份和地位的豪华私家园林。和年轻的鲁道源一样，鲁家花园满园尽是诗情画意和年少轻狂。

鲁园三面临水，园中菱塘曲桥，假山亭廊，曲径柳堤，建有仿颐和园的不系石舫和四方重檐楼阁，颇有江南园林特色。比起庚庄等其他军政要员的私家花园，鲁园尽显意气风发，或者更适宜谈情说爱——这与主人的气质有关。

1900年，鲁道源出生在昌宁珠山一个士绅望族家庭。那个年代，殷实的家底加上良好的教育，预示着一个人可以平步青云，鲁道源也不例外。16岁，他考入云南讲武堂第十三期学习步兵科。毕业后，先后在滇军唐继尧部任连长、营长、团长等职。26岁那年，就升任滇军第三旅旅长。人生历程顺风顺水，鲁道源更是春风得意。一年之后，他在时任昆明市园艺研究会副会长、姚安人赵鹤清和一些法国朋友的协助下，开始谋划筹建自己的私家花园。

赵鹤清当时还是翠湖公园经理，在私家园林建造方面颇有建树。在云南军界渐有威信的鲁道源，选址草海湖畔，毗邻庚恩锡的私家园林"枕湖精舍"造园。

建成后，鲁家花园虽不如枕湖精舍开阔，但当年海滨私家园林不多，所以也曾名噪一时，为当地人所熟知。但鲁道源忙于军务，本人仅偶尔来游，小住几天，自己花尽心血建成的别墅变成了"旅馆"。1938年他升任新十一师师长，随第五十八军出滇抗日后，更是经年不回，鲁园显得冷清寥落。20世纪40年代后期，鲁园内已无鲁道源家眷居住，主房前的平房中，有人（估计是看园人）设座卖茶，接待游览者。

鲁道源荣升后，曾热忱关心家乡发展，力图通过自己的权力和关系，请求在右甸设立县治。他利用军旅契机，委派副官陈德铨筹划请求设县事宜，经其父鲁金邦等右甸士绅四处奔走，多方寻求支持，终在 1933 年 10 月获省政府批准，由顺宁、永昌两府析置设"昌宁县"。

鲁道源人生最为辉煌的一页，集中于八年抗战之中，也因此被后人称为抗日儒将。抗战爆发后，他相继参加了第一、二、三次长沙会战，及反攻常德、常衡会战、南昌会战、湘北九岭战役、赣北、赣江诸战役，迭著战绩，获"华胄"勋章。1942 年 7 月，升任第五十八军军长。1945 年 9 月 14 日，他代表第九战区司令长官薛岳接受南昌、九江地区日军的投降。

1949 年 7 月下旬，白崇禧转发国民党中央政府命令，任命鲁道源为云南省政府主席。白崇禧亲召鲁道源至官邸，让其积极准备率部乘军用飞机返滇，接任云南省主席，并嘱咐：卢汉如抗命，即以武力接管，兵力不足，可加派兵团归鲁指挥。8 月初，当鲁道源部队正待起飞时，因解放军由皖、鄂、赣迫近华中，白崇禧又命令鲁推迟返滇接任时间，先参与武汉的战备和防卫工作。10 月中旬，鲁道源指挥的掩护兵团战败于桂、粤一带，鲁入越南，1952 年经越南到香港转台湾。

赴台以后，鲁道源再也没有回家看过他的私家花园。1985 年 3 月 12 日，鲁道源在台北病逝，终年 85 岁。在弥留之际，他曾在电话中询问留居大陆赴港探亲的女儿："昌宁是否还存在？家乡办了学校没有？公路通了没有？"在他的记忆中，鲁家花园或许已经淡忘，或许已经不再重要。

8 年以后，鲁道源遗孀谭振良和四子鲁以建，千里返乡回昌宁老家省亲，也没有抽空去走访鲁道源当年引以为傲的湖滨花园，个中缘由不得而知。

鲁道源除了军人的刚毅，还是个性情中人，有多方面的生活情趣，喜欢唱、演京戏《霸王别姬》和《盗御马》中的黑头；而且诗书画各有造诣，其书法笔力苍劲，"雄霸南天"四个大字至今仍镌刻于湘鄂之间的幕阜山；他的诗，与其书画相较则更见功力，有《铁峰集》传世。

如今，鲁园西面，已矗立起一排排崭新的现代别墅，与那些坚硬的钢筋水泥体相比，鲁园更显得柔软和厚重，更有诗情画意和生活的韵味。

大观楼石狮的沧桑

大观楼大门前的一对红砂石狮子，是原天开云端坊的狮子。天开云端坊又称"三牌坊"，位于正义路中段威远街、光华街口，始建于明代，牌坊南面匾额原题"怀柔六诏"，北面匾额"平定北蛮"。牌坊中柱南北两面各一对红砂石雕狮子。

清康熙二十七年（1688 年），巡抚王继文对牌坊进行修葺。清道光八年（1828 年），云南布政使王楚堂重修三牌坊，将南面坊额改为"天开云端"，北面题"地靖坤维"。清光绪十年（1884年），云贵总督岑毓英再次重修。民国五年（1916年）唐继尧有进行了修葺。

1941年8月，日军飞机对昆明城进行狂轰滥炸，一颗炸弹落在天开云端坊东面，威远街临街商铺及牌坊东面重檐歇山坊顶炸毁，牌坊南北的石狮子也遭到损坏。

1945年拓宽正义路，拆除了三牌坊，两对石狮子一对安放在大观楼门口，一对安放在昆湖小学门口。昆湖小学的一对石狮子，20世纪50年代还在校门口，由于风化剥落，保护不善，已毁不成型。

而大观楼门前的石狮子则受到了较好的保护。2009年，这对石狮被列为了国家二级文物。

毛泽东细品大观长联

毛泽东早年是在一本清版《楹联丛话》（作者梁章钜）中读到孙髯翁撰写的大观楼长联，十分赞赏。他在楹联多处加了圈点。在下联中的"叹滚滚英雄谁在""伟烈丰功，费尽移山心力"两句的每一个字旁都划了圈；在"倷珠帘画栋，卷不及暮雨朝云。便断碣残碑，都付与苍烟落照。只赢得几杵疏钟，半江渔火，两行秋雁，一枕清霜"这些句子旁都划上了粗粗的曲线，每一句末，有的划了两个圈，有的划了三个圈。《楹联丛话》的作者由于与阮元有很深的渊源，同时收录了阮元的改作，并对孙髯的原作颇多微词。阮元的改作，毛泽东阅读时也很用心，将修改后的两副长联一一对照，凡阮元修改的字句，他都划上了着重线。

1935年，商务印书馆出版了《楹联丛话》平装本，毛泽东重读了这本书并作了批注。书中谈到："胜地壮观，必有长联始称，然不过二三十余字而止，唯云南省城附郭大观楼，一楹帖多至一百七十余言，传诵海内。"毛泽东在旁边批道："一百八十字。"在"传诵海内"四字旁还划上了曲线。梁章钜评价长联时说："虽一纵一横，其气足以举之，究未免冗长之讥也。"毛泽东则指出："从古未有，别创一格，此评不确。"他在批注中还写到："近人康有为于西湖作一联，仿此联而较短，颇可喜。记其下联云：'霸业烟销，雄心止水，饮山水绿，坐忘人世，万方同慨顾何之'。康有为别墅在西湖山上，联悬于湖中某亭。"建国以后，毛泽东多次去杭州，据说，每游西湖，都要提到康有为这一"颇可喜"的楹联。有时他老人家还用此联来考身边的工作人员，因为一般的同志都不太注意楹联，所以往往都回答不出来。他老人家也因此常常给身边的同志有声有色地背诵此联。毛泽东在读平装本的《楹联丛话》时，对阮元改过的长联，在"凭栏向远""波浪""金马""碧鸡""盘龙""惜抛流水光阴""衬将起苍崖翠壁""早收回薄雾残霞""便薛碣苔碑""一片沧桑"等改动的字句旁都用铅笔划上了竖道。在改动的楹联末尾处，还写下了一条批语："死对，点金成铁。"

毛泽东生前阅读批注过的图书中，还有一部《两般秋雨庵随笔》（清梁绍壬撰）。这部八卷本的笔记，主要记载的是文学故事、诗文评述和风土名物等。这部书中也收录了阮元改过的大观楼长联。毛泽东在读到此联时，又写下批注："此阮元改笔，非尽原文。"这说明，原联和阮元修改的长联，毛泽东是一直记忆在心的。

毛泽东虽未到过大观楼，但对长联情有独钟。1960年，原云南省委领导进京开会时，毛泽东曾问道：昆明城外有幅大观楼长联，很有名气，记得住全文吗？谈笑间，毛泽东便操着湖南腔，一口气全文背诵出长联。接着，毛泽东关切地说，这副长联很有价值，要好好保护。大观楼长联的文字，毛泽东一直熟记于心，但却无缘观赏其书法。几年后，毛泽东说希望看到长联书法拓片。长联拓片由云南椎拓高手张宝善亲自完成，由云南省党政领导送到毛主席手里后，毛主席十分喜爱。据他的秘书公开发表的回忆文章讲，毛主席把大观楼长联拓片放在床边，常常观赏。可见主席对大观楼长联之热爱。

名人情注大观楼

大观楼不仅获得了毛主席的高度赞誉，还与近代以来的多位名人结下了不解之缘。

1920年，朱德在云南任官时，常到大观楼前赏长联观山水，周围垂柳依依，但不见成林大树。一日，特地到园内，挖地培土，亲手植下一棵桉树苗。后来朱德两次故地重游，名楼名联依旧，山光水色、柳堤香稻交相辉映，而当年植下的小树已枝繁叶茂，长成参天大树。这棵参天大树如今仍屹立在大观公园内，诉说着峥嵘的岁月。

1959年深秋，已逾花甲之年的董必武来到大观公园，细品长联，登上大观楼，观赏万顷碧波的滇池，见到湖中渔家帆船星罗棋布、岸边垂柳青青的景致，挥毫留诗：

> 昆明大观楼，一揽湖山胜。髯翁长联语，今古情怀罄。
> 昔日说大观，达官贵人兴。今日说大观，才具人民性。
> 碧鸡林木茂，金马亦苍峻。眺望神不疲，清幽境可咏。
> 巨浸森茫茫，风帆南北运。秋空雁题字，秋水鱼起群。
> 荇藻交纵横，没波鸟相竞。海埂辟公园，士女乐游泳。
> 宇宙未为隘，气感天地正。游人发浩歌，建设增干劲。

1963年冬天，陈毅夜游大观公园。他坐在大观楼前水边的石凳上，观赏明月。夜色中，飞檐画栋的大观楼倒映在湖水中，宛如一幅朦胧的水墨画，陈毅连连称道："大观楼更值得夜游。"回到住地，赋诗一首：

> 滇池眼中五百里，联想人类数千年。

> 腐朽制度终崩溃，新兴阶级势如磐。
>
> 诗人穷死非不幸，迄今长联是预言。

　　郭沫若曾两次来大观楼看长联。1961 年春节前，已是 70 高龄的郭老，耳戴助听器，站在大观楼前，激情满怀地高声吟颂长联。老人边读边不停称道：确实好。登上三楼远眺大观楼风光，再下至二楼时，郭老诗兴大发，拿起准备好的毛笔饱蘸墨汁，在宣纸上一挥而就：

> 果然一大观，山水唤凭栏。
>
> 睡佛云中逸，滇池海样宽。
>
> 长联犹在壁，巨笔信如椽。
>
> 我亦披襟久，雄心溢两间。

　　郭沫若此诗由他亲笔书写横幅，现悬在三楼之上，挥毫潇洒，墨色苍润，隽秀而奔放，堪称诗书俱佳。

　　1999 年 4 月 29 日，江泽民在昆明期间，冒着霏霏细雨，专门到大观楼赏析长联。当站在碧波环绕、绿树掩映的大观楼长联前，江泽民驻足凝视，并仔细了解长联的历史、意境，默读上下联。接着，江泽民步入一楼，兴致勃勃地了解长联的作者和内容。走出大观楼时，外面雨点加大，江泽民风趣地说，雨中观赏大观楼长联，别有一番风味。

　　悠久灿烂的文化是没有国界的。英国前首相希思、西班牙共产党前总书记卡里略、越南前国家主席胡志明、新加坡前总理李光耀等许多国家的首脑都曾慕名前来观赏长联。

　　在大观楼旁的观稼堂，现今已被辟为"名人与大观"展室，展室四壁挂有中外名人游览大观楼的生动照片。据前言记载，公园先后接待中外宾客 5000 多万人次，并有近百位中外国家首脑及知名人士慕名观赏长联。

英女王种花大观楼

　　1986 年的时候，昆明街上走着个金发碧眼的外国人都会被围观，没想到，10 月，昆明竟然迎来了一个"顶级"老外——英国女王伊丽莎白二世。

　　伊丽莎白二世是英国历史上第一位来华访问的国家元首，那一次，从北京到上海、西安、昆明、广州，在中国绕了一大圈。

　　当时的昆明人觉得女王很神秘，为了迎接女王，昆明郊区的一些农家土坯房，临街的一面被要求刷上一层白色的石灰。结果，农民们把女王的名字记成了"一律刷白"。

　　女王夫妇一行 10 月 16 日到达昆明。从机场到震庄国宾馆的路上，几万昆明人夹道热情欢迎——别说，还真的不完全是安排的，大家都想一睹女王风姿。

那时候，滇池还不臭，女王游览滇池，泛舟水上。阳光下，远处渔民在网箱里捕鱼。鱼在网中跳呀跳，渔民脸上笑呀笑。女王说道：生活在昆明，是一种幸福。其实，在女王来之前，昆明军民 10 多万人，用 5 个月的时间，在滇池打捞了 7 万多吨水葫芦，并放水冲洗了大观河。

17 日，女王满怀兴致地游览了大观公园，在观稼堂东侧赠送并亲自种下了三株英国玫瑰，并留有一块石碑纪念，象征着中英两国人民的友谊之花长盛不衰。晚上，云南省宴请女王，省长向女王赠送了一副"云子"围棋和一套白族服装。多少年后，云南很多企业都说当时自己的产品也被政府送给了女王，都扯不清了。扯不清的还有宴会上到底有哪些滇菜，主厨的滇菜大师崔承朝记得有个金龙大拼盘。

女王离开不久，国际旅行社昆明分社就推出了"沿着女王的足迹访华"旅游路线，引来了很多老外。同年，云南第一条高等级公路石安公路动工。据说，修路款里有女王的捐款。她本来要去石林，但路太难走未能成行。

如今，游客们信步在大观公园里，还能观赏到女王当年种下的玫瑰花在微风中婀娜摇曳。

木质长联经劫幸存

大观楼长联是大观楼的灵魂所在。长联的刊刻和保护也几经沧桑，当年昆明名士陆树堂行书刊刻的长联，不幸与楼同毁于兵乱。大观楼重修后，清光绪年间，由书法家赵藩书刻的楷书木质长联，作覆瓦形状，阴文楷体，蓝底金字，使长联的文、字、牌达到和谐统一，悬挂于大观楼门两旁，成为大观楼的镇楼之宝。光阴荏苒，这两幅木质长联几经风雨，时至"文革"期间，长联曾面临着一次人为的劫难。

1967 年春，随着大批南下串联的红卫兵来到昆明，大观楼自然成为扫"四旧"的重点。这天，几十名身穿军衣、臂戴红袖套的红卫兵来到大观公园，只见园内的亭台楼阁门两旁，都挂有古香古色的木刻对联，尤其是大观楼门前的那幅从未见过的长联横看直看难以理解。一个红卫兵小头目愤愤然道：大观公园尽挂狗秀才写的对联，统统取下来烧掉，换上毛主席语录。一群人吵吵嚷嚷要找公园领导当即实施。事也凑巧，这天，公园书记吴保才到翠湖公园开会去了。

这些红卫兵小将并不善罢甘休，当即追到翠湖公园找到吴保才，要他组织职工当晚烧毁大观公园内的所有对联。吴书记再三耐心解释长联的文史价值，可这些红卫兵小将们不容辩解，并警告道：第二天早上 10 点要去检查。

面对这突如其来的灾难，吴保才心急如焚地赶回大观公园，组织全体职工采取紧急行动。他们当即把大观楼长联取下，用草席小心翼翼地包裹起来。同时，把公园内所有楼阁门前的40多幅对联全部取下进行包扎，抬到揽胜阁下面一个不引人注目小厨房的低凹处，堆放平整。大家又分头到花坛里挖红土，把对联覆盖得严严实实。与此同时，职工们找来大红纸，裁纸、挥毫，抄写出一条条毛主席语录，再张贴在挂有对联的楼阁门旁。从日落时分忙碌到星月当空，此时，多年与长联相依相存的园林职工们已把个人安危置之度外。

第二天一早，总务小李特地上街买来许多鞭炮。上午10点，公园来了一二百名串联学生，刚进公园便听得欢迎的炮竹声炸响，一大群人转了一圈，只见楼阁门前统统换上了红艳艳的毛主席语录。他们这才善罢甘休。

此后，长联躺在那个阴暗的小厨房里掩埋了10多年，也躲过了一次劫难，外界的人们似乎也谈忘了它的存在。

1978年春天，公园内来了5位知识分子打扮的游客，他们一进公园便直奔大观楼前寻找长联，望着楼门两旁空荡荡的柱子，眉头紧锁。他们不甘休地找到了吴保才，自我介绍是广州中山大学历史系的教授，多年倾慕大观楼长联，尤其是赵藩的楷书长联很有价值，这次是专程来昆明看长联的。吴保才一时拿不定主意，职工们冒很大的风险保下的长联，这一天机能否对外泄漏？教授们拿出证件，语气透着焦虑："长联还保存在吗？很想看看。"

吴保才这才领着5位教授来到小厨房，拂去红土，扒开草席，露出赵藩书刻的楷书木质长联。教授们一时双目放光，激动得声音发颤："太好了！太好了！"

20世纪80年代初，埋于地下10余年的长联，也终于在改革开放的春风吹拂下重见天日，再次挂上了大观楼正前门两旁。

铜制长联更新颜

1999年2月2日，修整、彩绘一新的大观楼古建筑门前，园林职工抬出重达200公斤的纯铜拓制的大观楼长联，悬挂于楼门两侧。长联在冬日明媚阳光的照射下，蓝底金字，熠熠生辉。长联依旧保持着昔日的风采。

大观楼长联是大观楼的灵魂所在。长联的刊刻也几经沧桑，所留下的前人真迹原件有两幅：一幅为文人陆树堂所写的行草长联，悬挂于大观楼二楼；一幅为清光绪年间由书法家赵藩书刻的楷书长联，曾悬挂于楼门两侧。赵藩书刻的这副木质长联，覆瓦形状，蓝底金字，成为大观公园的镇园之宝。然而，上百年的历史沧桑，又经劫后余生，木质长联面临腐损漆脱、严重变形走样的危机。新中国成立后，虽进行两次刊刻，但两副仿制长联都不尽人意。多年来，舆论呼吁，专家来信，民众呼声，都殷切期望大观楼长联重现往日光彩。

1998年5月，云南省、昆明市两级主要负责人先后两次来到大观公园现场办公，确定了大观楼的整治项目，提出围绕恢复和发掘大观楼及长联历史文化内涵进行建设。

大观公园主任杨学群起草实施方案时，为解决木质长联腐损变形走样之不足，杨学群在"方案"中大胆提议采用纯铜原样拓制赵藩书刻长联，得到专家们的赞同并投入实施。

拓片师们搬出赵藩书刻原件长联，浸湿宣纸，铺于长联上，泼墨拓制。待拓片干后，翻过来细看，不禁傻了眼。由于原件变形走样，有的字残缺、无笔锋，而下联句尾的两枚印章，其中一枚模糊不清，辨不出字样。正在山穷水尽疑无路之时，书法家张诚经多方打探，得知友人朱仲元有50年代赵藩书刻长联原件拓片。借来一看，果真字迹要清晰许多。只是拓片为散件，要把180字按长联进行排序。

书法界的赵浩如、赵翼荣、张诚3人便承担此项重任。近10天里，他们早晚奔波于大观公园，先用墨斗弹出中轴线，再把大堆散乱拓片逐字逐句排列，复印成3份，各人拿回去整理、勾勒，比较后选出满意的一幅拓片定稿。

为解开那枚模糊不清印章之谜，正当大家分头到文史馆、大专院校查找资料时，云南大学历史系韩杰老师送来他考证的印章文字："一等轻车都尉兼一云骑尉"，这与1888年重新修整大观楼的云南督抚岑毓英的官位相吻合。为此，专门买了两枚雕章石，按原件雕刻，再制成清晰的印章拓片。

长3.75米、弧宽达45厘米的纯铜拓制长联，其制作难度非同一般。公园经多番挑选后，与云冶昆明云辉有色金属工艺有限公司签订制作合同。从未制作过如此庞大工艺品的云辉公司，把长联拓制当成头等大事全力以赴。先用一比一石膏制出大样模，让书法家们进行审核校定，那180个字逐笔逐字必须清晰、饱满，再进行电解制作。经4个月的精心制作，这副平均厚度达0.7厘米的纯铜拓制长联抬出了电解槽。铜长联经园林职工加班加点赶制，上漆贴金，并进行外表处理后，这副重达200公斤纯铜拓制长联，成为大观公园又一道独特的风景。

据园林专家介绍，这是中国目前最重的铜制长联精品，可经百年沧桑风雨。而那两副前人的木质长联真迹，大观公园现已妥善珍存起来。

孙髯雕像长留大观

大观楼长联名扬海内外，为人们所传颂，但很多人对长联的作者知之甚少。如果长联作者孙髯翁雕像再立于大观楼旁，把长联、山水、人物有机融为一体，让人们了解孙髯翁生平、形象时，不是更能深刻品味长联的文化意境么！

鉴于此初衷，1998年，在大观公园规划扩建之时，大观公园便面向全国广泛征集雕塑小样。时任大观公园主任杨学群在联系征集事宜时，打听到晋宁县（今昆明晋宁区）郑和公园内郑和雕像的作者四川美院教授王官乙，是雕塑高手。虽素未相识，当王教授在电话上听到大观公园的杨主任说要为孙髯翁塑像时，便激动不已："10年来我就琢磨过这事了。"曾3次到大观公园观赏长联的王教授，对长联文采及孙髯翁的人品极为敬重。在大观楼前他就遐想过，要是有一尊孙髯翁雕像，把西山睡美人、滇池风光与大观楼长联融为一体，那将丰富公园的文化内涵。终于等到了这一天。

也许是日有所思，夜有所梦，王教授在短时间内便雕制出3尊不同动作神态的孙髯翁雕塑小样。

在征集的11尊雕像小样论证会上，专家们的眼光都被这3尊雕像所吸引，大家认为雕像形神俱佳，当即拍板。

王教授中标后，参照专家们的修改意见，他紧扣长联文中"看""想"二字塑造孙髯翁的神韵。"看"有领略大自然风光的喜悦之情，"想"有对历史的感慨与忧思，两者又是有机相融。先后3次修改定样，雕像上实下虚，外形以坐姿为基调，采用浅红色花岗岩为石料。孙髯翁面对滇池，身穿长袍，手握书卷，胸前长须飘逸，双目祥和睿智，再现其博学多才、洁身孤傲的个性特征。

这尊重6吨、高达2.7米的雕像，从四川运至昆明，落成于大观楼正面西侧。在修整一新的大观楼内，云南省画家彭放、王树华赶绘出32幅图画，并配有简明的文字说明，以生动的视觉形式，系统介绍孙髯翁的生平，长联所描叙的风光、历史及丰富的文化意境。现在，人们可以在品味大观楼长联的同时，多角度地了解孙髯翁的传奇一生了。

阅江楼

简　介

　　阅江楼，位于江苏省南京市狮子山上。元至正二十年（1360年）闰五月，明太祖朱元璋在卢龙山大破陈友谅，为建立明朝奠定了基础。明洪武七年（1374年），为纪念这场战役，朱元璋将卢龙山改称狮子山，决定建一楼阁，亲自命名为"阅江楼"并撰写《阅江楼记》，又命众文臣职事每人写一篇《阅江楼记》。建楼所用地基平砥完工后，突然决定停建。直至2001年建成并对外开放，从此结束了六百年来"有记无楼"的历史。

两代皇帝起山名

　　阅江楼所在的狮子山位于南京城西北，濒临长江，海拔78.4米，占地14公顷，周长2公里。这里是金陵古城的西北门户、天然屏障，东有平陆，西控大江，地势险要，自古以来是兵家必争之地。山上峰林葱郁，苍翠欲滴，古有"青螺山"之称，被誉为金陵四十八景之一的"狮岭雄观"；东吴时期叫做北山。狮子山虽不能与三山五岳相提并论，也不能与黄山、庐山相比，但是"山不在高，有仙则名"，它曾两度被古代帝王所冠名，这也在全国是绝无仅有的。

　　话说西晋末年，中原地区大乱。周边的少数民族部族纷纷内徙，乘机建立割据政权，酿成永嘉之乱。永嘉是晋怀帝的年号，晋怀帝即位后，封琅琊王司马睿为安东将军、都督扬州诸军事。而当时扬州的州治就在建邺（今南京），王导时任安东将军司马，负责军事谋划，在王导的建议之下，司马睿率部前往建邺。永嘉元年（307年）九月，司马睿偕王导初渡长江至此，见这里山下是滔滔不绝的长江天堑，往南山岭绵延数里，远接石头城，十分感慨道："此地真乃江上之要塞，以比北地卢龙！"把这里比做长城边上今河北省的卢龙寨，故赐名卢龙山。此后，从东晋、宋、齐、梁、陈、隋、唐、五代、宋、元等朝代沿用了1000多年。

　　到了元末至正二十年（1360年）五月，陈友谅亲率40万大军顺江而下，攻打应天（今南京），朱元璋在卢龙山上坐镇指挥明军8万人马，采用军师刘基的计谋，伏击打败了陈友谅 40 万军队，此战以少胜多，军事形势发生逆转，从此陈友谅逐步走向了衰亡，而朱元璋则不断地发展壮大，为建立大明王朝奠定了基础。朱元璋称帝后，为纪念这次决定性的胜利，于洪武六年（1373 年）九月，亲率大臣驾临卢龙山，并下诏要在山顶建造一座阅江楼。他这次仔细地观察了卢龙山的山形地貌，觉得此山呈狻猊之状，于是赐名"狮子山"。一直沿用至今。

岳飞与卢龙山的宋城墙

卢龙山位处南京城西北，山下滚滚奔流的长江由南向北在这里折东而去，形成一个近 90° 的大弯，古称"龙湾"。因此，卢龙山可以说是古金陵的天然屏障，历来为兵家必争之地，更是江防重地，金陵城的门户。

话说，南宋初期，抗金名将岳飞率部来到建康（今南京），与占领建康的金国统帅完颜宗弼（俗称金兀术，金太祖完颜阿骨打的第四子）部殊死奋战，取得了历史上著名的"牛首山大捷"和"靖安镇大捷"后，打得金兵逃窜江北，从此不敢再窥视江南。胜利后的岳飞所部驻扎在龙湾（靖安镇）沿江一带，卢龙山就在岳飞部队的防区内。

一日，岳飞率部将视察江防，登上卢龙山，望着向南而伸展连绵起伏的山脉，山下的长江滔滔不绝地东流奔海，深感这里的战略地位的重要。环山巡察，发现这里的六朝古城墙已经多处废残，心生叹慨：难怪孙（权）大帝要在这里定都建功立业，虎踞龙蟠，真乃帝王都也！我大宋军队不可不镇守如此重地。

于是，岳飞在靖安镇大捷奏报时向朝廷建议："建康为国家形势要害之地，宜选兵固定"。宋高宗赵构采纳了岳飞的建议，下旨创置了"池司前军"。

"池司前军"的建制，是在南宋建炎四年（1130 年）下半年至绍兴二年（1132 年）上半年之间。当时，龙湾附近（今方家营一带）有一面积很大的湖泊，名大洪池（晚清修筑宁沪铁路时，填掉大半，建成下关车站及多条铁轨线，今铁路机务段、调车场、车辆段等均为填大洪池后所建），池司前军的名称即因"大洪池"而名。池司前军就驻扎在唐湾（今方家营、煤炭港一带）。派有一支部队镇守卢龙山。军队驻扎之后，对六朝古城墙进行了修补。

南宋嘉定八年（1215 年）七月，朝廷又创置塘湾（有书作唐湾）水军，编制二千五百人，后来增加至五千七百二人，相当于现代的一个旅的编制。嘉定十四年（1221 年）十一月，朝廷将塘湾、靖安两水军合并为一军，置统制、统领各一员。这个时期，驻扎在卢龙山的部队，对山上的六朝古城墙又一次进行了较大规模的修补。

1963 年南京市文物保管委员会在狮子山（即卢龙山）东北隅，明代南京城墙内，曾发掘出一段古城墙，全部以六朝砖垒砌而成，六朝最远可以追溯到东吴时期。因年代久远，难于考证。在这段六朝古城墙中并发现有个别修补过的地方，还发现了铸有"靖安塘湾水军"和"池司前军"的宋砖。说明在南宋时期曾经把这里作为沿江重要的军事防御基地，派军队在这里驻扎过，并且对防御工事进行了修补。从"池司前军"和"靖安塘湾水军"砖记看来，南宋时期曾两次修补过这段城墙。追溯历史，与抗金名将岳飞不无关系。

虞允文与三宿崖

"三宿崖"今称"三宿岩"，位于卢龙山脚下，系卢龙山余脉，民众视为狮子的头部，在今狮子山西侧静海寺后院。当年濒江而立，原是江畔一矶石，后因江岸西移，成为狮子山下江南园林般的陆地袖珍小山。"三宿崖"扬名仰仗于南宋中书舍人参谋军事虞允文。毛泽东同志曾在文章中写道：虞允文是"伟哉虞公，千古一人"，给予了高度评价。清朝被列为"金陵四十八景"，称"三宿名崖"。

虞允文（1110~1174年），南宋抗金名臣。字彬甫，四川仁寿人。绍兴二十四年（1154年）进士及第，委任为彭州通判，黎州、渠州权知。时秦桧当权，四川书生皆不获重用。秦桧死后，终于获得中书舍人赵逵的推荐，就任秘书丞，官至礼部郎官、中书舍人、直学士院。

南宋绍兴三十一年（1161年），金国海陵王完颜亮实施南侵计划，统率金军主力越过淮河，进迫长江，直接威胁江南重镇建康（今南京）。两淮前线宋军溃败，主将王权弃军而逃，金军如入无人之境。虞允文时任督视江淮军马府参谋军事，被派往采石犒师，正值金海陵王完颜亮大军厉兵秣马，谋由采石渡江。新任督军主帅李显忠此刻人还在芜湖未到任，群龙无首，采石前线一片混乱。士兵们三五成群地四处游荡，有的士兵解鞍束甲，坐卧于道旁，全然不知战争即将在这里开战。虞允文见形势危急，不能贻误战机，坐等主帅到来，于是决定亲自督师。他向当时军心涣散的将士发表演说："如若不抵抗，金军成功渡江，你们又能逃往哪里？现在我军控制着大江，凭借长江天险，拼他一下，为何不能于死里求生？何况朝廷养兵三十年，为什么诸位不能与敌血战以报效国家？"同时鼓励他们说："得财物，受封赏，现在是千载难逢的机会，大丈夫应该要杀敌立功。"这番演说成功地把将士们团结起来，大大地振奋了军心，将士们都表示愿意听从虞允文的指挥。不过，也有人替他担心，说："大人，你这次是受命前来犒军的，并没有受命督战，如果有人诬陷你怀有二心，你将成为无罪受罚之人，这又何苦呢？"虞允文坚定地答道："如今国家危在旦夕，我们还能明哲保身、坐视不管吗？"

经过一番战前动员与思想说服工作，宋军的内部思想统一了，终于鼓足了士气。虞允文随即把散布在沿江各处的散兵游勇迅速地统合起来，令诸将把仅有的一万八千余名将士带到江边，将水军分成五队。东西两岸各布防一队，一队游弋于江中，另外两队则隐蔽在江汉间的芦苇中作为预备队。宋军的队伍刚刚布署完毕，就看见金帝完颜亮手持红旗，指挥着数百艘战船越江而来。金兵擂鼓呐喊，进攻之声震动江面，大有排山倒海之势。顷刻间，便有 70 多艘战船靠上南岸，金兵登岸直冲宋军大营。面对强敌，虞允文镇定自若，沉着指挥。他使用激将法，鼓励将士奋勇杀敌。他拍着统制时俊的肩头说："时将军的胆量人人皆知，如果现在躲在阵后，将来岂不是被人耻笑为妇人之胆？"时俊乃七尺男儿，铮铮铁汉，听了虞允文的言语后，羞愧难当，立刻抽出双刀，怒吼一声，杀入敌阵。在他的带动下，军士们一拥而上，拼搏向前。这时，广阔的江面上，宋水师以"海鳅船"冲撞敌军的大船。金军战船大多平底，行动迟缓，大半被撞沉，死伤过半，剩下的战船仍奋力死战，直到天黑也不肯退却。

岸上这时，从光州（今河南潢川）溃败下来的一批军卒正逃到这里，虞允文将他们收拢，组织起来，给了他们一些旗、鼓，指引他们从山后转出。金兵误以为宋军援兵到了，便开始溃逃。宋军的弓箭手们乘机追击射杀，杀死金兵四千多人，杀死万户长二人，俘虏千户长五人，活捉女真士兵五百多人。那些在江中未被杀死的金兵，完颜亮对他们不出江作战极为愤怒，将他们全部击杀。然后领着残兵败将退回了和州（今安徽和县）。此一战大大地鼓舞了宋军将士们的士气。

虞允文料定金兵大败，决不会善罢甘休，一定还会再次反扑进攻。他连夜派将士占据长江上游，又派水师装载柴草泊于扬林河口。第二天拂晓，金兵果然来犯，宋军两面夹击，再次打败了金军，焚毁敌船 300 余艘。完颜亮无可奈何，只得领着败兵向扬州而去。虞允文以 1.8 万兵力与号称 40 万金军决战于采石矶，结果大败金军，赢得了著名的"采石大捷"。

接着虞允文对刚到任的督军主帅李显忠说："敌军进入扬州，必然与瓜洲完颜亮所部合兵一处，京口（即今镇江）地区没有防备，我应该去京口设防，希望将军能够分一部分兵力帮助京口防卫。"于是，李显忠派遣李捧率军一万六千人，战船 100 艘，随虞允文奔赴京口，与刘锜会兵抗金。宋军水师顺流而下，所乘之舟在南京的龙湾卢龙山下一矶石处抛锚系泊了三天，进行休整，补充给养。那处矶石也由此而得名"三宿崖"。休整后，虞允文又率水师赶赴镇江府（今江苏镇江）阻截完颜亮南侵。在金军南侵失败的形势下，金朝统治集团内又一次发生了政变。金东京留守完颜雍乘完颜亮南下，夺取政权，自立为皇帝（金世宗），宣布废去完颜亮。完颜亮率部进军到扬州后，还没有来得及继续实施他的南侵计划，就被部将杀死。南侵计划遂告失败，接着金军撤退，宋军乘机收复了两淮地区。

龙江战役

元至正二十年（1360 年）五月，朱元璋所部大将徐达、常遇春在池州击败陈友谅。但陈友谅并没有伤元气，而是率领主力部队顺流而下，继续他的战略计划，消灭朱元璋势力。

六月，陈友谅所部重兵攻打朱元璋所占领的江南重镇太平府（今安徽当涂），守将朱文逊、院判花云、王鼎、知府许瑗皆战死，太平失陷。不久，陈友谅杀其主徐寿辉，自称皇帝，国号汉，尽占江西、湖广之地。并约盘踞在平江（今苏州）的张士诚合攻应天，东西合围，企图一举消灭朱元璋。

这年的闰七月，陈友谅亲率四十万大军顺江而下来攻打应天府（今南京）。陈友谅率领的战船有五百多艘，其中大舰就有一百二十艘，其长双倍于普通战船，全是高一丈多，平方高大的船头都包着厚厚的铁甲，三根桅杆一主两副，快速无比。船上配置有火炮、巨弩、链枪等威猛器械。而应天的朱元璋所部不过八万余人，水师船舰、器械都不如陈军。消息传来，应天府里因惧于太平府的败失而人心惶惶。大元帅府议事厅里，朱元璋召集文臣武将研究军情对策。主战派和主退派各执己见，相持不下。朱元璋心里打鼓，举棋不定，实力相差太过悬殊，担心这场战役的失败。独有军师刘基（刘伯温）"张目不言"。朱元璋看出刘基一定有了退兵之计，就急忙拉他入内室密谈。

刘伯温首先给朱元璋分析了当前的战争形势，断定张士诚此刻的心理状态肯定是按兵不动，"坐山观虎斗"，希望双方打得两败俱伤，他再出来坐收"渔翁之利"。接着提到秦淮翼水军元帅康茂才与陈友谅是旧交，彼此熟悉，并无隔阂。且家中总管亦曾接待侍候过陈友谅。刘伯温决定用"诈降计"，要康茂才写封诈降书给陈友谅。诱敌深入，伏兵击之。刘伯温告诉朱元璋："陈友谅杀了他的主子，僭号称帝，匆匆舟师东下，说明他傲视群雄，急于求成，正应验了骄兵必败之理。另外，他上劫其主，下胁其众，名号不正，必然将士离心，矛盾重重。倘若主公能打开府库，宣布至诚，以激励将士，必将人争奋勇，万众一心，这就是'天道后举者胜'的道理。若能在战法上诱敌深入，设伏兵迎击，打胜这一仗是完全有把握的。主公取威制敌以成王业，正在此举，何忧之有？"朱元璋听罢，信心大增，与刘基等共同制定了战斗部署。让康茂才写降书一封，使其分兵三路，以弱其势。然后来个实者虚之，虚则实之，集中兵力给予痛击。约陈友谅在江东桥与陈会合，这边派人去把江东木桥拆了，用大石条块造了一座牢固的石桥，陈友谅必然仗着有铁甲大舰冲垮木桥，好直达水西门。江东桥就是他的葬身之地。

一天傍晚，陈友谅军营来了一位老人，自称"应天故旧"要见陈友谅。陈友谅一见认出他是康茂才的管家。老管家拿出一封信交给陈友谅，说："小人受康将军的差遣，特来送信。"陈友谅屏退左右接过信拆开看，信中大意是："愚闻：取天下者，必有一定之规模，韩信初见高祖，谋划楚、汉成败；诸葛亮卧草庐，与先主论三分形势者是也。今汉王顺江而下，率兵四十万之巨，威声已震。今见朱元璋妄自尊大，藉其兵力资财凭龙蟠虎踞形胜负隅顽抗，八万能敌四十万乎？事势不侔也。愚曾劝降朱元璋弃暗投明，但其冥顽。今愚为秦淮翼水军元帅，职守应天府龙湾，有江东桥直达水西门，可为汉王内应，汉王此次本来兵分水陆两路，寿卿建议将水路再一分为二，陆路不动，是为三路，分西、南、北直取应天。主力由汉王统领可走江东桥，其余一路走陆路，直取南门；另一路走水路，取龙江，叫朱元璋首尾不能相顾。兹定于二十三日子夜，你我会合地点在应天府城西江东桥，联络暗号为'老康'。拿下应天，即可乘胜率大兵直捣平江。城固难以骤拔，则以锁城法困之。于城外矢石不到之地别筑长围，分命将卒四面立营，屯田固守，断其出入之路。分兵略定属邑，收其税粮以赡军中。张士诚坐守空城，安得不困？平江既下，巢穴已倾，杭、越必归，余郡解体。削平天下，指日可待也！"陈友谅看后美滋滋地说："高论，高论。康将军通经史大义，果然有见地。有康将军为本王作内应，真乃天助我也！"又问老管家："康将军现驻守何处？"老管家说："现守城西秦淮河及龙江一带，江东桥属康将军管辖。"陈友谅问："江东桥是石桥还是木桥？""是木桥。""如此，甚好，本王可用铁甲船冲垮木桥，直抵水西门。"陈友谅又问："老管家，我们一晃多年未见，当年你家主人事母孝，没有与本王一道出去闯天下，后来本王听说他做了朝廷的大臣，官至淮西宣慰司、都元帅。怎么又归顺了朱元璋？"管家道："回王爷，我家主人当年戍守采石，扼江渡。朱元璋数攻不破。后被常遇春设伏，损了精锐。我家主人又立寨天宁洲，与之抗衡。又被廖永安、廖永忠兄弟联合俞通海破之，遂又奔集庆。朱元璋攻打集庆，锐不可挡，就像今天汉王爷一样，所向披靡。我家主人为家为手下将士所想，就投诚了。"陈友谅道："康将军明智，好汉不吃眼前亏嘛。今天本王要替康将军报仇雪恨，朱元璋不投降，就叫他灭亡！"

二十三日子夜，天空乌云密布，没有月亮，也看不见星星，四周一片漆黑，伸手不见五指。应天的天气异常闷热，陈军的陆路主力一路赶来，身上早已汗透，又困又饥又渴。看看就要临近南门，被以逸待劳的徐达部队打了个伏击，敌明我暗，杀了个措手不及，陈军节节败退，从城外且战且退往龙江而来。

这边，陈友谅率领船队从长江进入江东河行了十来里水程如约来到江东桥，江东河水面不宽，只有3、4丈宽，陈友谅的大船进来只能排成单行前行。黑夜视线不清，船上挂满了气死风灯。陈友谅的座舰的桅杆上高高地悬挂一面斗大的"陈"字主帅旗，张开的帆上有席子大的一个"汉"字。陈友谅站在船头用手作喇叭状喊："老康！——老康！——老康！——"连喊三声，没有人应答，说时迟，那时快，陈友谅的铁甲舰快速地向江东桥撞去，只听见"轰隆"一声巨响，江东桥岿然不动。陈友谅打了个趔趄，其余的船也紧跟其后驶了过来，一艘接一艘，互相挤在一起。有士兵打着灯笼过来给陈友谅照亮。陈友谅上前细看，感到诧异："怎么会是石桥？"

这时，黑暗中杀出一员大将杨璟，骑在马上喊道："大元帅帐下总管杨璟在此久候多时了！弟兄们杀啊！"话刚落音，埋伏在两岸的伏兵举着火把拥上岸堤，用弓箭纷纷射向陈友谅的战船。陈友谅大喊："上当，我们中计了，快撤！"河道狭窄，那战船首尾相接哪里能够动弹？岸上的士兵纷纷将火把扔到船上，战船的蓬帆很快燃烧起来，木制的舱室、楼台、甲板也很快燃着，顿时火光冲天。

陈友谅声嘶力竭地喊道："快快弃舟上岸，跟他们拼了！"一时间，杀声震天响，兵器的撞击声"乒乒乓乓"，船上的人搭了跳板往岸上冲，见到人就用枪挑、用刀砍，两军混战在一起，殊死奋战，陈友谅的水军处在弱势，落水的、烧死的，伤亡不计其数。

廖永忠、俞通海等水师将领率领水军从草鞋峡出发在陈友谅水军的后面大举伏击，陈军损失惨重。徐达率领陆军乘胜在溃逃的陈友谅的陆路部队后面追击，陈军沿着城外一路丢盔弃甲往龙江方向溃逃，天黑看不清路，遇到水塘也不敢退却，拼命向前，游也要游过去。

这时的卢龙山顶，一张巨大的遮阳伞竖在峰上，旁边护卫打着数十个白灯笼，照得朱元璋身旁如同白昼。朱元璋身着紫衣茸甲，威风凛凛地坐在伞下的太师椅上。左手拿着红旗，右手拿着黄旗。刘基等一班谋士站在身旁。朱元璋豪气干云地说："一切都在我料算之中，诸位就看本大元帅坐收天罗地网，定叫陈友谅那厮有来无回！"说着，准备举左手的红旗。刘基连忙制止道："主公且慢，伯温刚刚看过天象，半个时辰之后就会有天公相助，大雨突至，定叫陈友谅分不清东西南北，屁滚尿流，逃无可逃。主公可令埋伏在石灰山（即幕府山）的三万将士立即造饭就餐，吃饱了好一鼓作气地歼灭敌军。"朱元璋半信半疑，问："先生次言可是当真？"刘基说："军中可有戏言？"朱元璋放下心来："就依先生。传令下去，令常遇春立即造饭，吃过打仗。"刘基道："从南门退到龙江的敌军再快也要半个时辰，真是天公算计好的，顺应天命，天自会助我。"众人向西看去，西面陈友谅的战船烧得火光冲天，山下廖永忠和俞通海及康茂才的水师与陈友谅的水师杀在一道，喊声震天。

过了一会儿，大雨如注，朱元璋看看刘基，刘基点了点头。朱元璋举起了左手的红旗，刹时间，常遇春、冯国胜率领伏兵群起攻击，被打得晕头转向的陈军在漆黑的雨夜，已分不清哪里是路哪里是塘，士兵们落入湖塘之中淹死无数。陈友谅在几员猛将的掩护下，来到江边，抢到一只木船，趁乱逃走。

天渐渐地亮了，朱元璋命令打扫战场，陈军被斩首、淹死二万多人，被俘获的有七千多，此外，还缴获敌军战船、军械无数。

龙江一役在朱元璋的亲自指挥下取得了以八万兵胜四十万大军的"以少胜多"的成功范例。使朱元璋与陈友谅的军事实力发生根本性的逆转，从此，朱元璋日渐强盛，从弱势转而成为强势，而陈友谅则开始走下坡路，由强而弱。可以说，这一仗奠定了大明王朝开国的基础。因此，朱元璋要在卢龙山"造楼记功"，命名"阅江楼"。

马娘娘与绣球山

绣球公园因园内有一座拔地而起的石头山，形似球状，系狮子山余脉，独兀狮子山南，与狮子山形成"狮子盘绣球"之势，故而取名为绣球山。公园也因此山而得名。绣球山海拔 21.05 米，西兀湖面，岩石独具特色，厚达 500 余米，形成于距今 9000 多万年的白垩纪晚期，因地壳运动，形成山脉断层，破碎岩石在雨水的作用下，不断堆积在低凹处，久而久之形成赤赭色砾石，绣球山的砾岩来自于附近狮子山破碎带，很特别且为灰色，成为南京地区稀少且具代表性的灰色砾岩。

绣球山山崖嶙峋，陡峭险峻，山树根植石缝，山下有一曲折深邃石洞，宽敞处如厅堂，人造瀑布临洞而泻，落霞舒锦绣，飞瀑挂银帘。山北与山南有小径盘旋而上，山顶松柏扶疏，怪石参差，六角重檐小亭古朴典雅，曰"望夫亭"。相传明太祖朱元璋亲率大军往鄱阳湖征剿陈友谅，一去数月，算算日子已经不短，其妻马娘娘心里不仅担心起来，但她相信自己的丈夫是当世英豪，一定能打大胜仗，消灭陈友谅。于是她经常来到此地远望长江，盼望夫君早日凯旋而归。诗人兴邦有词《阮郎归·望夫亭》吟道："几番风雨转秋凉，雁排人字行。夫君征战赴鄱阳，心悬欲断肠。枫叶赤，菊花黄，憔颜懒理妆。亭中歇罢上岩冈，盼君早返航。"

在亭子的西南侧有一方巨石，上有一"马娘娘脚印"，长 84 厘米，宽处有 31 厘米，深 25 厘米。常年积水，大旱三年亦不干涸。这里也有一传说，还是接着《望夫亭》的故事，说是当年马娘娘就是站在此处看见朱元璋班师凯旋的船队归来，一激动，就踩出了这个脚印。因为民间传说马娘娘自小没有缠小脚，脚生得又比较大，故有"马大脚"俗称。因此这个石缝便成为了"马娘娘脚印"了。

山的南侧有一处天然石缝，俗称"劈剑石"，传说也与马娘娘有关。传说洪武年间，丞相胡惟庸结党营私，欺下瞒上，干尽坏事。由于他对皇帝朱元璋阿谀奉承，使得朱皇帝很信任他。以至于他的个人野心膨胀，甚至企图谋反，群臣对他敢怒而不敢言。有一天，胡丞相的儿子骑马过市，从巷口突然出来一辆拉板车的老人，不及躲让，被驰骋而来的胡衙内撞倒，胡衙内也跌下马来。胡衙内爬起来就将撞倒在地的老汉狠狠地连踢了挤脚。老汉连连告饶，胡衙内不依不饶，越骂越气，最后拔出剑来竟一剑将老汉刺死。然后，跨上马像没事人一样，扬长而去。群众气愤填膺，却又无处发泄。这一天，马娘娘到龙江游玩，又登上了绣球山。当听到手下仆从在私下里议论胡丞相的儿子刺死老汉的事，说他有个权欲熏天的父亲，没人敢管。马娘娘听后，怒愤难当，挥剑斩向脚下的大石，结果大石竟被一劈两半，成了今天看到的这处"劈剑石"。马娘娘回宫后告诉了朱元璋，才使得胡惟庸案发。

绣球山的东面山下有一处天然奇景"天下第一军灶"，传说也与马娘娘有关：说的是陈友谅在采石称帝后，亲率 40 万大军直扑应天，企图消灭朱元璋。朱元璋决定智战龙江，马娘娘全力配合并亲自率领一群将帅眷属在此山上利用这个天下无双的天然石灶，为浴血奋战的将士们埋锅造饭，使将士们个个奋勇争先，终于击败了陈友谅的来犯之师。

徐将军庙与卢龙观

狮子山在古代有徐将军庙和卢龙观，徐将军庙建于元至正十八年（1358 年），卢龙观建于明洪武七年（1374 年），这一庙一观都是朱元璋敕建的。到了清朝，查《道光上元县志》，有"徐将军庙在狮子山，明洪武初建，学士宋濂记。"然而据《同治上江志》载：

"狮子山上有徐将军庙，明初奉敕建，宋濂撰碑，今无存。"说明是毁在咸丰年间。而卢龙观虽经过明朝景泰年间及正德年间两次重修，到清朝初期也早已破烂不堪了。清初诗人余宾硕所作七律《卢龙观》诗可以为证：卢龙山势接江东，城郭烟生落日中。

> 父老讴歌思帝业，君王神武驭英雄。
> 莓苔蚀路行人少，鸟雀翻阶古殿空。
> 想像玉舆巡幸处，萧萧黄叶起西风。

到此时，已经是"莓苔蚀路行人少，鸟雀翻阶古殿空"的状况，人迹罕至了。《道光上元县志》载："卢龙观在卢龙山，洪武初建，景泰间重修。明太祖御陈友谅督战于此，尝欲建阅江楼不果，宋濂有自书《阅江楼记》至今藏观中。兵部尚书何鉴有《卢龙观碑》。又有卢龙山晴雨二图皆明人画，上有张真人世代题咏诗。"从县志中我们得到四个信息：一、朱元璋在这里指挥过作战；二、宋濂有《阅江楼记》书法作品在观中收藏；三、兵部尚书何鉴在此立过《卢龙观碑》；四、观内还有明代画作并有张真人题诗作为镇观之宝收藏着。其它的情况还是一无所知，观中供奉着何方神圣？规模多大？建筑风格怎样？卢龙观一直苦撑到解放后，因政府不养闲人懒汉，观中道士皆被遣返回乡务农。卢龙观无人料理，且是危房，据老辈人回忆，"卢龙观就在兴中门里，驴子巷口的斜对过。一条上山的小路，有一些石块铺垫的台阶，卢龙观就在路旁边的坡子上面，大概离马路也就百十米远。观的规模不大，里面破破烂烂，到处漏雨，厢房的屋顶都能望见亮。后来就划给海军医院拆了盖病房了。"问起徐将军庙，都说不知道，连听都没听说过。

不少文人看到"狮子山上有徐将军庙，明初奉敕建，宋濂撰碑"，都会自然而然地联想到明朝开国功臣中山王徐达，认为非他莫属。其实不然，根据宋濂所撰碑文，我们可以得知：徐氏乃东晋时期浙江湖州乌程人，是一个商人，常年在江淮一带从事经商活动，后来在安徽巢湖溺水身亡，死后有船民在遇到风浪时看到他显灵救难，因此被当地百姓奉之为神，并经常祭祀，以祈求保佑出行、出航安全。

那么朱元璋为什么偏偏要将他赐封为"徐将军"，并在狮子山上立庙祭祀他呢？这主要是出于政治和军事两方面的原因。朱元璋初起，只有陆师，没有水军，不能水战。廖永安、廖永忠兄弟，俞通海、俞通源兄弟，赵仲中、赵庸兄弟，还有金朝兴、张德胜等率战船千艘，舟师万人自巢湖来归。朱元璋亲往收其军，并命舟师攻打元中丞（相当于今中央部长）蛮子海牙于马场河。元人驾楼船，不利进退，而巢湖水师操舟若飞，一战下来，打得元兵溃不成军。这一仗消除了朱元璋周围的安全隐患，使朱元璋虎视江南的雄心大起，遂下渡江发展的决心。巢湖舟师的将士大多是巢湖及安徽沿江水网地区的人，基本都信奉这位徐氏之神。元至正十五年（1355年）六月的一个黎明，朱元璋亲自率领渡江部队飞跃天堑攻打采石时，受到当地驻军的顽强抵抗，兵力多出数倍。原来，蛮子海牙从北岸败退后，也来到这里重新组织溃逃的散兵游勇，加上残军也逾万人，在牛渚矶一带布防。水师官兵在船上供奉祭祀起这位徐神人，常遇春身先士卒，攀岩而上，奋勇杀敌，终于拔得头筹，舟师所向披靡，顺利地攻克了太平（今安徽当涂）。至正十六年（1356年）二月初十凌晨，朱元璋的十万水陆大军，向集庆发起了总攻，廖永安、俞通海等率领全体水师，攻击沿江布防的敌船。朱元璋亲自带领马步军攻打集庆城。除了蛮子海牙趁着混乱逃走外，守城的行台御史大夫（相当于今中纪委书记）福寿、平章政事（相当于今国务委员）阿鲁灰在督战时被杀死，水军元帅（相当于今海军舰队司令）康茂才率众投降。占领集庆后，朱元璋将集庆改名应天，有顺应天意之意。为慰抚军心，稳定水师，朱元璋甚至连这位徐神人的名字叫什么都不知道，便于至正十八年（1358年）封他为"徐将军"，并在卢龙山建"徐将军庙"，命俞通源（巢湖人，水师战将，后因功封南安侯）监工，并选请道士主持。于是，俞通源找来道士汪与权、骆德辉、徐善诚三人主其事，修建了一座只有三间房的小庙观。

直到洪武六年（1373年）九月，朱元璋驾临卢龙山到徐将军庙视察。这时15年已过去，汪与权死了，朱元璋便下诏骆德辉主事。朱元璋对徐将军庙的规模以及周围的环境不甚满意，要骆德辉修缮、装饰庙宇，圈了2.7公顷（40亩半）地，并在四周广植名木；还将卢龙山易名狮子山。此外，诏骆德辉奉其教真武神庙位其左（东面）。同时，命宋濂撰写《狮子山徐将军庙碑》一文。相传明初朱元璋定都南京是依据南京的四象风水来考量的，南京东有青龙钟山蟠坐、西有白虎清凉山石头城踞蹲；南有朱雀秦淮河环绕、北有玄武幕府山矗立。卢龙山系幕府山的余脉，朱元璋筑南京城墙时将它包在城内，成为城中最北的山。在此处供奉真武大帝，是最妥当不过了。我国古代将天上的恒星分作二十八群，称二十八宿。每七宿为一组，以四灵来命名，东方青龙、西方白虎、南方朱雀、北方玄武。四灵之中，前三者都是单一的动物，而玄武则是龟蛇合一的。玄武被人格化后，成为真武大帝、荡魔天尊。宋真宗赵恒避讳，编造出来的赵氏"圣祖"赵玄朗之讳，改玄武为真武。并封为"佑圣助顺灵应真君"。另有传说真武是净乐国王的太子，生就不凡，十岁遍览经典，仰观俯察，无所不通。长大以后遇到许多高人，一起到武当山修行，得道后白日飞升，成为真武元帅。除笼统的威镇北方之外，就是以神威助人（帝王）获取胜利。朱元璋恐怕徐将军势单力薄，拉来真武元帅统领，对来自北方的威胁，从心理上要减轻许多。由此看来，卢龙观的前身应是真武祠。而且，真武祠居东面南为正殿；如果徐将军庙居西面南则独立成庙，居西面东则完全可能与真武祠为一体，而成为真武祠的侧殿了。据宋濂碑文有"威灵日著"语，可见当时的香火还是比较旺盛的。

宋濂是与刘基、章溢、叶琛四人一起于至正二十年（1360年）三月应朱元璋招贤到达应天的。宋被委以江南儒学提举，命授太子经，成了朱标的师父。后又任为起居注，随侍在朱元璋身边。开国后任翰林院学士，当时的"郊社宗庙山川百神之典，朝会宴享律历衣冠之制，四裔贡赋赏劳之仪，旁及元勋巨卿碑记刻石之辞，咸以委濂，屡推为开国文臣之首。"明太祖委宋濂写的《狮子山徐将军庙碑》约有680字，文曰："岁戊戌某月，命南安侯俞某，即龙江卢龙山为庙祀焉。择清修道士汪与权、骆德辉、徐善诚三人主其事。"碑文中写道："及既登大位之六年，为洪武癸丑九月，大驾幸卢龙时，与权已化去。诏德辉葺庙室恭，树名木，且敕改卢龙山为狮子山。德辉等承诏，奉祀益，甲寅某月，复相与建祠，奉其教所谓真武神庙左，殿堂门庑略具，咸以为斯庙与国同兴，将军之功，格知帝主，耿耿不诬，其本始固不宜无考，而真武之祠，威灵日著。"

众所周知，到了永乐年间，郑和下西洋归来，明成祖在狮子山下，仪凤门外敕建了天妃宫和静海寺。狮子山上的徐将军庙就不能与之争辉了。徐将军虽然早于天妃妈祖，职能也是佑护出行、出航平安，但是影响十分有限（仅限于安徽巢湖地区流传），也只有明朝水师将领来祭祀（老一辈巢湖系的水军将领去世后，来祭祀的水军将领更少）。而天妃妈祖有广泛的民众基础，加上她的身份、地位皆在徐将军之上，徐将军庙的窘境日显。虽有代宗、武宗看在太祖的份上加以维修，最终也逃脱不了败亡的命运。

真武祠因在卢龙山，就被称作卢龙观了。它的身份毕竟是道教的北方大帝，主司五行之水，因此，与水有关的都来求他，水上运输、久旱无雨、火灾消防等，香火颇盛。据老辈人回忆说：主殿供奉的真武大帝是泥塑的，容颜肃穆、披发黑衣、仗剑傲立。庄严是蛮庄严的，就是有些斑驳。左右是金童、玉女。传说从前有个算命先生人称周公，这个人心胸有些狭窄。好在从业三十年，从来没出过差错。后来他给石婆婆的儿子和自己的仆人彭祖算命，断定他们必死。石婆婆和彭祖都有些害怕，就去找一个懂巫术的桃花女，求她给禳解。桃花女与周公，同行是冤家，平时也看不惯周公的小心眼，便帮两人禳解了。周公由此心生妒意，请彭祖做媒，娶桃花女作了儿媳。之后，周公屡次想加害桃花女，都未能如愿，最后甚至要桃花女嫁给自己子虚乌有儿子，结果反而害死了自己的亲生女儿。周公复生后，真武大帝说他和桃花女是自己前世修炼时遗失的神器—一柄剑和剑鞘转世，业缘已满，应该回到天庭。之后，他们就成了金童、玉女都跟在了真武的身边。人们求拜金童、玉女大多是为求讨子嗣，以继香烟。真武大帝的案下塑有其麾下龟蛇二将，有镇妖祛邪之能。卢龙观在每年三月三（真武大帝生辰）、九月九（真武大帝成道）等日，香火尤盛。

撰阅江楼记

元至正二十年（1360 年）闰五月，朱元璋采纳了军师刘基智战劲敌陈友谅的计谋，亲自在卢龙山上指挥伏兵，以少胜多，重创陈友谅部。此战使朱元璋与陈友谅的军事实力发生根本性的逆转，朱元璋日渐强盛，从弱势转而成为强势，陈友谅则开始走下坡路，由强而弱。可以说，这一仗奠定了大明王朝的基础。四年后朱元璋被拥为吴王，八年后登上了皇帝宝座，因而他对卢龙山有一种特殊的情感。

在朱元璋登基后的第七年（1374 年）春天，为了感谢卢龙山给他带来的鸿运，也为了装扮京都应天（南京），威镇四面八方，登高察奸料敌，观赏金陵古迹，朱元璋决定在卢龙山巅建一座楼阁，命名为阅江楼，并令诸文臣职事撰写楼记。很快，一篇篇《阅江楼记》送到朱元璋手里。

朱元璋的祖籍是江苏沛县，先祖迁居至江苏句容，其祖父为逃避劳役再迁至泗州（今泗洪县境内），后来又迁到安徽五河县，接着又到虹县停留了一阵子，最后来到濠州钟离县（今属凤阳县）东乡孤庄村暂住下来。朱元璋在这里出生。他小时候是个放牛娃，17 岁时天大旱，庄稼颗粒无收，偏偏祸不单行，接着又是一场大瘟疫突然降临。一个月之内，朱元璋的父母和长兄、长侄四口相继死去。他只得去附近的皇觉寺出家当和尚，只为糊口。庙中无粮，他只好外出云游化斋。20 岁那年（1352 年）春天在家乡参加了郭子兴领导的红巾军农民起义军，元至正二十四年（1364 年）春称吴王，明洪武元年（1368 年）正月初四君临天下，创立了大明王朝。朱元璋以其聪明过人、勤奋好学，由一个目不识丁的放牛娃而成为通古识今、论文作诗的文化皇帝。为了率先垂范，朱元璋自己也亲撰了一篇 1000 多字的《阅江楼记》。

朱元璋自己写出了颇为得意的《阅江楼记》，又阅览了群臣的《阅江楼记》，结果他在《又阅江楼记》中说："及至以记来献，节奏虽有不同，大意比比皆然，终无超者。"又在《辟阿奉文》中写道："即日文成，群献于前。既而张目一览，文章虽有高下，其大意则亦然。所以大意亦然者何？不过皆夸楼之美，言工已成。览文之后，不得而无忧。吁，难哉，乏人矣！"也就是说，在阅罢诸多《阅江楼记》后，没有发现出类拔萃的文章，大都说的是楼已建成，夸其美丽漂亮之类的话。看了这些文章不得不叫人忧虑，难啊！缺人才呀！

言下之意，至今留传的翰林学士宋濂的《阅江楼记》，虽被收录《古文观止》十二卷，但仍属于遵命之字，文采平平。"宋记"全文 568 字，在狮子山和阅江楼上花的笔墨并不多，只是借题发挥，极尽歌功颂德之能事罢了。而观朱元璋亲自撰写的《阅江楼记》则高瞻远瞩，气势磅礴。先论三皇五帝以来的历代国体变化及他们大多建都中原的原因，接着叙述了他征战南北，定都南京的经过。文章在描写了他建设大南京的"特异"后，谈了改名"狮子山"的理由。接着他以主要篇幅，展开了想象的翅膀，描绘了登山后的所见所闻，浓墨重彩地写了登阅江楼的意境，并自然而然地引出了他十多年前在此山指挥伏兵大败劲敌陈友谅的那场战役。文章最后，他以其古代帝王的特有身份地位，指点江山，突出一个中心意思，即：世界的中心在中国，中国的中心在南京；全城仰望着狮子山，山巅更有一座高耸入云的阅江楼！

龙江祭祀坛

在阅江楼里展出了在狮子山挖掘出的"五色土"。据《狮子山风景区导游图》介绍："在狮子山西北侧发现的五色土，按照红色、黄色、黑色、白色和紫色等层次均匀分布，每层土呈带状，其中白色土壤明显夹杂小石块。初步挖掘的这片五色土约 50 平方米，为天然土壤。据说，五色土在封建社会被视为帝王统一天下的吉兆。"五色土为天然土壤，几乎不可能。因为土壤颜色的自然成因很复杂，跟当地的地理位置、地质状况、气候条件、环境变化、社会发展以及物理的、化学的、生物的等等因素都有关联，不可能在同一地方发现同时存在的五种颜色的土壤。这就是说完全可能是人为因素，将这五种土壤合并在一起，再经过时间的沉淀，而形成的自然状态。

在我国古代，一直存在着"社稷祭祀"的制度，祭祀土地神的地方称作"社坛"，祭祀谷物神的地方叫做"稷坛"。明洪武时期，朱元璋将两处并为一处，合称"社稷坛"。祭祀社稷是国家权力的象征，因而后来用"社稷"来指称国家。北京中山公园的社稷坛建于永乐十八年（1420 年），是一座仿南京社稷坛的建筑，作为皇家祭祀社稷的场所。从整体构造来说，这个社稷坛是一座三层的方坛，用汉白玉砌成，自下向上逐层收缩。坛面上铺垫着五色土，以五行学说中的五色对应五方。中央有一"社主石"，象征"江山永固，社稷长存"。

五种颜色的土壤，寓含了全中国的疆土。青色代表海岸、白色代表大漠、红土代表岭南、黑土代表塞北、黄土代表中原。据历史记载，洪武六年（1373 年），中山侯汤和在凤阳督造中都，曾派遣军士往四方采集五色土以建社稷坛。后来在洪武八年（1375 年），罢建中都，这些土是否运来南京，不得而知。南京早在吴元年（1367 年）朱元璋登基之前，"在宫城之西南，背北向。社东稷西，各广五丈，高五尺，四出陛，每陛五级。坛用五色土，色各随其方……"早期的社稷坛，实际是"社坛"和"稷坛"两座坛，共用一个地方。直到洪武十年秋八月癸丑日（1377 年 9 月 10 日），才"改建社稷坛于午门之右，共为一坛"。永乐的北京社稷坛就是仿照这个设计建的。改建的社稷坛虽然是在"罢建中都"之后，但因是原址改造，不需要增添五色土。那么，汤和费尽周折，军士吃尽千辛万苦弄来的非常珍稀的五色土却成了多余物，朱元璋就不得不盘算物尽其用了。后来，朱元璋又在金川门外设置龙江坛以祭祀天地神灵。为什么要设这个龙江坛？史料记载："祭江坛，在金川门外江上，洪武初建，凡行幸、出师及亲王之国，俱于此祭江神。宣德六年（1431 年）二月戊午，修筑南京龙江坛，坛初为水侵蚀不及者仅丈余，至是江水已落，乃命襄城伯李隆拨京卫军二千及直隶府州民丁并力为之，务令完固。七年（1432 年）三月己巳徙南京龙江坛，初，工部奏坛西夕垣为江水所蚀。"这一段文字让我们得知，龙江坛原先是建筑在江面上的木结构，五色土或许用上，或许没有用上，我们无法知晓。到宣德年间至少已经历了五六十年，木料的腐朽已经难以支撑。于是朝廷下令"京卫军二千及直隶府州民丁并力为之，务令完固"。投入的人力、物力可想而知，其规模也很宏大。但是仅一年，可能是洪水、风浪等因素，坛西部分又遭损坏。不得不考虑迁址到岸上，重新建一个永久性坚固的祭祀坛。在封建时代，鬼神是人人敬畏的，不管你是皇帝，还是普通百姓都如此。何况这是太祖皇帝亲自赐建的，后辈皇帝更应尽力维护，慎重处理。龙江坛的功能是祭祀江神，迁徙重建后，一定会做得更好。功能或许会扩展到祭天、祭社稷等，新坛建在岸上何处，无法考证，根据明朝茅元仪编绘的《自宝船厂开船从龙江关出水直抵外国诸番图》，简称《郑和航海图》证明，该图在狮子山下面标有"祭祀坛"。古代地图的方位与现代地图正好相反，现代地图方位是上北下南，左西右东；古代则是上南下北，左东右西。说明祭祀坛在狮子山北。而狮子山发现的"五色土"其位置正好在狮子山的西北角，这里也是南京城墙的西北角。西北在八卦中属乾位，代表天。

　　而在旧时的风水说上，方位与八卦是很有说道的。例如一宅之中最关键的位置是在西北方位，西北方位属乾卦，乾卦五行属金，代表家中的男主人，代表官位事业。因此，多在此方位布置卧室，书房或客厅。同理，当初作为一国之君的朱元璋，在京城的西北方位，也就是乾位上也必须布置与国运相关的重要设施，这里恰恰临江，龙江祭祀坛就是鉴于这个原因而设立的。狮子山是朱元璋的肇兴之地，著名的龙江战役即发生在此，朱元璋亲自坐镇指挥，以8万精兵大败劲敌陈友谅40万大军，为建立明王朝奠定了基础。因此朱元璋对它情有独钟，亲自为它改名，并在狮子山的南面（离位）建徐将军庙及卢龙观，还将在山顶建造阅江楼，宣德皇帝将龙江坛选建在其西北面（乾位）是完全有可能的。茅元仪的《郑和航海图》对南京城墙没有表现，故使祭祀坛的确切定位增添了难度，但是图中的祭祀坛是紧挨着狮子山的，如果祭祀坛果真就在狮子山西北坡上，祭祀坛画在狮子山腰上也是很难表现的。因此可以断定，狮子山发现五色土绝非偶然，明代的龙江坛应该就在此处！

　　狮子山发现的五色土分红、黄、黑、白、紫，与正宗的五色土青、红、白、黑、黄，少了一个青，多了一个紫。这一点都不奇怪，青、紫本身颜色相近，如果青土中含有氧化物，经过六百多年化学变化，就很有可能变成紫色。可以断定，狮子山上的五色土绝不是天然形成的，它可以推证出当年龙江祭祀坛的实际位置及规模。而五色土的中央应有一个"社主石"，"社主用石高五尺，阔二尺，上锐微立于坛上，半在土中，近南北向，稷不用主。"通常，一个祭祀坛的设立，都得有许多的配套设施，因为是皇帝亲行御祭。据《明太祖实录》载："……天库五间。在外墙北棂星门外，南向厨房五间，西向库五间，南向宰牲房三间，天池一所，俱在外墙东棂星门外。"占地面积可以想见。

天妃宫的故事

　　古天妃宫位于龙江关附近。《明实录》载："永乐五年九月戊午，新建龙江天妃庙成，遣太常寺少卿朱焯祭告。时太监郑和使古里、满剌加诸番国还言：神多感应，故有是命。七年（1409年）正月己酉，封天妃为护国庇民妙灵昭应弘仁普济天妃，赐庙额曰：弘仁普济天妃之宫。岁以正月十五日，三月二十三日，遣官致祭。著为令。十七年（1419年）九月甲寅，重建天妃宫于京师仪凤门外。"可见天妃宫始建于明永乐五年（1407年），系郑和第一次下西洋平安归来，永乐皇帝朱棣为褒扬天妃林默护佑郑和船队的神迹所敕建。初成，名"龙江天妃庙"。永乐七年（1409 年）朱棣封妈祖为"护国庇民妙灵昭应弘仁普济天妃"，并赐庙额"弘仁普济天妃之宫"。将天妃庙升格为天妃宫了。此《敕封护国庇民妙灵昭应弘仁普济天妃诏》曰：

奉天承运皇帝制曰：惟昭孝纯正圣妃林氏粹如灵惠，毓秀坤元，德配苍穹，功参玄造。江海之大，惟神所司，祐国庇民，夙彰显应。自朕临御以来，屡遣使诸番及馈运粮饷，经涉水道，赖神之灵，保卫匡扶，飞飚翼送，神功导迎，倏忽感通，捷于影响。所以往来之际，悉得安康。神之功德，著在天壤。必有褒崇，以答灵贶。兹特加封"护国庇民妙灵昭应弘仁普济天妃"，仍建庙于都城外，赐额曰"弘仁普济天妃之宫"。爰遣人以牲礼庶羞致祭，惟神其鉴之。

郑和第四次下西洋归来之后，永乐十四年（1416 年）四月初六日，明成祖又在天妃宫中立了"御制弘仁普济天妃宫之碑"。此碑文也是朱棣亲自撰文书写的，现仍存于今静海寺三宿岩的西南方。

永乐十七年（1419 年）九月甲寅，重建天妃宫于京师仪凤门外。就是说，原来的天妃庙被拆除了，在原址上扩建了新的天妃宫。根据明万历年间的《金陵玄观志》记载："天妃宫东至仪凤门、西至静海寺、南至官街、北至凤城，周围墙垣计一百八十一丈余。有大山门三楹、二山门三楹、正殿三楹、两廊庑二十楹、穿堂三楹、后殿三楹、三清殿三楹、玉皇阁五楹、神馐馆五楹、碑亭一座、道院四房，计七十九间座。占地三十亩。"此外，另有公产祭田一百亩。明皇不惜重金修建巍峨庄丽的天妃宫，其规模之大，为全国之首，《郑和航海图》上也有其标志。

奈何岁月不留情，风雨侵薄，转眼百年，天妃宫日见斑驳。一天，南京守备刘琅前往天妃宫敬香，看见此状况，心生怜悯。因感圣恩之浩荡，悯前人之至意，于是罄竭囊资来修理宫庙。成国公朱辅、西宁侯宋恺、兵部尚书乔宇等听说后，为刘守备的精神所感动，都愿意出钱协力赞助。于是购置木材、雇工匠，将房屋倾败者扶正，残缺者修补，而一时焕然若新。此次维修从正德十二年（1517 年）十二月十九日动工，次年十月十九日竣工，历时整十个月。把天妃宫前后殿宇、房屋、廊庑、碑亭楼共七十九间座，包括周围内外墙垣，计一百八十一丈余，全部修葺一新。刘守备的功德让南都的妈祖信众钦佩不已，大才子黄谦作《天妃宫重修碑记》记载了这件事。

到了万历十二年（1584 年），汤显祖被任命为南京太常寺博士，掌管天妃宫。为龙江天妃宫办了一件大事，增置了祭田。他将宫中收藏的朝廷封赏、大臣及善男信女们捐赠给天妃妈祖的金银首饰变换纹银，增置田二顷二十亩（220 亩），至此天妃宫的田产增至三百二十亩。

明万历二十九年（1601 年）钱塘进士葛寅亮撰写的《金陵玄观志》里有这样的记载："宫殿华峻，廊庑绘海中灵异，丹青满壁。玉皇阁高可见江，朱楹翠栋，与远近帆樯映色。

宫后有娑罗树，亭亭于云，翠影如盖。"说明了南京天妃宫的恢宏气势。

此后大约经历了200年至清嘉庆年间，南京天妃宫又呈颓败状，清廷上元县筹款重修，江宁知府许兆椿有碑记载了这次重修事迹。《道光上元县志》载："天妃宫，在仪凤门外，明永乐十四年敕建，命太常寺岁祀，宫殿华峻，廊庑绘海中灵异，玉皇阁高可见江。宫后有娑罗树，亭有明文皇御制碑。旧时，龙江经其下，今渐远。嘉庆年重修，知府许兆椿有碑。"清代嘉庆年间诗人周月溪有《赞天妃宫》一诗，诗中描绘："卢龙峰下起珠宫，金碧楼台气象雄。海上自归天使后，至今谁不仰神功"。使人们从古诗中了解到在嘉庆年间南京天妃宫的模样依旧不减明朝当初气概，仍旧是"金碧楼台气象雄"。

龙江天妃宫最初被毁于清咸丰三年（1853年）太平军攻打南京之时，太平天国天王洪秀全崇信的是上帝，是自由、博爱的上帝，是战斗诛妖的上帝。太平军所到之处都要捣毁庙宇偶像，杀逐豪绅、地主、富农、和尚、道士，他们认为这些人多数是土地占有者或高利贷者。从清咸丰三年至十一年（1853～1861年）的8年时间里，太平军与清军在南京的包围和反包围战争中，城内外的寺庙、道观、宫院如栖霞寺、鸡鸣寺、灵谷寺、毗卢寺、报恩寺等均遭到严重的毁坏，有的被化为废墟。龙江天妃宫是众多遭毁寺庙中最早被毁的庙宇。

同治四年（1865年）即太平天国灭亡后的第二年，下关复建了救生局，从事抢救水上遇难船只，打捞、埋葬江面浮尸等工作。大约在这一时期，妈祖信徒们通过募捐重建了天妃宫，用于祭祀天妃，祈求妈祖保佑平安。光绪三十一年至三十四年（1905～1908年），南京连续遭受山洪暴发，江潮泛溢，恒寒多雨，夏天酷热异常等灾害。特别是光绪三十四年，夏淫雨，六月又酷旱，天妃宫又红火起来了。这年六月谷旦，商埠信士弟子到天妃宫献一联，其联云："宝殿巍峨，都金相庄严，立念时民安物阜；天香飘缈，对玉容整肃，存神处海晏河清。"这说明了天妃宫不但存在，而且是"宝殿巍峨"，其规模就不知凡几了。

1925年，在江浙之战时，天妃宫又遭部分毁坏，毁坏的部分由外商盖了洋房，成为英、法、德商人的别墅，这里还有一家为洋人服务的酒馆，叫惠隆大酒店，因而这里的地名亦叫惠隆里。我国著名史学家郑鹤声先生在他编著的《郑和下西洋资料汇编》下册里记载："1935年编者曾至下关仪凤门外访问，所见天妃宫乃又经重建，规模狭小，并改庙额为天后宫，旧日规模及宏丽景象，荡然无存。"

南京天妃宫第二次全部遭毁于1937年冬。那年"8·13"淞沪战争结束，日本帝国主义军队继续西犯，11月24日，南京国民政府发布"特派唐生智兼南京卫戍司令长官"率军保卫南京。狮子山是军事要地，天妃宫再次全部毁于战火之中，宫庙周围的外国商人的别墅和惠隆大酒店也全部化为灰烬。战争平息后，日本侵略者将这里划为军事区，由南向北盖起了几排木板房，作为日本军的下关兵站。门口有日军站岗，中国人从这里经过，既不敢朝庙里望，也不敢在这里慢步走，生怕遇到非祸。天后圣母大殿和惠隆大酒店的原址，亦盖起了东西向两排木板房，取名叫惠隆馆，实际上是慰安院。这里有日本、南朝鲜、台湾、东北以及我国其它地方的妇女，成为日本兵兽性发泄的工具，受到非人的污辱、欺凌。

1945 年，抗日战争胜利后，郑鹤声先生又一次来到下关天妃宫时，原址已另建板屋，为国民党宪兵第 26 团第 2 营营本部驻地，而移神像于附近小屋内，题额曰："古天后宫"。仅永乐十四年所立御制弘仁普济天妃之碑，尚巍然独存，孤峙于斜阳凄风之中。

南京解放后，由南京军区后勤部接管天妃宫原址板屋，并改为职工宿舍。7316 工厂的孙其龙曾住进"古天后宫"，1960 年他离开这座"古宫"，搬进新居，原破烂不堪的"古天后宫"被拆除，新盖了职工宿舍。至此，"天妃宫"也就真正荡然无存了，仅残留一座龙江天妃宫碑。

天妃宫西侧和后院的宫墙外有一条小巷，毗邻静海寺，小巷以宫为名，曰："天妃宫"。其北面连接朝月楼。1950 年曾将朝月楼并入天妃宫，1968 年天妃宫又并入朝月楼。时有门牌 3 - 117 号。现原址为大观天地明文化一条街。

2005 年，中央决定隆重举办纪念郑和航海 600 周年活动，下关区政府决定重建天妃宫，让妈祖的圣德重放光芒。如今新宫巍峨，占地约 17000 平方米，采用明代宫式建筑的型制和风格，主要由东西两轴线建筑院落组成。其中西轴线为两进院落，设有天妃宫大殿及两侧配殿等；东轴线为单进院落，主要设有观音殿和东侧配殿。走进正门里面是一个小院，东厢房被辟为妈祖文化展览馆。进入二门，可以看见院落中间立有一碑亭，亭中有明成祖朱棣"御制弘仁普济天妃宫之碑"。碑亭正北是观音殿，正东是地藏殿，正西进入天妃主殿大院。南面照壁上"国泰民安"四个大字系著名书法家俞德明所书。照壁前有青铜质平安钟一口，高 2 米多，钟身上的铭文为 323 个字，象征着天妃是农历 3 月 23 日出生。天妃正殿为天妃宫主殿，旁边的配殿有玉皇殿、财神殿和药王殿。其规模远不如明代龙江天妃宫的恢宏气势，但也是宫殿华峻，已成为吸引海内外各界人士祈求福祉之圣地。

下关的 "乌龟会"

"乌龟会"源起妈祖庙会，明代盛行，流传至今。因明成祖朱棣于永乐十四年（1416 年）四月初六日，郑和第四次下西洋归来之后，在天妃宫中立了"御制弘仁普济天妃宫之碑"。该碑高 4.63 米，加上碑座高 5.48 米。石碑雕刻精美，碑冠上雕有四条螭，传说为龙的次子，是龙而无角。螭身相互缠绕，螭头各据一方。四螭浑身雪白，鳞爪分明，栩栩如生。碑座是一巨大的爬行动物，形似龟而非龟，名曰赑屃，传说为龙的长子，力大无穷，能负重，因此朱棣就弄个碑来让它驮驮。碑文是朱棣亲自撰写的，计 699 字，其内容阐述了朱棣怀念其父朱元璋的功绩，在大明江山国泰民安之时，派员出使番国的动机和目的，也谈了航行途中遇到的困难险阻以及神人的庇佑等等。特加封号曰："护国庇民妙灵昭应弘仁普济天妃"。并赋诗二十四行，以歌颂湄洲神女林默。由于天妃宫碑下驮碑神兽"赑屃"像乌龟，老百姓就俗称此碑为"龟趺"。由于妈祖的生日是在农历三月二十三日，因此这一天，天妃宫都要举办一年一度的"妈祖庙会"，下关地区有句民谚："三月二十三，乌龟爬下关"，指的就是"乌龟会"这件盛事。

"乌龟会"是明初至今广泛流传于南京下关地区的民间大众文化活动。从最初的官方祭祀、民间庆贺、歌舞狂欢，发展到农副产品、手工艺品和日常杂品的交易，在每年的农历三月十八至二十八期间，适逢农闲季节，汇集士农工商，形成数万民众规模。是本土文化的集中反映，也是独特的人文背景和特定的自然环境下的历史积淀。庙会影响逐渐扩展至在长江下游沿江一带的镇江、扬州、六合、江浦、仪征、滁州、和县、全椒、来安、马鞍山、甚至到芜湖、繁昌。20世纪60年代后期一度中断，2005年重建天妃宫后恢复。2007年南京妈祖庙会被列入江苏省第一批非物质文化遗产保护名录。

下关濒江，通江达海，舟楫辐辏于此，成为南北要津。因为明初南京的国都地位，促使龙江一带成为当时国内重要的港口。船民出行，祈求平安，天妃宫地处下关，又为皇帝御敕，且妈祖是海上保护神，故香火很盛。因此，每年农历三月二十三日妈祖诞辰前后，南京周边州县的民众都要来此赶庙会。庙会除了官方祭祀活动以外，还有民间祭祀和庆贺活动、戏剧演出或家族感恩苍天、祭奠祖先仪式；男女老少列队敬请天妃妈祖；带孩子来拜觋屃为"干老子"，盼家族繁衍兴盛、多子多福长寿。船民、农民、市民等在节日之夜提"妈祖灯笼"绕游；用木质半月形"圣杯"（爻，求卦的一种方式），向天妃祈求解决疑难问题的方法；妇女换下天妃头上的花来求孕；到天妃宫祈取小香袋戴在小孩身上，以保平安；书生到此拜祭以求取功名；渔民在此期间休养不捕鱼，体现人与自然和谐。

农耕社会有此庙会，孕育着极大的商机，各种小吃、炒货应运而生，农副产品、农具、日用小百货、杂货、竹木器、手工艺品纷纷沿街布摊，规模越来越大。时至1965年的下关"乌龟会"，摊位已遍布天妃宫四周的绥远路、静海寺（街巷地名）、天妃宫（街巷地名）、朝月楼、热河路、鲜鱼巷、永宁街、兴安路、大马路、公共路、商埠街、甚至穿过中山北路，延伸到了宝善街一带，基本涵盖了下关的主市区。

庙会，有庙才有会。历史上天妃宫几毁几建，妈祖庙会也是有兴有衰：社会安定，庙会就兴盛；社会动乱，庙会就衰亡。妈祖庙会的历史发展经历了曲折起伏，但它作为一项有着广泛民众基础的传统习俗，最终还是薪火相传、延续至今。2005年当地政府恢复举办每年一届的"妈祖庙会"，将民谚改成"三月二十三，祈福到下关"，受到广大民众的欢迎，庙会重焕青春。

明清以来，南京妈祖庙会起初从船民信仰发展成长江中下游南京周边州县民众定期的社会交流集散地，通过社火形式，联络民众情感。妈祖宫庙的建筑风格和布局与我国其它宗教的庙宇的建筑布局有很大的区别。天妃宫中的钟楼、鼓楼、戏台、梳妆楼、寝殿等似作凡人享用的建筑，在宗教庙宇中是见不到的。可见，妈祖信仰和妈祖文化是来之于民、为民所用的。加之下关的地理位置独特，包容兼收大江南北之民风民俗，因此南京妈祖庙会除了祭祀、戏剧表演之外，还有丰富多彩的民间文艺活动多达几十种，有法鼓、高跷、大幡、中幡、宝辇、提灯提炉、接香会、打殿会、单伞秧歌、双伞秧歌、飞叉、高跷、太狮会、舞双龙、旱船、打春、莲花落、太平鼓、双石头、五虎棍、耍花坛、门幡、什锦杂耍、爬杆等等，奇技争雄、百花斗艳、热闹非凡。其中有的民间文艺就是诞生于南京妈祖庙会，后来在向外流传中繁衍了其他的曲种，为中国曲坛增添了新的花朵。例如"莲花落"，发源于南京，在外流过程中，后来发展成为了"数来宝""快板书"。传说当初有两名唱"莲花落"的乞丐，曾经救护过朱元璋，明王朝建立后，朱元璋要给他们封官，乞丐坚辞不受，只请朱元璋颁旨：今后不许任何人呵斥、打骂莲花落艺人。于是朱元璋赐给他们大板两块、小板七块，并亲笔题词于大板上，阳板题"日"，阴板题"月"两字，两大板合为"明"。这两人后来成了"数来宝"的祖师爷。

庙会同时，来自八方的各种民间手艺人此刻汇集于此，各展技艺，捏面人、作糖画、葫芦画、剪纸、扎花、草编小动物、竹木玩具、扎风筝、书法、绘画，五彩纷呈，各具传承。为广大民间艺人寄托情思的智慧结晶和文化载体。民间艺人通过借物传情、以物喻意、托物言志等表现手法，将中国传统文化中喜庆娱乐、祈年嗣子、纳祥驱邪等美好寓意，有机地融合在一起，创造出许多为民众喜闻乐见的艺术形象，进而提升了妈祖庙会的文化艺术水准。

妈祖庙会期间，还有一些带有博彩性质的娱乐项目，如套圈，在地上摆放一些各种造型的石膏彩塑，隔3、5米间距，抛竹圈，套中即拿走作彩头，1个铜钱10个圈；转彩，通常是作糖画的经营，1个铜钱转5次，指针停在什么位置，如若中彩，上面写什么就给什么，空门就吃糖稀；钓鱼，用纸板做成的鱼形，上面写有彩头，鱼嘴处有一细铁丝做的圈，竹竿上拴根线，带有小钩，钓起来中彩，钓不起来算失败等等。给娱乐增加了参与互动性，不仅小孩喜欢玩，大人也乐此不疲。

妈祖庙会之所以盛行，一个主要的内容就是带孩子来拜"赑屃"为干老子。太平天国运动致天妃宫毁掉了，至民国时期才有信众捐盖了三间小庙，称天后祠。但是庙会依然盛行，原因是明成祖的"御制弘仁普济天妃宫之碑"还在，碑的龟趺成为民众崇拜的对象，所以才有"三月二十三，乌龟爬下关"的民谚，庙会又称"乌龟会"。其实，驮碑的实名叫赑屃，传说赑屃是龙的长子，尽孝是它的首责，所以祖上的功德碑就由它来驮；又因为赑屃像龟，龟很长寿，子孙就繁衍得多，民间有"忠孝传家""多子多福""家族兴旺"的观念，人们就想与它结个善缘，从它那里承接一些优点传给子孙。首先是传孝，希望孩子将来是个孝子，能够延续香火，光宗耀祖；再就是讨点寿，求些福荫，让孩子健健康康、无病无灾的。尤其是单丁家族，几房拥一个的惯宝宝，更是要跋山涉水地在这一天赶来拜它为"干老子"。除了烧香磕头以外，还要在赑屃头上系一根红头绳，以求吉祥，保佑孩子们健康成长。这就形成了乌龟（赑屃）的崇拜风俗，这个风俗自清末、民国以来，直到文革前，在长江下游沿江一带的镇江、扬州、六合、江浦、仪征、滁州、和县、全椒、来安、马鞍山、甚至芜湖一带都很盛行，百余年来香火不断。现存的御制弘仁普济天妃宫之碑的巘屃是没有头的，据老辈人回忆，是二十个世纪三十年代一次庙会中烧香，由于香火太盛而断掉的，便是实证。

妈祖庙会既有民间文艺雅俗共赏的艺术内涵，也有传统的伦理道德蕴涵。妈祖精神的本身就涵盖了立德、行善、大爱，庙会的形式内容，客观生动地表达了民众追求真、善、美的淳朴心声。

旧时，中国社会基本是处于农耕社会性质，商品的流通主要是以手工业制品为主，农具、日用杂品通过庙会流通，很有市场，四周县乡的农民之所以赶来，是因为他们有这方面的需求，一是乘农忙前夕的空暇时间进城赶庙会，来祭祀天妃保佑全家平安，风调雨顺，五谷丰登；二是来庙会上买卖农副产品、土特产、常用农具、日用杂品等，以备劳动、生活之用。三是出来看热闹，顺便在城里玩上一天或数日，回家后准备夏收夏种。还有一些人借此机会进城来走亲访友，交流感情，增加亲情。

下关历来是南京的水陆交通要道和南北货物的集散地，鲜鱼巷的水产鱼市、盐市街的盐、茶市、米市街的粮食市场等都是远近闻名的集市。逢到妈祖庙会时，更是热闹非凡，人山人海。1953年是解放后六区（即下关区）政府第一次恢复"乌龟会"，旨在引导群众开展正当的贸易活动。会前，政府专门成立了"三、二三"庙会指挥部，下设市场、治安、财经、宣传等六个组，进行庙会的各项筹备、组织工作。这次庙会的会期虽然只有一天时间，但对于沟通城乡关系，组织城乡物资交流，促进市场繁荣等方面收到了良好的效果。据档案记载：这次庙会活动来自安徽的马鞍山、和县、全椒、来安和我省六合、江浦、仪征、扬州等地客商，有各类摊位2000余个，交易货物有竹器、木器、铁器、盆桶、桌椅以及其他日用品等数百个品种，参加庙会的群众达6万多人次，总营业额为五亿二千多万元（1956年货币改革前的人民币，1亿元相当于币改后的1万元）。这种由妈祖庙会形成的商贸活动，一直延续至文革初期，1999年再次恢复，集市贸易仍然十分活跃。

南京天妃宫是明朝永乐皇帝敕建的宫庙，"御制弘仁普济天妃宫之碑"又是明成祖朱棣亲自撰写碑文和树立的，在妈祖文化领域中是国内最高规格的皇家妈祖宫庙建筑和文物遗存。南京妈祖庙会有着妈祖文化的背景，是联系海峡两岸同胞加强交流交往的桥梁和纽带，其在维护家庭和睦、社会和谐、世界和平和弘扬大爱精神方面发挥的独特作用显而易见。它的人文价值和艺术价值也越来越被广大民众所认同。因此成为下关地区民间文化和民俗活动的拳头品牌。

静海寺今昔

在狮子山的西南麓与天妃宫紧邻的一座著名寺院，名静海寺，其位置在原朝月楼地区，地名就叫"静海寺"。现为大观天地MALL商业圈，而静海寺则东移至天妃宫原位。

明永乐九年（1411年）航海家郑和第三次出使西洋凯旋归来之后，壮大了大明王朝的国威，明成祖朱棣敕建了静海寺，并赐额"静海"，意为四海平静。史载："文皇命使海外，平服诸番，风波无警，因建寺，赐静海"。建寺前，这里是临江的一片荒郊野外。"静海盖江山辽落之乡选一佛址，无处称尊。初兹土河以西，为江涯聚沙、浮渚，一沤脱不任化成，故六朝无遗刹"。

静海寺建立之初，占地30亩，规模宏大，殿宇林立。据明万历年间的《金陵梵刹志》记载：有金刚殿三楹，左钟楼一座，右井亭一座。天王殿三楹，正佛殿三楹。左观音殿三楹，左伽蓝殿三楹，右轮藏殿三楹，右弥勒殿三楹，右祖师殿二楹，潮音阁五楹。左华严楼三楹，回廊二十楹，玩咸亭一座。方丈一所十六楹。公学三楹。僧院四十房。禅堂正门一座，华严楼三楹，禅堂左右两堂共六楹，十方堂三楹，茶厨等房若干楹，各类殿堂八十间。此外，公产田地塘二百余亩。香火鼎盛，名扬四海。这是万历年间的记载，距永乐年间已有150多年，玩咸亭是嘉靖年间建的，而且是建在狮子山上，说明当时狮子山已划给静海寺做庙产。寺内的建筑所用木料多为楠木。《白下琐言》有载："规模宏阔，础石大若车轮，润如苍玉，柱皆数围，或云沉香木为之，其实钟山楠木耳。"

寺院内，除殿堂、楼阁、亭台、假山、井泉外，诸殿墀中种植着郑和从海外带回来的奇葩异卉、珍贵树木。寺院内的一棵西府海棠尤为繁茂，高大冠蔽数亩地，花开华美锦绣。殿堂中还供奉着从海外带回来的佛像，以及水陆罗汉画像。据《图书集成》所载："有水陆罗汉像，乃西域所画，太监郑和专携至。每夏间张挂，都人仕女竞往观之。"这里，还陈列着诸番国赠送的象牙、玉石等各种奇珍瑰宝。

明代由于长江离此不远，官街就在寺前，静海寺西有龙江关、宣课司、抽分场，东有天妃宫，对面是龙江船厂，是下关的闹市区。因此，吸引着南京地区以及邻近的安徽各县善男信女们前来狮子山下进香拜佛。香客终年络绎不绝，每逢节日香火尤为旺盛，鼓钹阵阵，香烟缭绕，好不热闹。

明朝正德年间，静海寺已逾百年，蛊坏日甚。信士四出化缘，筹资修缮。历经三年，终于大功告成。总共修缮了四进佛殿，六间佛堂，四座亭子，山门、潮音洞、华严楼、方丈室各一座，画廊两庑计四十间。正德己卯（1519年）夏四月，请明朝南京礼部侍郎（相当于现外交部副部长）杨廉作《静海寺重修记略》，碑立在潮音阁前。潮音阁是静海寺最高建筑，登楼可见江中过往千帆。

明万历年间静海寺又历经百年，风雨漂剥，岁月凋朽，破旧不堪。主持方丈发大愿心，为无量施，筹款进行维修，请光禄寺（掌酒醴膳羞之政，总太官、珍羞、良酝、掌醢四署，相当于现代的外交部礼宾司）少卿（从四品以上，相当于现代的副司局级）俞彦撰《静海寺重修疏序》勒碑寺中。

静海寺后院有真假山，是狮子山的一部分，又称"狮子头"，真山形同假山，有天然洞穴，山上树木茂盛。曲径盘折而上，形类垒石，谓之"三宿岩"。《江宁府志》载："寺中有危石，下空洞。相传虞允文三宿于此，有宋人题字于上。是时，石临江浒也。"至今，洞口上方的一个"佛"字仍清晰可辨，不知为何人镌刻。俞彦《静海寺重修疏序》中描述"复有灵石，奇形怪状，踞虎蹲鸥，突起危岩，削成飞岫。说者谓如狮子头，盘伏其间，上捎云根，下连地脉，源泉不涸，洞壑常阴，经年潭浸，苔花坐暑，寒生肌粟，可游可咏，尤最胜云。"可以说至少在万历年间三宿岩仍是"源泉不涸"。

静海寺在明代领管仪凤门内的一真庵和金川门的积善庵小刹。

到了清朝乾隆年间，该寺又一次重修后香火旺盛，僧侣骤增。据史料记载："乾隆间住持浩清重为修整，创造石戒芯氢，来归者众，为金陵律门之冠。"这是静海寺作为律宗寺院的最早历史记载为清乾隆时期。

数十年之后，静海寺遭火焚，损失严重。道光壬辰年（1832年）二月二十二日卯时，寺院突然起火，且火势越来越大，风助火威，火借风力，越烧越猛。僧侣们救火犹如车薪杯水，无济于事。上百年的一株大银杏树也被焰火吞噬，整个寺院建筑几乎化为灰烬，仅留下山门和天王殿。接着，静海寺再度重修。

道光二十二年（1842年）六月，英国军舰悍然入侵南京下关江面。清政府屈膝求和，在静海寺中三次与侵略者谈判议约，当主要条件都得到满足之后，英方才同意正式签订条约。七月二十四日（公历8月29日），在下关江面英军康华丽号军舰上，签订了我国近代史上的第一个不平等条约——中英《江宁条约》（即《南京条约》）。

十多年后的咸丰年间，50万太平军从长江顺水而下直捣江宁（南京）。林凤祥所率领的水陆两军直抵下关，北路攻城指挥部就设在静海寺内。他们"穴地轰城"，从寺内挖地道直通仪凤门城墙下埋设地雷，炸塌城墙，冲入城内。此后，静海寺再度毁于兵燹。数毁数建，静海寺至清末，又经重修，规模大不如前。1937年静海寺又再度遭到日军的炮火轰击，寺庙大部分建筑物被毁，仅存偏殿僧舍8间。

时至新中国成立初期，寺院外仍有高大的照壁，墙砖上所刻"南无阿弥陀佛"六个大字为清代人杨义山所写。山门十分气派，两侧的古铜瓶两个人都难以搬动。据静海寺最后一位和尚姚广银（后任金陵刻经处总务）介绍，静海寺原名叫"静海律寺"，大门上"静海律寺"四个字是用罗底砖刻的，砖嵌在门头上。属于律宗（指佛教专守戒律的一派），和南京的宝华寺、卧佛寺、滁州的琅琊寺合称律宗四大寺，规模也相当。可以独立传教、受戒。当时寺里最古的文物是三尊木雕法像（西方三圣像）；还有一口钟，有几百斤重，是铜铁合铸的，这口钟在1958年大炼钢铁时被熔毁；静海律寺有一个下院在城南门西，叫海慧庵；此外，位于绥远路（今建宁路）口的德润泉浴室是静海寺的寺产，1956年静海寺的姚师傅还去收过房租。

后来，静海寺不再作为寺庙使用，其地一度成为小学校（下关区第一中心小学）。1982年秋文物普查时，静海寺仅剩残缺的东配殿2楹。除挂边一间被街道工厂占用外，余俱由下关区土杂公司租为仓库。当时普查人员按常规民房计，认为是8间，称为偏殿。后经古建筑专家鉴定，认为是6间，其中3间是100多年前的建筑，3间是200多年前的建筑。也就是说，有3间是咸丰后所建，另3间是道光大火前的遗物了。后经多方考证，确定此残古建筑为静海寺大雄宝殿的东配殿3楹中的2楹。

1987年，南京市政府决定重建静海寺。是年年底动工，翌年岁末竣工。辟为《南京条约》史料陈列馆。1997年和2005年又进行了两次较大规模的扩建，目前全馆占地面积15000平方米，建筑面积4700平方米。扩建后的静海寺，现为"南京静海寺纪念馆"。这是一组明清建筑风格的建筑群，寺前有一座刻有"静海沧桑"的牌楼，两旁左为两层钟楼，右为井亭。钟楼四檐高翘，楼顶中央悬挂着一座青铜巨钟，重3.5吨。钟体高1.842米，寓意让世人牢记丧权辱国的中国近代史上第一个不平等条约——中英《南京条约》于1842年在静海寺被迫议定；钟的肩部铸有12只和平鸽，它象征着12亿中国人民永远热爱和平；钟裙之上是两条龙，它生动形象的代表了中华民族的母亲河——长江、黄河，象征着炎黄子孙是龙的传人；二龙之间是南京市的市花——一朵盛开的梅花，它是钟的撞击点；一道回纹环绕钟体，寓意着香港与祖国割不断的血脉情缘，尽写亿万人民喜庆香港回归之情；钟体的正面"警世钟"三个大字赫然醒目；钟的两侧是铭文，它记述了从《南京条约》胁迫签订到1997香港回归祖国这段沧桑历史。钟的背面镌刻有著名书法家武中奇题写的千古训条"前事不忘后事之师"，这是钟的灵魂。钟的顶部，也就是钟纽。这个张着大口的动物造型叫蒲牢，是传说中龙的第三子，善喊叫，能发出洪亮的声音。"警世钟"的声音浑厚洪亮，可绵延两分多钟。

静海寺内分两大部分，一个是郑和纪念堂和复建的潮音阁，展示了明代航海家郑和下西洋的辉煌业绩；另一个则是近代史第一个不平等条约《南京条约》的史料陈列馆。走进郑和纪念堂，郑和的雕像俊朗、飘逸而洒脱，身佩宝剑，手握书卷，显得文韬武略，运筹帷幄。"盛誉著瀛寰，重洋几涉开新纪；大功传禹甸，圣德广宣睦远邻。"这副对联是对郑和七下西洋的高度评价。孙中山先生曾评价是"超前侠后"。郑和纪念堂四周的壁画上，记载着郑和下西洋的经历与过程，特别是在马六甲一带智擒海盗、为民除害；游历诸国厚赠薄取、礼仪风范；对土著人教习农耕，传播文明……

潮音阁是静海寺里的最高建筑，这里展示着郑和下西洋时期运送辎重的船只模型，有兵船、水船、粮船、马船等不同功能的船只，特别是郑和所在的旗舰，称着宝船，有九桅十二帆，长度138米、宽度56米，是当时独一无二的大型航母。潮音阁展示的还有郑和游历西洋的港口、风土人情以及成果资料。在静海寺外的郑和广场，清楚地记载着七次下西洋的时间、线路和地点。这一惊世创举，充分显示了大明王朝的友好与文明，威严与形象。现在，世界各地的游人带着好奇的心理来到静海寺，他们想要全面地了解这位伟大的航海家和他充满传奇色彩的一生。

如果说静海寺的敕建，是宣扬郑和下西洋的荣耀，那么近代《南京条约》的签订，则记录着静海寺和中华民族的耻辱。1842年，英帝国主义的军舰开到了南京下关江面，兵临城下之际，清朝政府乱了方寸，连忙要求坐下来议和，于是双方就在长江岸边的静海寺里进行两国之间的谈判。就在这座寺庙里，就《南京条约》进行了五次谈判，决定割让香港，以求得中国一时的安宁。8月29日在英军旗舰"康华丽"号上签订了中国近代史上第一个丧权辱国的不平等条约中英《南京条约》。这是一部丧权辱国的条约，它从此将中国带入了殖民地、半殖民地的深渊，进入了长达一个世纪的漫漫长夜。静海寺因此成为中国近代史起点的象征。

在当年议约的东配殿里，其陈设一如当初。从当年的英军随从画家的速写现场看，英军全副武装大摇大摆进入静海寺，而清朝官兵则卸甲列队欢迎侵略者。洋人趾高气昂，清吏大员则奴颜婢膝。在中国近代条约展室里，还陈列着我国自1842年—1949年签订的1050多个条约，其中，有相当数量的不平等条约是被迫签订的，堪为世界之最。这其中揭示了一个颠覆不破的道理：弱国无外交，落后就要挨打。展室门口立有一面铜镜，赫然写着"前事不忘，后事之师"。它告诉人们：以史为镜，可以知兴替。

静海寺是中宣部命名的"全国首批百家爱国主义教育示范基地"。2010年，纪念馆在中庭立了一座巨碑，造型像一部书卷，撰写碑文的是国学大师许嘉璐老先生，"……盛衰荣辱，因缘为何，国为谁立，孰人掌国。既逢盛事，当立宏志，民族复兴，国耻应志。举国同心，前史为箴，居安思危，力绝瘠瘵……"静海寺，不仅记载着中华民族的荣辱历史，更是召示后人奋发图强的一面镜子。

郑和与静海寺

明成祖朱棣敕建静海寺，史学界至今有两种说法：一种是褒奖说。郑和第三次下西洋归来，大壮国威，功勋卓著，因为郑和身为太监，没有子嗣承继，于是皇帝敕建一个寺庙给郑和，名曰建寺纪功，让他怡养天年。

另一种是贡奉说。认为郑和是回族人，信奉伊斯兰教，皇帝为一位信奉伊斯兰教的太监敕建佛教寺庙缺乏依据。真正的原因应该是：郑和第三次出使西洋之前，永乐帝希望他用中国的瓷器、丝绸等特产，从锡兰古国（今斯里兰卡）换取一枚佛牙舍利，因为中国是一个信奉佛教的国度。郑和按照皇帝的旨意圆满完成了任务，当佛牙舍利到达福建长乐船舶基地后，船队即完成了出使任务。佛牙舍利改由陆路送往京都南京。当时途径各地的各州府官员顶礼奉迎，时间长达十个月才到达南京。而早在快马告知京都的时候，永乐帝已经下令建造庙宇，起名"静海"并赐匾额，取四海平静之意，令僧众将佛牙舍利恭奉在寺中的佛塔之中。

不管哪一种说法，都离不开郑和对静海寺的贡献。郑和本名马和，小名三保，云南昆阳宝山乡知代村人，回族。其祖父和父亲都从海路到过伊斯兰教圣地天方（今沙特阿拉伯麦加）朝圣的教徒，回回们尊称其父为马哈只。郑和出生于明洪武四年（1371年），是马哈只第二子。洪武十三年（1381年）冬，明朝军队进攻云南，马和仅十岁，被明军副统帅蓝玉掠走，本想至南京，后因统帅傅友德调往北平，便随大军送往北平，阉割成太监之后，进入朱棣的燕王府。永乐元年（1403年），姚道衍和尚收马和为菩萨戒弟子，法名福吉祥。因此说郑和是信奉伊斯兰教的太监，是不负责任的凭空想象。在靖难之役中，马和在郑村坝战役立下大功，使朱棣反败为胜，并且救了燕王一命，因此很受燕王的器重。明成祖即位后在南京御书"郑"字赐马和郑姓，以纪念其战功，遂史称"郑和"，并升任为内官监太监，官至四品，人称三宝太监。郑和有智略，知兵习战，明成祖对郑和十分信赖。

郑和七下西洋中的前五次都要回到南京向明成祖朱棣复命，每次都要从海外带回许多奇珍异宝和珍贵树木、奇葩异卉，放在静海寺展示或种植，供香客观赏。据史料记载，寺院内的一棵西府海棠尤为繁茂，高大冠蔽数亩地，花开华美锦绣。殿堂中还供奉着从海外带回来的佛像，以及水陆罗汉画像。还陈列着诸番国赠送的象牙、玉石等各种奇珍瑰宝。

郑和第六次下西洋回国以后，已是永乐二十年（1422年）九月，随他一道航海的"兵、工、船夫们都被安置在南京一带"。随后，郑和被任命为南京守备太监（相当于今警备司令），职司护卫首都（留都）治安，为钦天监外差。永乐二十二年，明成祖去世，仁宗朱高炽即位，以经济空虚，下令停止下西洋的行动。郑和任南京守备太监六年之久，离任后，居住在静海寺，空余时间，吃斋念佛。期间明宣宗朱瞻基特下御敕，要郑和担任建造大报恩寺的总监工"即将未完处，用心提督"，限期完工，直至宣德五年（1430年）第七次下西洋。

李时珍补遗静海寺

李时珍（1518～1593年），字东璧，号濒湖，湖北蕲州（今湖北省蕲春县蕲州镇）人。李时珍出身医学世家，祖父是"铃医"。父亲李言闻，号月池，是当地名医。那时，民间医生地位很低。李家常受官绅的欺侮。因此，父亲决定让二儿子李时珍读书应考，以便一朝功成，出人头地。李时珍自小体弱多病，然而性格刚直纯真，对空洞乏味的八股文不屑于学。自十四岁中了秀才后的九年中，其三次到武昌考举人均名落孙山。于是，他放弃了科举做官的打算，专心学医，于是向父亲求说并表明决心："身如逆流船，心比铁石坚。望父全儿志，至死不怕难。"李月池在冷酷的事实面前终于醒悟了，同意儿子的要求，并精心地教他。李时珍继承家学，尤其重视本草，并富有实践精神，肯于向劳动人民群众学习。不几年，他果然成了一名很有名望的医生。三十八岁时，被武昌的楚王召去任王府"奉祠正"，兼管良医所事务。此间，他治好了楚王朱英检儿子的气厥病，又被推荐上京任太医院判。太医院是专为宫廷服务的医疗机构，当时被一些庸医弄得乌烟瘴气。李时珍在此只任职了一年，便辞职回乡。李时珍曾参考历代有关医药及其学术书籍八百余种，结合自身经验和调查研究，历时二十七年编成《本草纲目》一书，是我国明以前药物学的总结性巨著。在国内外均有很高的评价，已有几种文字的译本或节译本。另著有《濒湖脉学》《奇经八脉考》等书。

李时珍是我国伟大的药物学家，他完成的巨著《本草纲目》是中华民族宝贵的文化遗产。为了这部巨著，他不仅倾注了自己的毕生心血，还动员了4个儿子、4个孙子及门下的众弟子一齐上阵采药试治。他博览医药资料，遍访民间医术，亲上名山采药，广泛调查研究，于万历六年（1578年）撰成《本草纲目》，第二年他带着巨著的手稿到南京联系刻印出版。

16世纪的明代社会正处在资本主义的萌芽状态，当时的南京是五方杂居，人文荟萃之地，加上龙蟠虎踞之胜，自然招来这位大药物学家。李时珍到南京后，寓居在狮子山西侧的静海寺内。当时从三山街到内桥，书坊林立。李时珍一家家地询问，竟没有一家书商愿意承印，出版的事就这样被耽搁下来了。李时珍并不灰心，他利用这段时间，在夫子庙一带的中草药摊上，拜访药农，请教那些既采草药，又会开方的草头医。一次，他看到药摊上有党参、何首乌，便问摊主："来路很远吧？"摊主说："不，栖霞山就有。"李时珍十分惊讶，他竟不知道南京附近有这样名贵的中药。当时南京的许多山头基本处于半原始状态，诸如钟山、栖霞山、牛首山、狮子山等山岭无不树木葱郁，花草繁茂，是采药和考察的好地方。第二天，他头戴斗笠，肩背药筐，带着儿子建元，徒弟庞宪，一起登栖霞山、钟山。山里农民、渔民、猎人、樵夫、药农、果农、工匠，都是他的朋友和老师，在大家的指点下，果然找到了党参、太子参。他把这些草药赠送给夫子庙摆药摊的草头医。据草头医提供的线索，他又在牛首山找到了"牛膝"和"白头翁"等稀有中药。李时珍在南京期间，几乎登遍四郊的山麓，远到茅山、近在狮子山采药，并在静海寺考察研究航海家郑和从南洋诸国带来栽植于寺内的三七、卢荟、胡椒、荜茇、乳香、汲药、血竭及白豆蔻等几十种花草和番药、夷果。不时地补充《本草纲目》的遗漏，增补了番药、夷果二部。

《本草纲目》共16部60类，其中"果部"6类，草部10类。10类草部中由李时珍增补或"加注"的番药有30种；6类果部中专设了一个"夷果类"，共收药31种，其中由李时珍增补的有5种，加注的有24种。这些数字体现了李时珍对番药夷果的研究成果，这与他寓居静海寺，补遗《本草纲目》分不开的。全书总计52卷，190余万字。于万历十七年（1589年）终于在南京首次出版。从脱稿到第一次印刷，竟相隔十一年之久。

李时珍在寓居静海寺，一边为大量的患者诊病疗伤，赢得了极高的声誉；一边潜心著书立说，在研究番药夷果时，曾经将在南京附近采集来的草药"活株"栽植在寺后的狮子山上，或抢季节将药种播于土中，以观其变或作研究，为修改著作服务。李时珍还赴南京药王庙举行的三皇会（相当于全国药材展销会），采集和研究药材中的舶来品

（外国药材）。

李时珍这位伟大的药物学家，以其追根究底的严谨的治学精神，将《本草纲目》与南京、与静海寺、与狮子山联在了一起。

玩咸亭轶事

狮子山风景秀丽，既有平坦的山地，又有起伏的丘陵，岩石突起。在明朝的时候，山上还有一个池塘，池水清澈晶莹，周围树木参天、泉石映照，景色怡人。史书上也记载有："卢龙山东有溪水下注平陆。"当时的静海寺中就有"狮子泉"，很有盛名。

明朝时期，"龙湾"被称呼为"龙江"，因此"龙湾之战"也被称作为"龙江之战"。洪武时期，朝廷在龙江设立了龙江关、宣课司、抽分厂等税收机关。龙江关是户部钞关，专理粟帛杂用之税；宣课司、抽分厂是工部的税收机关，专理木、竹、炭等实物抽分抵税。

话说明朝嘉靖十五年（1536年），监督龙江关抽分厂的领导与宣课分司的负责人张子钟一起来到静海寺，与方丈大师商议，准备把狮子山上的这个池塘东面清理一下，依山再建造一个小亭子，与池塘西岸的旧亭子配成一对。

那个时期，狮子山归静海寺管理，属于静海寺的庙产。因此，山上搞建筑，一定得通过方丈大师的同意。两位大人恰与方丈大师是方外之交，经常来静海寺与方丈谈禅。当他们说出了建造亭子的想法，方丈认为这是一个不错的建议，有益无害，山上因此可以又增添一景，何乐不为？于是，欣然应允。

两位大人喊来了匠人，备好了木材、石料，开始建造一座新的凉亭。新亭子建成以后，众人想着该请一名当今名士来给这个亭子写些什么纪念的文字，诸如"记"类的东西，镌刻石碑。静海寺方丈大师想到了一位南都名士，就遣僧人请来了南京都察院的御史大人（相当于今中纪委处长级干部）方克，让他给亭子起个名。方大人在众人的陪同下，来到狮子山现场一看，就说："山中有泽，这在《易经》中是属于'咸'卦。要使这个亭子名实相符，就取名'玩咸亭'吧。大家坐在这个亭子里，可以尽享这里泉水的甜美，很可口；周围的山石奇倔，又能赏心悦目；还有茂密的树木和修长的竹子，足以让你在这里游赏休息。站在亭子里往远处眺望，钟山像龙那样盘踞在东面，长江像一条白带环绕在西面。真的是很美"。众人听说后，都感觉到了这个亭子的妙处，于是请方大人把它写下来，作为亭子的记。

两年后的夏五月，方克才拿出《玩咸亭记略》一文。现在这个池塘早已湮没在历史的长河里，西岸的旧亭子也一同消失了，唯有玩咸亭和方克撰写的碑刻仍然屹立在山中的林荫下，沐浴着夕阳的余晖。

汤显祖与天妃宫

汤显祖（1550~1616年），江西临川人。明代杰出的文学家、戏剧家。在中国和世界文学史上有着重要的地位，被誉为"东方的'莎士比亚'"。

明朝到了嘉靖年间，由于世宗朱厚熜的昏愦，自己一心希望长生不老，企求成仙，竟然二十多年不上朝，不理政事。当政的是大奸臣严嵩和他的儿子严世蕃，大明王朝从此走向衰亡之路。这个时期，内忧外患，内有白莲教、"套寇"和沿海的倭寇不断"作乱"、骚扰；外有北元达延汗威胁，达延是"大元"的讹译。穆宗朱载垕（隆庆皇帝）虽然可称贤君，可惜享祚不久，当了六年皇帝，便短命而死。即位的是神宗朱翊钧（万历皇帝），享国最久（48年），同时也是明朝最昏庸、最荒唐的皇帝。他纵情声色，饮酒使气，贪财好货，被忠臣雒于仁上疏《酒色财气四箴》谏其所为。结果雒于仁被"斥为民"回乡。可以说大明社稷就败在他的手上。

万历十二年（1584年）汤显祖考中进士，被任命为南京太常寺博士，掌管天妃宫。至万历十五年（1587年）调任詹事府主簿，做了掌管天妃宫的三年官。正是这一年，一代清官海瑞卒于南京右都御史任上。海瑞无子，御史清理其家产，仅有余银8两，在场士大夫无不潸然泪下，难以自已。当时王凤洲评论海瑞一生说："不怕死，不爱钱，不立党。"李贽也形容海瑞是"傲霜雪的劲草"。南京市"小民罢市。丧出江上，白衣冠送者夹岸，酹而哭者百里不绝。"这场面，汤显祖亲身经历，刻骨铭心，对他后来的影响不小。

南京天妃宫位于仪凤门外狮子山西南麓，建宁路以北，护城河以东。明朝永乐年间，郑和七下西洋，开中国航海之伟业，明成祖为了答谢天妃妈祖护佑郑和航海，于永乐五年（1407年）敕建天妃庙于龙江，永乐七年（1409年）正月已酉，封天妃为护国庇民妙灵昭应弘仁普济天妃，赐庙额曰："弘仁普济天妃之宫"。永乐十四年（1416年）又立碑于宫中，并且亲自撰写了碑文。永乐十七年（1419）九月甲寅，重建天妃宫于京师仪凤门外。是否在原址重建无考，明成祖所赐庙额、所立《御制弘仁普济天妃宫之碑》则在新宫无疑，其位置在今静海寺范围内。重建的天妃宫周围墙垣计一百八十一丈余。有大山门三楹、二山门三楹、正殿三楹、两廊庑二十楹、穿堂三楹、后殿三楹、三清殿三楹、玉皇阁五楹、神馐馆五楹、碑亭一座、道院四房，计七十九间座。占地三十亩，规模相当宏丽壮观。

汤显祖在任期间，主要是负责一年的两次祭祀活动。万历《金陵玄观志》载："岁遇天妃诞辰（三月二十三日）、羽化（九月初九日）之日，太常寺堂上官致祭。"这里的堂上官就是指太常寺博士（明朝的博士为正八品或从八品，相当于今天的科级干部），因此汤显祖的工作不是很忙。汤显祖是文人，信仰道教。（明世宗嘉靖皇帝迷恋方术、斋醮，二十年不理朝政；明神宗万历皇帝也是沉于道术，倦于临朝之君。）

我们可以从汤显祖的号"清远道人"看出时人大约都信奉道教。天妃妈祖也是道教，故汤显祖是乐意干这件差事的。由于清闲，汤显祖住在道院修身养性，搞些创作。他的《临川四梦》都是写鬼神的。按照创作时间排序，其中的《紫钗记》当是在此完成的。当时南京是一个文人荟萃之地，诗人、文学家且不论，单是戏曲家，前后就有徐霖、陈大声、何良俊、金在衡、臧懋循等诸名家。汤显祖在此，一面以诗文、词曲与同道中人切磋唱和，一面研究学问，作书中蠹鱼。经常至夜半，兴致来时，书声琅琅不绝于口。别人问他："老博士何如此嗜书？"答曰："吾读书不问博士非博士。"这种恬淡自得的生活，汤显祖乐此不疲。

龙江天妃宫规模宏大，开销也是很大的。由于地处京师的长江之滨，又有护城河与金川河、秦淮河、惠民河通联大江，船民、商贾、旅客齐集下关，香火非常旺盛。尤其到每年的三月二十三日，下关的天妃宫庙会，除了盛大的皇家祭祀活动以外，还有大量的商品贸易、民间文艺活动，通常要持续五天（三月二十一日至二十五日），热闹非凡。香火旺盛，所获捐赠就多；同理，遇到灾荒年份，庞大的灾民队伍也会从四面八方拥到此地，天妃宫的赈灾就会不堪重负。

汤显祖在任太常寺博士期间，为龙江天妃宫办了一件大事，增置了祭田。天妃宫原有祭田一百亩，用于宫中祭祀与日常开销，余作慈善赈灾事业。汤显祖将宫中收藏的朝廷封赏、大臣及善男信女们捐赠给天妃妈祖的金银首饰变换纹银，增置田二顷二十亩（220亩）并作《续天妃田记》一文。文章写道："高皇帝即位二年，敕太常寺博士孙子初定仪，封号天妃。岁以正月十五日、三月廿三日乡祀。文皇帝即位，遣使者高品郑和等，遍海外国，欲有所闻。妃著神海上，天子亲记其事，而和等复以金银诸饰物为妃报焉"。汤显祖生活的年代，是明朝从鼎盛走向衰亡的时期，距郑和下西洋时已近二百年了，但他仍然看到郑和等所奉献给天妃神像的凤冠和金银首饰富丽堂皇，珠圆玉润，跟新的一样；而且宫中还收藏着许多未给天妃妈祖装戴上的金银饰物。汤显祖认为："气物之内，惟虚生神"，"神无求于人，而善悲人"。妈祖本就俭朴，敢闯海，能纺织，不过不劳而获的生活；她慈悲善良，济世救人，是一个不图名利的神。而天妃神像的饰物已经有如现实中的帝王后妃一样，虚荣浮华，这其实是违背神意的。所以他决定把多余的金银首饰，与其放着无用，不如办些实事，变换纹银，用以置田以扩充天妃宫的慈善事业。这也是顺应天妃神意，弘扬妈祖精神，替天妃行道，给天妃积德。

文章中提到的"岁以正月十五日、三月廿三日乡祀。"是指天妃宫起初的祭祀日，当时礼部祭祀的规定有："大祭为每年正旦（正月初一）、冬至。中祭为每年清明、中元（七月十五）。小祭为每月朔（初一）、望（十五）。常祭为每日上香。"这是给皇帝敕建的寺庙立下的规定。到了万历年间，许多规定已是入乡随俗，改变了。天妃宫即成为"岁遇天妃诞辰（三月二十三日）、羽化（九月初九日）之日，太常寺堂上官致祭。"至于正月十五日与天妃妈祖有什么瓜葛，还不清楚。康熙五十九年（1720年）玄烨下旨令地方官每年春秋仲月癸日致祭，编入祀典。春秋仲月一在二月，一在八月，均与妈祖不相干连。倒是南京天妃宫的最高规格的皇家祭祀与湄洲祖庙的民间祭祀统一起来了。

汤显祖是个诗人、戏剧家，住在天妃宫，当然闲下来就会有文学创作。首先是对天妃宫的描写，如《天妃宫玉皇阁夕眺》，诗的开头就描绘了天妃妈祖的宝像端庄，穿着与我们今天见到的天妃神像一样，富丽堂皇，如天上圣母一般。拂云、元气、紫氛是形容黄昏时分，夕阳余辉映照下的云彩（祥云）都朝圣般地来谒拜（陪伴）天妃娘娘。甚至连苍天都打开了窗户，观看天妃在凡尘间的形象。接着写了天妃宫四周的地理环境，建筑规模形势。"还缘梯路俯东轩，睥睨飞翻仪凤门。表里都城如玉切，高低道院似云屯"。可见当时的天妃宫规模宏大，皇家大屋面宫殿式建筑，重重叠叠，气象森严。站在玉皇阁上夕眺，尽收眼底，可见玉皇阁甚至高过仪凤门城楼的。其中描写天妃宫里面广植的柏树，高大、雄伟。这些柏树从永乐年间到万历年间已经有两百年了，"青山四面回灵泽，二百年来深桔柏"。将一幅依山傍水、苍翠葱茏、巍峨宏敞、境雅景美、清新宁静的明代天妃宫的画卷展现在我们的面前。

此后，汤显祖调任南京礼部祠祭司主事（正六品），升了官，仍旧从事皇家的祭祀工作。汤显祖陪同太常寺的谢公北泊天妃宫，来年正朔立春，谢公欲前使琉球。隋唐时期，我国将台湾称作琉球，到了明代称东番，万历时，朝廷已经开始正式使用台湾名称。这里"谢公前使琉球"，是否是去台湾？没有实指，或者汤显祖习惯用旧称来指台湾也说不定。也有可能谢公就是去台湾附近的琉球。不管怎么说，去琉球是要渡海远航的。因感天妃神光济海，所以行前特地来天妃宫祭拜天妃娘娘，祈求平安。汤显祖陪同他来祭拜天妃妈祖，有所感怀，写下了《太常谢公北泊天妃宫有作》。

对于天妃妈祖的神通，汤显祖是清楚的，并对此深信不疑。故很乐意陪同谢公来寺祭拜。并说"君得天妃下神语"，说谢公已经得到了天妃妈祖的庇佑。全诗写了大海的凶险以及天妃妈祖的神通，在那个航海全凭自然力的时代，妈祖神佑还是出海人的强大精神支柱。

另外汤显祖还写了一首《文登羽客谒齐王子宿天妃宫》，文登羽客可能是汤显祖当时所用笔名，因为诗中就是写作者自己的感受。齐王子可能是指朱元璋的第七子朱榑被封为齐王的后裔。但是齐王朱榑是拥护建文帝的，坚决不服从明成祖朱棣，被废为庶人。从封地青州迁徙安置至庐州。以后朱榑的后人一直没有得到朝廷的恩宠，景泰五年，安置在南京的谷庶人（朱元璋第十九子朱橞及后人）绝，齐庶人（朱榑曾孙）请求朝廷得谷庶人宅第，迁来南京。其后，家族中朱承彩好学，颇有文名。汤显祖所谒齐王子应该指的就是齐庶人朱承彩。他们来到天妃宫祭拜天妃妈祖，并住在宫中，促膝长谈。汤显祖似有感触，他写这首诗时，虽然只有40岁，但是他却感到"忽欲老"了。联想起齐王子一家的命运，人生的境遇，"安知不羡儿童好？"儿童才是无忧无虑没有烦恼的黄金时刻。

汤显祖洁身自好，意气慷慨。从小聪明好学，十四岁便补了县诸生。就有"童子诸生中，俊气万人一"的赞誉。二十一岁中举。按他的才学，在仕途上本可一帆风顺的。但是，跟随整个明代社会一起堕落的科举制度已经腐败，考试成了上层统治集团营私舞弊的幕后交易，成为确定贵族子弟世袭地位的骗局，而不是以才学论人。万历五年、八年两次会试，当朝首辅内阁大学士（明朝朱元璋已经取消了宰相制度，实行内阁制，首辅内阁大学士相当于宰相）张居正要安排他的几个儿子取中进士，为了遮掩世人耳目，又想找几个有真才实学的人作陪衬。他打听到海内最有名望的举人无过于汤显祖和沈懋学等人，于是就派了自己的叔父去笼络他们。声言只要肯同首辅大人合作，就许汤显祖等中在头几名。以张居正当时之威势，加以许多人梦寐以求的诱惑，沈懋学等便出卖了自己，果然中了高科；但汤显祖却守道淑身，坚守自己的道德底线，一无所动。他虽然并不反对张居正的政治改革，但对张居正父亲去世丁忧期间采用"夺情"（不去职），而非去职"守制"很看不惯。作为一个正直的知识分子，他憎恶这种腐败的风气，因而先后两次都严厉地拒绝了招揽。他说："吾不敢从处女子失身也。"结果是可想而知的。汤显祖在这两次的会试中，都是名落孙山。他也许不知道，只要张居正在位一天，他都不可能有出头之日。张居正死后，张四维、申时行相继为首辅，他们也曾许汤显祖以翰林的地位拉他入幕，汤显祖也都拒绝了。三十四岁，汤显祖以极低的名次中了进士，开始了布满荆棘的仕途。先是在北京礼部观政（见习），次年到南京任太常寺博士。应该说海瑞对汤显祖的人生影响还是很大的。万历十九年（1591年），汤显祖在南京礼部祠祭司主事的任上，上了一篇《论辅臣科臣疏》，严词弹劾首辅申时行和科臣杨文举、胡汝宁，揭露他们窃盗威柄、贪赃枉法、刻掠饥民的罪行，疏文道："陛下御天下二十年，前十年之政，张居正刚而多欲，以群私人，嚣然坏之；后十年之政，时行柔而多欲，以群私人，靡然坏之。此圣政可惜也。"对万历登基二十年的政治都作了抨击。疏文一出，神宗大怒，一道圣旨就把汤显祖放逐到雷州半岛的徐闻县为典史。至此，汤显祖前后在南京工作生活了七年。

在南京期间，汤显祖的才能很得南京礼部尚书李化龙、郎中李三才的赏识。可惜汤显祖这回是得罪了皇上，他们也是无能为力。一年后汤显祖遇赦，调任浙江遂昌知县。在遂昌，他"去钳剧，罢桁杨，减科条，省期会"，建射堂，修书院。有时下乡劝农，这种古循吏的作风，终于使浙中这块僻瘠之地大为改观，桑麻牛畜都兴旺起来。汤显祖用自己的行动弘扬妈祖精神，在上述善政之外，竟然擅自放监狱中的囚犯回家过年，元宵节让他们上街观灯，为实施自己的政治主张一无顾忌。汤显祖知道自己的行为与时局格格不入，不少政敌想赶走他，而他自己也厌倦官场生活。万历二十六年（1598年），听说朝廷将派税使来遂昌扰民，他不堪忍受，便不待别人攻击，主动给吏部递了辞呈；他也不等批准，就扬长而去，回到家乡去从事"临川四梦"的剧本创作了。

三年后，吏部和都察院以"浮躁"为由，才正式给他一个罢职闲住的处分。李三才后来以右金都御史总督漕运，遣书致汤显祖邀其出山。汤显祖此时已潜心佛学，不问政治，谢不往。他说："天下事耳之而已，顺之而已。"并自号"茧翁"，终老家乡。

紫竹林禅院

明朝末期，南京有个文人叫朱之蕃，于万历二十三年（1595 年）科举中状元，官至礼部右侍郎，任上曾奉命出使朝鲜。后以老母去世服丧，不复出仕，朝廷屡召，皆辞。当时南京的文人已经将金陵（南京）的著名景点称作"八景"或"十六景"。朱之蕃将景点清单上的数量增加到 40 个，并请陆寿柏绘画。朱之蕃为美景配上诗词，并对景点变化予以介绍，还亲笔书写并印刷了所编撰的全部内容。精心出版了一本《金陵图咏》的画册。其中有"卢龙雄观"一景，图中的题图文字表述为："在府治西二十里，高三十六丈。周五里，形如狮子，以是得名。南有紫竹林禅院，额愚和尚至金陵始建，邵伯陈开虞修造一阁一亭，勒石记事。"图中山上可见卢龙观，山下有大屋面楼阁群，就在今阅江楼景区游客中心的位置，就是"紫竹林禅院"了。从图中文字得知，这座紫竹林禅院为额愚和尚至金陵始建。

额愚和尚（1578～1645 年），霸州（今河北霸县）人，俗姓赵，字颛愚。师性端凝，常念观世音菩萨名号，结庵于天台山华顶峰，读楞严经而豁然融彻，是当时有名的大和尚，曾任清凉寺住持。他到狮子山，见这里山清水秀，当时山上有池塘，东面有溪水涓流而下，风景十分怡人。便修建了一座禅院，内有禅堂、殿寮、静室等。因附近多植紫竹，故名"紫竹林禅院"。一日，邵伯人氏陈开虞到寺中游览，见这里山明水秀，禅院清净，额愚大和尚又睿智高深，心生捐助之意，有意使禅院锦上添花。便出资在禅院中修造了一阁一亭，并勒石记载了这件事。

额愚和尚终年 68 岁，是年 5 月，他付嘱后事予弟子音乘等，随即端坐入寂，是在紫竹林禅院圆寂的。他生前著作甚丰，如《心经小谈》《集律常轨》《礼佛发愿仪》《首楞严经悬谈》《金刚般若略谈》等，门人集刻时，师自题名为《闭门语》，另有《紫竹林颛愚和尚语录三十卷》。据传《紫竹林颛愚和尚语录三十卷》后被他的弟子带到浙江嘉兴大藏寺，成为大藏寺的镇寺之宝。

紫竹林禅院毁于何时，无考。今原址已建成阅江楼景区游客中心。紫竹林禅院在全国有很多同名寺院，较著名的有普陀山的紫竹林禅院以及岳阳的紫竹林禅院。

明末隐士朱胤昌和洗影楼

朱胤昌，字嗣宗，江苏苏州人。其父廷佐，字南仲，与东林党人"后七君子"之一的周顺昌是挚友，周顺昌居官清正，不畏强权，被阉党魏忠贤下狱，苏州城乡数万人齐集，为之呼冤，两名东厂的缇骑（负责侦察和暗杀的特务）被当众打死。后在军队镇压下，周顺昌被解至京城，顺昌在狱中牙齿尽落，把满口鲜血喷向问官，仍痛骂魏忠贤如故，最后受酷刑而死。朱胤昌受其影响，为人正直。在南都（即南京）乡试期间，因与何氏婚姻，举家迁居金陵。为崇祯举人，是当时金陵巨族之一。朱胤昌曾补应天府学生，读书重实践，思虑见识深远。著有《孝经注》《左传注》《史记注》《海运备考》《春雨堂集》。

崇祯时，福王朱常洵受封得田庄2万顷（合200万亩），其置河南旱蝗之灾、饿死大量人民于不顾，却广积家产，淫乐无度。而大臣们专权夺利，赏罚失当，使朱胤昌极为不满。他曾对御史刘宗周说："为政之道，首当无私。欲无私，先要无所顾忌。"宗周认为他说得在理。他还说："公卿中，意志坚定的硬骨头，定能保持名节；外表骄矜而骨子里脆弱者，必将变节。"结果他的话全部应验。

改朝后，朱胤昌不想在清朝为官，绝意科举，就在仪凤门外狮子山下筑洗影楼隐居。好友李敬以文章跻身达官显贵之列（官至湖广按察使），欲举荐朱胤昌，胤昌直言相告李敬："不才老朽昏聩，气衰志短，没有他求。清溪弯月，足可垂钓；冶城闲云，足供采伐。在琐屑生活之中度过余生，我也就心满意足了。"李敬也就没敢再提推荐一事。

朱胤昌晚年益发注重韬光养晦，内阁中书叶灼棠以政事请教于朱胤昌，朱胤昌也拒不回答。他租下仪真（今仪征）宝圣寺房间居住，自号社栎，和一群牧童、小和尚为伍，不久辞世。死后私谥"贞孝先生"。朱胤昌遗有《洗影楼诗集》。

《首都志》载："狮子山其下有洗影楼，明隐君朱应昌（即朱胤昌）别墅也，又有静海寺。"清末，两江总督端方为洗影楼题写匾额"朝月楼"，楼遂易名，沿用至今。而朝月楼又成为地名，其地东临静海寺、天妃宫小学，南到建宁路，西抵热河路，西北方向是南京车站（即今南京西站）。

端方（1861～1911年），字午桥，托忒克氏，满洲正白旗人。他性格通侻，不拘小节。笃嗜金石书画，尤好客，在武汉（湖北巡抚、湖广总督）、南京（江苏巡抚、两江总督）、北京（直隶总督）任上常常是高朋满座，谈笑风生，颇有文采。在南京期间，设学堂，办警察，造兵舰，练陆军，定长江巡缉章程，声闻益著。

一天夜晚，端方来到洗影楼。此时，皓月当空，狮子山犹如一只威武的雄狮。月光下，河畔垂柳摇曳，水上荷花散发出阵阵幽香，微风徐来，河面波光粼粼，远处传来悠扬悦耳的琴声，令端方陶醉不已。这时，静海寺的鼓声响起，使他回过神来。他赞不绝口地说：好景色，这里的山水夜色太美了。为什么要称洗影楼？洗什么影啊？应该叫朝月楼才是。于是，随从笔墨侍候，端方欣然挥笔，写下"朝月楼"三个大字。

此后朝月楼在风雨中飘摇，在兵燹中毁坏、消失。此间遭受了两次战争，一次是江浙联军光复南京，另一次则是北洋军攻打南京。随着朝月楼的消失，这里杂草丛生，只留一地名。抗战时期，这里沦为侵华日军的军马场。抗战胜利后，由于静海寺、天妃宫均已不存，只有朱棣御制"弘仁普济天妃宫之碑"还在，每年的"三月二十三，乌龟爬下关"乌龟会又恢复起来，朝月楼面积广大，成为庙会的主会场。又由于这里临近南京火车站，人流量大，这里逐渐形成街巷、市场和居民区。到五十年代末，这里已是住房鳞次栉比，人口十分稠密。

　　1959 年 10 月 15 日上午 11 时许，朝月楼 382 号因一少女烧饭不慎引起大火，烧毁民房 238 间，128 户受灾，直接经济损失 1.7 万元。随后，政府进行复建。最初设计的条式住宅楼都颇具特色，在楼的东西端山墙上所开窗口呈圆形，直径 1 米左右，寓意"朝月"之楼。

　　如今，随着静海寺、天妃宫的相继复建，朝月楼地块已成为"明文化一条街"及大观天地 MALL 商业区。

静海寺议约蒙国耻

　　鸦片战争后的中英《南京条约》是我国近代史上的第一个不平等条约。

　　鸦片战争结束后，帝国主义列强认准了清政府的腐败无能，凭着他们拥有的坚船利炮，用强盗逻辑明火执仗地向清政府"敲诈勒索"。《南京条约》就是兵临城下的"城下之盟"。

　　清道光二十二年七月（1842 年 8 月），英国侵略者的军舰开到了南京下关江面，并将炮口纷纷对向南京城垣，意在控制我国的东南重镇，切断清政府南粮北调、南财北运的源头，迫使清政府做出妥协。清政府委派的投降派全权大臣耆英和伊里布速抵南京，双方互派随员往返，开始和约的谈判。此间，英方朴鼎查还以在紫金山架大炮为名进行恫吓，因他们知道清政府在南京的兵力十分单薄，装备十分落后，难以对付英国的坚船利炮。

　　面对帝国主义列强的坚船利炮，清政府内出现了"主战派"和"投降派"（主和派），鸦片战争中方的失败使"主战派"失去了话语权，道光皇帝启用了"主和派"的代表人物耆英、伊里布为钦差大臣和两江总督牛鉴参加《南京条约》的议约。耆英 1838 年任盛京将军。1842 年 3 月奕经在浙江战败，清政府命耆英署理杭州将军。4 月，他被任命为钦差大臣，同伊里布一起赴浙江向英军求和；伊里布早年任云贵总督。1840 年 1 月，他调任两江总督，8 月授钦差大臣，赴浙江办理抗英军务。他惧怕敌人的"船坚炮利"，主张妥协，攻击林则徐"断绝贸易，烧烟起衅"，于 11 月擅自与英军达成停战协定，承认英军继续占领舟山及附近小岛。1841 年，裕谦揭发此事，清政府将伊里布革职逮问。1842 年 4 月，受英军压力，清政府又起用伊里布，让他随耆英向英国侵略者求和；两江总督牛鉴也是主和派代表人物之一。1842 年 6 月，牛鉴在上海吴淞口出巡时，由于仪仗队暴露目标，遭英炮火轰击，"炮落其左近，……牛鉴弃靴帽，杂乱军中逃命。另遣一卒，冠戴乘舆易之。"也就是叫一士兵穿了牛鉴的靴帽，坐在轿中，代替牛鉴挨炮轰。而牛鉴一行经嘉定、昆山、镇江，一路狂奔，逃回南京。牛总督惊魂未定，即在 7 月 4 日给道光帝写了一题为《夷焰更张大局堪虑密请羁縻折》的奏章。按题解义即：英军的军事力量比我们了解到的更厉害，形势对我们很是不利。我们不能硬抗，而应采取"羁縻"之策，即想办法牵制与笼络敌人。牛鉴在奏章中还写道："苏、松为财富所出，漕粮为天天庚正供，此数月内，该逆如不能剿灭，不但师老财匮，势将难支……江、浙两省，可危……"。其意是江、浙、沪是朝廷的财源，而且是南粮北调的主要粮仓和运输线。如果不在短期内灭英军，那将出现全面危机。牛鉴说的是真话，但也是以此来胁迫道光皇帝迁就和妥协。道光皇帝阅此章后硃批："若通商而外，一无所求，朕何所不乐而为之也。试问能与否乎？"其实道光皇帝心里明白英帝国主义的意图，仅答应其通商是不可能的。7月26日，即牛鉴奏章后的22天，道光在给耆英、伊里布的密谕中交了底："将香港地方暂作赏借，并许以闽浙沿海暂准通市。"由此可见，《南京条约》中的割让香港、五口通商等，都是当时的最高统治者道光皇帝的旨意。

中英双方的谈判是在狮子山下静海寺中进行的，共有3次。8月12日和8月14日双方的重要人物均未出场。8月14日谈判进行最高级会晤，英方是朴鼎查，中方是耆英、伊里布和牛鉴。此前，这几位重要人物已经在停泊于下关江面的英舰康华利号上会过面。中英谈判代表的三次会面，谈妥了和约的一切条款，只等签字生效。

签字仪式是1842年8月29日上午11时，按英方要求，在停泊于南京下关江面的英国旗舰康华利号上进行的，至此，以"国耻"二字为概括的中国历史上第一个不平等条约产生了。

此条约本无名，后人为了便于称谓，称之为《南京条约》或《江宁条约》，也有称《白门条约》（白门是南京的别名）的。条约一共有13条款，关键是割地与赔款。关于割让香港的条款是这样写的："因大英商船远路涉洋，往往有损坏须修补者，自应给予沿海一处，以便修船及存守所用物料。今大皇帝准将香港一岛给予大英国君主暨嗣后世袭主位者常远据守主掌，任便立法治理。"从此，开创了中国近代史割让土地的历史。

赔款的内容是，从"壬寅年（1842年）起至乙巳年（1845年）止，四年共交（白银）二千一百万两。"值得一提的是，条约的议约是在静海寺，而签字是在英舰康华利号上。按国际惯例，一国的舰船不管行驶到哪里，都是这个国家"活动的领土"，到英舰上签字象征着到英国领土上签字。"落后就要挨打"，这是何等明确的道理。

孙中山视察狮子山江防

清朝末年，在中国伟大的革命先驱孙中山先生领导下，推翻了腐朽没落的满清王朝，于1912年1月1日建立了中华民国。

孙中山临时大总统领导的南京临时政府，一开始就处在反动势力的包围之中，举步维艰，特别是得到洋人支持的袁世凯向新政府步步紧逼。为同袁世凯作斗争，彻底推翻清廷政府，1912年1月11日，孙中山宣布北伐，并亲自就任北伐军总司令，任命陆军总长黄兴为参谋长，渡江北伐。在此期间，孙中山与黄兴等冒着隆冬的严寒，多次到下关巡视，并登临狮子山，视察军事设施，查看炮台和其他防御设施，周密地部署长江防线。

在北伐军取得节节胜利的情况下，袁世凯以武力相威胁，帝国主义列强也出面干涉，施加压力，使临时政府处于内外交困之中。为了中国免受战争之苦，孙中山有条件地同意让出总统位置。2月12日，袁世凯逼宫成功，宣统皇帝溥仪退位，结束了长达268年的清王朝统治和2000多年的封建君主专制制度。2月14日，孙中山提出辞职，3月11日，袁世凯在北京就任临时大总统，窃取了辛亥革命的成果。

1928年，国民政府还都南京，在狮子山上孙中山曾经登临过的地方修建了简易的茅草亭，名"孙中山观江亭"。后因年久失修，毁圮了。2013年阅江楼景区在东面沿山安装自动扶梯时，复建了一座颇具规模的"孙中山观江亭"，以纪念推翻满清王朝后，这段艰难困苦的革命斗争岁月。

蒋经国与整训班

抗战后，绣球山附近的侵华日军军营和集中营被改建为国民政府国防部过境部队招待所，专门接待各部队来宁办事的高级军官。这里有10来栋坐北朝南的椭圆形房子，用银灰色木板做墙壁，用镀锌铁皮做屋顶。招待所、办公室、礼堂、餐厅、游艺室、图书室、宿舍等都设在里面。

抗战时期，蒋经国曾任青年远征军9个师的总政治部主任。抗战胜利后，这9个师的10余万人全部按军官学校学员待遇，转为陆军少尉预备军官。1946年，国防部增设了预备干部局，蒋经国任中将局长，这10余万预备军官就全部归他掌管了。蒋经国上任后，组织了一批预备军官，成立了国防部人民服务总队，番号国防部0128部队，由他直接领导。

1948年秋，淮海战役前夕，蒋经国为保存实力，命令驻在郑州的0128部队五大队200多人立即撤回南京。上校大队长梁兴培当即率队于10月14日到达南京下关，住进招待所。

招待所伙食每顿两荤两素四菜一汤。10月20日早餐后，青年军官们一个个戎装整齐，在招待所篮球场列队恭候。9点30分左右，一辆黑色伏尔加轿车飞驰而来，至球场旁边戛然刹住。蒋经国身着藏青色列宁装，头戴鸭舌帽，亲自驾车，没有随从，真可谓轻车简从。他要给大家一个清廉的印象，还要用行动来说明眼前的青年军官都是他信得过的亲信骨干。

在大队长梁兴培的陪同下，蒋经国一边挥手示意，一边走往礼堂。待青年军官陆陆续续地就坐以后，蒋经国开始了他的训话："同学们，同志们！大家调回南京好几天了，局里准备让你们进行一段时间的修整，再根据形势的需要，调各位到新的岗位上去，执行新的任务。近日来，我因参加会议，没有和大家见面，深感抱歉……"这个开场白不仅引起了全场一片掌声，而且也一下子使蒋经国和他的骨干们更加贴近了。接下来的内容无非是吹捧一番蒋介石，咒骂一番共产党，为大家鼓气加油而已。训话以后，蒋经国又单独召见大、中队长、参谋等中层骨干，另作训示。训示完了，下属们要留他吃午饭，被他婉言谢绝，然后驾上伏尔加便飞驰而去了。

预计3个月的整训，因战局关系，提前结束。1949年元旦一过，蒋经国再次来到招待所作送别训话，他说："大家要有明确的认识，决不能放松斗志，不要对敌人抱任何幻想，一定要牢牢记住：勿因和而忘战，要备战而求和，以战而求和。我们的一切策略是战，而不是和。不可能和，也不能和，一定要打到底！"

特别值得提出的是，在整训班一首一尾的两次训话中，蒋经国都痛斥了国民党的腐败，并要求大家今后下去碰到那些败类一定要狠狠地加以整治。赢得了这些学生出身的比较单纯的青年军官的崇敬。最后他说："同学们，你们任重而道远，明天就要出发了，再见吧！"

3月份，五大队到达宜昌后，尽管蒋经国在广州连发数电要大队长速率部撤往台湾高雄，但由于形势发展太快，梁兴培率部投入了人民的怀抱。

史沐特莱与惠龙饭店

南京天妃宫毁于清咸丰年间，太平天国定都江宁（南京），并将江宁改名为"天京"。由于太平天国天王洪秀全崇信上帝，这个上帝是自由、博爱的上帝，是战斗诛妖的上帝。因此他把"上帝"作为"正"的方向的代表，把"阎罗妖"作为"邪"的方面的代表，所以太平军从广西出发，沿路诛戮官、幕、吏、役等"妖魔"，焚烧衙门、粮册、田契、借券，捣毁庙宇偶像，杀逐豪绅、地主、富农、和尚、道士，他们认为这些人多数是土地占有者或高利贷者。从清咸丰三年至十一年（1853~1861）的8年时间里，太平军与清军在南京的包围和反包围战争中，城内外的寺庙、道观、宫院如栖霞寺、鸡鸣寺、灵谷寺、毗卢寺、报恩寺、龙江天妃宫等均遭到严重的毁坏，有的被化为废墟。

龙江天妃宫是众多遭毁寺庙中最早被毁的庙宇。清咸丰三年（1853年）3月13日，太平军水师进驻静海寺（距仪凤门仅200米），江宁将军祥厚急令增兵防守，并在狮子山上安放八千斤火药的大炮进行还击。从这天起，太平军的土营部队就在静海寺挖地道至城下埋地雷。18日地道挖成，19日晨第一雷炸响，仪凤门城墙被炸塌7米多；第二雷炸死了江南提督福珠阿洪等官绅兵勇，余皆惊骇散去。太平军将士在天官副丞相林凤祥率领下，乘胜攻入城内，占领了江宁。

当时，清军在狮子山城墙上，太平军驻扎在静海寺内，天妃宫夹在静海寺与城墙中间，成为战火的中心地带。特别是清军，毁掉天妃宫等于摧毁了太平军的工事，因而必毁之。据记载，战争平息后，"城中大宅尽毁，树木皆伐"，在南京城北"惟妙相庵为石达开所得无恙"，其它庙宇，包括龙江天妃宫尽毁于兵火之中。

同治四年（1865年）即太平天国灭亡后的第二年，下关复建了救生局，从事抢救水上遇难船只，打捞、埋葬江面浮尸工作。在这一期间，妈祖信徒们募捐重建了天妃宫（可以想见这时候的天妃宫规模已远不如从前），用于祭祀天妃，祈求妈祖保佑平安。光绪三十一年至三十四年（1905~1908年），南京连续遭受山洪暴发，江潮泛溢，恒寒多雨，夏天酷热异常等灾害。特别是光绪三十四年，夏淫雨，六月又酷旱，天妃宫又红火起来了。这年六月谷旦，商埠信士弟子到天妃宫献一联，其联云："宝殿巍峨，都金相庄严，立念时民安物阜；天香飘缈，对玉容整肃，存神处海晏河清。"这说明了天妃宫当时还存在，并且是"宝殿巍峨"，但也就是3—5间的"天妃大殿"而已。

直到1913年，此时南京已经开埠，并到了民国时期，下关的城市建设如火如荼，大马路、二马路、三马路、商埠街、江边路都先后出现，尤其是沪宁铁路的开通、下关火车站的建成通车，使得下关成为水陆交通的集散地，南京城市的窗口地区。这时在天妃宫的荒废地区建起了一座三层楼的建筑，名"惠龙饭店"，取"惠民河""龙江关"地名合成。业主名"W. A. Martim"，英国人，饭店由英国人进行高效管理。该饭店交通便利，距离火车站和码头很近，因此很快成为南京的知名饭店。当时在美国出版的《中国商业手册》中就载有"惠龙饭店"的相关介绍。

惠龙饭店朝西是一片旷地，紧靠楼房就有一个高6米多，宽2米左右的巨型龟趺碑，此碑正是明成祖朱棣亲自撰文并书写的《御制弘仁普济天妃宫之碑》。有网友晒南京老照片，其中有一张照片是当年惠龙饭店旁边的站着一位打扮时髦、仪表端庄的外国女子与赑屃驮碑的留影。经甄别此女子就是南京人家喻户晓的美国记者，大名鼎鼎的艾格妮丝·史沐特莱。

史沐特莱（1894~1950年），早年参加美国工人运动，是一位进步作家、著名记者和社会活动家。1928年史沐特莱以德国《法兰克福日报》特派记者的身份来华采访，1929年来到南京，同年秋离开南京，在南京住了半年多时间。这期间她穿街走巷，出入茶坊店铺，考察中山陵、莫愁湖、夫子庙等名胜，拍摄了大量照片，将一篇篇有关南京的纪实报道传向世界。这张照片就是史沐特莱当年下榻惠龙饭店时的留影，时间是1929年夏。

史沐特莱1937年春到延安，与毛泽东、朱德、周恩来等人熟识。她不断地写报道，讴歌红军的新生活、中国的新前途。她后来被西方很多进步人士称为"东方革命的圣母玛利亚"。

惠龙饭店在侵华日军占领南京期间成为日军的"慰安所"，抗战胜利后为国民党"第七警察局静海寺分驻所""南京市关浦清洁队第七区公所""南京人民自卫指导会七区"三家单位合署办公地。解放后成为下关区第一中心小学校，后学校扩建，拆毁。

狮子山炮台

从军事制高点来说，狮子山的防御在没有炮台之前是比较原始的。2004年5月25日，景区在抢险加固阅江楼西侧明城墙时，意外发现8枚古代守城时的武器——擂石。一般来说，擂石是指从高处推下撞压敌人的石头，通常与滚木一道使用。这8枚斗大的石球直径约35厘米，重约百余斤，整个石球由青石雕琢而成，外表无孔，完好无缺。据有关专家鉴定，这次发现的擂石属于明代文物。

可以说，南京自六朝起，为了加强京都的防御，就开始了城墙建设，狮子山周围的城墙即始建于这一时期，配备的防御武器就是滚木、擂石一类的"冷兵器"。到了清代尤其是鸦片战争以后，清廷开始重视内河的航运权，便在长江沿线城市设置炮台，如长江口的吴淞炮台、江阴的鹅鼻嘴炮台、镇江的焦山炮台，江宁（即南京）更是重镇，从同治年间起布置了乌龙山、幕府山、老虎山、狮子山、下关东岸（即东炮台）、西岸（即西炮台）、雨花台、钟山、清凉山等九处炮台。

中英鸦片战争前后，清军装备处于冷热兵器混用时代，其主导型火炮——红夷大炮技术处于欧洲17世纪加农炮系列的水平上。至战争之际，经过清朝众多火器专家们的努力，泥模制造的火炮技术已和英国砂型铸炮和实心钻膛技术缩小了不小差距。属于以黑火药作发射药的前膛装滑膛时代，清军火炮形制设计仍然沿用西方16—19世纪中叶创立的"比例"思想，其膛壁通常较英军铁炮厚，主要是明末清初重型红夷大炮的延续，稍有改进。狮子山曾在古炮台区域内先后出土了两尊大炮，其中"振远将军"炮为三层复合金属铁炮，炮口内径约11.5厘米，外径32厘米，最内层厚约2.5厘米，中层厚1.7—2.2厘米从炮口到底圈长249厘米，底径45厘米，尾部长约22厘米。内膛为熟铁或低碳钢，外层则是生铁，为灰口铁，是生铁中性能较好的一种。"振武将军"炮应是同批次铸造，规格一致。"振远将军"炮铸于道光二十三年三月，"振武将军"炮铸于道光二十五年。炮身铸有铭文，系沿用明城墙砖铭文的责任制，旨在将来铨叙战功或追究膛炸之责时有所依据。

根据炮身上的铭文，我们得知这一批大炮都是由"莫载监造"。只不过"振远将军"炮铸于道光二十三年三月，莫载是"试用府经历"；"振武将军"炮铸于道光二十五年，莫载是"即补知县"了。仅隔二年，莫载因造炮有功，道光帝亲谕"莫载著免补本班，留于江苏以知县尽先补用"。

莫载是何许人也？查历史资料得知：他是顺天府的一名监生，时任编制外的试用府经历。原来清朝的官员是可以花钱捐的，莫载因为捐资铸造铁炮并铁弹、炮架等项，经该督等验试合用，聘为江苏炮局委员、试用府经历。结果莫载等到道光二十七年（1847年）才补授署无锡金匮知县。但是此人却又因"品行卑鄙，声名平常，疲玩误公"的不良行为，于同年九月即遭革职。

道光年间的这些炮后来怎么成为了地下文物不得而知，狮子山现存的古炮台则是同治、光绪年间的，当时置放了一百八十磅子阿姆斯脱郎中式后膛炮二尊、八十磅子阿姆斯脱郎后膛炮四尊、四十磅子阿摩士庄后膛快炮二尊。其中两个主炮台位安放的当是大口径火炮，按照弹槽尺寸估计，火炮口径295毫米左右，射程在7000—12000码之间，合现在是在6000—11000米之间，足以打到长江对岸，有效控制上下游各10公里范围，也就是说燕子矶到下关的江面都在控制范围内。另四个稍小的前置辅炮台,放置八十磅子阿姆斯脱郎后膛炮;另两个辅炮台则放置相对稍小为四十磅子阿摩士庄后膛快炮,口径约在70毫米,负责守卫近江和山脚下的区域,同时承担保护炮台群的任务。

狮子山炮台一直是南京最大的炮台之一,这里的炮火不但能威慑长江也能控制城北部分地区。民国时期全部更换成现代后期改进而成的德国克虏伯要塞重炮。解放后,又更换成高射炮,炮台变成了阵地。

狮子山炮台两易革命旗

位于下关的狮子山炮台,清同治、光绪年间共设有暗炮台6座,置炮6门;明炮台2座,置炮2门,并建有炮房,配备守兵500余人。与此同时,清政府在南京地区的江防要地和许多制高点都设立了营寨,如下关的东、西炮台等。当时的军事营中开始装备来复枪、毛瑟枪及火炮等西洋武器。

1911年10月武昌起义爆发后,全国各地纷纷响应,江苏省于11月5日宣布独立,省会设在苏州。而当时清政府的两江总督府在南京,并拥有2万清军,对江、浙、沪构成严重威胁。为此,上海都督陈英士与江浙各地起义军联系,在镇江建立了以徐绍桢为总司令的有1万余人的反清联军,兵分四路,向南京的朝阳门(中山门)、雨花台、太平门以及沿江炮台进攻。

担任进攻沿江一带的是黎天才率领的600名淞军。11月25日战斗开始后,先后进占了乌龙山、幕府山,夺取大炮14门。11月28日在友军(浙军)的支援下,与驻守在狮子山的清军激战,清军节节败退,主帅张勋与革命联军在宝塔桥成对峙之势。到30日,张勋见大势已去,渡江北窜。12月2日驻狮子山炮台清军不愿负隅抵抗,派人向联军乞降,并升起了白旗。授降后,狮子山升起了革命军的旗帜(五色条形旗),革命军(江浙联军)光复了南京,为孙中山建立临时政府奠定了基础。孙中山于1912年元旦在南京组成中华民国临时政府,并就任临时大总统。

1949年4月21日,中国人民解放军百万雄师遵照毛泽东主席和朱德总司令的命令,在从江阴至九江的500公里战线上,展开了著名的渡江战役。当时,狮子山山顶不但装有德制克虏伯大炮,并装备有日制4门105毫米的加农炮,可平射也可对空射击,射程20公里,给解放大军造成严重威胁。

南京地下党组织为了使解放军能顺利在南京渡江,曾利用各种关系在江宁要塞内部物色人选,扩大党的力量。当时任中共上海局特派员的史永同志,由上海来到南京,从事在国民党军队内的策反工作,他通过南京地下党员苏漱真认识并争取了江宁要塞第一台(狮子山炮台)上尉台长胡念恭。胡念恭是江宁要塞司令胡雄的胞弟,南京地下党组织曾要他利用胞兄弟的关系，摸一摸胡雄的政治态度。当时胡雄虽不是国民党军队黄埔嫡系并一度受到排挤，但是他对共产党还是存有疑虑。地下党组织根据当时的环境和实际情况，决定胡念恭暂不要做哥哥的工作，而是要他搞出一份要塞所有炮台的部署图，转送给江北的解放军；并要他收集国民党军队的布防情况。这些工作胡念恭都完成了。因此，他被吸收为中共候补党员，候补期6个月。

接着，江宁要塞司令胡雄等一行来狮子山炮台视察，台长胡念恭以炮弹存放时间太长，弹药受潮已经失效，火炮不能射击为借口，并把曾浸过水的受潮药包送给要塞司令看，胡雄知道该炮台的火炮和弹药都是抗日战争时期的，对胡念恭的汇报没有丝毫怀疑，使炮台未发挥狙击渡江的作用。

4月23日凌晨，国民党从江宁要塞撤退。为壮胆，临撤前要塞司令胡雄从第三台拉来了两门野炮，在狮子山下的兴中门外，亲自下令江北浦镇方向无目标地发射了8枚炮弹，之后全体向句容方向撤退。

当日夜，南京宣告解放，渡江部队在中共南京地下党组织派遣的范慕秋同志的引导下，将一面鲜红的八一军旗插上了狮子山顶。

狮子山的五军地道

狮子山的山体内贯穿着四通八达、纵横交错的地道，总面积有14000多平方米，大约可容纳10000多人，俗称"五军地道"。所谓"五军"，就是指五个朝代不同时期的军队，有清军、太平军、日军、国民党军、解放军。"五军地道"其意是山体内的地道分别为这五个不同时期的军队构筑过。

清同治光绪年间狮子山炮台共设有暗炮台6座，置炮6门；明炮台2座，置炮2门，并建有炮房，配备守兵500余人。当时的军事营中开始装备来复枪、毛瑟枪及火炮等西洋武器。因考虑到弹药的置放安全，觉得还是放在地下比较稳妥，固修筑了地下室仓库。清军所筑地道最短，规模也较小，用于存放弹药以及军械仓库。再说500余人的队伍，其配备的战略物资也是比较可观的，需要有地方来安放，因此才有了狮子山最初的地道。

太平军时期，因为队伍里有不少的"土军"，士兵大多数是煤矿采掘工人出身，打坑道很有经验，因此太平军占领狮子山这个战略要地后利用原有的地道扩展了不少。其作用仍是服务于炮台，以存放火药、雷管、擂石等战备物资。并且修筑了不少的通道与出口，便于战时人员的机动出击，使地道的功能作用更大。

抗日战争时期，侵华日军在占领狮子山要塞以后，则是出于战略需要，将地道进行水泥等建筑材料进行加固，用以存放战备物资。部分地道口修筑的较大，便于卡车运输的出入，比较正规化。

抗战后，国民党军接管狮子山炮台，也是基本上延续了日军的炮台管理做法，一方面是用于炮台的弹药、炮具的维修保养器械的仓库以及军用物资的存放；另外，还配备了一个后勤运输车队。其地道设施，基本沿用了汪伪时期的，没有进行扩建。

全国解放后，人民解放军驻守狮子山时扩建最具规模。六十年代初，以美国为首的西方国家一直对中国实行政治打压、经济封锁；苏联与我国出现了严重的意识形态分歧，单方面终止了经济合同，撤走了援建专家并且逼迫中国还债；与此同时，在台湾的蒋介石叫喊反攻大陆。在这紧要关头，毛泽东主席提出了"深挖洞、广积粮、不称霸"的号召，主要是防御敌人的空中军事打击。驻守在南京的人民解放军对狮子山原有的地道进行修葺并扩建，成为城北地区最长、规模最大的防空洞。用于防护原子弹等核武器的威胁，作为避难场所，可容纳万余人。

改革开放初期，全民经商，搞活经济。狮子山人防也没有例外，开放防空洞，办起了地下旅馆、货栈、水果仓库等，大批量的生香蕉进入防空洞，待成熟后在批发往各处水果市场。直到二十世纪末才逐步停止了商业举措。

目前，该人防工事已对外开放，夏季用于市民防暑降温、休闲纳凉、读书看报、看电视、下棋打牌的多功能娱乐场所。

炮筒上的红领巾

20 世纪 60 年代，全国轰轰烈烈地开展了学雷锋活动，位于狮子山上的高炮连与山下的下关区第一中心小学结成了军民共建的单位。上尉指导员王宝山被学校聘为少先队校外辅导员。

这一年的"六·一"儿童节，一中心小学的刘主任、大队辅导员金老师带着 20 余名小学生要到狮子山炮兵阵地去，在那里举行少先队员的入队仪式。

狮子山的高炮阵地周围布满了铁丝网，大门口旁的铁丝网上挂着一块木牌，上面写着：军事重地，闲人免进。王指导员早早就在山下迎候，和站岗的士兵打了招呼后，领着师生们排着队沿着上山的小路向阵地进发，一路上唱着"我们是共产主义接班人"的少先队歌曲，来到了军营前。刘主任与王指导员协商了一下，同意这些小学生在炮兵阵地举行入队仪式。王指导员和一位上士班长以及刘主任、金老师都带上了红领巾，上士班长将一门高射炮的炮筒摇下来，在上面系上了一条崭新鲜艳的红领巾，然后将炮筒摇了上去。接着，孩子们排成了三排，金老师主持了入队仪式。然后由王指导员和那位上士班长分别给新队员系上红领巾。

这时候一个小同学突然指着炮筒上的红领巾，说："解放军叔叔，我想要戴炮筒上的那条红领巾。"对于这个要求，刘主任很感突然，立刻板下脸来，严肃道："沙漠，你不要胡闹，就让解放军叔叔给你戴上红领巾就可以了。”沙漠噘起了小嘴，感到很委屈。王指导员蹲下身来，和蔼地问道：“小同学，你为什么非要戴炮筒上的那条红领巾呢?”沙漠噙着眼泪小声说道：“因为红领巾是革命烈士用鲜血染成的，我的叔叔就是烈士，他是解放军洛阳营红一连的连长，他叫沙培琛，是华东野战军一级战斗英雄，在打淮海战役时，英勇牺牲了。所以，我想要解放军大炮戴过的那条红领巾，纪念我叔叔。”王指导员拍了拍沙漠的肩膀，站起来对刘主任说：“刘主任，金老师，我看他的这个要求不算过分，就满足他吧。”刘主任和金老师都点了点头，于是，王指导员让上士班长取下了那条红领巾，接过来，亲自给沙漠系在了胸前。

现在沙漠已经成为全国的拥军模范，每当提起自己当年加入少先队的情景，仍然很激动，记忆犹新，就像昨天刚刚发生的事情一样。

天心阁

简　介

　　天心阁，位于湖南省长沙市南城墙上。始建于明代，初名"天星阁"，清乾隆年间重修，并更名"天心阁"，取"振人文而答天心"之意。自乾隆至民国期间有过五次大修。1938 年，毁于长沙"文夕大火"。今天心阁为 1983 年重建。2013 年被公布为全国重点文物保护单位。

"天心阁第一联" 的传说

　　天心阁有副民间流传久远的趣味对联："水陆洲，洲系舟，舟动洲不动；天心阁，阁栖鸽，鸽飞阁不飞。"据传，这副对联的上联出自橘子洲水陆寺的一个老僧，下联出自明代诗人李东阳。

　　李东阳（1447～1516 年），字宾之，号西涯，湖南茶陵人。天顺八年（1464 年）进士，官至吏部尚书、华盖殿大学士，谥"文正"。诗宗杜甫，开创茶陵诗派，有《怀麓堂集》《怀麓堂诗话》传世。

　　李东阳的父亲是个私塾先生，他对儿子的教育非常用心，朝夕督导习字作文，为李东阳后来成为诗文大家奠定了良好基础。李东阳四岁时，当着明景泰帝的面书写了十个尺大的字，受到景帝的赏赐，被视为神童。李东阳十岁时，一天，他随同叔叔来到长沙的水陆寺参加斋宴。席间，一些人都在你一言我一语地品评寺中的联语，李东阳入神地听。忽然旁席有人大声道："诸位，我有一水陆洲的上联，想以天心阁为题求下联，如能如意，愿以佛珠相赠。"大家寻声望去，只见一位儒雅可敬的老纳笑容可掬地环视着四周的人们。一会儿，有人应声道："小生请您赐教"。老者道出上联："水陆洲，洲系舟，舟动洲不动"。话音一落，人们议论开了：这上联中有"洲""舟"两个谐音字，且"动"与"不动"形成反义，有点难度。有人认为：天心阁飞檐翘角，便向老僧报出下联："天心阁，阁翘角，角弯阁不弯"（长沙方言中"角"与"阁"同音）。老僧听罢，"嗯"了一声道："还有谁想好了？快快说来"。这时，又有人站起来报出个下联："天心阁，鸽对阁，鸽鸣阁不鸣"。老僧又是"嗯"了一声道："还有没有？"

坐在席旁一直没有吭声的东阳走到老僧身旁，小声说道："小生献丑，请老先生斧正"。老僧哈哈一笑，心想这小孩真够有胆，便挺身向前跨了两步向众人招呼道："各位请安静，听这位小哥哥的高吟"。小东阳不紧不慢地高声诵道："天心阁，阁栖鸽，鸽飞阁不飞"，话音一落，全场为之一怔，没想到这小伢比前几个人对得更精彩，顿时，四周赞扬声一片。老僧喜出望外，竖起大拇指高声赞道："好！"东阳说："请老先生赐教"。老僧当众从自己颈上取下五十四珠的檀香木佛珠，挂到东阳颈上，众人一阵喝彩。东阳心头一热，满脸透红。

从此，这副对联便在民间流传开来，而且版本越来越多。根据目前已经掌握的资料分析，从这副对联产生的年代排序，它成为了天心阁的第一联。

天心阁下的太平军战役

天心阁的始创源于文化，而非军事，但每当长沙遇到外敌来犯，它便成为一个重要的军事要塞。由于天心阁具有十分特殊的地理位置，自然有利充当瞭望哨、信号台、前线指挥部和战斗营垒，历史上许多发生在长沙的战争就证明了这一点。自明清以来，此地成了兵家必争之地。这是因天心阁地处古代长沙城内最高位置，登高纵目，一览无遗，且其地势险峻，居高扼守，制控全城。

清嘉庆二十五年（1820 年）天心阁下城墙外又加筑了南北两个月城，并设炮洞四个，配上四门土炮。到咸丰三年（1853 年）天心阁左右的城墙上又加设了九座炮台，并有重兵把守。由此说明，天心阁及其所处位置同时肩负起了战时军事要塞的任务。

道光三十年（1850 年）骆秉章（1793～1866 年）任湖南巡抚，曾下令将长沙市郊铁佛寺内几尊大铁佛铸成一大一小两座大炮，大的五千斤炮置于草潮门城上，命名为"红袍大将军"，小的一座置于南门城上。骆巡抚的本意是想让神灵与军威合一，为社稷与百姓保安宁，没想到这座大炮后来真的派上了用途。1852 年在太平军激战长沙时，大炮被抬上天心阁城头，致使西王萧朝贵阵亡，天心阁这次作了一回临时堡垒。

咸丰二年（1852 年）8 月 28 日，太平军西王萧朝贵、翼王石达开奉洪秀全之命，率五千先锋部队，从醴陵方向向长沙扑来。9 月 11 日，突破长沙城外石马铺防线，全歼了守军近千官兵。驻守金盆岭的清军不战而逃。次日，太平军转攻黄土岭，清军溃退回城。因丢失数州县被革职、但尚未卸任的巡抚骆秉章，火速下令紧闭城门。太平军将大营扎在林木葱郁的妙高峰上，占领西湖桥和金鸡桥，控制坚固民房和制高点，并立即构筑炮台，加紧攻城部署。

此时，接任骆秉章巡抚职位的张亮基刚卸下云贵总督之职，还正奔走在昆明至长沙的路上。骆秉章当官二十来年，第一次遇到这样的大仗，岂敢松懈，不得不照旧履职。他知道：如果在张亮基到达长沙之前，长沙城被太平军攻破了，自己的脑袋就难保了。如今，城内的兵力，老弱病残全算起来，不过八千人，已来援的陕西候补知府江忠源的楚勇虽精良善战，却只有五百人。善化知县王葆生提议：将全城十五至五十岁的男子都招集起来，打开府库，发放刀枪和银钱。这一天，接替余万清的新提督鲍起豹，一大早就来到城隍庙，求得了一个上上吉签。他向骆巡抚献上一个奇策：令百名兵士将城隍庙菩萨抬到南门城楼上，面对妙高峰，点上香烛，鞭炮一鸣，他带领将士跪拜磕头，求菩萨老爷施展法力，消灭长毛（指太平军）。

在太平军扎营妙高峰的当日，萧朝贵、石达开、罗大纲、林凤祥、李开芳等人，便商定好了攻城的策略。次日下午，李开芳等人率领三千人，分别从南门、浏阳门、小吴门、金鸡桥等处，不断向城内投射火箭、火弹，场面十分激烈，打得守军防不胜防，城中四处起火，百姓惊恐万状。城内的清军士兵全部上了城墙，一些青壮年百姓也派上了战场，全力阻击太平军爬上城来。但太平军并未登城，到天黑时太平军停止轰击，而刘代伟的一百五十名土营兄弟，从南门到小吴门一带的城墙下，有五处正在紧张地挖洞，准备安放地雷、火药，炸开城墙，而城墙上的守军对此却一无所知。

次日早晨六时左右，太平军的军号骤然吹响，随之战鼓四起，火炮齐发，五千将士正式发起攻城。从南门到小吴门一带的城墙外壁上架起了无数云梯，太平军士兵手持大刀，像猿猴般爬了上去，却一个个被守军砍倒摔了下来。在南门一处云梯上，却有一个太平军士兵爬上了城头，只见他一路挥刀飞杀去，来到城楼，靠近城隍菩萨，迅速从背上取下两个装满清油的大竹筒，将油泼到菩萨身上，正好捡到一个飞上城楼的火弹，扔向菩萨，霎时大火轰然而起，烈焰腾空，瞬间城楼也烧起来了，清兵目瞪口呆，城外的太平军将士欢声雀跃。

正在此时，城墙脚下响起一阵阵闷雷般的爆炸声，五处城墙下的开挖点都炸响了，有三处的口子不大，清兵很快就将它堵住了。靠近小吴门炸开了两个三四丈宽的口子，林凤祥一声号令，上千太平军士兵一阵呐喊，涌向洞口，与堵洞清兵刀矛交错，相互厮杀，顿时尸横洞口内外，血染城砖。有几百名太平军已冲入城内，城外的太平军将士都涌向这里。正在此时，清军的救兵赶到，由云南楚雄协副将邓绍良率领的三千镇筸兵，从城外向太平军阵营冲杀过来，双方一场激战，太平军一时未摸清援军来自几个方面，担心被围，于是萧朝贵传令收兵，邓绍良领兵扫杀一阵后，冲进城内。

战事暂停，攻守双方都进入了休整阶段。不久，清廷遣调的援军将领相继赶来长沙，如绥宁镇总兵和春、贵州镇远镇总兵秦定三、河南河北镇总兵王家琳、副都统衔头等侍卫开隆阿等，包括一路尾追太平军而来的广西提督向荣的部队，长沙城里增加了四五千兵力。此时，新到任的巡抚张亮基如入蒸笼，他日夜寻思：如何筹集银两，稳定军心，笼络人心，寻求作战对策。

一天，巡抚张亮基巡视城内市井来到东正街尾，会见了来援的陕西候补知府江忠源，在商讨战事时，江忠源坦陈了自己的看法，具体分析了守城清军前段失利的原因，进而提出了下步作战建议。他指着挂在墙上的长沙地形图说：城南天心阁，乃长沙城的另一制高点，此处当布置强大火力，控制南门外。长沙城内那座五千斤重的炮王，须在近日内移来。天心阁对面为蔡公坟，与天心阁对峙，可以屏蔽东南两面。此处即孙子所谓的"争地"，妙高峰亦为争地，惜已被长毛占去，此处再不能丢了……张亮基听罢，表示完全赞同，心想：难怪江忠源带兵打仗，早享威名。

两人谈得投机，江忠源向张巡抚推荐左宗棠。说到左宗棠，当时湖南士人中流传着湖南有"三亮"的说法，称为老亮、小亮、今亮，今亮即指左宗棠，说他军事才能称得上是如今的诸葛亮。江忠源说："左虽只有举人功名，却是人中之龙。"又说："当今天下纷扰，正是此人建功立业之时。"其实张亮基对左宗棠的才名早有所闻，他一到长沙，就有胡林翼等来信竭力推荐左宗棠，张亮基当着江忠源的面表态"礼聘左宗棠"。江忠源说："左宗棠为人耿介高傲，金帛难动"。最后两人设计将左宗棠从湘阴老家调来长沙，为救时局，左宗棠答应试行相处，便加入了张亮基的幕府。

左宗棠不愧是足智多谋之士，一天，张亮基对他说："库银所剩无几，朝廷的饷银又一时来不了，如果断饷，军心就会涣散，如何是好？"左宗棠沉思片刻，想出一条无奈之计：找富商借钱。但是这些阔老们的钱也不是随便抠得出来的，于是他在巡抚衙门设上鸿门宴，请来长沙首富黄冕、普济药店贺瑗、利生绸缎铺孙观臣、十里香酱园欧阳兆熊四人。席间，张亮基以软配合左宗棠待客，左宗棠却采取软硬兼施的策略，向他们力陈长沙城破否，对他们的财产与性命的相关结果，同时安排一队威严的持刀军士守在宴会厅门口，先表态捐银的，备轿相送，对没有表态的继续敬酒，搞得阔老们个个像吞下了钓鱼钩无法脱身，一个个不得不表态："为保长沙尽力"。这一次一共筹集十二万两银子，张亮基喜出望外，解了燃眉之急，更十分器重左宗棠的机智。

十月初，太平军北王韦昌辉、正丞相秦日纲奉天王洪秀全之命，率领一万余人马，兼程赶到长沙南门外。萧朝贵、石达开、韦昌辉、秦日纲等人商量，决定发动一次全面进攻。

守军方面，经过江忠源、左宗棠等人的重新部署，防守更加严密。岳麓书院、城南书院一部分士子也持刀上了城墙。江忠源的楚勇占驻天心阁下城外的蔡公坟制高点。天心阁上早有广西提督向荣驻守，前日，向荣部已将草潮门城楼上的五千斤大炮抬到天心阁上，将南城外一线的民房全部轰毁，使太平军失去掩护场所，不便靠近城墙，并加强城上的巡逻，严密监视城外动静，防止太平军再次在城下挖洞。

太平军这次在城墙下较远距离的隐蔽处挖地道，直通城内，这一动作，守军很难察觉。同时，他们吸取上次登城的教训，准备了一些特殊武器。这天清晨，太平军一万五千人马向长沙城发起猛进攻，在密集的炮火的掩护下，东起小吴门，西到小西门这一线的城墙外，士兵们架起云梯，正在奋力登城。天心阁上，五千斤大炮的强大火力不断地射向太平军阵地，如发现城墙脚下有人，城上就向下砸石块，在这一片区域，太平军没有占到上风，无法靠近城墙。在其它地方的多个云梯上，太平军接连登城成功，他们在快到城顶时，向城上抛出系绳的铁钩，挂住城头的清兵，用力往下一拖，清兵一声惊呼，摔了下去。太平军士兵抽出刀来，杀上城去。一些清兵见势不妙，纷纷逃避。就这样，不到两个时辰，有几段城墙被太平军占领。

在南门的西侧，一处地道已挖到城墙下，突然一声巨响，城墙炸开了一个大缺口，太平军一队士兵冲进城内，直奔天妃宫，正遇上在此作乐的邓绍良等人，幸邓绍良自逃，其他人均毙命。正在此时，南城魁星楼旁的城墙下又一声巨响，城墙上炸开了一个五丈多宽的口子，清兵慌了手脚，纷纷往城内奔逃，左宗棠闻讯跨马奔来，大声喝令士兵返回堵洞，但无人止步，因为谁也不认识他，左宗棠急令卫兵抓了几个为首逃兵，就地斩首，这才将他们镇住。左宗棠命令将油桶和火药抛向洞口，一点火顿时形成一道火墙，城外的太平军见势，只得分小股冲锋入城，左宗棠又急令赶紧用石块填堵，并当场口头公告：不管是谁，向缺口抛石一块，赏钱一千文。一时间，石块从各处飞来，砸死砸伤太平军兵士无数，其中也有与太平军搏斗的清兵被砸。一个卫兵向左宗棠报告：我们的人也砸死了许多，请求师爷停抛石块。左宗棠怒喝："胡说！"

此时，天心阁下，萧朝贵正冒着炮火和飞石，跨马在前，执旗指挥登城。突然，空中一声炮响，炮子如雨飞来，他只觉脑袋像被雷电轰然一击，两眼一黑，从马背上滚了下来，卫兵们急忙将他扶起，只见他满头血流如涌，嘴角微微颤抖，说不出话来，士兵们立即将他抬到了后方。城墙上的清兵见到这种情形，狂呼起来，大喊："打死萧朝贵了！"消息一传开，正在进攻的各路太平军士兵，顿时乱了阵脚，清兵士气大振，乘机发起猛攻。石达开见状，急令鸣金收兵，已入城的太平军士兵不得不从缺口冲出城来。

10月17日，翼王石达开率领三千人马渡过湘江，留下五百人埋伏在水陆洲上，并从猴子石搭浮桥至河西，使东西两边连成一体，然后占领了龙回潭、阳湖、岳麓山和溁湾镇一带，控制了通往宁乡、湘乡的大路，赢得了军事上的主动权。消息传到了城内，巡抚衙门又是一阵惊慌。张亮基连夜与左宗棠商讨对策，首先令向荣率三千清兵从朱张渡过浮桥，直奔水陆洲，截断太平军东西两岸的联络。太平军却埋伏在洲南林中，设下火攻阵，只等清军前来。向荣深入林中，便陷入伏击，大部分清兵被烧杀至死，向荣在卫兵的保护下逃脱，狼狈不堪。与此同时，绥宁总兵和春与河南河北总兵王家琳各率两千人马渡江，从南北两向包抄太平军，遭到石达开部的拼命阻击，十多次进攻均被打退，在争夺江中浮桥时又淹死几百人。

左宗棠站在天心阁上，目睹水陆洲烟火腾空，估计情况不妙，又闻报三路人马全部败北，长叹天不助人，心里骂道："这群饭桶，哪里这样不中用！"

至此，太平军来长沙城外已有八十一天，久攻不克，而清廷的援军不断增加，正准备合围太平军，意在将其歼灭于长沙城下。于是，太平军审时度势，于十一月底撤出长沙，长驱北进。长沙城成为太平军入湘征战以来唯一没有攻克的城池。

天心阁下的烈妇墓

古时候，天心阁下东南护城河内外，是一片高低不平的小山丘。清光绪年间，这里墓冢林立，一派荒凉。至民国初期，城墙下虽已建起不少低矮民房，但这里仍有大片墓冢，其中有一座墓称为张氏烈妇墓。清嘉庆十三年（1808年）十一月二十九日，湘北兴国人张氏携子双喜，随同丈夫来到长沙，不幸遇坏人遭劫，但她不屈淫威以死抗争，死于暴虐。其贞烈行为深深感动了长沙百姓，保正王智信将其一家三口葬于天心阁下。同治十三年（1874年），长沙人郭某等捐资为其重修墓冢，并立碑记事，以彰其贞烈，倡导社会良知，鞭挞害群者的丑行。1928年冬，长沙修建环城马路南段，此墓正当道上，于是市政处将墓移至天心阁城墙下，以供游览者凭吊。约过十五年后，墓逐渐损毁无踪。

光绪三年《善化县志》卷二十九中对此事有详载，现译文如下：

清嘉庆年间，湘北兴国人张氏与同乡李青照结婚后生有一子，名叫双喜。双喜六岁了，家里还是很贫穷，于是夫妻二人就到候补县令守某家帮工。守某携眷赴云南上任，李青照带着妻儿一同前往。守某见张氏长得漂亮，多次调戏张氏，都遭到她的拒绝。张氏多次告诉丈夫，向守某提出辞工，守某不答应。船到长沙，停泊在小西门。张氏又对丈夫说："这个官不是正经人，不能再同他一起去了，宜早点脱身"。

夜半，李青照带着妻儿上岸，走了一阵，忽然发现还有行李未拿，李叫妻带着儿子在路旁等他，便又回船取行李去了。正在这时，素来刁恶的善化县衙役饶大，与其同伙罗华、乞丐龚二、李缺子从此经过，便盘问张氏，张氏如实告之。哪知饶大顿生诡计，合谋藏匿张氏，敲诈其夫，于是哄骗张氏到另一个地方。张氏托他寻找丈夫，饶大满口答应，叫她安心等待就是了。

饶大几人在路上遇到李青照，大声恐吓道："我是巡役，官府命令捉拿逃犯，就是要抓你"。李忙哀求，掏钱给他们，并托他们为自己找妻儿。饶大把李青照带到另外一个地方，叫他站住说："我们见到你妻，必须有一件信物，你妻子才会相信我们。"李青照忙取出自己身上佩带的象骨蛤蟆交给饶大。饶大对李青照说："你我分头去找。"说完便走。饶大对同伙说："今天得了个稀世宝贝，可卖个好价钱。"四人来到张氏处，饶大拿出信物对张氏说："你丈夫被巡逻的追赶，逃脱后过河去了，托我们送你母子去相会"。

张氏见了丈夫的象骨蛤蟆信以为真，便带着儿子双喜随同饶大乘船过河。船到江心，饶大便调戏起张氏来，张氏推开饶大，怒目相视，大骂饶无礼。饶抓住张氏，一脸淫笑。张氏想：遭此劫难，不如投河一死，张氏奋力争脱，跳入河中。饶大见状，兽性不甘，一双魔爪伸向哇哇大哭的双喜，残酷地将他丢入江中。这件事发生在清嘉庆十三年十一月二十九日。

话说李青照没找到妻儿，自己知道上当了，想必妻儿也可能遭受厄运，便到县衙告状。还好，他遇上一个清正的县令，县衙集合衙役，李青照指认饶大的诡诈丑行。重刑之下，饶大供出了害死张氏与其子的事实。李青照得知妻与子皆亡，自己也就上吊死了。保正王智信用三口棺材将张氏一家安葬在南门外天心阁下，坟左为李青照，右为双喜，中间为烈妇张氏。官府法办了四凶，令元凶饶大举旗为张氏送葬，以彰妇节。

张氏虽是一平常人的妻子，始终遵守正道，既拒绝主人的恶行，又拒绝土匪的强暴，洁身自好，投江以死，死若泰山之重，张氏当之无愧，令人哀怜。张氏因贞烈死，其子因遇害死，其夫又因悲伤死，全家灭口，况且都是客死长沙，草草葬在这里。以张氏的百折不回，以死表明清白的行为，如果不为她做坟和竖碑记事，难道不会使之与荒烟蔓草一同荒废吗？于是大家集资修坟，立石记其事之始末，使后来的人都哀怜她不幸的遭遇，赞美她贞烈美德。而风不侵蚀，地不铲平，使这个坟在百年后，仍让人手指目顾，并说这是张烈妇墓，岂不广传天下，使之永远不会消失。

天心阁上的辛亥风云

自清末戊戌维新运动起，天心阁便成了长沙近代史的重要见证。长沙的维新活动蓬勃兴起，各种政治团体不断出现。1898年1月熊希龄、谭嗣同、唐才常等在湖南巡抚陈宝箴的支持下，创办了政治学术团体南学会，天心阁是其集会的场所之一。唐才常及南学会成员秦力山等常来此演讲，传播"开民智、伸民权、一民心"的维新思想。

唐才常（1867~1900年），字伯平，号绂丞，后改佛尘。长沙府浏阳县人，贡生出生。1895年与谭嗣同等在浏阳办算学馆，1897~1898年在长沙编辑《湘报》和《湘学报》，参与创办时务学堂、南学会等。戊戌政变后逃亡日本，旋回国组织正气会，筹组自立军。1900年举事失败，就义于武昌紫阳湖畔。他在经济思想上提出了一整套资产阶级改革方案，主张厂矿完全由私人资本经营，反对官商垄断，还亲自在家乡主持办锑矿、煤矿，被视为早期中国民族资产阶级的代言人。1898年唐才常登上天心阁时，作七绝《登天心阁》诗一首：

> 湘江一碧水如油，万里云山古翠浮。
> 未必儒生逢世难，悲凉不是杞人忧。

诗中在赞叹长沙美好的自然景观后，欲问苍天"逢世难"，同时又自答："不是杞人忧"，充分表现了他强烈的愤世悲凉的情感。

1905 年革命党人陈家鼎受孙中山、黄兴委托，由日本回湘组织同盟会湖南分会，禹之谟任会长，机关办事处即设在天心阁三楼。禹之谟（1866～1907 年），字稽亭，长沙府湘乡县人。曾随湘军参加甲午战争，战后至上海，专心研究实业。在长沙结交谭嗣同、唐才常等。戊戌政变后参与自立军活动，事败逃亡日本，学习化学和纺织工艺。1903 年在湘潭创立湘利黔织布厂，1904 年迁厂长沙，并附设工艺传习所。同年加入华兴会，次年参加和领导收回粤汉铁路运动和抵制美货运动，被推为长沙商会会长和教育会长。1905 年加入同盟会，任湖南分会会长。1906 年被捕，旋被绞杀于靖州，1912 年迁葬长沙岳麓山。据岳麓书院末任山长王先谦 1914 年所作《次韵止庵九日登天心阁》诗中句解云："禹之谟开学会演说，宁调元募刻《洞庭波》书，皆在阁中。"

宁调元（1882～1913 年），长沙府醴陵县人。早年他就读长沙明德学堂，结识黄兴、张继后加入了华兴会。1905 年留学日本期间加入同盟会。次年回国后，在长沙与禹之谟发起公葬陈天华、姚宏业于岳麓山。他主编了《洞庭波》杂志，宣传反清革命思想。并曾策应浏萍醴起义，后在岳州被捕，囚长沙狱 3 年。获释后到北京，负责《帝国日报》的编辑。武昌起义后，他继续奔走于湘鄂之间。1913 年又入鄂策动反袁，事泄后被逮于汉口德租界，9 月 25 日被袁世凯、黎元洪杀害于武昌。当时宁调元的确是以自行募刻的办法，印发宣传革命的文稿，并在天心阁初创了《洞庭波》杂志。1906 年 5 月，宁调元与禹之谟首倡并实施公葬爱国志士陈天华与姚宏业，事后禹之谟被捕，宁调元避抵上海，正式创办了《洞庭波》杂志。据 1929 年刘谦所著《宁调元革命纪略》载："辑其在天心阁所成之稿，并请陈汉元、傅君剑分任编撰。抨击汉奸满虏，不遗余力。每期印数千册，散布各省。"

1911 年 3 月 2 日广州起义前夕，省会新军领导人刘文锦召集同志 56 人在阁上开会，图谋策应。刘文锦（1886～1936 年），字德馨，号曙汀，长沙府益阳县人。早年肄业于湖南陆军学堂，后入保定速成军官学堂。1909 年入同盟会。1910 年与宋教仁等谋长江革命，入湖南新军营运动。1911 年谋应广州起义，召集各标营代表在长沙天心阁秘密部署，事泄离湘。长沙光复后回湘，任骑兵团长。入民国一度兴办实业。"二次革命"参与湖南独立活动，嗣后追随谭延闿。1924 年与胞兄刘承烈在益阳组湘中游击司令部任司令，参与驱赵斗争，后所部被改编为湘军第六军第三师任师长，授陆军少将。

刘文锦在会上慷慨激昂地说："现在清政不纲，国土日削，我辈为救亡图存，光复祖国而革命，必须群策群力，方克有济，幸勿稍怀惧。"56 人分为步兵、马兵、炮兵、工程兵 4 队。步队有安定超、张海斌等，马队有刘安邦、苏德辅等，炮队有谢斌、李金山等，工程队有欧阳钧、谈满芳等。与会人员对江宣誓，共约死生，并由各人自约认定担任联络。长沙起义之武装基础遂建立于此天心阁会议矣。当天心阁三楼盟誓之际，不意抚院操目汪子林、探兵刘宏德、唐子英正在二楼饮茶，因此事泄，抚署立即发出暗杀令。刘文锦获悉，辗转逃至上海，得以幸免。

革命志士的前赴后继，使得天心阁秘密谋划的起义活动很快形成了湖南民众响应武昌起义的熊熊烈火。1911 年 10 月 13 日，湖南革命党人得知武昌起义的消息后，几次在贾谊故居和天心阁举行会议，决定 10 月 22 日在长沙响应武昌首义，并成立了以焦达峰、陈作新为首的同盟会战时统筹部，负责起义的领导工作。会上还推定标、营起义的指挥人员、策动抚台衙门卫队和通知会党的负责人。早已获知武昌起义消息的湖南当局，对新军采取了严密的防范措施。至 19 日，长沙风声日紧，街头岗警林立，荷枪实弹，如临大敌。黄忠浩所派巡防营稽查队官兵高举大令，穿梭巡逻，来往行人均须经过检查，以致民间讹传巡抚部院装置了大炮，将对新军营房实行轰击。鉴于敌人防范甚严，加之洪江会兵马估计要23 日才能赶到长沙，焦达峰等决定将起义日期推迟到 23 日。

不料 21 日清晨，有关起义的机密被泄露。巡抚余诚格闻报后，决定于次日将长沙新军全部调往株洲，然后紧闭城门，企图将革命党人一网打尽。时迫事危，千钧一发，焦达峰、陈作新立即召开紧急会议，当机立断，将起义提前到 22 日举行。

10 月 22 日清晨，新军士兵闻哨声纷纷赶到协操坪集合；同时将四十九标二营军装库打开，取出枪械弹药。然后，每人发给白布臂章一块、子弹 10 发，由安定超传达起义有关事项。他首先演说革命意义，接着宣读了焦达峰、陈作新关于起义的命令。然后，鸣放信号枪 3 响，起义队伍分途出发。

北路军由彭友胜率部进攻北门，一路非但未遇任何抵抗，守城巡防营士兵反而大开城门，让新军长驱直入，从容占领了荷花池军装局。进攻小吴门的安定超东路军稍费周折后，亦一枪未放进入东城。入城两军在谘议局会师之后，于中午时分从东、西辕门展开了对巡抚衙门的攻击。与此同时，焦达峰、陈作新等战时统筹部的成员也赶到了巡抚衙门外，亲自指挥擒拿巡抚余诚格与巡防营统领黄忠浩的战斗。黄忠浩在又一村被炮兵营李金山擒获，旋被带至小吴门城楼，当众斩首示众。余诚格在起义军冲入抚署后，一面令侍从在大堂上高悬"大汉"白旗，伪示投降；一面则由左侧孝廉堂穿壁潜逃，后逃往上海。其他重要官员纷作鸟兽散。巡抚衙门前的龙旗换上了象征革命胜利的"汉"字大旗。不久，"汉"字大旗又插到了湖南同盟会最早的秘密领导机关——天心阁。

长沙起义成功后，当即成立了以焦达峰、陈作新为正、副都督的"中华民国军政府湖南都督府"，宣告了湖南革命政权的建立。与此同时，立宪派也活跃起来：他们首先迫使焦、陈同意，成立了参议院，推举谭延闿为院长；接着又在都督府设立民政、军政两部，分由谭延闿、黄鸾鸣为部长，从而在事实上控制了湖南政权。军政府成立以后，迅即传檄全省，号召各地反正。而各道、府、州、县闻风响应，至 11 月 5 日，全省除常德以西地区外，全部光复。清王朝在湖南 260 多年的封建专制统治宣告结束。紧接着军政府着手镇压反动武装，建立革命新秩序；扫除陋习，倡导新风；并派湘军援鄂，支持全国的光复斗争。

青年毛泽东与天心阁往事

天心阁位于湖南长沙地势最高处的城南古城墙垣之上,自古以来就是长沙的名胜和地标。一代伟人毛泽东青年时期在湖南第一师范求学时,常来天心阁游憩、登高眺远。他与天心阁的故事,朴实无华地展现了他的人格魅力,表现了这位毕生关心人民疾苦、寻求强国富民道路的民族伟人的高尚情怀,激励着一代又一代后人励精图治、振兴中华。

戏改天心阁对联

1913 年的湖南长沙,具有现代民主教育思想的教育家孔昭绶出任湖南第一师范校长,在他的主持下,第一师范大力开展新式教育改革,吸引了蔡和森、萧子升等众多青年才俊前来报考。在招生考试中,毛泽东和蔡和森脱颖而出,以第一、第二名的成绩考入了这所湖湘千年学府。

尽管性格迥异,但由于志同道合,他俩迅速成为了亲密无间的好友,还共同组织了革命团体"新民学会"。毛泽东是一个最爱户外活动的人,他酷爱风雨浴,经常在礼拜日邀同学去天心阁、岳麓山、橘子洲等处,尽情地享受大自然的沐浴。那时,从一师范的妙高峰的山脊上有一条路通往天心阁,距离仅三里许,这就是后来的天心游路。毛泽东经常独自一人从这条山路来到天心阁,躲进僻静的瓮城内读书学习。有一天,毛泽东和蔡和森来到天心阁,两人边走边聊,畅谈心得、理想抱负和对时下政治形势的看法。说着说着,两人的情绪都不约而同地激动起来,毛泽东将手中的书一挥,说道:"走着瞧吧!"紧接着,毛泽东将话锋一转,说:"民间有一副天心阁与橘子洲的对联下联是'天心阁,阁栖鸽,鸽飞阁不飞',我们来对一个新上联。"蔡和森略有所思,想起前次几位同学一起游岳麓山的情景,当来到观音阁时,正看到一个和尚在六朝松旁舞剑,动作敏捷矫捷,虎步生风,恰遇空中轻风阵阵,松枝随之摇摆。于是,蔡和森灵机一动,脱口说出上联:"岳麓松,松伴僧,僧舞松也舞",毛泽东听罢,说了一声:"好!"稍有停顿,毛泽东接着又说:"但要改一个字,把'也'字改成'同'字,就完全符合格律了。"两人相视一笑,回了学校。

天心阁名联的启迪

在学校里,毛泽东的勤奋好学与不凡天赋,深深打动了学贯中西的导师——"板仓先生"杨昌济,在他的关怀与教导下,毛泽东如饥似渴地学习着自己感兴趣的社会学知识,并成为一个教育救国论的非暴力改良主义的信仰者。然而,动荡的时局却不断打破学生们纯净的校园生活——1915 年 5 月 4 日,袁世凯接受了"二十一条"卖国条约,在反对袁世凯签订二十一条与复辟称帝的斗争中，湖南军阀汤芗铭以武力逼走了孔校长，毛泽东也险遭逮捕，残酷的现实使毛泽东对教育救国与改良主义信仰产生了动摇。

在孔昭绶遭汤芗铭通缉以后，毛泽东一度情绪有些低落，这时第一师范的老师兼训导主任黎锦熙、方唯夏陪同毛泽东来到了天心阁，在古老的城墙、雄伟的天心阁下，比毛泽东大三岁且同是湘潭老乡的黎锦熙教师开导教育他说："润之，你晓得美国第一位总统华盛顿吧？他苦战了八年，尽管屡遭挫折，但是他依然坚韧不拔，终于赢得了美国的独立，成为了一代伟人。"接着他又指着天心阁中清代学者黄兆梅的名联"四面云山都入眼；万家烟火总关心"启发他，使毛润之心情豁然开朗了起来，并悟出一个道理："感谢恩师，我终于明白了，前途是坎坷，真理是难求，可不管它万般艰难困苦，不管它黑云压城，只要将'万家烟火'这四个字所代表的天下忧乐记在心上，人自高远，心自广博，妖雾迷漫，总不过是一时的过眼烟云！"回到学校后，他当即奋笔疾书，写下了"五月七日，民国奇耻；何以雪耻，在我学子"。从此，他通过徒步游湖南，组建学生军，开办工人夜校等一系列社会实践，极大地丰富了他书本以外的知识，锻炼了他的社会活动能力，也使他更认识到靠教育、靠改良救不了中国。

寄住天心阁下

1917年夏，青年毛泽东住在天心阁下古城墙旁的王人美家。王人美是我国早期电影《渔光曲》片中女主角的饰演者，为二十世纪二三十年代上海著名民间歌舞团体"明月社"中的"四大天王"之首。她的父亲叫王正枢，是毛泽东当年在湖南第一师范求学时的数学老师。王人美在她的回忆录《我的成名与不幸》一书中写了她记忆中的青年毛泽东：

"我父亲对毛泽东很是偏爱，经常在我们几个孩子面前夸毛泽东，说他刻苦、勤奋、有才华、有见识等等。加之我的几位哥哥又与毛泽东是同学，因此毛泽东与我们一家的关系也就非同寻常。有一年夏天，毛泽东就住在我们家里，当时，我们家就在天心阁旁的古城墙下。"

当时人美还很小，她在回忆录中说第一次见到毛泽东时，毛泽东还把她抱了起来，操着浓重的湘潭话和颜悦色地问她："细妹子，你叫莫子（什么）名字？几岁了？"毛泽东寄住王人美家时特别能吃辣，给人美印象最深刻的就是吃水果都要连着辣椒一块吃，饭桌上经常弄得他们全家瞠目结舌——吃辣椒像是吃萝卜，并戏说"湖南人不怕辣，贵州人怕不辣，四川人辣不怕"。引得大家一阵哈哈大笑之后，他还正色地对大家说："无湘不成军，不辣不革命嘛！"从此，这些话就成了王人美哥哥们的口头禅。

王人美在"童年的梦"一章节中谈到了她第一次见到毛泽东的情形："我第一次见毛泽东同志，好像是在一个中午，我和姐姐去饭厅，看见哥哥们陪同一们陌生的大哥哥从后楼走下来。我们居住的这幢房屋，前面归湖南军阀叶开鑫使用，后面归我们和姓陈的两家使用。平日倒也互不相扰,最后一进的小楼,我们叫它后楼,那是哥哥们读书、休憩的地方。由于它在房屋末端,十分安静,它还有一扇小门,门外南通高高的古城墙,城墙上有座天心阁。你知道吗?天心阁也是我们长沙的名胜古迹呢。它坐落在长沙市东南角,与岳麓山遥遥相对。太平天国的名将萧朝贵在阁下阵亡,辛亥革命的先驱陈作新等常在这里商议光复计划。1930年红军进攻长沙,彭德怀同志也曾在此地召集会议、部署战斗。我小时候,天心阁的午炮亭天天放炮,炮声一响,等于告诉我们午饭时间已到,重阳佳节,父亲带我们登天心阁望长沙内外,讲古往今来的山河变迁。"

王人美在回忆录中写到:"听我哥哥说,毛泽东同志和我哥哥常常由小门出去,沿城墙上天心阁。阁的左右有好几座炮台,他爱坐在台座上,论太平天国的兴亡,谈当今社会的弊端,说到慷慨激昂处,喜欢大步地来回走动。有一次,他俯瞰滔滔的湘江,还吟诵了几首古人的诗词。在哥哥们印象中,毛泽东同志议论起时局来,确实是见解精辟、语言犀利,不是寻常人所能企及的。"

由此可见,毛泽东在学生时期就开始忧国忧民,不断地探究救国真理。第二年六月,毛泽东以优异的成绩毕业于湖南第一师范,告别了他的学生生涯,五四运动前后他接触和接受了马克思主义,1920年在湖南创建了共产主义组织,从此开始了他为世界被压迫民族和人民的解放事业及人类进步事业奋斗的一生。

徐悲鸿天心阁奇遇

沙海、戴岳峰等著《世界名城名楼经典故事》书中,所载《名人的奇遇——天心阁往事》一文里,讲述了这么一个传奇故事:

1937年秋,著名画家徐悲鸿先生应邀在长沙举办个人画展。画展期间,主办人白恺然陪同他游历古城长沙的山水名胜。一天,他们来到有名的天心阁,游到半途,遇到一位怪客。那人仿佛认识徐先生似的,上前搭讪道:"久闻先生大名,难得今日亲见,真是幸会。我看过先生的画作,的确高手神绘,妙不可言。"当下怪客话锋一转:"在下也有一技,久藏勿露于人,今日巧遇先生,正想领教您呢。"悲鸿微微一笑,"哦?领教可不敢当,不知是何种技艺?""徐先生用笔作画,我用烟作画;徐先生的画画在纸上,我的画画在墙上。"

悲鸿将信将疑,一边的白恺然早已兴趣盎然,当即热忱相邀,请怪客到家中表演,怪客欣然应允。他们一同来到白府,按照怪客的要求,准备好一块大黑布挂在墙上,又买来三斤烟丝。怪客待大家坐定,走到黑布前,不急不忙地从身后取出一支铜质水烟袋装满烟丝,然后悠然点燃装在水烟袋上的烟丝。只见他吐口气,用力猛吸一口烟,然后张嘴向黑布喷去,顿时,黑布上升起缕缕白色烟云,忽而像群燕飞舞,忽而像万马奔腾,忽而如海浪翻滚,忽而如百花竞放,千变万化,神妙莫测。观者如痴如醉,半响不能回过神来。

掌声过后，客人们饶有兴趣地问起这吐烟成画技艺的由来，怪客只道是气功派生的小小技艺，只有气功高超的人才有余力玩玩，一年半载难以学成。再要探问怪客是何方人士，他便只笑而不答了。休息不多时，怪客起身告辞，主人相送。人们又兴致勃勃地聊了半天，白先生才猛然想起陪徐先生游天心阁才游了一半。

天心阁与长沙　"文夕大火"

1937年7月7日，卢沟桥事件爆发，日本侵略军发动了全面的侵华战争。1938年7月，蒋介石发布"坚壁清野，焦土抗战"的通令。至1938年10月底，武汉失守。

11月7日，蒋介石在长沙中山路何键公馆（今湘江宾馆）召开军事会议，大谈南京、武汉失守后，所有未及时疏散的战略物资和地面建筑，均被敌人所利用，助长了敌人的力量。并指示湖南省主席张治中：如果长沙不保，即实行焚城，彻底破坏。会后，张治中即召集长沙警备司令酆悌、省警察局长文重孚、警备第二团团长徐昆开会，决定：由省政府秘书长潘公展负责焚城联络协调工作，由酆、文、徐商讨具体实施细节。酆随即指示徐制订了《焚城部队兵力配置要图》及《焚城实施细则》。

11月9日日军攻陷岳阳，湘北门户洞开，省会长沙风声鹤唳，谣传四起：日军即将攻入长沙。12日上午9时许，蒋介石侍从室正式指示张治中对长沙采取焦土政策，稍后，张又接到蒋"限一小时到"的紧急电报："长沙如失陷，务将全城焚毁，望事先妥密准备，勿误"。张治中随即指示：酆悌全盘紧急筹备，省保安处予以协助；徐昆担任放火总指挥，负责组织放火队伍，备放火工具。并规定以城南天心阁处举火为号，由酆悌亲自掌握发令。

早在11月初，全市动员居民大疏散，已有三分之一的居民撤走。12日下午2时许，武装军警沿街鸣锣，高声叫喊：日军进军长沙了！限居民二十四小时内疏散离城。顿时满城逃难的人群惊惶失措，汹涌如潮。入夜，由各警察分局分片具体负责的九百多个放火小组，三人一组，提着汽油桶和木炭火炉，分布在全城各个街头巷尾，准备放火。

由于有的放火队员缺少安全意识，在分发汽油时，身上溅到汽油也不作处理，结果在烤火或抽烟时引发了火灾。这晚一时五十分左右，南门外发生了第一起火警，接连又出现了第二、第三起火警。有的队员不小心将装汽油的铁桶碰了石头，引起了火警。有的队员见别处已经烧起来了，心急如焚，只想早点完成放火任务，自己尽快逃生，便将汽油一顿乱淋，一点火就跑了。还有的队员哀求连排长官立即下达放火命令，怕落在人后被杀头。也有的居民认为：鬼子就要来了，不如自己早点把房子烧掉，以免留下来为敌所用，便自行放起火来……

此时，天心阁处的火还未烧起来，因为：焚城命令规定了天心阁点火由警备司令部直接掌握，必须有酆悌的书面命令。在南门外几起失火之初，酆悌部下有人电话询问我方前线指挥所，了解日军所在位置，将岳阳新墙河误听为长沙市北郊的新河，便认定日军已到了长沙。鄷悌被告知后，即电告文重孚与徐昆，急命令全城各警察分局按计划放火。负责天心阁放火的警备二团一营三连的指挥室设在都正街，此时仍未接到放火的书面命令，却见南门外几处烟火升腾，连长被部下"求烧"的要求搅得头昏脑胀。根据事前安排，天心阁放火由一排负责，但一排长认为事关重大，没有命令不能贸然行动。连长一级级打电话请示上级，要么得不到直接答复，要么找不到人，便当即自行决定"烧"！话音刚落，三排长主动抢了这个任务。

片刻放火队冲到了天心阁。天心阁正式举火，紧接着全城大火骤然烧起！只见烈焰呼啸，烟柱冲天，爆声震耳，热浪灼人，美丽的长沙古城顿成一片火海。长沙市民丁湘庭，儿时亲历了"文夕"大火这场灾难，并且目睹了天心阁被焚的惨烈场面。几十年后，他写下了这篇回忆录：

大概是凌晨1点钟，我被一阵紧似一阵的敲门声和叫喊声惊醒了。朦胧中听到父亲在叫我："伢子，快醒醒！"周围响着乒乒乓乓的敲门声，还夹杂着吼叫声："起来！起来！日本人要打来了"！"快走！快走！我们烧房子了！"父亲一边往箩筐里塞着被子，一边催着我和母亲。"快离开，快离开，我们马上要烧房子了。"下面又传来了士兵的叫喊声。

父亲帮助母亲草草收拾了换洗衣服、冬衣冬裤和日用必需品，挑起箩筐跌跌撞撞奔下楼来。父亲领着母亲和我，沿着石级台阶走到了天心阁的西门口。这时，四周都是熊熊烈火，只有天心阁上还留着一条没有燃烧的路。我们一家三口顺着石阶慢慢地爬到天心阁主楼。登高远望四周，整个长沙城在燃烧，到处是火，天地一片通红，气温似乎也升高了。突然，母亲惊叫起来，她放在抽屉里的几块光洋忘拿了！父亲把我们安顿在阁亭10余丈远的石凳旁，便匆匆地回家去了。

父亲走后不久，天心阁上来了几十个国民党兵。在一个军官的指挥下，砸烂了亭阁一楼的门窗，急急忙忙从里面搬出供游客喝茶乘凉的藤椅、竹靠椅、木凳，堆在亭子四周，一层一层往上垒，接着几个拎着方型汽油桶的士兵开始往木器上泼汽油。只听一声令下："烧！""轰！""轰"！"轰"！火就从天心阁主楼的四周腾然而起。火很快蔓延到二楼、三楼、窜过亭子顶盖，迎面扑来的热浪非常灼人，吓得我们直往后退。忽然一声巨响，三层楼的天心古阁倒塌了，几根石柱也滚下了石阶。不到半个时辰，一座美丽的古城亭阁就被这场人为的大火吞噬了。

1938年10月25日，日寇攻陷武汉。随后时任国民政府军委会政治部副部长的周恩来，与八路军参谋长叶剑英一道来到长沙八路军驻湘通讯处。11月12日夜长沙大火发生，他们立即撤离长沙。蒋介石于16日傍晚赶至长沙处理善后。迫于全国人民的舆论压力，作出决定：

第一，拨款50万元救济灾民。

第二，调集 5000 民工清理街道，掩埋尸体，搭盖窝棚，安置灾民。

第三，严惩放火首犯。

17 日，蒋介石下令判处酆悌、徐昆、文重孚三人死刑，给张治中以"革职留任"的处分，继续负责火灾善后。17 日清晨，周恩来与陈诚（军委政治部部长）登上天心阁废墟，察看灾情，只见全城一片焦土瓦砾，甚感惋惜。随即，周恩来召集政治部三厅人员一百余人在天心阁前开会，布置救灾工作。周恩来发表讲话，提出"惩办肇事祸首，积极救济灾民"。同时又指出："这一切都是日本帝国主义对我国疯狂侵略所引起的，要把仇恨记在日本帝国主义身上，振作精神，重建家园"。

22 日湖南省政府成立了长沙市临时救济委员会。11 月 30 日，在湖南省教育会坪发放救济费，每人 5 元。领钱者的脸上和手上都要划上一个蓝色的印记，一时很难洗掉。

附注："文夕大火"指 1938 年 11 月 12 日夜在长沙城发生的那场大火。"文"代表数字"12"。当时，在我国电报业务中，每月的 30 天，每天用一个汉字代替，"12 日"这天叫"文日"，称"文"为"12"的代日韵目。"文夕"即指 12 日夜。

蒋介石灾后登临天心阁

1938 年 11 月 12 日长沙大火次日傍晚，第九战区司令长官陈诚接到蒋介石侍从室副主任林蔚的一份急电：委员长定于 16 日下午自韶关前线来长沙视察。16 日傍晚，陈诚、张治中等将蒋介石的车队迎进容园（新中国成立后更名为蓉园）。

17 日早点过后不久，蒋介石在侍卫长协助下整理了装束，拄着手杖出门。一行人首先来到天心阁，此处数百年古阁已付之一炬，残垣断壁惨不忍睹。蒋介石在众人的簇拥下，登上了一堆瓦砾残灰的基台，不觉一阵凄凉的西北风扫来，众人先是一阵寒慄。从西北向南俯看，昔日中山路到南门口是长沙古城最繁华的地区，如今却破壁参差，几乎看不到一幢幸存的房屋，有的地方还不时冒出几缕残烟余火，几只黑色的乌鸦飞来跳去，"哇——哇——"直叫，蒋介石呆呆地站着，良久，一声长叹，有气无力地说道："烧得太苦了，烧得太苦了……"他转头望了一下左边的陈诚和张治中，对陈诚道："这件事情，可以说不是哪一个人的错误，可以说是我们整个团体的错误。这一错误的造成，不能不认为是我们的失败，一次最惨重的失败。目前最要紧的：一方面要赶紧善后，收拾人心，这要文白（指张治中）还应该继续负责，要表现出革命军人服从命令，完成任务的精神；其次便是我们大家，都应该从这一事件中得出明确的教训……"

听了蒋介石的这一席话，张治中自然有他的看法，但不敢吱声。一行人从南端下了城墙，迅步向天心阁南门口走去。

中日血拼天心阁

1939 年 9 月至 1942 年 1 月，日军三次大举进犯长沙，均从长沙败退，长沙成为坚持抗战达五年之久的英雄城市。由于天心阁占踞长沙城内制高点，三次会战中都成为我军重点布防的主要阵地。

1942 年的元旦，正是中日双方反复争夺天心阁的日子。早在第二次会战时，日军就于 1941 年 9 月 27 日晚攻入长沙，天心阁阵地直接面临敌军的强攻。中国第六、第七战区的增援部队迅速向长沙集结，同守城的第六战区部队一起与日军在长沙外围和市区内展开了激烈战斗。中国军队与日军进行着逐街逐巷的争夺，据守天心阁的官兵在"文夕大火"后的残垣断壁下抱定与长沙共存亡的决心，誓死一拼，敌军始终未能占领长沙城制高点。3 天后日军被迫撤退，薛岳命令各部乘势追击，先后在汨罗江、浏阳河两岸予敌大量杀伤。10 月 9 日，日军又一次退回新墙河北岸，恢复到战前状态，近卫内阁因此而被迫下台。

1941 年 12 月 8 日，日军偷袭珍珠港，发动了太平洋战争，随即又在东南亚地区向英国和美国的军队展开了凶猛的进攻。日军为了打通在长沙受阻四年之久的粤汉交通线，出动 12 万兵力，发动了第三次对长沙的进攻。12 月 24 日，日军分数路强渡新墙河，急速南进，突破我军金盆岭至猴子石防线，一股日军插缝钻隙，窜入白沙岭及白沙街的民房中。1942 年元旦，开始猛攻长沙城。第十军军长李玉堂与全军将士抱定与长沙共存亡的决心，凭借天心阁城墙拼死抵抗，与敌血战四天四夜。战地记者徐斌 1943 年著《长沙纪实》这样描述第三次长沙会战时天心阁的战斗场面：

在第三次长沙会战的过程里，这一块高地又形成了极重要的地点。当元旦日敌人攻陷白马庙（位于天心阁下东北向）的时候，天心阁便成最前哨的高地。在这块高地上面，可以很清晰地看到敌我在短兵相接时候的肉搏战，在枪炮交响声中，奉令守这一线的周庆祥师长，也就在这一块高地上指挥。到第二日，葛团也是从那里出击而收复了白马庙这一个据点的。如今，战斗已经过去了，天心阁这块高地仍旧地是矗立在南门的边缘，这里曾经是今古战场的高地，将永远是人们憧憬和凭吊的所在。

1942 年元旦凌晨开始，长沙整日小雨夹雪，捞刀河、浏阳河反常地涨水，战火烧红了长沙城郊，地脉隆起的天心阁城墙成了争夺最激烈的战略要地。当年亲历长沙血战的葛先才在回忆录中写道，1942 年元旦拂晓，敌以密集炮火，向他所率领的 30 团主阵地猛烈轰击，继之步兵强攻。"十二架敌机低空集中南区轰炸扫射。去了十二架，又来十二架，川流不息轮番轰炸。所有阵地附近民房被炸起火燃烧，炸弹、炮弹、手榴弹爆炸后的火药烟，及其所激起的沙土灰尘，与烧房屋之浓烟火焰，混成一片，遮蔽空间，十余公尺以外看不清物体，战斗之惨烈数日来所仅见。"

敌虽伤亡惨重，但仍前仆后继地猛攻。守军冒着敌人陆空优势火力，奋勇抵抗，双方伤亡惨重。敌人愈打仿佛愈多，而葛先才团的人却好像越打越少。师长方先觉将师部辎重营、卫生队、运输连及勤杂人员编成一个战斗连，交给葛先才指挥。恶战六小时后，至中午十一时二十分，双方战斗暂时停歇。

天心阁城墙下，团长葛先才决定弃守为攻，主动打电话给天心阁城墙上守卫团团长陈希尧上校，称："本团准备改取攻势出击，请你命令城墙上火力，居高临下阻止敌人增援部队。"又打电话给防守城南的预备第10师师长方先觉报告自己进攻的理由："据目前战况，敌人兵力火力均较我方占绝对优势，敌人还有飞机助战。即使想尽办法抽调兵力增援，仍弥补不了伤亡数字。现在是十一时半，还要维持六个小时兵力损耗，才能到黄昏。就算今天闯过鬼门关，还有明天的血战，兵力如此大量消耗下去，能否支持到外围友军向长沙合围之期，实难肯定。只有决计出击，以攻代守，攻其无备，或有稳定战局的可能，喘一口气，再详为策划，重新调配兵力。"

方先觉担心敌势太强，进攻无益，建议葛先才将统领的30团撤至天心阁城墙上或可减少伤亡。但葛先才却对方先觉痛苦地陈述说：我团已不可能向长沙城内后撤，后撤进长沙城，只有南城门一条通道，撤入城内时，在官兵争先恐后的情形下，部队一定自乱，而且敌我咫尺之隔，我一后撤，敌必尾随跟进，那才是真正危险。

葛先才最后对方先觉说："军人应有冒险犯难精神，不计后果决心出击，我再不向你请示，也不要你增援，你只当三十团死光了……请师长即刻将南门关闭堵死，城墙上多准备手榴弹，如敌抢攻城门，手榴弹可以歼灭之……不是敌死，就是我到黄泉，我决计与敌偕亡……你也预为筹谋，应付后事，以免临时失措。"

天心阁城墙前山岗上，30团团部军号声响，雄壮凄凉。各营连号兵，十几支军号，各带其部队番号，接连吹响。霎时间满脸黑灰的中国军人，从战壕前跳出，一齐冲往日寇阵营。此时正是午饭时间，五名炊事员挑着饭正送阵地，听到号声，也举着扁担冲向山下敌营。日寇在猝不及防的攻击下竟逃出2500米才停止。

葛先才领着的30团冲出七百米到达南门水稻田边，听到号音即停止进攻。此时岳麓山上炮兵阵地上的十五公分口径的重炮，因敌我距离拉开的大好时机大显神威，一颗颗炮弹飞向日军阵地。

第九战区司令长官薛岳上将，由岳麓山指挥所电话问第10军军长李玉堂中将："南门外出击者，是哪一个部队？"并连声赞道，攻得好！攻得好！

元月2日，湖南各大报纸均用大标题称赞葛先才的弃守为攻，有报纸更用头号大字标题称："葛先才团长，赵子龙第二。"

此次天心阁前的弃守为攻，奠定了第三次长沙会战胜利的基础。此后，袁家岭上，识字岭头，均出现过团长一级的中国军人头戴钢盔、手拿冲锋枪或机关枪，率部主动向日军进击的英姿。正是一线官兵的奋勇拼杀，使第九战区司令长官薛岳的"天炉战法"在反击中大显神威。

所谓"天炉战法",就是诱敌深入,然后以长沙城这块骨头作为诱饵,使日寇想吞下又吞不下,想放弃又舍不得,周边各地的中国驻军趁机迅速奔赴长沙,对日军形成合围和截击之势,然后里外夹攻。第三次长沙会战,使日军伤亡 56941 人而不得不从长沙败退,中国守军则以伤亡 28116 人的代价,获得自台儿庄大捷之后正面战场又一次重大的胜利。正处于美国、英国在日军进攻下节节败退之际,英国《泰晤士报》称:"12 月 7 日(指美国珍珠港被袭)以来,同盟军唯一决定性之胜利,系华军之长沙大捷","际此远东阴雾密布中(指香港陷落、马尼拉失守、马来亚危急等),唯长沙上空之云彩确见光辉夺目。"

中国共产党的《新华日报》亦盛情称誉此次胜利说:"长沙保卫战……与今日反法西斯战争欧洲战场上,伟大苏联军民打击希特勒匪军遥相呼应,所以此次长沙大捷,是有国际意义的。"

长沙大捷后第 22 天,美国宣布向中国提供 5 亿美元贷款的决定,中国的抗战获得国际资金的支持;经罗斯福提议,同盟国在长沙会战时,正式推举蒋介石为中国战区最高统帅,并成为中印缅战区盟军最高统帅。中国人民的抗日战争,与世界人民的反法西斯战争联为一体。

战后,天心阁下留下了当年抗战的三个纪念建筑。在湖南省档案馆保存的 1946 年 8 月 5 日的民国时期湖南省政府建设厅档案中,有一份长沙市政府 7 月 31 日为纪念长沙会战阵亡将士所拟的电文,签发的是当时长沙市长汪浩:奉悉"查第四方面军于天心阁建立之抗战阵亡将士纪念亭,离阁台约三十公尺,通天心阁墙道之前端。现纪念亭工程已大部完竣,位置颇称适宜"特电复查照。

电文中提到的抗战阵亡将士纪念亭即天心阁下的崇烈亭。此亭前身为午炮亭、国耻纪念亭。清末民初,为统一全城时间,亭中置黄铜火炮一门,每日正午鸣炮三响以报时。1929 年,为纪念济南"五三惨案"遇难同胞,拆除午炮,改建为国耻纪念亭,亭中有水泥绘制的国耻地图一幅,租割失地均涂有鲜明的彩色,以唤起民众爱国热情,该亭后毁于"文夕大火"。1946 年,为纪念抗日战争长沙会战中阵亡的将士,当时的长沙市市长汪浩在国耻纪念亭原址建十六柱斗拱、八角歇山顶亭一座,名曰"崇烈亭",亭额系蒋介石亲笔题写。

同年,由蒋介石、陈诚、张治中等人带头捐款还修建了崇烈门,蒋介石还亲笔为崇烈门题了字。崇烈门为牌坊式建筑,全麻石打造,宽 8.5 米,高 5.9 米。居中的一副对联为"气吞胡羯,勇卫山河","羯"为古代的一个族名,因信奉胡天教,所以称为"胡羯",附属于匈奴,在这里是指的日寇。旁边的一副用篆书写的是"犯难而忘其死,所欲有甚于生"。在这里的"忘"读"王"声,为旧读,是忘记的意思。其上下联均出自中国经学典籍,上联出自《易经》:"说以先民,民忘其劳,说以犯难,民忘其死"。下联出自《孟子·告子上》:"生亦我所欲,所欲有甚于生者,故不为苟得也"。上联的意思是:冒险而忘记生死,指的是为国赴难,奋不顾身;下联的意思是:理想胜过活着,是指理想至上,宁可捐躯。这两副对联对抗战将士们勇于战斗，为保民族气节勇于献身的精神给予了高度的赞扬。崇烈门在 1968 年的"文化大革命"期间被毁，现崇烈门为 2006 年参照老照片在原址恢复重建。

最后，汪浩市长还下令新建了崇烈塔。崇烈塔俗称白塔、石狮塔，为全花岗岩结构，石柱上端顶着一个地球模型，球面雕有民国时期中国地图，球的上方端坐一只圆睁双眼醒来的东方之狮，这只东方之狮仿佛俯察风云变幻，守卫世界和平，更喻意中国这头东方雄狮已经觉醒。可惜的是，文化大革命期间此塔已毁，但留有老照片。为尊重历史，在 2012 年抗日长沙三次会战胜利七十周年之际，天心阁管理部门将其进行了复建。

贺龙元帅与天心阁的包子

天心阁坐落于长沙城南的原天心公园（现为国家 AAAA 旅游景区）园内，为中国历史文化名楼，古城长沙的文化符号和地标。1938 年"文夕大火"将天心阁化为灰烬，至 1983 年天心阁的阁楼才得以重建。"文夕"大火后至 1952 年的十多年中，一直有私人业主在天心阁的遗址上建简易铺房，开设茶馆。1952 年 6 月 1 日，长沙市人民政府重建千疮百孔的天心公园，并且接收天心阁茶馆的老板曹大炎为公园职工，由公园经营茶馆。

1954 年 10 月，贺龙元帅来到长沙，兴致勃勃地登上了天心阁参观。这年的 6 月，他担任了中央军委副主席，9 月又出席了第一届全国人代会第一次会议，会后即被任命为国务院副总理、国家体委主任和国防委员会副主席。在出席了国防委员会第一次全体会议后，58 岁的他忙里偷闲，故地重游登上了天心阁城楼。

据天心阁退休老职工王朴诚同志回忆，贺龙同志来的那天天气晴朗，阳光明媚，天心公园的园内景点林立，古雅精致，亭阁错落，相映成趣，令人赏心悦目。

当时贺龙同志兴高采烈地参观完公园后，完全不像 58 岁的老人，仍然健步如飞地登上了天心阁。在那里俯视了长沙城全貌后，他还指着天心阁古城墙的月城内炮洞对陪同人员说："这里我来过，以前是住叫花子的地方"。公园的工作人员对他介绍，天心阁古城墙的月城是古代城防工程，炮洞为屯兵和放置炮台之处。在这里曾经发生著名的太平军长沙之战，西王萧朝贵就被月城炮台的大炮炸死在天心阁下。抗日长沙会战，天心阁城墙是坚强的堡垒阵地，至今在公园还保留了崇烈门、崇烈亭和崇烈塔等纪念建筑。伟大领袖毛主席青年时期在第一师范求学，经常到天心阁的月城读书，并和同学们一起探讨救国真理。贺龙同志听后感慨万分地说到："长沙真是一座英雄的城市啊！这天心阁不就是古城长沙历史的缩影和见证吗？"

意犹未尽之后，当贺龙同志看见天心阁饮食服务部出售包点、"麻圆陀子"等小吃时，他亲自对其进行了品尝，"这些家伙我都吃过，现在的味道不减当年，还是跟过去一样很好吃！"连连称赞后他又伸出了大拇指，并特别表扬天心阁的包子个大、馅多、料鲜。此后的

1955 年，在贺龙同志亲自过问下，天心阁投资 5000 余元，将茶厅改建一新，经营清茶、包点、烟酒，生意十分红火，每天茶客爆满。市民把能在这里争得一个坐位当成一大幸事，可谓人流如潮，热闹非凡。

董每戡（1907～1980 年），是我国著名戏剧家、戏曲史研究专家，其子董苗的回忆文章《父亲最后的二十年》里，对天心阁的包点还有如下记载："除著书外，父亲那时最喜欢去不远处的天心阁，因那城墙最高处有一茶社，卖的包子味道极好，要一两粮票五分钱一个，在困难时期算是难得的美食。父亲每天天未亮时就去排位，要一杯茶四个包子，自己吃两个再带两个回来给母亲，有时要是去晚了，包子就卖完了。"这充分说明天心阁的包子在当时享誉省内外，故常有江西、贵州、广西等地慕名前来者，成批购买携带回乡。"这是贺龙元帅吃了表扬过的包子！"他们同时还笑言"吃不了兜着走"。这种情况一直延续到天心阁重建前夕——1983 年拆除茶厅止。

田汉 "听雨" 天心阁

田汉（1898～1968 年），原名寿昌，长沙县人。中国现代戏剧的奠基人，中华人民共和国国歌《义勇军进行曲》词作者。早年曾留学日本，二十世纪二十年代开始戏剧活动，创造了许多著名话剧，成功地改编过一些传统戏曲。"文革"中被迫害致死。

新中国成立后，田汉曾担任带有研究性质的戏曲领导机构——文化部戏曲改进局局长。该局的任务是负责进行对戏曲剧目和演出的调查研究；制订戏曲工作政策；团结、改造艺人，培养新生力量；组织力量整理、改编、创作戏曲剧目；改革旧社会班社制度；辅导演出团体排演新戏；改进舞台作风和关心全国戏曲工作者的政治待遇及生活福利。该局成立后，在制订戏曲政策、广泛团结艺人、编审戏曲剧目、搜集整理戏曲资料及演出和教育的改革实验等各方面，都起过开创性的作用。田汉与旧社会各行各业各阶层的人交往较多，又与旧戏旧艺人打交道，因此熟悉、同情、尊重他们，难免充当旧艺人的"代言人"，人送外号"田老大"。周总理曾经称赞他说："田汉同志在社会上是三教九流五湖四海无不交往。他关心老艺人，善于团结老艺人，使他们接近党，为党工作，这是他的一个长处。"

1956 年，田汉以中国戏曲家协会主席、全国人大代表身份，到长沙、桂林等地考察，走访了许多老艺人和中青年演员。5 月 22 日，田汉在长沙与湖南省有关部门负责人交换意见后，准备分赴各处进行考察。5 月 23 日，田汉和翦伯赞视察长沙市湘绣生产合作社出来，遇上了长沙市艺联湘剧团团长王福梅，在她的陪同下与该团一些演职人员进行了亲切交谈，并看了他们宿舍。当他看到男女老少、已婚未婚的铺位挨在一起，有的隔一层帐子便是一家，有的单身艺人两个人共一铺，还有的青年演员住在两对夫妻的当中……田汉把这一切看在眼里，记在心里，认为这是急待解决的问题。

从 5 月 24 号起，在湖南省、长沙市宣传和文化部门负责人陪同下，田汉还视察了长沙市湘剧一、二团的演出场所、宿舍，并与部分演员交谈，了解到剧场条件差、行头破旧、住房紧张、部门演职人员生活困难等情况。同时，田汉还先后视察了湖南省民间歌舞团、省话剧团、省湘剧团及省花鼓戏剧团。在视察话剧团时，有人提出可供演出的新剧本太少，想请他为剧团写剧本，他便提出只依靠老剧作者来写剧本是不够的，剧团要培养出自己的创作人员。并提到湖南省有悠久的革命历史，可写的题材其实很多。在视察湖南省花鼓剧团时，询问像肖重珪那样的演员该团有几个？对一些学生出生的花鼓戏演员，给予了鼓励。视察期间，田汉对提出的问题能答复的当即答复，一时答复不了的问题他都一一做下笔记，说明一定如实地向湖南省委及有关部门反映情况，力求妥善解决。

5 月 28 日，为了慰勉参加过抗日救亡的湘剧艺人，更为了全面调查戏剧方面存在的问题，田汉邀请了部分湘剧名老艺人周圣希、黄元和、王申和、贺华元等，在古城长沙的标志性建筑天心阁举行"听雨之会"，听取艺人们对戏曲改革工作的意见。座谈时，大家都怀念湘剧界许多艺人，回忆他们在抗日期间，激于民族大义，不为日伪出演，其中不乏有吴绍芝、罗裕廷、欧元霞等，为保全大节而献出了宝贵的生命。

艺人们也就戏曲改革和剧团建设及艺人生活等方面，反映了一些问题和意见，特别是对当时少数干部的粗暴作风，不遵循艺术规律，或者不尊重老艺人所爱用的教学方法等问题，提出了强烈的批评。田汉勉励大家说："新社会是在党的领导下，用革命先烈的热血换来的，我们必须格外珍惜。我们革命文艺工作者都要热爱党、热爱社会主义，为繁荣人民的戏剧事业做出贡献"。座谈会结束后，大家一起在天心阁拍照留念，之后田汉将自己的部分稿费连同工资一起约 2000 元，分别赠送给有困难的老艺人或遗孀以示慰问。后来湖南省委拨下 20 万元的款项，总算给极为困难的艺人们解决了一些实实在在的生活问题。

这次长沙之行，田汉还观看了湘剧《双包案》。当时湘剧名角王申和扮演包公，他为了表示对田汉的欢迎，在演出中竟唱道："王朝马汉两边排，田汉先生到湖南来，尔等若有冤情事，一一从头诉上来。"田汉坐在台下看戏，听到这里，不禁皱起眉头。演出结束后，他步入后台和悦而严肃地对王申和说："申和呀，你怎么把我扯到戏里去了？我不是包公，更不是青天大老爷。今天的青天，是我们的党。"这么几句既严肃又诚恳的话，表明田汉为民请命，是希望为社会，为党、为艺人做更多具体、实际的工作，而不是借此自抬身价。

田汉回京后，一方面向中央汇报长沙、桂林等地所见所闻，另一方面在《戏剧报》公开发表了《必须切实关心并改善艺人的生活》和《为演员的青春请命》这后来"引火烧身"的两篇文章，在当时引起了很大反响，并且得到了中央的高度重视。敬爱的周恩来总理批专款 500 万元给生活有困难的艺人，同时文化部也指示放宽对剧目演出的限制。但后来谁没有想到，他的"为民请命"这一举措却导致了自己的"杀身之祸"。

毛主席宴请天心阁的保护者

1959年6月27日，毛泽东主席从家乡韶山返回长沙，下榻蓉园。当日，他决定宴请几个老朋友。下午5时，家住司马里11号的曹典球老先生迎来了一位湖南省委的一位干部，来人对曹老说："毛主席请老先生到省委去共进晚餐。"又说："请您带路，还要去接李淑一、杨开智两位先生。"不一会，四人一同乘车来到了省委一号楼。此时客厅内已有程潜、唐生智、周世钊等人在座。不久，毛泽东主席在湖南省委书记周小舟的陪同下步入了客厅，众人立即起身迎接，毛主席与大家一一握手问候，并请各位就座，曹典球当年82岁，是来客中最年长者，主席请他坐到自己的身边，随后便与大家亲切地攀谈起来。

毛主席先是扬起右手道："各位先生，难得一见，今日得闲，请大家喝杯小酒，述谈述谈旧情，不成敬意，大家晓得，我毛泽东向来手头拮据，请多多见谅！"主席的这一席话，顿时在席间引来一阵轻松的笑声，宾主之间一扫拘谨的气氛。主席问李淑一："淑一先生，这一年来工作和生活还顺意吗？"李淑一笑答"谢主席关心，一切都还可以。"主席点头后面向大家说："我要感谢淑一先生，是她让我这一生中多写了一首词，因为当时淑一送了我一首怀念柳直荀的词，我才写了《蝶恋花·答李淑一》，这首词中文意，都是我代淑一写的。"

话题到此，席间的气氛似乎沉重起来，这时典球老先生连忙找来了一句结束语，说道："太好了，主席的这番话正好为《蝶恋花》添了一个注脚！"在座的人都表示非常赞同主席的说法。主席接着说："其他的大事情不说，听说在1924年，是典球老先生的一股霸蛮（执着）的韧劲，才保留了长沙的这段古城墙和天心阁，这种精神难能可贵呀！"主席说到此，向典球老先生竖起了大拇指，众人不约而同地鼓起掌来，曹老忙起身推摇双手说："感谢主席的嘉言！区区小事，何足挂齿！"接着有人说："可惜，'文夕'大火把天心阁烧了，真是太可惜了！"主席说："过去的事已成为历史，现在的权力在人民大众手中，莫着急，今后，天心阁还可以重建嘛！"在座的来宾无不顿感惊讶，有人交头说："主席日理万机，对天心阁的这件事都了解这么清楚，真是不敢想象。"事后人们得知，毛主席青年时期在一师求学时经常到天心阁，并对天心阁有着深厚的感情。典球老先生在1955年曾写过一首《同芸阁抱圭登天心阁看菊花会》的诗，发表在某个杂志上，毛主席是通过这本杂志了解这件事的。

毛泽东与周恩来重登天心阁

1960年我国正处在经济困难时期，这年5月，毛泽东来湖南考察农村工作，住在长沙蓉园。15日周恩来专程到长沙向他汇报工作，商讨即将召开的中共中央政治局扩大会议。由于国家经济形势的紧迫，两人很不轻松地畅谈了几个小时，工作人员建议他们到户外去活动一下。

下午三点多钟，毛泽东对周恩来说："走，我们到橘子洲和天心阁去看一下子！这是我在湖南一师读书时经常去的两个地方。"两人同乘一辆轿车来到湘江渡口，警卫人员发现：这里往来的人群拥挤不堪，不便疏导，考虑到主席的安全问题，周恩来建议先去天心阁，于是轿车循着沿江大道缓缓向南驶去。

这天正值久雨初晴，阳光明媚，微拂的江风夹带着几分清新。轿车驶了一阵，毛泽东便示意司机停车，他与周恩来下车来到江边。毛泽东指向江心，给周恩来介绍起橘子洲来。说到橘子洲，毛泽东对它有着至深的情感，1925 年他在《沁园春·长沙》的词中，就写到过"橘子洲头"，后来（1961 年）他还在《答友人》诗中写过"长岛人歌动地诗"的句子。毛泽东在青年时代对长沙的一些名胜掌故读得不少，此刻，橘洲美景再现眼前，不免兴致勃发，他有根有据地向周恩来说起了橘子洲的典故。

轿车继续向天心阁驶去，毛泽东谈论橘子洲话题的兴致仍然未减，他脱口念道："橘子洲，洲旁舟，舟行洲不行"，并说："恩来，请你对出下联"。周恩来对于长沙并不陌生，1938 年"文夕大火"后，他最先赶到长沙，领导善后工作，几次到过天心阁，也曾听人说过关于天心阁的一些历史此事，但没上过心，印象很模糊，对于民间流传的对联也不熟悉。他接过毛泽东的话说："让我慢慢想想。"

轿车到达天心阁，一行人一路攀登，来到原天心阁基台下前坪，随行的工作人员介绍说："二十二年前天心阁在长沙大火中被禁毁后，目前还没有重建，这是 1956 年新建的天心阁茶楼。"毛泽东与周恩来伫立良久，仔细地端详着这个一层楼的长方形建筑，它青瓦粉墙，四角微翘，虽然丝毫没有原天心阁那种古朴壮丽的风貌，却也给了人一种精致的感觉。毛泽东感慨道："风雨古阁，旧事难忘呀！"话说间，忽见一群野鸽从天心阁茶楼顶上"呼"的一声飞起，冲向半空，盘旋两周后相继飞回楼顶嬉戏起来。见此情景，周恩来灵机一动，对毛泽东说："天心阁，阁上鸽，鸽飞阁不飞。"毛泽东听罢，诧异地问："你莫子（什么）时候见过这副对联？"周恩来说："没有，是天心阁茶楼上的鸽子启发了我。"毛泽东说："武者同宗，诗者共韵，天下一脉。天心阁上曾经挂过一副明代名家作的对联，内容大致如此。"说到这里，两人一同步入了天心阁茶楼，脚步也轻松了许多。

钟鼓楼

简　介

　　钟鼓楼，位于陕西省西安市中心，是钟楼和鼓楼两座建筑的合称。钟楼和鼓楼为古代的报时系统，古时击钟报晨，击鼓报暮，因此有"晨钟暮鼓"之称。钟楼始建于明洪武十七年（1384 年），原建于今西大街北广济街东侧，明万历十年（1582 年）移于现址。鼓楼始建于明洪武十三年（1380 年），为中国现存最大的鼓楼。清康熙三十八年（1699 年）和清乾隆五年（1740 年）先后两次重修。此后又有数次修缮，楼体原样保存至今。1996 年被公布为全国重点文物保护单位。

皇家标准的钟鼓楼

　　钟鼓楼在西安的市中心，每天车水马龙，人来人往。在明代这里既没有宫殿，也不是贵族府邸的所在地，为什么会在这里修建皇家标准的钟鼓楼呢？这里有一个鲜为人知的小故事。

　　朱元璋建立明朝定都南京，西安城不再是帝都的所在地，更多的是作为军事藩镇起着防御作用。当时朝中有大臣认为西安在政治、军事上的地位非常重要，就上奏皇帝建议迁都。

　　其实，明太祖早有迁都关中的打算。早在 1370 年，监察御史胡子祺已有陈奏，告诉朱元璋西安与洛阳相比在地理位置上的优势更佳，这一建议当时就得到明太祖的赞许。虽然后因时事多艰，建议被搁置起来，但却一直萦绕于太祖心怀。经过深思熟虑后，朱元璋派太子朱标"巡视关中"，并告诉他说："天下山川，惟秦中号为险固，向命汝弟（太子二弟、朱元璋第二子秦王朱樉）分封其地，已十余年，汝可一游，以省观风俗，慰劳秦民。"于是，太子朱标就奉旨来西安实地考察。到了西安，这里的风土人情和自然风貌深深地吸引了朱标。同年十月，朱标返回南京给太祖复命，进献了自己带人绘制的《陕西地图》，还详细介绍了西安各方面的优势，大力推荐迁都西安。朱元璋即刻允准，朝廷便开始紧锣密鼓地张罗迁都一事，西安钟鼓楼也进入了设计施工阶段。没想到天有不测风云，没过多久太子朱标就一病不起，第二年春天就病逝了。作为一位遭受晚年丧子之痛的父亲，朱元璋悲痛不已，为之罢朝。更令人痛心的是，太子朱标在弥留之际还向朱元璋上书建言"筹划建都西安的事情"。然而西安却成为朱元璋的伤心地，建都西安这一原本可行的方案就此被永远束之高阁，搁置到尘封的史册之中了。此时按照皇家建筑标准修建的西安钟鼓楼已经落成了。

鼓楼的 "声闻于天" 匾

关于鼓楼北匾"声闻于天"很有意思，有传说是女皇武则天亲笔题写的。这四个字是取典于《诗经》名句"鹤鸣于九皋，声闻于天"，是当年狄仁杰在武则天赐酒后想出来的，所以大臣们请武则天写下"声闻於天"四个字。当时有些醉意的武则天在"於"字上少写了一点，谁也没有在意，这块匾随后便被挂了起来。一天，女皇路过宫门附近的鼓楼，抬头看见匾额上的"於"字上少了一点，便问身边的大臣是什么原因，身边的大臣面面相觑，谁都不敢出声。于是武则天下令取来笔墨，蘸上墨，用一弓箭将其射到牌匾上，正好射到缺一点的位置，补全了"於"字，群臣欢呼。

有心之人可能会注意到，现在挂于鼓楼北面的匾额为"声闻于天"，并非"声闻於天"。这又是怎么回事呢？

民间有一传闻："武则天是一个女人，女人怎么能够执政呢？'声闻於天'为武则天所写，这个不好。于是清朝重修鼓楼时就将其改成'声闻于天'，而不再使用原匾中的'於'字。"另有说，该匾是乾隆皇帝所书。而比较多的说法是清代陕西巡抚张楷模仿乾隆御笔所刻。

当然这些不过都是传说故事，听听就好。这块牌匾后来经过明、清、民国，直到抗战，一直都完好无损。遗憾的是，"文革"时期，红卫兵砸烂焚烧了它。2005年，西安钟鼓楼保管所对鼓楼上的巨匾进行了仿制复原，才让我们重新看到它们曾经的荣光。

唐睿宗铸铭景云钟

有这么一个故事，讲的是唐朝皇帝与钟楼上的一口大铜钟。这个皇帝是谁呢？唐睿宗李旦，武则天的儿子，一位非常特殊的皇帝。他曾经两次登上皇位，父亲和母亲都是皇帝，儿子也是皇帝。一次巡游的路上，他做了一个梦，梦里看到眼前霞光万丈，异常美好。与我们每个人做梦一样，等他醒来，什么也都没有了。他回想起这个奇特的梦境，又觉着自己这么多年很是艰辛，这是老天对自己的眷顾，很有必要纪念一下。于是下令在景龙观里造了一口大铜钟，景云钟就是这么来的。

当然，这只是个传说。当时为铸造这景云钟，可是费了很大劲儿的。因为皇帝重视，亲自监造，撰写铭文。大钟的铸造云集全国之力，无论是能工巧匠，还是建造材料，都是最顶级的。所以，景云钟这样的杰作与皇帝的重视和参与密不可分。

当然，李旦的风采我们现在只能通过历史来了解，真真假假，由历史学家来定论。而景云钟实物犹存，完整无缺，最让人珍视的，还有钟上面那 292 个字的皇帝墨宝，这可是李旦流传至今所仅有的，为研究书法史者所珍视，其价值是不言而喻的。所以谁也说不清，到底是皇帝因为景云钟而流传万世呢，还是这景云钟因为皇帝而意义非凡。

景云钟的沧桑

每年的除夕之夜，中央人民广播电台都会用钟声向全国人民传来吉祥的福音，这口奏出清亮悠扬之声的大钟，就是著名的唐代铜钟——景云钟。

景云钟造于唐睿宗景云二年（711 年），一直为西大街广济街口的皇家道观景龙观所用。传说唐玄宗曾在民间大选宫女，圣旨一下，便有景龙观道士来报告，说景云钟敲不响了。玄宗大惊，思前想后，醒悟到大抵是自己触怒了上天，急忙收回成命。当夜，玄宗梦见一个三尺多高的白胡子老人，自称是玄宗的先祖，现居终南山中，灵魂寄托在景云钟里。玄宗醒后即命尚书张九龄与道士到城西南一带访求，果真得到一尊高三尺有余的老君玉像。玄宗将玉像迎入兴庆宫，斋戒三日，后将玉像供奉于景龙观中。再去敲钟时，景云钟的钟声果然又响彻云霄了。于是，玄宗将景云钟视为神物，决定修建钟楼悬挂其上。

随着时代更迭，景云钟与钟楼离离合合。关于景云钟置于钟楼一事的记载最早见于清道光二十八年（1848 年）《重修迎祥观钟楼碑记》：“明洪武年间，移置于楼。楼三层，高十丈许，钟悬于上层中央。顺治八年重修有碑记”。由此可以推断，明代所建钟楼上所悬之钟即为景云钟。但对为何“移置于楼”，不得而知。

钟楼宝顶的传说

传说在古代长安城的城市中心的一块地方不断地涌出水来，而且水势越来越大，不时地淹毁房屋和道路，大有把长安城变成汪洋大海的势头。观音菩萨知此形势后，托梦给城中的百姓：“有一条孽龙在地底下兴风作浪，要在上面建一座钟楼镇住它，方可保万世平安。”于是，城里的百姓便挥动铣锄，顺着冒水处挖下去，终于挖到了有十个井口大的海眼，从上边能听到下边海浪的咆哮声，人们用半尺厚的钢板封了海眼口，并动工在上面建起了一座十几丈高的钟楼。

钟楼建起后，工匠们烧制了一个巨大的玻璃宝葫芦做钟楼的顶子。可是，当人们顺着斜桥把十人合抱不拢的大宝葫芦缓缓移上钟楼顶座，安放停当时，钟楼却突然剧烈地摇晃起来，玻璃顶被摔到地上，碎了一地！不仅如此，钟楼越抖动越厉害，感觉会有倒塌的危险。人们千方百计地加固钟楼，但都无济于事。

这时，身在南海的观音菩萨被长安百姓坚持不懈的精神所感动，驾云来到长安上空，在孽龙即将翻倒钟楼的霎那间，毫不犹豫地倒掷下她心爱的净瓶。那宝瓶准确地倒扣在钟楼的顶座上，变成了金光闪闪的金顶，钟楼顿时纹丝不动，稳如泰山了，孽龙从此被镇在钟楼底下不得作恶了！

长安城内外的百姓们都把钟楼的金顶看作家乡的珍宝，并且以有此它为荣。年高智广的老人们常说："钟楼宝顶历经数百年风霜雨雪之磨炼，吸日月星辰、天地万物之精华，已变成一块宝贝了，是世上罕见之物，无价的国宝啊！"

钟楼东迁的传说

你知道西安钟楼曾经搬过家吗？据史料记载，明神宗万历十年（1582 年），钟楼从西大街广济街口搬迁到了今天的位置上。那么一定有人会问，钟楼为什么要搬家呢？

以史料分析来看，钟楼东迁是由于明初扩建长安城、改建城门，城市中心东移，钟楼显得偏离了城市中心，于是向东进行了整体搬迁。然而，这个搬迁的原因，民间还流传着一个美丽的传说。

万历年间，关中发生了大地震，死伤无数。当时长安城里传言四起，都说是有妖怪在作乱。长安的豪门大族十分恐慌，纷纷奏告太守要降魔除妖，平息地动。知府也像热锅上的蚂蚁，坐卧不宁。于是他召见迎祥观的道士高承之前来商议。高承之是一位在长安城里久负盛名的老道，擅长剑术和法术。他告诉知府，"曾经关中原是一片浩瀚的大海，当'天倾西北，地陷东南'的时候，海水向东流去，这里就成了平原，但是有一条大鳌鱼不愿离开，就用嘴凿了一条大川，把自己隐藏在里头，后来地裂山突，这条大川就成了地下河。每到三月十五日，鳌鱼就游出水面，呼吸空气，如今地动，正是鳌鱼在作怪。"知府听的有趣，连忙问道："您可知道这川口在什么位置？"高承之站起身来，拉开窗帘，指着东边说："就在钟楼以东半里的那个十字路口。"说完，高承之从袖子里抽出一张图，递给知府，那是一座瑰丽的钟楼，楼下卧着一条鳌鱼，左上角有一首诗：

> 天刚破晓霞蔚生，抛却金币乐无穷。
>
> 春风漫舞长安道，修的是楼四街中。

看到这幅图卷，知府心理一下亮堂了。立即下令全城铁匠，赶制一百丈长的铁链，准备降鳌建楼。

待到三月十五，高承之随知府一行人来到了十字街口。知府命令十几名兵士用镢头刨开路面，露出四块大石头。搬开石条，果然看见下面有一口深井，井下有川，水流哗哗。不一会儿，一股水柱喷井而出，冲向天空，之后便有一鳌鱼头伸出井外。高承之从容的走过去，用自己的宝剑按住鳌头，并叫兵士用铁链把鳌头锁住，然后把铁链和鳌头一起沉入川底。随后又征用了五千名工匠，夜以继日，赶修钟楼，终于在万历十年的春天，新钟楼顺利竣工。

恰逢此时，巡抚龚懋贤到陕任职，被雄伟、壮观的钟楼惊服了。他亲自登楼，遥望终南秀岭、市府长安古城，心旷神怡，欣然赋诗一首：

> 羌此楼兮谁厥诒，来东方兮应昌期。
>
> 挹终南兮云为低，凭清渭兮衔朝曦。
>
> 鸣景云兮万籁齐，樟木德兮莫四隅。
>
> 千万亿祀兮钟虡不移。

从此以后，钟楼巍然屹立，鳌鱼被镇压在川底，再也不能兴妖作怪了。

今天，钟楼上悬挂了一幅著名老书法家宫葆诚先生所书楹联：

> 钟号景云鸣彩凤
>
> 楼雄川口锁金鳌

这副楹联讲的就是敲响景云钟的时候，长安城里就会响彻有悦耳清亮的凤凰鸣叫声。这座雄伟壮观的钟楼为人民锁住鳌鱼，带来幸福安康的生活。

上了年纪的西安人大都听过一种说法，在钟楼附近的地上或钟楼的墙边去听，能听到汩汩水声。当然，这只是一个美丽的误会。

钟楼的搬迁

明神宗万历十年（1582年），在陕西巡抚龚懋贤的主持下，西安钟楼从西大街广济街口迁建于现在位置。一个规模宏大的钟楼，古人是如何在短短一年时间内整体移到现址的呢？难道是给钟楼安装上轱辘，然后从西大街一路拉过来的吗？那是不是使用了很多的人力呢？原来，这次搬迁是使用了"整体拆装法"。

据说，当年工匠们在得知要将钟楼东迁的消息后，便开始琢磨用什么办法对楼体的伤害最小，可以完好地保存钟楼的原貌。有人提出钟楼这种木建筑是通过榫卯套接的方式修建的，这种建筑结构最大的好处就是抗震、且便于拆装。于是官府总共出动了5000多名工匠，把钟楼的每一个部件拆下来，编上号，画好图，记录部件的位置。等所有的准备工作完成后，就可以把这些部件一个个先搬到新的地址，再按照图纸的标注和相应的编号进行组装，就好像是现在的小朋友玩的积木玩具一样。这样看来，搬迁钟楼似乎并不是很难嘛！要是在组装过程中，发现部件有损坏，还可以借此机会进行修补替换。这样既保存了钟楼的原貌，还对钟楼进行了保养，延长其寿命，也是一举两得啊，。

福康安奏修钟楼

福康安（1754~1796年），是现在清宫戏中经常出现的一个人和的，关于他的轶事颇多。历史上的福康安，是清朝乾隆年间的名将、大臣，是大学士傅恒的第三个儿子，孝贤纯皇后的侄子。福康安一生征战南北，平定大小金川，之后成为总领一方军政的封疆大吏，死后他又被破格追封为唯一的异姓王，史称"嘉勇郡王"，配享太庙，战功赫赫，青史留名。

那这福康安和西安钟鼓楼又有什么关系呢？

乾隆五十二年（1787年）正月，时任陕甘总督的福康安给乾隆皇帝上了一份奏折，内容是请求乾隆同意拨款修缮西安钟楼及潼关城垣。奏折说："西安钟鼓楼原本雄伟壮丽，但是由于年代久远，目前很多地方都已经损毁，臣亲自去看过了，钟楼楼台看起来还算坚固，只是上面的砖块出现剥落，臣觉得有必要补砌一下。另外就是二楼的柱子，梁架有歪斜，椽头糟朽。臣福康安在此跪奏皇上，希望您能同意并下令拨款维修一下陕西省钟楼，请您对此事仔细考虑考虑"。

七月初，福康安等人再次上奏乾隆皇帝，举荐维修西安钟楼以及潼关城垣工程的专员，不断推进维修工程的进度。

乾隆年间的这次维修主要是将钟鼓楼原有部件，可以使用的加固后继续使用，没法使用的，用新料进行更换。把顶部的小瓦改成了较大的布筒板瓦，有效地防止了雨水渗漏，同时对底座也进行了维修加高处理。

福康安任陕甘总督只有一年左右，但也是得益于他当年对西安钟楼的保护，让这座标志性建筑可以继续屹立在西安城中心，成为西安人心中的一颗明珠。

宋哲元 "偷" 宝顶

在20世纪20年代，西安的街头巷尾都流传着这样一个故事：钟楼的宝顶被军阀宋哲元（1885~1940年）偷偷换走去买军火了。这个故事听起来似乎有些"雷人"，钟楼巍然矗立在西安市中心，金顶在万众瞩目之下，完成"盗换"似乎不大可能。

民国十七年（1928年），时任陕西省政府主席的宋哲元组织工匠们维修钟楼，晚上开工，第二天一早就结束了。起床后的百姓们抬头一看，发现钟楼的宝顶不再发光了，便以为是宋哲元偷走了。事实上，宋哲元在维修钟楼时画蛇添足，给宝顶涂上了一层油漆，涂在铜皮表面，遮去了宝顶的光亮，在太阳的照射下，宝顶也不再金光灿烂了。

那么，老百姓为什么把这盆脏水泼到宋哲元头上呢？这个也是事出有因。军阀头子宋哲元一直都有倒卖文物的恶名，他在凤翔盗掘大量古墓，所得铜器宝物，大部分都拿去换取了军火。这种恶行，受到了老百姓的唾弃，他本人也就自然不得人心。所以当钟楼的宝顶在维修一夜后突然变得暗淡无光时，人们第一个就想到了他。尽管百姓心里也知道在一夜之间完成这么大的工程是不可能的，但是长久以来的积怨使得群情愤懑，哪还顾得了那么多。况且维修钟楼绝非一夜之功就能完成，也不能排除宋哲元惑于"钟楼宝顶是金的"的传言，产生了盗取的贼心，所以这个盗贼的骂名也不是全然无理的。

钟楼与齐白石的不解之缘

钟鼓楼博物馆的镇馆之宝除钟楼、鼓楼这两座明代建筑瑰宝之外，当属齐白石（1864～1957年）的字画了。这一批作品是齐白石先生专门为钟鼓楼而创作的，分别为《虾》《牵牛花》《芦苇螃蟹》《枇杷图》《芭蕉青蛙》《鹌鹑与雁来红》《棕榈小鸡》《红梅喜鹊》《松荫图》《夏荷鸳鸯》及一副篆书对联。是怎样的机缘促使齐白石向西安钟鼓楼赠予他的字画呢？

1953年，西安市文化局从市城建局手中接管钟鼓楼后，就开始着手对外开放的事宜。考虑到楼内陈列不足，市文化局准备添置一批有新中国思想文化内涵的艺术作品。齐白石先生当时刚刚被文化部授予"人民艺术家"的称号，市文化局就产生了求一些齐白石作品的想法。恰巧市文化局文化科干部马毅的父亲马德涵与周恩来总理有深厚的友情，便承担了赴京求画的任务。马毅拿着父亲的信到北京找到周总理，经总理牵线，齐白石先生为西安钟鼓楼作了十幅画作及一副篆书楹联，就是今天我们在西安钟楼所看到的这11幅齐白石作品。六十多年来，它们与西安钟鼓楼一起，默默经历、默默讲述……

钟楼门扉上的故事漫谈

钟楼四面的彩枋细窗之间都是红漆大门，门扇槁窗雕镂精美繁复，门窗上的64副浮雕内容都是民间故事和神话传说，表现出明清盛行的装饰艺术。其高超的雕工、镶嵌技术传递出浓厚的文化气息，充满知识趣味，让每一位游人在感受工艺之美的同时徜徉于传统文化之中。

这些门扉上的浮雕故事，从一层北门起，自西向东依次为虬髯客、木兰从军、文姬归汉、吹箫引凤、红叶题诗、班昭读书、椎秦博浪沙、唱筹量沙；由第一层东门起，自北向南依次为长生殿盟誓、连环计、黠鼠夜扰、挂角读书、卞庄刺虎、嫦娥奔月、东坡题壁、李白邀月；由第一层南门起，自东向西依次为文王访贤、伯牙鼓琴、画龙点睛、斩蛇起兵、伯乐相马、柳毅传书、舜耕历山、圯桥授书；由第一层西门起，自南向北依次为枕戈待旦、李陵兵困、由基射猿、龙友颂鸡、黄耳传书、孙期放豚、陶侃运砖。

第二层从南门起，自东向西为八幅"八仙过海，各显神通"；第二层从北门起，自西向东为八幅"八仙醉酒"；第二层由东门起，自北向南依次为单刀赴会、击鼓金山、岳母刺字、孟母择邻、子路负米、画荻教子、温峤绝裾、闻鸡起舞；第二层由西门起，自南向北依次是写经换鹅、茂叔爱莲、灞桥折柳、踏雪寻梅、陶潜爱菊、寻隐不遇和孤山放鹤。

下面选取几个故事，以赏文化之悠长。

子路负米

传说在春秋时期，鲁国有一个孩子，名叫仲由，字子路，非常孝顺父母。因为家境贫寒，为了填饱肚子，他经常跟随父母到山上挖野菜、采野果充饥。他的父母亲身体多病，子路怕父母营养不够，想给他们吃些粮食。可是，他的家离集市很远，想要买到米粮，需要走很远很远的路程。子路不怕苦，不怕累，开始去百里之外买米。不论寒风烈日，都不辞辛劳。冬天，刺骨的寒风阵阵吹过，子路单薄的身子在风中颤抖，不知道在冰雪上摔倒多少次，夏天，炎热的太阳烘烤着大地，子路背着米，走在路上，汗水湿透了衣襟。即使是这样，子路也毫不在意。他想："只要父母亲能吃到米，再苦再累，我也不怕！"

后来，两位老人过世了，子路游学到了远方，得到楚王的重用，赏赐给他万斗的米粮，上百辆马车。每次出行都是随从相伴，每次宴饮都是丰盛的佳肴，子路过上了衣食丰足的日子。可是他并不开心，每当他思忆起父母，回想到过去艰难的岁月时，他都会忍不住流下眼泪，心想："我现在富贵了，可是我的父母在哪里呢？我还想像过去一样扛着米袋步行回家，已经没有机会了。"

伯乐相马

传说天上管理马匹的神仙叫伯乐。在人间，人们把精于鉴别马匹优劣的人也称为伯乐。

第一个被称作伯乐的人本名孙阳，他是春秋时代的人。一次，伯乐受楚王的委托，去寻找能日行千里的骏马。

伯乐跑了好几个国家，寻访盛产名马的燕赵一带，但始终没发现中意的良马。一天，伯乐从齐国返回的路上，看到一匹马拉着盐车，很吃力地在陡坡上行进，每迈一步都十分艰难。伯乐对马向来亲近，不由走到跟前。马见伯乐走近，突然昂起头来瞪大眼睛，大声嘶鸣，好像要对伯乐倾诉什么。伯乐立刻从声音中判断出，这是一匹难得的骏马。

伯乐对马的主人说："我喜欢这匹马，你把它卖给我吧。"

马主人以为伯乐是个大傻瓜，他觉得这匹马骨瘦如柴，拉车没气力，吃得又太多，于是毫不犹豫地同意了。伯乐牵走千里马，直奔楚国，他拍拍马的脖颈说："我给你找到了好主人。"

马似乎明白了伯乐的意思，抬起前蹄把地面震得咯咯作响，引颈长嘶，声音洪亮，如大钟石盘，直上云霄。楚王听到马嘶声，走出宫外。伯乐指着马说："大王，我把千里马给您带来了，您快来看看。"

楚王一见这马瘦得不成样子，有点不高兴，说："这是什么马呀，这么瘦，走路都很困难吧，能上战场吗？"

伯乐说："这确实是匹千里马，只要精心喂养，不出半个月，一定会恢复体力。"

楚王一听，有点将信将疑，便命马夫尽心尽力把马喂好。果然，马变得精壮神骏。楚王跨马扬鞭，喘息的功夫，已跑出百里之外。后来千里马确实为楚王驰骋沙场立下不少功劳。

圯桥授书

张良原本是韩国名门公子，在秦灭六国之后，密谋刺杀秦王，但终未能成功。逃亡至下邳时，在圯水桥上散步，偶遇一位穿粗布衣裳的老人。这位老人走到张良的面前，故意把一只鞋子丢到了桥下，说："小伙子，去帮我捡一下鞋子。"

张良心中不解，但是念及老人年岁已大，行动不便，便把鞋子捡了回来。老人说："给我穿上。"善良的张良，跪地为老人穿好鞋子，老人微笑着离开了。

没走多远，老人折过身子对张良说："你这小伙子很不错，值得我指教。五天后的早上，到桥上来见我。"张良听了，虽然不知道老人葫芦里卖的什么药，但还是连忙答应。到了第五天的早上，张良早早地起床，匆匆赶去桥上，却发现老人早已在桥上等候了。老人生气地说："年轻人，你怎么迟到了！明天五点再来吧。"

又过了五天，公鸡一打鸣，张良就出发赶到桥上。不料老人又先到了，老人说："和老人相见怎么能又迟到？五天后再见。"

又过了五天，张良刚过半夜就摸黑来到桥上等候。过了一会，老人也来了，笑着对他说："小伙子，年轻人想成就一番事业，就应该这样才对！"

老人拿出一本书递给张良叮嘱道："这本书，你回去好好研读，将来定能成为帝王之师。熟读此书，十年之内定能功成名就。十三年后，若想见我，济北谷城山下的黄石便是我的化身。"张良谢过老人，回去开始潜心研读老人送他的《太公兵法》，从中掌握了用兵之道。

刘邦称帝之后，封张良为留侯。张良始终未忘记黄石老人的恩情，13 年后他路过济北时，在谷城山下看到有块黄石，便把它取回，称之为"黄石公"，并视作珍宝，在家中供奉起来。

黄耳传书

晋初，文学家陆机养了一只狗，毛色金黄，体格雄健，陆机很喜欢它，起名叫黄耳。从此，不管陆机到哪里，黄耳都紧紧跟随，寸步不离。

陆机在京城洛阳当官，一住就是几年，和家中音讯不通，心中十分挂念，就开玩笑地对黄耳说："黄耳，我已经很久没有收到家里的来信了，你能为我送信回家吗？"没想到黄耳摇摇尾巴，跃跃欲试，"汪、汪"地叫了两声。陆机抱着试试看的心理，写了一封信，封在竹筒里，系在黄耳的脖子上，说："好了，你去吧！"

黄耳出门后一路不停歇地赶路，饿了就找些剩菜剩饭吃，渴了就跑到小溪边喝点水，就这样它顶着日晒雨淋终于来到陆机家中，大家认出了黄耳，十分惊喜，忙将竹筒内的信取出看了起来。等家里人看完信，黄耳又"汪汪"叫了起来，好像在说："请你们写封回信，让我带回去！"陆机的家人见了，当场就写了一封回信，仍把回信装在竹筒里。黄耳得了回信，就沿着原路回到洛阳。这段路程，人走要五十天，而黄耳来回只用了二十多天时间。

后来，黄耳死了，陆机很悲伤，把它送回家乡，葬在离家二百步远的地方，还给它筑了一个坟。黄耳传书的故事也感动了许多文人，他们纷纷把这个动人的故事写入自己的诗词中。

陶侃运砖

东晋时有位名将陶侃，先后平定陈敏、杜弢、张昌起义，晋成帝登基之后，又作为联军主帅平定了苏峻之乱，立下赫赫战功。

陶侃因为勤于理政，被封为荆州刺史。有人因为妒忌陶侃受朝廷重用，便利用职权将他调至广州作刺史。当时的广州地区，生产落后，人口不多。陶侃在那里，没有多少公事可办，生活很清闲，但他并没有灰心丧气，而是叫人将一百多块砖，放在院子里。每天一早，陶侃就把砖搬运到外面去；到了晚上，又把砖搬进屋子里。天天如此，从不间断。衙门里的人看到后都觉得很奇怪，就问他为什么这样做。陶侃很严肃地说："我虽然现在身在南方，但是我心中还是有志向的，我想要收复中原。如果人一旦闲散了，将来国家需要用到我的时候，我又怎么能担当重任，为国效力呢？"

过了几年，陶侃终于被调回中原，任征西大将军兼荆州刺史。荆州百姓听说他回来后，都高兴地相互庆贺。回到荆州以后，官虽然做大了，但陶侃做事依旧认真谨慎，凡事都要认真检查，从来不放松。尽管公务繁忙，可是陶侃在广州养成的搬砖习惯一直没有更改。虽然有人劝他放弃，但他继续坚持，以此磨练自己的意志。

写经换鹅

提起东晋书法家王羲之，大家都知道他精通草书、隶书、行书、楷书，并博采众长，自成一体，因而被称为"书圣"。但一般人不知道的是，王羲之除了写书法之外，还有一个最大的爱好，那就是爱养鹅，几乎是如痴如醉。

相传有一天，王羲之乘着一只小船，游览绍兴水乡的美丽景色。这时河面上有一群白鹅在戏水，互相追逐着，简直就是一幅美丽的画卷。王羲之看着心中欢喜，左看右看，不忍离去，便向艄公打听这鹅的主人是谁。艄公说："这鹅的主人是一个道士，名叫陆静修"。

王羲之上岸后一路寻找，找到那位道士，说明来意，想要买走那些鹅。道士知道王羲之是个书法家，心中不由暗自高兴，却装模做样地说："这观里有规矩，鹅是不能卖的呀。"王羲之一听就着急了，说自己实在是太喜欢这些鹅了，可以出大价钱的，陆静修一看时机成熟，便笑着说道："我有一个办法，既不破坏规矩，你也可以如愿以偿，抄写一份《黄庭经》来换吧。"王羲之一听，欣然同意，没用半天时间就抄录完了，陆静修拿到王羲之的真迹后没有食言，把这一群鹅送给了王羲之，双方各遂其愿。

天一阁

简　介

　　天一阁，位于浙江省宁波市，是中国现存最早的私家藏书楼，也是亚洲现有最古老的图书馆和世界最早的三大家族图书馆之一。书楼建于明嘉靖四十年至四十五年（1561～1566年）间，为兵部右侍郎范钦私人修筑。他依据自藏江西龙虎山天一池石刻，并取"天一生水、地六成之"以水制火之旨，定名"天一阁"。楼中原藏书达七万余卷，以明代地方志及科举录最为珍稀。清乾隆三十七年（1772年）诏修《四库全书》时，范钦八世孙范懋柱曾进呈天一阁藏书641种。后乾隆皇帝敕命测绘天一阁房屋、书橱等形制，兴建了著名的"南北七阁"，用以收藏七套《四库全书》，天一阁因此闻名全国。明清以来，文人学者皆以能登此楼观书为荣。1982年天一阁被公布为全国重点文物保护单位，1994年更名为"宁波市天一阁博物馆"。

钦封天一阁

　　明朝嘉靖年间，浙江富阳地方有一个告老还乡的丞相董高，闲来无事，就坐一只百官船，游山玩水到了宁波。董老丞相上岸走了一段路，发现面前有一户人家交关热闹。一打听，原来这家主人姓范，正在给一百五十岁的太祖宗做寿。只见一个年过半百的老人在门口洗蛏子，人家叫他"老孙子"。董老丞相抬脚走了进去。范家人看其身着青衣小帽，头发雪白，举止大方，眼睛有神，气势勿凡，就奉为贵客，请他上座在寿星旁边。董老丞相和老寿星谈得交关投机。

　　喝酒辰光，有人提议写一副寿轴祝贺祝贺，嘉宾们都推白发老先生代笔。董高也不推辞，拿起毛笔，挥笔写了"风、年、眼、文"四个字，就回到座位上。当时站在一旁的许多客人看了这四个字，都觉得莫名其妙，就请白发老人指教。董老先生又提笔在四个字下面补好了全文："风留厅堂客，年有二甲半，眼看七代孙，文星拜寿星。"下面的落款是"富阳董高题"。到这时，范家上上下下的人才晓得是董丞相亲临范府祝寿，高兴得不得了，连连拜谢丞相。

董老丞相看到范家人福气介好，子孙又都做官，到京都时，就向皇上奏了一本。皇帝于是就封宁波范家为"天一阁"，就是天下第一家的意思。天一阁后来造了藏书楼，藏了很多很多好书，名扬天下。这座藏书楼到现在还好好的呢。

范钦与奶娘的传说

据说，建造天一阁藏书楼的范家原来是开豆腐坊的。范钦是个遗腹子。范钦刚出生辰光，正巧当朝皇上得了太子。这太子脾气交关古怪，不管是啥人，抱拢就哭。皇上没办法，就下圣旨给太子招奶娘。

皇榜贴到宁波，范家亲戚劝范家的奶娘去试一试，范钦奶娘心忖，自己家里磨豆腐介穷，小范钦有豆腐浆吃也饿不了，进京去当奶娘倒也是一条出路，就答应了。

一日，范钦奶娘来到皇宫，和交关多奶娘一道参加考试。别的奶娘抱起太子，太子就哭，轮到其把太子抱拢，太子不哭了还会笑。于是她就留在皇宫里做了太子的奶娘。

八年后，吃豆浆长大的范钦也偷偷地进了皇宫，有时就和太子一道吃，一道玩，一道读书。又过了两年，范钦和奶娘回家来了。老皇帝赏赐不少。

范钦长大了交关聪明，书交关会读。有一日，其兴冲冲地对奶娘讲："阿姆，我要去考状元。"奶娘点点头，心忖总算苦出头了，心里交关开心。

谁知，没过多久，范钦瘪兮兮地回转来了。奶娘问其事情经过，范钦说："我去赶考报名，被主考官赶了出来。""为啥被赶出来？"奶娘不明白又问。范钦说："朝廷规定豆腐郎子孙勿能考。"奶娘听了后也交关伤心，嘤嘤地哭了起来。

事也真巧，一年后，老皇帝死了，奶娘养大的太子坐了龙庭。三年一考，时间又到，奶娘就跟着范钦进京了。皇宫侍卫领着范钦和奶娘见了皇上，奶娘说明来意并呈上了范钦的诗文。皇帝说："乳母侬放心，明朝我和范兄一道去见主考官。"

第二日，范钦和皇帝先后赶到考场。主考官问过范钦三代，把眼睛一瞪，手一挥，讲："豆腐郎勿能进考场！"这时，皇帝走过来说："其阿爸磨豆腐，难道其也是磨豆腐的吗？"见是皇上亲自驾到，主考官吓得连忙跪下叩头，让范钦进了考场。

就这样，范钦考出进士，做了官，一直做到兵部右侍郎。

范钦传奇

400年之前，天一阁是一幢古朴雄伟的庭院建筑，四周青砖围墙，但范围没那么大，围墙也没那么高。如今一块嵌在围墙上的汉白玉雕凿的标牌十分醒目："全国重点文物保护单位"，标牌上端花枝绿叶则越墙而出，散发出阵阵清香，为游客增添了无限情趣和遐思。

迎面高悬一匾："南国书城"，字迹清涓，此乃我国著名画家潘天寿的手笔。大门两边一副金文楹联，如天书般让游客费猜难懂：

天一遗型源长垂远
南雷深意藏久尤难

如果游客看懂了这"天书"，则越看越爱看，愈看愈有味。金文旧称钟鼎文，是从象形字演绎过来的，让人感到中华民族灿烂文化源远流长。感谢当代著名版本学家顾廷龙先生写了这么一副耐人寻味的楹联。

进入大门，又有一副对联，苍劲浑厚，字字奔放，让人百看不厌，赞叹不绝：

建阁阅四百载
藏书数第一家

这是我国当代大书法家沙孟海的手迹。

今日的天一阁已非昔比，有西园、东园，新造书楼庭院，昔日的"天一地六"书楼，早已修葺一新。天一阁格局与众不同，建筑是朝南背北一长埭，楼上一大统间，排列书橱，不置隔墙，干燥明亮，空气流通；楼下并排六间，含"天一""地六"之义。建筑格局整齐，式样古朴，天花板上井藻图案，皆水纹和古代水兽，象征以水制火，既典雅优美，又使人感到朴素整齐、庄重稳实。

阁前开凿一方水池，名"天一池"。池上垒石为山，池水经暗沟与月湖连通，如遇意外，可以引水灭火，又美观又实用。

天一阁建于嘉靖四十年（1561年）（也有一种说法天一阁建于嘉靖四十五年），到清康熙四年（1665年），范钦的曾孙范光文将阁楼前后花园重新作了精心安排，增筑假山和茅亭，山为"九狮一象"，造型别致，形象逼真；茅亭则傍水而筑，池畔芳草萋萋，水中鱼儿嬉游；四周环植竹木，曲径通幽，盘山而上，假山嶙峋，花草袅石丛生，青翠藤蔓倒悬；远远看去高处奇峰峻峭，低处回流倒旋；上设山亭，下置水榭；山上古柏苍劲，亭边翠竹摇曳；捷足登山，从山顶俯看天一池，有长石如象鼻伸入池中吸水。整座假山堆成福、禄、寿三个字形，有九狮嬉戏其间，巨象静立于旁，移步换形，拟形状貌介于似与不似之间。结构疏疏密密，色彩浓浓淡淡，宛如一幅鲜艳绚丽的泼墨山水画。

阁后假山又是一种姿态，山上有鹅卵石铺的小径，参天古树蓊翳于上，奇石秀竹罗列其间。山下有洞，左右前后曲折相通。山旁有一水池，池水清澈，山色倒映水中，颇有"云间东岭千重出，树里南湖一片明"的味道。

凡到过天一阁的人，都被这幽雅静谧的环境所吸引，都盛赞此乃读书做文章的好地方。

前人种树，后人乘凉。天一阁历经400多年，完好无损，非一人之功。正如陈登原在

《天一阁藏书考》中所说:"一事之成,原有须赓续数人数世之力而成者。但创始之者,筚路蓝缕,其功自独多尔。"天一阁之创始者,即为范钦。

范钦(1506~1585年),字尧卿,号东明,自称东明山人。嘉靖十一年(1532年)中进士,做过工部员外郎,随州、袁州知府,以后又在江西、广西、云南、陕西、河南、福建、广东等地做官,足迹遍及大半个中国。官升到兵部右侍郎(相当于现今的国防部副部长或部长助理),尚未到任就职,即告老还乡。大家还是尊称他范司马。明朝官制,兵部尚书称大司马,兵部左右侍郎称小司马,统称司马。

范司马一生富有传奇色彩,他酷爱读书,嗜书若命。历官期间,每到一地,他总是留心搜集府库旧藏和故家流散的图书文献。凡是他没有的,想尽办法载舆而归。他除了行军打仗外,就是读书、抄书、觅书、藏书。

年轻时,他血气方刚,生性耿直,蔑视权贵。他在京师任工部员外郎,看到京师里的皇亲国戚盛气凌人,贪赃枉法,心中愤愤不平,处处表露忧国忧民之心。遗憾的是嘉靖皇帝迷恋女色,不理朝政,听信谗言,一个月之中,难得上几次朝。范钦位低职微,难以面见皇帝,他想直谏也不可能。当时权倾朝野的是开国功臣郭英的五世嫡孙郭勋。他官居武定侯,又是皇亲国戚,谁见了都怕他,自然,郭勋对范钦这个小小的工部员外郎不放在眼里。

当时朝廷大兴土木,造庙建殿。嘉靖皇帝命郭勋主持其事。范钦时任营缮郎,是郭勋属下负责内外庙宫屯田等事项,由于范钦生性秉直,不善逢迎,有些事没有听从郭勋旨意,并多次顶撞他,郭勋很为恼火,视范钦为眼中钉、肉中刺,就向嘉靖皇帝奏了一本,谎说范钦犯上作乱,违抗旨意,又诬陷他故意延误工程进度,犯了所谓"愆稽"罪,嘉靖皇帝不分青红皂白,当即下旨,把范钦当众廷杖。

廷杖,始于唐玄宗,是惩罚和羞辱大臣的一种酷刑。朱元璋对大臣当众廷杖,为的是维护他的尊严,并不想使大臣死于杖下,而以示警戒,所以往往打得很轻,只做做样子而已。因为朱元璋出身低微,从一个要饭的小和尚,坐龙庭当了皇帝。与他共同打江山的难兄难弟们,不称他万岁,仍直呼其名,或称兄道弟,朱元璋很不高兴,又说不出口。为了煞煞这些开国功臣们的威风,他立了一条规定,凡在上朝时,对皇帝不恭者,以犯上作乱论处,廷杖二十。

这个规矩到嘉靖皇帝手里却变了样儿,最多一次廷杖一百二十多个官员,个个打得皮开肉绽,有的当场冤死在杖下,历史上叫"百官命案"。

范钦被打后,又含冤关进天牢。直到戚贤弹劾郭勋乱政十二大罪,嘉靖命锦衣将郭勋关入牢狱,最后瘐死狱中,范钦才被从牢里放出来,下放到袁州当知府。

他秉性不改,更加痛恨权贵。

袁州是嘉靖皇帝宠臣严嵩的老家。郭勋在监狱里死后,严嵩得势,独把朝纲。严嵩儿子严世蕃在老家强占良田民房,欲取宣化房产,遭到范钦拒绝。严世蕃向父亲严嵩告状,想参范钦的官。严嵩摇头说："这个人不容易碰的，郭勋还吃他不下，去碰他反而抬高他的名望，还是笼络笼络他来得好。"严世蕃也只得忍气吞声不敢碰惹他。不久，他被调任九江。

九江是有名的盗贼窝，治安混乱，百姓怨声载道。他到任后令卫所各率本部人马分驻水陆以资策应。他亲自督战，夜以继日进行围剿，盗贼大骇，四散奔逃。

他平盗有功，升任广西参政分守桂平，后转福建按察使。

嘉靖三十七年，东南沿海倭寇猖獗，平倭官兵调来调去，当地流传着这样一首民谣：

> 海茫茫，浪滔滔，
> 眼流血，血如潮。
> 宁遇倭贼，毋遇客兵，
> 遇倭犹可逃，遇兵不得生……

老百姓痛恨倭寇，盼望朝廷派兵剿灭倭寇。哪知从外地调来的官兵不剿倭寇，光抢老百姓财物。朝廷不断派人催报剿倭情况，官兵却谎报战功，斩老百姓的人头充当倭寇首级，老百姓才愤恨地唱出这首民谣。到嘉靖晚期，倭寇越剿越多，几乎遍布东南沿海各州各县。

范钦在这危难之时升任副都御史巡抚南、赣、汀、漳诸郡，与当时剿倭名将俞大猷并肩剿倭。范钦到任后勤兵励将，命令各州军卫严守城池，互相增援，合壁倭贼。他亲临督战，身先士卒，生擒倭首李文彪，平其山寨。战报送到京师，嘉靖皇帝龙颜大喜，御赐范钦金银和绫罗，范钦自然感恩不尽，向嘉靖皇帝上疏，请在广东程乡之濠居村，设一个通判（官名），以消灭江西、福建、广东三省的盗匪，并请派二个参将驻在漳州、潮州、惠州、韶州交界处，以防倭寇。嘉靖皇帝谕旨准奏。

嘉靖三十八年二月倭寇从饶平流窜漳州等地，范钦当即派遣都指挥孙敖，会同两广兵将进剿、堵截，他亲率狼兵，随带千户张春与倭寇两次交锋，斩倭首级77颗，生擒9名，夺回被虏官兵人口180名，牛马220余匹。经查核验明正身，真倭寇只1人，其余盗匪均是沿海贫穷百姓下海为盗。

嘉靖三十九年三月，倭贼3000余众进犯神山沟一带。范钦再次会同两广军门吴桂芳、恭顺侯吴继爵督兵进剿，三月二十六日总兵俞大猷，这位抗倭名将配合范钦进剿倭寇，移营五鼓，兵分三路进击倭贼。倭寇也十分骁勇，官兵冲杀几次，都未能攻入。有几个怕死哨长后退，俞大猷大怒，抓了两个哨长斩首示众，他率先挥刀冲入敌阵，将校兵丁奋勇争先猛冲。范钦亲督狼兵一阵呐喊，直奔贼营大战。终于击溃倭寇，斩首级千余颗。范钦又生擒大盗冯天爵。这一仗，范钦战功赫赫，嘉靖皇帝闻报大喜，御笔批复，下旨升范钦为兵部右侍郎。

范钦喜孜孜与众将兵丁摆宴欢庆，高朋满座，贵冠云集，觥筹交错，庆贺他官升兵部右侍郎。哪知皇上又来一道圣旨，叫他回原籍听勘。他懵了、他呆了，这到底是怎么一回事呢？

原来南京御史王宗徐等劾奏，新任兵部右侍郎范钦抚南赣时，"黩货纵贼，贻患地方"。这八个字非同一般："贪污金钱，将盗贼放脱"，按明朝刑律要满门抄斩。嘉靖皇帝只叫他不要赴任，回原籍听勘，已是网开一面，从轻发落。奇就奇在从此之后，没人来追查范钦的贪污罪，自然也没人再启用他。一直活到80岁，老死在宁波。

对这段不了了之的历史，至今仍是一个谜。范钦对自己的罢官，很是愤愤不平。因为范钦罢官时，正好55岁。俗话说："五十五，出山虎。"正是经验丰富，精力旺盛的时刻，所以他在《秋怀》一诗中是这样倾诉的：

> 天风萧瑟搅衣裘，乱水残花照白头。
> 懒似嵇康犹玩世，感深宋玉独悲秋。
> …………
> 世事蹉跎叹陆沉，可堪虎豹九关深，
> 惭非和氏连城璞，肯美文园卖赋金。
> 蓟野云风千里目，江乡尊鲙九秋心，
> 怀中龙剑今何在，羞涩年来恐不任。
> 江门东下接蓬莱，凄日寒云郁未开，
> 怅我久悬填海抱，可谁深负济时才。
> 上林道远鸿难违，阿阁巢成凤不来，
> 俯仰乾坤成一啸，讵须重问郭生台。
> …………

他念念不忘"怀中龙剑"，又有谁知道他的"深负济时才"，他只能"世事蹉跎叹陆沉"。他恨那些权贵达官"可堪虎豹九关深"；他对他的罢官不服气，又有什么办法呢？他想报效朝廷，驰骋疆场，只能是"俯仰乾坤成一啸"，只能和所有的人一样，"天风萧瑟搅衣裘，乱水残花照白头"，等待岁月把头发染白。

他回到宁波后，曾一度把盏狂饮，但意志并未完全消沉，他把精力投放到搜集藏书之中，他自行设计、自己督工，建造了这幢名闻遐迩的"天一阁"，自称"东明山人"，以此为乐，以此为荣。他的藏书与日俱增，在当时，光绪《鄞县志》"范钦传"称："浙东藏书家以天一阁为第一，有功文献甚大。"

他好酒，性豪放，遍交朋友，与张时彻、屠大山，主浙东一时之文柄，人称"东海三司马"。

他不是一般的爱书。看到一本好书、珍本、孤本，他可以出大价钱买下，对无法买到的书，他就想方设法，予以抄录。最多的时候，一天要雇20多人来抄书。

当时江苏太仓有一很有文名的藏书家王世贞（号弇州山人），藏书极富，范钦就登门拜访。这两位藏书名家互相仰慕，凡属罕见之书，交换转抄，使范钦又增加了不少抄本。

范钦收藏的7万多卷书籍中，明代地方志、政书、实录、明人诗文集及历科试士录（即科举题名录）占了很大的比重。此外，还汇集了许多有价值的碑帖，如北宋拓本《石鼓文》《西岳华山碑》等（今已佚）。

范钦一生刻书31种，至今被列为善本图书的《范氏奇书》20种，即为范钦所校订刊刻。今阁中尚存明刻版片数百块，是研究我国雕版印刷史的实物例证。

范钦爱书成癖，藏书有方。他阁中之书不肯轻易出借，有人讽他"吝啬"，他常一笑了之。

范钦有一个侄儿叫范大澈（字子宣），博学多才，懂四种外语，曾经七次出使外国，是当时颇有名望的外交官。他与叔父有同样的癖好——嗜书若命。他曾数次向范钦借阅图书，均被范钦婉言谢绝。范大澈很不高兴，多次拂袖而去，并暗立誓愿，决心另建一个藏书楼，不惜重金购买海内异书珍本，与叔父比一个高低。经过多年的努力，范大澈的藏书楼建成了，定名西园，又名"卧云山房"。

范大澈每每获得一部异书，他就登门请叔叔到"西园"饮酒。他故意把重金访得的图书放到十分显眼的地方，让叔叔取阅。范钦知道这是侄儿在跟他呕气，只好淡然一笑置之，既不惊讶，也不借阅，心里倒很钦佩侄儿的志气和眼力。他深知欲求一本秘本的幸运与不易，其艰难和辛劳只有藏书家自知。当大澈把孤本捧到他面前，他贪婪地翻阅几下，既不夸奖赞扬他，也不贬低他。实在坐不住的时候，他就默然而回。大澈原想引范钦开口，气气他，岂知范钦好坏不开口，只顾饮酒，把话题扯开去，大澈反讨没趣。其叔、侄二人嗜好如此之奇，令人叫绝。西园藏书因保存不善，没几代就流散了。其中宋椠《初学记》《艺文类聚》等书都流入了清宫廷。西园的藏书随着岁月的流逝也不复存在。

为了保护好藏书能代代相传，范钦的儿孙们制订了许多具体而严格的禁约。例如——

烟酒切忌登楼。

子孙无故开门入阁者，罚不与祭三次。

私领亲友入阁及擅开书橱者，罚不与祭一年。

擅将藏书借出外房及他姓者，罚不与祭三年，因而典押事故者，除追惩外，永行摈逐，不得与祭……

在封建时代，不能参加祭祀祖宗的大典，被认为是奇耻大辱的事，所以说这些规定是很严格的。

但是严格的禁约也使藏书无法得到充分的利用。据清人谢堃《春草堂集》记载，嘉庆年间，宁波知府丘铁卿的内侄女钱绣芸，是一个闺阁才女，从小酷爱诗书，早耳闻天一阁藏书甲天下，很想登楼阅书。又听说外姓人不得登楼借阅。她灵机一动，托丘太守为媒，嫁与范氏"后裔"范邦柱秀才为妻。婚后的钱绣芸满怀激情，向丈夫提出要登阁借书。邦柱秀才连连摇头："使不得，使不得。"

钱绣芸大惑不解，满脸绯红地说："我为了登楼看书，才下嫁到范家为媳。"

邦柱秀才凝望着妻子的花容月貌说："范家的子孙不是个个都可以登楼。司马爷爷在世时规定，女人一律不准登阁，此规矩谁也不敢破。"

钱绣芸听后，差点昏厥过去，不觉两眼垂泪，她原以为可以如愿以偿登楼饱览群书，岂知族规森严，不准登楼，竟至郁郁闷闷，含恨以终。也有人说，范邦柱系范氏旁支，非嫡支而进不了阁。

从一斑可窥全豹，范钦对藏书的管理十分严格。他制订各种清规戒律，就是为藏书能代代相传。他有两个儿子，究竟选谁来继承他的衣钵，他想了很久很久，迟迟未作出裁决。

直到去世前，才把大儿子大冲（1540～1602 年）和第二个儿媳妇（次子大潜三个月前刚故）叫到榻前。他把遗产分成两份：一是白银万两，二是全部藏书。问他们谁要银子谁要书。

二媳妇抢先说要银子。

大儿子大冲跪在范钦榻前流着泪说："我要全部藏书，一本不少地继承父亲的产业，把藏书保管好。"

范钦含笑点头，颤动着手指，捏住了大儿子的手，笑得老泪纵横，连声说："好！好！"

范大冲没有辜负父亲的期望，他决定天一阁藏书"代不分书，书不出阁"。他又拨出部分良田，让田租的收入作为保养书楼的经费。

为了保护好藏书，范大冲在父亲的藏书借阅规定基础上，又规定藏书由子孙共同管理，阁门和书籍钥匙分房掌管，非各房齐集，任何人不得擅开。这种相互监督制度的做法，防止了个人占有和任意许诺外人入阁，避免了书籍的分散和流失。

从已有的范氏家谱记载，范氏子孙多读书，守礼节。其子孙每以不与祭祀为辱，以"天一阁"后人为荣。明、清以来，范氏子孙读书种子延绵不绝。就范钦长子大冲这一脉系看，其子孙登进士者 2 人、举人 4 人、贡生 7 人、监生 14 人、诸生 28 人。惟其读书，才能爱书、守书、藏书，使阁书略有裨益。

天一阁藏书能流传至今，除了范氏的子孙们保护藏书外，与当时的地方长官和地方人士的维护、爱护天一阁分不开。如地方长官阮元、宗源瀚、薛福成等，地方学者黄宗羲、全祖望等，都有功于天一阁，或为编目或为之宣扬。晚清，太平军攻入宁波，天一阁藏书多散在邻县，难于赎取，就赖知府边葆诚移文提赎，归还天一阁，所以范氏后裔范彭寿为"薛目"做跋（《天一阁见存书目跋》）时说："今吾阁中之书，乃几经丧乱，而巍然独存，复得先后官斯土者数贤大夫为之屡捐廉俸修葺栋宇、编刻目录，俾吾子孙抱残守缺，世世永宝。"这也可以说是天一阁获得保全的另一个原因。

天一阁来历

凡到宁波观光、旅游、出差，都想到天一阁瞻仰，查一查宁波地图，天一阁在哪儿？

天一阁地处宁波市西南隅，紧挨月湖。若乘火车或汽车来宁波，从南站沿北斗河往西步行 1 里多地；若乘轮船到宁波，沿中山路到西门口，由西往南再步行 300 米左右，一条微微倾斜的甬道掩映在绿树浓荫之中，远远望去一对石狮雄踞在大门口。

天一阁名闻遐迩，因为它是我国现存最古老的藏书楼，也是世界上现存最古老的藏书楼之一，距今已有 430 多年历史。1982 年 2 月 23 日，国务院公布天一阁为全国重点文物保护单位。

四百多年前，宁波叫明州。

因避"明"国号讳，于洪武十四年（1381 年）改明州府为宁波府，明州府属下原有"定海县"，取"海定则波宁"之义。宁波之名，由此开始，一直沿用至今。

宁波在古代为"扬州之域"。经过周、秦、汉、唐各朝代一直到宋，地域逐渐开辟，人口逐渐增加。南宋建都临安（杭州），以明州作为畿辅，一时人文蔚起，书楼林立，有"人杰地灵、文献之邦"的美称。

宋代大儒楼钥的"东楼"与史守之的"碧沚"，是当时两大藏书家，人称"南楼北史"。遗憾的是书楼早已荡然无存，而他们的名望和学问却仍彪炳后世。

到了明代，宁波藏书之风再度兴起。最有名的藏书家数丰坊的"万卷楼"和范钦的"天一阁"。朱明一代，宁波藏书以丰、范为第一。

丰坊（1492~1563 年），字人叔，一字存礼，号南禺外史，家住宁波月湖之滨，曾官居礼部主事。他是一位大学者，性喜书法名帖，最慕唐代书法大师怀素和尚的狂草，更是一个见书就买、好书必藏、嗜书如命的人。他性格狂放，蔑视权贵，最后因得罪权贵，弃官回乡。他在宁波月湖深处的芳草洲上建造了一幢藏书楼，名曰"万卷楼"，以书解闷，以酒浇愁。晚年有点神经质，天天狂饮，久醉不醒。

他与天一阁主人范钦十分合契，真可谓酒逢知己。因范钦也是一个嗜书若命的人，虽然两人的经历不同，但遭遇大致相似，便成了莫逆之交。他俩互相赠书、抄书、考校古籍，常常把酒论古，谈天说地，泛舟邀月，飘逸于湖光山色之间，聚首在灯花书丛之中。

两人都住在月湖之旁，近在咫尺，特别是他俩罢官之后，交往更频繁，说不清他们共饮了多少酒，说了多少话，泛湖作诗有几次，抨击朝政有几多，抄书买书知多少，这已无从考证。有关他俩的友谊传说很多很多，说法不一，真假难分。

月湖有十洲："竹洲"（又名松岛）"月岛""花屿""烟屿""雪汀""柳汀""芳草州"（亦名碧沚）"芙蓉洲""菊花洲""竹屿"，在宋朝时候早为东南名胜了，月湖风景幽雅，湖光山色不亚于杭州西湖，故又名湖西。

月湖十洲，数竹洲的风景最为清幽，它四面环水，东南面是竹屿，北面是花屿，西面是烟屿，而桃花堤横在南面，与竹洲隔湖相望。昔日楼钥的"东楼"就在竹洲上，竹洲之北即是史守之的"碧沚"，明丰坊的万卷楼也建在月湖的"碧沚"上（万卷楼在哪里说法不一，一说在城西马园紫清观；一说在月湖碧沚），泛舟吟诗，论古道今，则是丰坊和范钦一大乐趣。

那天傍晚，夕阳最后一抹余辉从湖上收去，他俩泛舟从芙蓉洲穿过，忽听岸上有一渔翁叫卖鲈鱼，丰坊跳上岸去买了两尾。范钦见鲈鱼又肥又大，也想上岸去买。丰坊阻止了他："范兄，菊香鲈肥，今晚上万卷楼对酌如何？"

范钦笑起来："丰坊兄醉翁之意不在酒，是不是想和我讨论《古篆序论》？"

丰坊畅怀大笑："范兄不愧为吾知己，《古篆序论》尚需推敲修改，想请范兄为《古篆序论》题跋。"

范钦赞叹："丰坊兄十年磨一剑，可敬可敬。"说着两人泛舟去碧沚。

碧沚四面环水，碧波清清，垂柳婀娜多姿，万卷楼傍水而筑，粉墙青瓦，透映在绿树丛中，在暮色雾霭中宛如蓬莱仙境。

浑圆如镜的月亮冉冉升起，银光闪亮，照得湖面波光粼粼，倒影绰约。两人在万卷楼上面对皓月，举杯畅饮。丰坊忽地从书堆里抽出一叠诗稿，神秘兮兮地说："吾新近拿到王阳明的诗稿。"

范钦接手一看，骨力清劲的楷书，方圆兼备的字体，他不觉轻轻地读出声来："寻春。"

> 十里湖光放小舟，漫寻春事及西畴，
> 江鸥意到忽飞去，野老情深只自留。
> 日暮草香含雨气，九峰晴色散溪流，
> 吾侪是处皆行乐，何必兰亭说旧游。

丰坊接口说："阳明兄几次想来万卷楼，都未能如愿以偿，他客死在异乡路上。吾搜集他诗稿，让他魂游万卷楼，告慰英灵。"

范钦不觉长叹一声："阳明先生是我辈楷模，一生戎马生涯，赤心报国，病死在马背上。他的诗借吾一抄。"

丰坊笑着夺回诗稿："别急，吾已为你抄录了一份，今晚请你饮酒，为我《古篆序论》写跋。"说着，他从橱里捧出一坛酒，揭去泥盖，香气扑鼻，倒入杯中，浓液如油，晶莹发亮。范钦一看酒的颜色，就知道这是四明贡酒"十洲春"。丰坊洋洋得意地把酒放到范钦面前说："尝尝，这是十年陈酒，刚开坛。"说着，他随口吟出一首五言律诗：

> 遣世无外攸，怀仙有真诠，
> 抱瓮庄生趣，知非蘧子年。

逃名每避影，趋利剧临渊，
寄谢棘猴者，天机无乃捐。

范钦连连点头，赞不绝口："好诗，好诗！"高举酒杯，一饮而尽。随即依丰氏诗原韵和了一首，丰坊亦击掌赞曰"好诗！"也将杯中之酒一饮而尽。范钦诗兴一来，抹一抹嘴唇，凝视着波光粼粼的湖面，又随口吟出一首七言律诗《湖上遣兴》：

莽莽坤舆此十洲，竭来心赏寄清游，
烟霏倒映千门色，天汉遥通一水流。
疑有名妃贻解佩，好同词客赋登楼，
青鞋白发长无恙，不道人间万户侯。

两人就这样逍遥自在边歌边饮，一唱一和地对酌吟咏，一坛"十洲春"被喝去一大半，喝得恍恍忽忽，朦朦胧胧，丰坊醉眠在竹榻上。到了三更，湖上起风了，书房门被吹开，红烛摇曳。少顷，又把蚊帐掀了起来，烛火终于舔着了纱帐，火势立即蔓延开来。一瞬间，万卷楼火光冲天，把个碧沚照得通红，湖面也像着了火似的红亮红亮地映红了半边天。待四邻八舍的人赶来救火，万卷楼已被烧毁了一角。丰坊面对断垣残书，捶胸顿足，哭得昏了过去。从此之后，他病恹恹，精神恍忽，时而清醒，时而糊涂，像丢了魂似的，东游西荡，最后客死在苏州。晚年他穷困潦倒，但却办了一桩好事，把万卷楼的残书和丰氏住宅转让给范钦。丰坊在卖书契上写曰："碧沚园、丰氏宅，卖与范侍郎作书室，业交清，银收讫，世世子孙无争执，丰南禺笔。"几行矫若游龙的大草催人心酸泪落。此卖屋契原藏天一阁，惜在民国前散失。

自丰氏的万卷楼失火后，范钦也终日神思恍惚，担心自己的书楼有朝一日也会遭此劫难。

范钦对火很忌讳，他早先的书室，原叫"东明草堂"，也叫"一吾庐"，就在他住宅旁边。每每看到灶间烟囱的烟灰飘向书室，他便心惊肉跳，萌生要造一座能防火避灾的藏书楼。他求神卜卦，冥思苦想，小心翼翼保护书室。在阅览所藏碑帖时，偶然检得吴道士龙虎山天一池记拓本，他细细端详辨认，此石实出于元代揭傒斯之手笔，心中大喜，对照碑阴查考"天一"两字为何意。原来，此二字出于汉郑玄注《易经》注释："天一生水，地六成之。"范钦以为书籍最怕的是火，如果把藏书楼的名字叫"天一"，则可借水制火，使藏书楼永远不被火所烧毁。他构想书楼应该与住宅建筑不相毗连，远离灶火，严禁烟火入阁。于是他选择地址，在他私宅之东，位于城西月湖深处的芙蓉洲上奠基造楼，取名"天一阁"。书楼的构造：楼上藏书为一大通间，中间用书橱分隔；楼下六间，象征着"天一地六"。又在阁前开凿一池。池中的水与月湖地下的水相潜通，永不枯竭，也不污浊，碧盈盈清澈如镜，取名"天一池"，象征着永保平安，急用防火。

从这里我们可以看到范钦对防火有足够的思想准备。丰坊的万卷楼遭火焚烧，使他更深刻地认识到"火"是藏书家第一祸首。他再也不敢到"天一阁"饮酒看书，严禁烟酒登楼，每晚入睡前派人查看，或躬身前往书楼四周查看火烛，也不让子孙辈在"天一阁"过夜，更不准女人登楼。他把万卷楼遭火烧，归结为丰坊生活不检点，让女人登楼而带来灾祸。他甚至连防虫蛀的芸草也不再让她们沾手。这种做法虽很荒唐，但杜绝了闲杂人员入阁，确保了"天一阁"的安全。"天一阁"历经400余年，完好无损，这与范钦严格的防火措施分不开，也是中国藏书史上的一大奇迹。

播惠九州传佳话——藏书家范钦轶事

从《郭勋招供》谈起

天一阁珍藏的孤本中，有一册明嘉靖年间大理寺刻印的《武定侯郭勋招供》。这本书中记载着明代豪门贵族郭勋——明开国功臣郭英的六世孙鱼肉人民的种种劣迹。郭勋世袭侯爵，又做过两广总督，党羽众多，权势显赫。据《招供》记载，光被他戕害的人命就几十条，掠夺他人财产折白银百万两以上，至于强抢民女、强圈民地、霸占民宅等种种不法罪行，更是不可胜数。

范钦为什么要收藏这本书呢？说起来有一段缘由：

范钦是嘉靖十一年（1532）考中的进士，当时他只三十七岁。没几年，范钦升任工部员外郎。郭勋想扩建侯府，增辟园林，要范钦为他采办江南的奇葩异花和玲珑奇巧的太湖石。按照当时一般官僚的想法，能有机会巴结上郭勋那是求之不得的事情。但范钦是有节气的人，不肯同流合污，于是婉言拒绝了。这一来把郭勋气得咬牙切齿，脸色铁青。

一天早朝，郭勋出班谎奏："范钦在做随州知州的时候，曾经收受贿赂，把该判要刑的大盗卖放了。"糊涂的皇帝信以为真，不容范钦申辩，立即下旨廷杖二十。廷杖是明代皇帝惩罚和侮辱大臣的一种特有方式，皇帝可以随时下令当廷打大臣的屁股，有的竟被当场活活打死。因为掌刑太监要讨好郭勋，这二十大板打得不轻，打得范钦皮开肉绽，鲜血淋漓，打完后又被关入了天牢。后因查无实据，只好把范钦放了，从此范钦得了"硬头子"的美名。

不久，范钦改任江西袁州知府。袁州是权相严嵩的老家。严世蕃想霸占别人宅邸，被害人向州里告，范钦据理按律者断，严府败诉了。世蕃在京得知这个消息，恨恨地说："范钦这个小子，我可以叫你升官，也可以叫你立即丢官！"严嵩见儿子冒火了，赶紧劝诫他："世蕃，你可千万别莽撞。范钦是一个敢于顶撞武定侯的硬头子，不好对付啊！你参了他的官，倒反而让他出了名。"严世蕃见老父都忌他三分，也就罢手息事了。

芸草的发现

当范钦五十五岁的时候，被任命为兵部侍郎。可是他已经厌倦了官场生涯，毅然辞官回乡专心读书和整理藏书。有一天，在东明草堂（未建天一阁时，他的藏书处）翻阅一部建阳刻本《书经新说》，发现这书前前后后都被蠹鱼蛀蚀了，范钦感到很痛心，想发交给书工修补一下。他翻着翻着忽然发觉，页间夹有枫叶形干枯小草的第六卷仍完好如新，感到非常意外。到底是什么缘故使第六卷能逃脱蠹鱼之厄呢？苦思瞑想了好一会，终于回忆起一段往事来：

他任广西参政的时候，虽说到了中秋，桂林府地方还是比较闷热，于是他带了门客去迭彩山风洞纳凉读书。他先在山上赏玩了一番摩崖石刻、造像，然后在敞开如厅的迭彩岩前的石桌旁坐下。山上绿阴覆盖，桂子飘香，清风送爽，不啻人间仙境。范钦打开随身所带的一部《书经新说》细细阅读起来，遇到需要作校勘批注的地方，随手摘取一种伞状有香味的野草夹入书页间。那时候拿在手里阅读的正是第六卷。

回忆到这里，范钦突然觉得眼前一亮，"对！就是这种野草，可真是宝草啊！"

范钦不知"宝草"的名堂，忙把枯干的茎、瓣寄给他的朋友——现任广西布政使。不久，范钦收到了回信，还收到一大包晒干了的香草。从此他知道了，这草叫"芸草"，俗名叫"香草"，广西大多数州、县都有出产，而以金秀县出产最多。直到今天，广西的芸草还在为保护图书文献立功呢！

碧沚园， 丰氏宅， 范氏业

范钦有一位好朋友叫丰坊，他是诗人和书法家，书法尤其出名。这对好朋友都喜爱喝酒。

一天，他们在丰家喝酒至深夜，双方都有了十分酒意，范钦想回家——他家在西门外长弄堂，丰坊苦苦留他住宿不肯。范钦由小厮扶着踉踉跄跄到了西门，无奈城门早已关闭。守门军士喝道："半夜三更，谁人在此？"小厮高声回答："范司马要回府！"守城的军士看看下面是一个大胡子的老头儿和一个小书僮，既无舆马又无随从，疑心是骗他，大声斥责道："管你什么司马，司牛，没有城守营的令牌，谁也不放行！"范钦一时也没法可想，只觉酒后神乏，便倚在城墙脚跟醉入梦乡了。一会儿，他睁眼醒来，只见繁星满天，一颗颗在向他眨巴着眼睛，绿茵般的芳草坪上，一匹追风白驹在迎风长嘶。范钦久历戎行，不觉技痒，他刚一跨上马背，此马即扬蹄飞奔起来。顷刻间到了一座宫殿模样的地方，殿门外有书吏恭恭敬敬迎接，把范钦请进了客厅，厅堂内灯烛辉煌，香烟氤氲。上面坐着几位贵官，其中一位乌纱幞头，宽袍象简，面目清癯的长者谦和地走了过来，与范钦见礼。

他握着范钦的手感慨地说："您不要惊疑，老汉就是丰稷，这里是'长恩殿'。只因我家的子孙不肖，万卷楼难以永保，前些日子在马园村遭了一次火灾，迁到月湖碧沚以后，又被人偷去不少，道生（丰坊的字）性情狷狂，不是一个守业的人，希望您把劫后余书保存起来，使家乡的瑰宝得以传之久远，还请求您好好照顾着点儿我的后代，我就这样千万拜托了！"

范钦这才恍然大悟，原来碰到了前辈藏书家丰尚书了。他很清楚，丰坊的精神病的确愈发愈厉害了，近日竟将元宝晾霉，一百锭大元宝，只知成个双数，人家要偷只需成对儿偷就不会被他发觉，他把家业败净只是时间的问题了。范钦见是前辈吩咐，喏喏连声称是。

辞别时，丰尚书命备车送客。这回驾车的不是来时的白马，竟是两条银鱼。奇特的神车腾空而起，不一会把范钦送到了一座三面悬崖削壁中有一条小路的高山，前面有一道观，匾额上题着"正一观"。范钦是饱读诗书的人，知道"正一观"是张天师修道的所在，不远处矗立着一个石碑，正面是"龙虎山"三个古籀，再看背后，刻着揭奚斯所写的《龙虎山碑记》。范钦细细察看，《碑记》中写着"天一生水，地六成之"等话，他默默念诵着，"天一生水，地六成之，——啊，有了！有了！"他顿时悟出个道理，藏书最怕着火，历代有名藏书楼不是大多数被毁于火吗？防火，要千方百计防火，防火才能保书！

接着范钦又游览了"半天仙迹""仙岩环翠""玉壁凌空"等摩崖，山下水岩，两山壁立，清澈的山泉从中间潺潺流过，范钦不觉看得出神了，一脚踏空，摔下山涧去了。他惊出一身冷汗，忽然醒来，身子仍倚坐在望京门的城脚跟。这时东方已呈现出鱼肚白，城门也开启了。

丰坊每况愈下，潦倒更甚，他终于把万卷楼残存珍藏全部转让给了范钦。卖书的契约写得很风趣，丰坊以豪放苍劲的笔力写下了"碧沚园，丰氏宅，范氏业，南禺笔"十二个龙飞凤舞的狂草。"南禺"是丰坊的别号。

范钦得了万卷楼藏书以后，决心在月湖西北芙蓉洲地方另建藏书楼，藏书楼与住宅分离，前面凿池，周围种植樟、桧、修竹，阁名"天一"，池名便叫"天一池"。

析产传佳话

范钦一直活到八十岁。临终前，他把大儿子范大冲和第二个儿子的媳妇（次子早亡）叫到榻前，他说："我想把遗产分成两份，一份是万两白银，另一份是藏书。你们商量一下，谁要银子，谁要书？"二儿媳说："我是妇道人家，拿银子吧。"大冲是读书人，做过光禄寺大官署丞，懂得藏书的意义。他表示要书。但是范钦仍是双眉紧锁，他又问："大冲，那么在你百年之后呢？"大冲早已胸有成竹，禀告说："请父亲大人放心，我死之前，一定立下遗嘱，天一阁的藏书无论如何不再分家，就作为家族的公产。再拨出一百亩田，让地租的收入作为保养藏书的经费，今后书不出阁，代不分书！"见大冲讲得这般坚决，想得这样周到，老人舒展眉头，微微含笑点头，不久即溘然长逝了。范大冲确是这样说，这样做，以后他的子孙更进一步订了许多护书的族规，天一阁藏书保存至今，范钦父子的功绩是应该肯定的。

钱绣芸魂断天一阁的传说

明代嘉靖年间，鄞县西乡钱家庄有一位钱员外，膝下只有一个女儿，名叫绣芸。绣芸生得眉清目秀，长到十六岁的辰光，不但会绣花，而且欢喜读书、写字、画画，是钱家的掌上明珠。有一天，绣芸听到父亲说起城内范家天一阁里有万卷藏书，便立志要到天一阁去看一看。可是，日盼夜盼，总是不能如愿。日子久了，绣芸慢慢得了心病，人变得面黄肌瘦，吃不落饭，困勿好觉。钱员外焦急万分，细细一问，方知原委。钱员外想：我何不托人说媒，把绣芸嫁到范家去？主意打定，第二天便托人到范家说媒。范家打听到绣芸才貌双全，也就满口答应。于是，没有几天工夫，范家就到钱家下聘定亲。不久绣芸心满意足地嫁到范家，小两口恩恩爱爱，公婆见了也称心如意。绣芸的心是晴朗的，她以为不久便可顺理成章地登阁看书了。

真是光阴似箭，日月如梭，绣芸凭着她对书的那份痴心，挨一天都难过啊，不知不觉数月过去。一天晚上，绣芸对丈夫提出要上天一阁看书的要求，丈夫一听，为难地说："范家有'书不出阁，女不上楼'的家规，你要上阁看书，这是办不到的事啊！"绣芸听了丈夫的话，好似晴天霹雳，顿时目瞪口呆，一瓢冷水浇头，不觉心灰意冷，当夜就病倒了。从这以后，绣芸一天总要许多次来到庭院里，呆头呆脑地望着天一阁藏书楼。望着，望着，不觉哭出声来。她哭啊，哭啊，哭了三天三夜，泪水哭干了，还是呆呆地站在那里，久而久之，最后抑郁而终。

绣芸丈夫沉浸在极度悲痛中。一天夜里，他刚刚入睡，忽然，庭园里响起了悦耳的琴声，只见绣芸和一群美丽的仙子正在庭园里翩翩起舞。绣芸含着眼泪走到他跟前，说："我生不能上天一阁看书，死后已变作芸草仙子，望你念往日夫妻之情，把庭园中的芸草带上天一阁，夹在书中，以了却我生前的心愿。"说罢，悄然离去。这时，丈夫急喊："绣芸，绣芸！"一喊喊醒了自己，方知是梦。

第二天一早，绣芸的丈夫急急来到庭院，看见在绣芸泪水洒滴过的草地上，果然长满了青翠的芸草，而且，根根草叶都朝向天一阁藏书楼。于是，他小心翼翼地把芸草采集下来，亲自晒干，带上天一阁，把它夹在一本本书中。

说也奇怪，过了许多年，凡有芸草夹着的书，都没有被虫蛀。从此，芸草夹书防蛀的办法，就一代一代在天一阁传了下来。

乾隆皇帝与天一阁

天一阁从明嘉靖年间建造，到乾隆三十八年纂编《四库全书》已经历了200余年，范氏子孙严守族规，精心护书、守书、藏书，阁书仍然为浙东第一。

乾隆初下江南巡幸，就闻知江浙人文渊薮，藏书丰富，尤以宁波范氏的天一阁为最，珍藏许多世间异本、孤本。

为了"搜罗古今载籍""用昭文治之盛"，乾隆于1773年下谕旨，诏修《四库全书》，向全国各地采访遗书，诏令藏书家进呈遗籍秘本，以备录用。

江南藏书家闻听，个个顾虑重重，迟迟不敢呈献，他们对雍正皇帝的文字惨狱记忆犹新。藏书家都知道吕留良一家沉冤难雪，株连九族，牵的牵、扯的扯，从浙江到黑龙江，遥遥万里，备极惨楚。几百口吕姓人家，只逃出一个女流吕四娘。血腥尚在，记忆难忘，试想谁还敢向皇帝献书？又有谁能保证众多的文献之中没有错言？

乾隆皇帝心里也清楚这一点，他在谕旨中信誓旦旦，多次表明进呈书籍中即使有"妄诞字句""亦不过将书毁弃""与藏书之人并无干涉，必不肯因此加罪"。这些话真实地道出了乾隆纂修《四库全书》的真正意图：为巩固清皇朝，彻底铲除"反清复明"思想根基，对那些不利于清皇朝的书籍由那些编纂者来删节烧毁，远比他当皇帝的勒令焚烧来得好。《四库全书》修了13年，被烧毁的书多达2000多种。根据《清代禁书总目录四种》的记载，其中违碍者756种，禁书1531种，全毁者146种，抽毁者182种。这些著作，主要是记述了关于清兵入关和南下过程中的残酷事件，满怀怨望的回忆和含有攻击性的奏议。无疑地，它们中的绝大多数被无理地销毁了。当然，也不能否认，乾隆修《四库全书》从另一个侧面，搜集和整理了古代与当代的典籍，如果没有这次全国范围内大规模的收集，某些重要典籍可能会流失散佚，编纂《四库全书》为保存祖国文献做出了不可磨灭的贡献。乾隆编纂《四库全书》想把士人们的注意力从政治活动移向学术方面，同时也想借此机会缓和满汉之间的对立情绪。当然，也有着教化方面的导因，乾隆曾在《文渊阁记》中表白过：

予搜四库之书，非徒博右文之名。盖如张子所云："为天地立心，为生民立道，为往圣继绝学，为万世开太平。"

当天一阁范懋柱愿意献书的奏章呈到乾隆手里时，乾隆龙颜欢悦，为了实现他的"为万世开太平"，特地下了一道诏谕，以杜绝属下官吏的弊端："借抄之后，仍将原书迅速发还。""朕平日办事光明正大，可以共信于天下。"他警告经手者不准扣留中饱，私索地方藏书家进呈的书籍，凡是进呈的书，抄录后"给还本家珍守"。范懋柱向乾隆进呈书籍多达638种共5258卷。

当天一阁的 600 多种藏书送到皇宫时，乾隆高兴得秉烛夜读，他在《意林》一书中挥毫题诗：

五卷终于物理论，太玄经下已亡之。
设非天一阁珍弆，片羽安能欣见斯？

后来又在《周易要义》一书中，盛赞范懋柱献书，御笔亲题：

四库广搜罗
懋柱出珍藏

乾隆在藏书上题诗，赞扬范氏藏书，这对天一阁是一种殊荣。

这次进呈对于纂修《四库全书》来说是巨大贡献，因为范懋柱呈献的 600 多种都是天一阁稀有的藏本，其中被收录在《四库全书》里的有 96 种，列入存目的有 377 种。

范懋柱这么相信乾隆，这与清朝入关后，对天一阁的藏书分毫无犯有关。顺治六年范钦曾孙范光文和弟范光遇同登进士，授礼部主事迁吏部文选司。康熙十五年范钦曾孙范光燮在嘉兴任府学训导。康熙十六年光燮儿子范正辂中举后，授秀水教谕，父子俩同在嘉兴任府学训导。范氏子孙在雍正年间也未遭劫，倍受清皇朝的恩典。范懋柱对清皇朝既怀虔诚忠君之心，又害怕皇帝翻脸满门查抄，还不如主动进呈，又抱着乾隆皇帝修完《四库全书》后会归还的心态。事实上乾隆失信了，《四库全书》修完后，无一本归还，均被过手的翰林学士和地方官员侵吞。这对天一阁的藏书来说，是一次极大浩劫，也是首次破了范氏"书不出阁"的惯例。

不过，乾隆皇帝对于范懋柱进呈藏书之功倒是念念不忘的。乾隆三十九年（1774 年）五月，特颁旨嘉奖天一阁武英殿铜活字印本《古今图书集成》一部，计 10000 卷。后又赐给《平定回部得胜图》《平定金川图》各 1 套。

《古今图书集成》今存 8300 多卷。

《平回图》十六幅，作者为意大利籍画家郎世宁等。每幅图上都有乾隆题诗，并钤有"御印"。此图至今仍完好地保存在阁中，这是对天一阁进呈藏书的一种报偿和奖励。

《四库全书》修成后，乾隆日思暮想，要把《四库全书》发放全国，让天下读书人都来崇仰他的功绩。他想到应该在全国各地造书楼，存放《四库全书》，他听说天一阁"用甓甃，不畏火种，保存 200 多年而无一损坏"，他的《四库全书》也应该存放在像天一阁这样的书楼里，代代相传。于是他下了一道圣旨，要杭州织造寅著约天一阁的范懋柱到杭州面授圣旨，告诉他皇上要仿造天一阁。范懋柱闻听受宠若惊，当然欢迎寅著去宁波。寅著带着乾隆的圣旨，十分仔细地考察天一阁的结构，丈量尺寸，开列书架排列等情况，详细地绘图向乾隆呈报。

乾隆看了天一阁别致的结构，幽雅秀丽的环境，非常高兴，他要大臣们破土动工，仿造天一阁。他先命人在北方造四阁，后又在南方造三阁。每阁之前有假山、水池，结构和天一阁一模一样：楼上为一大统间，楼下分六间，取"天一地六"之义。每阁的名字都带着三点水旁。乾隆在《文源阁记》中是这样写的：

> 藏书之家颇多，而必以浙之范氏天一阁为巨擘。因辑四库全书取其阁式，以构度贮之所，既图以来，乃知其阁建自明嘉靖末至于今二百一十余年，虽时修葺，而未曾改移，阁之间数及梁柱宽长尺寸皆有精义，盖取天一生水、地六成之之意，于是就御园中陈地一仿其制为之，名之曰文源阁，而为之记曰：文之时义大矣哉，以经世，以载道，以立言，以牖民，自开辟以至于今，所谓天之未丧斯文也，以水喻之，则经者文之源也，史者文之流也，子者文之支也，集者文之派也，派也、支也、流也，皆自源而分集也。子也、史也，皆自经而出，故吾于贮四库之书，首重者经，而以水喻文，愿溯其源，且数典天一之阁，亦庶几不大相径庭也夫。

从这篇记文中，我们可以看到乾隆非常推重天一阁，而且念念不忘。他在文津阁的御碑上挥毫留诗："四库书成将弆之，范家天一仿而为。"

乾隆建造的 7 座藏书楼，与天一阁并驾齐名，成为中国文化宝库中的一支奇葩。

北方四阁：文渊阁（建于 1775 年）在故宫太和殿旁，藏书在建国前夕被运往台湾，现存台湾故宫内。文源阁（建于1775年）在圆明园内，1860 年八国联军火烧圆明园，藏书和阁被大火焚毁，荡然无存。文溯阁（建于 1782 年）在沈阳故宫内，现藏书已迁入辽宁图书馆。文津阁（建于 1775 年）在承德避暑山庄，藏书现在北京图书馆，北京图书馆前面的一条街叫文津街。该街亦与天一街一样，都以书阁而命名。

南方三阁：文汇阁（建于 1780 年）在扬州市大观堂内，藏书毁于 1854 年太平天国。文澜阁在杭州西湖行宫，现在的浙江博物馆内。藏书在太平天国时失散许多，后经杭州丁丙、丁申兄弟抄补齐，后又有失散，经浙江图书馆馆长张宗祥先生抄补齐全，现存浙江图书馆。文宗阁（建于 1779 年）在江苏镇江金山寺，藏书于 1853 年毁于火。七阁之中，唯文宗阁不带三点水旁，与"以水治火，天一生水"的含义相违背，也许是蛇仙白娘娘水漫金山寺，金山寺忌水而文宗阁不用"淙"而用"宗"。

乾隆皇帝编纂《四库全书》曾先后五次在谕旨中提到天一阁，赞扬藏书的珍贵，范氏藏书、献书的功绩。他念念不忘天一阁，营造 7 所藏书楼时，一定要按天一阁的结构仿造。这使天一阁的名声大振，身价百倍，在海内外更享盛誉了。

郭沫若在天一阁趣闻

对天一阁的评论，历来都是智者见智，仁者见仁，站在各自的立场上，发出不同的感慨和评语。

清朝秀才王定洋，鄞县人，与范氏是同乡。同乡不同姓，同姓不同族，自然没法进入阁楼看书，他大为不满，发出感叹："积德与儿孙，儿孙享其福，积书与儿孙，儿孙不能读，试看当年范司马，藏书空满天一阁。"

藏书空满天一阁，藏而不借，失去书的价值，何止王定洋不满？也为当时许多文人和士大夫所不满。如果范氏开禁，让张三、李四都登楼借阅，天一阁的藏书也就不可能流传400余年。这种矛盾非一家私人藏书家所能解决。

有位张延章老先生对天一阁发出三次不同评论，足可以窥一斑而见全豹了。

他十四五岁时，要想进天一阁观看，屡遭拒绝，心里颇为不快，曾作诗嘲之：

> 湖西一块地，地上一只阁，
> 阁中何所有，藏书异虫吃。

这是实话，人不能看，虫却在啃噬。当这位老先生在民国初年听到天一阁的书被盗贼偷去，他愤愤然又作诗嘲之：

> 湖西一块地，地上一只阁，
> 楼中何所有，藏书异贼偷。

解放后，天一阁归国有，由人民政府出资修葺一新，专人管理，对外开放，允许看书、抄书。这位老先生兴奋得改嘲为颂，作诗贺之：

> 湖西一块地，地上一只阁，
> 阁中何所有，藏书异人读。

藏书终于放射出异彩，异姓人终于可以进阁看书了。400余年来不准进阁、不准读书的禁令解除了，藏书归人民政府所有，充分发挥了藏书的价值，为中华民族的昌盛做出无与伦比的贡献。

当今大书法家沙孟海高度评价天一阁，挥毫题匾："古阁藏英"。

著名画家潘天寿题字："南国书城"。

全国人大常委会副委员长严济慈和著名经济学家薛暮桥对天一阁的评语是："文化宝库""国之瑰宝"。当代园林专家陈从周为天一阁东园题写"述古承先"四个大字，以示不忘范氏先贤。

1962年10月26日，郭沫若来到天一阁，挥毫写下了一副楹联，这是对天一阁最好、最高、最中肯的评语：

> 好事流芳千古
> 良书播惠九州

那天，天高气爽，郭老由夫人于立群陪同步入天一阁。

金秋十月，菊花飘香，江南素有"小阳春"之美称。暖洋洋的天气，不是春天，胜似春天。天一阁庭院内万木葱茏，微风吹拂，翠竹摇曳，垂柳婀娜多姿。一簇簇菊花红似焰火，白如雪球，黄如赤金，五彩缤纷，争妍斗艳；它们显得高雅圣洁，清新脱俗，让人百看不厌，流连忘返。

郭老年近古稀，精神矍铄。穿梭在菊花丛中，隐没在翠竹之后。他笑声朗朗，风趣幽默，没一点架子，又平易近人。他叉腿托腰，仰望大门上"天一阁"三个石刻大字，看了约数分钟后，连声说："写得好！写得好！"

他转身回首问天一阁负责人邱嗣斌："这字是谁写的呀？"

天一阁负责人笑着回答："这三个字是从欧阳询《九成宫》上选集而成。"

郭老再次凝眸细瞧，连声赞叹："好字！好字！"

天一阁负责人趁机要求："郭老，请您为我们天一阁写三个字。"

郭老晃动脑袋，摸一下宽阔的前额，声音铿锵有力："不，有这么好的字，我哪敢下笔。"陪同人员再三请求，他一再谢绝说："不敢落笔！不敢落笔！"他快步越过竹林，穿过小弄堂，沿着清碧碧的天一池，进兰亭，跨小桥，漫步在竹径通幽的碎石小道上，环着"九狮一象"假山，面对这座400余年的藏书楼，若有所思，若有所闻。他是诗人，也是考古学家，他在想啥？在作诗？还是在构思楹联佳句？他什么也没有说，旋即登上了范氏藏书楼，当他走过创建人范钦的雕像时，站了片刻，风趣地说："这位老先生确是为后代做了件大好事啊！"他一边说，一边环视书楼，一排排书橱，一只只书盒子，一部部线装书，他欣然拂几就坐，一目十行地翻阅，时而凝视，时而快速翻书；时而托腮，时而手指弹书，看书之快，让人惊异。他翻阅了明地方志中的正德《琼台志》、正德《云南志》、嘉靖《贵州通志》等善本图书，以及乾隆皇帝所赠的《平定回部得胜图》等铜版画。他语重心长地对陪同人员说："这些书都是十分难得的珍本。天一阁是非常著名的藏书楼，历史很久了，对人民很有用，一定要好好保护。"

翌日，郭老继续来天一阁看书。他非常喜欢这个宁静古朴的藏书楼，他像一位世界游泳健将在这座书海里漫游，游得很欢，游得很轻松。他是中国有名的文物鉴定家、考古学家，写在乌龟壳上的几千年之前的甲骨文他懂，说得头头是道，让人心服口服。他渊博的知识，精湛的考古鉴定技能，赢得海内外一片赞誉。他置身在天一阁众多的古籍、孤本、珍本之中，如蜜蜂一般勤劳地采�他最需要的花粉去酿蜜。他想要读的书很多，希望能住下来精读细嚼，但时间不允许呵，有许多事等待他去完成，有许多人等待他去接见。因为他是名人、学者、政府要员，他只能走马看花，草草地游览。他雅兴正浓，精力倍增，书给他智慧，书给他力量，书使他诗兴大发，他一边观赏，一边低吟。陪同人员当即捧出端砚、古墨、宣纸和长锋羊毫笔，请求郭老将诗写下。郭老环视四周，欣然脱下外衣，仅穿一件羊毛开襟衫。站在他身旁的夫人于立群关切地说："你当心着凉啊。"郭老颔首微笑，表示对夫人的谢意。他挥动如椽之笔，把刚吟成的诗写成一幅六尺中堂。这是一首七律：

　　　　明州天一富藏书，福地琅环信不虚。
　　　　历劫仅余五分一，至今犹有万卷余。
　　　　林泉清洁多奇石，楼阁清癯类硕儒。
　　　　地六成之逢解放，人民珍惜胜明珠。

　　围在他身边的人全神贯注地看郭老挥笔写诗，那诗如清泉，清凉凉、甜滋滋，在人们心头流过，久久难忘："地六成之逢解放，人民珍惜胜明珠。"多好的诗句呵！郭老的书法和他的诗一样有名，笔走龙蛇，一气呵成，气势磅礴，神韵特超。郭老写字作诗很严谨、仔细，写完之后，从头至尾细读一遍，觉得第三行上"余"字应改为"存"字，第五行上"清"字宜改为"雅"字，于是又提笔注上小字一行。从此，这幅墨宝就成为一件极有意义的阁藏珍品了。

　　郭老写完诗，余兴正浓，再次嘱咐展纸研墨，又笔酣墨畅地写下了人见人爱的一副楹联：

　　　　好事流芳千古
　　　　良书播惠九州

　　天一阁负责人极希望郭老能书写"天一阁"三个字，就乘机要求郭老在对联上落一个上款，郭老问："怎么落？"陪同人员知道落上款之用意，即说："就写'天一阁藏书楼'吧。"郭老这次没有推辞，即拿笔在上联落了款。目前天一阁简介上的"天一阁"三个字，就是从郭老写的那副对联上复制出来的。

　　这两句含意深刻，既是对范钦的藏书楼颂扬，又是对后人管理天一阁的期望，能代代相传、永世流芳。

　　郭老早已作古，但他的字、诗，将在天一阁永存。

船王包玉刚到天一阁寻 "根"

　　中国有句老话："树高千丈，叶落归根。"

　　凡人都有七情六欲，草木皆有根，人孰能无根乎？寻"根"，这是海外华裔的一句时髦话，也是一句发自肺腑的心里话。不管他是叱咤风云的大人物，还是默默无闻的小百姓；不管他是腰缠万贯的百万富翁，还是身无分文的穷光蛋；不管他在大西洋彼岸加入某国国籍，还是出生在太平洋彼岸的哪国国土上。他（她）的血管里流动着中国人的血液，他

（她）就自然而然忘不了他（她）是炎黄子孙后代，他（她）的"根"在中国。

包玉刚登上了世界船王宝座，功成名就，怀念故土之情却不时在心中泛起。他思念哺育他长大的故乡——宁波庄市乡钟包村。

1984年10月，包玉刚先生要回宁波的消息引起天一阁全所工作人员的关注。他们考虑包玉刚先生离开故乡已40余年，一定很渴望了解本族的亲人和已故的长辈，如能主动将其家谱提供他阅览，使他在家谱中找到自己的"根"，定能激发他对亲人的思念，增添他对故乡的情感，对宁波的对外开放和"四化"建设起积极的推动作用。

天一阁收藏各类家谱304部，这批平时很少有人问津的，被划入"封建糟粕"之列的"冷宫书籍"，突然放射出耀眼的异彩。

10月30日，照农历季节算来，刚过晚秋，正值"已凉天气未寒时"，风物宜人。那天艳阳当空，万里无云，微风轻拂，船王驱车来到这座中国最古老的藏书楼——天一阁。

天一阁负责人和工作人员热情地接待了船王包玉刚先生，向他简要明了地介绍天一阁的来龙去脉，陪他参观。尔后，把早就准备好的《镇海横河堰包氏宗谱》放在船王的面前。

包氏宗谱共有8卷，分装6大册，数以万千计的排行人名。在第5册上记载着：包起然，字玉刚，已出继其伯父，住后新屋，生于民国七年、旧历戊午年十月十三日申时。娶黄氏鉴湘公女秀英为妻，生于民国九年、旧历庚申年十月二十四日。翻到第2册，包兆龙的宗谱上的记载与第5册上一模一样，还记载着包玉刚兄长包玉书、其弟包玉星等情况，系镇海横河堰包族人氏。

这时，幽静的天一阁内顿时沸腾起来，在一片欢声笑语中，船王粗浓的眉毛舒成"一"字，高兴地掏出笔和小本子，一笔一划地记下了他的出生时辰，激动地说："我生在十月十三日申时，我是申时出生。"

夫人黄秀英激动地笑道："回到香港，给你重新过生日。"

在场的人都众口同声向船王道喜："包先生，你可找到了祖宗的真凭实据，寻到了根。"

同来的一些女士，更是雀跃鼓掌，纷纷争看包夫人的生日，向她祝贺，并说："您的生日我们记住了，回香港一定得请我们喝寿酒！"

船王满脸堆笑，双手拱拳向诸位致谢，然后一页一页地翻看《横河堰包氏宗谱》。

横河堰今称钟包村。钟包村过去属镇海县清泉乡。解放以后，钟包村属庄市镇管辖。因包氏先辈在村前横河上筑土为堰，以堰蓄水，遂称此堰为横河堰。而横河堰包氏一族系北宋名臣龙图阁大学士包拯的后裔。包公在北方的汴梁做官，他的子孙怎么跑到江南宁波来了呢？岂非天方夜谭？

包公在中国老百姓的心目中是一位名垂千古的清官。他为民请命，刚直不阿。他的龙头铡、虎头铡、狗头铡，专铡贪官污吏、盗匪孟贼，人称"包青天"。

包拯老家在安徽合肥，卒谥孝肃，世称包孝肃，或包龙图。他有二子，长子包臆，次子包绶。北宋末年，宋高宗康王南渡，包绶的六世孙包元吉，保驾康王南逃。康王在杭州临安建都，包元吉因保驾有功，官拜翰林院侍制。南宋亡，包元吉死，其孙子包荣在元代做了廉访使的官。晚年告老后，从临安迁到四明。包荣之孙为世懋、世忠。在元代至正年间（1341～1368年），世懋官居定海（即今镇海）学教谕，世忠则随兄定居定海横河堰。包玉刚先生是世忠十八代孙，也是包拯二十九代嫡孙。

船王查到了包拯第二十九代嫡孙，乐得眉开眼笑，喜泪横流，随之全场响起了热烈的掌声和互相握手祝贺声，气氛达到了顶点。新闻记者、电视台摄像师高举相机和摄像机，摄下了这热烈的欢乐场面。船王更是激动万分，紧紧握着天一阁接待人员的手说："非常感谢！感谢你们为我们包家保存了家谱。"他恳切地拜托天一阁的同志，方便时再代为查找一下其祖父的生卒年月，复印一份给他。

包玉刚儿时在钟包村听大人们说过，钟包村的包姓子孙都是包公的后代。他父亲和伯父也说过类似的话，包公是他们的祖先，但没有亲眼见过本族家谱记载的这一直系血缘关系。现在天一阁收藏了这份包氏家谱，明白标出包玉刚先生是包龙图的第二十九世嫡孙，他怎能不高兴啊！

包玉刚是包拯的第二十九代嫡孙的消息传到香港，香港许多报纸纷纷刊登了这一消息，新华社发了电讯稿，国内各大报纸和电视节目也刊播了这一消息。有些记者还专程为此事来天一阁采访。宁波市委、市府领导表扬了天一阁主动为对外开放作出的努力。

包玉刚在天一阁查家谱，找到了"根"，引起香港和美国华裔实业界人士浓厚兴趣，纷纷来信，要求寻找自己祖先和宗祠、族谱的要求。虽然查找这些年代久远的资料和世系，要花很大的精力，但天一阁的工作人员仍怀着满腔热情，为海外侨胞寻找自己的"根"。这个工作虽枯燥乏味，但它能直接关系到祖国的统一和"四化"建设的大业，最苦最累也要千方百计地不辞劳苦地一次又一次地翻阅宗谱和有关资料，并代为访问同氏族的老年知情人士，给予查访者以满意的答复。这些都收到了良好的效果，并得到了海内外侨胞的一致赞扬和感谢。

城隍阁

简　介

城隍阁，位于浙江省杭州市西湖边的吴山之上。其前身为吴山城隍庙。南宋定都临安，开始在吴山上修建城隍庙，并由朝廷进行敕封。绍兴三十年（1160 年）敕封城隍神为"保顺通惠侯"，其后又累加封号，但所供之城隍神并无姓名。明洪武三年（1370 年）定庙制。永乐十年（1412 年），浙江按察使周新被明成祖冤杀，引起杭州当地百姓的不满，为平民愤，明成祖谎称"朕梦见周爱卿已任浙江城隍"，准许立庙塑像祭祀，遂于吴山建专祀周新的城隍庙，并将山下的街巷改称"城隍街"，自巷口至上山道分建四座大石牌坊。清代时，城隍庙已成为吴山第一大庙，每年农历五月十七日周新诞日都会举行盛大的庙会祭祀活动，当地习称吴山为"城隍山"。1958 年"大跃进"运动中，城隍庙被拆毁。今城隍阁为 2000 年重建。

"冷面寒铁"　周新

浙江城隍阁所在的吴山，又被当地人称作城隍山，因为山上有座城隍庙，庙里供奉着被称为"冷面寒铁"的浙江城隍——周新。

周新，是广东南海人。起先他的名是"志新"，字是"日新"，因为明成祖朱棣常常只称呼他"新"，于是用"新"作为名，以"志新"作为字。周新敢于说话，善于断案，对许多事都进行弹劾，权贵们都很害怕，称他为"冷面寒铁"。

后来，周新被任命为浙江按察使，相当于浙江最高司法检察长官。赴任之初，周新刚刚到浙江境内，遇到许多蚊蝇飞到他的马头前，挥赶不走。出于职业习惯，周新敏锐地觉察到此地定有冤情，于是他派随从跟着那些蚊蝇查看是从什么地方飞来的，结果在蚊蝇聚集的灌木丛里发现了一具尸体。通过查验，在尸体上找到一个小木印，周新仔细看了下木印，知道死者原来是个布商。于是周新悄悄叫人到集市上买布，看到有印文与小木印相吻合的随即逮捕审问，最后把盗贼全部抓获了。

周新在浙江任按察使时，一次特意穿着便服巡查所辖地区，触犯了一个县令。县令本想马上拷打处治他，听说按察使就要到了，便把他关进监狱里。周新利用被关在监狱的机会，询问各个囚犯，查明了这名县令贪污的情况。然后，告诉管理监狱的小吏说："我就是按察使。"县令震惊，赶忙赔礼谢罪。最后，周新弹劾罢免了他。

明代早期，锦衣卫横行霸道。锦衣卫指挥使纪纲派了一名千户到浙江，进行侦缉搜捕的事情，这名千户索取贿赂，作威作福。周新想处治他，然而却让他逃跑了。不久，周新带着文册入京，在途中遇到该千户，便将他抓进当地监狱。结果，他又逃了出去，并且到纪纲那里哭诉。纪纲便向皇帝诬陷周新有罪。皇帝听后很气愤，派人把周新抓来，周新一点也不屈服，在皇帝面前直接揭发纪纲等人徇私枉法的罪行，并且大声说道："陛下诏令按察司行事，可与都察院等同。现在臣奉诏擒拿奸恶之徒，为什么要判我的罪？"当着文武百官如此诘问皇帝，使明成祖朱棣更加愤怒，当即下命杀了周新。周新临刑时仍然大呼："生为直臣，死当作直鬼！"最后，竟被冤杀。

后来，明成祖朱棣冷静下来，有些后悔了，便问身边的侍臣："周新是什么地方人？"回答说："是南海人。"明成祖朱棣叹息说："岭外竟有这样的人，枉杀了他啊！"再后来，纪纲获罪伏诛，周新的冤案更加大白于天下。一天，明成祖朱棣在殿上看到一个穿着绯色衣服的人，便叱问是谁？绯衣人回答："臣是周新，上帝说臣刚直，命臣为浙江城隍，为陛下惩治奸贪官吏。"说完就不见了。此后至今，杭州吴山的城隍庙中一直供奉周新为浙江城隍。

乾隆帝游吴山书额题诗

今天，当游人在参观城隍阁景区周新祠（城隍庙）时，往往被殿内正中悬挂的一块"福庇南黎"金匾所吸引。匾额的落款没有题赠人的名号，而是"御题"二字，所以，许多游客不知这块匾额究竟是出自何人之手。原来这块匾额是当年乾隆帝南巡杭州时，御书恭制。

乾隆帝，即清高宗爱新觉罗·弘历。1762年，乾隆帝第三次南巡杭州，亲临吴山城隍庙拈香，并御书"福庇南黎"四字，恭制匾额，敬悬庙廷。

乾隆帝共六次南巡杭州，次次登临吴山，且每次游赏吴山都留有诗文。仅说1762年第三次南巡杭州时，农历三月初一，乾隆帝刚刚驻跸杭州，当天立即登临吴山，首先游赏瑞石洞与飞来石，并且各题御诗一首：

瑞石洞

驻辇有余暇，吴山近宜眺。瑞石别一峰，下马喜先到。

初犹步仄蹬，既乃入幽窍。转折若无路，含蓄益致妙。

萝薜绿垂烟，梅柳芳迎曜。岩半有天池，灵物不可钓。
密竹护阴森，怪石攒蒨峭。孤骞诧欲坠，傲睨忽疑笑。
攀跻当造顶，全吴归朗照。坐石写创得，大观更揽要。

飞来石
来自何方飞岂羽，将翔复骞势容与。
徒观翩集诚怪神，欲赋却思子不语。

至今吴山上还保留此首《瑞石洞》御诗石碑。游赏完瑞石洞一带，继续攀登吴山山巅，然后按照惯例，依其祖父康熙帝游吴山所作诗韵，赋诗一首：

南眺长江西盼湖，城中陟巘历香衢。
宁因玩景赓前韵，曰在观民有本图。

最后，吴山游赏完之后，又作了一首《登吴山作歌》：

一峰蜿蜒走郡城，众峭攒簇罗天屏。
若有若无寻树升，造极广厦原平陵。
何须勒马夸豪情，惟愿兆庶恒安宁。
西湖下视如巫待，吾方未暇将观海。

新春城隍山游玩

在清代，每逢新春佳节，杭州城里亲友见面，一定会相互问候："城隍山去过了吗?"原因是当时杭州城内可以游玩的地方，掐指算也就只城隍山和梅花碑两处。

城隍山在清代咸丰以前，极为热闹。山顶上一面是寺庙祠宇，一面是店铺商肆。店肆以茶坊为多，如放怀楼、景江楼、见沧楼、望江楼、兰馨楼、映山居、紫云轩等等。因为在山顶上，面江眺湖，在这里饮茶，可以凭高远望，使人心旷神怡。茶肆里面，器具精洁，陈设雅丽，悬挂着五色灯景，且是玻璃门窗。因为当时还主要是以明瓦为窗户，玻璃的很少见到，所以会让人觉得新奇。

在城隍山上饮茶，还有一种特色茶食——蓑衣饼。是以面粉和糖，加油制成，蓬松的样子像蓑衣，所以有此名称。关于蓑衣饼名称的来由，还有一个传说：相传，当年吴山有一夫妻店，专门出售酥饼，供游人佐茶。一天，时任杭州知州的苏东坡于公务之暇，冒雨登山。他身披蓑衣，持杖而行，登上山后，感觉腹中饥饿，便在店中买了些酥饼，解下腰间酒葫芦，坐在花前，以饼下酒。他感到此饼味道香酥可口，一连吃了几只，还即兴吟诗一首：

> 野炊花前百事无，腰间惟系一葫芦。
>
> 已倾潘子错煮水，更觅君家为甚酥。

吟罢，他问店家："如此好饼，有何美名？"店家回答说："山野小吃，哪有什么美名？"苏东坡见此饼一层层一丝丝，就像自己身上披的蓑衣，便随口说道："既不需雅名，就叫'蓑衣饼'吧。"店家见知州为此饼命名，自是感激不尽。由于"蓑衣饼"与"酥油饼"三字读音相近，后来也被杭人称作"酥油饼"。

除了茶坊之外，山上酒肆面馆、糖色店也都有，另外卖字画的、算命的、看相的、卖艺的、变戏法的，也在山上聚集了不少。新春期间，各式摊贩、洋镜、洋画之类，更是纷至沓来。其中以火漆加染五色，捏造人物、鸟兽、虫鱼、果品、花草等，最受儿童欢迎。虽说是人山人海，往往是为凑个热闹摆了。

中华民国以后，吴山周边因为设有行政公署，禁止在附近摆摊，加上杭州火车站有大舞台，原来旗营一带有戏院，杭州又有了影戏院和大世界等娱乐场所，西湖边城墙拆除后，西湖与杭州城直接连通。这样，喜欢看风景的人，都直接去逛西湖，爱好热闹的人都去了戏院或大世界。从此，新春期间，"城隍山去过了吗？"再也没人说起了。

城隍山上看火烧

旧时，杭州城有句谚语——"城隍山上看火烧"，对于新杭州人来说，或许不明就里，然老杭州们却都知道，说的是站在城隍山（即吴山）的望火楼上，居高临下，能看到杭州城哪里有火患。要说年头，往前可以推到南宋时期。南宋定都杭州后，杭州城人口急剧膨胀，而城里房屋、店铺多是木结构，极易燃烧，时常发生火灾。于是南宋时，杭州开始设置专职消防队，称为"隅"，负责本地区的灭火工作。而"隅"多设有"望楼"，昼夜有人值班瞭望，如果看到异样的烟火，楼上的哨兵会立即发出警报，白天举旗帜为号，夜晚悬灯笼为号，旗帜或灯笼的数目则标志着发生火灾的相对位置。得到指示方向后，本隅隅兵就会前往扑救，邻隅的隅兵则会集合等候，以待政府调遣增援。当时"南隅"就设置在吴山上，并且设有望楼。

现在吴山上仍有一座火警瞭望塔，当地人们习惯叫它"吴山瞭望塔"。要说这座瞭望塔，还得从清光绪三十三年（1907年）说起。当时的仁和知县向商绅募款，建起了吴山东岳庙前的瞭望塔，建成后挂了一口铜钟，称为"火钟"，是报火警的信号。瞭望塔下，设官屋数间，驻消防官兵，并备有水缸、沙堆、水桶、洒子、麻搭、斧锯、梯子、大索、勾爪等灭火器具。瞭望塔里，昼夜有人值班。

1951 年，瞭望塔装上了第一台电话机后，终于告别了依靠钟声传递火警信号的历史。1953 年，杭州市政府筹资，将瞭望台改建成钢筋水泥结构，并配备了无线电对讲机、望远镜等，火警瞭望设施大大改观，对杭城火灾报警发挥了更大作用。今天看到的这座瞭望塔，是 1964 年建造的。随着技术的进步和通信的发展，2002 年，最后一批驻扎的消防官兵退出之后，吴山瞭望塔彻底空了出来。现今，这座瞭望塔已经变身为杭城首个消防纪念馆。"城隍山上看火烧"这句谚语也成为了历史。

城隍庙会

杭州吴山因是城隍老爷的办公地，所以当地百姓更习惯唤作"城隍山"。从前山上寺观庙宇众多，儒道释杂陈，仿佛是各教各派在这里摆擂台，争取信徒的香火。从山顶远眺，青山历历，钱江蜿蜒；俯首而望，西湖佳景，六桥在目；华灯初上，炊烟袅袅，氤氲万家，此种情景，可以说是数百年不变。

要说城隍山的"烟火气"，最浓郁的要数其新春庙会。要记述这样的庙会颇不容易，因其买卖交易的范围之大，各行各业内容的繁杂，真可以说是包罗万象。先从吃的说起，各色水果不用细说。糕团粽子、油氽桧儿、牛肉线粉、菜卤豆腐、糖炒栗子、馄饨炒面、酥油饼、鸭血汤、豆腐年糕、茴香豆、砂爆豆、黄连头、豆腐脑、寸金糖、棉花糖、棒儿糖、真是咸甜酸辣一处齐备。至于耍子家伙，也是琳琅满目，旋骆驼、竹节龙、洋片儿、面鬼儿、泥孩儿、竹刀、木枪、风筝、扯铃、金鱼儿、画眉儿、万花筒、糖人儿，没有一个摊子不能让小孩子张着嘴看上半天的。另有百戏杂陈，京戏、越剧、杭剧、弹词、说大书、小热昏、变戏法、声高声低，此起彼伏。沿山路的买卖摊档更是高高低低，千门万户，东一摊，西一堆，五花八门，无奇不有。大至丝绸、珠宝、木器、书画，小至碎布烂铁、针头线脑、香袋儿、帽花儿、摇角冬儿、"烫婆子""竹夫人""角先生"……什么见所未见，精头怪脑的劳什子，只要有钱，没有买不到的。古董摊更是教人看的眼花缭乱，上至商彝周鼎、汉镜唐琴、官窑名器、宣德铜炉，下至破旧衣服、各朝古钱、刺绣荷包，所有年代久远，稀奇古怪，平时商店里寻访不着的东西，只要你眼火好，准能从涝漕货里淘出宝来。据说当年良渚玉器、郊坛官窑，都是从这庙会上首先现世的。庙会里的人，流品也杂，官僚军警、茶商木客、文人画师、烟花女子、青帮头目、江湖术士、草药郎中、游方和尚、男女学生、手工艺人，以至于扒手儿、拆白党、歪料儿、叫花子。几乎万人空巷，大家都要到这庙会里挤一挤，平时隐没在角角落头、巷头巷脑的人精人渣，都夹在芸芸众人中间抛头露面，多年不见的老朋友、老邻舍、老同事也常常能在庙会里不期而遇。一时之间，"城隍庙会有没有去过"代替了"饭有没有吃过"，成为挂在嘴边的问候语。

　　城隍庙会虽然不过几天，但回味久远。人山人海，挨肩擦背，闹闹哄哄，不论男女老少，尊卑雅俗，不管你是洋泾浜、土包子、小嫂儿、大清娘，准使你有所欲有所买，吃的、玩的、听的、看的，消磨半日，眉开眼笑地回去。

　　城隍庙会曾经热闹数百年之久，一度消失。今逢盛世，又已重开，期间依旧是特色小吃满目，民俗表演不断，游人如织，熙熙攘攘。其鲜活的活动和浓郁的市井气息，传承着老杭州的生活面貌，让人们从中找寻往日的民俗风情。

泰州望海楼

简　介

　　望海楼，位于江苏省泰州市海陵区。始建于南宋绍定二年（1229 年），为观景楼，有"江淮第一楼"的美誉。清康熙年间重建时改称"靖海楼"，后又恢复原名。今望海楼为 2006 年重建，党和国家领导人江泽民、胡锦涛等都曾登楼观光。

才子修建　"望母楼"

　　传说望海楼由泰州明代才子储巏（1457～1513 年）所建。他的父亲原是一位估客（专做海外生意的商人），成年累月，飘洋过海，贩卖药材、香料、珠宝、皮毛。有一次，正当航行在烟波浩淼的海洋之中，忽然狂风骤起，天色昏暗，巨浪排空，海浪吞噬了木船，同船的三人俱遭灭顶。仓猝间，储公抓到一块船板，随波逐流起。起初神志尚清，不久便失去知觉。

　　等到他苏醒过来发现自己正被一个披头散发的人抱着，吓得他浑身颤抖，连忙闭起双眼。那人轻手轻脚地将储公放到一个用兽毛铺成的山洞里，就转身走开。储公见那人并不想加害自己，这才大胆睁开眼睛。只见那人并非什么野兽，却是一个女"人"。原来这个居住在蛮荒的女人在海边猎食时，发现了昏迷的储公，将他驮回山洞，后来朝夕相处，成了储公的配偶，生下一男一女，他俩相亲相爱，伉俪情深。

　　虽说他们两情相投，储公却无时无刻不思念着故土的文明生活，盼望着有朝一日，能够重返家园。他时时注意将一些犀角、鹿茸、珊瑚、玳瑁以及高级毛皮收集起来，藏在一棵大树洞里。他每天坚持不懈地教儿子识字、读书、学义、习礼，还给儿子起了个名字——储巏。

　　光阴如流水，储巏也有六七岁了。这一天，父子二人正当海边抓鱼，储巏眼睛尖，发现远处海面上有一个黑点在移动。过了不久，就近一看却是一条海船。船是从海岛那边驶来的。船上是一批专做海外生意的福建商人，因为遭遇巨风，偏离航道，才驶到这荒岛上来的。船上的人起初见到储巏父子，还以为是野人。经过储公的自荐，船上的人都同情他不幸的遭遇，就把他们父子接到船上。

储公又要求船上的人等他一下，让他把埋藏的珍宝拿到船上来，东西运上船后，他还想把那刚生小女孩的母女接来，可就在这时，那个女人抱着小女孩向海边追来。远远看见站在船头的储巏父子，就朝着海船呱里呱啦直叫唤，她散披着的长发迎风飘起，瞪着一副大眼睛，样子实在吓人。在她身后又另有一群人赶来，船上的人唯恐来者不善，于是忙提前起锚扬帆，储公在船执意要靠岸，抢着掌舵。相持之下，船已和岸隔开了距离，那女人见不能登船，就岸边抱着孩子在岸边哀号着，后来就绝望地带着孩子扑向了大海，但见那长发只在海面上荡漾了几下子，便沉没了。

船上的储巏看到母亲跳海，一面哀号，一面也向海里跳去——幸亏被人抢手抱住。储公也顿足捶胸，悲痛欲绝。忽见海中波浪大涌，现出一滩，好似一人昂首眺望。人们就把它叫为"望子滩"。

储巏父子终于被海船带回国来。同船人同情他们的遭遇，临分别时，多有馈赠，他们自己又带回不少香料，皮毛等珍贵货物，回到泰州之后，居然成了富户。

后来，储巏为纪念母亲，曾在泰州东郊盖了一座高楼题名"望海楼"。其实，泰州人都知道，"望海楼"实际上就是"望母楼"。

望海楼今昔

望海楼原在泰州市海陵区东南隅的古城墙转角处，东、南两面临护城河，西面近文昌阁、文峰塔与南山寺。楼始建于南宋绍定二年（1229年），初名"海阳楼"，系取面对大海与太阳之意。明嘉靖二十八年（1549年）重修，时任保定知府的泰州人徐嵩作《重修望海楼记》。万历三十一年（1603年）楼又毁坏，仅存遗址。清康熙年间知州施世纶再次组织重建。据传新楼落成的当天，先是电闪雷鸣，暴雨倾盆，不久天空放晴，有白鹤飞翔于楼上。众人视为祥瑞，更名为"靖海楼"。嘉庆初年，楼再次出现险情，几欲倒塌，再一次地拆除重建新楼，并将楼基增高一丈二尺，使整座楼居于高台之上，又以"朝阳鸣凤"之意，更名"鸣凤楼"。抗战初，国民政府通令沿海各州县拆除城墙。至1938年8月泰州城墙全部拆毁。与城墙为伴的望海楼同时也被拆除。

古代泰州东临黄海，从汉至唐一直是长江北岸最东边的海滨城市。早期泰州的地名称海阳、海陵，都与海有关，可以说泰州原本就是从海里涨出来的一座海城。这里的人们对海有着特殊的眷恋之情，在城里建造一座高楼，取名"望海楼"，以登楼望海。明代徐嵩的《重修望海楼记》中说："望海楼在郡城东南隅，其西则佛刹与楼并峙，黉序巍乎在中，相去百余步。堪舆家谓：龙盘虎踞，系科第盛衰。"意思是城东南建的这座望海楼，对泰州城的风水极为重要。关系到科举的兴盛。又说楼"为柱凡六十有四，基而上高三十六尺（约

12 米），横从广六十步……楼之前，东西筑室，各数十楹……楼之西，别建一坊，颜曰'拱文'。"告诉我们那时望海楼的规模与附属建筑。明万历进士刘万春题《登望海楼次徐岩泉韵诗》："落日凭栏望眼开，苍茫气色接蓬莱。千家井灶孤城合，万里帆樯一水回。"生动描绘了登望海楼的情景。清邓汉仪亦有诗咏望海楼："此地非同歌舞场，文星竟夜烛天闾。应增楼阁符形胜，忍见荆榛老夕阳。筑舍数年群议费，建楼一夕万户忙。会看百尺岩峣起，海赋新成压大荒。"对望海楼的性质与气势作了精彩的记述。

望海楼在泰州民间还有一则广为流传的故事，说这座楼是因为储巏为登楼遥望海岛中的母亲而建，所以就被称为望海楼。储巏是泰州人，成化二十年（1484 年）殿试二甲第一，官至南京吏部左侍郎。生母王氏，继母董氏，在储巏的墓志铭上有明确记载，说储母是野人纯属无稽之谈。据史料记载，储巏在世时，泰州的望海楼已在元末战火中消失，也尚未重建。之所以有这种故事传世，有父老们说，由于储巏面貌清癯瘦弱似猴，就附会他是猴子猩猩之类的人生的。再就是因为储巏任过考察官员的职，他疾恶如仇，刚正不阿，得罪了不少人。于是有人就怀恨在心，造谣中伤，说他不近人情，不是人养的，编造出荒唐故事中伤他。

2006 年，重新设计的望海楼，在古城泰州凤城河风景区建成，成为泰州的标志性建筑。

温州望海楼

简　介

　　望海楼，位于浙江省温州市洞头区，四面环海。434 年前后，永嘉太守颜延之巡视温州，于岛上筑望海楼观海景。唐代诗人张又新任温州太守时，特地乘船寻楼并写诗纪游，望海楼遂名闻。其后楼毁，明清时期又实行海禁，岛上人烟稀少，未能复建。今望海楼为 2007 年重建。

颜延之海岛建楼阁

　　这个故事，发生在 1500 多年前。

　　南朝元嘉年间，有三位文学家，因文章出众，合称"元嘉三大家"，他们是谢灵运、颜延之、鲍照。其中这颜延之，《宋书》是这样记载的："延之好读书，无所不览，文章之美，冠绝当时。"这就是说，在当时的文学界，颜延之是个响当当的人物。

　　颜延之不但文笔好，还很有骨气，对政务有主见，从不随波逐流。当时南朝的朝政，被少数几个重臣把持，他们瞒上欺下，独断专行，谋取私利。其他的大臣敢怒不敢言，只有颜延之，挺身而出，仗义执言，批评专权的重臣，说："天下的大事，理应大家商量决定，凭什么就你们几个人独揽！"批评的时候，措辞尖锐，情绪激烈。这样的人当然为权臣所不容，不过他的名气太大，杀不敢杀，用又不愿用，于是，就贬官降职，外放到离京城远远的小地方。先是贬到始安，也就是现在的桂林；434 年，颜延之再次被贬，到永嘉任太守，永嘉也就是现在的温州。

　　温州在南朝时尚属于偏远的小地方。颜延之被从繁华的都城外放到荒凉的小郡，尽管心里极不情愿，但还是十分尽职。到任不久，就率领属下乘船出海，巡视温州周边诸岛。一路过来，到了瓯江口外一座岛屿，大家被这个岛奇特的山形和秀美的景色所吸引。随从问："大人，此为何山？"颜延之也是初来乍到，不知其名啊，只见这山岙，林木茂盛，满目青翠，便顺口答道："此可称为青岙山也。"

　　青岙山就是现在的大门岛。

面对如此美景，颜延之郁闷的心情为之一扫，登岛巡视，越看越喜欢。他是个热爱山水的文化人，10多年前，他在始安郡也就是现在的桂林当太守时，就开发了独秀峰，留下了读书洞；后来复官回京城，路过巴陵郡，写下第一首赞颂岳阳楼的诗歌。如今又身处这么美的海景，岂能错过！回去后当即安排人，在青岙山修筑楼亭，公务之余常来此观海赏景，后人遂称其为"望海楼"。

中华大地楼阁众多，但建在海岛的极少。这不但是由于海岛交通不便，建楼所需的用材运输困难，还在于海岛气候特殊，风厉潮咸，腐蚀性强，难以维护。望海楼是目前所知我国最早在海岛修建的观景楼阁，颜延之敢于第一个在海岛上建楼亭，很有"敢为天下先"的气魄。只不过他在温州任职的时间不长，由于在任上写了《五君子咏》，抒发心中郁闷，再次得罪朝廷权贵，被彻底罢了官，在家闲居了七年。

过了300多年，唐朝宝历年间（825～826年），张又新任温州刺史。他阅志书，查记载，得知前辈先贤曾在青岙山建有楼亭，就兴致勃勃地带人沿着颜延之的足迹，乘船跨海前来寻楼。怎奈由于年代久远，望海楼亭在风霜雨雪的侵蚀下，已经塌毁。张又新看到的青岙山，翠峰依旧，浪涛依旧，楼亭却已随岁月流失。他心情十分惆怅，写下一首《青岙山》的诗，抒发惋惜之情：

> 灵海泓澄匝翠峰，昔贤心赏已成空。
>
> 今朝亭馆无遗制，积水沧浪一望中。

这首诗，后来被收入《全唐诗》中。洞头的翠峰沧海，在《全唐诗》占据一席之地，极为不易。随着这首诗的传播，望海楼为更多的人所知晓。

陈星文巧计定广场

望海楼主楼前的广场，长34米，宽51.4米，总面积1700多平方，可容纳一千多人。细心的游客会发现，广场和主楼并不在同一个平面，而是以三阶平台连接。为什么会做这样的设计？这，就要讲到望海楼的总策划师陈星文先生了。

2003年4月，重建温州望海楼的决定作出后，工程建设指挥部向全国多家古建筑设计单位约征策划方案。江西省建筑设计总院欣然应征，由院领导带队前来踏勘现场，登上了海拔227米的烟墩山。

江西设计总院来的人中，有一位70多岁的老者，虽年过古稀，却步履轻健，气色挺好，讲话中气十足。他看得仔细，听得认真，还详细询问了洞头的台风、潮水、降雨等相关情况，看得出是建筑业的行家里手。院领导介绍说，他是陈星文老先生，著名建筑大师梁思成的学生，已经退休，这次特地请出山，担任方案的总策划。

四个月后，在多家设计单位策划方案评审会上，陈星文先生代表江西设计总院做了介绍。他的话不多，但句句讲在点上，顺带还与其他古楼做了比较，突出了自身设计的特色。大约是行家的心有灵犀，来自上海、湖北、浙江等地高等院校和规划院的 9 名专家教授经过反复比较，多数倾向于江西院的一号方案。以后，这些方案以匿名编号的方式公诸于众，多方面征求部分县人大代表、政协委员、建楼所在地村民代表，还有县四套班子领导的意见。最后，江西建筑设计院的一号方案获得通过。

进入初步设计后，江西院具体设计人员碰到了一个难题：烟墩山山体不大平地少，只够安排主楼。而主楼前面需辟大广场，却因全是山坡地，斜度又大，无论是把低处垫高，还是从高处下挖，都很难衔接，而且工程量大，耗时又费钱。

怎么解决呢？分管旅游工作的副县长赵乐平亲自带领望海楼工程指挥部人员，专程赶到南昌，具体面商。商量来商量去，大家提出的几个办法都不是最佳方案。正在为难之际，设计总院的领导想到了因身体原因在家休息的陈星文先生。陈星文先生抱病前来助阵，听了大家发表的意见后，他在地形图上比比划划，又对照了设计图，思索片刻，提出：采用三级降坡法处理！

这三级降坡法，就是从主楼的楼基开始，顺着山的坡度，分成三段，每一段都比上一段降低几米，以台阶衔接，降到最后的第三段，根据地势，正好可铺开一个大广场。这样一来，既大大减少工程量，节省了费用，又给广场留有台面，今后开会、演出，连主席台、舞台都不用搭了。真应了一句老话，姜是老的辣。陈老先生用丰富的实践经验，举重若轻地破解了难题。设计院的一班年轻人如释重负，赵乐平副县长更是高兴地握住他的手，连声道谢。

2007 年 6 月，望海楼正式对外开放，陈星文先生应邀前来参加落成庆典。会后，他建议，要进一步提高温州、洞头旅游的知名度，望海楼一定要加入中国名楼协会！返回南昌后，他托儿子陈方寄来了中国名楼协会的相关资料。在他的启发和支持下，温州望海楼从 2011 年开始着手名楼的申报工作，2012 年 11 月获准，跻身中国历史文化名楼协会之列。

望海楼从提出重建到成为中国历史文化名楼，用了整整 10 年时间。这 10 年，陈星文先生与望海楼同行同进，贡献尤多。

沈大师一字见品格

登洞头望海楼，首先映入眼帘的是壮观的山门：歇山顶四柱三间的牌楼样式已令人为之一振，门柱上，由中国书法家协会原主席沈鹏先生书写的楹联更是引人注目：

一海放千帆，美景难收，为有朝霞托日起；

四时妆百岛，良辰未尽，更留明月待潮生。

楹联好：百岛千帆，美景良辰；朝霞旭日，明月晚潮。百岛景观信手拈来，显得自然清丽。书法更好：疏密有度，摇曳多姿；笔走龙蛇，韵达广远，欣赏稍久，自有飘飘欲飞之美。说起沈老题的这幅楹联，还有个令人感动的故事。

望海楼重修时，工程建设指挥部于2006年11月举办"重修望海楼全国征联大赛"活动，短短两个月，全国30个省（市、自治区）及德国、马来西亚华侨等共1074人寄来3191副楹联。经过中国楹联学会专家公平公正的评审，17副应征联获奖。上述这副联楹联夺得桂冠。

大家商议，一等奖的楹联，应该勒刻于景区大门；而当门楹联，理应邀请国家级书法大家书写，才能相得益彰，于是想到了沈鹏先生。

派人到北京拜访沈老，不巧的是恰逢沈老外出未归；托文友转达，文友不久后回复，因沈老身体原因，不敢添累。经多方努力，终于获悉沈老的联系方式。我们以县政府名义拟了情真意切的诚邀函，连同洞头县情、望海楼历史、楹联征集和评审情况等，一并快件速递。又电话向沈老的夫人表述了诚意。如此二三次来回，初步把事情搞掂。沈老的夫人告诉说，沈老当年看过电影《海霞》，知道《海霞》女民兵连的原型就在你们洞头。洞头是个海岛小县，海防前线，发展经济不容易。现在重建望海楼，发展旅游业，是好事，要支持，沈老尽管身体还不是太好，还是应承下来了。

过了几天，忽然接到沈老亲自打来的电话，他用商量的口吻问："这副楹联写得不错，不过，我想把上联中的"况"字，改用"为"字，好不好？"

我们知道，沈老既是书法大家，又精通诗词楹联，讲究合辙合韵，注重韵律之美，他的改法自有道理。但为了一字之改，不耻下问，实在令人感动。为了更加稳妥，我们和沈老商定，先征求一下楹联作者的意见。

在征得楹联作者同意后不久，就收到了沈老寄来的楹联墨宝。出乎意料的是：沈老按修改后的联文书写了一幅，又把原来的用字另附纸书写，意在供勒刻时选择，至于最终选用哪个字，由我们决定。望海楼工程指挥部的同志很受感动：一位名人、大家，为改一个字，先电话问询，继而征求作者意见；在作者同意后，还附写原字，供选择使用。这种尊重他人、虚怀若谷的情怀，实在令人钦佩。

指挥部工作人员再次向沈老表达了谢意，又询问润笔费汇达的银行卡号。沈老笑呵呵地说："你们原先不是和楹联学会商定款项了吗，就在那个基础上再少一些吧！留下这些钱，就作为以后我去看望海楼，看女民兵连的费用吧！"一句轻轻松松的玩笑话，就把原定的润笔费裁减了四分之一。那些年，为了提高望海楼的文化品位，我们没少和书画家打交道，屡闻书画市场价格"虚胖"，少见书画家在润笔费上主动谦让。沈老的主动减价，再一次显现了他的品格。

这些年，每逢游客观赏沈老的题联，讲解员就会讲述这段往事。一字之易，一价之减，貌似小事，却见出品格。她在默默地告诉人们：大家之"大"，不仅在于名气，更在于胸襟，在于气度。

周巍峙题词同辉亭

2008 年，温州望海楼第二期工程开工，规划建设三座亭——泓澄亭、心赏亭、同辉亭。我们未雨绸缪，亭刚一动工，就谋划邀请名家为亭额题字的大事。泓澄亭的亭额请了全国政协委员、茅盾文学奖获得者、著名作家贾平凹题写；心赏亭的亭额请了著名诗人、原中宣部副部长、文化部代部长贺敬之题写。同辉亭呢，也想请一位与贺敬之相当的名人题写。于是，我们想到了周巍峙先生。

为什么会想到请周巍峙先生题字呢？因为在这之前，我们与他已经有了一段文字因缘。

2007 年 2 月，按照国务院和浙江省人民政府关于加强民族民间艺术资源保护的要求，洞头组织了一批热心的民间文艺工作者，开展海洋民俗文化的普查，历时 10 个多月，搜集、撰写了洞头民俗风情的文章 71 篇，拍摄了 50 多幅照片，共约十五万多字，辑编成《洞头民俗大观》一书。

书稿付梓前，求教相关行家，意外地得到了好评，特别是书中如实记录的有关渔业生产方式、技艺、习俗部分，被认为"充满了中国海岛渔民的生存智慧""是宝贵的海岛非物质文化遗产"。他们提议，请"重量级"的领导或专家题写书名，以扩大影响。

请谁呢？大家不约而同想到了周巍峙先生。他不但是文艺评论家、音乐家，是《中国人民志愿军战歌》的曲作者，还担任过文化部党组书记、代部长及两届的全国文联主席，一直重视民族民间文化的保护工作，主持编纂了十大民族民间文艺集成志书，多达 298 卷，5000 多万字。他既是领导，又是文艺家，能请动他，是再好不过的了。可是，一个小小的县，一本薄薄的书，相隔远远的路，能请得动他老人家吗？浙江省民间文艺家协会替我们牵了线。当周老得知我们洞头是当年民间文艺集成工作的全国先进县，在集成工作之后，又搜集了大量海洋民俗文化的资料，编辑成书，十分高兴，立即挥笔，为我们题写了《洞头民俗大观》书名，让他的秘书快递寄给我们。

有了第一次，盼望能有第二次。我们和他的唐秘书通电话，说明情况。特别强调，望海楼内，布陈着海洋民俗文化展览，把前些年民间文艺集成的成果，通过声光电等多种现代化的展示手法予以再现。而且，"同辉亭"的边上，还要建设"海洋动物故事园"，竖立海洋动物故事的石刻，凸显海洋民俗文化。

电话打了，信函也发出去了，等了好几天，未见回复，我们心中有些忐忑：得陇望蜀，一再叨扰一个年已 92 岁的老领导，我们是不是有些过了？未料过了不久，题字的快件和电话儿几乎同时来到。唐秘书告诉说，部长最近不太题字了，听说你们县在望海楼内，展示海洋民俗文化，宣传文艺集成的成果，连声称赞，说是做了一件十分有意义的事。题字寄上了，还一定叮嘱，要把这一层意思转达到。

两次题字，周老注重的，都是民族民间文化的保护和弘扬。他在任时，大力呼吁在全国开展民族民间文化和非物质文化遗产的普查抢救，主持编纂了被海内外学者誉为"中国文化万里长城"的民族民间文艺集成志书；退休后，仍心系民俗文化，关心鼓励基层的文化工作者。其情其意，令人感动。

余光中墨宝勒名楼

望海楼的各个楼层，陈列了洞头海洋文化展览。进入一层，迎面挺立的是三张贝雕风帆和一个硕大的锚，寓意洞头的先民们扬帆而来，落锚生根，合力开发了洞头列岛。其中最大的风帆上，镌刻着八个大字："洞天福地，从此开头"。这是著名的台湾乡愁诗人余光中先生题写，是对"洞头"地域名称精确的诠释。说起这个题词，就有故事了。

温州的洞头和台湾高雄的左营各有一座半屏山，洞头岛流传的民谣："半屏山，半屏山，一半在洞头，一半在台湾"，说的就是这两座山。2010年前后，洞头正在策划"两岸半屏山文化旅游经贸交流活动"的方案，得悉余光中先生即将应邀前来温州，参加龙湾区的文学活动。余先生祖籍福建永春，讲闽南语；又长期在高雄任教，住地邻近半屏山。如果能请动他顺道来洞头看看，作为两岸半屏山旅游文化交流的先行，无疑是锦上添花，很有意义。时任龙湾区文联主席的曹凌云十分支持，在征得龙湾区委宣传部同意后，把余先生在龙湾的行程稍作变动，挤出半天时间给了洞头。

2010年1月15日下午，余老偕夫人和小女儿来到洞头，游仙叠岩，眺半屏山，品海鲜菜肴，听海洋动物故事，大家谈兴很浓。说着说着，说到了洞头这个地名。洞头，洞的头，洞在哪里，头在何处？虽然有一个简短的传说故事，但不尽如人意。的确，洞头这地名，不但外地人觉得费解，就连本县人也感到有点纠结——不像温州市其它的县的县名，像瑞安、泰顺、文成，多有文采啊。

余老听了我们的解释，稍作沉吟，脱口说道："洞头，洞头好哇！洞天福地，从此开头。"

这样的睿智妙语，从他口中缓缓说出，顿时满座皆喜。当时作陪的洞头几位领导连声说好。只可惜余老行程匆忙，未能留下墨宝。

过了两个月，"温州·高雄两岸半屏山旅游文化交流活动"盛大举办。我们借此机会，挑选了贝雕画《半屏山》，县委书记胡剑谨写了信函，一并托参加活动的台湾客人捎给余老，请他把"洞天福地，从此开头"八个字写下来。未料因种种原因，此事被延搁了，这一搁就将近一年。

望海楼自 2007 年重建开放，对外影响日益扩大，到了 2010 年底，楼内海洋文化展览的提升工作提上了议事日程。经商量决定，展厅的一楼，用最能代表海岛民间工艺的贝雕艺术，来反映洞头列岛的开发。可是，初步设计出的大风帆方案，又显得太空荡。这时大家想到了余光中先生诠释洞头的八个字，这刚好也是对先民们开发洞头的充分肯定，太切合啦！只是老先生远在台湾哪，怎样才能得到他的墨宝呢？

事情很快有了转机，一位在温州办厂的台湾企业家许先生，经常往来温州与台湾之间，他从洞头旅游局长叶锦丽处得悉这事，当即主动应允从中牵线联系。于是，县委胡书记再次写信，连同余老在洞头的照片，委托许先生返回台湾时专程登门转交给余老。

2011 年 2 月 17 日，洞头收到了余老先生的题字，望海楼贝雕风帆的设计得以落实。

第二年，望海楼重建 5 周年，楼内的的海洋文化展览，以崭新的面貌呈现在游客面前。获得上海大世界吉尼斯纪录的贝雕风帆，贝雕风帆上余光中先生的题字，吸引着游人们的目光，大家纷纷在此留影存念。

余光中先生的题字，为望海楼增添了光彩。

魏明伦三上望海楼

2015 年 10 月底，应洞头区政府的诚意邀请，著名剧作家、辞赋家魏明伦先生前来洞头，为创作《望海楼赋》采风。

魏明伦是 28 日傍晚到的洞头，第二天一早就上了望海楼。这一天天气阴，望海楼在淡淡的薄雾中美如仙境。魏明伦听取了望海楼兴废重建的历史介绍，观看了楼内的海洋民俗文化展览，尤其对长廊勒刻的诗词、楼亭列置的匾额、楹联，一个不落地细细观赏。他指着周巍峙、韩美林、沈鹏的作品说："他们都是我的老朋友。你们能汇集到这么多的名家名作，不容易。望海楼人文基础很好，不容小觑啊！"

他说自己过去知道江南三大名楼，后来应岳阳楼之请，创作了《岳阳楼新景区赋》，才知道当时的中国名楼协会有 10 家成员单位，却不知道洞头望海楼 2012 年也成为了中国历史文化名楼，现在的名楼协会，已经有 16 家成员单位。说到这里，他感慨："情况变化很快，知识要不断更新才是。"身处海市蜃楼般的幻境，魏明伦十分赞叹："太美了！望海楼楼阁美，洞头岛海景美。你们这个楼，和别的名楼不同，很有特色！"

望海楼建在洞头本岛最高处，每到夜晚，楼内外的灯光，五彩斑斓，从晚上六点半亮到十一点半，成了海上的"航标"。知道了这一情况后，刚用过晚饭，魏明伦便提出："再登楼吧，看看望海楼的夜景。"

车到楼前，楼灯已亮，望海楼通体发光，比之白天，更增添几分艳美。在楼灯映照下，魏明伦绕着主楼，端详四个方位的楼灯和楹联，沉吟良久，意犹未尽。

第二天，接连参观了洞头几个代表性景区后，已近傍晚，离就餐只剩几十分钟时间，考虑到魏先生连日劳顿，便安排休息。魏明伦却提议："不休息啦，还是再上望海楼吧！"

车才行到半途，忽然洒下一阵蒙蒙雨丝，深秋的海风夹着雨丝刮过，带着阵阵冷意。魏明伦不顾风雨，撑雨伞游走在望海楼，再一次观看傍晚时分的楼阁，眺望远处的大海、渔港和岛屿。我们不忍心让一个75岁的老人这么辛劳，几次劝他早点下山。他总是说："不急，再看看，再看看。"

告别望海楼回来，魏明伦告诉大家："我向来主张写作要有创造性、辐射性思维，要用独特的表述方式，将独立思考后的独家发现表现出来。我之所以要一而再、再而三地多看，就是要找到对望海楼的感受、感悟。"

两天三上望海楼，魏先生对望海楼在白天、黄昏、夜晚的不同境况了然在胸，又带走了望海楼和洞头先锋女子民兵连史料和《洞头县志》。

经过半年多的反复揣摩、吟咏，到了第二年的6月，魏明伦拿出了《望海楼赋》第一稿；经多方征求意见，过了两个月，形成第二稿，最后因勒石刻碑的原因，又稍做了压缩和修饰，终于在2016年10月定稿付刻。

如此，《望海楼赋》成为游客赞叹的名篇，也成了他喜爱的重点赋。

光岳楼

简　介

　　光岳楼，位于山东省聊城市东昌府区。始建于明洪武七年（1374年），初名"余木楼""鼓楼""东昌楼"。明弘治九年（1496年），吏部考工员外郎李赞访太守金天锡，共登此楼，"取其近鲁有光于岱岳也"，将楼改名为"光岳楼"，沿用至今。明清两代不少名人墨客登楼览眺。乾隆皇帝将其定为南巡三十六行宫之一。明代以来有17次维修，最近的一次大修为1985年。1988年被公布为全国重点文物保护单位。

鲁班造楼

　　光岳楼位于聊城古城中央，远看这光岳楼巍然矗立，雄伟高大，近看它又是雕梁画栋，富丽堂皇，真是巧夺天工，民间常有鲁班造楼之说，可那鲁班是战国的公输盘，怎么能造这明代的光岳楼呢？这样说来可真有点关公战秦琼的味道。但百姓们都说，那当年的公输盘早已成了神，升成了仙，洪武七年就是他老人家下凡显灵，扮作道士帮咱修了这光岳楼。

　　话说那和尚朱元璋打跑了蒙古军队，在南京建立了大明王朝。可这北方的战争还没完呢！燕王朱棣还带着人马和元军打呢！而那时的东昌府是南下北上的要塞，历为兵家必争之地。当时东昌一带明军的最高指挥官叫陈镛，官名叫什么守御指挥事，他守的这座城原本是大宋朝所建的土城，不经打，几仗下来就千疮百孔了。陈镛下了大决心要将这土城改为砖城，所以自打一上任就开始张罗着筹款、征夫、烧砖、备料，花了两三年的时间，才将这东昌城修好。这城墙修得太好了，周长九里单八步，高三丈五尺，宽二丈，厚三丈，设四门楼，南北瓮城、四座角楼、二十四处马面，四周开挖护城河，又各设水门、吊桥。由于东昌城的南门楼瓮城像凤凰的头，北门像凤凰的尾，东西扭头门像凤之双翅，所以有能陷不失凤凰城的美誉。以致后来的太平军刘开芳、黑旗军宋景诗，还有咱八路军都未能打开东昌城。这是后话，暂且不提。

　　再说这城修好后，陈镛大悦。就在这时，手下来报："砖石木料，剩余许多，如何处置，请大人定夺"，军师听了这话，移步向前："大人，何不在这城中央修一座钟鼓楼，以严更漏，料敌望远，报时报警，大人也可在此调兵传令，指挥三军"。陈镛说："军师言之有理，传令下去，修城工匠一律以城中央集合听令"。

工匠们听罢修楼号令，免不了议论纷纷，这城中央的楼可不像城门楼，其样式结构需要一位能人设计。可谁能担此重任呢？正在这时，只见一位云游的道士，大摇大摆来到此地，只见他身着灰色道袍，披着长发，中等个头，也看不出有多大年纪，近处瞧来，他的左手拿着一只没把的斧头，右手竟托着一座木刻的小楼，这小楼可太漂亮了，重檐歇山，雄伟巍峨，双向过街，金葫芦宝顶。一个老木匠看直了眼，看着这道士就要远去，老木匠才回过神来，连忙叫道："老道士，老师傅，请留步！你这小楼可太好了，俺东昌府的陈大人刚刚传下令来，让我们修建……"没等他说完，那道士就笑道："看我的楼好，那就拿去吧！"老木匠接过那小楼，一个"谢"字未出口，道士就大步流星地去了。木匠们看着小木楼，都高兴地合不拢嘴，你看这楼样式太好了，为了便于料敌，设有一高台，过街楼道则便于交通，且位在皇极，顶建成歇山十字脊，高设五层，正合河洛之数，再一量那尺寸，更叫绝，高与宽都是九寸九。老木匠一锤定音地说："就照这楼做，尺寸仿100倍。"

工程进行得极其顺利，到洪武七年，此楼主体工程完毕，只是还未上漆。那位老木匠却发现了一个大问题，原来这楼最主要的骨架是那32根通天柱，大多梁枋斗拱都与这些通天柱榫卯结合，可这楼的用料均非本土物产，而是中国南海的岛国苏绿国（即今菲律宾）所产。那时，苏绿国与中国十分友好，互通贸易，苏绿国王曾经来朝拜过明朝皇帝，后客死于德州，当地至今还有苏绿国王墓，所以建楼用上苏绿国的木料并不算奇怪。可这木料原生长在热带森林地区，习性都与中国本土树木不大相同，这树含水量大，再加上又是海运，又是漕运，又扒皮下料加工梁枋等，太阳一晒，微风吹来，楼身就摇摇摆摆，哗哗乱响，木匠们可吓坏了，现加工楔子，既来不及也不易楔了。正在这时，不知谁叫一声："老道来了。"大伙一看，可不，那老道何时又到了这地方，只见他用破斧头一敲那木头，哗地一声就成了一堆木楔子，随即用手一指，木楔子全部飞上卯里，一个不多，一个也不少，高高的楼马上稳固了。道士又围着楼转了三圈，木匠们也跟着转，转着转着也看出了门道，此楼还有点向西北倾斜，但见那道士最后停在西北角，将没把的锈斧头塞进基条石下，人们眯眼一瞧，楼身还真正过来了。木匠们知是遇上神仙，呼啦都跪倒在地，一个劲地叩头，待他们抬头再瞧，早不见那道士的影了。

陈镛闻听此事，也是又惊又喜，他登上极顶观望，果然是举目无障，十分壮观。军师趁机进言说："这肯定是鲁班显灵，可见我们大明王朝果真是神光福佑，自此无忧矣！大人何不在这楼上为鲁班再塑金身，以谢上天呢？"陈镛说："此言极上"。于是下令木匠们在大厅内增建鲁班阁，塑鲁班像。从此，每日香火不断。

乾隆与莲花井的故事

"东昌府，三件宝，铁塔、古楼、玉皇阁"，这是东昌府有口皆碑的民谣。日经月行、天演地变，如今玉皇阁早已不知去向，那铁塔也是倒了重新维修的，惟独这古楼，作为聊城的象征，六百多年一直矗立于古城中心。说来也怪，这古楼就连一次小火灾也没发生过，据说当年日本鬼子看着咱古楼好，但又运不走，就想毁了它，但他们用炸弹炸不着，而且又用棉被围在柱子上，浇上汽油点燃，但还是点不着，最后只好灰溜溜地滚了；这聊城（古东昌府）城里打雷劈死过多少人，那古楼在聊城最高，竟然从未受过雷击，这古楼确实有点说头。

老人们常讲：这古楼顶上有四只狮子、四条龙守着，天爷爷打雷谁也不敢碰它；这古楼底下有海眼，什么都能点着，就是古楼点不着，这是因为啥？还不是海龙王护着哩。若说古楼顶上有四只狮子、四条龙，这人们都信，离着远远的都可以看见，那四个小狮子就蹲在十字脊上，那四个大吻就是四条龙，高高地望着天空。但如果说古楼有海眼，那年轻人都不相信，大海离聊城那么远，怎么会通过来呢？可你说不信，老人们就生气，说你年轻不晓事理，而后就拉你去看看海眼，也就是"水滴莲花井"。

老人一开口总是乾隆盛世。那乾隆皇帝登基正赶上好时候，祖宗不光打下了天下，而且治理多年，正赶上好时候。这个皇帝好玩，游山玩水，七下江南，六次东巡，九次过东昌府，那可都是顺着京杭运河坐龙船来的。这乾隆皇帝来到东昌总要登上古楼观望整个东昌城，而且有几次住在二层文昌阁里，这不叫别有风味吧？这一次，他带着新选进宫的刘妃出游，这刘妃年方十五，生得如花似玉，长的像林中百灵，还十分贪玩。次日清晨，二人早早醒来，那刘妃说："皇上，早晨登上极顶观望日出，必定十分美好，不知皇上意下如何？"乾隆欣然应允，凭栏处，皇上皇妃并立光岳楼眺望着鲁西平原，举目无障，沃野千里，红日冉冉升起，泰岳隐隐约约，令人心旷神怡，乾隆不禁又吟起诗来。二人观玩一会儿，刘妃又被顶楼内室的雕梁画栋所吸引，特别是屋顶正中有个大莲蓬，四周全是荷花、荷叶，这些均为水中吉祥之物，名曰"藻井"，其意即为避邪避火。猛地，刘妃叫道："皇上快来看！"乾隆走过去，顺着刘妃的指点看去，只见大莲蓬中间的大莲籽上竟附着一个大水滴，仔细看去，旁边的小莲蓬中及荷花荷叶上附着许多亮晶晶的小水滴。只见那大水滴更大更长了，坠落下来，刘妃戏笑地避开。水落有声，水滴直落楼下井中。说到这井，乾隆早有耳闻，东昌人说这是龙眼、海目，其深无法测得。这皇帝也兴趣大发，立即与刘妃下楼去看个究竟。二人赶到楼下中心的井边，可巧，有一小水滴落入天井内，正好砸中水中映出的那朵莲花，乾隆赞叹道："真是水滴莲花井啊。"咕隆一声，一个水泡应声而起，接着一条红鱼泛波而出，惊得乾隆说不出话来，喜得小刘妃拍手叫绝，那红鱼摇着尾巴，翻着身子，似乎与刘妃嬉戏，在水面上游来游去，两只大突突的眼睛直瞪着刘妃。刘妃顺手拔下头发上的金簪投下去，不巧正刺中那红鱼背，那红鱼立即不动了，慢慢地沉了下去，乾隆不悦："身为贵妃，何以杀生？今日烧香赎罪才是！"刘妃吓得低下了头。

数十年过去了，乾隆又出巡东海碣石，望着万顷碧波，乾隆吟起曹操的诗来"东临碣石，以观沧海，水何澹澹，山岛竦峙……"突然，波浪之中腾起一条红火花，一条大红鱼跃水而出直向乾隆游来。乾隆吓得后退两步，但那红鱼似乎并无恶意，在水面上游来游去，大口一张一合，像是对乾隆述说什么。乾隆发现红鱼背上金光一闪，他不由自主地向前看个究竟。啊！仔细一看，那闪金光的竟是一枝金簪，乾隆大声叹道："真乃神物！"

假若那古楼底下的井不是海眼，这红鱼又是从何来到东海的呢？

太白楼

简　介

　　太白楼，又称"太白酒楼"，位于山东省济宁市任城区，是唐代贺兰氏经营的酒楼。"诗仙"李白曾饮酒于此，后咸通二年（861 年）吴兴人沈光为该楼篆书"太白酒楼"匾额，作《李翰林酒楼记》一文，"太白酒楼"遂闻名天下。宋、金、元时期对该楼都进行过重建和修茸。明洪武二十四年（1391 年），济宁左卫指挥使狄崇重建太白楼，依原楼的样式，移迁于南门城楼东城墙之上（即今址），并更名为"太白楼"。今太白楼为 1952 年原址重建。1987 年，济宁市在太白楼建立李白纪念馆。

济宁八大名景——"白楼晚眺"

　　济宁是一座历史悠久的古城，文物古迹甚多。以太白楼、浣笔泉为主体的济宁八景招无数文人游客，揽胜怀古，吟诗抒怀，留下了数以千计的优秀篇章。据《济宁直隶州志》记载，清代八景为："行宫春树""峄岫晴云""白楼晚眺""南池荷净""墨华泉碧""凤台夕照""西苇渔歌""麟渡秋帆"。

　　太白楼位于济宁古运河北岸，太白中路中段路北。太白楼即"太白酒楼"，是唐代贺兰氏经营的酒楼，原址坐落在古任城东门里（今小闸口附近）。唐代伟大诗人李白于唐玄宗开元二十四年（736 年）同夫人许氏及女儿平阳由湖北安陆移家至任城（济宁），居住在酒楼之前，"常在酒楼日与同志荒宴"。李白去世近百年时，唐懿宗咸通二年（861 年），吴兴人沈光过济宁时为该楼篆书"太白酒楼"匾额，作《李翰林酒楼记》一文，从此"太白酒楼"成名并传颂于后世。宋、金、元代对该楼都进行过重建和修茸。元世祖至元十九年（1282 年）开凿济州河时，任城城池北移今址，明代初期城墙易土为砖。明洪武二十四年（1391 年），济宁左卫指挥使狄崇重建太白楼，以"谪仙"的寓意，依原楼的样式，移迁于南门城楼东城墙之上（就是现今的地址），并将"酒"字去掉，更名为"太白楼"，留传至今。

　　太白楼建在三丈八尺高的城墙上，坐北朝南，十间两层，斗拱飞檐，雄伟壮观，系古楼阁式建筑。登楼四望远山近水，城乡村郭尽收眼底。前人登楼远眺，赋诗抒怀。有"年年喜见泰山在，日日常见泗水流""山随岱色分齐鲁，帆带湖光下泗淮"的诗句。这些诗句都是登楼远眺的真实写照。每当夕阳斜照时，远处湖光帆影与夕阳彩霞相辉映，交织成一幅瑰丽的晚眺图。前人晚眺赋诗有"细柳低垂新涨里，乱帆斜挂夕阳边""倚栏莫话长庚梦，闲看飞鸦落照边"。对晚眺景色进行热情地赞美。清代著名诗人王士祯《雨中登太白楼》诗曰：

> 开元陈迹去悠悠，犹有城南旧酒楼。
> 吴语曾呼狂太白，洛阳何必董糟丘。
> 龟兔缥缈当窗出，汶泗苍茫绕槛流。
> 眼底无人具宾主，任城烟雨可怜秋。

太白楼名传于世千余载，实乃古任城一大景观，现为山东省重点文物保护单位。

"笛仙" 许云封取名趣谈

唐德宗贞元初年，诗人韦应物（737～792年）自兰台郎改任和州牧，这不合他意愿，因此颇不得志。他乘船东下，夜晚停泊在灵璧驿站。当时正值夜空初现莹碧的夜光，秋天的冷露凝聚在衰草的枯叶上，韦应物坐在船舱中一边饮酒一边吟诗，正要将吟得的诗句记下来时，忽然听到许云封吹奏的笛声，嗟叹良久。

韦应物通晓音律，觉得许云封的笛声酷似天宝年间京都梨园首席笛手李谟（唐朝宫廷梨园曲部演奏"法曲"的笛技大师，善吹笛，唐朝开元年间出名的神笛手，山东任城人）所吹。于是召来许云封询问，方知他是李谟的外孙。许云封说：我原本是任城人，已有多年没有回去。天宝改元时，我才生下来一个月。当时正值玄宗皇帝东到泰山封禅归来，外祖父随圣驾到任城，听说我刚生下来，见到后非常喜欢，就将我抱给李白学士看，并请李翰林给我起名。李翰林当时正坐在集市的旗楼上，高声命拿酒来。当炉卖酒的老太太贺兰氏已九十多岁了，是她邀请李翰林到旗楼上饮酒的。我外祖父听到呼喊，赶紧将酒送到旗楼上。李翰林饮酒后，提笔挥毫在我胸上醉书五言诗一首：

> 树下彼何人，不语真吾好。
> 语若及日中，烟霏谢成宝。

外祖看后说："我是特意向你为我外孙乞讨个名字的，可你写了一首诗，是什么意思啊？"李翰林说："名字就在其间。你看，树下人是木子。木子，李字也。不语是莫言，莫言，谟也。好是女子，女子，外孙也。语及日中，是言午。言午，许也。烟霏谢成宝，是云出封中，乃是云封也。即李谟外孙许云封也。后来，我就以云封为名。"

这韦应物既是著名诗人，也是音乐爱好者，还特别喜欢竹笛。韦应物对许云封的精妙笛艺，十分倾慕，很快就与许云封成了朋友。后来许云封被韦应物礼聘为乐部官员，成为唐代笛子大家之一。

太白楼畔浣笔泉

李白自兰陵归来，秋风萧瑟，满庭落叶，茅舍尘封，床寒灶冷，日间虽有三五野老提酒备菜前来叙话，但总难消郁积于胸的一腔忧愁。伏枕难寐，浮想联翩，半生荣辱悲欢，尽在眼前。寂寞催人醒，潦倒动乾坤，于是磨墨挥毫，洋洋洒洒"斗酒诗百篇"了。诗直追离骚屈子，书紧步二王，兴致淋漓，不知夜之将尽。不知是未卜先知，还是心有灵犀，第二天求诗问书的人竟拥门填巷。李白深感好意难却，便一一地让他们满意而归。后来消息传开，前来求诗问书的络绎不绝。李白拼命的书呀写呀，诗芳墨香便飘进千家万户。

但有一事却让李白十分难堪，即日夜写诗作书之后，浣笔的墨水泼了又洒，洒了又泼，日复一日，年复一年，门前的场地总不见干，过往行人常因此滑倒，摔得满身污泥。晴天臭气熏人，雨天污水横流。尽管四邻不计较于他，但总感不是滋味。忽然眉头一皱，计上心来，何不挖上一条小沟，让脏水流进城西的湖里，但又一想，谈何容易！工谁出？钱谁掏？再说，因拆迁又会有多少人家无室可居？左思右想，总没有一个两全其美的法子，愁似眼前雾，推去又复来。无奈，只好煮酒自饮，来一个一醉方休。不知是酒喝得过多，还是写诗作书过于劳累，一时两眼涩了起来。只听得柴门"吱"地一声，一位须发皆白的老者笑嘻嘻的闪了进来，左手提壶，右手拎一包小菜，快声快语地说："白兄近日定有大作，何不快拿出来，让老弟先睹为快！"李白忙上前接过酒菜，放在桌上，一叠连声地让座细谈。三杯下肚，话就扯到挖沟排污的事上。老者一听，便开怀大笑："老弟倒有个小见识，说出来请不要见笑，何不在天井里挖一个大池子，将每日浣笔的水，倒进去，这样，既不太费力、费时、费财，又不影响四邻，岂不更好。若是老兄力不从心，老弟倒可助一臂之力，你看如何？"李白听了放声大笑，连声赞道："好，好，好。"说罢二人便动起手来。挖的挖，刨的刨，不多时，一个方方正正的大池子就挖成了。正在扯袖擦汗之时，忽听一派水响，似丝竹悦耳，低头一看，一股清泉从池中汩汩冒出，光亮照人。二人喜得手舞足蹈，饮之，甘而美，且清心明目。说起来也奇，只见泉水，悠悠从墙根下穿过，顺街拐巷，且唱且歌地流向城西的大湖里去。不知怎的，竟引得一城人前来观看，个个又惊又喜。老人们禁不住捧一捧喝下，立时返老还童，少男少女们掬一捧咽下，竟个个顾盼神飞，如天仙下凡。水中肥鱼成群，摇尾逐欢，树影倒映水中，清绿活鲜，一城秋色铺在水上，逼似一幅泼墨大画。李白喜上眉梢，笑在心头。正要作诗咏叹，忽听雄鸡高唱，窗前欲曙。老者亦转眼不见，唯院中竹影晃动，原是一梦。低头沉思，不免自嘲多情。随即动起手来，池子不日而成。果然池子顺乎人意，日日不见水满，月月积累，也不见池中墨泥加厚，水清清朗朗，墨香四溢，李白一洗往日的烦忧。此泉水陪伴诗仙李白一家度过一段幸福的时光：李白之妻许夫人同娇女平阳在泉边浣洗、淘米、戏水，李白则在泉边石几上书写诗章，顺于浣笔，斟酒小饮。平阳伸出小手捧起泉水，滴入砚台为父亲磨墨，许夫人出口成章评点丈夫的诗文。一家人生活在这里，花前月下，散步、游园、嬉戏，月色溶溶，泉水淙淙，草虫啾鸣，繁花吐艳……后人有诗曰：

> 浣笔经千古，涓涓水自流。
>
> 太白笔何在？即此泉水是。

李白在任城过了多年的诗酒寻幽探胜的生活之后，又到江南漫游去了。人们十分怀念他，便凑钱凑料在其茅舍的旧址上修建了一座小楼（即太白楼），并整修了浣笔泉。这楼和池就历经沧桑，流传于世。大概当时的李白兴许讲了那个夜梦浣笔泉的故事吧，听的人认为故事新奇有趣，便一传十、十传百地传开了。后人不知底里，便都认为原本有一个真泉在。可谓是"一碧清泉流千古，百年记忆映心头"，它永远是老济宁人难以忘怀的一幅美丽篇章。

潘季驯老登太白楼

济宁号称"孔孟之乡、运河之都，说济宁是运河之都，最有说服力的当属设在济宁的河道总督。明清两代，在济宁设立了治理运河、淮河、黄河的最高水利衙门。一般由工部尚书或都御史、山东巡抚等来担任。明代是二品官衔，清代是一品大员。明清两代共有 188 位河督驻节济宁治理河道。河道总督不同于一般的官员，需要极高的水利知识、管理调度能力和奉献精神。那时，黄河、淮河和运河交织在一起，经常泛滥，一旦当上了这河督，那是整日战战兢兢，既怕运河无水，又怕黄河、淮河泛滥。即使治河有功，获得升迁，一旦黄河决口，朝廷无人，还要再回到济宁的河道总督衙门，重新担纲治河大任。

明朝河道总督潘季驯（1521～1595 年），就四次驻节济宁，担任河督。万历十八年（1590 年），潘季驯又以 70 岁高龄，巡视邳睢河工。为怕自己不久于人世，带病完成了一部重要的治水力作——《河议辨惑》。这年夏天，暴雨成灾，黄河从徐州护城堤决口冲入，潘季驯经查勘后，开凿了一条奎山支河，尽泄城中积水。八月，潘季驯病情复发，"血疾大作，口吐不绝者两昼夜"，他抱病视察了泗州的护城堤，病倒在大堤上。潘季驯利用养病之际，完成了一部治理黄、淮、运之大成的巨著——《河防一览》，全书共分14卷90篇。万历二十年（1592年），朝廷同意72岁的潘季驯卸任还乡。潘季驯返乡不久，就溘然长逝。

潘季驯去世以后，济宁、徐州等地的百姓们纷纷为他建祠塑像，纪念这位四次治河的河督。在济宁太白楼上有一方潘河督题写的诗碑：

余二十年间，四驻节于任城矣，今始一登太白楼，感而赋此：

供奉城南旧酒楼，名悬天地几千秋，

亦知信美非吾土，聊为前贤续胜游。

杯酒平分苍岱色，席间遥控大河流。

独怜廿载成虚度，才一登临又白头。

他在济宁工作了27年，竟然是在满头白发、行将退休之时，才第一次登上太白楼。后人每次登上太白楼，都会在这块石碑前驻足停留，为这位倾注了热情与心血的老人而感慨良多！

乾隆登楼赋诗抑李白

乾隆皇帝，即清高宗爱新觉罗·弘历（1711～1799年），是历史上著名的君主，以文治武功见长，因长寿当政时间长而为后人所熟知。当了六十年的皇帝后，他又扶立起儿子嘉庆执政，自己又当了四年的太上皇，史称康熙、雍正、乾隆三帝为"康乾盛世"。

在中国的历史上，乾隆是驾临济宁最多的帝王，并遗留下丰富的史迹与故事传说。他曾五次东巡山东，六次南巡江浙，并视察河工，除第一次东巡外，无一不与济宁相关。他曾八次亲临曲阜祭孔，二次亲临邹县祭孟，九次驻跸泉林，多次经运河之都济宁，六次在济宁上岸逗留巡视、亲登太白楼参观胜迹，还先后在运河沿岸的南旺、鲁桥、南阳、韩庄四镇登岸浏览、接见官员、访诸平民乡老。精力旺盛的乾隆皇帝回回赋诗感怀，次次留下墨宝。

乾隆每次登临太白楼都御制诗文。乾隆三十年，即1765年春日，乾隆第四次南巡回銮之时经过济宁州，这是乾隆第一次亲游济宁州城，巍巍古城，壮观太白楼，给他留下很深的印象，作《登太白楼》诗一首：

岧峣高阁俯城闉，名字犹传太白真。

善酿者汪信知已，举觞惟贺是佳宾。

良辰漫惜方春饯，胜迹初探返跸巡。

禹戒常遵恶旨酒，醉歌无事取斯人。

乾隆胜迹初探，不禁想起了李白与善酿酒者汪伦的知己情深，酒楼上与贺知章把酒相觞、醉酒长歌的潇洒风流,但是他站在一国之君的态度:"禹戒常遵恶旨酒,醉歌无事取斯人。"认为只有闲来无事才能效仿李白这样喝酒,才能欣赏李白的醉歌风流。

乾隆在第四、五、六次南巡回銮和最后三次东巡之时,但凡至济宁州,总是游完太白楼后,再到城南南池,缅怀诗圣杜甫。或许是济宁州人民的热情和南池、太白楼的美丽肃静感染了乾隆皇帝,自乾隆三十年南巡之后的每次南巡、东巡,乾隆都在回銮之时驻跸济宁行宫,登太白楼,游南池,品评李白、杜甫之劣优。

乾隆三十六年(1771年),乾隆第三次东巡陪母进香泰岱,曲阜孔庙祭孔,然后回銮之时途经过济宁州,乾隆第二次登太白楼,作《御制复登太白楼》诗一首:

> 太白酒楼俯绮闉,事虽跌荡意清真。
>
> 重来此日省风俗,遥想当年迭主宾。
>
> 狂人道终还一曲,渴吞海那计三巡。
>
> 长歌老杜犹能忆,楼指尚应少六人。

乾隆二游太白楼,总会想起李白、贺知章等人的豪饮,和自己上次御驾亲临太白楼的场景,只是那时所陪自己前来巡视的人已经少了六人。

第六次至济宁太白楼南池,是在乾隆五十五年(1790年)东巡,此时乾隆八十岁,几近耄耋之年,乾隆最后一次东巡登泰山、阙里祭孔后,回銮之时,最后一次游太白楼、南池,又多了几分感慨。乾隆作《登太白楼三叠旧作韵》:

> 唐代酒楼齐地闉,向谁从辨假和真。
>
> 可知率以名为实,漫议惟滋主作宾。
>
> 将谓七言弗重迭,何期一晌又来巡?
>
> 于诗于行评量处,合让城南姓杜人。

乾隆每次登太白楼之后,便至济宁州城南南池、少陵祠缅怀杜甫,怀想诗史风范。作为一国之君,他以天下为家,关心生民艰辛,从胸怀天下社稷苍生、忧世济人的角度,在李白和杜甫之间,他更推崇杜甫。

正如韩愈所吟:"李杜文章在,光焰万丈长。"李白、杜甫诗歌各有千秋。李杜孰优孰劣的问题,一直争论了几千年,后人也难下定论。

刘罗锅登楼怀古书对联

刘墉(1719~1804年),清代著名书法家。字崇如,号石庵,山东诸城人。乾隆十六年(1751年)进士,由编修累官至体仁阁大学士,加太子太保。工书,尤擅小楷，得力于董其昌，兼学颜真卿、苏轼及各家法帖，而自称学钟繇。其书用墨浓厚，貌丰骨劲，别具面目，与同时的翁方纲、梁同书、王文治并称书法四大家。

乾隆三十四年（1769 年），刘墉因父亲的缘故被重新起用，授予江宁知府。在上任的途中，经过了素有"水陆交汇、南北冲要"之区和"控引江淮咽喉"地带的运河商业名城——济宁。州城内外，通衢要道，运河两岸行栈店铺林立，货物山积、商贸发达、各地商贾云集；运河里湍急的水面和呼啸的浪花，"官商舶鳞集，麻拥于济城之下"的一派兴旺景象。

顺着繁华与热闹的运河北岸，在南城墙上的一座建筑深深吸引了刘墉的注意。只见在巍峨的城墙之上，一座二层重檐式楼阁矗立其中，四周花团锦簇、碑碣林立，甚是幽静。刘墉拾级而上，硕大的"太白楼"三个字映入眼中。他时而在碑林之中拾取，时而登楼远眺楼下风景，时而捻须吟诵李白的诗篇。刘墉被古意缠绕的太白楼所折服，几天来的舟车劳顿瞬时烟消云散。在登楼凭吊李白之后，顺势写下了这副对联，以示纪念：

清画捡书，古香溢座；
微言论道，明月当阶。

第二日晨曦中，刘墉继续踏上上任的旅途，离开济宁，从此再无交集。刘墉十分珍视任职江宁知府这次机会，为政公正清廉，声名远播，百姓叹服刘墉的品行，将其比为宋朝的包拯。

太白楼下店小二

运河岸边的太白楼是济宁人的情结所在，是历代济宁人魂牵梦绕的地方。清末时的太白楼旁边便是拥挤喧闹的土山，所谓土山也不过是滞留在济宁南门外城墙与护城河之间的一溜土丘。大概济宁只有河没有山的缘故，济宁人对山有一种执著的向往和追求，土山并不是真正意义的石头山，而是一片高地和土丘。

这里是济宁传统的公共游乐园，它在鲁西南远近闻名，其行业之众，喧嚷之盛，毫不亚于北京天桥和南京夫子庙。土山南北宽约 150 米，东西长约 300 米，约 60 多亩地。茶馆戏棚、武术杂耍、地摊叫卖、风味小吃都集中于这方土地，拥挤嘈杂，热闹非凡。小土山是众多生意人的谋生宝地，同时更是各路艺人卖艺献技的良好场所。

这里有一个早餐摊点，每日售卖白粥、胡辣汤，生意兴隆，人流往来不断。店小二年岁弱冠，每天迎来送往，收拾餐具。每次收拾碗筷，擦拭桌子时总要直起腰来看一下太白楼，并用手中的抹布在桌子上比划着。一次邻桌的用餐客人问他："小二，你不好好干活，在桌子上比划什么呢?"小二羞涩的答道:"我这忙的差不多的时候,总是直起腰来歇一歇,看看太白楼三个字怎么写的,随手也就在桌子上用抹布比照着写一写。""呦,你还会写字啊?来来来,你写一个我看看。"只见店小二拿起抹布蘸了一下水,在桌子上写下"太白楼"三个字,这三个字与太白楼上镌刻的分毫不差,食客们看到后啧啧称赞。此事一传十、十传百,在太白楼下、土山等地方传开。大家都说"太白楼"三个字写的最好的,就是太白楼下早餐摊子的店小二。

越王楼

简　介

　　越王楼，位于四川省绵阳市龟山之巅，始建于唐高宗显庆年间（656～661 年），为唐太宗李世民第八子越王李贞任绵州刺史时所建。史载其规模宏大、富丽堂皇，楼高十丈（即百尺）。历代名士如李白、杜甫等都曾登楼作赋，与岳阳楼、黄鹤楼、滕王阁齐名，成为唐代四大名楼之一。唐代至明代期间越王楼曾数度毁损，几经重建。清乾隆初年楼毁，仅留遗址越王台。今越王楼为原址重建，2011 年建成并对外开放。重建的越王楼主楼高 99米，共 15 层，建筑面积 22207 平方米，成为绵阳历史文化名城的标志性建筑。

李贞赴绵斩龙脉

　　越王李贞来绵赴任的一种说法是绵州风水好，以致王气冲天，惊动唐王朝，皇帝遂派李贞视察绵州、斩断龙脉。

　　绵阳自古山川形胜，四山所依、三水环热、城市布局依照"左青龙、右白虎、前朱雀、后玄武"的山水模式，符合态代风水学"省会京都之水横来直去如曲尺，山水依附、其犹骨与血、山属阴，水属阳，故都会形势必半阴半阳""山河共戴、形势天下""山环水抱必有气"之说，绵阳与诸多山水城市又有区别，具体表现为三水汇流一处、是所谓二龙锁江（富乐山与蛇山）、二龙戏珠夺宝之风水形势（珠与宝指三江汇合之处的桃花岛）。如此好的风水，古代绵州为何没出生一位皇帝？

　　相传，在唐太宗贞观十四年（640 年），丞相魏征夜观象，见西南方绵州一带王气（瑞气）冲天，面奏太宗：西南方可能出现帝王夺大唐江山。太宗不以为然，认为大唐正处在盛世，国强民富，不必多虑。可是到了唐高宗永徽六年（655 年），绵州一带王气再度冲天，唐高宗李治不敢怠慢，特派八王兄越王李贞任绵州刺史，坐镇大西南并查访此事。

　　越王李贞来到绵州，看到此地山川形胜、风水宝地，尤其是富乐山好似一只游龙，芙蓉溪绕山而过，游仙李意期、刘备、刘障、涪翁、郭玉因到此地而名扬天下；西晋末，李雄以梓潼县为基地割据梁、益，建立成汉政权，于光熙元年（306 年）在成都即皇帝位，改国号为大成。可见绵州乃卧虎藏龙之地。李贞认定富乐山是龙脉所在、紫气冲天之源头，龙首当在三江汇流之处白云洞金山之上，于是决定斩断龙首以断龙脉。在富乐山与白云洞之间，开口斩断龙脉（形成了当今去小枧乡的通道）。

但越王李贞万万没有想到，绵州风水乃二龙锁江，此举仅斩断了雄龙（富乐山）龙脉，可是雌龙（蛇山，又名南山、延贤山）龙脉并没有斩断，受到惊吓，飞往利州（今广元），出了个女皇武则天（文献记载："武士彟为利州都督，生武后于此"）。

690 年，武则天登基，改大唐国号为周，成为我国漫长的封建王朝史上唯一的女皇帝，本人改名为"武曌"。"曌"是她自创的 19 个怪字之一，意思是"日月当空、永照大地"，要庶民百姓万代同仰。

李贞万分懊恼和内疚，深感自己没完成唐高宗赋予自己的历史使命，斩断龙脉不彻底，断送了大唐李氏江山。于是在垂拱四年（688 年）联络韩王、鲁王、范阳王等诸王及自己的大儿子琅琊王李冲，在博州打出了反周的大旗。但从李贞起兵到最后败亡，前后只有 20 天。武则天派金吾大将军丘神勣为行军大总管，抽调各路围剿。李贞在蔡州城，其子在博州城分别被砍了人头，悬挂在洛阳城门楼上。

武则天报了斩龙脉之仇，仍余怒未消，道："令虺贞人头西望长安，向朕忏悔。汝敢斩断龙脉，朕斩汝人头！"

武则天平息了叛乱，又一举诛灭唐室子孙，并不准其姓李，而改姓虺（古书上说的一种毒蛇），这总共有好几百家。

直到开元四年（716 年），李贞才由唐玄宗下令追复爵位，备礼改葬昭陵，"谨按谥法，死不忘君曰'敬'。"五年（717 年）又诏："王嗣绝国除，朕甚悼焉。"要为李贞家续香火。好不容易在李贞孙辈找到一人，姓李名琳，时任左监门卫将军，封虁国公。然而不久，这个李琳也死了。

李贞为绵州遗存了宝贵的文化遗产与悲壮的传说。

李贞坐镇大西南

作为帝王子孙的藩王远离中原任刺史做地方官，这种历史现象，除唐代之外，其他朝代有记载的不多，至今留有遗址的就更少。李贞在绵州贡献颇大，不但修建了越王楼、望江楼、富乐坛，还扩建了州城，清乾隆《绵州志》记载其"规制宏阔"。越王楼历代都被引以为地方之荣。因为越王李贞的身份特殊，条件优越，他起到了一般州官所不能起到的作用。因越王之身份，皇帝在各方面都要给了特殊的照顾。这对绵州地方的政治、经济、文化的发展都产生一定程度的刺激和影响，对绵州的发展相当有利。但是地位显赫的帝王子孙李贞，为何来绵州当地方官？除前面的"斩龙脉"传说外，还有多种说法。

早在唐太宗贞观十三年（639年），吐蕃东侵，攻陷松州、扶州、劫掠汶州，威胁西南二京。吐蕃松赞干布率羊同进攻吐谷浑、党项、白兰、松州（今松潘），羌属地区人心大恐，纷纷背叛唐朝中央而依附吐蕃。于是唐王朝派文成公主和蕃，下嫁松赞干布，从此唐蕃关系修好。但到了贞观二十三年（649年），松赞干布病逝，由莽伦莽赞继位，他又开始向东方武力扩张，"岷濮之险，实惟巴江，剽窃之患，时闻栈阁"。唐高宗深虑"利有攸住，实在西南"，决定选派一位资望深重、文武兼备的重臣去镇守绵州。因为绵州地处剑门蜀道和阴平古道的交汇点，有"剑门锁阴，蜀道咽喉"之称，位于剑南道北部，与之相邻的龙州、茂州就是大唐与吐蕃的接壤地。到绵州均不足三百里路行程，吐蕃一旦越过汶江（岷江）而有涪江上游，则只需三五日即可直扑绵州城下。因此绵州是唐王朝大西南之屏障，只要绵州稳固，大唐的西南地区就安然无恙，此重任非八王兄越王李贞莫属。

李贞上任，深感责任重大，于是上奏高宗，强调镇守大西南的重要性，为了守边关、扬天威、布帝德，让绵州百姓可朝夕望阙叩拜，倍沾唐天子隆恩，壮大唐之山河，所以要建王府、修高楼，扩建州城和军队。高宗准奏，批来国库50万银两，由李贞本人亲自督建，参考长安、洛阳诸王府的营造规制，再根据的绵州龟山地形地貌修建了州府越王楼与绵州城。经过越王李贞几年治理，绵州边患减少，窃贼敛形，商旅通畅，市井繁华，文气大增，民风向善，州人安居乐业，西南稳定，一派太平景象。

唐代诗会越王楼

由唐至民国，历代文人雅士题咏越王楼的诗文数百篇。唐代的60多篇中，仅一次诗会就收到诗歌18首。这是怎么回事呢？

继李白、杜甫、樊宗师、李商隐等名家之后，使绵州越王楼声名广播的显赫人物就是于兴宗。于兴宗是河南人，从政以简易治本。他于唐宣宗大中年间（847～860年），以御史中丞出任绵州刺史。

于兴宗对绵州的历史沿革、名胜古迹和山川风物很感兴趣。尤其是对州府所在的越王楼，更是充满了敬畏之心。越王李贞的功德和越王楼的雄浑、神奇，时时萦绕于怀。

这年夏末的一天，于兴宗登上越王楼，放眼楼下的涪江，眺望远处的雪山，顿时产生了诗情画意。他回到书房，题写了《夏杪登越王楼临涪江望雪山寄朝中知友》一诗：

> 巴西西北楼，堪望亦堪愁。
>
> 山乱江回远，川清树欲秋。

> 晴明中雪岭，烟霭下渔舟。
>
> 写寄朝天客，知余恨独游。

于兴宗觉得越王楼这样的绝美景观，不能由自己独享。怎样才能将他感受到的绵州越王楼的良辰美景传递给朝中的各位知心朋友呢？他想了一阵，终于想出了一个绝妙的办法。他决定发起一个"远程诗会"。

于兴宗将越王楼为主的绵州山水风光画成图画，配上他题的诗，又附上书信，希望朋友们都以越王楼为题和诗回复。一连好多天，于兴宗废寝忘食，画了越王楼风景画 16 幅，抄了自己登越王楼的诗 16 份，写了信封 16 个。然后通过官方驿站寄送了朝中 16 位知心朋友。

过了几个月，于兴宗收到了朝中 16 位朋友寄来的 17 首和诗，加上自己的那首诗，总共 18 首诗。这场"远程诗会"获得圆满成功。

于兴宗发起的这场"远程诗会"，出发点不全是让朋友们分享越王楼的美景，更在于"堪望亦堪愁"，即对越王楼创建者的追思怀念。越王李贞因起兵反对武则天以周代唐，长期遭受不白之冤，死后三十年才得到平反昭雪、恢复名誉。正直的文人应该为李贞评说公道话。于兴宗让朝中的朋友们通过和诗越王楼，使之不被历史所湮没。

这 16 位和诗的朝中知友，只有少数是绵州人，大多是远地人，没有到过绵州，凭着于兴宗的诗和画，加上自己的想象，都对绵州及越王楼作了适度的描绘。通过这些朋友诗作的传播，大大提高了绵州越王楼在京城及更大范围内的知名度。

后 记

历史文化名楼以文化为核心，各楼皆有自身的文化传承脉络和特色文化底蕴，如何挖掘、传承名楼文化进而全面地展现在大众面前，一直是我们每个名楼人追求的目标和努力的方向。2014年初，我们提议对各楼的历史文化积淀作一次全面整理，出版一套包含诗、词、曲、文、楹联、故事等各种文体在内的文丛，立即得到了名楼专委会各会员单位的响应，很快就确定了编纂规划和编纂体例，并进行了任务分工。2015年至2018年，先后出版了诗歌卷、散文辞赋卷、楹联卷、词曲卷，获得了较好的反响。今年我们在前4卷的基础上，出版了本套丛书的最后一卷——传说故事卷。

历史上有关各楼或以各楼为背景的传说比较丰富，各楼所在地也有许多优美动人的传说，构成了名楼的地域内涵；同时名楼作为地方名胜，吸引了无数名人登高凭眺，流传下了丰富多彩的人物故事，构成了名楼的人文内涵。本卷书是对名楼流传的传说故事进行的发掘和整理，按照"彰显地域特色，突出人文底蕴"的原则，各楼安排了专人负责传说故事卷的编纂，具体人员如下：李建平、周博、李磊、王建权、张胜仪、宗九奇、黄龙、穆衍鹏、邢光杰、曹峰、叶庆黎、徐昊天、陈华、王凯民、沙伟、王欢、赵婷、屠建达、金蔚、王兴臣、李晋、夏毅、邱国鹰、叶明宁、魏聊、刘超、朱宁、谭屹、胥宗坤。

此次传说故事卷编纂之时，还得到了多位本地学者以及长期从事文化研究的专家的热心帮助，他们参与审稿和修订，提出了许多宝贵的意见和建议，在此对他们致以衷心的感谢！

限于时间和编者的学识，本书不免存在一定的疏漏、错讹之处，恳请广大读者予以批评指正。

中国历史文化名楼系列文丛编委会

2019年7月